Britta Hartmann

Aller Anfang.

ZÜRCHER FILMSTUDIEN

HERAUSGEGEBEN VON

CHRISTINE N. BRINCKMANN

BRITTA HARTMANN

ALLER ANFANG.

ZUR INITIALPHASE DES SPIELFILMS

Bibliografische Information der Deutschen Nationalbibliothek
Die Deutsche Nationalbibliothek verzeichnet diese Publikation in der Deutschen Nationalbibliografie; detaillierte bibliografische Daten sind im Internet über http://dnb.d-nb.de abrufbar.

Gedruckt mit Hilfe der Geschwister Boehringer
Ingelheim Stiftung für Geisteswissenschaften
in Ingelheim am Rhein

Die vorliegende Arbeit wurde im Juli 2008 von der Faculteit Geesteswetenschappen der Universität Utrecht auf Antrag von Prof. Dr. Frank Kessler und Dr. Eggo Müller als Dissertation angenommen

Die Dissertation wurde ermöglicht durch finanzielle Unterstützung des Onderzoekinstituut voor Geschiedenis en Cultuur (OGC) der Universität Utrecht

Schüren Verlag GmbH
Universitätsstr. 55, D-35037 Marburg
www.schueren-verlag.de

Umschlaggestaltung: Bringolf Irion Vögeli GmbH, Zürich
Umschlagfotografie: Nikolaus Spoerri (Vorhang), Martin Stollenwerk/remotephote (Kirschblüten)
Druck: Majuskel Medienproduktion, Wetzlar
Printed in Germany
ISBN 978-3-89472-522-8

Für Friedrich – so viel Anfang war nie

Inhalt

Dank

Diese Studie hätte weder Anfang noch Ende ohne die Begleitung und Unterstützung durch Freunde, Kollegen und fördernde Institutionen. Ihnen allen sei hiermit aufrichtig gedankt: Ohne Hans J. Wulff hätte ich den Weg in die Filmwissenschaft nicht eingeschlagen, von ihm habe ich mehr gelernt, als er vermutlich ahnt. Auch die Idee zur Beschäftigung mit den Anfängen stammt ursprünglich von ihm. Peter Wuss hat mir in der Zeit, die ich mit ihm arbeiten durfte, die nötigen Freiräume verschafft und mit seiner Arbeit wichtige Impulse gesetzt. Frank Kessler und Eggo Müller haben die Studie umsichtig betreut, mit ihren Vorschlägen, Kommentaren und mit sanftem Druck haben sie außerordentlich zum Gelingen beigetragen. Ganz besonderes danken möchte ich Christine Noll Brinckmann für Aufnahme in die Reihe Zürcher Filmstudien wie für ihre Anregungen und Hinweise, ihre präzisen Korrekturen und vor allem: für ihren unerschütterlichen Glauben daran, dass alle Anfänge zu ihrem Ende finden.

Ein herzlicher Dank gebührt allen, die mich auf Filmanfänge und Literatur aufmerksam gemacht, Thesen mit mir diskutiert, Vorarbeiten oder Auszüge gelesen und mich im Glauben an meine Arbeit bestärkt haben: Alexander Beyer, Thomas Christen, Jens Eder, Thomas Elsaesser, Jörg Frieß, Gudrun Hengstmann, Ludger Kaczmarek, Guido Kirsten, Heinz-Jürgen Köhler, Thomas Kuchenbuch, Maurice Lahde, Katharina Langhammer, Sabine Lenk, Stephen Lowry, Martina Roepke, Johannes Roth, Alexandra Schneider, Gerhard Schumm, Jörg Schweinitz, Ed Tan, Bodo Traber, Patrick Vonderau, Gerlinde Waz, Alexander Zons. Meiner ‹Knastschwester› Christiane Voss wie auch Thorsten Roick danke ich für die gemeinsam am Küchentisch verbrachten Arbeitsstunden, Thorsten außerdem für technischen Beistand. Für ihre Hilfe und Förderung außerordentlich dankbar bin ich Vinzenz Hediger und Margrit Tröhler.

Den Mitgliedern der Arbeitsgemeinschaften «Film und Psychologie» und «Kognitive Dramaturgie des Films» verdanke ich anregende Diskussionen. Die Studierenden an der Hochschule für Film und Fernsehen «Konrad Wolf» in Potsdam-Babelsberg, an der Universität der Künste Berlin und an der Universität Zürich haben sich in Seminaren für das Thema begeistern lassen, von ihren Fragen habe ich sehr profitiert.

Zu großem Dank verpflichtet bin ich dem Onderzoekinstituut voor Geschiedenis en Cultuur (OGC) der Universität Utrecht für Aufnahme des Projekts in das Ph.D. International Program und die damit verbundene finanzielle Unterstützung. Die Geschwister Boehringer Ingelheim Stiftung für Geisteswissenschaften in Ingelheim am Rhein hat die Drucklegung großzügig gefördert.

Natalie Bringolf danke ich für die Umschlaggestaltung, den Fotografen Nikolaus Spoerri und Martin Stollenberg für den Kinovorhang bzw. die Kirschblüten und den Mitarbeitern des Schüren Verlags für die geduldige Betreuung des Manuskripts während der Drucklegung.

Besonderen Dank schulde ich meiner Mutter Angelika Hartmann und meinem Sohn Friedrich. Vor allem Friedrichs Geduld wurde arg auf die Probe gestellt, sein Verständnis und seine Rücksichtnahme haben mich tief berührt. Ihm ist dieses Buch gewidmet.

There was no interest whatever in watching happenings he could not understand since he had not yet seen their beginning.
(Vladimir Nabokov: *Laughter in the Dark*, 1938 [russ. 1933])

Ich hab den Anfang vom Film
verpaßt
Und finde keinen der
Mir erklärt, was
In der Zwischenzeit passiert ist.
(Die Sterne: «Anfang verpaßt» vom Album *Wichtig*, 1993)

Ce petit coup au cœur quand la lumière s'éteint et que le film commence.
(Nebentitel des ‹Omnibusfilms› CHACUN SON CINÉMA, Theo Angelopoulos et al., F 2007)

Teil I
Einleitung/Exploration

1. Wie beginnen?

Aller Anfang. Doch wie beginnen? Vielleicht am besten *in medias res*, mit einem Anfang …

1.1 «Etwas muss passieren!» Der Anfang, ein Versprechen auf mehr

Das erste Bild: Ein Schild mit der Aufschrift «Stage 4». Die Kamera schwenkt herab, zwei glamouröse Frauen im Paillettenkostüm betreten eine Halle, dem Anschein nach ein Filmstudio: Kulissenteile werden herumgetragen, schieben sich vor die Kamera, Scheinwerfer sind zu sehen. Aus der Halle kommt jemand auf die Kamera zu und wendet sich ans Publikum: «MGM zeigt …» Er weist zur Seite, wo der Titel «Tony Randall» eingeblendet wird: «Das bin ich …» In Ausstanztechnik werden nun puzzleartig Teile des Bildes von einer anderen Einstellung abgelöst, zuletzt der Ausschnitt mit dem Gesicht Tony Randalls: «MGM zeigt mich als …» – der Schauspieler, nun an einem anderen Ort und in Maske, mit kauzigem Oberlippenbart, ausstaffiert mit elegantem Gehrock, Stock und Hut, spricht dabei mit affektiert französischem Akzent – «… Hercule Poirot, den belgischen Detektiv. Au revoir.» Er biegt um die nächste Ecke und ist verschwunden. Akkordeon-Musik setzt ein.

Mit einem Mal kommt er zurück, um die Zuschauer erneut anzusprechen:

> «Nein, nein, nein, nein, nein. Versuchen Sie nicht, sich an Poirots Fersen zu heften. Das könnte für Sie gefährlich sein. Denn Sie wissen ja: Wo immer Poirot auftaucht, liegt etwas in der Luft – Verbrechen, dramatische Ereignisse, Mord. Aber nicht hier, nicht heute, nicht in London. Nein [*blasiert*], ich bin diesmal nur hier, um meinen Schneider aufzusuchen. Ja, wenn Sie vorige Woche mit mir zusammen gewesen wären, in Istanbul – oh! Aber diesmal der Schneider, tut mir leid. Au revoir!»

Erneut wendet er sich zum Gehen, wieder erklingt die Akkordeon-Musik. Doch die Kamera folgt ihm dicht auf den Fersen. Er dreht sich nochmals um und reagiert nun ärgerlich: «Bitte lassen Sie Poirot in Frieden! Das ist London! Gar nichts wird passieren! Auf Wiedersehen!» Brüsk dreht er sich um und geht entschlossenen Schritts davon. Erneutes Einsetzen der Musik.

«Gar nichts wird passieren!» Ein paradoxer Auftakt. Da lädt einer dazu ein, sich seine Geschichte anzuhören, und behauptet sogleich, es gebe rein gar nichts, von dem zu erzählen wäre! Nur der Besuch beim Schneider? Er appelliert an unser Wissen um die berühmte Detektiv-Figur, spielt an auf vergangene Abenteuer und Geheimnisse, beschwört die Aura von Verbrechen und größter Gefahr an exotischen Orten in der ganzen Welt, um all das im selben Atemzug zu negieren: «Aber nicht hier, nicht heute, nicht in London.»

Doch wir wissen es besser: Die eben geschilderte Szene steht am *Anfang* des Films, nicht an dessen Ende, folglich macht die Verabschiedung überhaupt keinen Sinn. *Es muss etwas passieren!* Und es wird etwas passieren, das ist gewiss: Was hier seinen Anfang nimmt, ist eine *Geschichte*. Wir erwarten daher ein Ereignis, das es überhaupt wert wäre, erzählt zu werden, den ‹besonderen Fall›. Geschichten künden nun einmal nicht vom Besuch beim Schneider, vom Motorölwechsel in der Werkstatt, vom allmorgendlichen Gang zum Kindergarten oder vom Einkauf im Supermarkt. Es sei denn ...: Dass der Mechaniker infolge einer durchzechten Nacht unaufmerksam ist und nun droht, von der Hebebühne zerquetscht zu werden, käme da nicht zufällig und in letzter Sekunde ein Kollege des Wegs, der das Unglück verhindert. Dass der Kindergarten zum Schauplatz eines Geiseldramas wird oder die Supermarkt-Kassiererin Opfer eines Überfalls oder – um das Genre zu wechseln – sich unsterblich in einen Kunden verliebt, von dem sie ansonsten nichts weiß: In solchen Fällen hätten wir es mit Ereignissen zu tun, die das Kriterium des *Erzählwürdigen* erfüllen und von denen man an Kneipentischen und auf Familienfeiern berichten könnte. Erzählt wird für gewöhnlich nicht von den Routinen des Lebens, sondern von Ereignissen, die die Normalität durchbrechen – von plötzlicher Gefahr, von der Übertretung der normativen Grenzen unseres Alltags (vgl. Wulff 1985, 9ff).

Neben dem narrativen Format wirken weitere Rahmenvorgaben regulierend auf die Entstehung von Erwartungen ein: Zum einen die rezeptive Situation – ich sitze im Kino, habe den Eintrittspreis entrichtet und darf erwarten, dass mir etwas geboten wird –, zum anderen die zeitliche Dimension der Aufführung – an den ‹abendfüllenden› Spielfilm knüpfen sich rhythmisch-dramaturgische Erwartungen. Auf der Grundlage solcher ‹Voreinstellungen› richten wir konkrete Fragen an den Film. Was also könnte passieren? Wie wird Poirot in seinen neuen Fall verwickelt? Hat gar der Schneider damit zu tun?

Nichts hat sich bislang ereignet, doch der Zuschauer ist alles andere als ahnungslos. Er entwirft erste Szenarien, befragt diesen verspielten, irritierenden Auftakt nach möglichen Hinweisen auf kommende Ereignisse, lässt sich ‹einfangen› und ‹verstricken›. Welche Informationen stellt dieser

Anfang bereit? Welche Erwartungen hegen wir, in welche «Erwartungshorizonte» (Jauß 1992 [1970]) fügt sich eine Geschichte, die von diesem Ausgangspunkt ihren Lauf nimmt? Zu welchen – frei nach Arno Schmidt – «Berechnungen» regt das Material an? Welche Angebote und Versprechen macht dieser Filmanfang? Zu nennen wären hier etwa:

- Der *Schauspieler*, Tony Randall, der hier ausdrücklich auf sich als Person und als Schauspieler hinweist: Welchen Typus verkörpert Randall, welches Image, welche Rollenerwartungen verbinden sich mit ihm? Tony Randall gibt in zahlreichen Liebes- und Ehekomödien den linkischen Familienvater oder verhinderten Liebhaber, dessen hervorstechende Merkmale ein schnelles Mundwerk, seine witzige, zuweilen aber auch melancholische Schlagfertigkeit sind. Aber Hercule Poirot? Diese Rolle bricht die Erwartungen an das für Randall typische Image und Genre. Geradezu grotesk die Maske, die den Schauspieler um Jahre altern lässt: der zerfranste Schnurrbart, der kahle Schädel – die Maske ist deutlich als klischeehafte Überzeichnung angelegt und als solche ausgestellt. Sie hält die Rolle präsent, die Differenz zwischen Darsteller und Figur wach (auch im weiteren Verlauf wird Randall nie ganz Poirot, sondern bleibt kostümierter Schauspieler).
- Die *Figur*: Ein berühmter Detektiv mit literarischer und filmischer Vorgeschichte. Was zeichnet «Hercule Poirot, den belgischen Detektiv» aus? Welche Vorstellungsbilder heften sich an diese populäre Figur? Und wie verfährt der vorliegende Film mit ihr? Er versieht sie mit einem Hang zur Eitelkeit und Selbstverliebtheit (Poirot spricht von sich in der dritten Person), stattet sie mit Zeichen des Kauzigen oder auch Skurrilen aus: durch die Aufmerksamkeit, mit der Poirot sich seinem Bärtchen widmet, dem affektierten Akzent, dem gespielt-erbosten Heben der Brauen und Rollen der Augen – allesamt stereotype Versatzstücke, die zur schauspielerischen Auskleidung der Figur als ‹irgendwie französisch/belgisch› beitragen. Der Film spielt mit diesem Wissen, indem er karikierend mit dem Rollenmodell umgeht und die in den literarischen Vorlagen bereits angelegte Kauzigkeit noch weiter überzeichnet. (Das intertextuelle Wissen um Anlage und Ausformung der Figur erhöht die Rezeptionsgratifikationen. Der Film spielt damit, das Verständnis der Figur in ihrer diegetischen und narrativen Einbindung ist jedoch nicht daran gebunden.) Durch die karikierende Anlage stellt er die Figur als Konstruktion aus, bringt sie auf Distanz und verunmöglicht damit sogleich eine wie auch immer geartete identifikatorische Teilhabe.
- Der *Schauplatz*: London. Kein ‹unschuldiger› Ort, sondern gleichfalls ein Gegenstand populären Wissens. Was gibt es in London? Welche

Geschichten spielen hier? London: Nebel. Die Themse. Mörder auf dunklen, regennassen Straßen (der Frauenmörder von Soho, Jack the Ripper). Ältere Damen beim Bridge. Berühmte Detektive. Bobbies. Scotland Yard. Aber auch: Das London der ‹Swinging Sixties›, die Beatles, Minirock und Kronjuwelen ... Ein Cocktail von Wissensbeständen, der die zu erwartende Geschichte in generische Bahnen lenkt. Der Film legt durch Benennung des Schauplatzes ein Wissensfundament, das er im weiteren Verlauf durch typische Genre-Ingredienzien bedient (indem er wie beiläufig einen Polizisten ins Bild rückt und sodann einen mysteriösen Mord zeigt, der hinter dessen Rücken geschieht).

- Das *Genre*: Eine (gebrochene) Detektivgeschichte also, ein verspielter Whodunit. Welche Elemente gehören zu einer idealtypischen Detektivgeschichte? Doch mindestens ein Mord, auf den häufig weitere folgen. Die Untersuchung des Falls. Spuren. Der kühl überlegende (und überlegene) Detektiv mit brillantem Verstand. Mysteriöse Figuren: Zeugen, Helfer oder mögliche Täter? Falsche Fährten. Gefahren. Eine Falle für den Mörder. Die Aufklärung am Schluss als Triumph des Intellekts und des Gesetzes über Verbrechen und Unmoral. Was deutlich wird: Die Auskleidung des Schauplatzes, der Befund über die Figur und die Errichtung des generischen Rahmens, die hier getrennt aufgeführt werden, gehören unmittelbar zusammen, sind korealisiert und miteinander verzahnt. Das eine wird über und durch das andere entwickelt.
- Die *Komik* als Spezifikation des generischen Rahmens, der entsprechenden Erwartungen und Affekte. Die Eingangssequenz arbeitet mit Rahmungen und Einklammerungseffekten: durch den Einsatz der klischeeartigen (und als Klischee ausgestellten) Akkordeon-Musik, durch die demonstrative Hinwendung des Darstellers zur Kamera und Direktadressierung des Publikums, durch die groteske Maske und karikierende Anlage der Figur. Etabliert wird ein Spiel mit den Genre-Konventionen: Neben das Krimi-Muster tritt das Komische als zweiter, den ersten modifizierenden und spezifizierenden Genre-Rahmen. Dank der geschilderten Verfahren wird ein anderer erzählerischer Modus etabliert und damit auch eine andere Form der Teilhabe. In der Krimikomödie sind die Konventionen des klassischen Krimis nicht außer Kraft gesetzt, aber komische Momente dominieren über Spannung und Neugierde und bestimmen den Grad unseres ‹Involvements›; sie bringen das Geschehen auf sichere Distanz. Mit der Errichtung dieses generischen Rahmens werden die Erwartungsaffekte gelenkt: Der Zuschauer wird nicht allein auf den Erzählmodus, sondern auch auf die damit verbundenen genrespezifischen Wirkungen, zu denen bestimmte Affektlagen zählen, eingestellt.

- Die *Offenlegung der Repräsentation und des Erzählvorgangs*: Der Auftakt gewährt einen ‹Blick hinter die Kulissen› oder besser: entwirft ein typifiziertes Bild einer Filmproduktion. Er kennzeichnet die Dreharbeiten als Prozess von hohem technischen und personellen Aufwand, färbt die Welt der Studios über die beiden glitzernden Damen wie beiläufig als Ort des Glamourösen, auch Erotischen ein und präsentiert diesen zugleich ‹snapshotartig› als Ort von Arbeit – Arbeit zugunsten des Kinopublikums, das es zu unterhalten, zu faszinieren, in fremde Welten zu entführen gilt. «MGM zeigt ...»: Der Zuschauer ist es, dem dieser ganze technisch-apparative Aufwand gewidmet ist. Er soll verblüfft werden durch die Trickmöglichkeiten der Maschinerie, die einen Schauspieler blitzschnell in eine fiktionale Figur zu verwandeln und in eine Londoner Straße zu versetzen vermag. Die Illusionsmacht der Institution wird vorgeführt, das Publikum eingeladen, sich auf das nun beginnende Spiel einzulassen. Der Auftakt leistet damit zweierlei: die Einbeziehung des Zuschauers, seine Verwicklung in die Fiktion, und zugleich die Kennzeichnung der erzählten Welt als eine künstliche, inszenierte und «fingierte» (Iser 1993, 35). Das Erzählen erschöpft sich nicht in der vermeintlich transparenten Darbietung einer Geschichte, wie sie dem klassischen Erzählkino Hollywoods zugeschrieben wird, sondern erweist sich als ein selbstbezügliches Spiel mit der Repräsentation. Die Rahmenkonstruktion, der Übergang in die Diegese und der Wechsel des Schauspielers vom Darsteller zur Figur markiert die ‹Schwelle› zwischen der Alltagswelt und der Welt des Films und gestaltet zugleich den «Eintritt des Zuschauers in die Fiktion» (Odin 1980) als lustvolles Spiel, das mitzuspielen wir eingeladen sind.

Was diese Auflistung der Auftakt-Funktionen von Frank Tashlins THE ALPHABET MURDERS (GB 1966) – denn um diesen Film handelt es sich bei unserem Beispiel – illustrieren soll, ist Folgendes: Filmanfänge führen in die grundlegenden Bestimmungsstücke und Eigenschaften der erzählten Welt ein. Narrative Texte bilden *fiktionale Modellwelten* aus, und primäre Leistung des Geschichten verstehenden Zuschauers muss es daher sein, die erzählte Welt zu imaginieren und darüber zu befinden, welche Ereignisse in einer solcherart «ausgestatteten Welt» (Eco 1990 [1979], 155), die wir am Anfang im Prozess ihrer Auskleidung erleben, denkbar sind.

Neben dieser Etablierung des fiktionalen Glaubens-, Überzeugungs- und Wahrscheinlichkeitssystems legen Filmanfänge den Grundstein der Plotentwicklung, spannen den ‹roten Faden› der Erzählung. Die prozesshafte Konstruktion einer *fabula* (Fabel), die kausale und/oder chronologische Verknüpfung der einzelnen Teilhandlungen und Ereignisse innerhalb des *syuzhets* (Sujets/Plots) durch den Zuschauer, wie sie Bordwell (1985, 49ff) in seinem filmnarratologischen Modell beschreibt, nimmt hier, mit der einsetzenden inferenziellen und hypothesenbildenden Aktivität ihren Ausgang und erfährt ihre grundlegende Bahnung. Wie wir gesehen haben, kommen Genre-Indikatoren und dem kalkulierten Einsatz von Star-Images dabei besondere Funktion zu, tragen sie doch nicht allein dazu bei, ein narratives *Möglichkeitsfeld* zu eröffnen, sondern schränken zugleich die Vielzahl möglicher Entwicklungen auf eine Anzahl *wahrscheinlicher* Handlungsverläufe ein.

Darüber hinaus eröffnet der geschilderte Filmanfang aber – wie gezeigt – auch ein raffiniertes *Spiel* mit den narrativen Ebenen und Konventionen, das die Aufmerksamkeit auf sich zieht, dem also eine *reflexive* oder auch *selbstreferenzielle* Komponente eigen ist, welche auf die Überlegungen zum generischen Rahmen, zur erzählten Welt und zum Erzählverlauf zurückwirkt.

Der Zuschauer, der von diesen ersten Minuten angeregt wird, die skizzierten Fragen an den Film zu richten, auf die Suche nach Antworten zu gehen und sich sukzessive in den narrativen Prozess zu verwickeln, begibt sich auf seinen «*inferentielle[n] Spaziergänge[n]*» (Eco 1990, 149; Herv.i.O.) auf *verschiedene Ebenen des Textes* und mobilisiert unterschiedlichste Wissensbestände: Wissen um ‹Ereignishaftigkeit› als Voraussetzung von (kanonischen) Geschichten, Wissen um deren formale Abgeschlossenheit, Temporalität sowie deren interne Kohärenz und Kausalität (Geschichten weisen nun einmal einen definitiven Anfang und ein ebenso definitives Ende auf, und zwischen diesen beiden Punkten vergeht Zeit, findet eine Entwicklung statt und besteht ein Bedingungsgefüge zwischen den Ereignissen), Wissen um handelnde Figuren und typische Rollenschemata, um Stars und Schauspieler und ihre inner- wie außerfilmischen Images, um populäre Figuren und ihre Charakteristika, um Figurenbeziehungen und -konflikte, Wissen um Genres, um deren Muster und Konventionen (samt der Historizität von Erscheinungsformen eines Genres), Wissen um typische Erzählverläufe, um dramaturgische Anforderungen sowie um die stilistischen Mittel und das Ausdrucksrepertoire des Films. Die Hypothesen generierende Tätigkeit des Zuschauers bringt somit von Anfang an auch *metadramaturgisches, metanarratives* und *metatextuelles Wissen* ins Spiel: Wissen um die besondere Relevanz von am Textanfang vergebenen Informationen, die zeitliche Dimension des Filmerlebens und den erzählerischen ‹Atem›, den Rhythmus des Films, um narrative und textuelle Rahmungen und ihre Funktionen, spezifisch mediales Wissen und: Wissen um die kommunikative Verfasstheit des Geschichtenerzählens und damit zugleich das Bewusstsein von der eigenen Rolle als Adressat.

Anhand der kommunikativen Spiele, die der Anfang von THE ALPHABET MURDERS mit dem Zuschauer anstellt, wird deutlich, dass nicht allein die präsentierte Geschichte die Normalität des Alltagslebens übersteigt, sondern dass auch dem narrativen Diskurs und der Form der audiovisuellen Präsentation, dem filmischen Stil also, ein Irritations- oder Verfremdungspotenzial innewohnt, das Aufmerksamkeit erregt und Neugier weckt. An unserem Beispiel wird deutlich, dass und wie Filmanfänge den Zuschauer auf verschiedenen Ebenen anzusprechen suchen: Die Lust an der Geschichte und am Erzählen verbindet sich mit der Lust am Spiel, an der Anspielung, auch an der Raffinesse, mit der der Filmanfang sein Spiel mit uns treibt und sich zugleich als ein solches Spiel zu verstehen gibt. Der Anfang bietet sich – jenseits seiner narrativen Einbindung – als ein *Spektakel- und Attraktionsmoment* dar. Er ist nicht allein Wegbereiter für den Film und die dargebotene Geschichte, sondern soll selbst Interesse und Emotionen hervorrufen. Er soll faszinieren, verführen (zuweilen scheinen die Anfänge gar um die Aufmerksamkeit und die Gunst des Publikums zu buhlen). Filmanfänge bereiten dem Zuschauer ein Erlebnis, eine ästhetische Erfahrung, und sie wecken Erwartungen: ein Versprechen kommender Attraktionen (und entsprechender Rezeptionsgratifikationen) – ein *Versprechen auf mehr*.

Der Anfang eines Films erweist sich so als ein im besonderen Maße *gerichteter Teiltext*, der in verschiedenen semiotischen Bindungen steht: Er ist Anfang einer *Text-* oder *Werkgestalt*, Anfang einer *Geschichte*, Anfang eines *Lektüreprozesses*, somit auch Anfang einer komplexen *Beziehung* zwischen dem Film als Text und seinem Zuschauer.

1.2 «Der Anfang ist eine sehr heikle Phase»: Stellenwert des Filmanfangs in Kreation und Rezeption

«Aller Anfang ist schwer», sagt das Sprichwort, und in der Tat findet das Bewusstsein von der Bürde des Anfang(en)s Niederschlag in Bemerkungen und Stoßseufzern von Drehbuchautoren und Filmemachern, die zuweilen als ‹Schmuggelware› in die Filme hineingelangen: «A beginning is a very delicate time», dieser Satz, frontal in die Kamera gesprochen, bildet den Auftakt zu David Lynchs DUNE (USA 1984). In TROUBLE IN PARADISE (USA 1932) von Ernst Lubitsch heißt es anspielungsreich: «Beginnings are always difficult», und in Jean-Luc Godards VIVRE SA VIE (F 1962) fragen sich die Figuren: «Comment commencer?» – Sätze von ausgestellt metanarrativem Charakter, die einen Ausgangspunkt bilden können, um über die Anforderungen an Filmanfänge und die mit ihnen verbundenen (oder ihnen zugeschriebenen) Schwierigkeiten nachzudenken.

Treffen die Behauptungen überhaupt zu? Warum ist der Anfang schwierig; ist er tatsächlich eine «sehr heikle Phase»?

Filmanfänge sind schon deshalb diffizile Momente, weil sie besonders *exponierte Textteile* sind – und das in allen Gattungen, Genres und Stilrichtungen. Das Bewusstsein um diese besondere Stellung und Rolle kommt in ganz verschiedenen Bereichen zum Ausdruck: in der Drehbuchliteratur, in den Filmen selbst (wie gerade gesehen in augenzwinkernder Rückbezüglichkeit) und natürlich im Repertoire der Auftaktformeln, die sich filmhistorisch herausgebildet haben und in immer neuen Variationen durchgespielt werden, in Aussagen von Regisseuren wie in Produktionsberichten. Dieses Wissen um die Bedeutung des Anfangs erweist sich anhand der verworfenen Anfangsvarianten, die sich als Zusatzmaterial auf DVD-Editionen finden, offenbart sich in den Routinen der Filmkritik und zeigt sich nicht zuletzt, wenn wir uns auf unsere eigenen Erfahrungen im Kino besinnen. Einige dieser Bereiche seien hier einführend gestreift.

Schenkt man der Traktatliteratur zum Drehbuchschreiben Glauben, dann stellt der Filmanfang die Autoren von jeher vor eine entscheidende Aufgabe. So schrieb bereits in den frühen 1910er Jahren Eustace Hale Ball in *The Art of the Photoplay*: «The first scene [is] the key-note of the photoplay […]» (1913, 51). Mit dem lapidaren Satz: «Opening scenes are particularly crucial and need much thought», fasst Linda Aronson (2000, 85) in einer der einschlägigen neueren Veröffentlichungen dieses ‹sichere Wissen› der Branche. Tom Lazarus behauptet schlicht, Anfänge seien «[t]he most important part of your script» (2001, 119). Der Blick in nur einige der zahllosen Drehbuchhandbücher zeigt, wie der Sonderrolle des Anfangs bei der Anlage der Szenarien Rechnung getragen wird – wobei auch ganz pragmatische Überlegungen ins Spiel kommen: So findet sich der Hinweis, der Anfang eines Drehbuchs müsse schon deshalb stimmen, weil er als Talentprobe des Autors fungiere, der damit dem prüfenden Produzenten oder dem Star, der für den Film gewonnen werden soll, seine ‹Visitenkarte› abgebe. William Goldman etwa gemahnt seine Leserschaft, der er Einblick «hinter [die] Kulissen der amerikanischen Filmindustrie»[1] zu verschaffen verspricht, an den Arbeitsalltag der professionellen Drehbuchleser:

> […] dem Anfang kann gar nicht genug Bedeutung beigemessen werden. Ein offensichtlicher Grund besteht natürlich in der statistischen Realität. Denken

1 So der Untertitel der deutschen Ausgabe von *Adventures in the Screen Trade* (1984).

> Sie daran, daß ein bedeutender Star etwa zweihundert Drehbücher im Jahr liest, ein Manager zweimal so viele (1999, 135).

Und ‹Drehbuchguru› Syd Field formuliert in ihm eigener apodiktischer Manier: «Sie haben zehn Seiten, um den Leser oder das Publikum zu packen» (2000 [1979], 48). Auf Grundlage des Anfangs entscheide der Lektor oder Dramaturg über Annahme oder Ablehnung eines Drehbuchs (ibid., 49 passim).[2] Dieser dem Zuschauer unterstellten Ungeduld begegnete Regisseur Sam Fuller mit dem lakonischen Hinweis: «When you start your script, if the first scene doesn't give you a hard on, throw the damn thing away» (zit. n. Sutcliffe 2000, 10).[3]

Folglich warten die Manuale mit Ratschlägen auf, wie diese erste Klippe, die das Buch nehmen muss, zu meistern sei.[4] So schärfen sie den Autoren ein, ihre Geschichten *vom Ende her* zu entwickeln: «Kenne dein Ende!» lautet die alte Hollywood-Weisheit, die Field gebetsmühlenartig wiederholt (2000, 44 passim).[5] Und sie warnen vor der Überladung des Anfangs mit *Exposition*: Die gilt vielen Handbüchern als Gift, das nur in homöopathischen Dosen und, ähnlich der Medizin auf dem Zuckerstück, in Verbindung mit der unmittelbar einsetzenden Handlung verträglich sei (vgl. exemplarisch Walter 1988, 49).

Die Drehbuchliteratur durchziehen Annahmen und Behauptungen, was ‹der› Zuschauer erwarte und sehen möchte und womit man ihn fesseln

2 In nahezu wörtlicher Übernahme finden sich diese Formulierungen bei Hant (1992, 83f). Anscheinend sind die Zeiten auch für Drehbuchautoren in Hollywood härter und die Aufmerksamkeitsspanne ihrer Leser kleiner geworden, denn Cynthia Whitcomb billigt in ihrem Manual dem Autor nur noch fünf Seiten zu, um die Gunst der Agenten und Produzenten zu erlangen; vgl. Whitcomb 2002, 128.

3 Hier sei vorerst nur festgehalten, dass es in der Drehbuchliteratur durchaus strittig ist, ob der beliebte Einstieg mit einem «Knalleffekt» oder einem «erregenden Moment» (Fullers «hard on») tatsächlich die beste Möglichkeit sei, eine Geschichte zu eröffnen. Edward Dmytryk (1986, 22) vertritt diese Auffassung. Aber für William Goldman entspricht diese Technik eher der Fernsehdramaturgie, weil hier Autoren und Produzenten den Griff des ungeduldigen Zuschauers zur Fernbedienung fürchten müssen. Um dem zu entgehen, sollen sie schnell und sensationell in die Geschichte einsteigen. «Beim Schreiben in jeglicher Erzählform muß man früher oder später sein Publikum verführen. Aber verführen heißt nicht vergewaltigen» (1999, 139), formuliert Goldman seine Abneigung gegenüber dieser Auftaktformel. Zur Dramaturgie der Anfänge von *TV movies* vgl. Schwarz 2000, 158ff; zum Zusammenhang von Dramaturgie und Umschaltverhalten Bilandzic 2004.

4 Um nur drei Beispiele zu nennen: Cynthia Whitcomb überschreibt ein Kapitel ihrer Drehbuch-Anleitung mit «Fade in: How to Write a Great Movie Opening» (2002, 128-132), und auch Allen B. Ury (1995) und Linda Aronson (2000) suchen zu vermitteln, wie man eine wirkungsvolle Eröffnungsszene schreibt.

5 Vgl. Horton 1994, 111. Ob diese Binsenweisheit in der Praxis immer so strikt befolgt wird, sei hier zumindest bezweifelt. Manche Produktionsberichte aus Hollywood erwähnen, dass das Filmende noch zu Beginn der Dreharbeiten nicht feststand.

oder einfangen könne. Die Dramaturgie des Filmanfangs wird (zumindest implizit) gefasst als *Dramaturgie der Inauguration des Zuschauers*. William Miller bringt dieses Gefüge von Anfang und rezeptiven Effekten in so einfachen wie treffenden Worten auf den Punkt, wenn er in seinem Standardwerk *Screenwriting for Narrative Film and Television* schreibt: «The opening is especially important because it is the audience's first introduction to the film. It should win their attention and interest. It sets the mood of the film» (1988, 71). Der Anfang ist der Punkt, an dem der Zuschauer auf Tuchfühlung mit dem Film geht und sich auf ihn einlässt, sich einzufühlen beginnt (oder aber sich gegen die Illusionierung wehrt und die Bindung verweigert). Der Zuschauer ist letztendlich Ziel aller dramaturgischen Bemühungen um den passenden und fesselnden Anfang, seine Neugier gilt es zu erregen, er soll auf den Film eingestimmt und für ihn eingenommen werden. Konventionalisierungen von Anfangsformen und -formeln (→ Kap. 3.6) sind daher auch lesbar als Ausdruck kreativer Problemlösungsprozesse, als praktische Antworten auf die oben gestellte Frage «Wie beginnen?». Der Anfang als Schauplatz dramaturgischer und inszenatorischer Kreativität und Kunstfertigkeit, die einem einzigen Zweck dient: das Publikum zu informieren und es zugleich in die Filmerzählung ‹hinein› zu ziehen, fiktional zu verstricken.

Das kreative Kalkül mit den (unterstellten) Erwartungen, Unterhaltungsbedürfnissen, aber auch mit dem Aufnahmevermögen des Publikums lässt Filmanfänge kreationsseitig betrachtet auch als *umkämpfte Terrains* erscheinen. Nach Abnahmen vor Produzenten und Redakteuren oder nach Previews vor Testpublika sind es häufig der Anfang und/oder das Ende, die verändert werden (müssen).[6] Um den Anfang eines Films wird in besonderer Weise gerungen, in der Regel wird er erst ganz zum Schluss montiert oder zumindest nochmals umgeschnitten,[7] bis zuletzt wird an den Eingangssequenzen gefeilt. Wie sehr, darüber geben Produktionsberichte

6 Legendär ist der Streit um die Schnittfassung von Sam Peckinpahs Pat Garrett and Billy the Kid (USA 1973): MGM hatte den *final cut* nicht akzeptiert und vor allem den Anfang so stark umschneiden lassen, dass der Regisseur dem Studio zu Recht vorwarf, den Sinn der Geschichte entstellt und den Film damit ruiniert zu haben. Er erwog sogar, seinen Namen aus den Credits streichen zu lassen. Erst 1990 kam es zur Aufführung einer rekonstruierten Fassung, die auch die in der Premierenfassung fehlenden Prolog- und Epilogteile enthielt. Ähnlich erging es John Huston bei The Red Badge of Courage (USA 1951). Die ursprünglich vorgesehene Anfangsszene wurde bei MGM als «konfus» gescholten und geändert, als der Film Huston entzogen, umgeschnitten und erheblich gekürzt wurde, wie Lillian Ross in ihrer Produktionsgeschichte (1969 [1952], 154ff) nachzeichnet; vgl. auch DeBona 2003. Und Hitchcock-Experte Bill Krohn (2002) berichtet gar von sieben verschiedenen Versionen von Ende und Anfang, die Suspicion (USA 1941) durchlaufen haben soll.

7 In dieser Weise äußert sich der Cutter Tom Haneke: «In my experience, the beginnings of films are almost the last things to get made» (Haneke 1992, 46).

beredt Auskunft: So hat Carole Le Berre (1991) die Entwicklungsgeschichte der Exposition von François Truffauts L'HISTOIRE D'ADÈLE H. (F 1975), der auf dem Drehbuch von Truffaut, Jean Gruault und Suzanne Schiffman basiert, über die verschiedenen Varianten des Treatments bis hin zum fertigen Film nachgezeichnet; sie veranschaulicht daran, welche konkreten Überlegungen angestellt werden und welches Maß an kreativer Auseinandersetzung vonnöten ist, bis ein Film zu seinem Anfang kommt.[8] Und Krzysztof Kieslowski erläuterte in einer Ausgabe der ARTE-Reihe «Kinolektionen» die vielfältigen Überlegungen, welche bei der Anlage und Realisation der Anfangsszene von TROIS COULEURS: BLANC (F/PL/CH 1994) eine Rolle gespielt haben. Er demonstriert an diesem Beispiel, mit welcher Präzision und über welch vielfältige Mittel das Thema des Films bereits in den allerersten Momenten gesetzt und entfaltet wird.

Der Anfang, so urteilt auch der französische Kritiker Alain Masson (in etwas schwärmerischer Diktion), erweist sich als der Teil des Films, dem größte Aufmerksamkeit und handwerkliche Sorgfalt bis ins kleinste Detail gelte:

> Quel soin il a fallu aux cinéastes pur glisser dans ma conscience ces doutes impérieux! Tout ce qu'on peut savoir de la genèse des œuvres tend à le confirmer, dès les premières rêveries et jusqu'au montage, dans les multiples versions du scénario et au tournage, c'est le début des films qui fait l'objet du plus grand nombre de tractations minutieuses, de modifications légères, de discussions de détail. Le dénouement provoque la confrontation de grandes esquisses ou de fins interchangeables; la subtilité des variantes n'appartient qu'aux commencements. La délicatesse de la tâche en est la cause (Masson 1994, 36).[9]

Die Filmgeschichte kennt aber auch Ausnahmen von dieser Regel: Eines der ungewöhnlichsten ‹Rezepte› für einen gelungenen Anfang stammt

8 Ähnliche Zeugnisse des Ringens um den Anfang finden sich auch in den Erfahrungsgeschichten deutscher Debütregisseure, die Frederik Steiner (2003) zusammengestellt hat. So erzählt etwa Esther Gronenborn, wie der Anfang von ALASKA.DE (D 2001) immer wieder umgeschnitten wurde.

9 «Welche Sorgfalt es die Filmemacher doch gekostet hat, mir diese drängenden Zweifel ins Bewusstsein zu schmuggeln! Alles, was man über die Entstehung von Werken wissen kann, deutet darauf hin, dass es von den ersten Träumereien bis zur Montage des Films, in den vielfältigen Fassungen des Drehbuchs und bei den Dreharbeiten immer der Anfang der Filme ist, der die größte Anzahl kleinteiliger Eingriffe, leichter Veränderungen und Diskussionen über Details erfordert. Die Auflösung ruft nach der Gegenüberstellung großer Entwürfe oder austauschbarer Enden; die Subtilität der Varianten gibt es nur bei den Anfängen. Der Grund dafür liegt in der Zartheit der Aufgabe» (die Übersetzung verdanke ich Vinzenz Hediger). Der Befund Massons deckt sich mit meiner Beobachtung, dass selbst weniger gelungene Filme durchaus furios und kunstfertig beginnen können, bevor ihnen unterwegs der Atem ausgeht.

von Frank Capra. Er berichtet in seiner Autobiografie *The Name Above the Title* (1971), er habe LOST HORIZON (USA 1937), der bei der Testvorführung gnadenlos durchgefallen war, gerettet, indem er die ersten beiden Spulen «verbrannt» habe (vgl. ibid., 190-202). Ohne weitere Veränderungen sei der Film nun ein großer Erfolg geworden. Capras Ratschlag lautet entsprechend simpel: «When something goes haywire with a film, try burning the first two reels» (ibid., 201).[10]

Von solchen Produktionsgeschichten und Anekdoten ausgehend ließe sich eine Abhandlung über den Filmanfang auch ganz anders schreiben: als eine Studie der verworfenen, der veränderten, zerstörten, verstümmelten Versionen. Oder anders formuliert: als Geschichte der kreativen Suche nach dem ‹guten›, dem ‹überzeugenden› Anfang.[11] Ein solcher Versuch dürfte nicht allein die realisierten Möglichkeiten und Bauformen zugrunde legen, sondern auch Fehleranalysen (vgl. Moullet 1994), konzeptuelle Korrekturen und im Montageprozess erkundete Lösungsversuche und Alternativen.

Außerdem üben Filmanfänge eine große Faszination auf die Filmkritik aus.[12] Man sehe nur einmal Feuilletons oder Filmzeitschriften daraufhin durch, wie häufig Rezensionen mit der Schilderung des Anfangs beginnen, wie der Anfang zum Aufhänger der gesamten Betrachtung und Argumentation wird. Ähnlich wie der ‹durchschnittliche› Zuschauer unterwirft auch der Filmkritiker als ‹professioneller Filmeseher› den Anfang einer Prüfung: Er befragt ihn daraufhin, welche Informationen hier mehr oder weniger unauffällig ‹gepflanzt›, welche ‹Spuren ausgelegt›, welche Andeutungen und Vorausgriffe gemacht werden, welche Motive aufschei-

10 Capra legt hier den Grundstein für eine der zahlreichen Hollywood-Legenden: Tatsächlich war der ursprüngliche Anfang (eine narrative Rahmensituation) nur ein Teil von insgesamt etwa einer Stunde, die nach der ersten Testvorführung aus dem mehr als dreistündigen Film getilgt wurde. Und diese herausgeschnittenen Segmente wurden nicht «verbrannt», sondern archiviert. Teile des Anfangs wurden am Ende eingefügt, neue Teile aufgrund besagter Testvorführung nachgedreht. Die resultierende Premierenfassung hatte eine Länge von 132 Min., wurde auf Geheiß der Columbia auf 118 Min. und für die Wiederaufführung 1943 auf 108 Min. gekürzt; vgl. McBride 1992, 361. Nachkriegsfassungen fürs Fernsehen waren teilweise nur 83 Min. lang. Die deutsche Kinofassung von 1950 mit dem Verleihtitel IN DEN FESSELN VON SHANGRI-LA hatte eine Laufzeit von 97 Min. 1973 begann das AFI mit der Rekonstruktion der Premierenfassung. Die vollständige Tonspur sowie 125 Minuten Bild wurden wiedergefunden. In der heute auf DVD erhältlichen Fassung (die auch vom deutschen Fernsehen ausgestrahlt wurde) sind die fehlenden Minuten durch Standfotos und *freeze frames* repräsentiert. Für diese Informationen bin ich Bodo Traber zu Dank verpflichtet.

11 Vgl. die Liste «großartiger Eröffnungsszenen» in Whitcomb 2002, 193-197.

12 Unter Filmkritikern ist das Spiel beliebt, die «schönsten» Anfänge oder die «kunstvollsten» Titelsequenzen zusammenzustellen; vgl. etwa die kommentierte Zusammenschau «Comienzos» in der spanischen Filmzeitschrift El *Amante Cine* 7,79, Oktober 1998, pp. 32-41; das Thema «Vorspann» in *Schnitt*, 3, 2009 (=Nr. 55), pp. 6-31; Althen 1997; Mörchen 1999.

nen, wie man auf Genrekonventionen und Erzählmuster zurückgreift und welche möglichen Lesarten hier angelegt sein könnten, kurz: Er begibt sich auf die Suche nach Informationen – auch hinsichtlich der filmischen Machart und den dahinter aufscheinenden Intentionen und Wirkungsabsichten. Der Anfang ist das Teilsegment des Films, von dem ausgehend die Kritiker ihre paradigmatischen Lektüren entwickeln.

Diese Konzentration auf den Anfang schlägt sich in einer gewissen Routinisierung nieder. Bordwell legt in *Making Meaning* (1989a), seiner Untersuchung der hermeneutischen und rhetorischen Strategien filmanalytischer Schulen, dar, wie in den Interpretationen der Filme der den Anfängen zugeschriebenen besonderen Rolle mit eingeübten Argumentationsweisen und standardisierten rhetorischen Figuren begegnet wird. Am Anfang – so die Begründung Bordwells – werden die «semantischen Felder» abgesteckt und die Eckpfeiler der Struktur- und Bedeutungsbildung gleichsam «in den Boden gerammt».[13]

Eine Ergänzung scheint nötig: Unter dem Einfluss der *politique des auteurs* mit ihrer ‹Insider›-Sicht vor allem auf das klassische Hollywood-Kino bildete sich eine neue Anforderung an Anfänge heraus: Sie eröffnen nicht allein den Film und die Geschichte, sondern vergeben (mehr oder weniger diskrete) Hinweise auf den *film auteur*, um neben der ‹normalen› Rezeption auch die cinephile Lektüre, die ‹doppelte Lesart› des analytisch vorgehenden (Mehrfach-)Rezipienten zu ermöglichen.[14] Filmanfänge werden immer auch für den Kenner gemacht: Sie etablieren den textvermittelten Flirt zwischen Filmemacher und eingeweihtem Zuschauer und verleihen so der Rhetorik des Anfangs zusätzliche Komplexität.[15] Und natürlich sind sie auch darum ein so faszinierender Gegenstand für den Kritiker, weil er an ihnen seine Lesart als die eines Eingeweihten ausarbeiten kann,

13 «Because of its agenda-setting function, a film's beginning typically becomes a summarizing segment for interpretation. Here the critic often finds the film's major semantic fields locked into place» (Bordwell 1989a, 190).

14 Die Unterschiede zwischen dem hier als ‹durchschnittlich› apostrophierten und dem ‹cinephilen› Zuschauer scheinen mir nicht grundsätzlicher Natur, sondern eine Frage des Reflexionsniveaus, der Gewichtung und Bewertung: ein, wenn man so möchte, *foregrounding* der reflexiven, selbstreferenziellen und metakommunikativen Momente, die jedem Film – in besonderem Maße am Anfang – mitgegeben sind. Auf die These von der Unhintergehbarkeit von Reflexivität am Textanfang komme ich in (→) Kapitel 3.11 zurück.

15 Die These in dieser Schärfe verdanke ich einer Diskussion mit Jörg Schweinitz. Gestützt wird sie, wenn man etwa an die Filme Quentin Tarantinos denkt, deren Anfänge eine cinephile Lektüre geradezu herausfordern; dazu Nitsche 2002, 106ff. Doch schon Hitchcocks berühmte Kurzauftritte weisen in diese Richtung: Er verlegte sie ja in die Anfangsphase, damit die Suche nach dem Regisseur die Zuschauer nicht allzu lange beschäftige und vom Eintauchen in die Filmhandlung abhalte; vgl. dazu Leitch 1991 sowie wiederum Nitsche ibid., 101-106.

der schon weiß, wie sich am Ende (das er dem Leser für gewöhnlich vorenthält) alles zusammenfügt und abschließend zu deuten ist, der also in Kenntnis des Endes auf den Anfang *zurückgreift*. Denn wie raffiniert, wie vielsagend, wie semantisch dicht der Anfang tatsächlich ist – das erweist sich häufig erst vom Ende her gesehen. So betont auch der Kritiker Thomas Sutcliffe den Reichtum des Anfangs als «Epigraph» des gesamten Films:

> And memory being as suggestible as it is, as ready to accept later revisions, it is often only when we go back and look knowingly at the beginning of a film that we are able to see with any clarity just how good a premonition it has given us for what follows. This sense of the beginning as a suggestive epigraph for the film that follows is important to any aesthetics of commencement (Sutcliffe 2000, 20).

Doch nicht allein die Drehbuchautoren und Dramaturgen, die Regisseure, Produzenten, Cutter und – wie eben gesehen – die Filmkritiker, auch die *Zuschauer* im Kino wissen um die besondere Stellung und Bedeutung des Anfangs und richten ihr Augenmerk auf diesen Kardinalpunkt (womit wiederum die Filmemacher rechnen). Anhand des Anfangs beurteilt der Zuschauer nicht allein, mit was für einer ‹Sorte Film› er es zu tun hat, sondern er geht auf Tuchfühlung und entscheidet, ob er den Film *mag* oder nicht (so Peter Hant in *Das Drehbuch* [1992, 84]). Ich würde, auch in Rückbezug auf meine Betrachtungen zu THE ALPHABET MURDERS, spezifizieren: Wenn der Zuschauer den Anfang in Hinblick auf das Kommende nimmt, dann sucht er damit auch abzuschätzen, welche *kommunikativen Versprechen* (→ Kap. 2.8) der Film macht, ob dies die für ihn richtigen oder passenden sind (entsprechen sie seinen Erwartungen, seinem Geschmack sowie seinen aktuellen Rezeptionsbedürfnissen?) und ob der Film den Eindruck vermittelt, dass er sie auch zu halten vermag. Eine (Qualitäts-)Prüfung, welcher der Anfang in Hinblick auf das Ganze unterworfen wird. In diesem Sinne beschreibt der französische Filmkritiker Serge Daney, wie er im Kino die Anfänge gleichsam abtastet und ihren «Puls» erspürt, um zu prüfen, ob der Film zu «seinem» werden kann:

> Il y a quelque chose d'extraordinaire pour moi dans un film qui commence. En général, je compte les plans, je les compte dans ma tête, dix, vingt plans, je prends le pouls du film, je sais tout de suite s'il y a quelque chose dans le rythme, dans la musique, qui sonne juste ou qui ne sonne pas, qui me dit que c'est «pour moi» ou non. Il y a des images avant qu'il y ait de l'histoire et elles sont déjà tout le film (Daney 1991, 130).[16]

16 «In einem Film, der anfängt, steckt für mich etwas Außerordentliches. Im allgemeinen zähle ich die Einstellungen; ich zähle im Kopf: zehn, zwanzig Einstellungen, ich fühle

Oder denken wir an unsere eigene Haltung im Kino, die Situation kurz bevor der Film beginnt: wenn die Lichter im Saal allmählich verlöschen und der Vorhang sich endlich öffnet (nicht nur für Kinder ein Moment großer Faszination). Manchmal verstummend, zuweilen noch plaudernd, die Werbung und die Trailer kommentierend rücken wir in unseren Sesseln zurecht, um uns bequem einzurichten ... Wir befinden uns in einem Zustand gespannter Erwartung oder besser noch: Wir blicken dem Film mit einer eigentümlichen Mischung aus Ent- und Anspannung entgegen, mit kribbelnder Vorfreude, Offenheit, einer grundsätzlichen Bereitschaft, uns ver- und in eine andere Welt entführen zu lassen. Wir räumen dem Film zunächst einmal Kredit ein, wollen ihn mögen, denn dafür sind wir schließlich von zu Hause aufgebrochen und haben das Eintrittsgeld entrichtet. Die Aufmerksamkeit ist hoch, die Fiktionslust hellwach. In diesem Sinn attestiert Sutcliffe Filmanfängen ein Höchstmaß an Freiheit und sieht sie als privilegierte Stelle, an der noch alles möglich scheint und (fast) alles erlaubt ist:

> All films begin in a kind of immunity to assault, armoured by our will that they should succeed. All those small anxieties and impatiences of waiting for a film to begin find their ease in the first few frames – and it will be some time before we have seen enough for new doubts to crystallize. A film will never be as free as it is in its opening seconds (2000, 8).[17]

Der Filmanfang als Raum der Freiheit, als Spiel- und Experimentierfeld, auch als ein Ort der Verführung und des Sich-verführen-Lassens (→ Kap. 3.6). Unter dieser Perspektive ist er keinesfalls als heikel oder schwierig

den Puls des Films und weiß sofort, ob da etwas ist im Rhythmus, in der Musik, das richtig klingt oder eben nicht, das mir sagt, dies ist ‹für mich› oder nicht. Es gibt die Bilder, bevor es die Geschichte gibt, und sie sind schon der ganze Film» (meine Übersetzung). Prosaischer beschreibt der Kritiker Harald Martenstein die Rolle der Anfänge als Prüfstein während des Festivalbetriebs: «Die Leute, die sich bei einem Filmfestival aufhalten, möchten Filme anschauen. Dazu ist ein Filmfestival da. Man schaut sich folglich vier oder fünf ganze Filme am Tag an sowie eine gewisse Anzahl von Filmanfängen. Aus manchen Filmen läuft man nach ein paar Minuten wieder hinaus, weil man den Film schon vom Anfang her nicht gut findet und weil in einem anderen Kino gerade ein anderer Film anfängt, der, weil er gerade erst anfängt, vielleicht gut sein könnte» (Martenstein 2006).

17 Thomas Koebner erinnert an die Dramaturgen-Regel: «In den ersten zehn Minuten kann man fast alles anstellen, was man will» (2004, 97). Bei Eugene Vale liest sich das so: «Für so manchen schlechten Autor ist es ein Glück, daß jedes Publikum zu Beginn eines Filmes wohlgesonnen und guten Willens ist und so die beschwerlichen ‹ersten Schritte› in Kauf nimmt» (Vale 1992 [1944/1972], 83), bei Robert Towne: «Ich habe die Erfahrung gemacht, daß einem die Zuschauer so gut wie alles am *Anfang* eines Films verzeihen, aber so gut wie nichts am Ende» (Towne zit. n. Howard/Mabley 1996, 71; Herv.i.O.). Und Samuel Goldwyn soll gesagt haben: «Nobody walks out on a film in the first fifteen minutes» (zit. n. Dmytryk 1986, 22).

anzusehen, sondern im Gegenteil: als lustvoll besetzt, als Terrain kreativer Herausforderung, an dem der Filmemacher noch relativ unbeschwert ist von den Anforderungen der Erzählung, des Genres, der gewählten Form, des angeschlagenen Tonfalls. In diesem Sinne hat Lars von Trier einem Journalisten anvertraut: «Anfänge sind wunderbar, Mitten sind o.k., Enden sind schrecklich.»[18] Und Jean-Luc Godard hat einmal gesagt: «Ich bin immer viel mehr an den Anfängen interessiert als an der Mitte oder am Ende. Aber was man erforschen will, was man noch sucht, läßt sich nicht verkaufen» (zit. n. Grafe 1985, 178). Offenes Bedauern darüber, nicht einfach nur Anfänge drehen und die Möglichkeiten des Anfang(en)s filmisch erkunden zu können? Tatsächlich hat Godard die Anfänge nahezu aller seiner Filme als filmische Experimente, als ‹Erforschung des Films mit den Mitteln des Films› angelegt und es verstanden, die Länge des Anfangs tunlichst zu dehnen.[19] Sein LA CHINOISE OU PLUTÔT À LA CHINOISE: UN FILM EN TRAIN DE SE FAIRE (F 1967) endet mit dem Zwischentitel FIN D'UN DÉBUT. Jeder Film ein Anfang, ein unbekanntes Gebiet, das es spielerisch zu erkunden gilt, alles ist möglich – bis zum ENDE.

Der Anfang als Schwelle und Schlüssel zum Film, als Grundlage der Bedeutungsbildung, als Verweis auf kommende Attraktionen, als Vorwegnahme des Kommenden und Vorbedeutung des Endes, als Versprechen auf mehr und als Ort, den man als Zuschauer nicht nur hinter sich lässt, sondern zu dem man *zurückkehrt*. Im folgenden Kapitel werde ich darlegen, entlang welcher Metaphern und Paradigmen in der Filmwissenschaft über den Anfang nachgedacht wurde.

18 *Tip-Magazin* [Berlin], Nr. 13, 2002, p. 39.

19 In *Einführung in eine wahre Geschichte des Kinos* (1984 [1980], 144) findet sich Godards Bekenntnis, am liebsten nur mehr Trailer drehen zu wollen statt der Filme, für die sie werben sollen – diese müssten dann allerdings vier oder fünf Stunden dauern; vgl. Hediger 2004.

Teil II
Theoretische Grundlegung

2. Zur Frage des Anfangs: Leitmetaphern und Modelle

Analyse de débuts de films, début d'analyses.
(Jacques Aumont & Michel Marie)

«Analyse der Filmanfänge, Anfang der Analysen» – mit dieser prägnanten und wie selbstverständlich klingenden Formel stellen Jacques Aumont und Michel Marie in ihrem *L'Analyse des films* die Bedeutung des Anfangs für die Filmanalyse heraus (1988, 83). Und tatsächlich schlägt sich die Überzeugung von seinem besonderen textuellen Status und seinen semiotischen Leistungen im Maß an Aufmerksamkeit nieder, das diesem Filmsegment in der Seminarpraxis zuteil wird. Hier ist die Methode verbreitet, die Anfänge einer eingehenden Betrachtung zu unterziehen und an ihnen die Fragen für die Analyse aufzurichten. Nahezu jeder Lehrende wird schon so gearbeitet haben, und nahezu jeder Studierende wird einmal eine Analyse des Filmanfangs etwa von Orson Welles' CITIZEN KANE (USA 1941) oder TOUCH OF EVIL (USA 1958), von Jean-Luc Godards A BOUT DE SOUFFLE (F 1959) oder LE MÉPRIS (F/I 1963), von UN CHIEN ANDALOU (Luis Buñuel/Salvatore Dalí, F 1929), von THE SEARCHERS (John Ford, USA 1956), von DON'T LOOK NOW (Nicholas Roeg, GB 1973), von BLUE VELVET (David Lynch, USA 1986), von LOLA RENNT (Tom Tykwer, D 1998) oder auch von LE FABULEUX DESTIN D'AMÉLIE POULAIN (Jean-Pierre Jeunet, F/D 2001) in gemeinsamer Diskussion erarbeitet oder als Seminararbeit verfasst haben.[1]

Anhand der Analyse der Eingangsphase wird vermittelt, wie vielfältig sich die Bedeutungsbildung und Affektlenkung vollzieht, wie komplex der Film als Text strukturiert ist, auf welch verschiedenen Ebenen er seine

1 Hier einige Belege, die meine Behauptung von der Beliebtheit des Gegenstands in der filmwissenschaftlichen Lehre untermauern: Pam Cook listet in ihrem *Cinema Book* (1985, 362) Filmanfänge und -enden auf, die für die Analyse im Seminar empfohlen werden; auch David Bordwell und Kristin Thompson lenken in ihrem Lehrbuch *Film Art* die Aufmerksamkeit der Studierenden auf die Anfänge (1997 [1979], 99-101); Nick Lacey legt in seiner Einführung *Narrative and Genre* besonderes Augenmerk auf die Erzählanfänge in Literatur und Film (2000, 6-13); viele der Filmanalysen in dem Einführungsband von Thomas Elsaesser und Warren Buckland (2002) stützen sich auf die Anfänge der Filme; Knut Hickethiers *Film- und Fernsehanalyse* enthält einen Abschnitt zu «Anfang und Ende» (1993, 121ff); Peter Wuss führt in *Filmanalyse und Psychologie* seine Methode zur Analyse der Strukturtypen filmischen Erzählens an Filmanfängen vor (1993a, 67-78); und schließlich entwickelt Michael O'Shaughnessy (1999, 281-290) seine ‹Schritt-für-Schritt-Analyse›, mit welcher er modellhaft den Aufbau und die Vorgehensweise einer Seminararbeit vorführt, anhand der Eröffnungssequenz von David Lynchs BLUE VELVET und zeigt, wie die Elemente der «Filmsprache», die am Anfang eingesetzt werden, zur Bedeutungsbildung und affektiven Kraft des Films beitragen.

Zuschauer anzusprechen und auf sie einzuwirken sucht, wie reich seine textuellen Angebote sind, wie subtil (oder auch wie durchsichtig) seine erzählerischen und rhetorischen Verfahren und Strategien. Es ist wohl diese Faszination am Reichtum des Anfangs, die Faszination, hier dem Film gleichsam ‹bei der Arbeit› zuzuschauen, gepaart mit der Voraussetzungslosigkeit des Beginns, welche die große Anzahl solcher Analysen erklärt.[2]

Im Folgenden soll dargelegt werden, welche über den einzelnen Film hinausweisenden Überlegungen zum Anfang die Filmtheorie entwickelt hat: Welche *Modellvorstellungen* hat sie hervorgebracht, welche *theoretischen Paradigmen* errichtet, kurz: welche Versuche unternommen, das strukturell und funktional Gemeinsame dieses Textteils zu bestimmen und ihn so als einen spezifischen Gegenstand zu profilieren?[3]

Die Ansätze, denen es mit unterschiedlicher Akzentsetzung um eine theoretische Beschreibung des Filmanfangs geht, gruppieren sich um

2 Odin begründet die Bedeutung des Anfangs für die Filmanalyse: «[...] c'est là, en effet, que s'affiche le plus clairement la structure contractuelle qui vise à régler, de l'intérieur même du film, les processus de production de sens et d'affects qui seront mis en œuvre par le lecteur. Les analystes de film ne s'y sont, d'ailleurs, pas trompés : dans l'ensemble des analyses filmiques publiées, les analyses de début de film sont sans aucun doute les plus nombreuses» (1988b, 57). Auf die Gefahr hin, dass dies trivial klingt, aber für die Präferenz der Filmanfänge lässt sich auch ein schlicht praktischer Grund anführen: ihre Lage *am Anfang*, die einen leichten Zugang bietet; dieses Argument führen auch Aumont/Marie (1988, 83) an.

3 Das Interesse an der Beschäftigung mit Textanfang und -ende genießt sowohl in der literatur- wie in der filmwissenschaftlichen Forschung Popularität und ist bis heute ungebrochen, wovon für die Literaturwissenschaft die einschlägigen Bibliografien von Bennett (1976); Driehorst/Schlicht (1988), Haubrichs (1995b) und Richardson (2002b) künden. Tagungen zu Anfängen, Enden und den «Schwellen» des Textes in Literatur und Film fanden etwa statt in Poitiers 1996 (vgl. Louvel 1997), Siegen 2000 (vgl. Kreimeier/Stanitzek 2004), Udine 2003 (vgl. Innocenti/Re 2004), Toulouse 2006 (Organisation: Andrea Del Lungo) und Warwick 2008. Vgl. auch die knappen Forschungsüberblicke von Re (2004) und Jost (2004) sowie das Themenheft «Anfänge und Enden» in *Montage AV* 12,2, 2003. In der filmwissenschaftlichen Literatur finden sich allerdings erstaunlich wenig systematische Entwürfe zum Filmanfang, sieht man von den zahlreichen Dissertationsschriften zu *Titelsequenzen* ab, die den Vorspann vor allem unter der Perspektive des filmischen «Paratextes» diskutieren; vgl. Hogenkamp/van Rongen 1989; Janin-Foucher 1989; de Mourgues 1994; van Genugten 1997; Moinereau 2000; Allison 2001; Re 2006; Böhnke 2007a; vgl. neben diesen auch die Sammelbände von Böhnke/Hüser/Stanitzek 2006 und Tylski 2008. Zum Filmanfang als ein über den Vorspann hinausweisendes Segment existieren demgegenüber nur zwei monografische Studien, Liselotte Espenhahns Wiener Dissertation *Die Exposition beim Film. Ein Beitrag zur Dramaturgie des Films* (1947) und Leopold Joseph Charneys amerikanische Dissertation *Just Beginnings: Film Studies, Close Analysis and the Viewer's Experience* (1993). Der Fokus von Charneys Untersuchung liegt allerdings weniger auf den Eröffnungen (der Autor interessiert sich vorrangig für die Momente vor dem eigentlich narrativen Beginn) oder auf den Titelsequenzen, obschon er vor allem auf diese eingeht. Primär geht es ihm um eine Auseinandersetzung mit bestehenden filmtheoretischen Ansätzen und Methoden der Filmanalyse; zur Kritik daran vgl. Allison 2001, 37-42.

Schlagworte oder auch ‹Leitmetaphern› verschiedenster Provenienz, die das jeweilige Interesse am Gegenstand begrifflich fassen: Der Anfang wurde konzeptualisiert als «Exposition», als «Mikrokosmos» des Werks oder als dessen «Matrix», als «Präludium» oder «Ouvertüre», als «Schwelle» zwischen Nicht-Text und Text, als «Störung», als «Gebrauchsanweisung», als Ort, an dem der «kommunikative Kontrakt» zwischen Text und Adressat geschlossen wird, oder auch als «Versprechen». All diese Zugriffe perspektivieren den Anfang je unterschiedlich, betonen einige seiner Aspekte, lassen andere unberücksichtigt, mehr noch: Sie entwerfen verschiedene Gegenstände. Der folgende Überblick über die unterschiedlichen Modellvorstellungen vom (Film-)Anfang versteht sich nicht als Literaturbericht, sondern diskutiert Ansätze, die paradigmenbildend wirkten, und arbeitet die Metaphern heraus, die für theoretische Positionen stehen.[4]

2.1 Der Anfang als «Exposition»

Die älteste und bis heute tradierte Konzeptualisierung des Anfangs fasst ihn als «Exposition». Sie lässt sich bis auf Aristoteles' poetologische Überlegungen zurückverfolgen. In seiner *Poetik* bestimmt dieser den Anfang folgendermaßen:

> Ein Ganzes ist, was Anfang, Mitte und Ende hat. Ein Anfang ist das, was nicht notwendig etwas Vorangehendes als Voraussetzung hat, nach welchem jedoch naturgemäß ein anderes da sein muß oder aber entsteht (Aristoteles 1972, Übers. v. Walter Schönherr, 31).

Aristoteles' Definition wird gemeinhin so aufgefasst, dass vor dem Anfang tatsächlich nichts komme, dass die Geschichte *ab ovo* anzufangen habe, am voraussetzungslosen Beginn. So einleuchtend diese Festlegung scheint, lässt sie bei genauerer Betrachtung doch Fragen offen: Meint Aristoteles mit der ‹Voraussetzungslosigkeit› tatsächlich den Nullpunkt der Geschichte, mit dem diese zu beginnen habe, oder bezieht er sich auf die Voraussetzungslosigkeit des Verstehens? Und hat er mit Ersterem Recht, kommt vor dem Anfang tatsächlich nichts? Hat nicht jeder Anfang auch eine *Voranfänglichkeit*? Welcher Geschichtenerzähler meint denn wirklich, den ‹absoluten Anfang› getroffen zu haben, wenn er anhebt mit: «Alles

4 Jost (2004) nimmt eine etwas andere Systematisierung als die hier vorgeschlagene vor und unterscheidet folgende Entwicklungsphasen: Der Anfang als «Vorhersage des Endes», als «Präsentation», als «teaser», als «Schwelle», als «Präludium» und als «Versprechen».

begann damit, dass ...»? Keine Geschichte ohne Vorgeschichte. So formuliert denn auch Wilhelm Schapp in seiner Phänomenologie des Erzählens:

> Die erzählte Geschichte steigt nicht aus dem Nichts auf. Man kann ebensogut sagen, sie hat einen Anfang, wie auch: sie hat keinen Anfang, und entsprechend kann man sagen, sie hat ein Ende und sie hat kein Ende. [...] Eine Geschichte mit einem absoluten Anfang oder der absolute Anfang einer Geschichte kann nicht auftauchen (Schapp 1985 [1953], 88).[5]

Laurence Sterne macht sich mit seinem *Tristram Shandy* lustig über das Aristotelische Diktum, indem er die Geschichte seines Helden buchstäblich ‹vom Ei an› (genauer: unmittelbar vor der Befruchtung der Eizelle und damit der Zeugung des Ich-Erzählers) beginnen lässt und so seinen Scherz mit der Anfangssetzung treibt (vgl. Nuttall 2002 [1992], 269).

Tatsächlich ist Aristoteles' zunächst so einsichtige Definition über die *ab ovo*-Festlegung umstritten seit Horaz, der forderte, die Bühnenstücke *medias in res* beginnen zu lassen. Diese älteste Debatte um die Form des Anfangs begründet die bis heute primäre Diskussionslinie: Wo, womit und wie soll eine Fiktion beginnen? Ist der *Anfang des Erzählens* tatsächlich auch *Anfang der Geschichte*? Steht am Anfang notwendig die *Einführung* in die dargestellte Welt und die sich darin entwickelnde Handlung, oder steigt der Autor besser mitten im Geschehen ein? Und wie verfährt er weiter, wie unterrichtet er uns über die Handlungsvoraussetzungen? Die Diskussion um die Form des Anfangs geht einher mit der Frage nach dem Status und der Funktion von *Exposition*. Beginnt ein Stück mitten im Geschehen, fallen also der Anfang der Handlung (der Anfangspunkt des Plots/Sujets) und der Anfang der Geschichte (der Anfangspunkt der Fabel) nicht zusammen, kommt irgendwann der Punkt, an dem Informationen, die für das Verständnis des gegenwärtigen Entwicklungsstandes erforderlich sind, nachgereicht werden müssen.

Aus den gegensätzlichen Positionen von Aristoteles und Horaz ergibt sich bereits die gesamte Problematik der Bestimmung von Exposition, wie am Beispiel des Films erläutert werden soll. Schließlich besteht auch hier die bis heute gebräuchliche Redeweise vom Filmanfang darin, ihn als «Exposition» zu bezeichnen. Ich werde im Folgenden darlegen, was darunter

5 Vgl. Edward Saids einflussreiche kulturwissenschaftliche Studie *Beginnings: Intention and Method* (1975) über «Anfang» und «Ursprung» in Schöpfungsmythen und Literatur, die das Problem, einen Anfang zu setzen, in das Schreiben über den Gegenstand hereinholt und vom Autor daher auch als «Meditation über Anfänge» charakterisiert wird (Said 2002 [1975], 257). Böhnke (2007a, 7) zitiert Niklas Luhmann: «Alles Beginnen beginnt mit Schonbegonnenhaben, also mit einer Paradoxie.» Auf die Frage nach dem ‹Anfang des Anfangs› komme ich in (→) Kap. 3.5 zurück.

verstanden wird, und auf die theoretischen Probleme hinweisen, die mit der Vorstellung vom Anfang als Exposition einhergehen.

Wie viele andere filmdramaturgische Beschreibungsinstrumentarien entstammt auch das Expositionskonzept der Dramaturgie des klassischen Dramas, wo der Begriff folgendermaßen definiert wird:

> *Exposition* [...] bedeutet im Drama die ahnungsvolle und dabei möglichst durchsichtige, von Nebendingen unbeirrte Einführung in die sachlichen und persönlichen Verhältnisse der zu erwartenden dramat. Verwicklung [...] (Schauer/[Wodtke] 1958, 418).

Die Adaption des Konzeptes vom Theater auf den Film ist jedoch nicht ganz unproblematisch, und zwar aus zwei Gründen: Zum einen wird ‹Exposition› bereits in der Theaterdramaturgie und Dramentheorie schillernd gebraucht und in den einschlägigen Entwürfen unterschiedlich verhandelt (vgl. Bickert 1969).[6] Zum anderen erweisen sich die theaterdramaturgischen Modelle oftmals als ungeeignet angesichts des filmischen Repräsentationssystems, das verschiedene Ausdrucksebenen und Symbolsysteme integriert und für die ein anderes Verhältnis von *Sagen* und *Zeigen* gilt als für die Darstellung auf der Bühne.

Die Widersprüche ergeben sich insbesondere aufgrund der auf zwei unterschiedlichen Ebenen angesiedelten Bestimmung von Exposition: Einmal wird sie *funktional* gefasst, über eine Beschreibung der Aufgaben, die ihr für das Dramenganze zukommen, zum anderen wird sie in Hinblick auf ihre *Lokalisierung in der sequenziellen Struktur des Textes* beschrieben und dem ersten Akt des Dramas zugeordnet. Die synonyme Verwendung von ‹Anfang› und ‹Exposition› koppelt die funktionale Bestimmung (einen Gegenstand zu *exponieren*) mit einer morphologisch-textsequentiellen, der Festlegung dieser Funktion auf einen durch Segmentierung klar abgegrenzten *Teiltext*, den Anfang (vgl. z.B. Seger 1987, 4; Field 1991 [1984], 40).[7] Exposition in diesem Verständnis entspricht dem, was in Drehbuchmanualen gemeinhin als *set up* bezeichnet wird (vgl. das Schaubild in Hant 1992, 77),[8] dem Anfang bis zum Einsetzen

6 Bickerts Marburger Dissertation ist eine bis heute maßgebliche Darstellung der divergierenden Bestimmungen von Exposition in der Dramentheorie; zur Geschichte des Begriffs vgl. ibid, 39. Vgl. auch Pütz 1970; Pfister 2000 [1977]; Asmuth 1997 [1980], 102ff.

7 Solcherart entwirft auch Espenhahn in *Die Exposition beim Film* (1947) ihren Gegenstand: In Anlehnung an theaterdramaturgische Konzepte in der Folge von Gustav Freytags Pyramidalstruktur der klassischen Tragödie unternimmt sie den Versuch seiner formalen und funktionalen Bestimmung.

8 Der Begriff *set up* (zuweilen auch *setup*) bezeichnet ursprünglich das Arrangement der Kamera, manchmal auch das Einrichten von Kamera, Licht, Szenenbild und Ausstattung für die zu drehende Einstellung und wurde erst später im hier genannten dramaturgischen Sinn gebräuchlich.

der ‹eigentlichen› Handlung, dem so genannten *point of attack* (→ Kap. 3.8.5).

Der Exposition wird dabei zugesprochen, von anderer Funktion und anderem Erzähltempo zu sein als die nachfolgenden Handlungspassagen, für deren Verständnis sie die Voraussetzung zu liefern habe. So formuliert etwa Vale:

> [...] wir [müssen] unserer Informationspflicht zu Beginn der Geschichte in stärkerem Maße nachkommen [...] als gegen Ende. Da der Zuschauer anfangs überhaupt nichts weiß, möchte man ihn gerne sofort mit möglichst vielen Fakten eindecken. Denn erst wenn er ein bestimmtes Quantum an Wissen zusammengetragen hat, ist er in der Lage, emotional zu reagieren.
> Folglich ist der erste Teil jeder Geschichte der Übermittlung solcher Tatsachen gewidmet, die das Publikum auf die anschließenden Szenen voller Dramatik einstimmen sollen. Es ist gewiß keine leichte Aufgabe, alle Hauptinformationen zu liefern, ohne dabei ein zu langsames Erzähltempo oder gar Langeweile zu erzeugen. Gerade an der gelungenen Lösung dieses Problems erkennt man den erfahrenen Drehbuchautor (Vale 1992 [1944/1972], 83).

Die verschiedenen dramaturgischen Expositionskonzepte ergeben in der Summe einen Aufgabenkatalog an den Anfang/die Exposition, den Knut Hickethier in normativer Festlegung so umreißt:

> Der *Anfang* ist als *Exposition* der Figuren und der Situation notwendig, um uns als Zuschauer an die Geschichte heranzuführen, uns vertraut zu machen mit den Figuren, mit einer Situation, mit einem Konflikt. Der Anfang enthält auch die Vorgeschichte, hier wird das Wissen vermittelt, das notwendig ist, um die Figuren in ihrer Situation zu verstehen, um die Konstellationen zwischen ihnen zu begreifen, all das, was der Zuschauer wissen muß, um dem Geschehen, das dann stattfindet, folgen zu können (1993, 121; Herv.i.O.).

Weitere Forderungen an die Exposition beziehen sich nicht auf die Ebene der Handlung, sondern über diese hinaus auf die Einführung des Themas, der Genrezugehörigkeit sowie des Stils. Außerdem soll die Exposition die «Grundstimmung» oder den «Tonfall» des Stückes etablieren. Und: Sie habe das Interesse des Zuschauers zu wecken und Spannung aufzubauen (Bickert 1969, 8f). Ihr kommen so neben den informativen auch phatische und affektmodulierende Funktionen zu.

Die Aufgaben der Exposition lassen sich im pragmatischen Sinn profilieren. Hier sei die These aufgestellt, dass sich in Passagen, die vorrangig der Exposition dienen, eine besondere *didaktische Hinwendung* zum Zuschauer abzeichnet: Dieser soll sich schnell und eindeutig orientieren und Erwartungen auf das Kommende aufbauen können. Im Zentrum der vielfältigen Anforderungen an Exposition steht sowohl die Aufgabe, in die Handlung einzuleiten, was über die Vermittlung von Informationen über Charaktere, narrative Prämissen und Konfliktpotenziale erfolgt, als auch die Einführung des Zuschauers in die spezifische textuelle Form und seine Bindung an den Text. Diese beiden Funktionskreise sind zwar miteinander verbunden, sie berühren jedoch *unterschiedliche Dimensionen des Textes*: Während der eine auf das Etablieren der Elemente und Ereignisse der Geschichte gerichtet und also *plotbezogen* ist, bezieht sich der andere auf das *kommunikative Verhältnis,* das am Anfang festgelegt und ausgestaltet wird. Diese Doppelorientierung von Exposition wie ihre besondere didaktische Ausrichtung ist für das hier zu entwickelnde pragmatisch-funktionale *Initiationsmodell* zentral, das in Kapitel 3 (→) vorgestellt wird.

Ein zweiter Widerspruch in den einschlägigen Expositionskonzepten ergibt sich aufgrund einer einschränkenden Bestimmung als «Umschlagplatz für Handlungsmaterial der Vergangenheit» (Pütz 1970, 166).[9] Mit dieser auch in Filmdramaturgien gebräuchlichen Redeweise (vgl. z.B. Potter 1990, 87; Miller 1988, 57f) wird die Funktion von Exposition beschrieben als Vermittlung von Informationen über die *Vorgeschichte,* die zeitlich vor dem Plotbeginn liegt. Ältere Theaterdramaturgien sprechen hier von «Vorfabel» (Schauer/[Wodtke] 1958, 418), zeitgenössische Filmdramaturgien nonchalant von *back story,* verstehen diese jedoch eingeschränkter als Biografie der Protagonisten vor dem Ausgangspunkt der Geschichte, in der sie agieren (vgl. z.B. Seger 1990; Krützen 2004, 25, 262 passim). Vorteil einer solchen Definition von Exposition ist, dass mit dem Faktor ‹erzählte Zeit› ein eindeutiges Bestimmungskriterium vorliegt.

Dieser Auffassung folgt auch der Narratologe Meir Sternberg, der mit *Expositional Modes and Temporal Ordering in Fiction* (1978) die bis heute einflussreichste Studie zur Exposition, ihren narrativen Funktionen und Formen sowie ihrer Lokalisierung in literarischen Fiktionen vorgelegt hat (vgl. auch Sternberg 1974). Sternberg fasst Exposition aus rezeptionsästhetischer Perspektive als strategisches Mittel im Rahmen eines zeitlich limitierten, Zeit manipulierenden und die Informationsvergabe kontrollierenden Erzähltextes und beschreibt, ausgehend von der Fabel/Sujet-Distinktion der russischen Formalisten, Exposition als solche Fabelteile, die vor dem Anfang des Sujets, d.h. vor der «fiktiven Gegenwart» (*fictive present*) der

9 Hebenstreit definiert: «Im Schauspiel heißt Exposition die Auseinandersetzung dessen, was sich bereits ereignet hat, bevor die vom Dichter dargestellte Handlung ihren Anfang nahm» (1978 [1843], 254). Schultheis (1971) diskutiert Exposition in diesem Sinne ausdrücklich als Problem der «Dramatisierung von Vorgeschichte».

Geschichte liegen (ibid., 21).[10] Da das Festhalten an der Chronologie nur eine mögliche Aktualisierungsform der Erzählung darstellt, ist eine normative Festlegung von Exposition auf den Textanfang nicht haltbar. Sie kann in «einleitender und konzentrierter» Form (*preliminary and concentrated exposition*) in der Anfangsphase erfolgen, muss dies jedoch nicht.

Die filmnarratologischen Entwürfe von Bordwell und Branigan übernehmen dieses Expositionskonzept für den Spielfilm. Bordwell erklärt ‹Exposition› folgendermaßen:

> Exposition is measured with respect to what theorists of drama call the ‹point of attack,› that juncture in the fabula that forms the initial ‹discriminated occasion› in the syuzhet. But the receiver of the narrative must be informed of the fabula events previous to this initial scene. The transmission of this information is the task of the exposition [...] (1985, 56).

Und bei Branigan heißt es: «[...] an *exposition* gives information about past events which bear on the present» (1992, 18; Herv.i.O.). Textanfang und Exposition sind folglich nicht synonym, sondern bezeichnen distinkte Größen mit je spezifischen Funktionen. Ähnlich argumentiert Manfred Pfister:

> Wenn wir jedoch Exposition definieren als die Vergabe von Informationen über die in der Vergangenheit liegenden und die Gegenwart bestimmenden Voraussetzungen und Gegebenheiten der unmittelbar dramatisch präsentierten Situationen, wird sofort deutlich, daß sich weder die Exposition auf die Eingangsphase des Textes beschränken, noch die Informationsvergabe in der Eingangsphase des Textes in der Expositionsfunktion aufgehen muß (Pfister 2000 [1977], 124).

Exposition in diesem Verständnis kann zum einen «aufgeschoben» werden (*delayed exposition*): Detektiv-Geschichten nach dem Muster des Whodunit mit ihrer retardierenden Struktur lenken beispielsweise die Neugier des Lesers auf den Textschluss, an dem konventionellerweise die fehlenden Informationen nachgereicht, die Hinweise verbunden und so die Frage

10 Nur am Rande sei bemerkt, dass von dieser Festlegung der Exposition auf Fabelteile, die in der Chronologie der Ereignisse am Anfang stehen, abgewichen werden kann: So nutzen THE TERMINATOR (James Cameron, USA 1984) und das Sequel TERMINATOR 2: JUDGMENT DAY (James Cameron, USA 1991) Handlungsteile, die in der Ordnung der Fabel *am Ende* stehen, als Exposition. In TERMINATOR 2 kommt ein menschenähnlicher Kampfroboter aus der Zukunft, um zu verhindern, dass der Junge umgebracht wird, der später als Erwachsener auf der atomar verseuchten Erde den Widerstand gegen die Maschinenwesen anführen wird. Gleichzeitig gilt es, die technischen Entwicklungen zu verhindern, die den Bau der Roboter in der Zukunft möglich machen (in logischer Konsequenz muss sich der Terminator am Ende selbst vernichten). Der Film spielt – ähnlich wie BACK TO THE FUTURE (Robert Zemeckis, USA 1985) – mit der Zeitkonstruktion und der Verwirrung der kausalen Kette; vgl. Thompson 1999, 77-102.

nach der Identität des Mörders beantwortet wird. Hier liefert das Ende die zur Konstruktion der Fabel und damit zum Verständnis der Geschichte notwendige Exposition (Sternberg 1978, 182; vgl. Richardson 2002b, 249). Zum anderen muss Exposition auch nicht als isolierbarer Teiltext vorliegen, sondern kann in Form *expositorischer Informationen* sukzessive über den Gesamttext verteilt werden (*distributed exposition*) (Sternberg 1978, 56ff).[11] Schließlich sei der Hinweis Pfisters betont, dass nicht sämtliche Informationen der Anfangsphase unter ‹Exposition› zu subsumieren sind. So differenziert auch Branigan zwischen *orientation* und *exposition* als verschiedenen Formen der Informationsvergabe:

> An *orientation* is a description of the present state of affairs (place, time, character) while an *exposition* gives information about past events which bear on the present (1992, 18; Herv.i.O.).

Die ‹Orientierung› entspricht damit dem dramaturgischen *set up*; ihr wird eine *beschreibende* Funktion innerhalb der Narration zugewiesen. Bei der Redeweise von ‹Exposition› als einer spezifischen Form der Informationsvergabe über Ereignisse vor dem Nullpunkt des Plots ist dagegen unklar, ob sie sich modal von den umgebenden narrativen Strategien des Textes unterscheidet. Der Gedanke von Exposition als Teiltext («an exposition») scheint hier jedenfalls nicht aufgegeben. Sowohl Orientierung als auch Exposition wird bei Branigan kein festgelegter Ort im narrativen Verlauf zugewiesen, doch sind in diesem Verständnis Textanfänge als bevorzugte Orte beider Erzählfunktionen und Auflösungen am Textschluss zusätzlich als Umschlagplatz von Exposition charakterisiert (vgl. Branigans Erzählschema, ibid., 17).

Die an der dramaturgischen Redeweise von «Vorfabel» angelehnte Auffassung von Exposition ermöglicht es, Exposition als eine *Funktion* (neben anderen) jedweder Textteile zu verstehen, allerdings – darauf sei hingewiesen – stellt diese Definition zugleich eine funktionale Verengung gegenüber der Bandbreite von Funktionen dar, welche der Exposition in der klassischen Dramaturgie, oft aber auch in der Drehbuchliteratur zugesprochen wird.

Zur Bestimmung von Exposition im Erzählkontext

Die Fabel/Sujet-Unterscheidung und damit der Faktor ‹erzählte Zeit›[12] dient Meir Sternberg in seinem Expositionsmodell als *quantitativer Indikator*

11 Vgl. Egri (1960 [1946], 235), eine der wenigen Filmdramaturgien, in der für die strikte Unterscheidung von Anfang und Exposition plädiert wird.

12 Insgesamt bildet die Frage nach den Formen des «telling in time», d.h. die Untersuchung der Entfaltung der Erzählung in der Zeit sowie die narrativen Möglichkeiten

zur Bestimmung von Exposition im Erzählkontext. Dieser quantitative Indikator nun ist ein starkes, aber gleichwohl kein hinreichendes Kriterium zur Festlegung von Exposition und wird daher mit *qualitativen Indikatoren* abgesichert. Sternberg nimmt an, dass Exposition in einem von den zentralen Handlungsereignissen unterscheidbaren Modus gehalten ist; in diesem Sinn bemerkt auch Chatman: «Exposition is traditionally done in the summary mode» (1989, 67). Sternberg beschreibt also das Verhältnis der Zeitebenen als korreliert mit der Textur der Segmente, welche bestimmbar ist über Kriterien wie ‹Spezifität›, ‹Konkretheit› und ‹Dynamik› der repräsentierten Ereignisse: Langwierige und alltäglich ablaufende Vorgänge werden nur kurz geschildert und können daher weder eine konkrete Gestalt annehmen noch dynamisch sein.

Bei der Frage nach Bestimmung und Abgrenzung expositorischer Passagen müssen demnach immer zwei Fragen kombiniert werden:

1. die Frage nach dem *quantitativen Unterschied* des Verhältnisses von Erzählzeit/erzählter Zeit zwischen verschiedenen Textsegmenten (untersucht wird der Umgang mit den Möglichkeiten zeitlicher Manipulation);

2. die Frage nach *qualitativen Unterschieden* (d.h. danach, wie genau und anschaulich erzählt wird), im Einzelnen: Wird ein gewöhnlicher Zustand geschildert oder ein außergewöhnliches Ereignis, das gerade in diesem Moment passiert? Ist die Schilderung allgemein oder konkret? Und ist das Geschehen stabil und statisch (d.h. handelt es sich um wiederkehrende Motive?) oder dynamisch, in Entwicklung begriffen, und bringt so ein destabilisierendes Moment in die Ausgangslage ein? (vgl. Sternberg 1978, 24-26).[13]

Die dynamischen Teile werden zu Kausalketten verbunden und führen zu einem Netzwerk von Ursache und Wirkung, das die Handlung bildet. Dagegen erfordere die Integration statischer Teile in die Narration notwendig ihre Behandlung als Exposition:

> The only way in which the reader can integrate these static motifs into the tale's structure of meaning is to grasp them as what Balzac called «les prémisses à une proposition,» that is, as *expositional elements* that introduce us

der Manipulation von Erzählzeit und erzählter Zeit das übergeordnete Interesse Sternbergs an der Expositionsproblematik, wie spätere Arbeiten (vgl. etwa Sternberg 1990) verdeutlichen.

13 Als Anleitung zur Bestimmung von Exposition fasst Sternberg zusammen: «[...] the systematic application of this set of factors confirms our conclusion about the temporal boundaries of the exposition and the materials that compose it. We simply have to compare the presentation of motifs in the two sequences and note the temporal point in the fabula at which the action is scenically dynamized in the sujet. All the motifs from the beginning of the fabula up to this *terminus ad quem* are expositional» (1978, 30f; Herv.i.O.).

> into the fictive world, establish its canons of probability, and serve as the groundwork on which the particular narrative edifice is to be erected (Sternberg 1978, 26; Herv.i.O.).

Hier zeigt sich das fundamentale Problem der Redeweise von Exposition in zweierlei Hinsicht: Zum einen trennt Sternberg die Ebene der *Handlung* und die des *narrativen Diskurses* nicht strikt voneinander. Selbstverständlich sind in einer Erzählung ‹statische› Textsegmente denkbar, die nicht in die Kausalkette integriert werden können und dennoch nicht als Exposition aufzufassen sind. Ein Beispiel wären beschreibende Passagen. Das Gleiche gilt, wenn der Erzähler die Handlung unterbricht, um einen Kommentar abzugeben oder die eigene Erzähltätigkeit zum Gegenstand der Reflexion zu machen. In diesem Fall liegt ein Wechsel zu einer metadiegetischen Ebene oder zu einer erzählerischen Rahmensituation vor, nicht jedoch notwendig Exposition. Ein solches Vorgehen gehört aber durchaus zu den Probabilitäten der fiktionalen Welt und des narrativen Diskurses, auf die der Leser vorbereitet werden muss, d.h. die «canons of probability» der Fiktion, von denen Sternberg spricht, sind eben nicht ausschließlich als handlungsbezogen zu verstehen.

Zum zweiten, und dieser Einwand wiegt schwerer, schließt Sternberg ‹Exposition› aber wiederum mit der *Einführungsfunktion* am Textanfang kurz und verlässt damit seine eigene enge Definition über den quantitativen Indikator. Denn die Einführung des Lesers in die Probabilitäten der erzählten Welt oder in die werkinternen Regularien des Erzählens sind ja nicht an Informationen über die vorangegangenen Ereignisse gebunden, die der Leser zur Konstruktion der Fabel benötigt. Diese Diskussion der internen Widersprüchlichkeiten von Sternbergs grundlegender Theorie soll hier nicht vertieft werden. Wichtig scheint mir, dass sein Expositionskonzept über den «qualitativen Indikator» anschließbar ist an die in der Texttheorie gängige Redeweise von ‹expositorischen Texten› als *erklärenden*, ein Thema entfaltenden, nicht-narrativen Textsorten (vgl. Chatman 1990, 6).[14] Bezieht man sich auf diese Begriffstradition, dann würde sich

14 Chatman unterscheidet «Narration» von den Textsorten «Argument», «Beschreibung» und «Exposition», weist aber darauf hin, dass die gängige Definition von «Exposition» als «erklärender, erläuternder, ausführender» Text problematisch sei, da hierfür immer auch auf Beschreibung oder Argumentation zurückgegriffen werde; vgl. 1990, 6. Einem ähnlichen Konzept von Exposition folgt auch Bill Nichols und leitet daraus einen der grundlegenden Repräsentationsmodi des Dokumentarfilms ab. Er betont die spezifisch pragmatische Dimension des expositorischen Modus, die sich vor allem im rhetorischen Mittel der Direktadressierung des Zuschauers zeige; vgl. 1981, 170-207; 1991, 34ff; vgl. die kritische Darstellung in Decker (1994) und Bruzzi (2000, 47ff). Zur Klassifikation narrativer und nicht-narrativer filmischer Organisationsformen vgl. Bordwell/Thompson 1986 [1979] sowie Borstnar/Pabst/Wulff 2002, 35-40.

Exposition im übrigen auch auf Informationen erstrecken, die nicht unmittelbar plotbezogen sind, sondern etwa die Psychologie der Charaktere oder auch den Vermittlungsmodus betreffen (so dieser, wie beim selbstreferenziellen oder autothematischen Erzählen, explizit dargelegt wird) und über den ganzen Text hinweg verfolgt werden können.[15] Anzumerken ist, dass die ‹expositorische Darlegung› im Rahmen des Erzähltextes selbstverständlich eine narrative Technik bleibt: Sie unterbricht vielleicht die Handlung, nicht aber das Erzählen.

Das Expositorische als Mitteilungsmodus

Von den bisherigen Ergebnissen sei festgehalten: Für die vorliegende Untersuchung, die, wie im nächsten Kapitel ausgeführt wird, nach den Formen der Informationssteuerung und Wissensregulation in der Eingangsphase des Erzählprozesses fragt, ist von einer Redeweise von ‹Exposition› abzurücken, die vorrangig an der dramaturgischen Gestalt und Wohlgeformtheit sowie am Verhältnis von Textteil und Textganzem orientiert ist. Ich plädiere stattdessen für ein strikt funktionalistisches Konzept des *Expositorischen* und begreife es als einen spezifischen *Mitteilungsmodus*, der in Strategien der Themenentfaltung, der Ausgestaltung von Charakteren oder der Explikation der (Vor-)Geschichte eingebunden ist. Das Expositorische zeichnet sich durch seine besondere *didaktische Ausrichtung* und einen erhöhten Grad an *Reflexivität* aus, indem es auf eine diese Informationen offerierende und ‹beibringende› narrative Instanz verweist und damit auf das kommunikativ-pragmatische Verhältnis. Beide Konzepte sind indes aufeinander beziehbar, denn es bleibt festzuhalten, dass die ‹Exposition› des Films (im tradierten Verständnis) respektive der Filmanfang den bevorzugten – jedoch nicht ausschließlichen – Ort des ‹Expositorischen› bildet.[16]

15 Die expositorische Darlegung bezieht sich für gewöhnlich auf handlungsrelevante Informationen. Zuweilen werden aber auch Textstatus, generische Zugehörigkeit, Intentionen des Erzählers oder auch das kommunikative Gefüge explizit dargelegt, so z.B. in Ross McElwees SHERMAN'S MARCH (USA 1987), in welchem der Filmemacher in Direktadressierung der Kamera das dokumentarische Projekt als eine Art «filmische Selbsterkundung» vorstellt. Zu nennen wären in diesem Zusammenhang auch Spielfilme, deren Anfänge die mediale Verfasstheit des Textes thematisieren wie Jean-Luc Godards LE MÉPRIS; vgl. dazu Odin 1986; Leutrat 1986; Marie 1990; Stam 1992 [1985], 58-60.

16 Wenn man das Expositorische als Mitteilungsmodus fasst, lässt es sich auch rückbeziehen auf die in der linguistischen Literaturwissenschaft getroffene Unterscheidung verschiedener Formen des Textbeginns. Die Form der präliminaren und konzentrierten Exposition, die ihren Zuschauer so fürsorglich wie didaktisch in die Geschichte einführt, entspricht dann dem *emischen Textbeginn*, wie ihn Harweg (1968) beschrieben und vom *etischen Textbeginn* unterschieden hat. Während der emische Textbeginn seinem Leser die Prämissen der Geschichte erklärt und alles für das Verständnis Notwen-

Zur Verdeutlichung dieser Differenzierung von Textteil und Textfunktion sei auf die eingangs erwähnte mediale Verfasstheit des Repräsentationssystems Film verwiesen: Im Film wird eine Geschichte in erster Linie *erzählt*, indem etwas auf der Leinwand *gezeigt* wird. So formuliert Wuss kategorisch:

> [...] im Verhältnis zur literarischen Kommunikation wird in der filmischen das Zeigen dominieren. Dies hängt damit zusammen, daß dort die Zeigeprozesse die obligatorische und unabdingbar notwendige Basis für die Kommunikation bilden: Wo nichts gezeigt wird, findet Filmerleben nicht statt. Bei der Modellierung der filmischen Kommunikations- und Rezeptionsprozesse muß folglich vor allem vom Zeigen ausgegangen werden (1993a, 79f).[17]

Diese These ist nun nicht so aufzufassen, dass der Spielfilm grundsätzlich ohne den Modus des Sagens auskomme. Mit Wuss ist vielmehr von einem «*Kontinuum von Sagen und Zeigen*» (ibid., 79; Herv.i.O.) auszugehen, in dem sich der Film spezifisch verorte. Ich möchte es konkreter fassen: Die Mitteilungsformen des Sagens und Zeigens oder des «Mitteilens» und «Darstellens» (Wulff 1999a) sind auf komplexe Weise korealisiert, sie sind «gleichzeitig in der filmischen Materie manifestiert, gehören allerdings zu verschiedenen Stufen der Textkonstitution» (ibid., 63), wie in Kapitel 3.8.6 (→) erläutert werden soll.

Von dieser Diskussion aus lässt sich der Bogen zurückschlagen zu praktischen Überlegungen zur filmischen Exposition, wie sie frühe Filmdramaturgen und -theoretiker wie Urban Gad, Rudolf Arnheim, John Howard Lawson oder Ernst Iros angestellt haben.[18] Arnheim etwa fordert für den Film den Einstieg *medias in res* und die Auflösung von abstrakter Sprache in konkrete Bilder, um die Handlung nicht zu überfrachten und dennoch

dige erläutert, scheint der etische Textbeginn vorauszusetzen, dass man sich bereits im Referenzfeld des Textes auskenne. Ersichtlich wird das in der Verwendung der Pronomina: Der emische Beginn versieht seine Figuren und Schauplätze mit unpersönlichen Artikeln («ein Mann», «eine Stadt» ...) und spezifiziert diese hernach allmählich. Im etischen Textbeginn ist dagegen ganz selbstverständlich von «der Mann», «Jakob Meier» oder «die Stadt» die Rede, als sei davon auszugehen, der Leser wisse, welche Person und welche Stadt gemeint sind. Als Beispiel mag der berühmte Anfangssatz von Uwe Johnsons *Mutmaßungen über Jakob* (1959) dienen: «Aber Jakob ist immer quer über die Gleise gegangen.»

17 Zur Gegenüberstellung von Sagen (*telling*) und Zeigen (*showing*) vgl. neben Wuss auch Branigan 1992, 146ff. Wulff (1999a, 63f) liefert eine knappe, aber überaus konzise Diskussion der Sagen/Zeigen-Distinktion und verhandelt das Zeigemoment des Films als grundsätzlich reflexive Bezugnahme. Damit steht er in konträrer Auffassung zu Kozloff (1988, 12ff), die *showing* als «objektive», *telling* dagegen als «subjektive» Form des Mitteilens begreift. Die phänomenologischen Unterschiede des Erzählens im Vergleich von Literatur und Film diskutiert Chatman (1990).

18 Vgl. Gad o.J. [1921], 38-40; Arnheim 1979 [1932], 167-172; Lawson 1985 [1936], 233-244; 1967 [1964]; Iros 1957 [1938], 192-194.

ihre Prämissen hinreichend zu verdeutlichen (1979 [1932], 168ff). Er formuliert damit Kriterien einer filmspezifischen Erzählweise, die dem Modus des Zeigens verpflichtet ist. Und Urban Gad schreibt, der Film solle nicht erzählen, sondern seinen Zuschauer die Geschichte «erleben» lassen. Er betont gleichfalls die Notwendigkeit, die Exposition an Handlung zu knüpfen, weil im Film «alles in der Gegenwart vor[zu]führen» sei (o.J. [1921], 39). Diese Forderungen der ersten Filmtheoretiker und -dramaturgen sind bis heute ähnlich in nahezu allen Drehbuchhandbüchern nachzulesen. Demnach sind expositorische Momente in der Regel an szenische Darstellungen geknüpft und in ihnen korealisiert. Wenn Bordwell daher – Sternbergs Typologie von Exposition folgend – das bevorzugte Verfahren im klassischen Hollywood-Kino in Übereinstimmung mit der Form «einleitender und konzentrierter» Exposition sieht, dann charakterisiert er damit die rasche, eindeutige, durchaus auch auf Schaffung von Redundanz zielende Informationsvergabe am Filmanfang. Diese erfolgt jedoch in der Regel gerade *nicht* in einer isolierten Phase mit einer spezifischen, von den übrigen Szenen abweichenden Textur, sondern ist, wie Bordwell selbst bemerkt, mit der Handlung verwoben (Bordwell/Staiger/Thompson 1985, 37 passim; vgl. Eder 1999, 56). Die kategorielle Zuweisung beschreibt damit das nicht nur für das klassische Kino typische Verfahren der *Komprimierung* zahlreicher verschiedener, *auch* expositorischer Informationen in den ersten Szenen.

Für ein pragmatisch-funktionalistisches Modell des Filmanfangs sind die expositorischen Anteile von zentraler Bedeutung, sind sie doch beschreibbar als eine Art Schaltstelle, die zwischen den Intentionen des Textes, einen Gegenstand zu exponieren, und den darauf antwortenden Rezeptionsoperationen vermittelt (ähnlich auch Sternberg 1978, 32). Die expositorische Funktion erweist sich als doppelt verankert: Zum einen bezieht sie sich auf die Ebene der Geschichte, zum anderen auf die Rezipientenführung durch den Text. Der expositorischen Funktion als einer besonderen Vermittlungs- oder ‹Beibringestrategie› innerhalb der narrativen Didaxe des Film(anfang)s korrespondiert eine *initiatorische*, und dies quer durch die verschiedenen Register des Textes, wie ich in Kapitel 3 (→) darlegen werde.

2.2 Der Anfang als «Mikrokosmos» und Poetik des Anfangs

Viele Analysen von Anfängen aus Literatur- wie Filmwissenschaft prägt die Idee, sie als exemplarisch für das Werkganze zu nehmen. Der *Mikrokosmos des Anfangs* spiegele den *Makrokosmos des Werkes* wider. Die Analyse des Anfangs liefere folglich Einsichten in den Roman oder Film insgesamt, in ihre Form- und Strukturprinzipien. Hier zeige sich die ‹Handschrift› des *auteur*, der Anfang fungiere als Abdruck seines Personal- oder Werkstils.[19] Diese Konzeption schließt an die literaturwissenschaftlichen Überlegungen zur *Poetik des Romananfangs* an.

Die Idee einer «Poetik des Anfangs»[20] lässt sich bis zu Aristoteles zurückverfolgen und wurde dezidiert zum ersten Mal von Paul Valéry formuliert, der eine Anthologie von Romananfängen herausgeben wollte, um darüber zu einer umfassenden Gattungspoetik zu gelangen. Diesen Ansatz, der von Valéry nie umgesetzt wurde, hat u.a. Norbert Miller (1965 u. 1968) aufgegriffen; der Grundgedanke liest sich bei ihm wie folgt:

> Tatsächlich spiegelt der Mikrokosmos eines Romaneingangs in seinen Stilmöglichkeiten und Variationen, in seiner Konventionalität oder in seiner Originalität, kurz in seinem Verhältnis zur Welt der Fiktion überhaupt, den Makrokosmos des Romans und die Konzeption seiner jeweiligen Autoren (1965, 8).

Miller versprach sich von seinen Untersuchungen Aufschluss für ein solches poetologisches Projekt und verlieh der Überzeugung Ausdruck, «daß eine Poetik des Romananfangs zugleich eine Poetik des Romans überhaupt darstelle» (1968, 15). Entsprechend könnte die poetologische Untersuchung von Filmanfängen als Grundlegung der Bauformen des Spielfilms dienen. Eine komparatistisch angelegte Studie könnte die Erzählkonventionen und historischen Stilistiken distinkter Filmschulen, -bewegungen, -genres,

19 So arbeitet Genné (1983) den Stil der Musicals von Vincente Minnelli anhand der Eröffnungsszene von MEET ME IN ST. LOUIS (USA 1944) heraus; Armes (1979) geht es in seiner minutiösen Analyse des Eröffnungssegments von Alain Robbe-Grillets L'IMMORTELLE (F/I 1963) darum, die komplexe Struktur herauszupräparieren und das bis dato vernachlässigte Werk innerhalb des Œuvres dieses (Film-)Autors zu profilieren; Arthur (1989) untersucht die Anfänge der Filme von Orson Welles, die er als «Epitaph» ihres *auteur* fasst; Rauger (1996) analysiert die Eröffnungen bei Jean-Pierre Melville in Hinblick auf dessen Stil, und Jousse/Toubiana (1996) fragen, inwiefern Melvilles Anfänge von Einfluss auf andere Filmemacher waren; Tinazzi (2004) nimmt den «Prolog» von L'AVVENTURA (I/F 1960) als Indikator des Erzählstils von Michelangelo Antonioni; und Herpe (1995) weist auf den selbstreferenziellen Stil Sacha Guitrys hin, der sich bereits in seinen Titelsequenzen zeige.

20 Die Vorstellung einer «Poetik des Anfangs», wie sie in der vorliegenden Studie verschiedentlich aufgegriffen wird, verdankt sich der neoformalistischen Anverwandlung des Poetik-Konzeptes aus dem russischen Formalismus. Unter Bezug auf das griechische *poíesis*, das sich sinngemäß als «aktives Machen» übersetzen lässt, konzipieren Formalismus und mit ihm der neoformalistische Ansatz Poetik als eine wissenschaftliche Methode, die auf ‹Verfahrensbeschreibung› zielt. Für die russischen Formalisten ist das Kunstwerk «Summe seiner Verfahren» (Šklovskij 1987 [1916]). Poetik zielt entsprechend auf die Prozesse und Konventionen der Kunstproduktion, des schöpferischen Aktes sowie auf die Einschätzung und Bewertung von Kunstwerken. Im Zentrum poetologischer Beschreibung und Bewertung stehen Thematik, Konstruktionsform und Stilistik; vgl. Bordwell 1983; 1989a, 263-274.

-kulturen und Produktionssysteme erhellen und so zu einer *Stilgeschichte des Films* beitragen.

Gegenüber der Fülle von einschlägigen Arbeiten auf dem Gebiet der Literaturwissenschaft[21] nimmt sich das Projekt einer *Poetik des Filmanfangs* allerdings bis dato bescheiden aus. Gleichwohl gibt es Entwürfe, die ein poetologisches Interesse verfolgen, so etwa Espenhahns bereits genannte Studie zur filmischen Exposition, in der die Autorin verschiedene Bauformen des Anfangs oder eben der Exposition unterscheidet. Sie differenziert, Ernst Iros' *Wesen und Dramaturgie des Films* (1957 [1938]) folgend, zwischen «dramatischen», «epischen» und «lyrischen» Formen und kontrastiert sie nach Art des zentralen Konfliktes sowie nach ihrer dramaturgischen Gestalt. Überlegungen zur Differenzierung der Bauformen, die einem poetologischen Interesse im weitesten Sinne folgen, finden sich auch bei Oksana Bulgakowa (1990), welche die Anfangsweisen von «Genrekino», «Autorenkino» und «Stilisierung des Genrekinos» kontrastiert und darüber Aufschluss über unterschiedliche Erzählformate des Films zu gewinnen sucht. Thomas Christen (1990) stellt eine erste Typologie von Spielfilmanfängen auf, und Michel Marie (1980b) vergleicht «traditionelle» und «moderne» Eröffnungstechniken im französischen Film[22] – ein Gedanke, der von

21 In der literaturwissenschaftlichen Forschung, wo die Beschäftigung mit der Problematik des Werkeingangs eine lange Tradition aufweist, ist vor allem die Frage der Bauformen immer wieder thematisiert worden. Die ersten bedeutenden deutschsprachigen Studien dazu stammen aus den Jahren 1902 (Robert Riemann zu *Goethes Romantechnik*) und 1913 (Fritz Leib zu *Erzählungseingängen in der deutschen Literatur*); in den 1960er Jahren legten der von Norbert Miller herausgegebene Sammelband *Romananfänge* (1965) und Millers Dissertation *Der empfindsame Erzähler* (1968) den Grundstein für die Systematisierung der diesbezüglichen germanistischen Forschung. Hingewiesen sei daneben auf Studien von Riebe (1972); Hertling (1985); Erlebach (1990); für die anglo-amerikanische Literaturwissenschaft auf Rosner (1978); Willson (1995); Nuttall (1992) sowie auf das von Dunn und Cole herausgegebene Themenheft der *Yale Classical Studies* (1992); für die romanistische auf Sabbah (1991); Verrier (1992); Del Lungo (1997; frz. 2003); Pérès (2005). Für die vorliegende Untersuchung von besonderer Bedeutung ist die Studie von Sternberg zur Exposition (1978), auf die im letzten Abschnitt ausführlich eingegangen wurde. Außerdem widmen sich eine Reihe nicht genuin wissenschaftlicher Veröffentlichungen den Bauformen des Romananfangs, so etwa der wunderbare Essay-Band *So fangen die Geschichten an* (1997) von Amos Oz, der Abschnitt «Anfang» in David Lodges *Die Kunst des Erzählens* (1998 [1992]) sowie die verspielte Sammlung *Romananfänge: Rund 500 erste Sätze* von Harald Beck (1992); vgl. ähnliche Bücher von Aumaier (1995), Fruttero/Lucentini (1993), Navarre (1983) und Wolkerstorfer (1994). Hingewiesen sei schließlich auf Italo Calvinos berühmten ‹Metaroman› *Se una notte d'inverno un viaggiatore* (1979, dt.: *Wenn ein Reisender in einer Winternacht*, 1983), der nach dem Prinzip der ‹Puppe-in-der-Puppe› zehn verschiedene Romananfänge ineinander verschachtelt.

22 Vgl. ähnlich Kolker (1983, 174-178), der den Anfang von A Bout de souffle als Beispiel modernistischen Erzählens der *nouvelle vague* untersucht, sowie Marie (1981), der die symbolisierenden Elemente im Prolog von Un Chien andalou aus strukturalistisch-psychoanalytischer Perspektive betrachtet und die Eröffnungsstrategien ebenfalls als modernistisches Kennzeichen beschreibt.

Francis Vanoye (2005 [1991]) mit dramaturgischem Interesse aufgegriffen wurde. Olivier Zobrist stellt Anfänge von Filmen der französischen *tradition de la qualité* denen der *nouvelle vague* gegenüber. Er untersucht die in beiden stilistischen Bewegungen jeweils bevorzugten Eröffnungstechniken, Strategien des Etablierens der Diegese und der narrativen Entfaltung wie der expositorischen Darlegung (Zobrist 2000; vgl. auch 2003). Es gelingt ihm, die Filmanfänge nach Art der Informationsvergabe und Zuschauerführung in *Phasen* zu untergliedern, die unterschiedlich funktionalisiert sind, und kann so darlegen, worin sich die Erzählweisen beider Stilgruppen unterscheiden, das eigentliche Interesse seiner Untersuchung.[23]

Am weitesten ausgeführt ist der poetologische Ansatz in David Bordwells «historischer Poetik des Kinos»,[24] die in Anlehnung an die filmpoetologische Konzeption der russischen Formalisten auf die Beschreibung der gewählten ästhetischen Verfahren, das Herausarbeiten ihres systemischen Zusammenhangs sowie auf die Analyse ihrer Funktionen im jeweiligen ästhetischen System zielt (Bordwell 1989a, 382). Andererseits versteht Bordwell seinen Ansatz auch als «Poetik der Effekte», indem er einen filmkompetenten Zuschauer unterstellt, der die Regeln und Konventionen gelernt hat, nach denen die Filme eines gegebenen *mode of film practice* verfahren – und auch verstanden werden: «A poetics of effects will also be led to a study of comprehension. If historical scholarship can disclose referential and explicit meanings, a historical poetics can study the principles whereby viewers construct such meanings» (ibid., 271) – eine Überlegung, auf die ich später (→ Kap. 3.1) zurückkommen werde.

23 Wie unterschiedliche Erzählkonventionen die Art des Zugriffs auf denselben Stoff bestimmen, legt Barnier (2004) dar, indem er Anfang und Ende der kurz hintereinander realisierten französischen (Raymond Bernard, 1934) und der U.S.-Fassung (Richard Boleslawski, 1935) von LES MISÉRABLES nach Victor Hugo vergleicht. Die Erzählkonventionen eines Genres, wie sie sich in den jeweils bevorzugten Eröffnungstechniken abzeichnen, untersuchen Vernet (1980) für den Film Noir, Vorauer (1996, 47-55) für den Mafia-Film, Taylor für das Biopic (2002, 247-259; 2003) und Liptay (2004, 63-74) für Märchenfilme. Schweinitz (2003) geht es bei den visuellen Prologen im frühen Spielfilm um ein historisch spezifisches autothematisches Eröffnungsverfahren, mit dem der Film der 1910er Jahre auf die selbstreflexive Ästhetik des frühen Kinos der Attraktionen zurückverweist. Ergänzend zu nennen wären die wenigen Arbeiten zu nicht-fiktionalen Formen, so Kessler (2003) über Eröffnungen im frühen *non-fiction film*, Jaques (2004) über Anfänge Schweizer Dokumentarfilme zwischen den späten 1910ern und frühen 30er Jahren; Schneider (2003; 2004, 184-196) über Eröffnungsformeln im Familienfilm der 30er Jahre sowie Plantingas knappe Überlegungen zu Anfängen im Dokumentarfilm (1997, 125-130) – Arbeiten, denen es darum geht, durch Aufdecken der Konventionen des Beginns Rückschlüsse auf Poetik und Pragmatik der Gattung zu gewinnen.

24 Die Grundlegung seiner «historischen Poetik des Kinos» findet sich zuerst in Bordwell 1983; dezidiert dann vor allem in Bordwell 1989a; 2007a; vgl. die Darstellung des Ansatzes durch Hartmann/Wulff 1994; 2002 sowie Jenkins 1995.

In *Narration in the Fiction Film* (1985, 57ff) arbeitet Bordwell auch anhand von Anfängen und dem sich hier offenbarenden Umgang mit narrativem «Wissen», etwa ihrem «Kenntnisreichtum» (*knowledgeability*), ihrem Grad an «Selbstbezüglichkeit» (*self-consciousness*) oder ihrer «Mitteilungsbereitschaft» (*communicativeness*), historisch distinkte Erzählweisen (*modes of narration*) heraus: *classical narration*, für die das Hollywood-Kino als paradigmatisch gesetzt wird; *art-cinema narration* insbesondere im Autoren-Film der 60er Jahre; die *historical-materialist narration* des sowjetischen Films der 20er Jahre; *parametric narration*, bei der dem filmischen Stil ein besonderer Eigenwert zukommt; und schließlich die Erzählweise der Filme Godards, die Bordwell als eigenständigen Modus fasst. All diese narrativen Modi und Filmstilistiken richten je besondere Anforderungen an die Prozesse der Bedeutungsbildung, welche am Anfang anschaulich zu Tage treten.

Auch Peter Wuss differenziert verschiedene Formen des Erzählens, er gewinnt diese Strukturtypen indes nicht als filmhistorisch und -kulturell distinkte Modi, sondern begreift sie als Organisationsformen, die quer durch die Filmgeschichte nachweisbar, aber in einigen Filmsystemen und -kulturen vorherrschend sind. In *Filmanalyse und Psychologie* (1993a) unternimmt Wuss Analysen unterschiedlicher Anfänge, um an ihnen sein Narrationsmodell zu exemplifizieren und die Dominanz der unterschiedlichen Strukturtypen filmischer Narration und ihrer jeweiligen psychologischen Wirkmechanismen nachzuweisen (ibid., 67-78).[25] Anhand der Anfänge von POPIÓL I DIAMENT (ASCHE UND DIAMANT, Andrej Wajda, PL 1958), von PROFESSIONE: REPORTER (Michelangelo Antonioni, I/F/E 1975) sowie von SEX, LIES, AND VIDEOTAPE (Steven Soderbergh, USA 1989) demonstriert er unterschiedliche Spielarten narrativer Strukturbildung und führt vor, welcherart sie jeweils «die Informationsverarbeitungsprozesse der Filmrezeption organisieren» (ibid., 76). Die «Exposition», wie Wuss in dramaturgischer Begrifflichkeit den Anfang fasst, ist der «Mikrobereich», der paradigmatisch für den «Makrobereich der Komposition» genommen werden kann (ibid.). Sie ist indes nicht allein Abdruck der Werkstrukturen, sondern führt das «werkspezifische Invariantenmuster» ein – ein Gedanke, auf den ich unter der Leitmetapher vom Anfang als Gebrauchsanweisung (→ Kap. 2.7) zurückkomme. Festzuhalten ist, dass Wuss' theoretisches Interesse am Gegenstand einen dramaturgischen Kern hat und sich so im besten Sinne in die poetologische Traditionslinie einschreibt – geht es ihm doch nicht allein um die Erhellung filmpsychologischer Wirkmechanismen, sondern im praktisch-poetologischen Sinn auch um die Frage, wie diese erzielt werden.

25 Zu Wuss' so genanntem «PKS-Modell» filmischer Narration vgl. (→) Kap. 3.1.

Was indes aussteht, ist eine systematische Studie zur Poetik des Filmanfangs, zu seinen Bauformen, zur historischen Stilistik der filmischen Eröffnung,[26] welche die vorliegenden Ansätze und Vorarbeiten bündelt und weiterentwickelt.[27] Welchen Nutzen hätte eine solche Untersuchung? Eine These, die dieses Buch durchzieht, lautet: *Der Anfang legt die Spuren aus.* Er spannt die narrativen Fäden, er wirft ein ganzes Bündel von Fragen auf, deren Beantwortung ‹versprochen› und auf spätere Teile des Films verschoben wird. An die spezifischen Formen dieses Spuren-Auslegens und Fragen-Aufwerfens knüpfen sich je unterschiedliche Kalkulationen mit dem Zuschauer. Eine poetologische Untersuchung zum Filmanfang vermöchte also nicht allein darzulegen, wie vielgestaltig die Bauformen als Abdruck der Darstellungsstrategien und Erzählkonventionen unterschiedlicher Filmbewegungen oder Modi filmischer Praxis sind; sie könnte also nicht allein die Bandbreite der (film-)kulturell und -historisch unterschiedlichen Eröffnungsstrategien auffächern, sondern darüber hinaus das Beziehungsangebot und Spiel mit dem Zuschauer herausarbeiten. Für eine Untersuchung, welche die inferenziellen, Hypothesen bildenden Aktivitäten des Zuschauers als textinduziert und -gesteuert nimmt (→ Kap. 3.1), sind Überlegungen zu den Bauformen des Anfangs ein wichtiger Ansatzpunkt, weil sich hierin das je unterschiedliche dramaturgische Kalkül mit dem Adressaten zeigt.

26 Zur historischen Entwicklung von Eröffnungsformen und Anfangsweisen sind mir keine systematischen Überlegungen bekannt, zu verweisen ist allenfalls auf Burchs (1990, 186-201) kursorische Bemerkungen zu Eröffnungskonventionen im frühen Film, wie sie etwa die emblematische Einstellung darstellt, auf Bordwells kurze Ausführungen zur Veränderungen der Eröffnungstechniken und der Gestaltung von Titelvorspännen auf dem Weg zur Konstituierung des klassischen Hollywood (Bordwell/Staiger/Thompson 1985, 25ff). Eine umfassende Studie zur Entwicklung von Titelsequenzen im amerikanischen Spielfilm der Tonfilm-Ära auf der Basis einer statistischen Auswertung von 2000 Vorspännen hat allerdings Deborah Allison (2001) vorgelegt; vgl. außerdem Böhnke/Smithee/Stanitzek 2002; Hediger 2006a.

27 Zu den Bauformen des Filmendes liegen dagegen einige monografische Studien vor. In *Das Ende im Spielfilm* entwickelt Christen (2002) eine Theorie auf narratologischer Grundlage, arbeitet makrostrukturelle Bauformen sowie mikrostrukturelle Signale und Hinweise heraus und veranschaulicht dies komparatistisch am klassischen Hollywood-Kino und den Filmen Antonionis, also an exemplarischen Vertretern von «geschlossenen» gegenüber «offenen» Bauformen. Vgl. außerdem Neuperts *The End: Narration and Closure in the Cinema* (1995), eine strenger strukturalistisch und taxonomisch angelegte Arbeit, die sich ebenfalls den Bauformen des Endes widmet und diese nach Maßgabe der «Geschlossenheit» oder «Offenheit» von Handlungs- und Diskursstruktur systematisiert. Ergänzend sei hingewiesen auf Russells *Narrative Mortality. Death, Closure and New Wave Cinemas* (1995), die das Motiv des Todes am Filmende und speziell im Autoren-Kino als Spektakelmoment sowie als Verweigerung narrativer wie semantischer Schließung untersucht. Vgl. auch Di Marino 2001.

2.3 Der Anfang als «Äquilibrium» oder «Störung»

In der filmanalytischen Literatur wie in den Drehbuchhandbüchern findet sich häufig der Ratschlag, Filmanfänge und -enden zu vergleichen. Gefragt werden soll nach der Veränderung der Figuren auf ihrer (Erfahrungs-)Reise durch die Geschichte (vgl. Vogler 1992; Krützen 2004) oder nach der ‹Reim›-Struktur von Eröffnung und Schluss, danach, wie das Ende auf den Anfang ‹antwortet›, diesen aufnimmt oder auf ihn zurückverweist, wie das Ende der Geschichte bereits im Anfang angelegt und vorweggenommen ist und wie die beiden Extrempunkte des Textes als strukturelle Klammer dienen.[28] Vor allem das klassische Hollywood-Kino mit seinem *Homöostase-Prinzip*, das auf Ausgleich von Spannungen und auf Befriedung zielt und seine Geschichten vom Happy End her entwickelt,[29] bietet sich für dieses Vorgehen an. Das klassische Erzählkino scheint Tzvetan Todorovs *Äquilibriums-* oder *Transformationsmodell des Erzählens* zu gehorchen. Der Anfang – so die strukturalistische Modellvorstellung – etabliere den ausbalancierten Ruhezustand der erzählten Welt, der dann eine *Störung* erfahre, beispielsweise durch eine Katastrophe, durch das Auftauchen eines bedrohlichen Widersachers oder den Ausbruch eines Konfliktes zwischen antagonistischen Kräften. Diese Störung müsse dann über eine Kette von Aktionen beseitigt werden, um so einen neuen ausbalancierten Zustand herbeizuführen, der dem ersten ähnelt, ohne mit ihm identisch zu sein (1972, 117f).[30] In seiner berühmten Analyse von Orson Welles' Touch of Evil bezieht sich Stephen Heath auf das Erzählmodell Todorovs und formuliert die These: «A beginning, therefore, is always a violence, the interruption of the homogeneity of *S* [d.i. der stabile Zustand am Anfang]» (1981, 136).[31]

28 Vgl. z.B. Bordwell/Thompson 1997 [1979], 99ff; Gaudreault/Jost 1990, 17f; Phillips 1999, 494f; Christen 2002, 26-33. Als gutes Beispiel einer «schlaufenförmigen Erzählung» sei auf John Fords The Searchers hingewiesen; vgl. die Gegenüberstellung von Anfang und Ende dieses ‹klassischen› Films etwa bei Leutrat 1990, 13-33 oder Wilson 1986, 49f.

29 Vgl. Bellour 2000b [1976], 193; zum Happy End als «intrinsische Norm» des klassischen Hollywood vgl. Bordwell 1982. Der Anfang lässt sich in diesem narrativen Modus daher auch als «Funktion» des Endes beschreiben. Rick Altman formuliert diese These so: «[...] these films do not start at the beginning but at the end. That is, their beginnings are retrofitted to a preexisting ending, to which the beginnings must appear to lead. The end is made to *appear* as a function of the beginning in order better to disguise the fact that the beginning is actually a function of the end. This contention corresponds precisely to the various pressures that beset Hollywood screenwriters during the classical period: generic conventions, production code requirements, studio notions of audience preference, and so forth» (Altman 1992, 32f; Herv.i.O.).

30 Diese Vorstellung findet sich ähnlich auch in anderen strukturalistischen Erzählmodellen; vgl. etwa Bremond 1973, 131; Ricœur 1988-1991, Bd. II, 70 u. 124.

31 Unter psychoanalytischer Perspektive aufgegriffen wurde das Modell in Entwürfen zur Initialisierung der ödipalen Logik durch den Filmanfang, so bei Bergala (1978) oder in Vernets (1980) Analyse der narrativen Transformation im Film Noir.

Das Transformationsmodell des Erzählens ist in Drehbuchmanualen (z.B. Vale 1992 [1944], Kap. 3; Hant 1992, 86f; McKee 1997, 189ff) wie in der Filmwissenschaft verbreitet; es prägt Branigans oben bereits erwähntes «narratives Schema» (1992, 17f) und findet sich auch in der Einführungsliteratur (vgl. Belton 1994; Nelmes 1996; Borstnar/Pabst/Wulff 2002). Aber sowohl seine ursprüngliche Anlage als auch die daraus abgeleitete Metapher vom Anfang als ‹Störung› regt zu Widerspruch an (vgl. Aumont/Marie 1988, 84; Carroll 1988, 165ff). Vor allem ist zu fragen, ob überhaupt alle Spielfilme diesem Paradigma gehorchen, an ihrem Anfang also die Störung eines wie auch immer gearteten Gleichgewichts erfolgt, wie im Falle von TOUCH OF EVIL mit der spektakulären Bombenexplosion in der den Film eröffnenden Plansequenz? Anders gefragt: Auf welche filmischen Erzählformen bezieht sich Heath mit seiner These? Und welchen Teil des Films meint er mit «beginning», wenn er festlegt: «a beginning [...] is always a violence»? Bezeichnet er wirklich den Filmanfang oder nicht vielmehr den Moment des einsetzenden Konflikts, den Auslöser oder auch *point of attack* (→ Kap. 3.8.5), d.h. den Beginn der narrativen Verwicklung? Dieser stellt in der Tat ein Störmoment dar: Er sorgt im dramaturgischen Verständnis für den Beginn des «*kollidierenden* Handelns» (Hegel 1985 [1842], II, 521; Herv.i.O.) als einer kausalen Kette von Aktionen und Gegenaktionen, welche die erzählte Welt verändern.[32]

Der Konzeption des Anfangs als Störung lassen sich verschiedene Argumente entgegengehalten: So müsste Heath, wenn er sich dem Todorovschen Transformationsmodell verpflichtet fühlt, den Anfang als *S* definieren, als ausbalancierten Ruhezustand, welcher der Störung vorausgeht. Oder er müsste definieren, dass er mit «beginning» eben nicht den tatsächlichen *Anfang des Films* oder des *narrativen Diskurses* meint, sondern den *Anfang der Geschichte*. Außerdem gibt es Filme, die anderen Organisationsformen als dem Prinzip von Ursache und Wirkung gehorchen, wie es für das klassische Kino strukturbildend ist. Folglich können deren Anfänge auch nicht als Störung beschrieben werden. Und selbst das am Primat der Handlung und am Kausalmodell orientierte Hollywood-Kino kennt eine Vielzahl von Filmen, die eben nicht *in medias res* und mit einer Störung einsetzen, sondern am Anfang den Ruhezustand der erzählten Welt etablieren und sich dafür durchaus Zeit lassen.

Gegenüber der Erzählstrategie, dem ausbalancierten Zustand Zeit und Raum zuzugestehen, verwendet das Action- oder Blockbuster-Kino in der Regel wenig *screen time* für die Exposition (im traditionellen

32 Zur Hegelschen Kategorie des «kollidierenden Handelns» und ihrer Vernachlässigung in der Filmnarratologie vgl. Wuss 2000, 105ff.

Verständnis) oder die Orientierungsphase (das *set up*). Typische Beispiele wären JAWS (Steven Spielberg, USA 1975), SPEED (Jan De Bont, USA 1994) oder DIE HARD: WITH A VENGEANCE (John McTiernan, USA 1995). Diese Filme setzen (fast!) unmittelbar mit dem auslösenden Vorfall, also der Störung ein: Der Hai attackiert die nächtliche Schwimmerin, kaum dass sie im Wasser ist; der Erpresser bringt kaltblütig und ohne Vorwarnung einen Wachmann um; an einem frühen Sommermorgen fliegt eine komplette U-Bahnstation in die Luft. Doch selbst für diese dramaturgisch rasanten Beispiele gilt: Die jungen Leute singen Lieder am Lagerfeuer, bevor die Schwimmerin ins Meer läuft; der Attentäter wird zunächst bei einer routiniert wirkenden Tätigkeit gezeigt (und wir ahnen, was er da vorhat); Menschen eilen an einem frühen Sommermorgen geschäftig durch Manhattan, unterlegt von der Titelmusik «Hot time, summer in the city» – der initiale Zustand *S* wird in diesen Fällen lediglich angetippt, ist aber gleichwohl vorhanden: als Normalfall, der als gewusst vorausgesetzt wird und dessen Ausgestaltung dem Zuschauer obliegt. Er fußt auf stereotypem Wissen, ist eine formale narrative Kategorie, die gleichfalls formale Erwartungen evoziert.

Beispiele für Filme, bei denen die Störung direkt am Anfang steht, sind TIREZ SUR LE PIANISTE (François Truffaut, F 1960), der mit einem Mann auf der Flucht beginnt; ähnlich unmittelbar eröffnet KISS ME DEADLY (Robert Aldrich, USA 1955) mit einer panisch flüchtenden Frau auf nächtlicher Straße, die verzweifelt versucht, ein Auto anzuhalten; und VERTIGO (Alfred Hitchcock, USA 1958) zeigt – nach dem kunstvollen Vorspann von Saul Bass – als Auftakt eine Verfolgungsjagd über den Dächern, die mit Tod und Trauma endet. Auch Vorsequenzen (*pre title sequences*) lassen sich als Störung beschreiben: Sie übernehmen in der Regel eine *teaser*-Funktion für den Film, der nach dem actionreichen Einstieg und der sich anschließenden Titelsequenz in der ersten Dialogszene die expositorische Darlegung nachreicht.

Schließlich ist danach zu fragen, was denn eigentlich das Gleichgewicht oder was hier im Gleichgewicht ist? In vielen Filmgenres etabliert der Anfang ja eher einen Mangel, dem der Protagonist abhelfen will, oder markiert eine Leerstelle, die aufzufüllen ist. Abenteuer-Geschichten sind so angelegt, aber auch Genres wie das Melodrama oder die Komödie, die am Anfang gerade keine Balance aufweisen. In seiner grundlegenden Kritik an einer verallgemeinernden Übertragung des Todorovschen Modells auf den Film, wie Stephen Heath sie vorschlägt, formuliert Noël Carroll (1988, 160-170) den Einwand, dass auch Hollywood-Filme keinesfalls so symmetrisch aufgebaut seien, dass das Filmende immer als Antwort auf den Anfang beschrieben werden könne (ob selbst während der Studio-Ära immer nach dem dramaturgischen Prinzip «Kenne dein Ende!» gearbeitet worden ist, wurde ja bereits in Kap. 1.2 angezweifelt).[33] Gegen die Beschreibung des Filmanfangs als Äquilibrium wendet Carroll polemisch ein: «If there is anything that we could profitably call an initial equilibrium here, it preexists the film either as a golden age or as an ideal of law and order» (ibid., 165).[34] Sein Gegenvorschlag zur narratologischen Beschreibung des Filmanfangs liest sich gegenüber der Redeweise von Äquilibrium und Störung prosaisch so: «It begins. It begins with some state of affairs or some event which may be restored (if only symbolically), reversed, or merely forgotten» (ibid.).

Welcher Gewinn für ein funktionales Modell des Filmanfangs lässt sich, trotz der berechtigten Kritik an dessem Allgemeingültigkeitsanspruch, aus Todorovs und Heath' Modellvorstellungen ziehen? In meiner einleitenden Kurzanalyse von The Alphabet Murders habe ich geschrieben, der Anfang weckt die Erwartung auf eine Geschichte als Erzählung von einem ‹besonderen Fall›, der die Routinen des Alltagslebens übersteigt und daher *fiktionswürdig* ist. Die Metapher von der Störung, die darin anklingt, erinnert daran, dass ein Anfang (mindestens) zweierlei leistet: einerseits die (explizite oder auch bloß implizierte) Etablierung eines *Seinszustands der erzählten Welt* (wie immer diese beschaffen sein mag: ruhig und ausbalanciert oder bereits aus den Fugen geraten), andererseits die Initialisierung des *Auftakts einer Geschichte,* die sich in dieser Welt zuträgt und sie dynamisiert. Produktiv ist die Metapher von Äquilibrium oder Störung also insofern, als sie den *Anfang der Diegese* vom *Anfang des Plots* als zwei Punkte mit distinkten Initialisierungsfunktionen scheidet – eine Differenzierung, die sich bereits in den klassischen Dramaturgien findet und die hier unter pragmatischer Perspektive aufgegriffen wird.

2.4 Der Anfang als «Matrix»

In einem seiner frühesten Aufsätze zum Film, «Le Problème de la signification au cinéma» (1960), gab Roland Barthes einen wichtigen Anstoß zur Beschäftigung mit dem Filmanfang, indem er von dessen «signifikativer Dichte» sprach (ibid., 85). Diesen Gedanken hat Thierry Kuntzel zu seinem

33 Vgl. die Darstellung von Heath' Transformationsmodell und Carrolls Kritik daran bei Krützen 2004, 148ff.

34 Der Anfang von Soylent Green (Richard Fleischer, USA 1973) repräsentiert über Aufnahmen von New York vor der Bevölkerungsexplosion und der ökologischen Katastrophe ein ‹Goldenes Zeitalter›, bevor die erzählte Welt als eine im Ungleichgewicht etabliert wird. Die Wiederherstellung der verlorenen ursprünglichen Ordnung ist in diesem dystopischen Weltentwurf allerdings von Anbeginn ausgeschlossen.

einflussreichen Konzept vom Anfang als *Matrix* des Films weiterentwickelt. «Matrix» – lateinisch für «Muttertier», «Gebärmutter», auch «Quelle» oder «Ursache» –, eine Metapher biologisch-organischen Ursprungs: Anfang als Keim, in dem alle Elemente des Films bereits enthalten sind, welche dann aus ihm ‹hervorbrechen›, indem sie im Erzählverlauf entfaltet werden (Kuntzel 1999 [1975], 40ff).

Wenn Bordwell davon spricht, der Anfang stecke die «semantischen Felder» des Films ab (1989a, 190) und fundiere solcherart die Verstehens- und Interpretationsprozesse, dann bezieht er sich auf diese Modellvorstellung, die Kuntzel in zwei eingehenden Studien zu den Anfängen von Fritz Langs M – Eine Stadt sucht einen Mörder (D 1931) und von The Most Dangerous Game (Ernest B. Schoedsack & Irving Pichel, USA 1932)[35] entwickelt hat (Kuntzel 1972 bzw. Kuntzel 1999 [frz. 1975]).[36] Die lange und minutiöse Analyse zu The Most Dangerous Game, ein exemplarisches Beispiel für die in den 70er Jahren in Frankreich entwickelte Methode der *analyse textuelle*,[37] ist einer der bis heute wichtigsten Referenztexte einer Theorie des Filmanfangs. Das Interesse, dem die frühere Analyse der Eröffnungssequenz von M folgt, beschreibt Kuntzel folgendermaßen:

> Cette lecture d'un début de film est le «film» d'un début de lecture: elle s'inscrit dans le projet plus vaste de repérer la production du sens dans la totalité du corpus M (1972, 25).[38]

Kuntzel fasst den Anfang als abgegrenzten Teil des Films, als komplette ‹Mini-Erzählung› vom ‹Schwarzen Mann›, die der Erzählung wie in einer beschreibenden *digest*-Version vorangestellt werde. Der Anfang «friere» die Erzählung gleichsam ein und verhalte sich wie ein «synchronisches ‹Tableau›» (ibid., 31, meine Übers.) zum Rest des Textes, der syntagmatischen Entfaltung des narrativen Spektakels.[39] In ihm enthalten sei das «Kondensat» der Erzählung, Grundlage der Bedeutungsproduktion und

35 Der Film, dem ein gewisser Kultstatus zukommt, ist eine billige B-Produktion, entstanden in den Drehpausen von King Kong (Merian C. Cooper & Ernest B. Schoedsack, USA 1933) in dessen Kulissen.

36 Beide Aufsätze erschienen nach ihrer Veröffentlichung in *Communications* (Nr. 19, 1972 u. Nr. 23, 1975) in englischer Übersetzung in der Zeitschrift *Camera Obscura* (Kuntzel 1978 [frz. 1972] u. 1980 [frz. 1975]). Die Analyse zum Anfang von The Most Dangerous Game erschien 1999 deutsch in *Montage AV* (Kuntzel 1999 [1975]).

37 Einen kurzen Überblick zu Ansatz und Methodik geben Blüher/Kessler/Tröhler 1999.

38 «Diese Lektüre eines Filmanfangs ist der ‹Film› eines Anfangs der Lektüre: Sie schreibt sich ein in das umfassendere Projekt, die Sinnproduktion in der Gesamtheit des Korpus von M ausfindig zu machen» (meine Übers.).

39 In seiner Analyse von The Most Dangerous Game formuliert Kuntzel: «Faszination der Anfänge für den Analysierenden: Auf sich selbst zurückgeworfen offenbart der Film seine Bedeutungskette – die sukzessive Ordnung – in der Simultaneität» (1999 [1975], 45).

des Erwartungsaufbaus. Unverkennbar findet sich hier die Idee vom Verhältnis von Mikro- und Makrokosmos wieder, aber die theoretische Akzentsetzung ist bei Kuntzel eine andere, wie vor allem die spätere Analyse zu THE MOST DANGEROUS GAME zeigt, in der er seine Überlegungen zur Matrix-Funktion des Anfangs weiterentwickelt.

Kuntzel hebt auf die enge Beziehung zwischen den Vorgängen beim Filmverstehen und anderen psychischen Prozessen, namentlich dem *Traum* ab. Wie in der Studie zu M – EINE STADT SUCHT EINEN MÖRDER präpariert er auch hier unter freudianischer Perspektive die filmischen Techniken der Symbolisierung und Verschiebung heraus, die «Arbeit des Films» (so der Titel beider Aufsätze) in Analogie zur Traumarbeit. Er vergleicht das Verhältnis dieser Prozesse über die symbolische Vorwegnahme des Plots in den ersten Minuten. Die Beziehung vom Anfang als Textteil – Kuntzel legt ihn als Vorspannsequenz plus nachfolgende Eröffnungssequenz fest – und dem Film als Textganzem ähnele dem Traumprolog insofern, als dieser gleichfalls in kondensierter und anspielungsreicher Form einen latenten Inhalt präsentiere, den ein anderer, zweiter Traum später enthülle.[40] Die besondere Rolle des Anfangs für die Filmanalyse fasst Kuntzel entsprechend: «Faszination der Anfänge für den Analysierenden: von einigen Bildern – einigen Sekunden – ausgehend den Film fast zur Gänze ‹aufnehmen› zu können» (1999 [1975], 44).

Hier finden sich Barthes' Überlegungen zur Vorausdeutung oder gar Vorwegnahme des Plots durch den Anfang wieder. Barthes benennt ein Paradox der Fiktion: Einerseits mache der Anfang Andeutungen über den narrativen Verlauf und ermögliche so Vorhersagen hinsichtlich des Plots einschließlich seines vorherbestimmten Endes.[41] Andererseits werde mit gleichzeitiger Einführung des «hermeneutischen Codes» das Eintreten der erwartbaren Auflösung durch eine Reihe von Retardationen, Hindernissen und falschen Fährten immer wieder aufgeschoben (Barthes 1987 [1970], 23, 78ff).

Aumont et al. greifen in *Aesthetics of Film* (1992 [frz. 1983]) diese Funktion des Anfangs auf und differenzieren die konkreten Möglichkeiten, derer sich der Film zur Vorausdeutung der Handlung bedient:

40 Vgl. die Darstellungen bei Aumont et al. 1992 [1983], 98; Casetti 1999 [1993], 167ff und Elsaesser/Hagener 2007, 64f.

41 Oben habe ich darauf hingewiesen, dass Jost (2004) die «Vorhersage des Endes» durch den Anfang als eines der leitenden Paradigmen der wissenschaftlichen Beschäftigung mit dem Filmanfang nimmt. Dem Anfang obliege die Einführung der «l'intrique de prédestination»: «L'intrique de prédestination consiste à donner dans la premières minutes du film l'essentiel de l'intrique et sa résolution, ou du moins sa réalisation espérée» (2004, 40). Die Auflösung der Intrige konzipiert Jost entsprechend als Anfang des Endes.

> The predestined plot gives direction to both the story and the narrative as a whole, and it even partially fixes their programming. This sort of foreshadowing of the plot may figure *explicitly* [...]; *allusively* (in the form of several shots during the title sequence), or *implicitly*. The implicit type would include films that begin with some sort of catastrophe that nevertheless makes it clear right from the start that the cause will be found and the evil effects will be repaired (1992, 98f; meine Herv.).

Nach dieser Differenzierung der Formen narrativer Vorausschau am Anfang (→ Kap. 3.8.7), die dem Analysierenden zugleich Kriterien für eine Typologie an die Hand gibt, wäre Kuntzels Referenzbeispiel eine Mischung zwischen der expliziten Vorwegnahme des Plots (so in den Dialogen der Eröffnungssequenz, die er in seiner Analyse berücksichtigt) und der allusiven Form (den Vorverweisen in der Titelsequenz).[42] Tatsächlich schreibt Kuntzel die ‹Verdichtung› textueller Bedeutung und die Vorwegnahme der Handlung im Falle von THE MOST DANGEROUS GAME vor allem dem symbolisierenden *Titelvorspann* zu (der Wortstamm des französischen Terminus *générique* ist *générer*, «generieren», «hervorbringen», «erzeugen» – der Aspekt der Geburt des Films aus dem Vorspann ist hier etymologisch mitgegeben; vgl. Stanitzek 2006,19f). Aber auch die Dialoge in der an den Vorspann anschließenden Eröffnungssequenz liefern zahlreiche Hinweise, die den weiteren Verlauf der Handlung antizipieren. (Kuntzel interessiert sich allerdings weder für den unterschiedlichen textuellen und semiotischen Status von Vorspann und Eröffnungssequenz noch für die Eingebundenheit der hier verfolgten spezifischen Form der Informationsvergabe in die Erzählkonventionen und didaktischen Intentionen des klassischen Hollywood-Kinos.)

Gegenüber seiner Analyse des Anfangs von Fritz Langs M – EINE STADT SUCHT EINEN MÖRDER erweitert und differenziert Kuntzel den Matrix-Gedanken in seiner späteren Studie folgendermaßen:

> Von einer internen Verdichtungsarbeit im textuellen System zu sprechen heißt, die Analyse des Films als Struktur aufgeben, um einen *Prozeß* zu vollziehen: die Strukturierung. Der Film besteht nicht aus Segmenten, die den gleichen Wert haben und in ihrer Beziehung zu anderen in der filmischen Bedeutung eine Rolle spielen (gemäß Saussures Definition des Werts): Der Film ist nicht unbewegt; der Film ist nur scheinbar sukzessiv. Der Film ist einer internen Dynamik unterworfen, einer Hervorbringung, Kräftekompressionen

42 Mit dem stilkundlichen Begriff der ‹Allusion›, der eigentlich ‹Anspielung› meint, fassen die französischen Filmwissenschaftler das geläufige Verfahren der Vorwegnahme von Handlungselementen in der Titelsequenz oder auch die Verwendung von Einstellungen, die erst, wenn sie später wiederholt werden, handlungslogisch-semantisch eingebundenen werden können.

> und -dekompressionen. Der Vorspann, unbedeutend in der Reihenfolge des «*phéno-texte*» (die Erzählung hat noch nicht einmal begonnen), ist die Matrix aller Darstellungen und narrativen Sequenzen (1999 [1975], 40; Herv.i.O.).

In dieser Formulierung nun erweist sich die doppelsinnige Auffassung des Matrix-Konzeptes: einerseits als *Abdruck oder ‹Modell› der Erzählung im Mikrokosmos des Anfangssegmentes*, als ‹Film *in nuce*›, die das Matrix-Konzept in Nähe zu den oben aufgeführten poetologischen Ansätzen bringt; andererseits kehrt Kuntzel dezidiert den *Prozess-Charakter* der Vorgänge hervor, spricht vom «Keim», aus dem der gesamte Film «hervorbreche», sich «ausschäle». Diese Überlegung ist, wie ich später ausführen werde, für meine eigene pragmatische Konzeption des Filmanfangs folgenreich: Nimmt man die Redeweise vom Prozess der Strukturierung nicht allein als textimmanenten Mechanismus, sondern als kommunikativ gebunden und auf einen Adressaten gerichtet, dann geraten darüber auch die ‹Abstimmungsprozesse› des Zuschauers auf die Narration und seine Arbeit an der Bedeutungsbildung, insofern diese der Sequenz der Informationsvergabe durch den Text folgen, in den Blick.

Doch mit dieser Deutung von Kuntzels These modifiziere ich sie für meine Zwecke. Denn Kuntzel weist ausdrücklich darauf hin, dass seine Analyse, bei aller Beschwörung des Textprozesses, nicht auf die aktualgenetischen Prozesse textueller Hervorbringung zielt, d.h. auf die sukzessive Entfaltung der Elemente und Strukturen in der Zeit. Vielmehr beschreibt er die Elemente des Textes, über die sich diese Hervorbringung, *retrospektiv* betrachtet, vollzogen hat – eine Folgebeziehung von Elementen in einer Kette, die nicht dem Zuschauer, sondern erst dem Analysierenden ersichtlich ist, der in Kenntnis des gesamten Films, seiner Geschichte und ihrer Bedeutung, auf den Anfang *zurückgreift*.[43] Erst vom Ende her erweist sich der ganze Reichtum und die kraftvolle Dynamik des Filmanfangs, deren Funktionsweise der Analysierende nachzuzeichnen sucht:

> Matrix. Erst beim erneuten Lesen erscheint der Vorspann als die Verdichtung der Elemente, die da kommen sollen, Elemente, die in ihm wie «im Keim» enthalten sind, die im Film sich einfach öffnen, sich strecken, wachsen, nach dem Modell des «Aufspringens» [*déhiscence*] (1999 [1975], 40; Herv.i.O.).

Hier bleibt Kuntzels Matrix-Konzept der strukturalistischen Auffassung verhaftet, die Texte als *vollendete Struktur*, in ihrer *morphologischen Gestalt* und damit gewissermaßen aus der Draufsicht untersucht.[44] Ich dagegen

43 «A beginning is that which is returned to», so Sutcliffe (2000, 18).
44 Als weitere detaillierte Analysen zu Filmanfängen in dieser Traditionslinie wären etwa Ropars (1980 [1972]) und Tarnowski (1987), beide zu Citizen Kane, zu nennen.

hebe für meine Zwecke gerade auf den *Prozess-Charakter* textueller Hervorbringung, die Akte der Strukturierung und Signifikation ab und lege den Fokus auf das Verhältnis zwischen der ‹Arbeit des Films› und der ‹Arbeit des Zuschauers›, die dieser verrichtet, um dem Geschehen auf der Leinwand zu folgen und ihm Sinn zuzuweisen, wie ich in (→) Kapitel 3.1 ausführen werde. Wo es Kuntzel primär um die Methode der Filmanalyse selbst geht und er sich die Vorgänge filmischer Struktur- und Bedeutungsbildung im Schreiben über den Film gleichsam anzuverwandeln sucht (vgl. Casetti 1999 [1993], 169), wende ich seine Ideen pragmatisch und gehe dabei auch von einem anderen Zuschauerkonzept als dem freudianischen aus.

Abschließend sei festgehalten, dass völlig ungeklärt ist, ob es sich bei der von Kuntzel konstatierten Matrix-Funktion des Anfangs um ein generelles Modell handelt oder ob damit nur solche filmischen Formen beschrieben sind, die mit symbolisierenden Vorverweisen vor allem in den Titelsequenzen arbeiten. Kuntzel geht es um den Nachweis eines generellen textuellen Mechanismus innerhalb des klassischen Erzählkinos, Fore (1985) spricht gar von «Kuntzels Gesetz».[45] Dieser Zuschreibung ist angesichts der Bandbreite an Formen und Praxen des Spielfilms mit ihren jeweiligen narrativen und stilistischen Konventionen mit Skepsis zu begegnen.

2.5 Der Anfang als «Präludium» und «Ouvertüre»

Betrachtet man den Filmanfang nicht aus der Perspektive von Fiktion und Narration, geraten textuelle Funktionen jenseits der Etablierung der Diegese und der Handlungselemente in den Blick. Für das europäische Kino der 60er und 70er Jahre, das sich vom Primat des Erzählens befreit oder zumindest mit den Konventionen des klassischen Erzählkinos bricht, wurde aus intermedialer Perspektive nach dem Gemeinsamen der Künste

45 Fores Aufsatz dient als Exemplifikation von Kuntzels Ansatz für einen Leserkreis auf der anderen Seite des Atlantik. Fore zieht das Matrix-Modell heran, um den Anfang des Vietnamkriegsfilms UNCOMMON VALOR (Ted Kotcheff, USA 1983) zu analysieren, wobei er sich auf die ideologische Arbeit in den ersten vier Szenen konzentriert. Er beschreibt, wie die rhetorischen Strategien innerhalb dieses «Prologs» auf Identifikation mit den Zielen der Hauptfigur einerseits, mit der Ideologie des Films andererseits gerichtet sind, und zeigt, wie damit die Grundlage für die nachfolgende Handlung geschaffen und diese zugleich symbolisch vorweggenommen werde. Der Filmanfang, so Fore, fungiere also nicht bloß insofern als Matrix, als er die Elemente der Diegese einführe, sondern auch hinsichtlich seiner semantisch-ideologischen Funktion der Entpolitisierung des Krieges, den er als eine Geschichte des individuellen wie des kulturellen Verlustes implementiere.

gefragt, etwa nach den ‹figurativen› Aspekten des Filmbildes oder nach den ‹musikalischen› Prinzipien filmischer Strukturbildung. Unter dieser Fragestellung wurde der Anfang genommen als *Präludium* des Films, das wie das Einleitungsstück einer Fuge, einer Suite, einer Oper oder eines Chorals auf das sich anschließende Werk hinführen und den Zuhörer darauf einstimmen soll (→ Kap. 3.10).[46] Untersucht wurden nun vormals vernachlässigte Aspekte wie die rhythmisierende Funktion des Anfangs oder sich hier vollziehende Themensetzungen, topikalische Momente, die sich gleichfalls nicht als Elemente einer kausal strukturierten Handlung beschreiben lassen, sondern sich, zieht man Ecos Worte zur Beschreibung heran (er stützt sich dabei auf van Dijk), sukzessive zur «aboutness» des Werks verdichten (1990 [1979], 114; vgl. Wuss 1993a, 135-140). Innerhalb der französischen Filmwissenschaft geriet unter dieser Perspektive vor allem das *nouveau cinéma*, namentlich das Werk Alain Robbe-Grillets, in den Fokus des theoretischen Interesses und wurde eingehenden Analysen unterzogen (z.B. Chateau/Jost 1983 [1979]; Gardies 1980).

Am Beispiel des Anfangs von L'IMMORTELLE (F/I 1963) weisen Dominique Chateau und François Jost thematische Serialität und musikalische Bewegungen nach: Der Film beginnt mit 23 heterogenen Einstellungen, die wie Postkarten-Ansichten aneinandergereiht sind. Hier werden nicht wie im Matrix-Modell Elemente der Handlung symbolisierend vorweggenommen, vielmehr gehe es darum, die Thematik des Nachfolgenden und mehr noch: das Strukturprinzip des Films, seinen experimentell-narrativen Modus zu etablieren:

> On peut considérer L'IMMORTELLE comme la construction de différents itinéraires ayant chacun pour base l'ensemble des lieux donnés entre les plans 5 à 10, et pour étalon les modalités de la narration qui y sont observées (Chateau/Jost 1983 [1979], 239).[47]

Und anhand von L'EDEN ET APRÈS (Alain Robbe-Grillet, F/CSSR 1970) stellt Jost dar, wie an dessen Anfang über sechs Serien mit zwölf Themen das grundlegende Prinzip thematischer Serialität eingeführt wird, das die

46 Interessanterweise finden sich in den einschlägigen Entwürfen, die sich der Metapher vom «Präludium» oder der «Ouvertüre» bedienen, keine Hinweise darauf, dass unter anderen Aufführungsbedingungen als den heute üblichen den Filmen selbst musikalische Ouvertüren oder Präludien vorangingen, eine vor allem bei der Aufführung von Monumentalfilmen gängige Praxis.

47 «Man kann L'IMMORTELLE als Konstruktion verschiedener Wegstrecken betrachten, die alle auf den in den Einstellungen 5 bis 10 gezeigten Orten beruhen und sich nach den in ihnen beobachteten Erzählweisen richten» (die Übersetzung verdanke ich Guido Kirsten).

filmische Struktur formiere und sie in ihrer «rationellen Organisation» der seriellen Musik Schönbergs vergleichbar mache (Jost 2004, 43).

Die Analysen der Filmanfänge bei Robbe-Grillet sind über die gewählten Beispiele hinaus von theoretischem Interesse, zeigen sie doch, dass sich der Film jenseits des narrativen Formats, das er mit der Literatur, dem Comic Strip, dem Theater teilt, anderer Prinzipien der Strukturbildung aus unterschiedlichen Künsten bedient und sich diese anverwandelt. Nun orientiert sich die vorliegende Studie zwar auf die Anfänge von Spielfilmen, will dabei aber den Blick lenken auf Ebenen, Register und Strukturen neben Handlung und narrativem Diskurs, die in dramaturgisch konventionell angelegten Spielfilmen zwar nicht im Vordergrund stehen, aber gleichwohl zum Tragen kommen und das Verstehen und Erleben prägen: auf den Rhythmus, auf motivische und parametrische Reihen, die sich nicht als Kette von Ereignissen beschreiben lassen, sondern als Spiel stilistischer Variationen (Casetti 1999, 149; vgl. auch Eugeni 2003), oder auch auf den die Geschichte umgreifenden thematischen Diskurs. Es stellt sich die Frage, wie solche hier vage und eher metaphorisch als ‹musikalisch› gekennzeichneten Strukturprinzipien des *art cinema* auch für konventionellere Formen nachzuweisen und in ihrer Wechselwirkung mit Handlungsfunktionen zu bestimmen sind.[48]

Ähnlich wie das Expositionskonzept wird auch die musikalische Metapher vom «Präludium» oder der «Ouvertüre» durchaus schillernd verwendet. Gardies, Chateau oder Jost machen aus einem Interesse am intermedialen Potenzial des Films auf Formen der Strukturbildung und der Intelligibilität jenseits Fabelkonstruktion und narrativer Bedeutung aufmerksam und stehen damit in einer theoriehistorischen Linie etwa zu Eisenstein, der sich intensiv mit der nicht-repräsentischen Qualität des Films auseinandergesetzt hat. In *Eine nicht gleichmütige Natur* (1980 [1946]) beschreibt er die Rolle der «musikalischen Landschaft» im Stummfilm, der er eine einstimmende und emotionalisierende Wirkung zuweist. Am Anfang der Filme, so Eisenstein, fanden sich in der Stummfilmpraxis häufig

> [...] einführende landschaftlich-musikalische ‹Präludien›, die den beabsichtigten emotionalen Zustand und die gewünschte Stimmung erzeugten, um dann durch ihre rhythmischen Elemente in den weiteren Ablauf der Szene hinüberzugleiten, die inhaltlich in der gleichen Tonalität ‹erklang›: der einleitende Teil

48 Am Beispiel von Stanley Kubricks 2001: A SPACE ODYSSEY (GB/USA 1968) zeigt Robert Burgoyne (1981/82), wie in diesem Film, den er als Avantgarde-Text innerhalb des dominanten Kinos bezeichnet, die «erzählerische Ouvertüre» nicht allein die Geschichte und ihre hermeneutische Linie etabliert, sondern daneben rein formale Passagen umfasst, in denen das Bild, der Rhythmus der Bildfolgen und damit die Wahrnehmung selbst in den Vordergrund rücken.

> erschloß den Ton in reiner Form und für die Länge der gesamten Szene, die auf der gleichen rhythmischen und bildlich-melodischen Struktur aufgebaut war, diese innere Musik klang im Gefühl des Zuschauers fort (Eisenstein 2006, 374).

Eisenstein, der seine Überlegungen an BRONENOSETS POTEMKIN (PANZERKREUZER POTEMKIN, UdSSR 1925) illustriert, suchte nach Möglichkeiten, dieses Ausdrucks- und Einwirkungspotenzial des Stummfilms für den Tonfilm zu einer umfassenden «Vertikalmontage» weiterzuentwickeln. Berühmt ist seine detaillierte Analyse der die «Schlacht auf dem Eis» eröffnenden Einstellungen in ALEXANDR NEVSKII (ALEXANDER NEWSKIJ, UdSSR 1938). Man könnte auch auf den Anfang des Films verweisen, die durchkomponierte Mise en Scène in den eröffnenden Totalen, ihre geradezu ‹mathematische› Montage und das Zusammenspiel mit der Musik von Sergej Prokofjew, der durch die Orchestrierung dieser Stilmittel einstimmend und erhebend wirkt.

Während also hier Elemente des Films und ihre ‹präludierenden› Funktionen jenseits narrativer Bedeutungsbildung beschrieben werden, betonen andere gerade die Eigenschaft eines Präludiums, dem Zuhörer Erzählmotive des nachfolgenden Werks zu präsentieren. Heinz-B. Heller (1988, 72) etwa bezeichnet in seiner Analyse von Ingmar Bergmans TYSTNADEN (DAS SCHWEIGEN, S 1963) dessen verschlüsselte Eingangssequenz als «bedeutungsträchtiges Präludium» und weist darauf hin, wie der Anfang dieses vielschichtigen Films subtile Andeutungen möglicher Interpretationen biete, die ‹anklingen›, jedoch ungewiss und schwebend bleiben.

Bei Marie-Claire Ropars verbinden sich die Modellvorstellungen von «Matrix» und «Ouvertüre»: In ihrem Aufsatz «The Overture of OCTOBER or the Theoretical Conditions of the Revolution» (Ropars 1978 u. 1979 [frz. zus. 1976]) unterzieht sie die ersten 69 Einstellungen von OKTJABR (UdSSR 1928) einer eingehenden Analyse (vgl. dazu auch Sorlin 1976). Die «Zaren-Sequenz», mit welcher der schwach narrative, assoziativ-essayistisch angelegte Film beginnt, führt über den Sockelsturz eines Zarendenkmals die Entmachtung der Romanow-Dynastie in symbolisierender Montagefolge vor. Ropars weist darauf hin, wie diese Bilder am Ende der «Für-Gott-und-Vaterland-Sequenz» nochmals verwendet werden, diesmal in *reverse motion*, um so auf plakative Weise die Restauration, das Wiedererstarken der alten Ordnung unter der neuen Militärregierung zu symbolisieren. Die Struktur der Eingangssequenz bildet den Verlauf der historischen Entwicklung ab, welche der Film insgesamt nachzeichnet. Ropars berührt einen zentralen Punkt, wenn sie nach den spezifischen Funktionen dieser Eingangssequenz fragt, nach ihrem signifikativen Potenzial in Hinblick auf den gesamten Film. Sie konstatiert, hier werde die *écriture filmique* des

Textes eingeführt: der Modus, in dem OKTOBER Bedeutung hervorbringe und konstruiere und zugleich für die Positionierung des Zuschauers sorge (1979, 51). Der Eröffnungssequenz komme dank ihrer Stellung am Anfang herausragende Bedeutung zu, welche sie gegenüber den nachfolgenden Teilen profiliere, obliege ihr doch Vorgabe und Einführung des «dialektischen Systems», das den Film strukturell präge und seine grundlegende Semantik bestimme (ibid., 52). Ähnlich beschreibt sie in einem früheren Text die Filmeröffnung von MURIEL OU LE TEMPS D'UN RETOUR (Alain Resnais, F/I 1963) als «Ouvertüre» und begründet dies so: «[...] c'est parce qu'il met en place le mécanisme d'une écriture dont le fonctionnement précède et produit la formulation de sa signification» (1974, 57).

Die Leistungen des Filmanfangs, wie sie hier beschrieben sind, weisen über die Antizipation des Plots hinaus, da mit Kategorien wie «Schreibweise» oder «Modus» – anders als bei Kuntzel – Ebenen des Textes neben der Erzählung berücksichtigt sind. Mit dieser Idee von der die Kodes des Textes etablierenden und regulierenden Funktion des Anfangs erweist sich die strukturalistische Konzeption als anschlussfähig an eine theoretische Neuperspektivierung des Filmanfangs, wie ich sie vorschlagen möchte.

Was diesen unterschiedlichen Adaptionen des musikalischen Modells gemein ist (und sie im Übrigen auch mit Kuntzels Matrix-Konzept verbindet), ist die Vorstellung, der Anfang eines Films sei – wie das einleitende Vorspiel einer konzertanten Aufführung – von anderem textuellen Status als das Werk selbst, weil es in ‹dienender› Funktion zu diesem stehe. Das Vorspiel/der Filmanfang führt die Elemente des nachfolgenden Werkes in anderer Form ein und stimmt auf die musikalische Darbietung ein – ohne selbst Teil des ‹eigentlichen› Werks zu sein. Der Anfang, konzipiert als Präludium oder Ouvertüre, verfügt über andere Prinzipien der Strukturierung und bleibt in seiner Form des Bedeutungsangebots ‹vorläufig›, weil immer bezogen auf ein ‹Anderes›, das da folgt und hier vorbereitet wird.

Aus den Überlegungen zum Anfang als «Präludium» oder «Ouvertüre» lassen sich Einsichten in die generelle textuelle Verfasstheit des Spielfilms ableiten: die Idee, dass neben der Erzählung weitere die Struktur und Semantik regulierende Prinzipien greifen, die gleichfalls am Anfang etabliert werden. Am Textbeginn findet eine *Einweisung* des Zuschauers in Hinblick auf die gewählten Formen und Stategien filmischer Darstellung und Darlegung statt (der «écriture filmique», wie Ropars es genannt hat). Zwar begreifen sich die in diesem Abschnitt genannten Arbeiten in der Tradition strukturaler Semiotik als immanente Analysen des filmischen Textes, ich werde solche Überlegungen jedoch unter pragmatischer Perspektive aufgreifen, wenn vom Filmanfang als «Schwelle» zur Fiktion und als «Gebrauchsanweisung» und wenn vom «kommunikativen Kontrakt» oder «Versprechen» die Rede ist und so der Zuschauer ins Spiel gebracht wird.

2.6 Der Anfang als «Schwelle»

Roger Odins semiopragmatische Überlegungen zur filmischen Fiktion liefern erstmals eine Modellvorstellung, die ein universelles Paradigma zur Beschreibung der Funktionsweisen des Anfangs und mehr noch: der Komplexität des Filmverstehens bereitstellt und nicht mehr ausschließlich (wie Kuntzels Vorstellungen) an einen besonderen Modus, den ‹klassisch-narrativen› Film, gebunden ist. Odin geht es grundsätzlich um die Erhellung der am Filmanfang einsetzenden *Prozesse der Fiktionalisierung*, welche er ausdifferenziert und spezifiziert.

In seiner Analyse des Beginns von Jean Renoirs UNE PARTIE DE CAMPAGNE (F 1936) beschreibt er das Zusammenspiel der Vorgänge auf der Leinwand mit den zur Fiktionsbildung notwendigen Aktivitäten – er spricht von «Operationen» – seitens des fiktionswilligen Zuschauers. In diesem einflussreichen und vielzitierten Aufsatz mit dem sprechenden Titel «L'Entrée du spectateur dans la fiction» (1980)[49] zeigt Odin am Beispiel des Vorspanns sowie der ersten diegetischen Einstellungen (er spricht in der Tradition der französischen Theoriebildung übrigens auch von der «séquence d'ouverture»), wie der Anfang als *Schwelle* fungiert und den Übergang von einer Realität in die andere ermöglicht: von der Realität des Zuschauers zu einer imaginären, der Fiktion.[50] Odin fragt: Wie wird aus dem Zuschauer im Kinosaal ein Zuschauer des (jeweiligen) Spielfilms? (1980, 199). Im Zentrum seiner Analyse steht der Nachvollzug der sukzessiven Herstellung dieser Beziehung von Film und Zuschauer am Anfang und durch den Anfang.

Bei der Transition zwischen Außenwelt und fiktionaler Welt kommt dem *Vorspann* eine Schlüsselstellung zu. Der Fokus für Odins Betrachtung

49 In überarbeiteter Form findet sich dieser Text wieder in Odins *De la fiction* (2000, 75-80). Eine deutsche Übersetzung dieser späteren Fassung ist unter dem Titel «Der Eintritt des Zuschauers in die Fiktion» (Odin 2006) in Böhnke/Hüser/Stanitzek (2006) erschienen.

50 Der Begriff der «Schwelle» (*seuil*), der von Genette in *Palimpseste* (1997 [frz. 1982]) geprägt und in *Seuils*, dt. *Paratexte* (2001 [frz. 1987]) weiterentwickelt wurde, benutzt Odin selbst nicht, beschreibt aber genau das, wenn er vom «Eintritt» des Zuschauers in die fiktionale Welt des Films spricht. Die Überlegungen zum Vorspann als «Schwelle» oder «Paratext» wurden weiterentwickelt in den verschiedenen monografischen Studien zu Titelsequenzen, auf die eingangs dieses Kapitels hingewiesen wurde (Fußnote 3); vgl. daneben Schaudig 2002; Stanitzek 2006.

liegt hier allerdings nicht (wie bei Kuntzel) auf der symbolischen Vorwegnahme des Plots (als einer Funktion, die Titelsequenzen mit entsprechender Anlage und Gestaltung sehr wohl übernehmen können, nicht aber übernehmen müssen), sondern auf ihrer grundsätzlichen und unhintergehbaren Eigenschaft, die filmische *Enunziation*, den Prozess filmischen Aussagens, hervorzukehren. Der Vorspann wird von Odin gefasst als «inscription explicite [...] d'un certain nombre de *marques de l'énonciation de ce film*» (1980, 204; Herv.i.O.).[51] Mit dem Vorspann gibt sich der Film als Film, d.h. als Artefakt und als Produkt zu verstehen, bevor er (oder während er zugleich, je nach Form der Titelvergabe) die filmische Diegese etabliert und sich als eine (erzählte) Welt präsentiert. Die Rolle des Vorspanns erweist sich als eine zweifache: Indem er die Namen der an der Produktion Beteiligten nennt, kündet er einerseits von der Fiktion, andererseits kennzeichnet er sie damit zugleich als Illusion und befördert damit paradoxerweise zugleich die Fiktionslust, die Bereitschaft, sich auf eine erschaffene «mögliche Welt» einzulassen. Die eingeblendeten Credits sind also nicht «Feind der Fiktion» (mit dem Argument, sie störten die Illusion des vermeintlich ‹transparenten› Erzählens), sondern, wie Odin zeigt, im Gegenteil essenziell für den *Fiktionseffekt* (*l'effet fiction*).

Odin wendet sich hier explizit gegen die Position von André Gardies (1976; 2006 [1977/1981]), der von einem grundsätzlichen und unversöhnlichen Konflikt zwischen dem Vorspann als dem filmischen Paratext und dem eigentlichen Text ausgeht, weil die Titelsequenz von der Produktion des Films künde und deshalb dem Fiktionseffekt zuwiderlaufe. Gardies zufolge «reden» die Titelsequenzen im klassischen Film über etwas anderes (die Produktion des Films und den Film selbst) und unterscheiden sich so vom folgenden Film. Anders verhalte es sich mit neueren Titelsequenzen, so etwa in L'HOMME QUI MENT (F 1968) von Alain Robbe-Grillet (vgl. Gardies 1976; 1980): Weil sich hier der gesamte Film als Film und nicht als Abdruck der Realität gebe und damit den Fiktionseffekt unterlaufe, sei der Konflikt zwischen Titelsequenz und Film aufgehoben, die Titelsequenz somit eine genuine Sequenz des Films.[52]

51 Die Untersuchung der enunziativen Markierungen stellt das zweite Paradigma der Forschung zum Vorspann neben dem der ‹Schwelle› (oder dieses begleitend) dar; vgl. neben den oben bereits genannten Studien Gardies 1976; Bellour 2000c [1977]; de Mourgues 1992a; 1992b; Böhnke 2003; 2006.

52 Vgl. zu dieser Kontroverse Tybjerg 2004; Böhnke 2007, 23. Gardies (1997) gibt diese strikte Dichotomie auf und verschiebt die Perspektive. Die Frage nach den Titelsequenzen und nach den textuellen Grenzen erweist sich nun als Teil der Frage nach den *Funktionen des Anfangs*. Er unterscheidet verschiedene Vorspannformen nach ihren paratextuellen und enunziativen Funktionen und beschreibt u.a. die Vorspänne von Saul Bass als «Filme-im-Film», die über den folgenden Film «sprechen». Diese Form des Vorspanns sei von gänzlich anderem Status als etwa nicht-signifikative Titel vor neutralem Hintergrund.

Gerade durch die Offenlegung der Produktion – so demgegenüber Odin – wird das *Vertrauen* des Zuschauers gewonnen, macht sich der Film damit doch gewissermaßen ‹ehrlich›, wenn er mitteilt, dass er sich an ein kommunikatives Gegenüber richtet und anhebt, dessen Wissens- und Überzeugungssysteme anzusprechen.[53] Erst wenn wir gewahr sind, eine Fiktion vor uns zu haben, argumentiert Odin mit Christian Metz, wenn wir um die sichere *Distanz* zwischen uns und dem Spiel auf der Leinwand wissen, sind wir bereit, uns auf das Geschehen einzulassen (vgl. Metz 1977, 51).[54]

Im Zentrum von Odins Untersuchungsinteresse am Anfang als «Schwelle» steht also nicht das Moment der textuellen *Grenze*, die Gardies (1976; 2006) betont, sondern das der *Transition*. Der Begriff der ‹Schwelle› ist dialektisch, vermittelt die Schwelle doch zwischen der Außenwelt und dem Text, darin gleicht die Metapher der vom Anfang als «Tür», die Elsaesser und Hagener (2007, Kap. 2) verwenden, ein Bild, das in Odins Formulierung vom «Eintritt in die Fiktion» gleichfalls mitgegeben ist. In der Beschreibung der zur Fiktionalisierung notwendigen Operationen zeichnet sich die vektorielle oder auch zentripetale Kraft des Anfangs ab – eine Kraft und Bewegung, die *nach vorne* oder *innen* gerichtet ist, in die erzählte Welt hinein.[55] Der pragmatischen Ausrichtung seines Modells scheint eine Vorstellung vom Anfang als *Initiation* des Zuschauers in die Fiktion zugrunde zu liegen, die das Zentrum des hier zu entwickelnden Modells bildet, das ich im nächsten Kapitel vorstelle.[56] Unter der von Odin gewählten Fragestellung nach den Voraussetzungen und Bedingungen für die Fiktionalisierung werden Prozesse ‹neben› der Handlung, die am Anfang zum Tragen kommen, integriert. Vorauszuschicken ist allerdings, dass er keine klare Beschreibung der rezeptiven Operationen selbst vornimmt (vgl. Buckland 2000, 84). Sein Zugang ist ein *Textmodell* und sollte nicht als ein filmpsychologisches, d.h. als *Rezipientenmodell* missverstanden werden (→ Kap. 3.1).

53 Anhand der ersten Einstellung von The Alphabet Murders, über die der Name des Schauspielers Tony Randall eingeblendet wird, habe ich in der Einleitung beschrieben, wie appellativ-verführerisch diese Hervorkehrung der Produktion und Adressierung des Zuschauers vonstatten gehen kann.

54 Odins Ansatz hat viele Überlegungen zum Anfang inspiriert. So untersucht Pierre Beylot (1993) «erste Bilder» in französischen Filmen zwischen 1945 und 1950 hinsichtlich der Techniken, mit denen der Fiktionseffekt erzeugt oder aber verhindert werde, wenn sich ein Film auch jenseits des Vorspanns, durch reflexive Stilmittel etwa, als «Fabrikation» zu lesen gibt.

55 Für den Roman vgl. ähnlich Del Lungo (1997), der Anfänge und Enden nicht als Punkte, sondern als Schwellen und *Zonen* des Übergangs und des Durchgangs konzipiert; vgl. die Darstellung in Re 2004, 112; für den Film Charney 1993.

56 ‹Initiation› als Begriff, der die Schwellen- und Transitionsfunktion des Anfangs umschreibt, wird auch in der Romantheorie gebraucht, so etwa von Haubrichs (1995a, 2) oder Del Lungo (1997).

Auf Grundlage seiner genauen Analyse des ‹Erscheinens› der Fiktion auf der Leinwand führt Odin am Beispiel von UNE PARTIE DE CAMPAGNE exemplarisch vor, wie sich der Prozess der Fiktionalisierung und Positionierung des Zuschauers gegenüber der Fiktion auf der Ebene des Textes als *phasisch* beschreiben lässt.[57] Er vollzieht sich über mehrere Etappen und Schwellen und ist an den Einsatz verschiedener filmischer Verfahren gebunden: Odin untersucht die Verwendung von Schrifttafeln und Credits und die Funktion der nichtdiegetischen Musik als fiktivisierende und fiktionalisierende Mittel, er legt dar, wie die ersten diegetischen Bilder das Verlangen nach Fiktion (*le désir de la fiction*) wecken, indem sie Aufmerksamkeit erregen und Fragen aufwerfen, er beschreibt die Wirkungsweise von Kamerabewegungen und Abblenden und zeigt, wie die progressive Abfolge der Bilder den Zuschauer anleitet, sich auf die erzählte Welt einzulassen, die sich da Stück für Stück vor seinen Augen auf der Leinwand herausbildet: «Désormais, à la place de l'écran, un monde est là, épais, consistant, homogène; un monde avec lequel le spectateur est prêt à entrer en vibration ...» (Odin 1980, 213).

Das Modell der Fiktionalisierung und der dazu notwendigen Operationen des Zuschauers, das Odin in «L'Entrée du spectateur dans la fiction» (1980) erstmals beschreibt, hat er später in verschiedenen Arbeiten weiterentwickelt (vgl. 1983; 1988; 1990b; 1995a). In seinem bislang letzten Entwurf des Modells, das er in *De la fiction* (2000) vorlegt, greift er seine Überlegungen und Thesen wieder auf und erweitert die Analyse von UNE PARTIE DE CAMPAGNE um die weiteren Szenen des Beginnsegments. In diesem zweiten Teil arbeitet er die Strategien narrativer Darlegung und der Verstehensoperationen des Zuschauers mit dem Einsetzen der Geschichte heraus (ibid., Kap. 7).

Odin gelangt in *De la fiction* zu einem umfassenden Modell der zur fiktionalisierenden Lektüre eines Films notwendigen Operationen auf verschiedenen Ebenen des Textes. Sie umfassen solche, die sich auf den *repräsentationellen* Status von Bildern und Tönen beziehen, hier geht es um die Konstruktion analoger Zeichen – ein Prozess, den Odin als *Figurativisierung* bezeichnet. Sodann *diskursive* Operationen, zum einen Vorgänge der *Diegetisierung*, d.h. der Konstruktion einer erzählten Welt, zum anderen Operationen der *Narrativisierung*, d.h. die Konstruktion einer Geschichte und das Erschließen des narrativen Diskurses, der diese organisiert. Die

57 Zobrist (2000) greift Odins Überlegungen auf und nimmt eine Phasengliederung von Filmanfängen vor. Er legt dar, wie einige Phasen auf Orientierung des Zuschauers gerichtet sind, sich in weiteren der Aufbau der Diegese vollzieht und andere Teile der Einführung der Handlungselemente gelten. Die Prozesse müssen dabei nicht in dieser Reihenfolge ablaufen; vgl. auch Zobrist 2003.

Kategorie der *mise en phase* beschreibt Prozesse, welche darauf zielen, eine Homologie zwischen den leinwandlichen Beziehungen und dem Zuschauer herzustellen, um ihn im Rhythmus der dargestellten Ereignisse ‹mitschwingen› zu lassen. Odin sucht damit das Einnehmen eines Teilhabemodus in affektiver Hinsicht begrifflich zu fassen und diesen für eine funktionale Bestimmung des Anfangs zentralen Vorgang systematisch zu berücksichtigen. Mit *Fiktivisierung* schließlich bezeichnet er die Operationen, welche darauf zielen, die *enunziative* Struktur des Films zu konstruieren: Im Falle der «fiktionalisierenden Lektüre» wird ein *fiktiver Enunziator* konstruiert (im Gegensatz zur *dokumentarisierenden Lektüre*, die einen *realen Enunziator* entwirft).[58] Sind eine oder mehrere dieser Operationen blockiert (sei es, dass der Film die Illusionsbildung aufbricht, sei es, dass der Zuschauer sich gegen den Film wehrt und zur Illusionsbildung nicht bereit ist), dann ‹funktioniert› der Film nicht als Spielfilm. Odins Ansatz ist nicht einzeltextorientiert und hermeneutisch – er zielt auf die Erhellung und systematische Beschreibung der für das Verstehen notwendigen Prozesse. Und er ist unabhängig von einem spezifischen filmischen Modus oder der Gattung; auch Dokumentarfilme können damit beschrieben werden.

Die von Odin herausgearbeiteten fiktionalisierenden Operationen am Filmanfang sind für mein eigenes Modell zentral. Ich werde sie aufgreifen und um weitere textuelle Register, die am Anfang zu etablieren sind, ergänzen, um darüber zu einer Beschreibung der multiplen Funktionen des Filmanfangs zu gelangen.

2.7 Der Anfang als «Gebrauchsanweisung» und «Training»

Fasse ich den Anfang als *Gebrauchsanweisung*, setze ich einen anderen Schwerpunkt, als wenn ich ihn als «Schwelle» des Textes konzipiere. Wie in den Metaphern von «Mikrokosmos» und «Matrix» stehen auch im solcherart umspielten semantischen Feld Teil/Ganzes-Beziehungen im Vordergrund, weil man auch hier davon ausgeht, dass der Anfang exemplarisch für den nachfolgenden Text stehe, dass man an ihm ‹lernen› könne, wie der Film funktioniert. Damit wird zugleich der Unterschied zur Modellvorstellung vom Anfang als Mikrokosmos des Werks offensichtlich: Ins Zentrum gerückt ist der *Zuschauer* als kommunikatives Gegenüber, als

58 Soweit die wesentlichen Operationen, die Odin im ersten Teil seines Buches beschreibt und intern ausdifferenziert; vgl. auch Odin 1990 [frz. 1984] sowie die Darstellungen des Modells in Casetti 1999, 256-259; Stam 2000, 253-255; Buckland 2000, 77-108; Wulff 2001, 146-148; Kessler 2004.

Adressat der Darstellungs- und Mitteilungsstrategien; ihm soll das Verstehen ‹beigebracht› werden. Die Metapher der «Gebrauchsanweisung» umschreibt ein *pädagogisches Modell*, in dessen Kern die – wie ich es oben genannt habe – ‹Beibringestrategien› des Films stehen, die jeweilige Form der hier verfolgten narrativen und textuellen Didaxe.

In *Die Struktur literarischer Texte* (1986 [1970]) formuliert Jurij M. Lotman seine These von der *Modellhaftigkeit* des künstlerischen Textes: Ein jeder künstlerische Text bringe sein eigenes Sinnsystem hervor; entsprechend komme dem Anfang ein *modellbildender Wert* zu, was Lotman so erläutert:

> Wenn ein Leser oder Zuschauer sich daranmacht, ein Buch zu lesen, einen Film oder ein Theaterstück anzuschauen, so kann es sein, daß er nicht vollständig oder auch überhaupt nicht darüber informiert ist, in welchem System der ihm vorgesetzte Text kodiert ist. Er ist natürlich daran interessiert, eine möglichst vollständige Vorstellung zu bekommen vom Genre und Stil des Textes, von jenen kanonischen künstlerischen Kodes, die er zur Rezeption des Textes in seinem Bewußtsein aktivieren muß. Informationen darüber gewinnt er im Wesentlichen aus dem Anfang (1986, 311).[59]

Der Anfang hat nicht nur die Aufgabe, die Elemente und Strukturen des Werkes zu etablieren, sondern vermittelt grundsätzlich, welche Textsorte, welches «System» hier vorliegt, welche «Kodes» also an den Text anzulegen sind. Lotman geht dabei von einem kompetenten Rezipienten aus, der über das notwendige, in schematisierter Form vorliegende Wissen oder, in strukturalistischer Terminologie, über die entsprechenden «Kodes» verfügt. Dieses Wissen und diese Verstehenskompetenz gewinnt der Leser oder Zuschauer durch nichts anderes als durch die Texte selbst, die als Vermittler künstlerischer Verfahren und kommunikativer Strategien fungieren.

Anfänge geraten damit in den Rang von *Agenturen des Wissens und Lernens*. Kristin Thompson attestiert ihnen die Funktion einer ‹Gebrauchsanweisung›, wenn sie in ihrer Analyse zu Jacques Tatis PLAYTIME (F/I 1967) schreibt: «PLAY TIME's opening portion acts as a guide to the film's struc-

59 Diese Überlegung ist innerhalb der Filmsemiotik aufgegriffen worden: So urteilt Jacques Petat in seiner Analyse der Eröffnungssequenz von Fritz Langs M: «[…] une séquence d'ouverture ne se contente pas d'introduire le mode du film: elle pose les schèmes formels de la problématique de l'œuvre» (Petat 1982, 55). Und Wieslaw Godzic formuliert ähnlich, es obliege dem Anfang, das «Image» des Genres aufzubauen und die Rezeption zu «konstruieren», indem er den Zuschauer über Stil und typische «Kodes» des Werks unterrichte. Anfänge sorgen somit für den Aufbau eines «Systems der Antizipationen», das nicht allein handlungsbezogen sei (Godzic 1992, 70). Ähnlich urteilt Bulgakowa (1990, 21), dass der Anfang die «Dominanten» vorgebe, und bezieht dies ausdrücklich auch auf Ebenen der Narration neben der Handlung.

tures» (1988, 253). Sie zeigt, wie die Eingangssequenz für eine Umlenkung des Zuschauerinteresses weg von der Geschichte und hin zur Konzentration auf die eigenwilligen Formen des filmischen Stils sorgt und wie der Film darüber seine komischen Wirkungen erzielt. Der Filmanfang, so schreibt sie in formalistischer Tradition, leistet die «Spezifikation der Verfahren», die im weiteren Verlauf verwendet werden (1988, 277). Es kommt zur Adaption der Wahrnehmungs- und Verstehensstrategien an die filmische Form – der Anfang eröffnet einen textuell gelenkten *Lernprozess*. In diesem Sinn spricht Peter Wuss (wie oben bereits zitiert) vom Aufbau des «werkspezifischen Invariantenmusters der jeweiligen Werkgestalt» als Leistung der Initialphase der Narration (1993a, 77) und bezieht sich damit neben der Etablierung von Erzählstruktur und filmischem Stil vor allem auf eine hier zu treffende «Vereinbarung mit dem Zuschauer über seine künftigen Abstraktionsleistungen und Informationsverarbeitungsprozesse» (ibid.). In *Narration in the Fiction Film* schreibt Bordwell ähnlich: «Every fiction film [...] asks us to tune our sensory capacities to certain informational wavelengths and then translate given data into a story» (Bordwell 1985, 46f). Bordwell und Thompson benutzen so auch das Bild vom *Training* durch den Filmanfang, um den Aufbau der sich im narrativen Verlauf mehr und mehr stabilisierenden Erwartungsmuster zu beschreiben (1986 [1979], 91).[60]

Der Anfang bringt dem Zuschauer nach und nach die *Spielregeln* der Fiktion und des Textes bei. Jean-Louis Comolli und François Géré etwa gelangen von der Betrachtung des irritierenden Anfangs von Ernst Lubitschs To Be or Not to Be (USA 1942) mit seiner Reihe von Überraschungen und Situationsumbrüchen zur übergreifenden These: «Chaque commencement d'un film est aussi pour le spectateur un *apprentissage* des règles du jeu, du mode d'emploi spécifique à ce film» (Comolli/ Géré 1978, 12; Herv.i.O.).[61]

Die Modellvorstellung vor allem der kognitivistisch-neoformalistischen Filmtheorie (→ Kap. 3.1), die in den Metaphern vom Anfang als «Trainings-» oder «Lehrphase» umspielt wird, impliziert, dass der Zuschauer

60 Wie der Anfang den Zuschauer in die jeweiligen erzählerischen Verfahren einübt, erläutert Bordwell (1985, 150f) an Anfängen höchst unterschiedlicher Filme. Vergleichbar weist Re (2004) darauf hin, wie Memento (USA 2000, Christopher Nolan) sein Erzählprinzip in der Titelsequenz modellhaft vorführt. Bei diesem Vorspann gehe es nicht um die symbolische Antizipation der Handlung, wie Kuntzel sie beschreibt (← Kap. 2.4), sondern um Einübung ins Rückwärtserzählen, dessen sich der Film bedient; vgl. auch Runge 2008, 52f.

61 Peter Wuss (1993a, 416ff; 2008) nimmt solche Einsichten auf und sucht die Filmrezeption über anthropologische Modelle zur Spieltätigkeit zu beschreiben; vgl. dazu Ohler/Nieding (2001); weiterführend Ohler (2001). Zu zeigen wäre, wie sich Anfänge als ‹Spielangebote› oder als ‹Einladungen zum Spiel› beschreiben lassen und wie sie die Regeln des textuellen Spiels vermitteln.

sein Wissen um filmische Darbietungsformen und Erzählweisen, aber auch allgemeines Weltwissen an den jeweiligen Film heranträgt, dieses in einer heuristischen *Trial-and-error*-Methode überprüft und anpasst. Bordwell geht davon aus, dass der Zuschauer zunächst und grundsätzlich das kanonische Geschichtenformat westlicher Tradition, wofür das Hollywood-Kino paradigmatisch steht, unterstellt, solange keine Abweichungen von diesem narrativen Modus hervortreten und das unterlegte Schema untauglich erscheinen lassen (vgl. Bordwell 1985, 35, passim).[62] Im Zentrum dieses Ansatzes stehen konkrete Verstehensprozesse (*narrative comprehension*), die als textuell strukturiert modelliert werden; der Zuschauer folgt den ‹Anweisungen› des Textes.

Die Redeweise von «Training» und «Lernen» ist aber nun nicht so zu verstehen (auch wenn dieser Eindruck sich aufdrängen mag), dass die damit beschriebenen kognitiven Prozesse grundsätzlich bewusst wären und der Reflexion zugänglich. Die beim Filmverstehen herangezogenen Wissenbestände sind zu großen Teilen als *tacit knowledge*, als implizites Wissen anzusehen (so wie wir unsere Sprache gebrauchen, ohne in jedem Fall Auskunft über ihr grammatikalisches Regelwerk abgeben zu können). Das Filmverstehen vollzieht sich in weiten Teilen unbewusst, routiniert und automatisch. Die kognitive Filmtheorie spricht hier von textinduzierten Effekten, die auf unwillkürlich ablaufenden Wahrnehmungsmechanismen beruhen.

In diesem Sinn wird der Informationsvergabe am Textanfang mit Anlehnung an die Lern- und Gedächtnispsychologie zugeschrieben, für *priming* zu sorgen (vgl. Wuss 1993a, 77; Grodal 1997, 64-70), für eine Voraktivierung der Aufmerksamkeit («Pfadaktivierung»), die von bahnender Wirkung sei. Desweiteren komme hier ein *primacy effect* zum Tragen (vgl. Bordwell 1985, 38 passim), dergestalt, dass die ersten Informationen stärkere Eindrücke hinterlassen als spätere (die sprichwörtliche «Macht erster Eindrücke») – zwei für den hier verfolgten Diskussionszusammenhang zentrale Beobachtungen, auf die ich im Rahmen meines Initiationsmodells (→ Kap. 3.3) zurückkommen werde.

Neben den Vorstellungsbildern von *priming / primacy effect* ist ein weiteres für die theoretische Ausrichtung der vorliegenden Studie zentral: In der metaphorischen Redeweise vom Anfang als «Training» oder «Gebrauchsanweisung» stellt sich dieser dar als eine *doppelt gerichtete Teilgestalt*: gerichtet einerseits auf den nachfolgenden Text, dessen Verfahren, Strukturen, Sys-

62 Am Rande hingewiesen sei auf die epistemologische Verkürzung, die darin besteht, andere filmische Modi als Abweichungen vom als dominant gesetzten filmischen Modus zu begreifen und dabei die historische Entwicklung und Bedingtheit der Filmkulturen und -bewegungen und ihrer Erzählweisen hintanzustellen.

temzusammenhänge (kurz: dessen «Invariantenmuster») eingeführt werden, gerichtet andererseits auf den Zuschauer, dem der angemessene Gebrauch (das Verständnis) des Textes, seiner Verfahren und Stategien in dieser Phase beigebracht und der durch die Eingangsinformationen ‹geprimed› wird. Die Metapher von der Gebrauchsanweisung impliziert folglich eine besondere Form der *Adressiertheit des Anfangs*, welche über die grundsätzliche und unhintergehbare kommunikative Gerichtetheit jedweder Textteile und -elemente des Films hinausgeht: Der Anfang erscheint als privilegierter Ort für die Koordination von Text und Adressat, eine Überlegung, die ich bei meinem eigenen Doppelkonzept von «Initialisierung»/«Initiation» in (→) Kapitel 3 aufgreife und weiterentwickele.

Bei der Metapher vom Anfang als «Gebrauchsanweisung» wird nicht von einem unterschiedlichen Textstatus von Anfang und nachfolgenden Textteilen ausgegangen (der Filmanfang wird nicht einem Raum oder einer Phase vor der «eigentlichen Geschichte» zugeschlagen, wie es die Redeweisen etwa von «Exposition» oder «Präludium» nahelegen); aber es ist evident, dass sich aus den Überlegungen zum Filmverstehen als Lernprozess eine besondere Bedeutung dieses Teiltextes in pragmatischer Hinsicht ableitet. Dem Anfang wird eine didaktische Sonderrolle zugeschrieben: weil er nicht allein die Lernprozesse des Zuschauers anstößt, sondern zugleich der Textteil ist, der die *Einübung in die spezifischen Bedingungen des Lernens* leistet. Daraus ergibt sich, dass zu Beginn Operationen in einem *metatextuellen Raum* erforderlich sind: Aktivitäten des Zuschauers, die sich darauf richten, die Regeln zu erfassen, denen Fiktion und Text gehorchen. Der Anfang eines Films legt nicht allein das erzählerische Fundament, sondern etabliert auch den Modus der Darbietung und weist dem Zuschauer eine kommunikative Rolle zu, wirkt rhetorisch, auch ideologisch auf ihn ein, ‹positioniert› ihn gegenüber dem Text und der Narration und sorgt somit für die notwendigen ‹Abstimmungsprozesse›. Als These ließe sich formulieren: Der Anfang errichtet die regulierenden *Rahmen* des Textes und der kommunikativen Beziehung,[63] und dieser Prozess korrespondiert mit metatextuellen und evaluativen Aktivitäten auf Zuschauerseite. Diese treten im weiteren Verlauf in den Hintergrund und werden abgelöst durch eine Bewegung innerhalb des Regelsystems – diese Überlegung ist für die Bestimmung des Anfangs wie für seine Abgrenzung gegenüber den nachfolgenden Teilen des Films zentral.

63 Der neoformalistisch-kognitivistische Ansatz operiert zwar mit den Begriffen von ‹Wissen› und ‹Lernen›, lehnt aber ein Kommunikationsmodell als Voraussetzung und Rahmen einer Narrationstheorie des Films ab (vgl. Bordwell 1985, 62; Thompson 1995 [1988], 27f): ein unaufgelöster Widerspruch; vgl. die Kritik daran in Hartmann/Wulff 2002.

Zu fragen ist allerdings, *wann* diese Ablösung sich vollzieht und *wie* sie zu beschreiben ist: Lässt sich eine definitive Grenze oder Schwelle angeben, an der die «Trainings-» oder «Lernphase» abgeschlossen ist? Oder haben wir es mit einem graduellen Verlauf zu tun, mit Operationen des Zuschauers am Text, die immer wieder unternommen werden müssen, die in der Aufmerksamkeit absinken, um später, wenn erforderlich, erneut in den Vordergrund zu rücken? Erforderlich deshalb, weil es auch im weiteren Verlauf des Lernens am Film Momente gibt, die es erforderlich machen, sich der Spielregeln erneut zu vergewissern. Was zur Folge hätte, dass wir kein definitives Ende des Anfangs festlegen können, sondern dieses im Extremfall und wie Godard (op. cit.) es vorschlug, auf das Ende des Films verlegen müssten. Doch ich greife vorweg: Hier geraten bereits Überlegungen in den Blick, die mit einer weiteren Leitmetapher zur funktionalen Bestimmung des Anfangs verbunden sind, der Metapher vom «kommunikativen Kontrakt», die im nächsten Abschnitt vorgestellt wird. Die Frage nach den Grenzen des Filmanfangs, nach den Kriterien seiner Abgrenzbarkeit vom Rest des Textes werden später aufgegriffen (→ Kap. 3.5 u. 3.12).

2.8 Der Anfang als Ort von «Verhandlungen» und «Vertragsschlüssen» oder als «Versprechen»

In seinem Essay-Band *So fangen die Geschichten an* schreibt der israelische Schriftsteller und Essayist Amos Oz: «Eine Geschichte anfangen bedeutet fast immer, eine vertragliche Beziehung zwischen Autor und Leser anzuknüpfen» (1997, 13). Ähnlich charakterisiert André Gardies in *Le récit filmique* Filmanfänge als «moments contractuels» (1993, 44), und Thomas Elsaesser (1992) spricht unter Rückbezug auf John Ellis vom Anfang als «Kontaktraum» von Film und Zuschauer, der dann zum «Kontraktraum» werde.

Eine vertragliche Beziehung anknüpfen, einen Pakt schließen, einen Vertrag aushandeln – Literatur- wie Filmwissenschaft suchen mit der Metapher vom *kommunikativen Kontrakt, kommunikativen Vertrag* oder *kommunikativen Pakt* die Koordination von Text und Leser/Zuschauer als Interaktionsverhältnis zwischen Kommunikator und Adressat zu fassen[64] und verabschieden so Kommunikationsmodelle, die von einem eindirektionalen Sender/Empfänger-Verhältnis ausgehen. Sie entlehnen dazu eine in

64 Die pragmatische Fiktionalitätstheorie geht von einem «Kontrakt zwischen Autor und Leser» als einer pragmatischen Präsupposition aus, die Teil der Gattungskonventionen fiktionaler Texte ist (Warning 1983, 194). In Überdehnung der Kontraktmetapher spricht Conley gar von «den Regeln eines imaginären Vertrags [...], den wir unterzeichnet haben, um die auf der Leinwand sichtbare Projektion zu quittieren» (2006 [1991], 68f).

der Semiotik, der Dialoglinguistik und der Ethnomethodologie entwickelte Modellvorstellung, wonach bei jedweder Kommunikation immer auch eine Verständigung und gegenseitige Vereinbarung der Kommunikationspartner mit dem Ziel erfolgt, einen Konsens über die Beschaffenheit der kommunikativen Situation sowie über Ziel, Zweck und interne Regeln der Kommunikationsbeziehung herzustellen.[65] Diese Modellvorstellung, die sich ursprünglich auf den Austausch von Informationen über reale Sachverhalte in Alltagssituationen bezog, wird auf medial vermittelte Kommunikation fiktionaler Gegenstände übertragen. Das Zustandekommen des Vertrags knüpft sich dabei naturgemäß nicht an Vereinbarungen mit einem direkten Gegenüber, sondern an «Aushandlungen» und «Verständigungsvorgänge» am und mit dem Text (Casetti 2001a; 2001b).

Doch bei Aufführungen auf der Bühne oder im Kino geht es ja schließlich nicht in erster Linie darum, einen Sachverhalt zu kommunizieren und assertive Aussagen zu machen, sondern es ist Ziel, einen *Illusionierungsprozess* anzustoßen, der vom Text intendiert und kontrolliert und vom Zuschauer bereitwillig akzeptiert, ja aufgesucht wird.

Die Fragen, die sich stellen, lauten also: Worauf bezieht sich der kommunikative Vertrag im Falle des Spielfilms? Was wird damit geregelt? Über was ‹verständigen› sich Film und Zuschauer? Was besagt das geflügelte Wort vom ‹Aushandeln von Bedeutung›? Wie können ‹Aushandlungen› am Text vorgenommen werden, wenn doch im Falle des Films keine Möglichkeit zum direkten Austausch und keine unmittelbare Rückkopplung gegeben ist? Was neben der Bedeutung des Textes muss ausgehandelt werden? Wer bestimmt die Bedingungen des so zustandekommenden Vertrags? Und was passiert, wenn der Text gegen den Vertrag verstößt? Besonders in der Redeweise vom «kommunikativen Pakt» kommt ein Schulterschluss mit dem Zuschauer zum Ausdruck, das Bild von der ‹Verbündung› der Kommunikationspartner zeichnet sich ab. Wäre dann nicht – um im Bild zu bleiben – die Aufkündigung des Paktes seitens des Films als ‹Vertrauensbruch› anzusehen? Und kann auch der Zuschauer den Pakt aufkündigen? Schließlich ist danach zu fragen, welche besondere Rolle bei diesen Vorgängen dem Filmanfang zukommt (vgl. Caprettini/Eugeni 1988)? Lässt er sich als alleiniger oder zumindest privilegierter Raum der ‹Vertragsvorbereitung› und des ‹Vertragsabschlusses› konzipieren, d.h. wird der Kontrakt in dieser Phase geschlossen und ist dann als fix und bis zum Ende gegeben anzusehen?

65 Casetti beschreibt das Bedingungsgefüge von Verständigung und kommunikativem Vertrag wie folgt: «Verständigung zielt darauf ab, einen *kommunikativen Vertrag* zu schaffen (oder auszuarbeiten), auf den sich das Handeln der Kommunikationsteilnehmer stützen kann und der auch die Möglichkeitsbedingungen und die Funktionen der Kommunikation abdeckt» (2001a [1999], 161; Herv.i.O.).

Spürt man diesen Fragen nach, dann erscheint die Metapher vom ‹kommunikativen Vertrag› in mancherlei Hinsicht schief (vgl. Keppler/Seel 2002), gleichwohl ist sie produktiv: Schief ist sie, weil im Falle filmischer Kommunikation keine direkte Rückkopplungsmöglichkeit besteht und der Übertragbarkeit des linguistischen und ethnomethodologischen Modells durch die Verfasstheit des Mediums unmittelbar Grenzen gesetzt sind. Schief ist sie außerdem, weil der Vertrag nicht einklagbar ist (vgl. Hediger 2002). So übt auch Wulff (2001, 134) Kritik an der Vernachlässigung der ökonomischen Dimension der Metapher, denn schließlich kann der Zuschauer das Eintrittsgeld nicht zurückfordern, wenn der Film sein Unterhaltungsversprechen nicht einlöst oder qualitativ enttäuscht. Dennoch ist die Metapher produktiv: weil sie gegenüber konkurrierenden filmtheoretischen Modellen wie etwa der psychoanalytisch geprägten Dispositiv- und Apparatus-Theorie (vgl. Baudry 2003a [1970]; 2003b [1975]), die dem Film die Macht zur ‹Positionierung› des Zuschauers zuweisen, diesem eine aktive Rolle in einem kommunikativen Spiel zuerkennt.

Entsprechend beschreibt Wulff den Film als «Glied eines kommunikativen Handlungsspiels» (2001, 133). Er entwirft eine fiktionale Welt, in der andere Regeln gelten als in unserem Alltagsleben und auf die wir uns einlassen müssen, wollen wir das Geschehen auf der Leinwand als sinnvoll ansehen und verstehen (→ Kap. 3.7). Die Dramaturgie des Textes ‹spielt› mit dem Zuschauer, führt ihn auf bestimmte Pfade, legt ihm Zusammenhänge nahe oder lässt ihn im Dunkeln tappen. Und der Zuschauer seinerseits geht davon aus, dass er Teilnehmer in einem Spiel ist, in das er imaginär, kognitiv und emotional involviert werden soll, und richtet seine Erwartungen entsprechend aus. Folglich muss es darum gehen, Verständigung darüber zu erzielen, nach welchen Regeln hier ‹gespielt› wird, wie bereits im letzten Abschnitt angemerkt wurde.

Dem Anfang kommt die größte Bedeutung als Ort kommunikativer Verständnishandlungen zu, hier werden die ersten und grundsätzlichen Vereinbarungen hinsichtlich der pragmatisch-kommunikativen Rahmen und der Spielregeln getroffen, die gelten oder deren Geltung unterstellt wird. Genre-Markierungen am Anfang etwa sorgen einerseits für ein Vorverständnis der Geschichte, weil das in schematisierter Form vorliegende Wissen um Erzählkonventionen und -stereotype die Interpretation reguliert. Andererseits knüpfen sich an dieses Genrewissen auch Erwartungen typischer Rezeptionseffekte und -gratifikationen.[66] Im Gegensatz zur

66 Die Modellvorstellung vom kommunikativen Vertrag ist vor allem in der Genretheorie verbreitet; vgl. etwa Kitses 1970; Schatz 1981; Schweinitz 1994; Mikos 1996; 2001, 209-215; Altman 1999; Casetti 2001a; Wulff 2001; Hediger 2002; Keppler/Seel 2002; Vonderau 2002. Sie beschreibt hier das «tacit agreement» (Schatz 1981, 16) zwischen

Metapher vom Anfang als «Gebrauchsanweisung» wird der Zuschauer bei der Modellvorstellung, die von «Aushandlungen» und «kommunikativen Kontrakten» ausgeht, gefasst als einer, der dem Film nicht schlicht gegenübergestellt ist, sondern der dessen Angebote aktiv aufsucht und nachfragt. Die Illusionierungsprozesse des Textes treffen auf den illusionswilligen Zuschauer, hierin erweist sich die Nähe zu Odins Beschreibung der an der «Schwelle» des Textes einsetzenden und vom Anfang gelenkten Prozesse der Fiktionalisierung.

François Jost schlägt eine Modifikation dieser zentralen pragmatischen Metapher vor. In einem Aufsatz mit dem sprechenden Titel «Des débuts prometteurs» (2004) plädiert er dafür, lieber vorsichtig vom *Versprechen* des Anfangs statt von einem kommunikativen Vertrag auszugehen (vgl. auch Jost 1997; 1998). Am Beispiel von Woody Allens ZELIG (USA 1983) argumentiert er, dass dessen Anfang eben nicht als ‹Vertrag› fungiere, weil er den Zuschauern eine falsche Textsorte und damit eine unangemessene Form der Interpretation nahelege und so die tatsächlichen ‹Vertragsbedingungen› verschleiere. Konzipiere man den Anfang als Ort des Vertrags, dann lässt sich nur schlussfolgern – so Jost –, dass ZELIG mit seinen Dokumentarfilm-Indizes einen irreführenden Rahmen vorgebe und also mit betrügerischer Absicht antrete. Fasse man ihn dagegen als «Versprechen», stelle sich die Frage nach der *Glaubwürdigkeit* des Kommunikats so nicht: Das *pragmatische Versprechen* ist dadurch charakterisiert, dass sich der Film zunächst als Dokumentarfilm geriert, aber diese Annahme zugleich torpediert, indem Woody Allen selbst im Vorspann auftaucht und so sein Spiel mit Textstatus und Zuschauer nach außen kehrt.[67] Jost weist darauf hin, dass der Vorspann immer auch ein «Versprechen» hinsichtlich der Schauspieler abgebe; durch das aktivierte Wissen um ihre Images und typischen Rollen werde auf die Erwartungen eingewirkt (das unterscheidet den Filmanfang im Übrigen vom Roman, der lediglich Versprechen hinsichtlich seiner Figuren macht; Jost 2004, 41). Den Kern seiner Kritik am vermeintlich statischen Kontraktmodell und den Vorteil des Paradigmas vom «Versprechen» fasst Jost so:

Autor und Publikum, eine Übereinkunft darüber, welche Bedeutungen und Rezeptionsgratifikationen in Aussicht gestellt oder erwartet werden können. Kritik an der Übertragung der Verständigungsmetapher auf Genres als spezifisch institutionalisierte kommunikative Konstellation formuliert Müller: «Genres stellen im Kern Muster einer kommunikativen Konstellation dar, in der das ‹kommunikative Vertrauen› auf kulturell bereits ausgehandelten und daher nicht weiter zu thematisierenden Kontrakten beruht» (2002, 79).

67 Vergleichbar zeigt Jost anhand der Eingangssequenz von Atom Egoyans CALENDAR (CAN/D/Armenien 1993), wie hier von Anbeginn das enunziative Dispositiv mit abgebildet wird. Der Anfang ist ausschlaggebend für die Initiation des Zuschauers in die Arbeits- und Wirkungsweise (*fonctionnement*) des Films (2004, 49), ein Gedanke, den ich im nächsten Kapitel aufgreife.

> A la différence du contrat, qui scelle une relation intemporelle et éternelle de l'œuvre avec son spectateur, la promesse est, on le voit, un processus doublement temporel, qui donne un rôle à chacun des partenaires de la communication, mais pas au même moment: le cinéaste s'engage sur un sens au début, le spectateur juge et jauge cette promesse à la vision du film (Jost 2004, 45).[68]

Tatsächlich ist jedoch auch bei Casetti oder Wulff das Vorstellungsbild vom kommunikativen Vertrag oder vom Genrevertrag als *Struktur* und als *dynamisch* zugleich konzipiert. Der Vertrag liegt demnach nicht in Form vorgewusster Schemata am Anfang des Textprozesses vor, sondern wird sukzessive gewonnen. Casetti geht keinesfalls davon aus, dass der kommunikative Pakt, einmal geschlossen, unveränderlich bis zum Ende besteht, sondern er beschreibt den Kommunikationsprozess als von solchen «Verhandlungen» punktuell durchzogen (2001a, 163ff). Ähnlich weist auch Wulff auf die Dynamik des Genrerahmens hin (2001, 149): Der Zuschauer darf davon ausgehen, dass ein als Melodram oder Thriller angekündigter Film auch solcherart eröffnet wird, er kann aber nicht auf durchgängige Erfüllung der Genre-Konventionen bestehen. Die Erwartbarkeit von Abweichungen von den Erzählschemata, Variationen und die damit verbundene Irritation sind Teil des Genreversprechens, auf das der Zuschauer vertraut und mit dem er rechnet. Genrefilme sind ein semantisches Spiel mit dem Zuschauer, der im Verlauf die Angemessenheit oder Unangemessenheit seines eingangs aktivierten Genrewissens überprüft. Für die Bestimmung der Funktionen des Filmanfangs ergibt sich so die Bedeutung des Genreversprechens, wie Wulff schreibt:

> Das Genreversprechen betrifft nur *die Eingangsbedingung der Rezeption*, und ein kompetenter Zuschauer weiß, dass die Durchführung des Stücks das eingangs gewählte Genre aufgeben kann. Die am Anfang gesetzten Konditionen des Vertrags gelten nur vorübergehend und werden im Verlauf der Rezeption evaluiert (Wulff 2001, 149; meine Herv.).

Erst am Ende lässt sich feststellen, ob der Film die ‹Vertragsbedingungen› erfüllt und seine ‹Versprechen› vom Anfang eingelöst hat. Der ‹Kontrakt› zwischen Film und Zuschauer wird also nicht geschlossen und besteht dann unveränderlich, sondern er läuft wie in einer evaluativen Schleife mit, d.h. wird bei Bedarf überprüft (etwa wenn Unstimmigkeiten zu den

68 «Im Unterschied zum Vertrag, der eine nicht zeitgebundene und dauerhafte Beziehung zwischen dem Werk und seinem Zuschauer besiegelt, ist das Versprechen, wie man sieht, ein doppelt temporaler Prozess, der zwar beiden Kommunikationspartner eine Rolle zuweist, aber eben nicht zur gleichen Zeit: Der Filmemacher schlägt am Anfang eine gewisse Richtung ein, der Zuschauer beurteilt und bemisst dieses Versprechen beim Betrachten des Films» (die Übersetzung verdanke ich Guido Kirsten).

Erwartungen auftreten und sich Irritationen ergeben) und an die fiktionalen und narrativen Bedingungen adaptiert.[69]

Der kommunikative Vertrag kann eine Voraussetzung der Interaktion darstellen, oder aber die Interaktion kann dazu dienen, einen solchen Vertrag überhaupt zu erarbeiten (Casetti 2001a, 161). In diesem Sinn bezeichnet Casetti das Bündnis zwischen Film und Zuschauer auch als einen «vorbereitenden Vertrag» (ibid., 162). Und Wulff weist grundsätzlich darauf hin, dass der kommunikative Vertrag im Falle des Spielfilms, auch des Genre-Films, nicht vollständig symmetrisch ist, würde seine Erfüllung, die Einlösung der Zuschauererwartungen, doch Langeweile und Verdruss nach sich ziehen; Abweichungen von den Versprechen des Anfangs werden also als Teil des ästhetischen Programms unterstellt (vgl. Wulff 2001, 145) – Überlegungen, die ich in (→) Kapitel 6 aufnehmen werde, in dem es mir darum geht, irreführende Rahmenvorgaben und daraus resultierende ‹falsche Fährten› als Spiel mit dem Zuschauer zu beschreiben.

Vorteile der Modellvorstellung vom «Kontrakt» bestehen darin, dass sich damit Rückkopplungseffekte etwa bei Genreerzählungen (vgl. Jost 1997) theoretisch fassen lassen. Die Vertragsmetapher erweist sich in dieser Hinsicht als von stärkerem Erklärungswert gegenüber der zögerlichen vom ‹Versprechen›, die der Unidirektionalität filmischer Kommunikation Rechnung trägt, aber nicht berücksichtigt, wie sehr die Dramaturgie des Films mit den rezeptiven Operationen kalkuliert und die metatextuellen, evaluativen Aktivitäten des Zuschauers *vorwegnimmt*.

Das Vertrags- oder Kontraktmodell hat folglich durchaus Vorteile für die theoretische Beschreibung der Leistungen des Filmanfangs, wenn man die Metapher nicht allzu wörtlich, sondern eben als Metapher nimmt und produktiv macht: weil damit die strikte Aufeinanderbezogenheit und das Wechselverhältnis von textuellen Strategien und Operationen des Zuschauers, die darauf gerichtet sind, das pragmatisch-kommunikative Verhältnis zu bestimmen und auszugestalten, anschaulich gefasst wird. Der ‹Arbeit des Films› an seinem Anfang, die Kuntzel beschreibt, korrespondiert die ‹Arbeit des Zuschauers›. Die kommunikativen Strategien, die sich im Text manifestieren, und die Aktivitäten der Subjekte im Rezeptionsprozess sind aufs Engste miteinander verwoben (Casetti 2001a, 16).[70]

69 Zur Tragfähigkeit des Kontraktmodells für die Beschreibung von Verständigungsvorgängen bei empirischen Rezeptionen vgl. Wierth-Heining 2002.

70 Casetti benennt weitere Vorteile der Modellvorstellung: Sie erweitert das Aushandlungsmodell über die Text/Zuschauer-Beziehung hinaus, weil sie den Kontext und die Bedingungen der Kommunikation integriert und unterschiedliche Ebenen berücksichtigt, auf denen Aushandlungen vorgenommen werden: die Achse von Adressierendem und Adressat, die Achse von Kommunizierendem und Kommunikationssituation und schließlich die Achse von Kommunizierendem und Lebenswelt (2001a, 159f).

Der Fokus des Untersuchungsinteresses liegt bei diesen pragmatischen Zugängen nicht auf dem Geschichtenverstehen, das mit Bordwells Modellvorstellung von der Konstruktion der Fabel aus den Informationen, die Plot und Stil bereitstellen, umschrieben wird oder auch mit Wuss' Beschreibung der «Invariantenextraktion» als Leistung des Zuschauers, die sich gleichfalls auf die Ebene der Narration bezieht. Solchen filmnarratologischen Ansätzen gegenüber zielt die Modellvorstellung von Aushandlungsprozessen und Verständigungsvorgängen zwischen Film und Rezipienten auf die Erschließung der kommunikativen und pragmatischen Rahmen als notwendiger Voraussetzung für die Konstruktion und Interpretation der Geschichte, die der Film zu erzählen sich anschickt, etwa: die Festlegung des ontologischen Status des Dargestellten, die Gattungszugehörigkeit des Textes, der Befund über die Reliabilität der Darstellung und über den Modus der Erzählung (als unernst, ironisch, nostalgisch etc.; → Kap. 3.9.1) sowie über die eigene kommunikative Rolle im von der Fiktion entworfenen Handlungsspiel. All diese Operationen und Kalkulationen sind in der Dramaturgie und im systematischen Gebrauch der filmischen Mittel vorweggenommen; die Aushandlungen sind im Text gleichsam ‹virtuell vorstrukturiert› und werden in der Rezeption aktualisiert, so dass – wenngleich auf verschobene Weise – sehr wohl von einem interaktiven Verhältnis von Film und Zuschauer gesprochen werden kann. Diese Modellvorstellung ist unmittelbar überführbar in die Konzeption einer *Textpragmatik* und *kognitiven Dramaturgie* des Anfangs, die im nächsten Kapitel vorgestellt wird.

2.9 Resümee: Unterschiedliche Perspektiven – ein Gegenstand?

Die Zusammenschau all dieser Zugänge in den vorangegangenen Unterkapiteln hat gezeigt, unter welch unterschiedlichen Paradigmen und Perspektivierungen über Filmanfänge nachgedacht wurde und wird. Die Aufgliederung des Forschungsüberblicks entlang der präferierten Kernmetaphern, der aus Gründen der systematischen Darstellung gewählt wurde, täuscht jedoch ein wenig darüber hinweg, dass die Ansätze tatsächlich nicht so trennscharf voneinander abzugrenzen sind: Die mit den Metaphern verbundenen Modellvorstellungen überschneiden sich oder werden nebeneinander gebraucht. Die Darstellung ist nicht einmal vollständig: Unterschlagen wurden Zugänge, die in der Filmwissenschaft keine breite Aufmerksamkeit gefunden haben, so z.B. die Konzeption des Anfangs als *Exordium* in rhetorischer Tradition, die von der Münchener

Schule der Filmphilologie auf den Film übertragen worden ist (vgl. Kanzog 1991, 77-96),[71] oder auch die als *Incipit* («es beginnt»), die zwar in der Literaturwissenschaft verbreitet ist und dort vor allem für die Untersuchung erster Sätze herangezogen wird, in der Filmwissenschaft bislang aber nur kursorisch aufgegriffen wurde (vgl. Moinereau 2000, 17; Re 2006), ohne dass definiert wäre, was unter diesem Begriff filmspezifisch zu verstehen ist.

Konzipiere ich den Filmanfang als «Präludium» oder «Ouvertüre» *vor* dem eigentlichen Film, so erhalte ich ein gänzlich anderes Bild von meinem Untersuchungsobjekt, als wenn ich ihn als «Schwelle» zwischen *hors texte* und Text, zwischen der Alltagsrealität des Zuschauers und der Welt der Fiktion fasse und damit den Moment oder die Phase der Transition zwischen zwei Zuständen hervorkehre – oder aber die Textgrenze betone. In diesem Fall stelle ich die dramaturgische Gestaltetheit des Anfangs und seine Bauformen hintan, die wiederum im Rahmen einer poetologischen Betrachtung oder im Zusammenhang der Frage nach dem Umgang mit «Exposition» von zentraler Bedeutung ist. Unter der «Schwellen»-Perspektive haben insbesondere, wie oben erwähnt, Titel- oder Vorspannsequenzen die Aufmerksamkeit der Filmwissenschaft auf sich gezogen. Auch bei der Frage nach der «präludierenden» Funktion des Anfangs sind es vor allem Titelsequenzen, aber auch Vorsequenzen (*pre title sequences*), die in den Blick geraten, während unter dramaturgischer Fragestellung der Anfang als Teil des ersten Akts und hinsichtlich seiner Handlungsfunktionen wie seiner Wirkung auf den Zuschauer betrachtet wird.

71 Als exemplarische Analysen seien genannt: Barth (1988) zu Georg Wilhelm Pabsts DIE FREUDLOSE GASSE (D 1925) und (1990) zu Pabsts KAMERADSCHAFT (D 1931). Nach dem Vorbild von Lausbergs *Literarischer Rhetorik* geht es Barth um die Analyse der rhetorischen Mittel und Strategien, mit denen die Eingangssequenz der Filme vergleichbar zur kunstgerechten Einleitung der Rede auf den Zuschauer einwirkt. Dem Anfang als *Insinuatio* werden primär phatische und appellative Funktionen zugeschrieben, er wird als «einstimmender» Teil vor der eigentlichen Handlung begriffen, mit dem der Zuschauer vor allem emotional gewonnen werden soll (die Überlegungen zur phatischen Funktion, die Jakobsons Kommunikationsmodell entlehnt sind, greife ich in (→) Kapitel 3.6 auf, die einstimmende Funktion des Anfangs in (→) Kapitel 3.10. Die Übertragung auf den Spielfilm ist allerdings problematisch, wenn man wie Barth auch die morphologische Gestaltung der Rede im Film wiederzufinden sucht. Anlage, Gestaltung und Ausschmückung, wie sie von der klassischen Rhetorik gelehrt werden, gehorchen festgelegten Regeln etwa zur Abfolge der einzelnen Redeteile. Hier steht der Beweis aus, wie das Regelwerk einer so hoch kodifizierten Textsorte übertragbar sein soll auf den Spielfilm mit seinem Formenreichtum, seinen narrativen Techniken und Strategien – wobei überhaupt der Tatbestand des Erzählens gegenüber dem der Argumentation in den Hintergrund gerät. Was aber ist die (politische) Position, von der der Spielfilm seinen Zuschauer überzeugen will? In welchem Verhältnis stehen seine narrativen und seine argumentativen Anteile? Diese Fragen zu klären müsste Aufgabe einer Beschäftigung mit dem Spielfilm unter der Ägide einer ‹Filmrhetorik› sein.

Und welcher Teiltext wird eigentlich untersucht, wenn ich den Anfang als «Gebrauchsanweisung» oder als den Textabschnitt begreife, mit dem *priming*-Effekte verbunden sind? Wie lange braucht der Zuschauer, bis er zu ersten Hypothesen gelangt, wie lange, bis er sich die Regeln des kommunikativen Spiels angeeignet hat? Und wie ist dies abhängig vom jeweiligen filmischen Modus? Anders ausgedrückt: «Filmanfang» ist weit davon entfernt, ein selbsterklärender, unmittelbar evidenter Begriff zu sein, unter dem ein jeder dasselbe versteht. Je nach präferierter Leitmetapher ergeben sich andere Modellvorstellungen vom Gegenstand und seinen Funktionen, werden einige Aspekte hervorgehoben, andere vernachlässigt. Von Saussure stammt die Einsicht, dass es die Betrachtungsweise ist, welche das Untersuchungsobjekt konstituiert:

> Man kann nicht einmal sagen, daß der Gegenstand früher vorhanden sei als der Gesichtspunkt, aus dem man ihn betrachtet; vielmehr ist es der Gesichtspunkt, der das Objekt erschafft (Saussure 1967 [1916], 9).

Befragt man unter dieser Prämisse die hier vorgestellten Entwürfe dahingehend, welches Teilsegment oder welche Teilsegmente als ‹Anfang› festgelegt und welche Kriterien dafür angelegt werden, ist festzustellen, dass dabei eher intuitiv vorgegangen wird. Die Frage nach der Gegenstandsfestlegung und -begrenzung wird in kaum einer der Arbeiten zum Filmanfang gestellt.[72] Lediglich in der Handbuchliteratur zum Drehbuchschreiben mit ihrer Forderung nach strikter Anlage des Films als drei- oder fünfaktige Struktur wird niedergelegt, welche Aufgaben die Exposition bis zu welchem Zeitpunkt erfüllen muss. So spricht Syd Field kategorisch von der «Exposition» als dem gesamten «ersten Akt». Dieser habe sich über 30 Minuten Erzählzeit (das entspricht 30 Drehbuchseiten) zu erstrecken (Field 2000, 50ff; vgl. Hant 1992).[73] Der erste *plot point* markiert demnach das Ende des Anfangs.

Gegenüber solch normativen Festlegungen (die im Übrigen nur für konventionelle Dramaturgien greifen)[74] bleiben die anderen Versuche, den Filmanfang zu bestimmen, vage.[75] Verschiedene Begriffe werden zur Be-

72 Selbst Espenhahn fragt in *Die Exposition beim Film* (1947) nicht nach der Festlegung von «Exposition», sondern interessiert sich ausschließlich für die dramaturgischen Funktionen eines Gegenstandes, der ihr als solcher fraglos gegeben scheint.

73 Die Festlegung von Field lautet wie folgt: «Der Erste Akt ist eine dramatische Handlungseinheit. Er beginnt auf der ersten Seite und geht bis zum Plot Point am Ende des Ersten Akts. Er ist 30 Seiten lang und wird von dem dramatischen Kontext zusammengehalten, den wir als Setup (Exposition) kennen» (Field 1991, 105).

74 Sie beziehen sich auf Filme nach dem Drei-Akt-Schema Hollywoods, wie es von vielen Drehbuchratgebern gelehrt wird. Zur Kritik an diesem normativen Konzept vgl. Thompson 1999, 22-27.

75 Eine Ausnahme stellt Zobrist (2000) dar, der eine einfache, wenngleich ungewöhnliche Lösung vorschlägt: Er umgeht eine dramaturgische oder erzähltheoretische Kriterien-

zeichnung eines nur auf den ersten Blick identischen Gegenstands herangezogen, das Spektrum reicht vom schlichten «Anfang» (Christen 1990; Hickethier 1980; Potter 1990) über «Eröffnung» (Vernet 1983; Cunningham 1989), «Filmeingang» (Kanzog 1991, 88) und «Ouvertüre» (Burgoyne 1980/81; 1991, 50-56; Crawford 1980; Ropars 1978; 1979) zu «Exposition» (Espenhahn 1947; Lawson 1963, 323-333; 1985 [1936], 409-415; Le Berre 1991; Wuss 1993a, 77). Manchmal ist von den «ersten Bildern» oder von den «ersten vier, fünf, sechs Einstellungen» (Bulgakowa 1990, 18) die Rede, dann wiederum von der «establishing scene» (Kamp/Rüsel 1998).[76] Bei Kuntzel findet sich die Setzung: «Die Analyse bezieht sich [...] auf den Anfang – Vorspann und erste Sequenz» (1999, 25), der auch Odin (1980; 2000) und andere folgen. Aber warum gerade dieser Abschnitt? Fällt das Ende des Filmanfangs grundsätzlich mit dem Ende der Eröffnungssequenz zusammen? Aufgrund welcher Kriterien? Wie verhält es sich mit Filmen, die sich der Sequenzgliederung zu entziehen scheinen? Und wie mit den Elementen *vor* dem Vorspann, etwa den Logos von Produktionsfirmen und Verleih (vgl. Levaco/Glass 2006 [1980]; Betteni-Barnes 2004; Böhnke 2007a, 79-84), zählen diese zum Anfang oder sind sie «Paratexte» des Films?

Die hier vorgestellten Herangehensweisen und Modelle beleuchten jeweils verschiedene Teilaspekte des Gegenstandes, die auf unterschiedlichen Strukturniveaus angesiedelt sind: Die einen betrachten die Ebene der Diegese, die am Anfang etabliert wird, andere die Ebene der einsetzenden Geschichte, wieder andere die Ebene des narrativen Diskurses und der Enunziation; einige fragen im Rahmen von Autoren- oder Werkstudien nach dem filmischen Stil oder zielen über diese Ebene hinaus auf die kommunikativen Regeln, die am und durch den Anfang ‹eingeübt› werden. Kurzum: Diese Fragestellungen beziehen sich nicht allein auf unterschiedliche Aspekte des Gegenstandes, sondern gehören zu unterschiedlichen *Dimensionen* oder *Registern* des Textes.

diskussion, indem er eine quantitative Festlegung seines Untersuchungsgegenstandes wählt und das erste 17tel der Gesamtlänge des Films (inkl. des Vorspanns) als Anfang nimmt. Bei einer Dauer von 100 Minuten entspräche dies 5′53″. Auf diesem Wege trägt Zobrist zugleich der unterschiedlichen Lauflänge der Filme und dem damit verbundenen unterschiedlichen dramaturgischen Rhythmus Rechnung, denn: «[...] ein Film, der drei Stunden dauert, kann sich für die Einführung mehr Zeit lassen als ein Film von 90 Minuten» (ibid., 16).

76 Die Definition von Kamp und Rüsel, eine der wenigen, die ich überhaupt finden konnte, trägt mit ihrem Begriffswirrwarr kaum zur Klärung bei: «Im Unterschied zum Establishing Shot, der in der ersten Einstellung einer Sequenz die wichtigsten Informationen über Handlungsort, -zeit und gegebenenfalls Personen mithilfe einer Totalen oder Halbtotalen liefert, handelt es sich bei der Eröffnungsszene (*Establishing Scene*, auch *Opening*) um die gesamte Anfangssequenz [sic!] des Films nach der Vorgeschichte [sic!] und dem Vorspann. Sie könnte auch als erstes Kapitel (Sequenz) eines Films definiert werden» (Kamp/Rüsel 1998, 114; Herv.i.O.).

Die vorliegende Studie sucht diese Ansichten und Festlegungen des Gegenstands und die verschiedenen partiellen Überlegungen zu seinen Funktionen in Beziehung zueinander zu setzen und darüber zu einem integralen Modell des Filmanfangs zu gelangen. Im Folgenden sollen die unterschiedlichen Leitmetaphern zur Bestimmung des Filmanfangs produktiv gemacht und unter dem theoretischen Rahmen einer *Textpragmatik* und *kognitiven Dramaturgie* integriert werden. Mein Vorhaben ist die Entwicklung eines umfassenden pragmatischen *Initiationsmodells*, das gleichsam ‹räubernd› auf Aspekte und Konzepte unterschiedlichster Provenienz zugreift, sich diese anverwandelt und für die Modellbildung nutzbar macht. Über den pragmatisch-funktionalen Zugriff auf den Gegenstand gerät dann die Frage nach der morphologischen und textsequenziellen Festlegung des Filmanfangs erneut in den Blick, werden die Frage nach dem Anfang des Anfangs und nach seinem Ende sowie nach seiner zeitlichen Erstreckung und internen Gliederung (anders) gestellt und die funktionale und die morphologische Perspektive miteinander verschränkt.

3. Initiationsmodell des Filmanfangs

A film does not just start, it begins. *The opening provides a basis for what is to come and initiates us into the narrative.*
(David Bordwell & Kritin Thompson 1997 [1979], 99)

Die vorliegende Studie versteht sich, so habe ich eingangs ihr Ziel abgesteckt, als Entwurf einer *pragmatischen Texttheorie des Filmanfangs* und damit als Beitrag zu einer allgemeinen *Pragmatik des Spielfilms.* Sie ist integrativ angelegt, insofern sie es unternimmt, verschiedene Aspekte des Gegenstands, die unter den unterschiedlichsten Forschungsparadigmen untersucht werden, aufzugreifen und zu einem funktionalistischen Modell weiterzuentwickeln. Die analysierten Phänomene des Anfangs fasse ich dabei unter dem Doppelbegriff von *Initialisierung* und *Initiation* (und bediene mich damit ebenfalls einer metaphorischen Kennzeichnung). Einen Baustein zu einer allgemeinen Pragmatik des Films liefert die Arbeit an der Modellbildung, insofern die theoretischen Fragen, die sich dabei stellen, die grundsätzliche narrative, textuelle und kommunikative Verfasstheit des Spielfilms betreffen. Bevor ich mein *Initiationsmodell* vorstelle und hinsichtlich der verschiedenen Funktionen des Anfangs entfalte, sei zunächst der theoretisch-methodologische Rahmen skizziert, unter dem die Modellbildung erfolgt. Ich kennzeichne ihn als *Textpragmatik* und *kognitive Dramaturgie;* diese beiden Begriffe und die damit verbundenen Konzepte sollen hier erläutert, theoretisch verortet und ins Verhältnis zueinander gesetzt werden.

3.1 Textpragmatik und kognitive Dramaturgie: Theoretisch-methodologischer Rahmen

«Was man zu verstehen suchen muß, ist die Tatsache, daß die Filme verstanden werden» (Metz 1972, 197). Das berühmte Metzsche Diktum vom «Verstehen des Filmverstehens» markiert den Ausgangs- und zugleich Fluchtpunkt meiner Untersuchung des Filmanfangs oder, in der hier vorgeschlagenen Terminologie, der *Initialphase* des filmischen Diskurses.

Das Interesse an der Erhellung der Filmverstehensprozesse ist so alt wie die Filmtheorie selbst. Es reicht von Hugo Münsterbergs 1916 erschienener Studie *The Photoplay: A Psychological Study* über einschlägige Entwürfe früher Filmtheoretiker wie etwa die Vertreter der russischen formalistischen Schule, über Sergej M. Eisenstein, Wsewolod Pudowkin, über Rudolf Arnheim, die französische und italienische Filmologie-Bewegung und später Jean Mitry bis zur Filmsemiotik der 1960er bis 1980er Jahre.[1] Zur inzwischen forschungsleitenden Prämisse wurde das Metzsche Diktum einerseits mit dem *cognitive turn* in der Filmwissenschaft und der Herausbildung einer *kognitiven Filmtheorie* im Gefolge von David Bordwells *Narration in the Fiction Film* (1985) und Edward Branigans *Narrative Comprehension and Film* (1992).[2] Andererseits steht die Erforschung der Intelligibilität (vor allem) des Spielfilms im Zentrum der *kognitiven Semiotik des Kinos*, eine Sammelbezeichnung, unter der Warren Buckland (1999; 2000) semiotische und enunziationstheoretische Ansätze vor allem der französischen Filmwissenschaft subsumiert.[3]

Aus der Berufung auf das Metzsche Diktum folgt die beiden Ansätzen gemeinsame Betonung der *pragmatischen Dimension* des filmischen Textes, der Beziehung zwischen Zeichen und Zeichenbenutzer, zwischen dem Film als Kommunikat und seinem Zuschauer, die auch im Zentrum der vorliegenden Studie steht.[4] Auch wenn Metz selbst sich gegen diese Auslegung seiner Enunziationstheorie verwahrt und (wie Bordwell)

1 Peter Wuss (1990a) bietet in seinen *Konspekten zur Filmtheorie* eine kritische Zusammenschau der hier genannten Ansätze; vgl. auch Casetti 1999.

2 Unter ‹kognitiver Filmtheorie› oder vielleicht besser ‹kognitivistisch orientierter Theorie des Films› werden solche Ansätze und Überlegungen gefasst, die auf Erkenntnisse der Kognitionspsychologie zurückgreifen; vgl. Ohler/Nieding 2002. Grundannahme ihrer verschiedenen Spielarten ist es, Filmwahrnehmung und Bedeutungsbildung als aktive, zielorientierte und erfahrungsgeleitete Prozesse auf Seiten eines rationalen Zuschauersubjektes anzusehen; Bordwell 1985, Kap. 3; Bordwell 1989b. Das hermeneutische Interesse ist dabei zurückgestellt zugunsten der grundsätzlichen Fragen, wie filmische Narration organisiert ist, wie Filme unsere visuelle und historische Erfahrung formen, wie sie sich auf unser Vorwissen beziehen; vgl. Jenkins 1995, 101. Angesichts der Bandbreite einschlägiger Ansätze plädiert Carl Plantinga (2002) für ein «weites» Verständnis kognitiver Filmtheorie und betont die Vielgestaltigkeit der unter diesem homogenisierenden Etikett versammelten Richtungen und Strömungen; diese sind in Bordwell/Carroll (1996) gut dokumentiert; vgl. auch Schumm/Wulff 1990; die Themenhefte von *Iris* 5,2 (=Nr. 9), 1989 («Cinema and Cognitive Psychology») und *Cinémas* 12,2, 2002 («Cinéma et cognition») sowie als Überblicksdarstellungen Wulff 1991; Small 1992; Hartmann/Wulff 1995; 2002; Freeland 1999a; Currie 1999. Zur Geschichte des Forschungsparadigmas vgl. Jullier 2002.

3 Er bezieht sich dabei auf die in ihren Grundannahmen eigentlich gegenläufigen Enunziationstheorien von Francesco Casetti, der in seinem Hauptwerk *Dentro lo sguardo* (1986; engl. 1998 unter dem Titel *Inside the Gaze*), die filmische Enunziation als pragmatisch, personell und deiktisch fasst, sowie die von Christian Metz aus *L'énonciation impersonelle ou le site du film* (1991; dt. 1997 als *Die unpersönliche Enunziation oder der Ort des Films*), der den Aussageakt als strikt textuelle, impersonelle und metadiskursive Erscheinung sieht (die grundlegenden Differenzen der beiden Ansätze arbeitet Odin [1993] heraus). Diesen Entwürfen gesellt Buckland einschlägige semiotische und enunziationstheoretische Arbeiten von Dominique Chateau, Michel Colin, François Jost, Jean-Paul Simon und anderen zu sowie die Semiopragmatik Roger Odins. Einen guten Überblick über die Ansätze der «kognitiven Semiotik» gibt der ebenfalls von Buckland herausgegebene Sammelband *The Film Spectator. From Sign to Mind* (Buckland 1995a).

4 Für eine abwägende Definition und theoriehistorische Herleitung von «Pragmatik» aus der Peirce'schen Semiotik vgl. Hippel 2000, 13-23.

Kommunikationsmodelle des Films grundsätzlich abgelehnt hat, lassen sich seine Beschreibungen der enunziativen ‹Figuren› sehr wohl pragmatisch wenden, wenn man sie mit einem Terminus des Phänomenologen Wilhelm Schapp (1985 [1953]) als «Wozu-Dinge» betrachtet: als kommunikativ funktionale Textstrukturen, die in der Rezeption aufgegriffen und ‹erfüllt› werden.[5] «Künstlerische Form ist mit Kommunikation verbunden und realisiert sich erst in ihrer Aneignung», schreibt Wuss (1993a, 9). Ganz in diesem Sinne spricht Odin von der «Notwendigkeit, die Pragmatik auf den Kommandoposten der Analyse einzusetzen» (1990a, 128).

Eine sich als pragmatisch verstehende Analyse fragt «nach den Bedingungen für Sinnbildungsprozesse, soweit sie durch die Strukturen eines Mediums, eines Genres oder eines Textes vorgezeichnet sind», wie Eggo Müller definiert (1999, 21). Es gehe, so Hans J. Wulff, um «die Beschreibung und Analyse der Formen und der Art und Weisen, wie Texte mit Zuschaueraktivitäten verwoben sind» (1993b, 120). Unter dieser Prämisse kann eine Pragmatik audiovisueller Texte ihren Gegenstand aber auf durchaus unterschiedliche Weisen gewinnen. Sie mag sich interessieren für a) die Implikaturen des *Textes*, d.h. für die textuellen Angebote und Strategien, mit denen auf die Strukturbildung und Sinnstiftung eingewirkt werden soll; oder b) für die Wissensbestände, Kompetenzen, die «Erwartungshorizonte» (Jauß 1992 [1970]) auf Seiten des *Zuschauers* oder allgemeiner die «Horizontstrukturen»[6], in denen die Texte stehen und in die hinein sie entwickelt werden; oder c) für die durch den Text erzielten tatsächlichen und beobachtbaren *Effekte und Wirkungen*; oder auch d) für die sozial, (sub-)kulturell und institutionell geprägten, die Bedeutungsbildung regulierenden *Räume und Kontexte.*

Um die Spielbreite pragmatischer Zugänge innerhalb der Filmwissenschaft abzustecken und zugleich zu konkretisieren:[7] Thomas Elsaesser

5 In diesem Sinne weist Odin (1995b) auf die Definition der semiologischen Arbeit als parallel zur Verstehenstätigkeit des Zuschauers bei Metz hin und beschreibt dessen Filmsemiologie als «cognitivisme avant la lettre (ou plus exactement avant la mode)» (ibid., 271). Der kognitivistische und der filmsemiotische Ansatz in der Nachfolge von Metz stehen sich daher keinesfalls so feindlich gegenüber, wie von ihren Vertretern zuweilen behauptet wurde. Kessler (2002b) zeigt, wie sich die Weiterentwicklung des pragmatischen Ansatzes in Kognitivismus *und* Semiopragmatik vollzieht, insofern beide an Metz' Interesse an der Erforschung des semiotisch-signifikativen Potenzials des Films anknüpfen. Und sowohl die Arbeiten von Michel Colin (vgl. 1992; 1995b) als auch Bucklands bereits genannte Studie (Buckland 2000) stellen einen Versuch dar, kognitive Theorie und Semiotik engzuführen und zu versöhnen.

6 Das Konzept der «Horizontstrukturen» wurde von Husserl geprägt und später von Jauß als rezeptionsästhetische Kategorie aufgegriffen.

7 Die Vielgestaltigkeit pragmatischer Ansätze zeigt sich auch in den beiden von Jürgen E. Müller edierten Sammelbänden *Towards a Pragmatics of the Audiovisual* (1994a u. 1995). Vgl. auch die Standortbestimmung der französischen Filmwissenschaft unter

(1996) benennt die Grundpfeiler einer *historischen Pragmatik*, die er als Rezeptionsgeschichte und damit als Zuschauer-Theorie versteht, weil es um die konkreten Gebrauchsweisen der Filme durch diverse Publika in unterschiedlichen Aufführungskontexten geht. Wulff (1999a) kennzeichnet seine Theorie zur Abgrenzung von historisch-empirischen, kontextsensitiven Zugängen als *Pragmasemiotik* und stellt darüber die strikte Werk- und Textbasiertheit seines Interesses an den semiotischen Leistungen des Films, der Erzählstrukturen und der spezifisch filmischen Mittel heraus. Die *Semiopragmatik* Roger Odins, die er über viele Jahre entwickelt hat,[8] nimmt eine Scharnierstellung zwischen diesen beiden Polen ein, indem sie die die Signifikation und Interpretation regulierenden modalen und institutionellen Rahmen untersucht, dabei aber die konkreten historischen Kontexte bewusst ausblendet.[9] Frank Kessler (2002a) nimmt die Überlegungen von Elsaesser und Odin auf und entwickelt sie für den frühen Film weiter. Er beschreibt die Möglichkeiten einer historischen Pragmatik, die sich keinesfalls im Nachzeichnen jeweiliger historisch-empirischer Rezeptionen erfüllt, sondern deren Gegenstand die Analyse der «historisch spezifischen Verfahren und Konventionen» der Filme darstellt, daneben aber «vor allem auch die jeweiligen institutionellen Rahmen in ihrer pragmatischen Funktion für die jeweilig intendierten Kommunikationsprozesse» (110f).[10] Patrick

dem Titel «Où est la pragmatique?» in einem Themenheft der Zeitschrift *Hors Cadre*, 7, 1988/89 mit Beiträgen u.a. von Ropars, Odin und Casetti. Eine kritische Diskussion des pragmatischen Ansatzes und seiner Bedeutung für die Filmwissenschaft leistet Elsaesser 1996. Vgl. auch das Themenheft «Pragmatik des Films», *Montage AV* 11,2, 2002.

8 Vgl. Odin 1983; 1988a; 1988/89; 1994; 1995a, 2000, 2002.

9 Odin definiert seinen Ansatz wie folgt: «Die Pragmatik, so wie ich sie verstehe, versucht, Fragen von eher allgemeiner Art zu beantworten, wie z.B.: Was tun wir, wenn wir einen Film sehen? Wie lassen sich die unterschiedlichen Interpretationen eines Films erklären? Was heißt es, einen Film als Spielfilm, als Dokument(arfilm), als Kunstwerk zu sehen?» (1994, 44, dt. zit. n. Kessler 2002a, 104f). An anderer Stelle präzisiert er: «La sémio-pragmatique est *un modèle de (non-)communication* qui pose qu'il n'y a jamais transmission d'un texte d'un émetteur à un récepteur mais un *double processus de production textuelle*: l'un dans l'espace de la réalisation et l'autre dans l'espace de la lecture. Son objectif est de fournir un cadre théorique permettant de s'interroger sur la façon dont se construisent les textes et sur les effets de cette construction» (2000, 10; meine Herv.). Am weitesten ausgeführt ist der Ansatz in Odins Untersuchungen zum *film de famille*; 1979; 1995; 1999. Vgl. auch die Auseinandersetzung mit dem semiopragmatischen Modell in den Studien zum «Familienfilm» von Schneider (2004) und Roepke (2006). In *De la fiction* (2000), Odins Entwurf einer pragmatischen Fiktionstheorie des Films, erweist sich die integrative Natur seines Ansatzes, den er als zur Hermeneutik geöffnet versteht und zwischen Theorie und Analyse, zwischen Analyse und Interpretation aufspannt; vgl. dazu auch Kessler 2004.

10 Weitere Ansätze zu einer «historischen Pragmatik» finden sich in Jürgen E. Müller 1994b sowie in Janet Staigers Konzeption einer «historischen Rezeptionstheorie»; vgl. Staiger 1991; 1992; 2000. Im Bereich der Fernsehtheorie entwirft Eggo Müller (2002) eine Pragmatik der Unterhaltung, die textuelle Angebote, Rezeptionskontexte, situative Bedingungen und die Anforderungen der Zuschauer zu integrieren sucht.

Vonderau schließlich schlägt das umfassende Modell einer *Pragmapoetik* des Films vor, die viele der genannten Aspekte und Forschungsfragen zu integrieren sucht: erstens die Untersuchung der vielfältigen «historischen Verwertungskontexte» der Filme (ihren kulturellen Gebrauch), zweitens die «Rekonstruktion des kulturellen Repertoires» des historischen Publikums (des geteilten oder kollektiven Wissens) sowie drittens die Analyse der in zu einem gegebenen Zeitraum prävalierenden narrativen und stilistischen Modi als «Funktionalisierung kultureller Modelle» (Vonderau 2006, 335f).

Meinen eigenen Ansatz kennzeichne ich schlicht als *textpragmatisch*, weil es mir darum geht, wie der Filmanfang die Spuren auslegt und die Rahmen errichtet, welche die Sinnbildungsprozesse strukturieren. Die analyseleitenden Fragen zielen auf die Elemente und Strukturen des Textes, insofern diese die Prozesse des Filmverstehens und -erlebens oder, mit Odins im vorangegangenen Kapitel referierten Aufsatz «L'Entrée du spectateur dans la fiction» (1980) gesprochen, die «Operationen» des Zuschauers am Text stimulieren und lenken. Es geht um die von Spielfilmanfängen unterbreiteten rezeptiven Angebote, die semiotischen Aufgaben, vor die sie ihre Zuschauer stellen, die kommunikativen Versprechen, die sie machen, die Rezeptionsgratifikationen, die sie in Aussicht stellen, die kontraktuellen Bindungen, die sie offerieren. Im Zentrum der Untersuchung stehen präsupponierte und intendierte (im Text angelegte) Rezeptionshandlungen. Ich analysiere die filmischen Formen und Gestaltungsmittel als in kommunikative, sinnstiftende Prozesse eingebunden und schließe damit an die in (←) Kapitel 2 vorgestellten Modelle zum Filmanfang und zur Exposition aus Filmdramaturgie und -narratologie, aus Textanalyse, kognitiver Filmtheorie und kognitiver Semiotik an.

Wie diese Ansätze so rekurriert auch der textpragmatische auf den *Zuschauer* oder *Rezipienten*, ein Konstrukt, das erklärungsbedürftig scheint. «Analyser un film, un texte, c'est toujours construire un spectateur, un lecteur», schreibt Odin (2000, 75) und positioniert sich damit zu einem in der Filmwissenschaft höchst umstrittenen Punkt: der Frage danach, wovon wir eigentlich sprechen, wenn vom «Zuschauer» die Rede ist.[11] Ohne Zuschauer machen Filme ‹keinen Sinn›. Wir können nicht die Ge-

11 Es besteht ein Nebeneinander von subjekttheoretischen, texttheoretischen, soziologischen, ethnografischen und kommunikationswissenschaftlichen Konstrukten, zwischen qualitativen und quantitativen Ansätzen, deren Integration in ein umfassendes Zuschauermodell nicht einmal ansatzweise geleistet und wohl auch gar nicht intendiert ist, sind die wissenschaftlichen Positionen hier doch zu widerstreitend. Zum Zuschauerkonzept in der Filmwissenschaft vgl. etwa Bordwell 1985, Kap. 3; Lowry 1992; Mayne 1993; Buckland 1995a; Smith 1995, Kap. 2; Staiger 2000; Barker/Austin 2000, Kap. 1 u. 2; Hippel 2000, 66-70; Fanchi 2005.

staltungsmittel eines Films analysieren oder uns über seine ideologischen Implikationen Aufschluss verschaffen, ohne zu berücksichtigen, dass die verwendeten stilistischen oder rhetorischen Verfahren auf ein Gegenüber im kommunikativen Prozess zielen.

Die von mir verfolgte Spielart einer Textpragmatik des Film(anfang)s verstehe ich aber ausdrücklich nicht als Zuschauer- oder Rezeptionsmodell, sondern als *Textmodell*.[12] Der Text zielt auf die Verstehens- und Erwartungshorizonte seiner Zuschauer, er inszeniert und instrumentalisiert die Rezeptionsprozesse (vermag sie allerdings nicht zu determinieren; vgl. Ohler 1994b, 134). Wuss spricht von der «Strukturierungsarbeit mentaler Prozesse», die im Werk und seinen ästhetischen Funktionen vorgebildet seien (1993a, 430),[13] und Wulff schlägt in Zuspitzung dieser These gar vor, die Inferenzleistungen des Zuschauers als genuinen «Teil der Rhetorik des Textes» zu fassen (1999c, o.P.). Im Rahmen des hier verfolgten Ansatzes wird der ‹Zuschauer› folglich als Teil der Textstruktur, als eine *textuell angelegte Rolle* modelliert (vgl. Dagrada 1995, 238). Der Ansatz folgt darin Umberto Eco, der sich zu diesem auch in der Literaturwissenschaft lange und erbittert geführten Streit im Vorwort seines *Lector in fabula* wie folgt positioniert hat:

12 Peter Ohler (1994a) plädiert in seinem Entwurf einer kognitiven Filmpsychologie für die strikte Differenzierung *semiotischer Schemata* als aus der Untersuchung von Textgruppen gewonnener Abstraktionen und *psychologischer Schemata* als Abstraktionen von Wissensbeständen, die aus der empirischen Untersuchung mit tatsächlichen Rezipienten gewonnen werden (ibid., 30). Während die experimentell arbeitende Filmpsychologie auf die Entwicklung und Ausdifferenzierung von Rezipientenmodellen abzielt, arbeiten kognitiv orientierte Filmtheorie und kognitive Semiotik an Text- oder Werkmodellen. Zu dieser Dichotomie positioniert sich Casetti wie folgt: «[...] what is important for the filmic text is not so much that of being seen by somebody than making itself visible to somebody» (1995 [1983], 118). Es geht nicht darum, wie der jeweilige Film von empirischen Zuschauern unterschiedlich wahrgenommen wird, sondern wie er sich der Wahrnehmung und dem Verstehen darbietet. Einen integrativen Ansatz, der versucht, diesen Graben zwischen Text- und Rezipientenmodellen zu überwinden, haben Dixon und Bortolussi (2001; 2003) vorgelegt: In ihrem *Psychonarratology* genannten Ansatz (den Begriff verwendet bereits Lloyd 1989, 209-237) suchen sie Erkenntnisse aus literaturwissenschaftlicher Narratologie und *discourse processing* (Textverstehensforschung) zusammenzubringen. In ähnliche Richtung arbeitet im Grenzbereich von Filmnarratologie und -psychologie etwa Ed Tan (1996); vgl. auch Andringa/van Horssen/Jacobs/Tan (2001).

13 An anderer Stelle präzisiert Wuss diese These in Hinblick auf sein Erzählmodell: «Die Modellbildung verdeutlicht [...], daß die filmische Erzählung eine Datenstruktur bildet, die erstens in der Rezeptionsphase einen schemageleiteten aktiven Wahrnehmungsprozeß realisiert, zweitens im Werk selbst fixiert ist und drittens dort wiederum als Resultat einer Informationsverarbeitung des Filmemachers erscheint. Wenn wir über filmisches Erzählen sprechen, meinen wir das gesamte Feld von Beziehungen. Das filmische Werk mit seiner Erzählstruktur wird gleichsam nur faßbar über die Rezeption und läßt Rückschlüsse zu über die Kreation. Und umgekehrt manifestiert sich die Erzählstrategie im Werk und wird wirksam bei der Rezeption» (1993a, 88f).

> Nun – jetzt wird jene zögernde Haltung durchbrochen, und der Leser, der immer ganz nahe, der immer dem Text auf den Leib gerückt oder ihm auf den Fersen war, ist nunmehr im Text selbst untergebracht. [...] [E]s ging um eine Alternative: entweder von der Lust zu reden, die der Text vermittelt, oder davon, warum der Text Lust verschaffen kann. Und ich habe mich für die zweite Möglichkeit entschieden (Eco 1990 [1979], 14).

Ähnlich formuliert Francesco Casetti später das seiner pragmatischen Enunziationstheorie zugrunde liegende Bedingungsgefüge von Film und Zuschauer:

> [...] we will try to understand how the film constructs its spectator rather than the reverse, and we will focus on the text's operations rather than on the concrete circumstances of reception. From there, our aim will be to develop an understanding of three proposals: 1) that the film ‹designates› a spectator, 2) that it assigns this spectator a ‹place›, and 3) that it sets the spectator upon a certain ‹course› (1998, 14).[14]

In solchen Modellen erscheint der Zuschauer, wenn man so will, als ‹strukturierende Abwesenheit›, als ‹impliziter› Zuschauer, wie ihn etwa die Rezeptionsästhetik entworfen hat (vgl. Warning 1975; Iser 1994 [1976], bes. 50-67). Als solch ein theoretisches Konstrukt definiert ihn auch Bordwell: «I adopt the term ‹viewer› or ‹spectator› to name a *hypothetical entity* executing the operations relevant to constructing a story out of the film's representations» (1985, 30; meine Herv.). Und Odin spricht strikt entanthropomorphisierend vom Zuschauer als, «the *point of passage of a bundle of determinations*» (1995, 215; Herv.i.O.).[15]

Die vorliegende Arbeit nimmt diese programmatischen Setzungen zum Zuschauerkonstrukt als einer textuellen Rolle auf. Das bedeutet aber auch, dass der Zuschauer damit analytisch ausschließlich zugänglich ist

14 Eine Grundlegung seines pragmatischen Zuschauerkonzeptes stellt Casetti (1983) dar; dort fasst er den Zuschauer als «interlocutor», als «Gesprächspartner» in einem dialogischen Modell filmischer Kommunikation. Auf einige der damit verbundenen Probleme habe ich in Zusammenhang mit dem «kommunikativen Vertrag» hingewiesen (← Kap. 2.8). Eine eingehende kritische Auseinandersetzung mit dieser Modellvorstellung und Casettis deiktischer Konzeption filmischer Enunziation leistet Metz (1997, 1-27) im grundlegenden Kapitel zur «anthropoiden Enunziation».

15 An diesen Konzeptionen ist vielfach und dezidiert Kritik geäußert worden. Gegen die latent anthropomorphisierende Auskleidung der als «rein textuell» apostrophierten «Rollen» und «Instanzen» im Text wendet sich vor allem Metz (1997 [1991], 169f). Einwände gegen den Reduktionismus dieser Modellvorstellungen formulieren daneben u.a. Nichols (1989) oder Stam (2000, 231), der solch *textbasierten Zuschauermodellen* mit der Forderung nach einer «umfassenden Ethnografie der Zuschauerschaft» begegnet. Vgl. auch Maltby (1996), der Ecos «Modell-Leser» spielerisch die konkreten Gebrauchsweisen entgegenhält, die ein (fiktives) Paar im Kontext eines «dating ritual» von einem kurzen Moment in CASABLANCA (USA 1942, Michael Curtiz) macht.

über die textuellen Strukturen und Figurationen, die auf ihn ausgerichtet sind,[16] oder anders gesagt: über die Form der *narrativen Informationspolitik*, der *narrativen und textuellen Didaxe*, wie ich die unterschiedlichen ‹Beibringestrategien› des fiktionalen Films im letzten Kapitel summarisch benannt habe. Mit dieser Konzeption, welche die narrativen und textuellen Strategien als ‹didaktisch› nimmt, d.h. als Techniken, mit denen der Gegenstand des Films (sein Stoff, seine Geschichte, sein Thema, d.h. sein wie auch immer gearteter ‹Inhalt›), aber auch die Form seiner narrativen und stilistischen Darbietung vermittelt werden soll, schließe ich an die pädagogische Metapher vom Anfang als ‹Gebrauchsanweisung› oder ‹Training› aus der kognitiven Filmtheorie an (← Kap. 2.7). Der Zuschauer, habe ich oben formuliert, folgt den ‹Anweisungen› des Textes, er vollzieht textuell gelenkte Operationen (vgl. etwa Tan 1996, 32; 223 passim).[17] Diese kommunikative Rollenkonstellation zählt zu den Gegebenheiten, auf die er zu Recht vertraut. Das «kommunikative Vertrauen» (Wulff 2001), dass der Film das Verstehen organisiert und für das Gelingen der Kommunikation sorgt, ist Teil der kommunikativen Rahmenannahmen, die mit der Metapher vom «kommunikativen Kontrakt» (← Kap. 2.8) beschrieben werden. Der Kontrakt bezieht sich auf die metakognitive Ebene des Filmverstehens; er ‹regelt› (im übertragenen Sinn, weil schließlich kein direkter Austausch vorliegt), dass die grundlegenden kommunikativen Prämissen wie Relevanz, Intentionalität oder Aufrichtigkeit in Geltung stehen.

Während so mit *Textpragmatik* der theoretische Rahmen meiner Untersuchung umrissen und das zugrunde liegende Zuschauermodell konturiert ist, bezeichne ich die von diesem Ansatz abgeleitete Analysemethode als *kognitive Dramaturgie* und beziehe mich damit auf Überlegungen, die zwischen 1999 und 2002 von der Arbeitsgemeinschaft «Kognitive Dramaturgie des Films» an der Christian-Albrechts-Universität zu Kiel entwickelt wurden. Dort fassten wir das Handwerk der Dramaturgie als «Einwirkungskunst», als «Lehre von den Wirkungen» im wörtlichen Sinn des Begriffs (Brussig 2001, 29) und analysierten unter dieser wirkungsästhetischen Vorgabe dramaturgische Techniken wie etwa überraschende Wendungen, die Steuerung der Anteilnahme an Filmfiguren, aber auch ihrer moralischen Bewertung, Stategien der Initiation, die Dramaturgie von Emotionen, das *planting* von Informationen, narrative Unzuverlässigkeit

16 Zu dieser Debatte um den Status von ‹Enunziator›/‹Enunziation› und ‹Zuschauer› vgl. Metz 1997 [1991], Kap. I.

17 Die hier vertretene Position versteht sich damit auch als Relativierung des Befunds von den produktiven oder gar subversiven Tätigkeiten des Zuschauers, wie sie von Teilen der Cultural Studies gefeiert werden. Zur Kritik an der verkürzenden Redeweise vom «aktiven Zuschauer» als einer Art «anything goes» vgl. Morley 1994; Müller/Wulff 1997.

und falsche Fährten – um nur einige der Fragestellungen im Grenzbereich von Dramaturgie, Narratologie und kognitiver Filmtheorie zu benennen.

Kognitive Dramaturgie versteht sich mit Peter Wuss (1993a, 9) als *funktionale Strukturanalyse*: Sie untersucht die dramaturgischen Techniken als Teil eines filmischen Struktur- und Wirkungszusammenhangs. Oder anders gesprochen: Die Dramaturgie des Films ist notwendig eine «Dramaturgie des Zuschauers», um einen Begriff zu verwenden, den Volker Klotz (1976) für das Theater und seine Aufführungspraxen geprägt hat. Wulff formuliert in radikaler Zuspitzung dieser Konzeption:

> [...] man könnte die Kunst der Dramaturgie am Ende darin zu bestimmen versuchen, durch den Text und seine Strukturen einen kognitiven und emotiven Prozeß in der Aneignung des Textes zu steuern, der das eigentliche Ziel der Inszenierung ist, in dem sich der Text ‹erfüllt›. Der Text im engeren Sinne ist nur ein Mittel, um jenen anderen Prozeß zu initialisieren und zu kontrollieren. Der Dramaturg inszeniert also Denk- und Gefühlsbewegungen von Zuschauern. Auf dieses funktionale Zentrum sind alle anderen Elemente – die eigentliche Inszenierung – ausgerichtet (Wulff 1999c, o.P.).

Jedwede dramaturgische Tätigkeit zielt darauf, Reaktionen auf Zuschauerseite herbeizuführen, äußerlich sichtbare wie (An-)Spannung, Tränen, Erschrecken, Gelächter, vor allem aber auch innere wie schlussfolgernde Tätigkeiten, die Bildung von Antizipationen und Hypothesen, die Erschließung von Struktur- und Sinnzusammenhängen sowie die affektuelle Ausrichtung auf den Gegenstand, die empathische Bindung an die Figuren, die Ausbildung von Sympathie und Antipathie, von moralischen wie von Geschmacksurteilen, die emotionale Teilhabe am Leinwandgeschehen. Der methodische Ansatz einer kognitiven Dramaturgie weist damit hinaus über die bloße Ausgestaltung des Konfliktes und den Aufbau der Handlung, wie Dramaturgie zuweilen einschränkend beschrieben wird.[18] Gegenüber einem solch relativ engen Verständnis wird hier unter «kognitiver Dramaturgie» in klassischer dramaturgischer Tradition verstanden: die systematische Orchestrierung und das kalkulierte Zusammenspiel sämtlicher filmischer Elemente, Verfahren und Techniken, mit denen auf die Rezeption eingewirkt werden soll (und die entsprechend als Aufgabenstellung für den Rezipienten beschrieben werden können).

Dass die Methode (vielleicht nicht ganz glücklich) mit ‹kognitiver› Dramaturgie bezeichnet ist – das sollte aus dem Vorangegangenen deutlich geworden sein, sei hier aber nochmals unterstrichen –, impliziert nicht

18 In der Einführung zu Gottfried Müllers Dramaturgie definiert Wolfgang Liebeneiner strikt in diesem Sinn: «Dramaturgie ist nichts anderes als die Kunst des Handlungsaufbaus» (1954, 21).

etwa eine Verengung auf ausschließlich kognitive Prozesse, wie sie Bordwell (1985; 1989b) noch vertreten hat. Ähnlich wie die kognitive Theorie des Films seit Beginn der 1990er Jahre erfolgreiche Versuche unternommen hat, die bei der Rezeption ablaufenden Emotionsprozesse zu beschreiben und in die Theoriebildung zu integrieren,[19] interessiert sich die kognitive Dramaturgie für sämtliche durch dramaturgische Techniken evozierten Zuschauerbewegungen *kognitiver* und *affektiver* Art,[20] für die Vorstrukturierung des narrativen Verstehens im Speziellen wie insgesamt des fiktionalen Erlebens.

Die vorliegende Studie nimmt Modellvorstellungen der kognitiven Filmtheorie (die ja vor allem eine Theorie des fiktionalen Films ist) auf, sucht aber dabei gewisse Begrenzungen einschlägiger Narrationsmodelle zu vermeiden. So geht sie zum einen von einem differenzierteren Verständnis von ‹Erzählen› aus, zum anderen beschreibt sie neben der Handlungsebene weitere narrative und textuelle Strukturen: In Bordwells Bestimmung von Narration im Film, deutlicher aber noch in Carrolls Konzept «erotetischer» Narration (Carroll 1988, 170-181; → Kap. 3.8.5) ist eine Konzentration auf die Fabelkonstruktion als primärer Aufgabe des Zuschauers[21]

19 Federführend waren hier Carrolls Studie zum Horror-Film (1990), Tans Amsterdamer Dissertation *Film als Emotiemachine* (1991; Buchausgabe engl. 1996); Murray Smith' Dissertation an der University of Wisconsin-Madison zum Stellenwert der Figuren für die emotionale Teilhabe am Film (1991; Buchausgabe 1995); Grodals Studie zum Verhältnis von Filmgenres und Emotionen (1997; ein erster Entwurf erschien 1994), die allesamt von der grundsätzlichen Untrennbarkeit und prozessualen Durchdringung kognitiver und affektiv-emotionaler Prozesse ausgehen. Impulsgebend wirkte auch der Sammelband von Plantinga/Smith (1999), der in seinem Einleitungsartikel die Entwicklung der Konzeptualisierung von Emotionsprozessen im Rahmen kognitiver Filmtheorie nachzeichnet. Als zentrale deutschsprachige Sammelbände vgl. Sellmer/Wulff 2002; Brütsch et al. 2005; Marschall/Liptay 2006; Bartsch/Eder/Fahlenbrach 2007 sowie Schick/Ebbrecht 2008. Einen Überblick über die filmwissenschaftliche Emotionsforschung leistet Hediger 2006b.

20 «Affektiv» dient mir hier als Ober- oder Sammelbegriff für verschiedene Zustände: für Gefühle, Emotionen, Stimmungen sowie für Empfindungen. Diese Begriffe werden in der Literatur widersprüchlich gebraucht; zur Begriffsklärung vgl. Frijda 1993; Kaczmarek 2000; Eder 2005, 226f; 2008, Kap. 13. Zur internen Differenzierung verschiedener Zustände sei hier Eders Definition gefolgt: «Affekte sind intentionale oder nichtintentionale mentale Episoden mit einer bestimmten Erlebnisqualität, die durch die bewusste oder unbewusste Bewertung eines äußeren oder inneren Reizes ausgelöst werden, eine motivationale Komponente haben und ihrerseits physiologische Reaktionen, kognitive Prozesse, Ausdrucksverhalten oder weiteres situationsveränderndes Verhalten auslösen können. Emotionen sind eine Unterart von Affekten, die immer intentional auf einen Gegenstand gerichtet sind, d.h. immer eine kognitive Komponente haben» (2001, 448f).

21 Bordwells vielzitierte Definition von filmischer Narration lautet: «In the fiction film, narration is *the process whereby the film's syuzhet and style interact in the course of cueing and channeling the spectator's construction of the fabula*» (1985, 53; Herv.i.O.). Eine grundsätzliche Kritik am Konzept der *fabula* als einer «unnötigen Größe zeitgenössischer Filmtheorie» (1991, 99; meine Übers.) und an der Modellvorstellung der Fabel-Deduktion aus dem Erzählmaterial hat Casebier formuliert; vgl. ibid., 99-105. Ich halte

sowie auf ein bestimmtes Geschichtenformat, die so genannte «canonical story structure» westlicher Prägung zu konstatieren, paradigmatisch gegeben im klassischen Hollywood-Kino, welches am Modell kausaler Ketten und am Verhältnis von Frage und Antwort als Grundstruktur und Motor des Geschichtenerzählens orientiert ist. Diese Konzeption erweiternd hat Peter Wuss (vgl. 1986; 1990b; 1993a) gezeigt, dass der «rote Faden» der Geschichten, «teilbar» ist (Wuss 1992b), dass sich narrative Strukturen eben nicht ausschließlich als Ketten von Ursache und Wirkung beschreiben lassen, sondern beim Erzählen auch andere Formen der Strukturbildung greifen.[22] Eine weiterer ‹blinder Fleck› der grundlegenden filmnarratologischen Ansätze von Bordwell, Carroll wie auch von Branigan (1992) besteht darin, dass sie aufgrund ihrer Fokussierung auf den Prozess des ‹Geschichtenverstehens› (*narrative comprehension*) Dimensionen und Register des Textes ‹ober-› oder auch ‹unterhalb› von Plot und Narration unberücksichtigt lassen (müssen). Weitgehend ausgeklammert sind Kategorien wie Rhythmus, Atmosphäre oder Stimmung (*mood*), unterschiedlichste modale Kennungen des narrativen Diskurses (als ‹authentisch›, ‹ironisch›, ‹nostalgisch›, ‹allegorisch› etc.), die moralische Dimension des Films oder auch seine thematische Ebene, zwei filmtheoretisch ohnehin vernachlässigte Bereiche.

Diese Einwände und meine Darlegung des Untersuchungsbereichs «kognitiver Dramaturgie» aufgreifend werde ich bei meinen Filmanalysen im dritten Teil dieser Studie (1) ein differenziertes Verständnis von Narration zugrunde legen; (2) den Untersuchungsbereich über die Handlungsfunktionen hinaus um andere textuelle Register und Dimensionen erweitern und schließlich (3) zeigen, dass die Realisation oder, wie ich es oben genannt habe, die ‹Erfüllung› dieser Strukturen in den ‹Operationen des Zuschauers› keineswegs als ‹kalter› Informationsverarbeitungsprozess zu beschreiben ist, sondern mit dem Filmverstehen immer auch affektive Bewegungen einhergehen. Die Rezeption ist ja kein ausschließlich kognitives Unterfangen, keinesfalls lässt sie sich als kalkulierender Problemlöseprozess, vergleichbar dem Lösen einer Mathematikaufgabe oder dem Legen eines Puzzles, beschreiben (zu diesem Einwand vgl. Oh-

am nützlichen Modell der Fabelkonstruktion zur Beschreibung der Zuschaueraktivität fest, nehme sie aber nicht als einzige oder auch nur wichtigste rezeptive Aktivität.

22 Neben den *Kausal-Ketten*, die von «konzeptgeleiteten Strukturen» realisiert werden, weist Wuss andere Erzählstrukturen nach, welche er in seinem zuweilen nonchalant als «PKS-Modell» bezeichneten Ansatz (vgl. Ohler/Nieding 2001; Suckfüll 1997; 2001) als «perzeptionsgeleitete Strukturen», die *Topik-Reihen* bilden, und als «stereotypengeleitete Strukturen», die für die Fundierung von *Story-Schemata* verantwortlich sind, herauspräpariert und in ihrer unterschiedlichen Wirkungsweise, aber auch in ihrem Wechselspiel beschreibt; Wuss 1993a, 97ff.

ler 1994b, 139ff; Tan 1996, 90ff). Wenn wir ins Kino gehen, dann suchen wir auch, vielleicht sogar primär, emotionale Erlebnisse. Das Kino ist Ort des (Mit-)Erlebens und (Mit-)Leidens, der Rührung, des Lachens, der Spannung, des Schauderns, mit Roland Barthes: Film ist ein «Fest der Affekte» (1976 [1975], 290) oder in Ed Tans Formulierung: eine «emotion machine» (1996).[23] Die kognitive und die emotionale Komponente der Filmrezeption lassen sich nicht trennen: «Verstehen bedeutet fühlen und umgekehrt», schreibt Casetti (2005, 30) und fasst das Wesen und die Einwirkungskraft des Films mit einem schönen Neologismus als «Verstehen-und-Wahrnehmen» (ibid.),[24] was ich umkehren und zu ‹Wahrnehmen-und-Verstehen-und-Erleben› erweitern möchte.[25]

Zur analytischen Vorgehensweise ist schließlich anzumerken, dass sich kognitive Dramaturgie naturgemäß nur als zeitgebunden, als Entfaltung der Struktur- und Sinnangebote in der Zeit beschreiben lässt. Folglich betrachte ich die Strukturen und Angebote des Filmanfangs im Prozess – vergleichbar der Position Edward Branigans, der in seinem filmnarratologischen Entwurf Erzählen als *flow* der Wissensregulation definiert:

> Narration is the overall regulation and distribution of knowledge which determines *how* and when the spectator acquires knowledge, that is, how the spectator is able to know what he or she comes to know in a narrative (1992, 76; Herv.i.O.).[26]

Entsprechend frage ich in meinen Analysen danach, welche Informationen und Hinweise uns wann, in welcher Form und chronologischen Folge präsentiert werden und welche dramaturgischen Strategien und Wirkungsabsichten sich damit verbinden. Ich lege meine Textanalysen also als *Prozessanalysen* an. Sie zielen nicht auf die Beschreibung starrer Textstrukturen oder Bauformen des Anfangs (verfolgen kein primär morphologisches Interesse), sondern auf die narrativen und kommunikativen Strategien struktureller und semantischer Entfaltung, derer sich der Text in dieser

23 Alexander Kluge spricht, wenn auch am Beispiel der Oper, von einem «Kraftwerk der Gefühle» – ein, wie ich meine, den Film gleichfalls charakterisierendes Bild.

24 Casetti weiter: «Vielleicht entspricht diese Wortverbindung am ehesten dem Wesen des Films – als Moment einer Zusammenführung, zur Erzeugung einer eindrucksvollen Wirkung» (ibid.). Vgl. auch Casettis weiterführende Überlegungen in *Eye of the Century* (2008 [ital. 2005]), worin er den Film als Erfahrungsform der Moderne beschreibt.

25 Ich plädiere für diese Erweiterung und Präzisierung, weil sich die affektive Wirkung des Films nicht insgesamt der Wahrnehmung zuordnen lässt, sondern wir es hier mit Prozesse unterschiedlicher Art zu tun haben.

26 Ähnlich hat einige Jahre zuvor Bordwell seine Narrationstheorie angelegt; in der Einleitung zu *Narration in the Fiction Film* (1985) heißt es: «We can [...] study narrative as a *process*, the activity of rendering story material in order to achieve specific time-bound effects on a perceiver. I shall call this process narration, and it is the central concern of this book» (xi).

Phase bedient. Das Erzählmaterial, seine Formen, Motive und Strukturen werden in dynamischer Entwicklung statt in synoptischer Draufsicht beschrieben.[27] Daher wird der Filmanfang auch nicht vom Ende des Films her gesehen, als Summe retrospektiv auszumachender rezeptiver Angebote. In Abgrenzung zu strukturalistischen Erzähltextmodellen oder ‹Geschichtengrammatiken› (*story grammars*) geht es mir um den Filmanfang als *zeitlichem Gegenstand*, als eine *Phase* innerhalb des Textprozesses, die wiederum intern gegliedert ist und innerhalb derer sich ein sukzessiver Aufbau der Strukturen, der Sinn- und Erlebensangebote des Films beobachten lässt (vgl. Odin 1980; 2000; Zobrist 2003).[28] Gleichwohl ist der Anfang eine strukturierte Teilgestalt und bezogen auf ein übergeordnetes Textganzes, auf eine strukturell und zur Umgebung hin abgeschlossene *Textgestalt*. Zu fragen ist, wie die unterschiedlichen Beschreibungszugänge aus Dramaturgie und Texttheorie, aus Poetik und Narratologie, aus Enunziationstheorie und Semiopragmatik, auf die ich zugreife, miteinander zu vermitteln, wie Morphologie einerseits und Textprozess andererseits in Beziehung zueinander zu setzen sind.

3.2 Initialphase, Initialisierung und Initiation

Erzählen ist eine kommunikative Handlung, bei der es nicht allein darum geht, einen Gegenstand (eine Geschichte, einen Stoff) zu entfalten, sondern zugleich darum, den Adressaten durch den narrativen Prozess zu führen. Die Informationen, die der Erzähltext vermittelt, und die informationellen Strategien, die von ihm verfolgt werden, sind daher *doppelt gerichtet*: einerseits auf die Erzählung und die fiktionale Welt, die etabliert und entwickelt oder ‹ausgestattet› wird, andererseits auf den Zuschauer, um dessen Wahrnehmungs- und Verstehensprozesse zu lenken.

27 Mit Eco (1990 [1979]) lassen sich zwei Arten von Erzähltheorie unterscheiden: einmal solche, die den Text ‹von oben›, also von der vollendeten Strukturbildung erfassen, zum anderen solche, die ihn ‹von unten›, in seiner sukzessiven Entfaltung im Lektüreprozess betrachten; vgl. Odin 2000, 29.

28 Diese Anlage entspricht der Neuorientierung innerhalb der Narratologie mit ihrer Abkehr vom strukturalistischen Modell und der Hinwendung zu Modellvorstellungen aus den Kognitionswissenschaften (zum *cognitive turn* in der literaturwissenschaftlichen Narratologie vgl. Zerweck 2002). Edward Branigans oben zitierte Definition von Narration als «Wissensregulation» (1992, 76) mag hier als ebenso typisch gelten wie die Überlegungen von Grodal (1997), der vom *mental flow* als Gegenstand seiner Untersuchung spricht (15; Kap. 1-3). Die methodischen Probleme der Prozessanalyse sollen indes nicht verschwiegen werden: Beispielsweise beobachtet der Analysierende natürlich nicht voraussetzungslos die textuellen Strukturen und Verfahren im aktualgenetischen Prozess, sondern kennt die abgeschlossene Textgestalt und kann nicht hinter dieses Wissen, das auf die Ausgangshypothesen der Analyse einwirkt, zurück.

Nun lässt sich mit einigem Recht einwenden, dieser Befund der doppelten Gerichtetheit gelte für schlechthin alle Teile und Elemente der Fiktion, beschreibt er doch eine grundlegende textuelle Eigenschaft. Ich vertrete indes die These, dass der Filmanfang ein im spezifischen Sinn und im besonderen Maße gerichteter und strategischer Teiltext ist: Er eröffnet eine Werkgestalt und markiert zugleich den Beginn der Aneignung dieses Werks, des filmspezifischen ‹Wahrnehmen-und-Verstehen-und-Erlebens›. Diese Überlegung ist für die Modellbildung von zentraler Bedeutung: Das hier vorgeschlagene funktionale Modell des Filmanfangs zielt gemäß den oben dargelegten Prämissen einer Textpragmatik und kognitiven Dramaturgie auf die narrative und kommunikative Bindung der Textelemente. Es profiliert den Anfang als *Initialphase* des narrativen Diskurses und scheidet zwei grundlegende Dimensionen der sich darin vollziehenden Prozesse: die *Initialisierung* der Text- und Erzählelemente einerseits und die *Initiation* des Zuschauers andererseits.

(1) Mit dem Begriff der *Initialphase* ist ein funktionales Konzept des Filmanfangs als distinkter Teiltext bezeichnet. Er beschreibt zum einen das Verhältnis des Anfangsteils und seiner Elemente zum Textganzen, grenzt den Anfang von den nachfolgenden Teilen ab und spezifiziert ihn als eine Phase innerhalb des Textprozesses, die ihrerseits intern gegliedert ist. In dieser Hinsicht lässt sich nach den inneren und äußeren Grenzen des Filmanfangs fragen oder danach, in welchem Verhältnis der Anfang zum Ganzen, also auch zum Ende steht, wie etwa der Anfang das Ende ‹vorwegnimmt› oder das Ende auf den Anfang ‹antwortet›. Zum anderen wird unter funktionaler Perspektive jene Phase des Textprozesses beschrieben, innerhalb derer sich die Initialisierung sämtlicher Elemente, Dimensionen und Register vollzieht sowie die Initiation des Zuschauers in die Fiktion und das kommunikative Spiel.

(2) *Initialisierung* ist gleichfalls ein funktionales Konzept; es dient als Sammelbezeichnung der konkreten textuellen Verfahren und Strategien innerhalb der Initialphase, die prozessauslösend sind. Dazu zählen etwa die Einführung der erzählten Welt mit all ihren Elementen und Eigenschaften, des Genres, der Geschichte, aber auch die Etablierung der Erzählweise und des filmischen Stils oder die Indikation des textuellen Status. Die Initialisierungsfunktionen beziehen sich auf alle Dimensionen und Register des Textes, welche sämtlich am Anfang des Erzählprozesses etabliert werden.

(3) Das Konzept der *Initiation* profiliert die Initialisierungsfunktionen in pragmatischer Hinsicht, umfasst also alle Techniken und Strategien zur Bindung und Involvierung des Adressaten. Dazu zählt, wie oben gesehen, zuallererst die Aufgabe, an der ‹Schwelle› oder im ‹Eingangsbereich› des Textes den Kontakt zum Zuschauer aufzunehmen und den Übergang in

die erzählte Welt zu ermöglichen, eine Beziehung herzustellen und das kommunikative Spiel zu eröffnen. *Initiation* beschreibt damit die Strategien des Textes, die für die grundlegende ‹Positionierung› des Zuschauers gegenüber der Fiktion sorgen. Im Weiteren bezeichnet der Begriff den Anstoß der inferenziellen, Hypothesen bildenden und antizipatorischen Tätigkeiten, durch die der Zuschauer sukzessive in die Geschichte ‹verstrickt› wird (die Initiation kann allerdings auch so angelegt sein, dass eine involvierte Teilnahme verunmöglicht und eine eher distanzierte, ‹analytische› Rezeption befördert wird).

Ich greife auf die bereits eingeführte Redeweise von ‹narrativer Didaxe› (← Kap. 2.1 u. 2.7) und vom Anfang als ‹Gebrauchsanweisung› (← Kap. 2.7) zurück und behaupte: *Jeder Film organisiert und begründet in der Initialphase sein eigenes Lern- und Erfahrungsprogramm.* Begreift man die Filmrezeption als einen solcherart textuell gesteuerten Lern- und Erfahrungsprozess, dann ist der Anfang der Ort, der die Einübung in die spezifischen Bedingungen dieses Prozesses leistet. Oder, anders ausgedrückt: *Der Anfang vermittelt, was man mit dem Film anzufangen hat.*

Narrative Didaxe, dies sei nochmals betont, ist nicht so zu verstehen, dass alle vom Film organisierten Lernprozesse spürbar ‹didaktisch› (im pejorativen Sinn) daherkommen. Manche Formen wie das klassische Erzählkino bedienen sich dezidierter ‹Beibringestrategien› (die wiederum historischer Veränderung unterliegen); bei anderen narrativen Modi tritt die didaktische Intention so weit in den Hintergrund, dass der Zuschauer den Eindruck gewinnen mag, von der Erzählung gleichsam ‹allein gelassen› zu werden. Filme etwa, die den von Bordwell beschriebenen Modi von «art cinema narration» oder «parametric narration» gehorchen – darauf wurde in (←) Kap. 2.7 bereits hingewiesen –, verweigern häufig einen einführenden Gestus und veranlassen den Zuschauer dazu, sich mit einer Art *Trial-and-error*-Methode, bei der tastend Hypothesen gebildet und Heuristiken ent- und wieder verworfen werden, allmählich in die Fiktion einzuarbeiten.

Das *initiatorische Programm* eines jeden Films, unabhängig von seiner Form oder Erzählweise, sorgt für die *Einübung* des Zuschauers in die Regelhaftigkeiten und Wahrscheinlichkeiten der Fiktion. Es müssen Hinweise vergeben werden, mit deren Hilfe er sich in diesem spezifischen System orientieren lernt, um Kohärenz zwischen den Textelementen und Informationsstücken herzustellen und so einerseits den ‹roten Faden› der Geschichte zu finden und über die Handlungsebene hinausweisende Bedeutungen zu erschließen,[29] andererseits seine Haltung und kommunikative

29 In *Making Meaning* entwirft Bordwell ein Stufenmodell der Erschließung von Bedeutung im Film; 1989a, 8ff. Darin beschreibt er als eine der Ebenen ‹oberhalb› der Handlung und der direkten Aussagen des Films die von *implicit meaning*, welche die

Rolle gegenüber der Fiktion einzunehmen. Wie oben bereits gesagt, gilt es, das spezifische Interaktionsverhältnis von Text und Zuschauer festzulegen und eine Verständigung über die Regeln des kommunikativen Spiels zu erzielen. Der Filmanfang stellt den Anfang einer solchen ‹Verständigungshandlung› dar, und dies in einem umfassenden Sinn: Der Zuschauer muss sich ja nicht nur auf die dargebotene Geschichte einlassen, sondern zugleich darüber befinden, ob er der narrativen Instanz Glauben schenken kann; er evaluiert den ontologischen Status der Repräsentation, den narrativen Modus und die Zuverlässigkeit von Erzähler(n) und Erzählung (vgl. Wilson 1986, 8ff). Er erschließt die gattungs-, genre- und natürlich auch die intratexuell spezifischen Spielregeln und richtet seine Teilhabe entsprechend aus, indem er sich auf das zu Erwartende ‹einrichtet› und ‹einstimmt›. Casetti (2001b, 114) spricht, wie übrigens bereits Bordwell (op. cit.; ← Kap. 2.7), mit einer etwas flapsigen, aber gleichwohl anschaulichen Metapher von *tuning*-Prozessen des Zuschauers, die er als Teil der ‹Verhandlungen› am Text beschreibt und mit denen er an Odins Kategorie der *mise en phase* (→ Kap. 3.10.4) als einer der notwendigen Operationen des Zuschauers an der ‹Schwelle› zur Fiktion anzuschließen scheint.

Gegenüber der Positionierung des Zuschauers, wie sie von der Dispositiv- und Apparatustheorie, aber auch von der Theorie der *suture*[30] beschrieben wird, betont die vorliegende Studie den aktiven, weil aufsuchenden und konstruktiven Anteil an diesem hier als ‹Initiation› bezeichneten Prozess. Ich spitze die pragmatischen Positionen Casettis und Odins allerdings etwas weiter zu, indem ich, meine These aus (←) Kapitel 2.8 aufgreifend, behaupte, dass die in der Initialphase notwendigen Verständigungshandlungen nicht nur evaluative, sondern auch selbstevaluative Tätigkeiten umfassen. Denn der Zuschauer muss entscheiden, ob die in Aussicht ge-

«Themen», «Probleme» oder «Fragen» umfasst, von denen die Rede ist, aber auch Register des Textes wie Ironie. Bordwell weist in diesem Zusammenhang ausdrücklich darauf hin, dass sein eigener Ansatz zum Beschreiben ‹narrativen Verstehens› sich primär auf Ebenen unterhalb dieser Bedeutungs- und Interpretationsprozesse bezieht (ibid., 9f). Vgl. Persson (2003, 21-43), der Bordwells Modell aufgreift und um zusätzliche Ebenen erweitert.

30 Die lacanistisch geprägte *suture*-Theorie geht ursprünglich auf einen Artikel des Psychoanalytikers Jacques-Alain Miller zurück, wurde dann von Jean-Pierre Oudart (1977/78 [frz. 1969]) in einem Artikel für die *Cahiers du Cinéma* aufgegriffen und in filmtheoretische Bezüge übersetzt. In der angloamerikanischen Filmtheorie wurde der Ansatz populär durch die Darstellung von Daniel Dayan (1976 [1974]) und schließlich zu einem zentralen Konzept lacanistischer Filmtheorie; vgl. Heath 1981, 76-112; Silverman 1986. Mit *suture* werden die Prozesse und Strategien bezeichnet, die den Zuschauer in den Filmtext «einnähen», so vor allem die den Blicken folgenden Schuss-/Gegenschusstechniken bei der Szenenauflösung und damit die Fluktuation von *on-screen*- und *off-screen*-Räumen. Zur Kritik an der *suture*-Theorie vgl. Rothman 1976; Browne 1985 [1975/76]; Bordwell 1985, 110-113; Carroll 1988, 183-199; Branigan 2006, 133-145.

stellten Rezeptionsgratifikationen seinen intellektuellen und emotionalen Bedürfnissen entsprechen, ob er sich der Fiktion anvertrauen und – mit Odin gesprochen – im Rhythmus der Ereignisse «mitschwingen» möchte oder nicht, ob er dem Leinwandgeschehen emotional gewachsen ist oder aber befürchtet, dass die Rezeption mit unangenehmen Gefühlen einhergehen könnte. In diesem Fall muss er sich vergewissern, ob er solche emotionalen Zustände überhaupt durchleben möchte oder ob er sie im Gegenteil schätzt und genießt.[31] Ich würde also behaupten, dass kognitive wie affektive Prozesse der Filmwahrnehmung, gerade und in besonderem Maße in der Initialphase des filmischen Diskurses, von *Metakognitionen* (vgl. Flavell 1976; Hasselhorn 2001), von Beobachtungen und Reflexionen der eigenen Denk- und Gefühlsbewegungen begleitet sind, eine Überlegung, auf die ich zum Abschluss dieses Kapitels (→ Kap. 3.12) zurückkommen werde.

Wenn Wuss, wie oben zitiert (← Kap. 2.7), vom Aufbau des «werkspezifischen Invariantenmusters» als Leistung der Initialphase der Narration spricht (1993a, 77), dann bezieht er sich neben Erzählstruktur und filmischem Stil in dem hier verfolgten Sinn – auch das wurde bereits erwähnt – auf eine am Filmanfang zu treffende «*Vereinbarung* mit dem Zuschauer über seine künftigen Abstraktionsleistungen und Informationsverarbeitungsprozesse» (ibid., meine Herv.). Initiatorische Prozesse als Vorbereitung und Voraussetzung einer kontraktuellen Bindung sind auch bei Wuss als zentrale Funktion der Initialphase gefasst. Und zwar, darauf möchte ich nochmals ausdrücklich hinweisen, als eine Funktion, die ausschließlich ihr zukommt.[32] Dagegen kann die expositorische oder explikative Funktion, wie oben dargelegt, auch von späteren Abschnitten des Textes übernommen werden, wenngleich sie in der Initialphase für gewöhnlich gehäuft zu verzeichnen ist und ihr hier naturgemäß größere Bedeutung zukommt. Das «Expositorische» ist eine spezifische Teilfunktion der Initialphase (→ Kap. 3.8.6), aber eine zu ihrer funktionalen Bestimmung weder notwendige noch hinreichende.

31 Zuweilen werden solche ‹abgeleiteten› Emotionen, die sich vielleicht auch als ‹Emotionen zweiter Stufe› beschreiben lassen, als *Metaemotionen* bezeichnet, vgl. für das Filmerleben Oliver 1993; Bartsch/Viehoff 2003; Bartsch 2007; 2008. Nur am Rande sei eingewandt, dass es sich bei den als ‹Metaemotionen› beschriebenen Emotionen im Kern um Kognitionen handelt, fußen sie doch auf Evaluationen der zu erwartenden (befürchteten, ersehnten) sowie der vom Rezipienten an sich selbst beobachteten Gefühle – ein kognitiver Vorgang, der dann begleitet sein kann von Gefühlen und Gefühlsausdrücken wie Amüsement und Gelächter (als *coping strategies* im Horrorfilm), Wohlgefallen (über den als angenehm empfundenen Tränenfluss im Melodram) oder auch Ärger (über abgeschmackte melodramatische Strategien, die es dennoch vermocht haben, Tränen auszulösen).

32 Es sei denn, die Erzählung wechselt den in der Initialphase etablierten narrativen Modus oder den pragmatischen Rahmen, womit sie – strenggenommen – gegen die anfangs getroffenen Vereinbarungen verstößt. Hierauf komme ich später (→ Kap. 6) zurück.

Daher sei auch der Position von Barthes widersprochen, der die Funktion des Filmanfangs als primär «erklärende» definiert: «Le début du film a une fonction intense d'explication: il s'agit d'expliciter aussi rapidement que possible une situation inconnue du spectateur, de *signifier* le statut antérieur des personnages, leurs rapports» (1960, 85; Herv.i.O.) – doch die Initiation des Zuschauers in den narrativen Diskurs ist nicht notwendig an einen *erklärenden Modus* geknüpft.[33] Wie in Kapitel 5 (→) gezeigt wird, üben auch solche Filme, die nach den Kriterien klassischer Dramaturgien als ‹expositionslos› zu bezeichnen sind oder die – in der hier favorisierten Redeweise – keinen ausgeprägten expositorischen Gestus aufweisen, den Zuschauer in die spezifische filmische Form, die erzählte Welt, die Geschichte, die Darbietungsweise, den Rhythmus, kurzum: in die Gegebenheiten und Regeln des Spiels ein (wen das zu didaktisch anmutet, der mag mit Bezug auf Bordwell und Casetti die Initiation auch als narrativen *tuning*-Prozess beschreiben). Im nächsten Abschnitt werde ich darlegen, wie sich die Narratologie zur Beschreibung dieser Vorgänge der psychologischen Konzepte von *priming* und *primacy effect* bedient und wie sich diese in Beziehung zu meinem Modell setzen lassen. Dazu durchbreche ich kurzzeitig die textpragmatische Herangehensweise und unternehme einen kleinen Ausflug in die Psychologie.

3.3 *Primacy effect* und *priming* im Rahmen des Modells

In der Gedächtnis- und Lernpsychologie wird unter *primacy effect* die *Anfangsbetonung* bei Reihen von Stimuli und unter *priming* die *mentale Voraktivation* und *assoziative Bahnung* durch anfangs induzierte Reize, Signale oder Hinweise verstanden. Beide Phänomene seien hier kurz vorgestellt.

Der *primacy-recency-effect*, wie er vollständig heißt (von *primacy*: «Erstmaligkeit»; *recency*: «Kürzlichkeit»), der im Deutschen als «Primat-Rezenz-Effekt» bezeichnet wird,[34] ist Teil der «serialen Positionseffekte» und meint

33 Mit dieser Beschreibung charakterisiert Barthes nicht den Filmanfang per se, sondern seine konventionelle Form und Funktion im klassischen Erzählkino mit seiner Konzentration expositorischer Informationen und der daraus resultierenden didaktischen Ausrichtung auf den Zuschauer, der sich so schnell und umstandslos wie möglich zurechtfinden soll.

34 In der deutschen psychologischen Fachliteratur werden zuweilen «Primat» oder «Vorrang» als Übersetzung für das englische «primacy» und «Neuheit» oder «Frische» als Äquivalent für «recency» vorgeschlagen. Das mag zwar den psychologischen Effekt wiedergeben, ist aber als Übersetzung nicht ganz richtig. Ich halte daher an den englischen Fachtermini fest.

die Anfangs- und Endbetonung bei der Erinnerung und Reproduktion einer Reihe von Stimuli (z.B. Lern- und Unterrichtsgegenstände, mit denen vorrangig empirisch gearbeitet wird) (vgl. Wessels 1994, 137-140): In einer Reihe vorgelegter Stimuli werden die ersten und die letzten am besten erinnert: die ersten Glieder der Folge dann, wenn zwischen Präsentation und Reproduktion ein Zeit- und damit Behaltensintervall besteht (*primacy effect*); die letzten Glieder, wenn die Reproduktion sogleich nach der Darbietung gefordert wird (*recency effect*) (vgl. Häcker/Stapf 1998[13], 658). In der Sozialpsychologie wird der *primacy effect* vor allem bei der Personenwahrnehmung untersucht. Ihm wird eine wesentliche Rolle zugesprochen, wenn es darum geht, erste und prägende Eindrücke von einem Gegenüber zu erlangen (vgl. Asch 1946). Die ersten Eindrücke scheinen sich wie ein Filter vor die späteren Informationen zu schieben und deren Verarbeitung zu beeinflussen – ein Effekt, dem auch für die Wahrnehmung fiktionaler Figuren Bedeutung zukommt (→ Kap. 3.8.2).[35]

Diese Idee von der ‹Voreinstellungen› generierenden Funktion erster Informationen haben Meir Sternberg (1978) und Menachem Perry in ihren narratologischen Arbeiten auf Anfänge literarischer Texte übertragen. Perry stellt in seinem Aufsatz «Literary Dynamics: How the Order of a Text Creates Its Meaning» die These auf:

> The initial stages of the text-continuum are not, for those following them, merely material for further extension and development; their relationship is not simply one of additive cumulation. The initial stages set in motion several modes of ‹prospective activity,› of conditioning and subordination with regard to the sequel; and the initial stage's own contribution to the whole may also be influenced by its mere location in the order of information given in the text (Perry 1979, 43).

Narrative als sich in der Zeit entfaltende und mit Zeit manipulierende Texte machen sich die *Sequenzialität* der Informationsvergabe und damit den *primacy effect* zunutze und lenken mit dessen Hilfe die Hypothesenbildung. Aufgrund dieses Effekts, so formuliert es Sternberg in seiner großangelegten Studie zur Exposition (← Kap. 2.1), komme der Informationsvergabe zu Beginn der Erzählung entscheidende Bedeutung zu: Der Leser gelange hier zu prägenden Eindrücken hinsichtlich der Figuren sowie zu leiten-

35 Im Glossar des Standardwerks *Psychology and Life* (deutsch schlicht *Psychologie*) findet sich folgende prägnante Definition: «*Primacy-Effekt*: (1) In der Sozialpsychologie: Bezeichnung für das Phänomen, daß die ersten Informationen über einen anderen Menschen einen stärkeren Eindruck als die folgenden hinterlassen. (2) In der Lernpsychologie: Bezeichnung für das bessere Lernen bzw. Behalten der zuerst dargebotenen Elemente bei einer Liste von Lernitems» (Zimbardo 1995[6], 758).

den Handlungshypothesen (Sternberg 1978, 93ff). Der Anfang sorge solcherart für die Etablierung eines referenziellen Rahmens. In diese bereits aktivierten Schemata (die dem Geschichtenverstehen unterlegten *scripts*), werden die hinzugewonnenen Informationen eingefügt – und dabei gegebenenfalls auch gebeugt. Die Anfangshypothesen können dabei von solch prägender Kraft und Hartnäckigkeit sein, dass sie selbst dann noch nachwirken, wenn sie sich bereits als falsch erwiesen haben. In Übernahme des Sternbergschen Konzeptes heißt es bei Bordwell:

> The sequential nature of narrative makes the initial portions of a text crucial for the establishment of hypotheses. A character initially described as virtuous will tend to be considered so even in the face of some contrary evidence; the initial hypotheses will be qualified but not demolished unless very strong evidence is brought forward (1985, 38).

Nicht zuletzt aus dem *primacy effect* leitet Sternberg denn auch die Bedeutung des Anfangs für den Erzählvorgang insgesamt ab, den er als «bi-directional processing of information (the play of expectation and hypothesis, retrospective revision of patterns, shifts of ambiguity, and progressive reconstitution in general)» (1978, 98) konzipiert. Der Anfang stellt einen Ankerpunkt für das Geschichtenverstehen dar, und zwar in zweifacher Hinsicht: Einerseits sorgt er für die Aktivierung von Figuren- und Handlungsschemata und damit für die Ausbildung erster, mehr oder weniger stabiler Erwartungen. Andererseits werden bisweilen Rückgriffe auf bereits vorhandene Informationen nötig, müssen ältere Annahmen und Hypothesen im Lichte neuer Informationen modifiziert oder auch revidiert werden, wie ich später (→ Kap. 6) anhand von Filmen zeigen werde, die ‹falsche Fährten› auslegen, um den Zuschauer zu täuschen und die Verstehensprozesse in die Irre zu lenken.

Ich möchte allerdings vorschlagen, den *primacy effect* in einem weiten Sinne zu verstehen und das Phänomen nicht auf die Informationsvergabe in Bezug auf Figuren und Handlung zu beschränken: Schließlich erschöpft sich das Erzählen nicht in der Plotfunktion und das Geschichtenverstehen nicht in der Konstruktion der *fabula*. Bordwell geht, wie oben dargelegt (← Kap. 2.7), davon aus, dass jeder Film am Anfang seine eigene *narrative Norm* etabliert, die als Strukturvorgabe den Verstehensprozess steuert, wie er in *Narration in the Fiction Film* an unterschiedlichen Beispielen illustriert:

> Because of the primacy effect and the durational control that the viewing situation exercises, the viewer tends to base conclusions about the narrational norm upon the earliest portions of the syuzhet. The first few scenes in

> Rear Window [Alfred Hitchcock, USA 1954] imply that we will be confined to what can be seen from within Jeff's apartment. In The Spider's Stratagem [La strategia del ragno, Bernardo Bertolucci, I 1970], the narration quickly establishes the norm that shot changes will likely involve ellipses or durational ambiguities. The first scene of The Confrontation [Fényes szelek, Miklós Jancsó, HU 1969] [...] sets up the expectation that each subsequent scene will deploy a very limited number of stylistic possibilities (ibid., 150f).

Der *primacy effect* dient in dieser – weichen und im Kern metaphorischen – Anverwandlung des psychologischen Konzeptes dazu, die schemabildende Wirkung auch des signifikanten Gebrauchs filmstilistischer Mittel zu erklären, der gleichfalls zur Ausbildung von Erwartungsmustern führt. Aber hierbei handelt es sich doch wohl kaum um eine Form des Lernens, die mit den *recall*-Leistungen vergleichbar ist, welche bei lern- oder gedächtnispsychologischen Untersuchungen zum *primacy-recency-effect* erhoben werden. Die ‹Einübung› in den filmischen Stil, die sich zweifellos am Anfang vollzieht, dürfte sich eher über Wiederholungsmuster und damit ein Wahrscheinlichkeitslernen erklären lassen, das sich über einen gewissen Zeitraum innerhalb der Initialphase vollzieht, als dass hier eine spezifische initiale Stimulusinformation (etwa der einmalige Gebrauch einer ‹verkanteten› Kamera oder auch eine ungewöhnliche Kadrierung) einen prägenden ‹ersten Eindruck› hinterlässt. Bordwells Beispiele weisen ebenfalls in diese Richtung.

Auch die Adaption des Priming-Konzeptes trägt solche metaphorischen Züge. In der Lernpsychologie und der kognitiven Linguistik wird *priming* (von engl. «to prime», in etwa «grundieren», wie in «to prime a wall», oder auch «instruieren», «präparieren», wie in «to prime a witness») als eines der Phänomene gefasst, die von der ‹Aktivationsausbereitungstheorie› beschrieben werden. Priming (das auch im Deutschen so genannt wird) bezeichnet die assoziative Bahnung oder Voraktivierung eines mentalen Prozesses, die sich vor allem auf eine semantische Klasse im Wissenssystem bezieht: Durch Priming kommt es zur automatischen Aktivierung des semantischen Umfelds eines Stimulus-Reizes, daher spricht man auch von ‹semantischem› oder ‹konzeptuellem› Priming. Klassische Priming-Experimente stellen die Versuchsperson vor eine Entscheidungsaufgabe, beispielsweise aus einer Wortliste ein bestimmtes Wort herauszufinden: Wenn kurz vor dem Test als Priming-Reiz beispielsweise das Wort ‹Hund› vorgegeben wird und man dann die Probanden bittet, bei einer Liste von Wörtern wie ‹Huhn›, ‹Haus›, ‹Katze›, ‹Kind›, Knochen› und beliebigen Buchstabenfolgen wie ‹Lihn›, ‹Knuk›, ‹Baln› zu entscheiden, ob sie ein Wort vor sich haben oder nicht, so reduziert sich die Entscheidungszeit bei semantisch verwandten Wörtern wie z.B. ‹Knochen› (vgl. Waldmann/Weinert 1990, 123f). Alle Wörter, zu denen das vorgegebene Wort in assoziativer Beziehung steht, werden gewissermaßen «vorgewärmt» (Häcker/Stapf 1998, 659; vgl. Hörmann 1967, 149). Fröhlich definiert Priming entsprechend als «Bezeichnung für Prozesse, in deren Verlauf ein System durch äußere oder innere Anlässe in erhöhte Funktionsbereitschaft versetzt wird bzw. seine Organisation einer bevorstehenden Operation entsprechend verändert» (1997, 319). Genutzt wird der Effekt in der Lernpsychologie: Bei der Vermittlung von Lehrtexten kann man vorab *advance organizer* setzen, um die Aufmerksamkeit auf bestimmte Inhalte zu lenken.[36]

In seiner Adaption des Priming-Konzeptes auf die Spielfilm-Rezeption beschreibt Grodal, wie der Vorgang assoziativer Aktivierung eingelassen ist in übergeordnete Schemabildungsprozesse. Durch die initialen Informationen komme es zur Ausbildung netzwerkartiger Assoziationsstrukturen, die bereits mehr oder weniger mit Bedeutung aufgeladen sind. Ein Kreislauf setzt ein: Unsere Aufmerksamkeit richtet sich auf die Bildung von Konzepten und Schemata, diese sind vom Priming beeinflusst; die aufgerufenen Schemata regulieren wiederum die Aufmerksamkeit; einige Informationen rücken so in den Vordergrund, andere geraten in den Hintergrund, wodurch sich wiederum die Anfangshypothesen verfestigen (vgl. Grodal 1997, 64-70). Für Grodal stellt denn auch die Sequenzierung der Informationsvergabe im narrativen Text das wichtigste Mittel zur Bedeutungskontrolle dar.

Mir sind keine filmpsychologischen Untersuchungen bekannt, die den *während* der Spielfilmrezeption sich vollziehenden Priming-Prozessen nachgehen und die Aktivierung assoziativer Netzwerke nachzeichnen.[37] Wir bleiben daher vorerst auf aus Textanalysen gewonnenen Deduktionen und auf Introspektion angewiesen, wie auch Grodal einräumt, der außerdem Zuschauerbefragungen als Testverfahren vorschlägt (1997, 66f). Ich selber habe in meinen Seminaren mit Weitererzählexperimenten gearbeitet, um mit diesem ‹weichen› empirischen Verfahren den Bahnungen durch den Filmanfang auf die Spur zu kommen. Solche Experimente sind

36 Das Konzept des *advance organizer* geht auf David Ausubels lernpsychologische Forschung zum Textverständnis zurück; vgl. Ausubel 1960; 1963. *Advance organizer* sind Textelemente, die am Anfang von Lehrtexten eingesetzt werden, um das Erfassen des nachfolgenden Inhaltes zu erleichtern. Der *advance organizer* kündigt an, wovon im Folgenden die Rede ist, und versetzt den Leser/Zuhörer so in die Lage, adäquates Vorwissen zu aktivieren, d.h. die im Langzeitgedächtnis gespeicherten Schemata und Konzepte abzurufen, mit deren Hilfe der Lernstoff effizient verarbeitet werden kann; zur Leserpsychologie vgl. Groeben 1982.

37 Damit meine ich nicht solche Experimente, die den Einfluss textexterner Priming-Reize auf die Filmrezeption untersuchen, wie etwa Büch (2007) am Beispiel negativer Filmkritiken in Hinblick auf die nachfolgende Bewertung.

aufschlussreich, wenn auch methodisch fragwürdig, da aus den schriftlich und *ex post* erhobenen Ergebnissen nur bedingt auf die aktualgenetischen rezeptiven Prozesse geschlossen werden kann.[38] Nachzuweisen ist die prägende Kraft erster Eindrücke und die konzeptuelle Bahnung vor allem dort, wo sich Narration und Dramaturgie *primacy effect* und Priming zu Nutze machen, um den Zuschauer raffiniert zu ‹täuschen› und ‹hinter's Licht zu führen›, wie ich später am Beispiel darlegen werde (→ Kap. 6).

Als Fazit dieser knappen Zusammenschau lässt sich formulieren: Die narratologische Anverwandlung der psychologischen Konzepte dient zur Herleitung und Beschreibung der durch die Informationsvergabe am Anfang narrativer Texte erzeugten Bahnung im weitesten Sinn. Die Redeweise von *primacy effect* und Priming nimmt diese Begriffe eher als nützliche Metaphern, bisweilen werden sie auch synonym gebraucht. Dabei sind drei aufeinander bezogene Argumentationszusammenhänge und Thesen hinsichtlich der Funktionen von Priming (das ich hier der Einfachheit halber als Oberbegriff nehme) zu differenzieren. 1.) Priming, verstanden als begründet in der Sequenzialisierung der Informationsvergabe im Erzähltext (die narrative «Syntax»), wirkt auf die Bildung assoziativer Netze ein, denen eine zentrale Rolle bei der Gestalt- und Bedeutungsbildung zukommt. 2.) Insofern Priming als Erklärung herangezogen wird, um die Etablierung oder das modellhafte Vorführen der «narrativen Norm» des Werkes oder des «Invariantenmusters der Werkgestalt» zu beschreiben, ist es auch als eine formale Kategorie des Textes anzusehen. 3.) Starke Priming-Effekte scheinen von den Informationen über Figuren und ihren Handlungen auszugehen, was sich auf die Anthropozentrierung unserer Wahrnehmung zurückführen lässt: Bei der Suche nach narrativen Informationen und unserem Wunsch nach kognitiver Kontrolle richten wir unsere Aufmerksamkeit primär auf die Figuren und versuchen hier zu grundlegenden ersten Eindrücken und Hypothesen zu gelangen.

Wenngleich die empirische Erforschung der bei der Filmwahrnehmung greifenden Priming-Prozesse aussteht, scheint mir die heuristische Annahme von der *schemainduzierenden und -regulierenden Bedeutung der Initialphase* eine theoretisch und auch aufgrund von Introspektion schlüssige, kraftvol-

38 Zu diesem Einwand vgl. auch Nieding/Ohler 2001, 17 u. 19. Überflüssig zu erwähnen, dass bei Weitererzählexperimenten auch ein kreatives Moment zum Tragen kommt: Die Geschichten folgen nicht immer den Gesetzen narrativer Plausibilität und Wahrscheinlichkeit, sondern oftmals scheint es den Probanden eher darum zu gehen, die eigene Kreativität unter Beweis zu stellen und das Erzählmaterial systematisch ‹gegen den Strich zu bürsten› – was allerdings auch ein interessantes Ergebnis ist, weist es doch auf das narrative Potenzial von Anfängen, aber auch auf die Begrenzungen durch die hier abgesteckten referenziellen Rahmen.

le und nützliche Hypothese. Mit ihr lassen sich narrative Bahnungen durch die Informationsvergabe am Anfang wie auch stilistische und thematische Präfigurationen erklären und in der Folge die Schlüsselstellung, die dem Filmanfang im Hinblick auf die Wahrnehmungs- und Verstehensprozesse zukommt. Sie wird daher bei der Darlegung der einzelnen Funktionskreise von Initialisierung und Initiation verschiedentlich aufgegriffen.

Priming lässt sich auf allen Ebenen textueller Organisation ausmachen, und das nicht allein in kognitiver, sondern auch in affektiver Hinsicht. Es ist daher als übergeordneter Wirkmechanismus bei der Initiation zu fassen: All die Teilfunktionen, die ich im Folgenden schildern werde, tragen zum Priming als einer Summen- oder Metafunktion bei oder können für diesen Bahnungseffekt genutzt werden. Mit Hilfe von Priming wird ein Prozess befördert, den ich als Etablierung der ‹Einstellungsoperatoren› des Zuschauers auf den Text bezeichnen möchte. Ein ‹Auslegen der Spuren› und ein ‹Errichten der Rahmen›: Mit diesem Doppelbild lässt sich unter Rückgriff auf *primacy effect* und Priming die Redeweise vom Anfang als ‹Gebrauchsanweisung› qualifizieren.

3.4 Initialisierende und initiatorische Funktionen: Beschreibungsmethode und Vorgehensweise

In den folgenden Abschnitten werden die verschiedenen initialisierenden und initiatorischen Prozesse differenziert dargestellt. Ich suche theoretisch zu trennen, was in der Wahrnehmung zusammengehört, denn die Vorgänge der Initialisierung und der Initiation vollziehen sich nicht nur sukzessive und phasisch, sondern auch synchron, sie greifen ineinander und knüpfen sich an dieselben Textelemente. Aktualgenetisch sind sie also schwer zu trennen, berühren jedoch unterschiedliche semiotische Dimensionen des Textes, denen mit der begrifflichen und funktionalen Differenzierung Rechnung getragen werden soll.

Ausgehend von dieser grundlegenden Unterscheidung beleuchte ich in den einzelnen Abschnitten dieses Kapitels verschiedene Teilfunktionen der Initialphase: phatische und einstimmende Funktionen, die sich vorrangig als initiatorische Strategien fassen lassen, diegetisierende Funktion, narrativisierende Funktionen wie etwa die handlungsauslösende als Initialisierung der ‹eigentlichen› Geschichte sowie die expositorische und die prospektive Funktion. Die initialisierenden Strategien bezogen auf die Diegese und den Handlungszusammenhang und -verlauf sind selbstverständlich auch in initiatorischer Hinsicht relevant, lassen sie sich doch aus textpragmatischer Perspektive als Ermöglichung von Handlungsvorausschau und Erlangung «kognitiver Sicherheit» oder von «Kontrollkompetenz» (Wuss 1993a, 321) beschreiben. Herausgearbeitet werden auch Funktionen der Initialphase, die ‹ober-› oder ‹unterhalb› der handlungsbezogenen zu verorten sind, wie etwa die den ‹Tonfall› des Films etablierende und die rhythmisierende Funktion, modalisierende Funktionen, Themensetzung, Indikation von Fiktionalitätsstatus und pragmatischem Verhältnis.[39] Initialisierung wie Initiation beziehen sich – ich hatte es oben gesagt – auf sämtliche diskursiven Register. Initialisiert werden müssen auch solche Modalitäten, die textübergreifend sind, so die generische Zugehörigkeit der Filmerzählung, die narrative und die thematische Struktur, das stilistische System, aber auch pragmatische Momente wie etwa der Adressierungsmodus, welche normalerweise in einem Text nicht gewechselt werden (wo dies dennoch geschieht, wird die Überprüfung der zugrunde gelegten Annahmen und Schemata erforderlich). Ich werde zu zeigen versuchen, wie initialisierende und initiatorische Prozesse ineinander greifen, in funktionaler Hinsicht aber dennoch zu unterscheiden sind. Auch wenn sie sich teilweise gleichzeitig vollziehen, überlagern und durchdringen, heißt das nicht, dass sich Initialisierung und Initiation in gleichem Maße an die einzelnen Funktionen der Initialphase knüpfen.

Das methodische Vorgehen folgt diesen Überlegungen: Der Auffächerung in Teilfunktionen gemäß orientiert sich die Untersuchung nicht an den Textteilen des Anfangs und fragt entsprechend nach den jeweiligen Funktionen von Titelsequenz oder Vorspann, von *pre title sequence* oder Vorsequenz, von Exposition (im traditionellen Verständnis), von *abstract* oder Prolog, von *hook* und *point of attack* oder vom ersten Akt. Sie geht vielmehr von den einzelnen initialisierenden und initiatorischen Funktionen aus und untersucht, durch welche narrativen und dramaturgischen Strategien sie befördert werden.

Die initialisierenden und initiatorischen Prozesse vollziehen sich in Phasen unterschiedlicher Länge und zeitlicher Ausdehnung: Während die

39 Valentina Re (2004) schlägt in einem Aufriss ihres Forschungsprojektes zu Filmanfängen und -enden (vgl. Re 2007) eine etwas andere Differenzierung vor und unterscheidet die folgenden sechs Funktionen: 1. die *informative Funktion*, 2. die *diskursive Funktion*, 3. die *Seduktionsfunktion*, 4. die *autoreflexive Funktion*, 5. die *metatextuelle Funktion* und 6. die *dialogische Funktion*. Diese Aufgliederung erscheint nicht ganz schlüssig. Erstens betrachtet sie Funktionen wie etwa die diegetisierende, die handlungsauslösende oder die expositorische unterschiedslos als «informative Funktion», zweitens wird bei der Redeweise von «autoreflexiver», «metatextueller» und «dialogischer» Funktion nicht hinreichend verdeutlicht, welche unterschiedlichen textuellen Phänomene oder Dimensionen damit beschrieben werden sollen, und drittens trägt das Modell den Unterschieden von Textanfängen und -enden nicht Rechnung, so wird z.B. nicht dargelegt, worin die «Seduktionsfunktion» des Filmendes besteht. Vgl. zu diesem Punkt auch Christen (2002, 31f), der die Frage nach der Übertragbarkeit des Initiationsmodells des Filmanfangs (Hartmann 1995) auf die funktionale Beschreibung des Filmendes stellt.

Kontaktaufnahme sehr schnell vonstatten geht und es dazu in der Regel nur weniger Bilder und Töne des Vorspanns oder der Vorsequenz bedarf, erfordert die Etablierung der erzählten Welt mehr Zeit; noch länger dauert es, bis die Figuren eingeführt und so hinreichend charakterisiert sind, dass die eigentliche Geschichte beginnen kann und eine narrative Vorausschau möglich wird. Entspricht die narrative Struktur nicht dem Format des klassischen Erzählkinos mit seinen Genre-Handlungsschemata und seinem ausgeprägten Ursache/Wirkungsverhältnis zwischen den Ereignissen, sondern folgt sie den Prinzipien ‹offenen› Erzählens, braucht es entsprechend länger, bis der Zuschauer in die Form der Strukturbildung eingeübt ist und ein gewisses Maß an kognitiver Sicherheit erlangt.

Wenn, wie ich hier behaupte, sämtliche textuellen Register und Dimensionen in der Initialphase etabliert und ‹beigebracht› werden, ergibt sich daraus naturgemäß ein Untersuchungs- und Darstellungsproblem: Keine Arbeit kann den Anspruch vertreten, erschöpfend zu sein, oder, wie Metz einmal gesagt hat: «On ne peut pas tout faire». Daher erhebt die Auffächerung der Initialisierungs- und Initiationsfunktionen in den Kapiteln 3.6 bis 3.10 (→) keinen Anspruch auf Vollständigkeit, sondern versteht sich als exemplarisch: Im Zentrum stehen beim Spielfilm naturgemäß die Funktionskreise des ‹Diegetisierens› und ‹Narrativisierens›, ihnen wird größere Aufmerksamkeit gewidmet; andere wie die Themensetzung werden kürzer abgehandelt, die stilgebende Funktion lediglich am Rande berührt, wiederum andere, die vielleicht auch der Betrachtung wert erscheinen mögen, finden womöglich nicht einmal Erwähnung.

Die Reihenfolge der Darstellung entspricht dabei keinesfalls der zeitlichen Abfolge der Funktionen im Erzählprozess: Zum einen verfolgen die Filme unterschiedliche ‹initiatorische Programme›, zum anderen greifen, wie bereits bemerkt, initialisierende und initiatorische Funktionen ineinander.

Der strikt funktionalistischen Orientierung der Studie ist schließlich auch die Festlegung des Gegenstandes geschuldet. Die Initialphase wird nicht wie in klassischen und populären Dramaturgien oder wie in ‹Geschichtengrammatiken› als durch eindeutige strukturelle Grenzen markierter Teiltext verstanden und dem ‹ersten Akt› oder der ‹Exposition› gleichgesetzt. Die Festlegung ihres Anfangs und Endes und ihrer zeitlichen Erstreckung ergibt sich im textpragmatischen Verständnis aus ihrer Aufgabe der Initialisierung aller Dimensionen und Register des Textes und der Initiation des Zuschauers in die Erzählung, ihre Elemente, Strukturen und Modalitäten.

3.5 Wo ist ein Anfang? ‹Voranfänglichkeit›, äußere und innere Rahmen, externe und interne Lektüreanweisungen

Bevor die initialisierenden und initiatorischen Prozesse im Einzelnen dargelegt werden, soll in diesem Abschnitt bestimmt werden, wo sie überhaupt ihren Anfang nehmen. Über den Punkt, an dem die Initialphase als abgeschlossen gelten mag, ist nach der Zusammenschau der Funktionen zu entscheiden, liefern diese doch die Kriterien, um eine solche Festlegung überhaupt treffen zu können (→ Kap. 3.12). Vorerst mag genügen: Die Initialphase endet, wenn die Initiation abgeschlossen ist.

Wo ist ein Anfang? Der Einfachheit halber ließe sich sagen, der Film fängt mit den ersten Bildern (und Tönen) auf der Leinwand an und endet mit der verklingenden Abspannmusik. Titelvorspann und *end credits* markieren konventionellerweise Anfang und Ende und ‹rahmen› die Geschichte ein. Aber gehört der Rahmen selbst schon zum Film, zählt er zum Innen oder zum Außen? Wo endet der Paratext, wo beginnt der Text? Welchen Status hat der Vorspann? Was sind überhaupt die ‹ersten Bilder› des Films? Das Problem, einen eindeutigen Anfangspunkt zu bestimmen, formuliert Gardies ähnlich:

> Bien souvent, à la différence du roman, le film démarre en deux temps: avant d'accéder à la plenitude du monde diégetique, il me faut patienter avec le générique. Au cinéma les commencements sont toujours un peu compliqués. [...] Quand le film commence-t-il? Avec la luminescence de l'écran? Avec ou après le logo du distributeur? Avec les premiers sons? Le premier plan? La première séquence? Dès le générique ou après? La question devient plus délicate encore si l'on ajoute l'interrogation corollaire: quand le film cesse-t-il de débuter? [...] Néanmoins, il est un début certain et ‹objectiv› au cinéma: le moment où le projecteur se met en marche et où les charbons crépitent. Condition nécessaire mais bien insuffisante, on l'avouera, pour régler la question du commencement (Gardies 1997, 347).[40]

40 «Im Unterschied zum Roman beginnt der Film häufig zu zwei verschiedenen Zeitpunkten: Vor dem Zutritt zur Fülle der diegetischen Welt muss ich erst den Vorspann abwarten. Im Kino ist die Frage des Anfangs immer ein bisschen kompliziert. [...] Wann beginnt der Film? Mit dem Aufleuchten der Leinwand? Mit oder nach dem Logo des Verleihers? Mit den ersten Tönen? Der ersten Einstellung? Der ersten Sequenz? Schon beim Vorspann oder erst danach? Noch schwieriger wird es, wenn man die damit direkt zusammenhängende Frage stellt: Wann hört der Film auf anzufangen? [...] Gleichwohl gibt es ganz objektiv einen Anfang im Kino: der Moment, wenn der Projektor anläuft und die Kohlestifte aufglühen, eine notwendige, aber zugegebenermaßen keinesfalls hinreichende Bedingung, um die Frage nach dem Anfang zu beantworten» (die Übersetzung verdanke ich Guido Kirsten).

In der Tat: Der Moment, an dem die Projektion beginnt, stellt kein hinreichendes Kriterium zur Festlegung des Anfangspunktes dar. Norbert Miller hat einen anderen Vorschlag; am Beispiel des Romans formuliert er die These, der Anfang schaffe «im Pragmatischen eine Tabula-rasa-Situation» (1965, 9). In dieser Konzeption ist der Anfang als Punkt zu beschreiben, an dem es zum ersten *Kontakt* von Leser und Erzähler kommt oder, filmspezifisch gefasst, zwischen dem Zuschauer und der primären narrativen Instanz / der Enunziation, und zwar unabhängig von der jeweiligen Form oder Gestaltung des Anfangs, unabhängig davon, womit der Film beginnt.

Nun könnte man einen Einwand ins Feld führen gegen die Redeweise vom Anfang als ‹Nullpunkt im Pragmatischen›: Denn hat der Film für den Zuschauer nicht längst begonnen, *bevor* er das Kino betritt? Weil er durch Trailer, Plakate und Werbeanzeigen, durch die Berichterstattung in den Medien oder Gespräche im Bekanntenkreis mit den Prämissen der Geschichte bereits vertraut ist, weil er durch sein Wissen um die mitwirkenden Stars und ihre Leinwand-Images, eventuell auch um die *persona* des *auteur*, vor allem durch sein Genrewissen, an das die Filmwerbung appelliert, Erwartungen *vor* dem Anfang hegt?[41]

Sutcliffe fordert für das Zeitalter der großangelegten Werbe- und Marketingkampagnen denn auch ein Hinterfragen der Aristotelischen Definition von ‹Anfang› (← Kap. 2.1) und wendet polemisch ein, ob der Kinofilm, wie er uns heute begegnet, nicht bloß Nachfolgeprodukt seiner Trailer ist, indem er die Fragen zu beantworten verspricht, die jene aufgeworfen haben. Hediger gelangt in seiner umfassenden historisch-systematischen Trailerstudie zu einem ähnlichen Befund: Trailer «sind das vorläufige Gedächtnis des Films, zu dem sich der Film verhält wie eine Wiederholung» (2001a, 266). Damit verändert sich die Funktion des Anfangs: In dieser Betrachtungsweise fungiert er tatsächlich als ‹Präludium›, und zwar als eins im Hinblick auf die bereits bekannten Höhepunkte und die in Aussicht gestellten Rezeptionsgratifikationen. Unter diesen Bedingungen müsste sich, so folgert Sutcliffe, auch das Zuschauerinteresse ändern; es richte sich darauf zu erfahren, wie der Film von seiner Eröffnung zu den bereits bekannten Szenen gelange (1999, 5). Sein Vorschlag einer Adaption der Aristotelischen Bestimmung an die Bedingungen der zeitgenössischen kommerziellen Praxis lautet entsprechend:

> A beginning is that which is preceded by a multi-million-dollar prime-site advertising campaign, with simultaneous media promotional campaigns and merchandising tie-ins (ibid., 5f).

41 Die Vernachlässigung des Zuschauervorwissens – er nennt dies «the viewer's experience» – bei der Analyse von Filmeröffnungen beklagt auch Charney 1993, 43 et passim.

Um zu einer textpragmatischen Festlegung des Anfangs zu gelangen, scheint es mir hilfreich, den Weg in die Fiktion, den der Zuschauer beim Kinospielfilm beschreitet, in groben Zügen nachzuzeichnen, die Rahmen und Schwellen zu benennen, die dabei zu passieren sind, und danach zu fragen, welche dieser Phänomene des Übergangs zum ‹Film-als-Text› zählen und damit im Rahmen des hier gewählten Ansatzes zu berücksichtigen sind.

Der Weg in die Fiktion vollzieht sich über eine ganze Reihe *gestaffelter Rahmen und Schwellen*: extra- und paratextuelle, textuelle, narrative und diegetische; der Anfang stellt, darauf weist auch Gardies hin, eine «komplexe Schwellensituation» (Stanitzek 2006, 8ff) dar. Erste und wichtigste Funktion textueller Rahmen ist, den Erzähltext und die Fiktion abzugrenzen gegenüber der Umgebungsrealität. ‹Rahmen› wird hier zunächst in einem formalen Sinn verstanden als Einfriedung eines inneren Bereichs und Ausschluss eines äußeren; in diesem Sinn fungieren die Titelsequenzen als Rahmen des Films gegenüber dem, was (noch) nicht Film ist. Die Grenze, die solcherart abgesteckt wird, ist aber, wie oben dargelegt (← Kap. 2.6), janusköpfig, fungiert sie doch zugleich als Schwelle beim «Eintritt in die Fiktion».

Um diese Rahmen- oder Schwellensituation darzulegen, sind zunächst *äußere* und *innere* Rahmen und die – im Sinne Odins – damit verbundenen *externen* und *internen Lektüreanweisungen* zu differenzieren. Zu den äußeren Rahmen zählen extratextuelle wie paratextuelle (epitextuelle und peritextuelle)[42] Rahmen. Extratextuelle Rahmen werden gebildet durch die Institution, die Situation und den Kontext der Aufführung: Der Film im ausverkauften Multiplexx-Kino an einem Samstagabend ist anders gerahmt und damit ‹etwas anderes› als daheim auf DVD mit der Videoclique, als Teil eines Themenabends im Fernsehen,[43] im kommunalen Kino, im Filmseminar oder gar im Flugzeug.[44] Auch seine Einbettung oder Programmierung innerhalb eines größeren Aufführungszusammenhangs

42 Genette (2001 [1987], 12f) differenziert die Paratexte des Buches in ‹Peritexte› und ‹Epitexte›. Er unterscheidet damit Paratexte, die materialiter mit dem Buch verbunden sind wie Format, Umschlag, Titelseite, Kapitelüberschriften, Vor- und Nachworte, Anmerkungen, Widmungsreden und dergleichen, die er als ‹Peritexte› bezeichnet, von den Epitexten, die nicht direkt mit dem Text verbunden sind, wie etwa Interviews mit dem Autor, Briefwechsel, Fernsehauftritte, die im Umfeld des Textes situiert sind; vgl. Stanitzek 2004a; Böhnke 2007a, 7-36.

43 Ähnlich Paech 2004, 216. Der Film im Fernsehen ist aber nicht nur ‹etwas anderes› als im Kino; unter Umständen ist er gar ‹ein anderer›, wie Böhnke unter Hinweis auf die Praxis der Sendeanstalten bemerkt, bei der Fernsehausstrahlung Widescreen-Formate seitlich zu beschneiden, «Rechtecke zum Quadrat»; 2007a, 115-136.

44 Zu Funktionen und Erfordernissen des Inflight Entertainment vgl. Schneider 2009, 144ff; Lettenewitsch 2009, 171-176.

oder *viewing strip* stellt einen Rahmen dar, der regulierend auf die Rezeption einzuwirken vermag (vgl. Odin 1994).

Ähnlich verhält es sich mit den den Film umgebenden, seine Veröffentlichung vorbereitenden oder flankierenden, zu ökonomisch-strategischen Zwecken eingesetzten Para- oder präziser Epitexten, die ich ebenfalls zu den äußeren Rahmen des Kinospielfilms rechne: Die Vorberichterstattung und *making-of*-Filme (auf der DVD werden sie zum Peritext; vgl. Paech 2004, 221ff), Filmkataloge (Roepke 2006b), Programmhefte (Jost 2002), Filmplakate (Beilenhoff/Heller 1995; Sahli 1999), die Aushangfotos in den Kinoschaukästen (de Kuyper 2006), Promotion-Auftritte der Regisseure und Stars (Nitsche 2000; 2002; Lowry 2005), Star-Interviews (Jungen 2005), Trailer (Hediger 2001a) sowie andere Formen der Filmwerbung und -vermarktung in den unterschiedlichsten Medien inklusive des Merchandising (als Überblick: Hediger/Vonderau 2005a). Sie erwecken narrative Erwartungen und Antizipationen, die bereits konkreter Art sein können,[45] und bilden in ihrer Gesamtheit so etwas wie ein ‹Vestibül› des Films oder seinen ‹paratextuellen Hof› im weitesten Sinn.

Die engere Zone des Übergangs in die Fiktion stellt die ritualisierte Aufführung des Films im Kino dar, eine *rite de passage*, die einer konventionalisierten ‹Dramaturgie gestaffelter Schwellen› gehorcht – in der heute weithin üblichen Form: Musikeinspielung im Saal, Verlöschen des Lichtes, Öffnen oder Heben des Vorhangs (wo ein solcher noch vorhanden ist), dann das *screening*, das von der Produktwerbung eröffnet wird, die Filmtrailer als Hinweise auf «kommende Attraktionen»,[46] optional eine nochmalige Unterbrechung zum Verkauf von Eis, erneutes Verlöschen des Lichtes und Öffnen des Vorhangs, schließlich Beginn der eigentlichen Vorführung (selten noch eröffnet von einem Kurzfilm vor dem Hauptfilm, häufiger mit dem drohenden Hinweis, dass das Raubkopieren zur Anzeige gebracht und mit Gefängnisstrafe geahndet wird).[47]

45 So beschreibt de Kuyper die Wirkung der Aushangbilder mit den Worten: «La fascination pour ces photos était bien particulière. Non seulement, comme les affichettes ou les placards, suggéraient-elles deux ou trois moments forts du film, mais les photos déclinaient par – disons un jeu d'une douzaine d'image fixes – le récit en son entièreté. Seulement, dans le desordre! Il fallait donc tenter de reconstituer plus ou moins la narration, son ordre, sa logique au moyen d'un puzzle brouillé» (2006, 413).

46 Zur Wirkungsästhetik des Kinotrailers vgl. die Arbeiten von Hediger, insb. 1999b; 2001a; 2001b; der Begriff «cinema of coming attractions» wurde, in Anlehnung an Tom Gunning, von Lisa Kernan (2004) geprägt.

47 Auch Sierek (1993, 21ff) beschreibt, wie sich der Übergang vom öffentlichen Raum der Straße zum fiktionalen Raum des Films über verschiedene Schwellen vollzieht: die Kinoreklame, die Plakate draußen, die Sitzplatzsuche, das Verlöschen des Lichts, das Aufziehen der Vorhänge. Zu ergänzen ist, dass sich die Aufführungsdramaturgie im Stummfilmkino, vor allem in den ‹Kinopalästen›, als der Film Teil eines umfassenden Unterhaltungsprogramms war, gänzlich anders darstellte; vgl. etwa Hediger (2003)

All diese institutionellen, situativen, kontextuellen und auch paratextuellen Rahmen bleiben hier ausgeklammert, weil sie zwar für eine (historische) Pragmatik des Kinos höchst interessante und untersuchenswerte Phänomene darstellen, als außertextuelle indes nicht in den Bereich einer Textpragmatik des Films fallen.

Textpragmatisch beschrieben werden demgegenüber die äußeren textuellen Rahmen sowie die inneren, narrativen, die von Hinweis- und Anweisungscharakter für das ‹Wahrnehmen-und-Verstehen-und-Erleben› des Films und der Erzählung sind, oder anders: Gegenstand einer Textpragmatik des Filmanfangs sind die Rahmen, Schwellen, Über- und Eingangszonen, auch die Signale des Anfang(en)s, mit denen der Text selbst aufwartet, um den Weg in die Fiktion und die Geschichte zu ebnen, zu bahnen, unter Umständen auch zu zelebrieren, wie am Eingangsbeispiel von THE ALPHABET MURDERS deutlich wurde (← Kap. 1.1). Entsprechend ist der Anfang des Anfangs dort, wo die *textuell gesteuerten Prozesse von Initialisierung und Initiation* einsetzen, wo der Kontakt zwischen Narration/Enunziation und Zuschauer hergestellt wird, wo diegetisierende und narrativisierende Operationen angestoßen werden, aber auch Prozesse der Einstimmung und Einfühlung, wie diese Arbeit in den folgenden Abschnitten darlegen wird.

In seiner Studie zum Ende im Spielfilm schlägt Christen (2002) vor, die «letzte Sequenz» des Films als dessen «inneres Ende» zu fassen und von seinem «äußeren Ende», den *end credits*, abzugrenzen (2002, 59ff). Dieser Kategorisierung folgend wären auch für den Filmanfang äußere und innere Rahmen oder Schwellen zu unterscheiden, so etwa formale Grenzen und Markierungen des Textanfangs von Eröffnungen des narrativen Diskurses und schließlich vom Handlungsbeginn. Wir haben es also auch in dieser Hinsicht nicht mit einem einzigen Anfangspunkt zu tun, sondern mit einer gestaffelten Reihe textueller Schwellen, narrativer und diegetischer Rahmen(setzungen), mit unterschiedlichen Indikatoren und Signalen des Anfang(en)s auf verschiedenen Ebenen von Text, Narration/Enunziation, Diegese und Stil.

Als äußere Rahmen des Films-als-Text und Markierungen der Grenze zwischen *hors texte* und Text fungieren etwa die *Trademarks* der Verleih- und

und Canjels (2004) zu Form und Funktion des *szenischen Prologs*. Für den Tonfilm sei darauf hingewiesen, dass vielen Monumentalfilmen eine eigens für diesen Anlass komponierte *musikalische Ouvertüre* (noch bei geschlossenem Vorhang gespielt) vorausging, die den Film als Ereignis auswies und für Einstimmung des Zuschauers sorgte, so bei BEN HUR (USA 1959, William Wyler), SPARTACUS (Stanley Kubrick, USA 1960), LAWRENCE OF ARABIA (David Lean, GB 1962) oder auch bei 2001: A SPACE ODYSSEY. Wichtig erscheint mir schließlich der Hinweis, dass sich zu Zeiten der *seance continue*, als der Zuschauer das Kino zu einem beliebigen Zeitpunkt betreten und wieder verlassen konnte, das Problem des Anfang(en)s ganz anders stellte.

Produktionsfirmen, aber auch Hinweise auf gewonnene Auszeichnungen, Prädikate, Festivalteilnahmen und dergleichen mehr, peritextuelle Markierungen des Anfang(en)s, die zwar materialiter mit dem Film verbunden, aber noch nicht recht Teil des Textes sind (vgl. Levaco/Glass 2006 [1980]; de Mourgues 1994, 183-189; Betteni-Barnes 2004; Böhnke 2007a, 79-84). Ob man die Logos als textuelles Element ansehen möchte, hängt nicht zuletzt von ihrer Eingebundenheit und Gestaltung ab: In den letzten Jahren lässt sich verstärkt eine Tendenz beobachten, die Trademarks an den ‹Look›, das Setting oder die Atmosphäre des Films anzulehnen und in das fiktionale Spiel einzubeziehen.

Bei GLADIATOR (Ridley Scott, GB/USA 2000) etwa erhielt das Firmensignet von Dreamworks Pictures die gleiche ungewöhnliche Sepia-Tönung wie die eröffnenden Filmbilder. Und Böhnke beschreibt, wie sich in Martin Scorseses CAPE FEAR (USA 1991) das Universal-Logo in ein «Wasserzeichen» verwandelt, bevor die Credits vor dem Hintergrund einer bewegten Wasseroberfläche eingeblendet werden. Die erste Schwelle der Geschichte wird buchstäblich fluide (Böhnke 2007a, 67f).

Auffallender noch sind Spielereien mit dem Logo, die auf das Genre oder auf Erzählmotive des Films verweisen: Im Vorspann der Westernkomödie CAT BALLOU (Elliot Silverstein, USA 1965) verwandelt sich das Firmen-Signet der Columbia, die auf einem Sockel stehende fackeltragende Göttin, in eine animierte Figur. Sie blickt sich um, als wolle sie sich vergewissern, ob auch niemand zugegen ist, und wirft dann schwungvoll ihre Toga ab. Darunter trägt sie ein flottes Western-Outfit. Sie beginnt wild um sich zu schießen und hat daran offensichtlich großes Vergnügen. Ähnlich treibt die Komödie COMING TO AMERICA (John Landis, USA 1988) ihr Spiel mit dem Paramount-Signet: Die ‹Kamera› fliegt auf den verschneiten Berg zu und verschwindet dahinter, im Königreich «Zamunda», wo die Geschichte beginnt.

Gebräuchlich ist inzwischen auch die Praxis, den diegetischen Ton so nach vorn zu ziehen, dass er bereits zu hören ist, während auf der Leinwand noch das Logo gezeigt wird (z.B. bei OCEAN'S ELEVEN, Steven Soderbergh, USA/AUS 2001), wie um dem Zuschauer zu bedeuten: «Ruhe *jetzt*, der Film geht bereits mit dem Vorspann los!» Das Trademark wird so narrativ ‹eingemeindet›, die Schwelle untergraben.[48]

Augenscheinlichster und konventionalisierter Rahmen des Films ist der *Vorspann* – Schwelle, Visitenkarte und *teaser*, (musikalische) Ouvertüre, Ma-

48 Vgl. auch Schaefers (2006) Analyse der Verwendungsweise diegetischen Tons und des Verzichts auf die übliche musikalische Untermalung des Logos und der sich anschließenden Titel von BLUE STEEL (USA 1989, Kathryn Bigelow), der so *medias in res* als eine Art Hörspiel beginnt.

trix der Geschichte, Einladung in die Fiktion und Markierung der Enunziation. «Der Vorspann gibt dem Film einen Rahmen», urteilt auch Böhnke (2006a, 159). Er sorgt nicht allein für Grenzziehung innerhalb der Aufführungsdramaturgie und weist den Film als Ereignis, als Artefakt und als Text aus; Rahmen ist er auch und vor allem insofern, als er die deutlichsten Indikationen liefert, von ‹welcher Art› der Film ist: Indem er die Namen der Stars und des Regisseurs nennt, weist er auf den Fiktionalitätsstatus hin. Er zeigt die Gattung und das Genre an, unter Umständen nimmt er Elemente der Geschichte vorweg und wirkt so erwartungsevozierend; durch seine Gestaltung, vor allem aber durch die Titelmusik vermag er es, den ‹Ton› des Films und die Grundstimmung der Geschichte zu setzen – ein Rahmen des ‹Wahrnehmen-und-Verstehen-und-Erlebens› im Wortsinn.

Auch für den Vorspann ist die Frage nach dem Textstatus zu stellen: Sind die Titelsequenzen, deren Gestaltung im Studio-System Spezialdepartments wie dem «Pacific Title and Art Studio» (vgl. Harris 2006) oblag und heute von Firmen wie Balsmeyer & Everett; R/Greenberg Associates, Imaginary Forces oder Bureau besorgt wird,[49] paratextuelle Schwellen, Marginaltexte oder Hilfsdiskurse des eigentlichen Textes, wie die Vorspannmacher selbst gerne betonen, oder sind sie dem Text zuzurechnen? Als Paratexte fungieren sie, insofern sie *über* den Film ‹sprechen› (in diesem Sinne ist der Vorspann immer auch Metatext), zugleich übernehmen sie aber, je nach Anlage und Gestaltung,[50] textuelle, mitunter auch bereits narrative Funktionen.

Die Frage nach dem Status der Titelsequenz stellt sich textpragmatisch und speziell hinsichtlich ihrer initiatorischen Funktionen ein wenig anders: Insofern der Vorspann zur Setzung der Grundstimmung und zur Bedeutungsbildung beiträgt, indem er die Gattung oder das Genre angibt, an unser Vorwissen appelliert und so Erwartungen weckt, auch indem er dem Film einen ‹Look› verleiht und stilbildend wirkt, ist er genuiner Teil des Textes, wenngleich von besonderem semiotischen Status. Zuweilen mag er schon zum narrativen Diskurs zählen; so weist Bordwell darauf

49 Zu diesen Firmen und der Arbeit der Titeldesigner vgl. Abrams 1994; Geffner 1997; Marsilius 1999; Starker 2001; Solana/Boneu 2007.

50 Die verschiedenen Formen des Vorspanns sind hinsichtlich ihres paratextuellen und enunziativen Status und ihrer initiatorischen Funktionen zu unterscheiden: So fungieren manche Vorspanne von Titeldesignern wie etwa Saul Bass, Pablo Ferro, Maurice Binder, James S. Pollak, Wayne Fitzgerald oder Kyle Cooper als kunstvolle, zuweilen gar avantgardistisch anmutende ‹Filme-im-Film›, die in Kommentarfunktion zur Geschichte stehen oder im Sinne Kuntzels als ihre ‹Matrix› beschreibbar sind, man vergleiche nur etwa den ‹Katzenvorspann› von Saul Bass zu WALK ON THE WILD SIDE (Edward Dmytryk, USA 1962), der im Kampf der schwarzen und der weißen Katze die Handlung symbolisch vorwegnimmt. Dagegen sind Credits auf neutralem Hintergrund wie bei Yasujiro Ozu, in vielen klassischen Hollywoodfilmen und heute noch bei Woody Allen von gänzlich anderem semiotischen Status und weitaus schwächer signifikativ. Aber auch hier vermag die Musik Genre und Stimmungsregister anzugeben.

hin, dass im klassischen Kino das Erzählen gemeinhin vor der Handlung einsetzt und die Narration mit dem Vorspann «initiiert» wird (Bordwell/Staiger/Thompson 1985, 25). Oder, wie Odin urteilt, nachdem er die fiktionalisierenden Operationen am Anfang des Renoir-Films aufgefächert hat: «L'histoire de PARTIE DE CAMPAGNE n'est pas véritablement commencée ...» (2000, 80).

Von daher ist auch Kritik anzumelden an der Auffassung mancher Autoren, die den Anfang als «pränarrative Phase» (Christen 1990, 9) nehmen mit dem Argument, dass zunächst die Elemente der Narration (Handlungsort, -zeit und die *dramatis personae*) eingeführt werden müssen, bevor die Fäden der Geschichte geknüpft werden können. Auch wenn die erzählte Zeit in den primär beschreibenden oder atmosphärischen Momenten zu Beginn noch auf der Stelle zu treten scheint, so entspringt hieraus doch bereits eine «Aufforderung zur Narration» (Odin 2006 [2000], 35). Im «doppelten Verlauf von Erzählung und Geschichte» (Vernet 2006 [1986], 14; vgl. Chatman 1990, 9) haben beide einen Anfangspunkt; diese fallen aber nicht notwendig zusammen: Das Erzählen (der narrative Diskurs) geht der Handlung logisch und für gewöhnlich auch zeitlich voran. Dennoch werden die Anfänge von Spielfilmen, selbst wenn sie noch wenig plotbezogene Hinweise enthalten und narrativ dünn und unbestimmt daherkommen, grundsätzlich als *Anfang eines Erzählprozesses* wahrgenommen. Sie wecken die Lust an der Fiktion und sprechen eine grundsätzliche narrative Erwartung an. Wenn auch zu Beginn nicht immer und nicht sofort ersichtlich ist, um was für eine Geschichte es sich handelt (wer die Hauptfigur ist, welche Konflikte erwartbar sind, welche Richtung die Handlung zu nehmen verspricht), so ist uns doch in aller Regel bereits mit der Eröffnung klar, dass hier eine Geschichte beginnt und also jedes Element des Anfangs Element narrativer Tätigkeit ist. Das gilt auch für beschreibende Passagen, die als einführend und orientierend verstanden werden: Die Beschreibung einer Landschaft zu Beginn stellt nicht allein einen Raum dar, sondern qualifiziert ihn als *narrative space* (Heath 1981, Kap. 2), als (potenziellen) Handlungsraum. Nach diesem kleinen Einwurf zurück zu den Schwellen.

Der «Eintritt des Zuschauers in die Fiktion», so habe ich formuliert, vollzieht sich stufenweise, als phasische Bewegung von außen nach innen über verschiedene textuelle und narrative Schwellen und Instanzen hinweg bis zu jenem Punkt innerhalb der erzählten Welt, an dem mit dem Auftritt der Figuren die Handlung einsetzt.[51] Diese Bewegung wird innerdiege-

51 Diesen Vorgang beschreibt ähnlich Eugeni (1999, Kap. 1), der sich dabei auf GONE WITH THE WIND (Viktor Fleming, USA 1939) stützt. Branigan (1992, 113) zeigt an HANGOVER SQUARE (John Brahm, USA 1945), wie sich zu Beginn eine allmähliche Einschränkung

tisch aufgegriffen und fortgesetzt. So gehört zu den konventionalisierten Eröffnungstechniken, die das klassische Kino ausgebildet hat, eine ‹den Zuschauer› an den Ausgangsort der Handlung dirigierende Kamera, zuweilen auch als «klassische Eröffnung» bezeichnet. Charney beschreibt ihre Passagenfunktion so:

> The classical opening defines its specificity through its effort to lead the viewer from her initial position outside the film to a place where she can begin her immersion in the narrative. Indeed, the classical opening sequence explicitly visualizes the narrative as an interior toward which the camera leads the exterior viewer. This sort of camera movement literalizes the effort of the opening in general to greet the viewer on the ground of her own exteriority in the credits, address her about the film in title cards, and then lead her into the story in the opening sequence (1993, 109).

Die zielgerichtete ‹Annäherungsbewegung› kann auch in anderer Form realisiert sein, etwa als Folge von Einstellungen abnehmender Distanz. Boris Ejchenbaum hat diese Montagefigur als «progressiven filmsyntaktischen Typ» bezeichnet, der aufgrund seiner orientierenden Funktion vor allem am Anfang zum Einsatz komme (2005 [1927], 44). Solche Gesten signifizieren, wie auch das Verklingen der Musik, deutlich das Ende des ‹Vorgeplänkels› und das Ankommen an einem ersten Etappenziel, «da sind wir, hier fängt unsere Geschichte an», sie fungieren damit zugleich als Textgliederungssignal. Eine Grenze wird gezogen und das, was ‹Noch-nicht-Geschichte› ist (sondern ‹Hinführung›, ‹Beschreibung› und ‹Orientierung›), abgegrenzt gegenüber der ‹eigentlichen› Geschichte.

Es lassen sich weitere solcher internen Schwellen ausmachen, über die die Bewegung in die Fiktion hinein gelenkt wird. Am deutlichsten tritt die Rahmung und Hinführung im Falle eingebetteter oder eingefasster Geschichten hervor, d.h. bei solchen, die von einer übergeordneten Erzählsituation aus, also im metadiegetischen und metanarrativen Zugriff dargeboten wird (vgl. Gaudreault/Jost 1999, 52ff). Dabei wird häufig der Rahmen wachgehalten, indem die Erzählung im weiteren Verlauf intermittierend auf diese Ebene zurückkehrt, wie sich anhand der Fernsehserie THE STORYTELLER (Jim Henson, USA 1988) illustrieren lässt:

Ein alter Mann erzählt seinem Hund am Kamin Märchen, die dieser mit Nachfragen und Kommentaren unterbricht. Von Zeit zu Zeit begibt er sich als ‹Zaungast› in die fremde Welt hinein, etwa um ein Detail genauer zu betrachten. Manchmal gerät auch ein Objekt aus der

des Wissens beim Übergang von außen nach innen vollzieht, die von der Ebene des Textes fortschreitet zur Ebene der Figur als Fokalisator der Geschichte und damit an den Punkt, an dem die Handlung beginnt; vgl. Böhnke 2006, 166f.

Märchenwelt in das Kaminzimmer hinein, und der Hund beschnüffelt es neugierig.

Die Rückkehr in die Rahmensituation kann aber auch erst am Ende erfolgen und schließt dann Erzählung und Gestalt ab wie in DAS CABINET DES DR. CALIGARI (Robert Wiene, D 1920) (vgl. Boillat 2004). Zuweilen wird der Rahmen auch ‹vergessen› und die Gestalt bleibt in dieser Hinsicht offen, so z.B. in ED WOOD (Tim Burton, USA 1994).

Diese narrativen Rahmen können von einem im Bild anwesenden und den Zuschauer direkt adressierenden personalen Erzähler getragen werden, aber auch von der Voice-over einer extradiegetischen narrativen Instanz, die anhebt, ihre Geschichte darzubieten, welche sich sogleich vor unseren Augen entfaltet. Auch Schrifteinblendungen, Rolltitel und Texttafeln, die der primären narrativen Instanz/der Enunziation zugeschrieben werden, vermögen der Geschichte einen solchen Rahmen zu verleihen, wenngleich das Einbettungsverhältnis hier nicht ganz so deutlich ist und sich die Enunziation nicht so klar zu erkennen gibt wie im Falle der «Adressierung vermittels der In-Stimme» oder auch der «Adressierungsstimme im Bild» (Metz 1997 [1991], 32).[52] Der narrative Appell an den Zuschauer und die Hinführung auf die Geschichte ist bei der Adressierung «face-to-face» (Casetti 1995) am offensichtlichsten: Unter dem Gesichtspunkt der Initiation lässt sich die Apostrophe so fassen, dass sie den Übergang von der Alltagswelt in die fiktionale in der Erzählung nochmals aufgreift, so verdoppelt oder innerfilmisch spiegelt und damit zugleich ausstellt.

Der Film verwandelt sich hier Formen der Präsentation, der Ankündigung und Lenkung des Rezipienten an, wie wir sie vom Prolog auf der Theaterbühne, im Roman von der Verständigung des ‹Autors› oder Erzählers mit dem Leser oder von der Funktion des Conférenciers im Varieté her kennen. Der «Erzähler-im-Bild» (Metz 1997, 35) nimmt den Zuschauer gleichsam an die Hand, stimmt ihn ein, bereitet ihn auf das zu erwartende Geschehen vor und bezieht ihn ein. Durch diese besondere Form der Rahmung werden die kommunikativen Bindungen eng geknüpft, zuweilen wird im Pseudodialog mit dem Zuschauer gar eine gewisse Vertraulichkeit an den Tag gelegt, mittels derer ein rhetorischer «Schulterschluss» herbeigeführt werden soll (Wulff 2001, 133). Der Apostrophe kommt damit eine in dieser Phase wichtige phatische Funktion zu: als narrativ-enunziative Schaltstelle reguliert sie den Kontakt mit dem Zuschauer (darauf komme ich im nächsten Abschnitt zurück); zugleich vermag sie auf Besonderheiten der Geschichte hinzuweisen, narrative Versprechen zu geben und Interesse

52 Metz (1997, 30-42) beschreibt die drei genannten Formen der Adressierung als die deutlichsten Hinweise auf die Enunziation, die im Film auszumachen sind, nimmt aber wiederum Abstufungen zwischen ihnen vor.

und Fiktionslust zu wecken. Darüber hinaus nehmen die Erzählerfiguren wie auch die körperlosen narrativen Instanzen, die sich in Off-Stimmen, in Titeln und Schrifteinblendungen zu erkennen geben, spezifischen Zugriff auf die Geschichte, vermögen ihr eine gewisse Färbung zu verleihen und Anweisungen (impliziter oder expliziter Art) zu geben, wie die Erzählung aufzufassen sei – eine Funktion, die ich an anderer Stelle als ‹Modalisierung› beschreibe (→ Kap. 3.9.1).

Die am Anfang auftretenden innertextuellen Rahmen lassen sich so in ungefährer Anlehnung an das Rahmen-Konzept Goffmans (1993 [1974]) auch als *kognitive Rahmen* auffassen, als ein Prinzip der Wahrnehmung, mit dem zwei schwer messbare Bereiche getrennt und durch diese Abgrenzung definiert werden, indem der eine gegenüber dem anderen profiliert werden kann (in diesem Verständnis lässt sich etwa sagen, dass sich ein Erzählsegment, z.B. ein Erinnerungsflashback, der am Anfang initiiert wird, durch seinen ‹subjektiven› Modus gegenüber dem ‹objektiv› dargebotenen Erzählrahmen auszeichnet).

Die hier betrachteten Formen direkter Adressierung stellen nur eine Auswahl der Ausformungen innertextueller, narrativer Schwellen auf dem Weg in die Geschichte dar. Sie stehen exemplarisch für die Bandbreite an Möglichkeiten, die sich filmhistorisch herausgebildet haben, um die Klippe des Anfangs zu nehmen, den Zuschauer in die Fiktion einzuführen und seine Aufmerksamkeit auf die Geschichte zu lenken. Andere Formen kommen im nächsten Abschnitt zur Sprache.

3.6 Kontakt, Interesse, Verführung

«Mit dem Kino ist es wie mit der Liebe: Wenn sie was taugt, steckt in der ersten Begegnung die ganze Geschichte», urteilt die Filmkritikerin Christiane Peitz und fragt: «Also wie fängt es an, wie verführen mich die Bilder und buhlen um meine Aufmerksamkeit?»[53]

Bevor die Verführung beginnen kann, auch das ist wie beim Flirten, muss der Kontakt zum Gegenüber hergestellt und seine Aufmerksamkeit errungen werden, damit er sich angesprochen fühlt und geneigt ist, sich auf die Geschichte einzulassen. Eine kommunikative Bindung ist zu knüpfen und damit die Voraussetzung zu schaffen, dass sich der Zuschauer kognitiv und affektiv involvieren lässt. Diese Funktion der Initialphase vor allen anderen, die beim Eintritt in die Fiktion zum Tragen kommen,

53 Christiane Peitz: «Vor dem Rausch. Kunst der Verführung: über Filmanfänge», *Tagesspiegel* v. 16. Februar 2006.

möchte ich hier mit den Begriffen *Kontakt*, *Interesse* und *Verführung* metaphorisch umreißen.

Der Anfang ist erste und wichtigste Kontaktstelle des Films (vgl. Elsaesser 1992), d.h. die *phatische Funktion* filmischer Kommunikation ist hier besonders ausgeprägt. In seiner Kommunikationstheorie der Sprache fasst Roman Jakobson (1971 [1960], 149f) als «phatische» die Funktion der sprachlichen Mitteilung (neben der referenziellen, der konativen, der emotiven/expressiven, der poetischen sowie der metalinguistischen), die auf Herstellung und Aufrechterhaltung des Kontakts zwischen Sender und Empfänger gerichtet ist und sich auf den Mitteilungskanal bezieht – einerseits in physikalischer Hinsicht, andererseits hinsichtlich der psychischen Kommunikationsbereitschaft der Teilnehmer. In den Bereich des Phatischen fallen Rückkopplungssignale des Hörers, dass er noch ‹dabei› und aufmerksam ist, wie auch Gesten, mit denen der Sprechende sich der Aufmerksamkeit des Zuhörenden versichert (vgl. Pfister 2001 [1977], 161f; Wulff 1993c, 145f).

Bei aller gebotenen Vorsicht, was die Übertragung von Beschreibungsinstrumentarien direkter Kommunikation auf medial vermittelte und speziell auf den Spielfilm mit seinem geschlossenen fiktionalen Universum anbelangt, scheint mir der Begriff der phatischen Funktion eine nützliche Kategorie textpragmatischer Beschreibung. Ich fasse für den hier verfolgten Argumentationszusammenhang das Phatische als einen Teilaspekt der pragmatischen Dimension des Film(anfang)s; es bezieht sich in diesem Verständnis auf alle stilistischen, narrativen/enunziativen und dramaturgischen Elemente und Gesten, die zuallererst (neben anderen Funktionen, die ihnen darüber hinaus zukommen) auf Herstellung, Aufrechterhaltung und Pflege des Kontakts zum Zuschauer zielen.[54] Die Direktadressierung der Kamera, mit der auf Ebene der Enunziation eine Simulation von *face-to-face*-Kommunikation betrieben wird (vgl. Casetti 1995), stellt nur das offensichtlichste Verfahren dar, um diesen Effekt herbeizuführen. Zugleich wirkt die Apostrophe appellativ in einem über das Phatische hinausweisenden Sinn, phatische und konative Funktionen fallen in der Hinwendung des Erzählers zur Kamera/zum Zuschauer zusammen, und auch die anderen kommunikativen Funktionen, die Jakobson am Beispiel der Verbalsprache beschreibt, ließen sich daran illustrieren. Die phatische Funktion bleibt zumeist latent, ist mitgegeben in allen impliziten und expliziten Hinwendungen und kommunikativen Appellen an den Zuschauer, mit

54 Auch Barth (1988, 9) weist dem Filmanfang, gefasst als *exordium*, phatische Funktionen zu und versteht darunter, über die von mir vorgeschlagene Auskleidung des Konzepts hinaus, «Aufmerksamkeitserweckung, Einstimmung, Herstellung der Glaubwürdigkeit»; vgl. Pfister 2001 [1977], 124.

denen ihm rückversichert wird, dass er ‹gemeint› ist. In der «Tabula-rasa-Situation im Pragmatischen», wie Miller den Anfang charakterisiert hat, ist sie allerdings von essenzieller Bedeutung und tritt daher deutlicher zutage als in späteren Phasen. Miller beschreibt das «Spiel» zwischen Autor und Leser, das hier einsetzt:

> [...] mit dem ersten Wort löst sich die Fiktion von der Wirklichkeit ab, um eine Welt eigenen Gesetzes zu formieren. Damit hebt auch das Spiel an zwischen dem Autor [...] und dem Leser [...]. Und dieses Spiel ist nirgends so klar zu erkennen wie hier, wo es gilt, den ersten und stärksten Reibungswiderstand des außenstehenden Lesers zu überwinden, ihn teilnehmend in die Welt der Fiktion hereinzuziehen (1968, 10).[55]

Die Spielmetapher scheint mir ein schönes und stimmiges Bild, um das spezifische pragmatische Gefüge im Falle von Fiktionen mit ihrer Als-Ob-Kommunikation zu fassen, ich werde sie daher verschiedentlich aufgreifen. Aber «Reibungswiderstände überwinden», den Leser «hereinziehen»? – Da klingt nach harter Arbeit, was Odin (1980) oder auch Jost (1997; 2004) gänzlich anders beschrieben haben: Aufgabe der ersten Bilder und Töne sei es, die «Lust an der Fiktion» (Odin 1980) zu wecken; von Widerständen seitens des Zuschauers ist nicht die Rede.

Tatsächlich stellt sich die Situation des Films im Kino gänzlich anders dar als beim Buch: Denn wo der Autor darauf zielen muss, seinen (potenziellen) Leser für die Geschichte einzunehmen, mit einem Leser kalkulieren muss, der das Buch in der Buchhandlung vielleicht probeweise aufschlägt, um anhand der ersten Sätze zu prüfen, ob ihm der Stoff und/oder der literarische Stil zusagen, so ist die Situation im Falle des Kinobesuchs eine andere: Dem Film wird ja gewissermaßen ‹Kredit gewährt›, indem wir zunächst eine Eintrittskarte kaufen in der Hoffnung, er möge uns gefallen und eine gute Abendunterhaltung darstellen (vgl. Maltby/Craven 1995, 37f). Im Kino selbst haben wir dann, wie im letzten Abschnitt dargelegt, eine ganze Kette von Werbespots und Trailern hinter uns gebracht und wollen nun endlich das sehen, wofür wir von zu Hause aufgebrochen sind, das Eintrittsgeld entrichtet und worauf wir so lange mehr oder weniger geduldig gewartet haben. Wir *wollen*, dass uns der Film gefällt, und blicken ihm daher, so habe ich eingangs formuliert (← Kap. 1.2), mit einer Mischung aus An- und Entspannung entgegen. Er kann an seinem Anfang nicht viel falsch machen, wurde oben unter Bezug auf einige ‹Gewährsleute› aus Filmpraxis und -kritik behauptet, so formuliert auch Chi-

55 Vgl. auch Bünsch (1976), die die Appellfunktion des Romananfangs als «Werbung um den Leser» beschreibt.

on, man könne «das Publikum in einem Kinosaal in gewissen Grenzen als ein ‹gefangenes› [...] bezeichnen und auf seinen guten Willen [...] setzen» (2001 [1985], 187). Allzu viel Verführungskunst am Anfang ist also nicht vonnöten.

Tan bezeichnet *Interesse* als die grundlegende oder «globale» Emotion bei der Filmrezeption (1996, Kap. 4): «The act of watching any feature film is accompanied by interest», formuliert er seine These (ibid., 85). Interesse schafft Aufmerksamkeit und stellt den Antrieb dar, der Erzählung zu folgen und im Verlauf weitere und speziellere Emotionen zu investieren, es begleitet die gesamte Rezeption.[56] Aufgabe des Anfangs ist es, für Stimulation dieses grundlegenden Antriebs zu sorgen – mehr zu wissen, mehr zu erfahren und mehr erleben zu wollen. Interesse, so könnte man auch formulieren, ist die Antwort des Zuschauers auf die Versprechen, die der Anfang macht, die grundsätzliche Gestimmtheit, mit der er der Geschichte folgt.

Um für Interesse und Aufmerksamkeit zu sorgen, kann der Filmanfang auf ein breites Repertoire dramaturgischer Strategien der Irritation, der Verfremdung, der Überraschung, zuweilen auch der Überwältigung, der Erzeugung von Spannung oder der Gestaltung komischer Momente zurückgreifen. Dem Vorspann kommt hierbei eine wichtige Funktion als *teaser* oder ‹Appetithappen› des Films zu, sei es, dass er kreativ mit der Typografie verfährt (vgl. Bellantoni/Woolman 1999; Schaudig 2002) oder dass er einen abgeschlossenen und originellen Film-vor-dem-Film gestaltet, der ästhetisch raffiniert daherkommt oder jedenfalls interessant anzuschauen ist. Die Arbeiten von Saul Bass waren stilbildend für diese Tendenz, die Titelsequenz zur Kunstform zu erheben, ohne die dienende Funktion gegenüber der Geschichte aufzugeben.[57] Bass selbst hat die Aufgabe seiner Vorspannsequenzen schlicht und einfach bestimmt als: «Man kettet den Zuschauer an seinen Sitz» (1993). Ähnlich formuliert Sutcliffe, sich dabei gleichfalls auf den Vorspann beziehend: «[...] the purpose of a film's beginning is to bring the audience to attention, eyes front» (2000, 21).

56 Vgl. dazu die Debatte zwischen Plantinga 2006 [2001] und Tan 2006 [2002]. Auf «Interesse» als Motivation der Rezeption hat Tomaševskij übrigens bereits 1925 hingewiesen, er fasst Interesse nicht als Emotion, aber koppelt sie daran; vgl. 1965, 63ff.

57 Ich möchte auf den ästhetischen Aspekt von Vorspannen hier nicht eingehen, dieser Teilbereich ist in der Forschung, wie oben belegt, mittlerweile gut erschlossen. Vor allem hat wohl kein zweiter Vorspanndesigner so viel Aufmerksamkeit seitens der Filmkritik wie der Filmwissenschaft auf sich gezogen wie Saul Bass, der als *auteur* des Vorspanns gilt; exemplarisch sei hier verwiesen auf Durand 1963; Blanchard 1978; Kirkham 1994; 1996; 1997; Kothenschulte 1994; 1996; de Mourgues 1994, 57-66; Althen 1996; Blau 1996; Beier/Midding 1996; Haskin 1996; Saada 1996; van Genugten 1997; Morgenstern 1997; Re 2006, Kap. 3.

Unabhängig wie und womit der Film beginnt: Die ersten Momente stellen den kommunikativen Kontakt her und sorgen für Interesse und Aufmerksamkeit; im dramaturgischen Jargon gesprochen: Sie dienen als *hook*, als Haken, an den der Zuschauer genommen wird.[58] Aber dazu ist es nicht nötig, allzu aufdringlich um die Gunst des Publikums zu werben (dies dürfte in den nachfolgenden Teilkapiteln anhand der vielgestaltigen Beispiele, die ich zur Illustration meiner Überlegungen heranziehe, nebenbei deutlich werden). Der Kinozuschauer ist in der Regel guten Willens, er sitzt bequem in seinem Sessel, kann nicht ‹wegzappen› wie der nach alternativen Programmen suchende Fernsehzuschauer und bringt durchaus ein paar Minuten Geduld auf, sich einzulassen auf das, was da kommt. Der ‹Haken› muss daher gar nicht so grob ausfallen oder, wie ich William Goldman oben bereits zitiert habe, «verführen heißt nicht vergewaltigen» (1999, 139).

Im Folgenden werfe ich einen kursorischen Blick auf die ‹Verführungsstrategien› des Filmanfangs in der Absicht, die Eingangsfrage «Wie fängt es an, wie verführen mich die Bilder?» mit einem Ausschnitt aus dem Arsenal von Filmeröffnungen zu beantworten (vgl. auch Christen 1990; Tylski 2001). Es existieren zwar überaus zahlreiche und vielfältige, aber eben nicht unbegrenzte Möglichkeiten, einen Film zu beginnen. Filmhistorisch haben sich Eröffnungsformen und -formeln auf verschiedenen Ebenen – des Genres, der Motivik, des Handlungsaufbaus, des Stils – herausgebildet. Meine Absicht ist keinesfalls, hier einen auch nur annähernd vollständigen Überblick zu geben. Ohnehin stehen die Bauformen des Anfangs nicht im Zentrum dieser Studie; sie verfolgt kein morphologisches oder gar typologisches, sondern ein theoretisches Interesse am Gegenstand. Die lockere Zusammenstellung typischer Eröffnungsformen soll einen Eindruck vermitteln, wie uns der Film entgegentritt und sich ‹als Anfang› darbietet:

- So etwa als ‹klassische› Eröffnung, wie sie oben bereits geschildert wurde: eine schrittweise, ‹konzentrische› Annäherung an den Handlungsort von außen nach innen, wie in Orson Welles' CITIZEN KANE, Jules Dassins THE NAKED CITY (USA 1948) und in Alfred Hitchcocks PSYCHO (USA 1960) oder variiert in Luchino Viscontis IL GATTOPARDO (I/F 1963), selbstreflexiv in Vincente Minnellis AN AMERICAN IN PARIS (USA 1951) und artistisch in Baz Luhrmanns MOULIN ROUGE! (AUS/USA 2001);

58 Eder definiert die dramaturgische Kategorie des *hook* spezieller als «eine Sequenz, die einen besonders starken emotionalen und sinnlichen Eindruck auf den Zuschauer machen soll» (1999, 57).

- eine andere Möglichkeit besteht darin, dass sich nicht die Kamera an den Ort annähert, sondern der Protagonist sich auf die Kamera zubewegt wie in THE SEARCHERS, wie das Auto mit den beiden Hauptfiguren darin in Roman Polanskis CUL-DE-SAC (GB 1966) oder, nach kurzen einstimmenden Bildern, das Mädchen in AN ANGEL AT MY TABLE (Jane Campion, GB/AUS/NZ 1990);
- eine Variation auf Ebene der Erzählmotivik: die Begleitung der Figur an den Schauplatz der Handlung (Zugreisen, Auto- und Busfahrten, Schiffspassagen, das Ankommen auf einem fremden Flughafen und die Suche nach einem Taxi), Beispiele wären UNA STORIA SEMPLICE (Emidio Greco, I 1991), THE THING CALLED LOVE (Peter Bogdanovich, USA 1993) oder DEAD MAN (Jim Jarmusch, USA/D/Japan 1995);
- im vorangegangenen Abschnitt wurde auf die direkte Adressierung des Zuschauers durch einen personalen Erzähler hingewiesen, der aus dem narrativen Rahmen heraus in metadiegetischer und/oder metanarrativer Geste die erzählte Welt, das Personal, zuweilen aber auch die Geschichte oder den Film ‹als Film› vorstellt und den Zuschauer rhetorisch an die Hand nimmt wie etwa in Sam Woods OUR TOWN (USA 1940) oder in Max Ophüls' LA RONDE (F 1950). Die Begrüßung des Publikums stellt eines der selbstreferenziellen Spiele an der Schwelle zur Fiktion dar, eine Eröffnungsformel, die besonders Frank Tashlin häufig benutzt hat, so etwa bei THE ALPHABET MURDERS (← Kap. 1.1), aber auch bei THE GIRL CAN'T HELP IT (USA 1956) oder WILL SUCCESS SPOIL ROCK HUNTER? (USA 1957). Woody Allen greift die Form in der prologartigen Eröffnung von ANNIE HALL (USA 1977) auf, in der der homodiegetische Erzähler (verkörpert von Allen selbst), in Close-up direkt Richtung Kamera sprechend, zunächst Witze zum Besten gibt und über das Leben und seine Midlife-Crisis reflektiert, um danach zu erzählen, dass Annie ihn verlassen habe;
- eine Variante ist die Thematisierung der medialen Verfasstheit des Films und seiner Produktion, so macht Milos Formans MAN ON THE MOON (GB/D/Japan/USA 1999) aus der Begrüßung des Publikums eine Verabschiedung, indem die Hauptfigur (hier noch in der Funktion eines vorgeblich extrafiktionalen Erzählers) den Abspann ‹abfährt› und behauptet, dass der Film «ziemlich mies» sei und man besser daran tue zu gehen. In LA FÊTE À HENRIETTE (Julien Duvivier, F 1952) denken zwei Drehbuchautoren über einen Film mit eben diesem Titel nach und verwerfen verschiedene Varianten der Geschichte, deren Anfänge wir jeweils zu sehen bekommen; Renoirs Fernsehfilm LE TESTAMENT DU DOCTEUR CORDELIER (Jean Renoir, F 1959) beginnt mit der Ankunft des Regisseurs am Studio, Fellinis INTERVISTA (I 1987) auf dem Cinecittà-

Gelände bei nächtlichen Dreharbeiten eines Fellini-Films, der Vorspann von TOUT VA BIEN (Jean-Luc Godard, I/F 1972) reflektiert die Rolle des Geldes bei der Filmproduktion, und DER STAND DER DINGE (Wim Wenders, D/P/USA 1982) setzt ein mit Dreharbeiten zu einem Science-fiction-Film, die eingestellt werden müssen, weil das Geld ausgeht;

- auf einer anderen Ebene liegen Erzählmotive, die einen Anfang oder den Beginn von etwas Neuem symbolisieren, so etwa: ‹Ein Fremder kommt in die Stadt› (prägendes Erzählmotiv des «American monomyth» [Jewett/Lawrence 1977] in SHANE, George Stevens, USA 1953 oder PALE RIDER, Clint Eastwood, USA 1985, aber auch in BAD DAY AT BLACK ROCK, John Sturges, USA 1955 oder YOJIMBO, Akira Kurosawa, J 1961), ‹ein Kind wird geboren› (ATLANTIC RHAPSODY – 52 MYNDIR ÙR TÓRSHAVN [ATLANTIC RHAPSODY – 52 BILDER AUS TÓRSHAVEN], Katrin Ottarsdottir, DK/Faröer Inseln 1990), ‹ein Auftrag wird erteilt› (THE MALTESE FALCON, John Huston, USA 1941, SMOKEY AND THE BANDIT, Hal Needham, USA 1977), eine Wette abgeschlossen (AROUND THE WORLD IN 80 DAYS, Michael Anderson, USA 1956), eine Prophezeiung ausgesprochen oder ein Blick in die Zukunft geworfen (CLÉO DE 5 À 7, Agnès Varda, F/I 1962), der ‹Aufbruch ins Ungewisse› (ins Abenteuer/in einen neuen Lebensabschnitt/in eine neue Stadt) und natürlich ‹boy meets girl›;
- vergleichbar: stereotype Bildmotive wie die aufgehende Sonne, der Hahnenschrei, der Zeitungsbote oder Milchmann als Symbol des anbrechenden Tags, der Morgen vor der Schlacht als Vorbereitung;
- formale Rahmen wie sich öffnende oder hebende (Theater-)Vorhänge wie etwas in Alfred Hitchcocks STAGE FRIGHT (GB 1950) und REAR WINDOW (USA 1954) und natürlich in Baz Luhrmanns «Red Curtain»-Trilogie STRICTLY BALLROOM (AUS 1992), ROMEO + JULIET (USA 1996) und MOULIN ROUGE!; Türen, die geöffnet (THE MOST DANGEROUS GAME), Bücher, die aufgeschlagen werden (THE RED BADGE OF COURAGE) – enthüllt wird der Blick auf die Geschichte und dem Zuschauer Zutritt gewährt zu einem ansonsten verschlossenen Bereich;
- ähnlich Einführungen durch Schrifttafeln oder eine Voice-over, die anhebt: «Es war einmal ...», oder auch «I shall never forget the weekend Laura died» (LAURA, Otto Preminger, USA 1944);
- narrative Strategien wie die Etablierung eines Geheimnisses am Anfang oder aber das Verraten des Endes, um dann die Geschichte vom Anfang her aufzurollen, wie in MILDRED PIERCE (Michael Curtiz, USA 1945) und SUNSET BOULEVARD (Billy Wilder, USA 1950), bei denen wir die Leiche sehen, nicht jedoch den Vorgang des Verbrechens, oder auch WRITTEN ON THE WIND (Douglas Sirk, USA 1956), in dessen Eröffnungsszene ein Schuss fällt, worauf ein Kalender gezeigt wird, dessen Blätter vom Wind

zurückgeblasen werden bis zu dem Tag, an dem die Geschichte beginnt. Claude Sautets LES CHOSES DE LA VIE (F/I/CH 1970) beginnt mit dem Unfalltod des Protagonisten und rekonstruiert von diesem Ende aus die Geschichte eines Paares;

- eine Variante ist das Rückwärtserzählen wie in Jane Campions Fernsehfilm TWO FRIENDS (AUS 1986) und später in MEMENTO (Christopher Nolan, USA 2000), IRRÉVERSIBLE (Gaspar Noé, F 2002) und 5X2 (François Ozon, F 2004);
- das befremdliche Tun einer Figur wie in Kyle Coopers Vorspann von SE7EN (David Fincher, USA 1995), das den Neugier-Impuls und den Wunsch, verstehen zu wollen, herausfordert, ungeachtet des erwartbaren Grauens, das mit der Enthüllung verbunden sein dürfte;
- Überrumpelungsstrategien wie beim gewalttätigen Auftakt, dramaturgisch «shock opening», «thriller grabber opening» (Miller 1988, 94) oder auch kurz «grabber» (Dmytryk 1986, 24) genannt, ein initiales Schreckensmoment, vor allem im Thriller, im Action- oder Horrorfilm eine verbreitete Eröffnungsformel, verwendet etwa in BASIC INSTINCT (Paul Verhoeven, USA/F 1992), UNDER SUSPICION (Simon Moore, GB 1991), in HALLOWEEN (John Carpenter, USA 1978) oder THE DESCENT (Neil Marshall, GB 2005);
- eine Variante stellen die Gewaltszenen dar, mit denen die Filme von Sam Peckinpah beginnen, so in THE WILD BUNCH (USA 1969) das Bild von den beiden Skorpionen, die die spielenden Kinder in einen Termitenhaufen gesetzt haben, um ihnen neugierig, interessiert, auch belustigt beim Todeskampf zuzusehen, bevor sie später das Ganze anzünden; in PAT GARRETT AND BILLY THE KID (USA 1973) sind es – ein nicht ganz so starkes Bild – die Hühner, die eingegraben werden, um den Schützen als Ziel zu dienen; die Bilder vom qualvollen Sterben der Tiere, für andere Spiel und Zeitvertreib, verweisen allegorisch auf die Thematik von Tod und Verrat (wie überhaupt Eröffnungsbilder zur Allegorisierung genutzt werden; → Kap. 3.9.2);
- narrativ in sich abgeschlossene und *action*-reiche *pre-title sequences*, die der Filmerzählung vorgelagert sind wie etwa in Spielbergs «Indiana Jones»-Serie oder in den «James Bond»-Filmen, welche die Aufmerksamkeit mit einer für die gesamte Serie typischen Spannungs- und Spektakelszene fesseln und zugleich sämtliche Elemente der erzählten Welt wie in einem Tableau präsentieren;
- Montagesequenzen, die aus *found footage* bestehen oder aus einer Mischung historischen und nachträglich gedrehten, künstlich gealterten Materials können wie ein experimenteller ‹Film-im-Film› wirken und zugleich durch Verwendung typischer Bildmotive Handlungsort, -zeit

und -umstände vorstellen, auch Fotoserien können diese Funktion haben; Beispiele wären die teilweise historischen Fotografien im Vorspann von BONNIE AND CLYDE (Arthur Penn, USA 1967), die Wochenschauaufnahmen zu Beginn von PAISÀ (Roberto Rossellini, I 1946) oder auch von CZŁOWIEK Z MARMURU (DER MANN AUS MARMOR, Andrzej Wajda, PL 1977), die Verquickung von *found footage* und Inszenierung in der Eröffnung von JFK (Oliver Stone, USA/F 1991) oder die Verwendung des ‹Rodney King tape› in der Titelsequenz von MALCOLM X (Spike Lee, USA 1992) (→ Kap. 3.9.1). Auch im Kriegsfilm ist der Gebrauch von *stock footage*, sei es authentisch oder fingiert, verbreitet;

- Umbrüche im einsetzenden Illusionierungsprozess sorgen für Überraschung: eine Situation, die erzählte Welt, ein Genre wird etabliert, um plötzlich umgestoßen zu werden, indem der anfangs gesetzte Rahmen verlassen wird; das Muster vom Spiel-im-Spiel wird offenbar wie in TO BE OR NOT TO BE (Ernst Lubitsch, USA 1942), in LA NUIT AMÉRICAINE (François Truffaut, F/I 1973), in MATINÉE (Joe Dante, USA 1993) oder auch im Animationsfilm MONSTER'S INC. (Pete Docter/David Silverman, USA 2001);
- eine Umbruchsituation stellt auch die Durchbrechung einer anfangs etablierten Idylle dar wie etwa in DON'T LOOK NOW (Nicholas Roeg, GB 1973) oder in BLUE VELVET (David Lynch, USA 1986);
- für Irritationen sorgt der Einstieg über verstörende Bildwelten, beispielsweise Alpträume zu Beginn wie in OTTO E MEZZO (8½, Federico Fellini, I 1963) oder in JACOB'S LADDER (Adrian Lyne, USA 1991), auch die visuell-akustische Umsetzung von Drogenräuschen oder die Rückwärtsfahrt aus dem Gehirn des Protagonisten, mit der FIGHT CLUB (David Fincher, USA/D 1999) beginnt;
- irritierend wirken auch formal ‹merkwürdige› Bilder wie die der Überwachungskamera in THE CONVERSATION (Francis Ford Coppola, USA 1974), extrem verwackelte Handkamera-Aufnahmen, die am Anfang keiner fokalisierenden Instanz zugeschrieben werden können, oder unscharfe und gestörte Bilder, deren Urheber noch unbekannt ist, wie in der Eröffnungsszene von LE SCAPHANDRE ET LE PAPILLON (SCHMETTERLING UND TAUCHERGLOCKE, Julian Schnabel, F/USA 2007);
- lange initiale Plansequenzen nach dem Vorbild von TOUCH OF EVIL (Orson Welles, USA 1958), die aufgegriffen und zitiert werden in ABSOLUTE BEGINNERS (Julian Temple, GB 1986), THE PLAYER (Robert Altman, USA 1992) und SNAKE EYES (Brian De Palma, USA 1998), vermögen visuell zu faszinieren und legen zugleich, wie einleitend bemerkt (← Kap. 1.2), Zeugnis ab von der Kunstfertigkeit des *auteur*. In Max Ophüls' LE PLAISIR (F 1952) oder in TO VLEMMA TOU ODYSSEA (DER BLICK DES ODYSSEUS, D/

GB/GR/F/I 1995) von Theodoros Angelopoulos sind die Plansequenzen am Anfang nicht exzeptionell, sondern üben in den Autorenstil ein und dienen so als ‹Gebrauchsanweisung› oder ‹Training› im oben geschilderten Sinn (← Kap. 2.7).

- die Eröffnungsbilder können auf sinnliche Gefangennahme zielen, so etwa im Falle der Reise durch das Weltall zu Beginn von A MATTER OF LIFE AND DEATH (Michael Powell & Emeric Pressburger, GB 1946), zugleich eine Variation der Annäherung an den Handlungsort, oder einfach nur durch den Anblick des sich im Wind wiegenden Grases wie in WITNESS (Peter Weir, USA 1985) oder des langsamen Sonnenaufgangs in STELLET LICHT (STILLES LICHT, MEX/F/NL 2007, Carlos Reygadas), währenddessen das nächtliche Quaken der Frösche von den Schreien der Kühe am frühen Morgen abgelöst wird;
- sie können aber auch eine Überwältigungsstrategie verfolgen, wie dies etwa mit der Ansicht der utopischen Stadtlandschaft verbunden ist, die BLADE RUNNER (Ridley Scott, USA/Singapur 1982) entwirft, oder das gewaltige Schlachtenpanorama, mit dem THE LORD OF THE RINGS: THE FELLOWSHIP OF THE RING (Peter Jackson, NZL/USA 2001) beginnt; auch Flugaufnahmen von viszeraler Wirkung wie in WILD THINGS (John McNaughton, USA 1998) lassen sich in diesem Zusammenhang nennen;
- die Bilder können synästhetische Effekte hervorrufen wie die Orchestrierung der filmischen Mittel zu Beginn von APOCALYPSE NOW (Francis Ford Coppola, USA 1979), wenn (nach der Eröffnungsszene im Hotelzimmer) unvermittelt der Dschungel in Flammen aufgeht, sich die Hubschrauber mit ihrem rhythmischen Rotorengeräusch ins Bild schieben und darüber Jim Morrisons Stimme anhebt: «This is the end, my only friend, the end»;
- der Anfang kann aber auch auf ruhige Bilder setzen; im Falle solch langsamer Anfänge scheint die Erzählung gleichsam auf der Stelle zu treten und weckt die Erwartung, dass etwas passieren möge, oft sind es auch die Figuren selbst, die auf etwas warten, so etwa in der gedehnten Eröffnungszene von C'ERA UNA VOLTA IL WEST (Sergio Leone, I/USA 1968), in KILLER'S KISS (Stanley Kubrick, USA 1955), in der der Protagonist rauchend in einer Bahnhofshalle steht, oder auch in L'ECLISSE (Michelangelo Antonioni, I/F 1962), in der die Protagonistin nicht einmal zu wissen scheint, auf was sie eigentlich wartet, während sie sich die Zeit vertreibt.

Einige der aufgeführten Beispiele werden in den folgenden Teilkapiteln aufgegriffen und näher betrachtet, weitere hinzugesellt. Hier wollte ich mit der relativ unsystematischen Versammlung von Eröffnungsmöglichkeiten und -formen lediglich einen Eindruck verschaffen, mittels welch (mehr oder weniger) konventionalisierter Verfahren und Strategien der Anfang zunächst den Boden bereitet, damit diegetisierende und narrativisierende Prozesse greifen können, der Zuschauer sich einlässt auf die erzählte Welt, verstricken lässt in die sich entfaltende Geschichte und einstimmt auf den Rhythmus der Ereignisse – Verführung zur Fiktion.

3.7 Diegetisieren

Eine der grundlegenden Funktionen des Anfangs ist es, für Orientierung des Zuschauers zu sorgen.[59] Theater- wie Filmdramaturgien betonen die Bedeutung von Schauplatzeinführung, Etablierung des Handlungsortes und der Handlungszeit, des *setting* oder auch Milieus einer Geschichte. Cherry Potter (1990, 95) bezeichnet die Frage nach dem Schauplatz als erste Überlegung des Zuschauers, die sogar noch der Frage nach dem Protagonisten vorausgehe. Wir scheinen uns zunächst in der abgebildeten Welt zurechtfinden, gewissermaßen ihren Boden unter unseren Füßen ertasten zu müssen, bevor wir bereit sind, diese fremde Welt wirklich zu betreten und den Faden der sich entspinnenden Geschichte aufzunehmen. Der anfänglichen Unsicherheit begegnet der Zuschauer mit der Suche nach Orientierung – und für gewöhnlich kommen die Filme diesem Bedürfnis entgegen, indem sie zunächst den Handlungsraum abstecken und die Atmosphäre setzen, um dem Zuschauer den Kontakt mit der erzählten Welt zu ermöglichen, bevor die Figuren auftreten und die Handlung einsetzt.

Wie in Kapitel 2.1 (←) dargelegt, schreiben die klassischen Dramaturgien die Etablierung von Ort, Zeit und Milieu gemeinhin der «Exposition» des Bühnenstückes oder des Films zu. In Auseinandersetzung mit solch normativen Entwürfen habe ich dafür plädiert, die vielfältigen Informations- und Steuerungsfunktionen des Anfangs nicht insgesamt unter ‹Exposition› zu subsumieren. Vielmehr sollte das ‹Expositorische› strikt funktional, als eine Teilfunktion innerhalb der Initialphase des Erzählprozesses – aber nicht nur dort – gefasst werden, und zwar eine, die einer ‹didaktischen› Form narrativer Darlegung entspricht (→ Kap. 3.8.6). In diesem Zusammenhang habe ich auch auf Edward Branigans «narratives Schema» (1992, 17f) hingewiesen, in dem er zwischen *orientation* und *exposition* als zwei verschiedenen Funktionen des Text(anfang)s unterscheidet. Die

59 Dieses Teilkapitel ist unter dem Titel «Diegetisieren, Diegese, Diskursuniversum» erschienen in *Montage AV* 16,2, 2007, pp. 53-69.

das *setting* des Films etablierende Funktion wird hier als «Orientierung» beschrieben und unterschieden von «Exposition» als Vermittlung von Informationen über Ereignisse der Fabel, die vor dem ‹Nullpunkt› des Plots liegen. Aufgabe von Orientierung als einer Phase im narrativen Prozess ist die Beschreibung des gegenwärtigen Zustands der erzählten Welt vor dem Handlungsbeginn oder, in der Sprache der Drehbuchliteratur, dem *point of attack*. In diesen Festlegungen ähnelt Branigans narratives Schema, auch wenn es in der grafischen Darstellung durch die Anordnung der Funktionen in einem Hexagon (ibid., 17) der Festlegung ihrer Abfolge innerhalb der Erzählung entgehen will, den traditionellen Dramaturgien ebenso wie dem Todorov'schen Transformationsmodell (← Kap. 2.3), das auch die Drehbuchliteratur prägt. Doch soll es mir hier nicht um die neuerliche Diskussion der problematischen Festschreibung der Erzählfunktionen auf die einzelnen Akte des Films gehen, sondern um die Erhellung von Orientierung oder, wie ich diesen Funktionskreis spezifischer fassen möchte: von *Diegetisierung* als Leistung der Initialphase.

In meiner Einleitung, der spielerischen Befragung des Auftakts von The Alphabet Murders, hieß es, dass wir, um eine Erzählung zu verstehen, ein raumzeitliches Universum konstruieren müssen: die *Diegese* oder *erzählte Welt*, die ein narrativer Text designiert und innerhalb derer sich die Geschichte entfaltet. «Lire un texte, voir un film comme une fiction, suppose d'abord de construiere un monde: de diégétiser», formuliert Odin (2000, 18). Die Diegese speist sich aus dem Gezeigten und im Tonfilm selbstverständlich auch aus dem zu Hörenden sowie den daraus unmittelbar erschließbaren Implikationen, die unter Rückgriff auf unser Welt(en)- und Geschichtenwissen sowie auf unser spezifisch filmisches Wissen ergänzt, ‹ausgestattet› und ‹aufgerundet› wird (vgl. Martinez/Scheffel 2000, 124; Wulff 2007b, 46, 50). Soweit eine erste Bestimmung eines der wohl umstrittensten Konzepte innerhalb der literatur- und filmwissenschaftlichen Narratologie, das zahlreiche Unschärfen aufweist und in verschiedenen Entwürfen unterschiedlich definiert wird.[60]

3.7.1 Diegese und diegetischer Prozess

Das heute in der Filmtheorie vorherrschende Verständnis von *diégèse*/Diegese verdankt sich der gemeinschaftlichen Arbeit von Anne Souriau und ih-

60 Vgl. für die Filmwissenschaft etwa die Darstellungen bei Chateau 1983; Branigan 1986; 1992, 33-63; Aumont et al. 1992, 88ff; Stam/Burgoyne/Flitterman-Lewis 1992, 38f; Odin 2000, 17-23; Böhnke 2007a, 17-23; vgl. insbesondere die Beiträge im Themenheft «Diegese», *Montage AV* 16,2, 2007.

rem Vater Etienne Souriau.[61] Das Konzept wurde von letzerem in einem Artikel aus dem Jahr 1951 (Souriau 1997) vorgestellt, von Christian Metz sowie von Gérard Genette aufgegriffen und lieferte in der Folge einen wichtigen Bestandteil des film- und literaturwissenschaftlichen Basisvokabulars.[62]

Souriau definiert *diegetisch* als «alles, was man als vom Film dargestellt betrachtet und was zur Wirklichkeit, die er in seiner Bedeutung *voraussetzt*, gehört» (Souriau 1997, 151; Herv.i.O.), und die filmische Diegese entsprechend als «alles, was sich laut der vom Film präsentierten Fiktion ereignet und was sie implizierte, wenn man sie als wahr ansähe» (ibid., 156). Die Diegese bezeichnet damit eine imaginäre Welt, die der Zuschauer aus dem Dargestellten erschließt (vgl. Kessler 1997, 137). Sie manifestiert sich (wie die Fabel, diese Eigenschaft teilt sie mit ihr) nicht auf der Ebene des narrativen Diskurses, zählt also nicht zu den narrativen Substanzen (vgl. Eco 1990, 157ff), sondern ist ein mentales Konstrukt des Lesers, Hörers oder Zuschauers, Resultat oder Effekt einer Entwurfstätigkeit, die Noël Burch als «diegetic process» (1979, 19) und Roger Odin als «diégétisation» (2000, 18 passim) bezeichnet. Ich möchte diesen Aspekt hier aufgreifen.

Zu den Teilprozessen des *Diegetisierens* zählen die ergänzenden Leistungen des Zuschauers, der aus den partiellen Rauminformationen, welche die einzelnen Filmbilder und -töne darbieten, das innere Bild einer Szene und in weiterer Konsequenz des Handlungsraums und schließlich der erzählten Welt synthetisiert.[63] Dieser Vorgang wird uns dort bewusst, wo er gestört oder durchkreuzt wird.

Oben (← Kap. 3.6) wurde bereits auf François Truffauts LA NUIT AMÉRICAINE hingewiesen, in dessen Initialphase es zu einem Bruch im Illusionierungsprozess kommt: Während sich die ersten Eindrücke gerade zum Eindruck einer erzählten Welt verdichten, sind mit einem Mal Anweisungen aus dem Off an die Schauspieler zu hören, schließlich ertönt der Ruf «cut!» – ein plötzlicher Situationsumbruch, ein Verlassen des anfangs gesetzten diegetischen Rahmens, hinter dem sich ein weiterer auftut. Das Spiel vor der normalerweise als ‹abwesend› betrachteten Kamera erweist sich als Inszenierung für eine anwesende, ‹diegetische› Kamera, die Darstellung als ‹Film im Film›.

61 Den Hinweis auf die Mitarbeit von Anne Souriau verdanke ich Fuxjäger (2007a). Anne Souriau schreibt in ihrem einschlägigen Eintrag zu Souriaus *Vocabulaire de l'esthétique* (1990), sie habe den französischen Begriff *diégèse* geprägt.

62 Vgl. Metz 1972; Genette 1998. Zur Darstellung und Wirkungsgeschichte des Souriauschen Konzeptes Verstraten 1989a; Kessler 1997; 2007.

63 Wulff legt in einem bislang unveröffentlichten Text (2007c) dar, wie sich die synthetisierende Arbeit des Zuschauers auf verschiedene Aspekte und Ebenen der räumlichen Organisation im Film bezieht. Er unterscheidet dabei kategoriell Diegese, Handlungsraum und *master space*, die allesamt Produkt von Entwurfstätigkeiten sind.

Vergleichbar konfrontiert Brian de Palmas BLOW OUT (USA 1981) seinen Zuschauer mit dem hochgradig konventionellen Anfang eines *slasher film* – ein geheimnisvoller Unbekannter nähert sich in dunkler Nacht einem Studentinnenwohnheim, in dem einige ausschweifend feiern und laute Musik hören, eine sich anschickt, ein Duschbad zu nehmen –, und der Zuschauer wähnt sich bereits im falschen Film. Doch dann wird diese Eingangssequenz jäh mit dem Lachen des Sound Designers beendet, der sich über den quiekenden, unbrauchbaren Schrei des Mordopfers unter der Dusche lustig macht.[64]

Das Diegetisieren rückt aber auch dort in den Vordergrund, wo sich keine konsistente Welt generieren lässt, so etwa in LOST HIGHWAY (USA/F 1997) oder in MULHOLLAND DR. (USA/F 2001), den Erzählexperimenten von David Lynch, die als Angriffe auf Kohärenz, Konsistenz und Kausalität zu werten sind.

Die Konzepte ‹Diegese› und ‹Diegetisierung› sind demnach zu unterscheiden: *Diegetisierung* meint die auf den Entwurf einer weitgehend kohärenten und in sich konsistenten erzählten Welt bezogenen imaginativen Akte des Zuschauers; die *Diegese* ist ihr Resultat, die erfolgte Synthese der auf diese imaginäre Welt bezogenen Denotationen des Textes und der Wissensbestände des Zuschauers (vgl. Branigan 1986; Wulff 2007b). Nicht alle Elemente der Diegese sind auf der Leinwand gegeben, viele bleiben virtuell, Bestandteile unseres Hintergrundwissens, die, wenn es die narrativen Gegebenheiten erfordern, aktualisiert und in die Diegese integriert werden können. Diegetisierung ist ein funktionaler und selektiver Prozess, der aus textuellen und paratexuellen Hinweisen gespeist, mit Hilfe von Hintergrundwissen verschiedenster Art ergänzt wird und permanenter Revision unterworfen bleibt.

Ich möchte kurz auf die Drehbuchliteratur rückverweisen, die ich eingangs zitiert habe, denn wie sich gezeigt hat, ist mit ‹Diegese› im Vergleich zur dort üblichen Redeweise von der *setting*-Funktion weit mehr gemeint als der bloß zeitlich-lokale Hintergrund einer Geschichte, der am Anfang entworfen wird. Diegese im Souriauschen Verständnis bezeichnet vielmehr die eine jede Erzählung umgreifende *Modellwelt* mit ihren je eigenen Regeln, Gesetzmäßigkeiten und Wahrscheinlichkeiten und damit gewissermaßen die Summe der Seins- und Möglichkeitsbedingungen für die Entfaltung

64 Dieses Spiel mit der Diegetisierung und dem Illusionsbruch wird bereits seit Beginn der 30er Jahre erkundet, so von Istvan Székely in DIE GROSSE SEHNSUCHT (D 1930) oder von Max Ophüls in DIE VERLIEBTE FIRMA (D 1931); vgl. dazu Schweinitz 2003b. Es ist heute als geläufige Anfangsformel anzusehen. Zur Analyse der mit dem semiotischen Spiel des ‹Films-im-Film› oder auch ‹Kinos-im-Film› verbundenen enunziativen Schachtelung vgl. Metz 1997, 77-95; Blüher/Tröhler 1994.

der Geschichte. Ohne ein jeweiliges Weltmodell, das im Erzählen hervorgebracht und ‹ausgestattet› wird, ist keine Geschichte vorstellbar: «Il n'y a donc pas d'histoire sans diégèse» (Odin 2000, 22).[65] Man könnte die These zuspitzen und behaupten, dass die Bedingungen der erzählten Welt nach dem Ende der Geschichte fortbestehen. Der Weltentwurf ist von der jeweiligen Geschichte ablösbar, so dass neue Geschichten in vorgängig erzählten Welten spielen können (vgl. Wulff 2001, o.P.). Dieser Mechanismus greift vor allem im Falle von Genre- und natürlich auch von Serienerzählungen, in deren Zentrum eine populäre Figur steht, wie etwa den «Indiana Jones»- oder «James Bond»-Filmen: Diese bringen die Diegese nicht mit jeder Episode von Grund auf neu hervor, sondern sie stimulieren durch den kalkulierten Einsatz typifizierter Elemente in einer narrativ abgeschlossenen und spektakulären *pre title sequence* den Aufruf der erzählten Welt als einer ‹gewussten›, intertextuell vermittelten ‹Einheit des Wissens›.[66]

Auch die Produktionszyklen, in denen Mainstream-Filme stehen, die Genre-Etiketten, mit denen sie beworben werden, und natürlich auch die Leinwandimages der Stars sorgen, wie oben bereits erwähnt (← Kap. 3.5), für eine voranfängliche Orientierung des Publikums. Man kann daher sogar die These vertreten, dass der Beginn des Diegetisierens (und damit der Initiation) gar nicht an das Vorhandensein diegetischer Bilder und Töne geknüpft sein muss, sondern der diegetische Prozess bereits vor den ersten Filmbildern seinen Anfang nimmt. Trotz dieses Befundes: Die Initialphase bleibt der privilegierte Ort des Diegetisierens. Und zwar auch dann, wenn dieser Prozess vorab einsetzen mag; und selbst wenn man berücksichtigt, dass er natürlich in späteren Phasen der Rezeption aktiv bleibt, weil die am Anfang entworfene Diegese im Erzählverlauf weiter spezifiziert und häufig modifiziert wird.

65 Das Verhältnis der Kategorien ‹Diegese› und ‹Geschichte/Erzählung› ist durchaus strittig, ihr kompliziertes und schillerndes Bedingungsgefüge wird von verschiedenen narratologischen Entwürfen unterschiedlich beschrieben. Aumont et al. fassen es wie folgt: «This diegetic universe has an ambiguous status: it is simultaneously what produces the story, what the story is built upon, and what it refers to. For this reason we can claim that the diegesis is indeed larger than the story. Every specific story creates its own diegetic universe, yet the opposite is also true: the diegetic universe (outlined and created by preceding stories, as in the case of genre films) helps in the constitution and comprehension of the story» (1992, 90). Manche Darstellungen setzen dagegen beide Konzepte in eins (vgl. etwa Rimmon-Kenan 1994, 47), andere konzipieren sie als Einbettungsverhältnis. Wiederum andere fassen die Diegese gar so weit, dass selbst der Akt der narrativen Hervorbringung (der Erzählprozess) ihr zugerechnet wird (vgl. Stam/Burgoyne/Flitterman-Lewis 1992, 38), was letztlich zur Vermengung der repräsentierten und der repräsentischen Schicht des Erzählens führt.

66 Wir können uns über ‹die Welt von James Bond› verständigen, unabhängig von dem jeweiligen Exemplar der Reihe, unabhängig auch von der Verkörperung der Figur durch verschiedene Schauspieler.

Die Konstruktion einer erzählten Welt erfordert im Übrigen keineswegs, dass die Bilder und Töne in einem Abbildungs- oder auch nur Ähnlichkeitsverhältnis zu Erscheinungen unserer Realität stehen (vgl. ähnlich Koch 2003, 167; 170): Auch Animationsfilme bilden Diegesen aus (vgl. Feyersinger 2007).[67] Diegesen müssen nicht der Realität des Zuschauers ähneln, darauf beruht oft sogar ihr Reiz, erst von daher können sie eine besondere Erfahrung vermitteln. Gertrud Koch spricht von einer «autonome[n] filmische[n] Welt» (ibid., 163), der wir gegenübergestellt sind, und Wulff betont mit Michotte van den Berck (2003) die «Eigen- und Selbständigkeit der Diegese gegenüber der primären Realität des Zuschauers» (Wulff 2007b, 47).[68] Für die Imagination einer solchen fiktionalen Realität ist es unerheblich, ob sie ‹realistisch› ist oder nicht, wie auch Branigan unterstreicht:

> The concept of diegesis is relevant to how a spectator *understands* a story, not whether the spectator *believes* the story, or how well (or poorly) the story fits our familiar world. [...] The conclusion would seem to be that narrative films of all stripes create diegetic worlds albeit with very different relationships to canons of realism (Branigan 1986, 41; meine Herv.).

Von daher können wir selbst Unwahrscheinliches oder nach unseren Maßstäben Unmögliches als konstituierend für die erzählte Welt akzeptieren, z.B. das unerklärliche Auftauchen des Monolithen in Stanley Kubricks 2001: A SPACE ODYSSEY, die Existenz von Geistern, Monstern und Untoten im Horror-Film, von sprechenden Tieren oder Teekesseln im Märchen, die schiere Unzerstörbarkeit des menschlichen Körpers im Action-Kino oder auch das In-Geltung-Stehen fremdartiger gesellschaftlicher Werte und Moralvorstellungen. Das Verstehen der Diegese meint das Akzeptieren einer auf der Leinwand dargebotenen Möglichkeit.

Unabhängig von ihrem Grad an (konventionell vermitteltem) Realismus, ihrer Erfahrungsähnlichkeit oder Wahrscheinlichkeit ist der Aufbau

67 Odin (2000, 21) weist darauf hin, dass sogar der ‹Kampf› zwischen verschiedenfarbigen geometrischen Figuren auf einem weißen Hintergrund als erzählte Welt konstruiert werden kann. Dieses bei der Filmwahrnehmung greifende psychologische Phänomen hat bereits Tan (1995) u.a. mit Verweis auf die einschlägigen Wahrnehmungsexperimente von Heider/Simmel (1944) untersucht.

68 Zur Inkommensurabilität der Räume von Zuschauer und Leinwandgeschehen hat sich bereits sehr früh Albert Laffay geäußert. Seine zwischen 1946 und 1950 erschienenen einschlägigen Artikel hat er später in der Sammlung *Logique du cinéma* (1964) veröffentlicht; vgl. dazu Kessler 2001. Iser (1975, 266) betont diese notwendige Rest-Distanz als Voraussetzung ästhetischer Erfahrung: Nur weil die erzählte Welt immer ein bisschen fremd bleibt, ist sie überhaupt geeignet, Erfahrungen zu ermöglichen, die der Leser in seine eigene Welt ‹mitnehmen› kann. Bei vollständiger Immersion verlöre er sich in der fremden Welt und eine Welt-Erfahrung wäre ihm unmöglich.

einer diegetischen Wirklichkeit unabdingbare Voraussetzung für das Verstehen jeder Form von Erzählung und ebenso Grundbedingung für narrativ vermittelte emotionale Erlebnisse (vgl. Tan 1996, 52-56). Und umgekehrt ist *Diegetizität* als die Fähigkeit, eine erzählte Welt hervorzubringen, eine grundlegende Eigenschaft und notwendige Bedingung narrativer Texte.

Im strittigen Punkt des Bedingungsverhältnisses von Narration und Diegese nimmt Odin einen dezidierten Standpunkt ein: Der diegetisierende Effekt, so seine These, könne auch von beschreibenden Texten ausgehen (2000, 22) – eine für die Konzeptualisierung der Initiationsfunktion wichtige Beobachtung, denn gerade am Anfang narrativer Texte finden sich häufig lange deskriptive Passagen, welche die erzählte Welt etablieren, ohne dass hier schon Figuren auftreten und sich eine konkrete Geschichte abzuzeichnen beginnt. Das Diegetisieren kann dem Narrativisieren (→ Kap. 3.8) vorangehen. Mit dem Auftreten der Figuren wird der Prozess indes forciert, weil die Figuren die erzählte Welt wesentlich ausformen: bereits über ihr Aussehen, über ihr personelles und soziales Umfeld, über ihr Verhalten und die dahinter aufscheinenden sozialen Konventionen und normativen Orientierungen und dann natürlich ganz wesentlich über ihre Konflikte und die dadurch motivierten Handlungsweisen. Die Diegese, so Odin, sei ein von den Figuren «bewohnbarer Raum», und eine Diegese ohne Figuren stehe «in Erwartung» ihres Auftritts (2000, 23; meine Übers.). Die Figuren befinden sich nicht nur im Zentrum der Diegese, sondern sind ganz wesentliche Elemente zur Auskleidung und Bestimmung erzählter Welten.

Illustrieren lässt sich dies etwa am Beispiel der George Orwell-Verfilmung 1984 (GB 1984, Michael Radford), die den Zuschnitt der Diegese als eine Welt der absoluten Unfreiheit und der totalen Kontrolle zunächst an Aussehen und Verhalten der Figuren demonstriert.

Wenngleich die Diegetisierung oder zumindest der Beginn des Illusionierungsvorgangs sich unabhängig von der Initialisierung einer konkreten Handlung vollziehen kann, so ist die Diegese dennoch notwendig narrativ funktional: weil sie das Spielfeld für die Geschichte absteckt und so die jeweiligen und konkreten Rahmenbedingungen der Handlungsentwicklung definiert. In einer spezifischen ‹erzählten Welt› sind eben nicht alle narrativen Verläufe möglich oder vorstellbar.

Die filmtheoretische Redeweise von Diegese ist im Kern figurenbezogen: Sie knüpft sich daran, dass die diegetischen Elemente in der erzählten Welt real existieren und damit für die Figuren grundsätzlich wahrnehmbar sind (was nicht heißt, dass sie tatsächlich wahrgenommen werden).[69]

69 Branigan greift diese verbreitete Vorstellung auf und plädiert für eine differenziertere Betrachtung. Ähnlich dem hier vorgeschlagenen begrifflichen Doppel von Diegese und Diegetisieren unterscheidet er eine «substantielle» von einer «dynamischen» Auffas-

Dieses Verständnis kommt in der geläufigen Unterscheidung von ‹diegetischen› und ‹nondiegetischen› oder auch ‹extradiegetischen› Elementen des Films zum Ausdruck (vgl. Brinckmann 2007b), die bevorzugt an der Musik exemplifiziert wird. Demnach ist Musik, deren Quelle innerhalb einer Szene situiert ist (die Filmmusikforschung spricht auch von *source music*; vgl. Bullerjahn 2001, 19ff), die also von den Figuren wahrgenommen wird oder wahrgenommen werden könnte, als diegetisch anzusehen. Die Quellen für kommentierende und untermalende Musik – für *score* oder *mood music* – liegen dagegen außerhalb der Welt der Figuren; solcherart extradiegetische Musik («Musik als Begleitmusik» oder auch «Filmmusik im engeren Sinn»; ibid., 20) richtet sich ausschließlich an den Zuschauer.[70] Auch die narrativen Instanzen werden danach unterschieden, ob sie intra- oder extradiegetisch sind. Intradiegetische Erzähler bewegen sich als Figuren in der Welt der Geschichte, von der sie zugleich erzählen (wechseln also zwischen Figuren- und Erzählerrolle), extradiegetische Erzählerfiguren oder körperlose Erzählerstimmen greifen dagegen von außerhalb der erzählten Welt auf diese zu und sind daher für die Figuren nicht wahrnehmbar.[71]

sung der Diegese: «In order to be precise, it would be much better to speak of a *diegetic level of narration*, as opposed to a *diegetic object or percept which is available to a character*. In the first case, diegetic refers to an implicit process of evaluation by the spectator of the stream of evidence furnished by the text which bears on the relationship of a character to a (presumed) world of his or her sensory data. In the second case, diegetic refers to the final result of our evaluation whereby an explicit judgment is made about the relationship of a character to objects of perception. In this latter, substantive form, the terme [sic!] diegesis is used to include any object or percept which we believe is capable of being experience by a character; it need not actually be experienced by a character. In its other, dynamic form, diegesis is used to describe the logical procedures undertaken by the spectator which sustain this belief» (1986, 39; meine Herv.).

70 Tatsächlich sind die Übergänge zwischen extradiegetischer und (intra-)diegetischer Musik häufig fließend, wie Branigan (1981) dargelegt und (96f, 1992) am Anfang von Alfred Hitchcocks THE WRONG MAN (USA 1956) exemplifiziert hat. Manche Filme nutzen solche Übergänge, um den Eintritt in die Fiktion spielerisch zu gestalten und das Ende der Anfangsphase zu markieren, so etwa KRAMER VS. KRAMER (Robert Benton, USA 1979). *Mood music*, darauf möchte ich gleichfalls am Rande hinweisen, ist auch als ‹diegetisch-subjektives› Element im Sinne Brinckmanns zu klassifizieren, denn sie bringt Befindlichkeiten der Figuren zum Ausdruck, kommentiert Entwicklungen innerhalb der Handlung und dient solcherart als Interpretationshilfe; diese Funktion kann natürlich auch der Inszenierung der Räume, der Lichtsetzung etc. zukommen; vgl. Brinckmann 2007b.

71 In einem weiteren Schritt unterscheidet Genette «homo»- und «heterodiegetische» Erzähler. Er fasst *homodiegetische* Erzählerfiguren als solche, die in der Geschichte, von der sie erzählen, selber vorkommen, und *heterodiegetische* als solche, die nicht Teil der von ihnen vermittelten Geschichte sind; vgl. Genette 1998, 174-181. *Autodiegetische* Erzähler schließlich sind homodiegetische, die zugleich Hauptfigur der von ihnen präsentierten Geschichte sind, beim autobiographischen Erzählen ist dies der Fall. Genette weist übrigens darauf hin, dass in ihrer Funktion als Erzähler hetero- wie homodiegetische Erzählerfiguren notwendig außerhalb der Diegese stehen, von der sie künden; vgl. ibid., 249; ähnlich Metz 1997, 36ff.

3.7.2 Diegetische Schichten und Diskursuniversum

Wulff nimmt die unterschiedlichen Vorstellungen von Diegese auf und differenziert das Konzept, indem er vier miteinander koordinierte *diegetische Teilschichten* unterscheidet, welche in ihrer Gesamtheit und in ihrem Zusammenspiel die erzählte Welt konstituieren. Im Einzelnen führt er auf:

> (1) Die erzählte Welt ist eine *physikalische Welt*, die physikalische Eigenschaften hat wie etwa Schwerkraft oder Konsistenz. [...]
> (2) Die erzählte Welt ist als *Wahrnehmungswelt* der Figuren konzeptualisiert. [...]
> (3) Die diegetische Welt ist die *soziale Welt* der Figuren.
> (4) In engem Zusammenhang mit der Sozialwelt ist die erzählte Welt schließlich eine *moralisch eigenständige Welt* (Wulff 2007b, 41-44; Herv.i.O.).

Diese geschichtete, umfassende Modellvorstellung von Diegese ist produktiv, berücksichtigt sie doch zum einen, dass die erzählte Welt über Eigenschaften verfügt, bevor sie, wie oben bereits bemerkt, von den Figuren betreten und zum Handlungsschauplatz wird; zum anderen, dass die einzelnen Figuren durchaus über verschiedene Wahrnehmungs- und Erfahrungshorizonte verfügen und sich in unterschiedlichen sozialen Welten bewegen, der Konflikt vieler (Genre-)Geschichten beruht gar darauf, dass die sozialen Welten innerhalb der erzählten Welt in einem Spannungsverhältnis zueinander stehen, wie ich dies am Beispiel des klassischen Gangsterfilms gezeigt habe (Hartmann 1999). Darüber hinaus, und dieser Punkt scheint mir zentral, umfasst das Modell den *Wertehorizont* der Geschichte, die (divergierenden) Moralvorstellungen, die von den Figuren vertreten werden und in ihren Handlungsweisen zum Ausdruck kommen. Beim Diegetisieren evaluiert der Zuschauer die erzählte Welt auch im moralischen Sinn und setzt seine eigenen Wertvorstellungen in Beziehung dazu. Dieser Vorgang ist Bedingung dafür, in einem weiteren Schritt die moralischen Implikationen der Geschichte insgesamt zu erschließen, die sprichwörtliche «Moral von der Geschicht'», zu der er gleichfalls eine Haltung einzunehmen angehalten ist – die aber selbst nicht dem Diegetischen angehört, sondern vom narrativen Diskurs hervorgebracht wird.[72]

72 Wulff vertritt an anderer Stelle (2005a, 378) die These, dass das *Moralisieren* als «vierte Ebene der Textaneignung» neben Kognition, Empathie und Emotion anzusehen sei, eine Überlegung, die folgenreich für die Beschreibung der Rezeption und die Anteilnahme an fiktionalen Texten ist, jedoch bislang kaum verfolgt wurde. Zum ‹Moralisieren› vgl. auch Carroll 1998, Kap. 5, der das moralische Urteil und Verständnis ebenfalls als eine beständig mitlaufende Aktivität beschreibt. Mir scheint jedoch die von Wulff vorgeschlagene Trennung von Kognition und Empathie sowie von Kognition und Moral problematisch. Ich würde Empathie als einen zwischen kognitiven und emotionalen Prozessen vermittelnden imaginativen Vorgang fassen (→ Kap. 3.8.4) und das ‹Moralisieren› als

Mir geht es nun genau um diesen Grenzbereich zwischen dem Diegetischen und dem Narrativen/Dramaturgischen, auch zwischen dem Diegetischen und dem Fiktionalen. Unter Rückgriff auf Wulffs ‹Schichtenmodell› möchte ich vorschlagen, die Diegese im Sinn einer ‹Welt der Figuren› (die intern im oben genannten Sinn nochmals differenziert ist) von einem weiter gefassten Konzept zu unterscheiden, das ich mit einem Souriau entlehnten Begriff als *Diskursuniversum* bezeichnen will.[73]

Unter ‹Diskursuniversum› versteht Souriau so etwas wie die Summe der pragmatischen Setzungen des Textes: grundlegende Annahmen über die Natur des filmischen Universums. Darunter fallen epistemologische, axiologische, aber auch moralische und ideologische Setzungen, die Festlegung der Regeln, nach denen die abgebildete Welt als Exemplar einer Gattung oder eines Genres ‹funktioniert› (vgl. Kessler 2007), Zuschreibungen wie: Dies ist eine Fabelwelt, in der Tiere sprechen können, oder: Dies ist eine realistische Welt, in der Metaphysisches, etwa der Auftritt von Geistern, keinen Platz hat – wobei sich solche Annahmen bekanntlich als falsche Fährten oder irreführende modale Rahmen herausstellen können, die Teil eines dramaturgischen Kalküls sind (darum wird es in → Kap. 6 gehen). Rahmen oder Setzungen dieser Art liegen ‹oberhalb› der Welt der Figuren, jenseits ihrer Wahrnehmungsmöglichkeiten.

Erfasst würden damit auch Implikationen und semantische Felder, die textübergreifend sind. So lässt sich die Weltsicht eines Genres wie etwa des Westerns mit seinen Vorstellungsmustern von Männlichkeit, Individualrecht, Undomestizierbarkeit und dem *frontier*-Gedanken als intertextuell vermitteltes Diskursuniversum oder als Wissenshorizont beschreiben, der vor dem einzelnen Text besteht, von diesem aufgegriffen und je unterschiedlich aktualisiert wird und den ethisch-moralischen Rahmen der jeweiligen Geschichte bildet.

‹Diegese› wäre dann der Kennzeichnung der von den Figuren bewohnten oder zumindest bewohnbaren Welt vorbehalten, wohingegen ‹Diskursuniversum› eine Möglichkeits- und Wahrscheinlichkeitswelt, eine Wertewelt, eine ideologische Welt und eine Welt der generisch, kulturell und historisch spezifischen Bedeutungen beschreibt, die der Zuschauer im Prozess des Filmverstehens erschließen und auf die er sich einlassen muss.[74]

Subkategorie kognitiver Prozesse, die gleichfalls emotional wirksam werden kann. Und der Versuch, die Figur in ihren moralischen Orientierungen zu verstehen, scheint mir ein wesentlicher Anteil des ‹Empathisierens›.

73 Souriau wiederum verdankt ihn der Logik De Morgans; vgl. Souriau 1997, 141.

74 Auf die Notwendigkeit, eine Diegese «erster» und «zweiter Ordnung» zu unterscheiden, weist auch Wulff (2001, o.P.) hin und bezieht sich dabei auf Überlegungen von Nichols (1981, 184) sowie von Aumont et al. (1992, 89f). In seinem dokumentarfilm-

Um die Unterscheidung an einem Beispiel zu illustrieren: Die Diegese von THE AGE OF INNOCENCE (Martin Scorsese, USA 1993) ist die sittenstrenge New Yorker *upper class*-Gesellschaft in den 70er Jahren des 19. Jahrhunderts mit den sozial unterschiedlich eingebundenen und im engen Korsett der hier herrschenden Konventionen agierenden Figuren. Das Diskursuniversum des Films wird geprägt von den Topoi und semantischen Feldern ‹Moral›, ‹Anstand›, ‹unterdrückte Sexualität› und ‹Tyrannei gesellschaftlicher Konventionen›, wie sie von Edith Wharton 1920 beschrieben und von Jay Cocks (Drehbuch) und Martin Scorsese (Regie) bei ihrer Adaption des Romans interpretiert wurden. Diese Topoi durchdringen die erzählte Welt bis ins Innerste, kommen in der Inszenierung der Räume wie in den kleinsten Regungen der Figuren zum Ausdruck, ohne dass die Charaktere sich dieses Weltzustandes und ihrer marionettenartigen Existenz in vollem Umfang bewusst wären.

Das Diskursuniversum übersteigt folglich den Rahmen des Diegetischen im hergebrachten Verständnis. Es umfasst zum einen, wie von Souriau beschrieben, pragmatische Setzungen, die etwa auf Genrewissen beruhen und (mit-)bestimmen, welche Art von Wirklichkeit die Zuschauer als diegetische Wirklichkeit voraussetzen. Durch den Begriff des Diskursuniversums scheint also eine *pragmatische Dimension* auf, die der Diegese *strictu sensu* nicht zukommt. Zum anderen erfordert die Erschließung des Diskursuniversums den Rückgriff auf extratextuelle Wissenshorizonte, etwa das Wissen um historische Bedingtheiten, um die Verfasstheit einer Gesellschaft, um vorherrschende Konventionen, Wert- und Moralvorstellungen, Ideologien, Geschmackskulturen, aber auch weiterreichende, symbolische Bedeutungen, die das von der Erzählung entworfene Weltengebäude betreffen.

Über dieses ‹Schichten-› oder auch ‹Zwiebelmodell› erzählter Welten oder auch des Diegetisierens kann man geteilter Meinung sein. Gewiss ist auch eine Position vertretbar, die beide Schichten in einem Modell zusammenfallen lässt, mit dem Argument, dass all diese Facetten, Eigenschaften und Bedeutungsmomente erzählter Welten im narrativen Prozess korealisiert werden; oder man klammert, wie in der (Film-)Narratologie üblich, die ‹höheren› Schichten kurzerhand aus dem Bereich des Diegetischen aus. Dem würde ich jedoch entgegenhalten, dass unser Wissen um die Erlebens- und Wissenshorizonte der Figuren nur einen Teilbereich der narrativ vermittelten Welt-Erfahrungen ausmachen. Die Erkenntnis etwa,

theoretischen Entwurf differenziert Nichols *diegesis* von «*diegesis*» (Diegese in Anführungszeichen). Unter *diegesis* versteht er, vergleichbar der erzählten Welt im Spielfilm, die raumzeitliche Kontinuität und Geschlossenheit der im Dokumentarfilm repräsentierten Welt. Mit «*diegesis*» bezeichnet er demgegenüber «die imaginäre rhetorische Ordnung der Ereignisse im selben Text» (Wulff 2001, o.P.).

dass deren jeweilige Horizonte nicht deckungsgleich sind, dass sie in Widerspruch zueinander stehen oder komplementär sind zur moralischen Position des Erzählers (und diese unter Umständen zum moralischen Diskurs insgesamt), gehört schließlich wesentlich zum Weltenverständnis und zum fiktionalen Erlebnis dazu. Die Narration kann mich dazu anhalten, meine Wertvorstellungen denen der Figuren entgegen zu halten oder in meinem moralischen Urteil Position gegenüber dem Erzähler oder dem Film insgesamt zu beziehen. Sie bringt mich dazu, mich auf Denk- und Gefühlsbewegungen einzulassen, die mich unter Umständen befremden. Zum Diegetisieren gehört das *Empathisieren* mit verschiedenen Figuren als ‹Bewohnern› der erzählten Welt (zu Empathie und imaginativer Nähe → Kap. 3.8.4) und damit auch das Erschließen moralisch fragwürdiger oder widersprüchlicher Positionen (vgl. Wulff 2003a; 2005); Empathisieren erfordert Moralisieren.

Um die erzählte Welt von AMERICAN PSYCHO (Mary Harron, USA/CAN 2000) nach dem Roman von Bret Easton Ellis zu konstruieren und die Geschichte zu begreifen, ist der Zuschauer gezwungen, die Denk- und Gefühlsbewegungen des Protagonisten, eines perversen, emotional gestörten Mörders nachzuvollziehen und einerseits in Beziehung zum Norm- und Moralsystem der ihn umgebenden Gesellschaft zu setzen, andererseits selbst moralisch Stellung zu beziehen. Empathie, Sympathie und Moral geraten dabei in Widerspruch zueinander (vgl. Smith 1999).

Wenn das Diegetisieren in seinen gleichsam ‹höheren› oder ‹weiterreichenden› Funktionen das Moralisieren umfasst oder zumindest anstößt und wenn die Diegese entsprechend zum Diskursuniversum hin geöffnet ist, dann bleibt zu fragen, ob unter dieser Prämisse auch *thematische Diskurse*, die im Erzählprozess stets mitentwickelt werden, dem Diskursuniversum zuzurechnen sind (zur Themensetzung → Kap. 3.9.2). Zählen also Themenentfaltungen wie am Anfang von PRÊT-À-PORTER (Robert Altman, USA 1994) oder von THE ROAD TO WELLVILLE (Alan Parker, USA 1994) zum Diegetischen im weitesten Sinne oder nicht? THE ROAD TO WELLVILLE gestaltet einen facettenartigen und komplexen Diskurs über Körperlichkeit, Hygiene, Medizin, Sexualität und Zivilisation (vgl. Wulff 2003b), wobei sich der vielstimmige Film zwar durchweg erzählerischer Techniken bedient, das Narrative jedoch funktionalisiert, um sein zentrales Thema zu entfalten, das ganz zu Beginn, noch während der Titelsequenz, gesetzt wird.

Man könnte diesen Film indes auch anders angehen und darauf verweisen, dass die Narration zunächst eher dünn ist und der thematische Diskurs über die Medizin- und Körperthematik ein eigener und eigenständiger, relativ unabhängig von der Geschichte, die er zu erzählen sich anschickt. Gehen wir also von einem Einbettungsverhältnis von Diskursuniversum und thematischem Diskurs aus (dann stünden diese in einem ähnlichen Verhältnis wie Diegese und Plot) oder von einem Nebeneinander zweier unterschiedlicher Diskurse (dem narrativen und dem thematischen) innerhalb des fiktionalen Films? In einem eingeschränkten Verständnis von Diegese als Wahrnehmungswelt der Figuren, die sich in dieser «Stätte der Gesundheit» bewegen, wäre der thematische Diskurs ausgeklammert. Das Erfassen dieses Themas mit seinen ideologischen Implikationen liefert indes den Schlüssel zum Filmverstehen jenseits der bloßen Fabelkonstruktion und sorgt wesentlich für die semantische Dichte und den Bedeutungsreichtum des Films.

Im dem hier vorgeschlagenen ‹Zwiebel-Modell› diegetischer Schichten respektive dem Modell konzentrischer Kreise von Diegese (als Kern der erzählten Welt) und Diskursuniversum kommt es zu Prozessen ‹semantischer Ansteckung›, weil die Ebenen einander bedingen. Das lässt sich relativ schlicht an der Erschließung der Handlungsräume und ihrer vielfältigen Bedeutungen zeigen, die von einer ersten orientierenden *setting*-Funktion, wie sie von den Filmdramaturgien beschrieben wird, über topografische zu symbolisch-topologischen Bedeutungen reicht. Der vermeintlich basale Prozess der Konstruktion einer Diegese stößt zugleich weiterreichende Verstehens- und Interpretationsprozesse an,[75] die erzählte Welt weitet sich zum Diskursuniversum.

Einerseits sind die Übergänge fließend zwischen der repräsentierten Welt als einer auch moralisch eigenständigen und dem moralisch-ethischen Diskurs, den die Erzählung gestaltet; zwischen der Diegese als Teilbereich der Narration und dem Diskursuniversum, das man eher der Enunziation zuzurechnen geneigt ist. Andererseits verweisen die pragmatischen Setzungen oder Rahmungen bei der Wirklichkeitskonstruktion auf eine Dimension, welche die Diegese eindeutig vom Diskursuniversum scheidet. Die hier vorgeschlagene Modellierung der erzählten Welt als einer ‹geschichteten› ist also keine überflüssige Verkomplizierung. So nützlich und erfolgreich das Diegese-Konzept sein mag und so brauchbar als analytisches Instrumentarium, zeigt sich doch auch, wie vielschichtig und

75 Von daher ist es problematisch, wenn Bordwell (1989a, 8) in seinem ‹Stufenmodell› filmischer Bedeutung die Konstruktion der Diegese der Ebene «referenzieller Bedeutung» (*referential meaning*) zuschreibt und damit der untersten Stufe der Bedeutungskonstruktion. Solche grundlegenden Verstehensakte werden als *comprehension* klassifiziert und dem Bereich von *interpretation* als Erschließung «impliziter» Bedeutung gegenübergestellt. Dagegen würde ich einwenden, dass bereits die Erschließung erzählter Welten auf Interpretation beruht, dass dies pragmatische Setzungen und Bedeutungsdimensionen umfasst, die nicht über schiere Referenz zu Erscheinungen der äußeren Welt erklärt werden können. Zur grundsätzlichen Kritik an Bordwells Modell vgl. Wilson 1997.

komplex die vom Film entworfenen Weltgebäude sind – und wie widerständig der Film als Text.

Welcher Strategien sich der Film in seiner Initialphase bedient, um eine spezifische erzählte Welt zu entfalten, werde ich in (→) Kapitel 4 an Alfred Hitchcocks SHADOW OF A DOUBT (USA 1943) darlegen. Die Analyse des Anfangs von Takeshi Kitanos HANA-BI (J 1997) in (→) Kapitel 5 wird dann weniger die raumzeitliche Komponente von Diegese ins Zentrum rücken, als vielmehr die Entfaltung der diegetischen Schicht betrachten, die hier als Diskursuniversum beschrieben wurde.

3.8 Narrativisieren

Die Initialphase sorgt nicht allein für die Grundlegung der erzählten Welt, sondern legt die Spuren in eine *Geschichte*. Neben dem Diegetisieren ist das *Narrativisieren* der zentrale Vorgang, dessen es bedarf, um eine Erzählung zu konstruieren. Diegetisierende und narrativisierende Tätigkeiten gehen dabei Hand in Hand, Weltkonstruktion und Fabelkonstruktion bedingen einander, beschreiben aber verschiedene Prozesse: Die erzählte Welt wird dynamisiert, indem darin etwas passiert, im Laufe des Erzählens wird sie sukzessive entfaltet und spezifiziert; die Eigenschaften der erzählten Welt wiederum regulieren das Möglichkeitsfeld narrativer Entwicklung.

In diesem Abschnitt sollen die initialisierenden Teilfunktionen aufgefächert werden, die ins Spiel kommen, wenn eine Geschichte beginnt. Einige dieser Bestimmungsstücke sind bereits angeklungen, aber nicht systematisch dargestellt worden; deshalb sei hier kurz daran erinnert, was in der Narratologie gemeinhin unter *Erzählung* verstanden wird.[76] Der Verweis auf eine einschlägige, weitgehend konsensuelle, medienunabhängige Definition dient mir dabei zur Herleitung der initialisierenden und initiatorischen Operationen in Hinblick auf Erzählung und Erzählprozess, welche danach im Einzelnen betrachtet werden.

Metz definiert in seinem Artikel «Remarques pour une phénoménologie du narratif» [1966] ‹Erzählung› als: «*Eine abgeschlossene Rede, die eine zeitliche Sequenz von Ereignissen irrealisiert*» (1972, 50; Herv.i.O.). Er verbindet damit die Kriterien von Anfang und Ende, die für Abgeschlossenheit der Erzählung sorgen, einen Vermittlungsvorgang, eine Folge von Ereignissen

76 Hier ist nicht der Ort, die große Bandbreite unterschiedlicher Erzählmodelle vorzustellen, welche die Narratologie entwickelt hat; vgl. die Einführungs- und Überblicksdarstellungen z.B. von Bal 1992; Jahn/Nünning 1994; Jahn 1998; Martinez/Scheffel 2000; Schmid 2005 [russ. 2003]; Fludernik 2006; zu Erzählmodellen des Films vgl. Schweinitz 1999.

sowie den Faktor Zeit, der eine Ordnung zwischen den Ereignissen schafft, und er weist darauf hin, dass die solcherart dargebotenen realen oder fiktiven Ereignisse Teil einer autonomen und imaginären Welt sind (vgl. auch Schweinitz 1999, 78f). Zusätzlich zu diesen Eigenschaften, die sich weiter auffächern lassen, müssen noch einige andere Bedingungen gegeben sein, damit ein Text als Erzählung klassifiziert werden kann. Des Überblicks halber seien diese Bestimmungsstücke hier nochmals zusammengestellt:[77]

- Eine Erzählung erfordert eine autonome Welt, in der sie sich entfalten kann, eine räumlich wie zeitlich bestimmte *Diegese*, einen *Handlungsraum*.
- Eine Erzählung erfordert *Figuren*, die als Agenten von Handlung dienen.
- Eine Erzählung erfordert *Handlung*, d.h. eine Kette von chronologisch und/oder kausal aufeinander bezogenen Ereignissen,[78] in deren Zentrum die handelnden Figuren stehen.
- Eine Erzählung erfordert einen *Ablauf von Zeit*, in dem sich etwas (die Dinge, die Figuren) *verändern* (die Ereignisse ‹machen etwas› mit den Charakteren).
- Eine Erzählung hat notwendig einen *Anfang* und ein *Ende* als zwei Punkte, die sie von der Umgebungsrealität abgrenzen und ihr Gestalt verleihen; Anfang und Ende sind keine willkürlichen Punkte, sondern aufeinander bezogen.
- Eine Erzählung weist einen *Sinn* auf. Ohne *Sinnhaftigkeit* als internes Bezugssystem ihrer Elemente kann nicht erzählt werden.

77 Die folgende Zusammenstellung greift zurück auf eine ähnliche in Borstnar/Pabst/Wulff (2002, 151) und erweitert sie.

78 Die Frage, ob *Chronologie* ein hinreichendes Kriterium für die Abfolge der Ereignisse darstellt oder ob vielmehr von ihrer *Kausalität* in einer narrativen Sequenz auszugehen ist, ist in der Narratologie umstritten. Die filmnarratologischen Entwürfe von Bordwell (1985), Carroll (1989) und Branigan (1992) gehen von kausalen Ketten als Strukturprinzip aus; Wuss (1992a; 1992b; 1993a) weist dagegen, wie bereits dargelegt, auch auf andere Formen narrativer Strukturbildung hin. Vgl. daneben jüngst Kovács (2007), der wie Wuss den Stellenwert von Kausalität relativiert und für klassische, vor allem aber für postklassische Erzählformen ‹Ähnlichkeit› und ‹strukturelle Variation› als Verknüpfungsprinzipien herausarbeitet, die greifen, wenn keine Kausalität feststellbar ist. Grundsätzliche Kritik an der Definition von Plot als Abfolge von Ereignissen übt Brian Richardson (2005) und plädiert dafür, stattdessen schlichtweg von «narrativer Progression» zu sprechen. Am Beispiel modernistischer Erzählungen zeigt er, dass die Geschichte zuweilen weniger vom Ablauf der Ereignisse bestimmt sei als von Motiven oder auch arithmetischen Ordnungen. Borstnar et al. (2002, 151) implizieren allerdings Kausalität als Bedingungsverhältnis der Ereignisse, wenn sie das Kriterium der zu beobachtenden «Veränderungen» anführen, denn Veränderungen resultieren aus dem Einwirken eines Ereignisses auf eine Situation.

- Eine Erzählung braucht einen *Erzähler* oder, allgemeiner und «unpersönlich» gefasst (Metz 1997 [1991]), die abstrakte Größe einer *primären narrativen* oder *enunziativen Instanz*, der die Diskursivierung des Stoffs und die Vermittlung der Erzählung zugeschrieben wird und die für ihre Sinn-, aber auch für ihre Gestalthaftigkeit (interne Struktur, formale Abgeschlossenheit) einsteht.[79]
- Schließlich muss das Kriterium der *Erzählwürdigkeit* erfüllt sein: Die Erzählung kündet von einem besonderen Ereignis, das es wert ist, dargeboten zu werden (← Kap. 1.1). Erzählwürdigkeit ist ein Grundmotiv des Erzählens, ohne das sich keine Rezipienten fänden.[80]

Nun untersucht diese Studie, wie in (←) Kapitel 3.1 dargelegt, die filmische Erzählung nicht vom Resultat, d.h. von der abgeschlossenen Strukturbildung her, sondern fragt danach, wie ihre Elemente am Anfang initialisiert und die narrativisierenden Operationen angeregt werden, wie also der Zuschauer dazu gebracht wird, den Anfang als den einer Geschichte zu nehmen, die es zu verstehen gilt. Nachdem das Diegetisieren, das Erschließen von Handlungsraum und Diskursuniversum, im letzten Teilkapitel behandelt wurde, geht es in diesem um das Narrativisieren als Vorgang, der die erzählte Welt in Bewegung und die Geschichte in Gang setzt.

Die angeführte Definition von Erzählung und die Zusammenstellung ihrer Bestimmungsstücke zeigen, dass es sich beim Narrativisieren um einen Sammelbegriff handelt, der verschiedene Prozesse verklammert, die vor allem am Anfang zum Tragen kommen (vgl. Odin 2000, 25-36). Im Einzelnen geht es dabei um die Einführung der Figuren und ihre Charakterisierung; das Etablieren der Figurenkonstellation, aus der sich das Konfliktpotenzial ergibt; das Erwecken von Interesse, von Empathie und figurenbezogenen Emotionen; den Anstoß oder Auslöser der Handlung; die Vergabe expositorischer wie prospektiver Hinweise, um die Fabelkonstruktion anzuregen; in der Summe: die spezifische Form narrativer Didaxe, die der Text verfolgt und in seiner Initialphase ‹einübt›. Der Sinnzusammenhang ist am Anfang noch nicht gegeben, vor allem die sprich-

79 Auch die hier so selbstverständlich bejahte Frage, ob die Erzählung die Instanz eines Erzählers braucht oder nicht, ist in der Narratologie heftig umstritten; für die Literatur vgl. etwa Jahn 1998; für den Film Chatman 1990, Kap. 8, «The Cinematic Narrator».

80 Mit der filmischen Moderne bilden sich auch Erzählformen heraus, denen es gerade darum geht, dieses Kriterium zu hinterfragen und die Erzählwürdigkeit des Alltags unter Beweis zu stellen. Belegen lässt sich dies etwa mit dem Verweis auf Chantal Akermans Jeanne Dielman, 23 Quai du Commerce, 1080 Bruxelles (B/F 1975), um nur ein Beispiel eines solch ‹ereignisarmen› Erzählens zu nennen. Ich komme im Verlauf dieses Teilkapitels auf solche Formen zurück.

wörtliche ‹Moral von der Geschicht'› bedarf des Überblicks über die gesamte Erzählung und der Rückschau auf die vermittelten Erfahrungen. Die grundsätzliche Unterstellung oder Erwartung von Sinnhaftigkeit, Konsistenz und Kohärenz allerdings ist eine Zuschreibung des Zuschauers am Anfang, Teil des pragmatischen Rahmens, der mit der Metapher vom ‹kommunikativen Vertrag› (← Kap. 2.8) umschrieben ist.

3.8.1 Figuren als Schlüssel zur Geschichte

Im Zentrum der narrativisierenden Aktivitäten stehen die Figuren. Nun ließe sich einwenden, die Figuren und die Aktivitäten, die darauf gerichtet sind, sie charakterlich zu erschließen, könnten mit gutem Grund auch unter dem Prozess des Diegetisierens betrachtet werden (und tatsächlich wurde ja in Kapitel 3.7.1 (←) auf den Stellenwert der Figuren für die Konstruktion der erzählten Welt oder auch für die Gewinnung der hier geltenden Moralvorstellungen hingewiesen); doch erst in ihrer Funktion als Handlungsträger finden sie zu ihrer eigentlichen Bedeutung. Ich habe Odin zitiert, der von der Diegese ohne Figuren als eines Weltzustands «in Erwartung» ihres Auftritts (2000, 23) spricht. Die erzählte Welt verlangt nach Bewegung und Veränderung: Damit eine Geschichte ihren Anfang nehmen kann, muss sie mit Figuren bevölkert werden, welche die Diegese mit ihrem Handeln dynamisieren.

Geschichten sind immer Geschichten von jemandem. «Whose story is this?», lautet die griffige Formulierung von Brooks und Warren (1959 [1943]), die nach den Funktionen der Figuren in Hinblick auf die Geschichte fragen.[81] Diese Frage der beiden Literaturwissenschaftler entspricht dabei durchaus der des Zuschauers, wenn er zu Beginn des Erzählprozesses den Protagonisten/die Protagonistin auszumachen und zugleich zu erschließen sucht, um welche Art von Geschichte es sich handelt, in deren Zentrum er/sie steht. Der Eintritt in die Geschichte, so Murray Smith, vollzieht sich über die Charaktere (1995, 17f). Ihnen gilt das Interesse und die Anteilnahme des Zuschauers, über das er sich an die Fiktion bindet. Wie Smith und bereits Bordwell in *Making Meaning* (1989a, 170ff)[82] weist auch

81 Der berühmte Ausspruch im Begründungszusammenhang: «So important is character to fiction that one way in which to approach the basic pattern of a story is to ask: ‹Whose story is this?› In other words, it usually is of first importance to see whose fortunes are at stake – whose situation is settled by the events that are described» (1959 [1943], 171).

82 Bordwell spricht dort von einem *core-periphery schema* der Textstruktur (vgl. das Schaubild 1989a, 171), in deren Zentrum die Figuren mit ihren Charakterzügen, Handlungsweisen und Beziehungen stehen; alle anderen signifikativen – diegetischen wie nichtdiegetischen – Elemente des Films werden auf die Figuren bezogen, sind für diese bedeutsam.

Grodal darauf hin, dass die Aufmerksamkeit des Zuschauers, wenn er Zugang zu einer Geschichte finden will, bei den Figuren und ihren Zielen und Konflikten liege (1997, 67). Es ist, darauf wurde oben (← Kap. 3.3) bereits hingewiesen, ein *hierarchisches und anthropozentrisches Modell*, mit dem unsere Aufmerksamkeit und mentale Verarbeitung beschrieben ist: Die narrative Motivation über die Figuren als makrostrukturelle Größe bildet den umfassenden ‹Rahmen›, der fokussierend und regulierend auf unsere Aufmerksamkeit einwirkt.

Die handelnden Figuren bilden so den Schlüssel zum Verstehen von Geschichten. Um sie herum und auf sie bezogen werden der diegetische Raum und die erzählte Zeit organisiert. Mit ihren Bedürfnissen, Intentionen, Zielen und Konflikten bestimmen sie Richtung und Verlauf der Handlung, während der sie nicht nur die sie umgebende Welt, sondern auch sich selbst verändern, indem sie eine Erfahrung machen (so beschreibt es die Literatur zum Drehbuchschreiben). Beim Erzählen von Geschichten greifen Charakterentwicklung und narrative Progression ineinander und beeinflussen sich in wechselseitiger Dynamik. Wallace Martin spricht daher von der «inseparability of plot and character» als Grundlage des Geschichtenverstehens (1986, 117; so auch Brooks/Warren 1959 [1943], 168).[83] Ähnlich fasst auch Branigan den Protagonisten als Fokus der Kausalkette der Handlung und formuliert: «[...] character and action define, as well as limit, each other's logical development» (1992, 101). Und Jane Gaines bringt dieses Bedingungsverhältnis auf den Punkt, wenn sie vom klassischen Hollywoodkino so schlicht wie prägnant als einem «protagonist-driven story film» (1992, 1) spricht.[84]

83 Vgl. die sowohl von Martin als auch von Chatman zitierte Formulierung von Henry James aus *The Art of Fiction* (1884): «What is character but the determination of incident? What is incident but the illustration of character?» (James 1962, 34). Dagegen berichten Vale (1992 [1944/1972], 101) wie auch Horton (1994, 2ff) aus der Filmpraxis vom (falschen) Streit darum, ob bei einer Geschichte die Handlung oder aber die Charakterisierung der Figuren «Oberwasser» haben sollen. Während es den Autoren vorrangig um die Charakterisierung gehe, seien die Produzenten ausschließlich an der Handlung interessiert – ein Scheinwiderspruch, denn ohne die Charakterisierung der Figuren ist ihre Handlungsweise nicht nachvollziehbar; vgl. Ryssel/ Wulff 2000, 237f. Aus der Charakterisierung sind die Handlungsmotivationen der Figuren ableitbar, und vice versa lassen uns die Handlungen der Figuren auf ihren Charakter schließen. Erst über ihr Handeln verstehen wir die Figur. Trotz dieser unbedingten Verzahnung von Figur und Handlung kommt aber beiden Dimensionen eine Eigenwertigkeit zu; so legen manche Erzählungen größeren Wert auf die Charakterisierung, andere auf Aktion. Zum Verhältnis von Figur und Handlung vgl. Phelan 1989; Stückrath 1992; für den Film vgl. die Überblicksdarstellung in Eder 2008, Kap. 1.1 u. Kap. 9.

84 Sie bezieht sich dabei auf ähnliche Formulierungen aus *The Classical Hollywood Cinema*, in dem es etwa heißt: «Character-centerd – i.e., personal or psychological – causality is the armature of the classical story» (Bordwell/Staiger/Thompson 1985, 13).

Diese narrative ‹Antriebsfunktion›, die vor allem dem Protagonisten und dem Antagonisten oder, im Falle von «Gruppenfilmen» (Tröhler 2006b; 2007), auch mehreren Figuren zukommt, beschränkt sich aber nicht allein auf die Handlungs- oder Plotebene: Die Figuren fungieren zugleich als eine Art ‹Relais›, über das sich die Diskursivierung und Perspektivierung der Erzählung vollzieht. Oben (← Kap. 3.1) habe ich Branigan zitiert, der Narration als *flow* der Wissensregulation definiert. Dieser Prozess vollzieht sich über verschiedene narrative Ebenen und Instanzen, wie er in einem eleganten Modell veranschaulicht (vgl. 2007 [1992], 72). In diesem ‹Acht-Ebenen-Modell›, mit dem die Perspektivenstruktur der Erzählung als organisierendes Prinzip der Wissensregulation beschrieben ist, sind die Figuren zentrale Schaltstellen: Zum einen können sie als personale (homo-, aber auch heterodiegetische) *narrative Instanzen* (Erzähler) dienen und Teile der Geschichte berichten, zum anderen fungieren sie als handelnde Figuren als *Fokalisatoren*, über deren Wahrnehmungs- und Verarbeitungsperspektive das Geschehen ‹gefiltert› dargeboten wird. In dieser Filterfunktion, über die sich zunächst auf der formalen Ebene eine Beziehung des Zuschauers zur Figur herstellt (Murray Smith bezeichnet dies als *alignment*; vgl. 1995, 83f; 142-186), sind die Figuren maßgeblich für die narrativisierenden Aktivitäten des Zuschauers und seine Verstrickung in die Fiktion.

Doch die Charaktere tragen nicht allein die Handlung und dienen zur Informationsvermittlung und -regulation und also zur Narrativisierung des Stoffes, sondern sind über diese Funktionen hinaus in übergreifende Bedeutungsprozesse eingelassen: Über die Figuren werden etwa Oppositionsverhältnisse in der erzählten Welt zum Ausdruck gebracht, sie dienen dazu, einen abstrakten Kampf zwischen verschiedenen Kräften zu personalisieren (Bordwell 1989a, 154), sie fungieren als Träger allegorischer Bedeutung oder als Vehikel für moralische Verhandlungen innerhalb des filmischen Diskursuniversums. Schließlich vollzieht sich über die Figuren nicht allein das Geschichtenverstehen; als Mittelpunkt der «Affektstruktur des Spielfilms» (Tan 1996, 195-223) sind sie zudem prägend für das Filmerleben. Dessen Qualität und Intensität, d.h. der Grad des Involvements oder auch der Immersion in die Narration (vgl. Ryan 2001; Schweinitz 2006a) werden vordringlich über die imaginative Nähe zu den Figuren bestimmt (vgl. Eder 2006). Nicht zuletzt deshalb stehen sie auch im Zentrum unserer Erinnerung: Sie sind von der Erzählung ablösbar, sie ‹leben weiter›, wenn der Film längst beendet ist: weil sie Kristallisationspunkte filmischen Aussagens sind, aber auch weil sie individuelle oder kollektive Sehnsüchte zu bündeln verstehen, eine Idol- oder modische Vorbildfunktion übernehmen, gar zum Symbol einer ganzen

Subkultur werden können.[85] Die Figuren erschöpfen sich also keinesfalls in ihrer Handlungs- oder Aktantenfunktion, sondern sind darüber hinaus Objekte unseres Interesses und unserer Anteilnahme, unserer Bewunderung und unserer Sehnsüchte (vgl. Bordwell 1992, 13).[86]

Berücksichtigt man die hier genannten Aspekte, ist unmittelbar evident, dass in der Hierarchie textueller Hinweise die Figuren ganz oben rangieren. Von Seiten der Kreation gilt daher die größtmögliche Anstrengung der Aufgabe, «unvergessliche Charaktere zu erschaffen» (um es mit einem Buchtitel von Linda Seger 1990 zu sagen; vgl. auch Halperin 1996) – und das vom ersten Moment an. Denn das Interesse des Zuschauers und seine Suche nach Orientierung und Information, aber auch sein Wunsch nach imaginativer Nähe und emotionaler Beteiligung richtet sich zuallererst auf die Figuren; er strebt danach, schnell zu einem kohärenten Entwurf der zentralen Charaktere, ihrer situativen Einbettung und ihrer Konstellation zu gelangen und dabei vor allem die Hauptfigur charakterlich und psychologisch auszuloten.

Die «Charaktersynthese» (Wulff 1996; 2006, 57ff) ist nun nicht allein Ausgangspunkt der Aneignung; in vielen filmischen Formen ist das ‹Aufschließen› der Figuren und ihrer Motive eigentliches Ziel der narrativ vermittelten Erfahrung: In solchen Fällen geht es weniger darum, einer äußeren Handlung zu folgen, als vielmehr, sich in einen komplexen Charakter hineinzuversetzen und dessen innerste Gedanken- und Gefühlsbewegungen zu ergründen.[87]

85 Die Idolfunktion einer Figur wird befördert, wenn ein Star sie verkörpert und es zu einer Amalgamierung des Leinwandcharakters mit dem Leinwandimage des Schauspielers und seinem außerfilmisch geprägten Image kommt.

86 Hier ist nicht der Ort, um detailliert auf die Prozesse der Figurenwahrnehmung, der Konstruktion filmischer Charaktere und auf die verschiedenen Formen der Anteilnahme an Filmfiguren einzugehen. In den letzten Jahren sind hierzu viele Arbeiten erschienen, deren Ergebnisse ich dort aufgreife, wo sie zentral sind für die Prozesse der Charaktersynthese, der Handlungs- und Affekterwartungen und der Ausbildung emotionaler Bindungen an die Figuren, insofern diese in der Initialphase angestoßen werden. Zur theoretischen Beschreibung der Figur im Film vgl. etwa Vernet 2006 [1986]; Tomasi 1988; Smith 1995; Wulff 1996 u. 1997; Tröhler 1995 u. 2007; das Themenheft «Le personnage au cinéma / The Filmic Character», *Iris*, Nr. 24, 1997; Michaels 1998; Blüher 1999; Taylor/Tröhler 1999; Eder 2001; 2002; 2005; 2006; 2008; Schick/Ebbrecht 2008 sowie die Themenhefte «Populäre Figuren», *Montage AV* 8,2, 1999; «Figur und Perspektive (1)», *Montage AV* 15,2, 2006; «Figur und Perspektive (2)», *Montage AV* 16,1, 2007.

87 Eder (2008, 368) nennt als Beispiel für einen Film, bei dem die Erkundung der Charaktereigenschaften das eigentliche Ziel ist, Romuald Karmakars DER TOTMACHER (D 1995). Ältere, wenngleich nicht so schwach narrative Beispiele aus der Filmgeschichte lassen sich anführen, das berühmteste ist sicherlich CITIZEN KANE.

3.8.2 Figureneinführung und Charaktersynthese

Unabhängig von der gewählten Erzählform und dem narrativen Modus wird gemeinhin zumindest der Protagonist als die eine Geschichte tragende und antreibende Figur früh eingeführt und charakterisiert. Als Ausnahme mag hier Peter Weirs WITNESS gelten, in dem Ermittler John Book (und mit ihm Harrison Ford als der Star des Films) erst mit der späten Initialisierung des Krimiplots in Erscheinung tritt. Aber auch die Konventionen hinsichtlich der Auftritte der Figuren unterliegen dem filmhistorischen Wandel: Während Eustace Hale Ball in einer frühen Filmdramaturgie noch fordern konnte, die erste Szene müsse «so viele der Hauptfiguren wie möglich einführen» (1913, 51; meine Übers.) – der frühe Film lehnt sich hier sichtlich an die Aufführungskonventionen des Theaters an –, findet im populären Kino unserer Zeit in aller Regel eine Konzentration auf die Hauptfigur statt, bevor weitere Figuren auftreten. Aufgrund ihrer Erfahrung mit Mainstream-Dramaturgien gehen die Zuschauer davon aus, dass die zuerst eingeführte Figur Protagonist der Geschichte sein wird. Tastende oder auch zielgerichtete Bewegungen der Kamera nehmen wir als ‹Suche› nach der Hauptfigur oder als ‹Hinführung› auf sie wahr – und damit zugleich auf den Ausgangspunkt der Handlung (vgl. Chatman 1990, 51). Manche Genres kennen Ausnahmen von dieser Regel oder weisen eigene Formen und Konventionen der Figureneinführung auf: So endet im Krimi oder im Horror-Film die zuerst auftretende Figur häufig als Opfer eines Mörders oder Monsters – deshalb ist die Anfangsszene von THE SILENCE OF THE LAMBS (Jonathan Demme, USA 1991) mit der allein durch den Wald laufenden Frau so perfide. Doch auch Nebenfiguren in anderen Funktionsrollen können dazu dienen, den – verzögerten – Auftritt der Hauptfigur vorzubereiten; ebenso ist auch ein starker Antagonist geeignet, dem Protagonisten ‹den Weg zu ebnen›, so etwa in der Auftaktepisode von SPEED (Jan De Bont, USA 1994).

Zu den ersten Aufgaben des Zuschauers, was die Figuren anbelangt, gehört es, aus den Informationen und Hinweisen des Textes über Verfahren der *Attribution*[88] eine hypothetische, kohärente fiktionale Person in ihrer Körperlichkeit, ihrem Verhalten und ihrer Psychologie zu *synthetisieren*

88 *Attribuierung* oder *Attribution* meint das (naiv-psychologische) Erklären eigenen und fremden Verhaltens. Demnach besteht bei allen Menschen in ihrem Willen, ihre Umwelt verstehend zu kontrollieren, die Tendenz, sämtliche beobachtbaren Ereignisse, also auch das Verhalten anderer, auf Ursachen (Motive, Umwelteinflüsse, situative Begebenheiten etc.) zurückzuführen, um es zu erklären und auch vorhersagen zu können. Die Entwicklung der Attributionstheorie und ihre experimentelle Erforschung innerhalb der Sozialpsychologie geht auf Fritz Heider zurück; vgl. Heider/Simmel 1948; Heider 1958; vgl. Wulff 2006, 50 u. 57ff; ausführlicher Schmalt 1978.

(vgl. Wulff 2006, 57ff; Tröhler 2007, 35 passim; Eder 2008, Kap. 5; für die Literatur Culpeper 1996). Im Verständnis kognitiver Dramaturgie lässt sich die *Charakterisierung* kreations- wie rezeptionsseitig beschreiben:

> Die Art und Weise, in der eine Person inszeniert ist, liefert den Attributionstätigkeiten des Rezipienten das Material […]. *Attribution* in einem umfassenden, über die Ursachenzuschreibung hinausweisenden Sinne beschreibt eine rezeptive Tätigkeit, *die den Akteur als handlungsfähiges Wesen in einem intentionalen Feld erfasst, als sinnvoll und sinnhaft handelnde Figur konstituiert, ihm Charaktereigenschaften ebenso wie Handlungsmotive zuschreibend*. ‹Charakterisierung› ist auf der einen Seite eine Aufgabe für denjenigen, der inszeniert, auf der anderen aber auch eine Tätigkeit des Rezipienten, die sich – im Idealfalle – komplementär zum rezeptiven Angebot verhält (Wulff 2006, 50; Herv.i.O.).

Bei der Charakterisierung kommen Prozesse der Konstruktion einer Person zum Tragen, derer wir uns auch im Alltag unbewusst und routiniert bedienen. Die *personification* ist eine interpretative und heuristische Technik, bei der wir auf ein «Personen-Schema» zurückgreifen, das sich aus sozialem und ‹küchenpsychologischem› Wissen speist. Zu den Eigenschaften dieses kulturell und historisch übergreifenden Schemas zählen nach Bordwell:

> 1. A human body, presumed to be singular and unified.
> 2. Perceptual activity, including self-awareness.
> 3. Thoughts, including beliefs.
> 4. Feelings or emotions.
> 5. Traits, or persisting dispositional qualities.
> 6. The capacity for self-impelled actions, such as communication, goal-formation and –achievement […] (1989, 152; vgl. 1992, 14).

Übertragen auf die Wahrnehmung fiktionaler Personen bezeichnet Murray Smith diesen grundlegenden und weitgehend automatisch ablaufenden Prozess des Erfassens und Entwurfs einer Figur als *recognition* (1995, 82f; 110-141) und nimmt diesen als Voraussetzung für jedwede Form des Sich-in-Beziehung-Setzens zu den Figuren (*alignment*; vgl. ibid., 83f; 142-186) sowie der moralischen Parteinahme für oder gegen einen Charakter (*allegiance*; vgl. ibid., 84f; 187-227): Erst wenn wir die jeweilige Figur aus den vorhandenen Informationen und Hinweisen synthetisiert haben, können wir eine Beziehung zu ihr aufbauen, können uns in sie hineinversetzen, Gefühle für sie entwickeln und eine moralische Haltung ihr gegenüber einnehmen.

Auch der Prozess der *recognition* wird uns dort bewusst, wo er gestört ist: Smith (1995, 26f) verweist auf mehrere Filmbeispiele, bei denen eine Figur von verschiedenen Darstellern verkörpert und so das «Person-Körper-Puzzle» (Wulff 2006, 45ff, der sich damit auf Perry 1975 bezieht) auf plakative Weise sichtbar gemacht wird, darunter Luis Buñuels CET OBSCUR OBJET DU DÉSIR (F 1977) – allerdings lässt sich an diesem Film zugleich die Stärke der Kontinuitäts- und Konsistenzunterstellung demonstrieren, fällt doch vielen Zuschauern der Austausch der Schauspielerinnen Angela Molina und Carole Bouquet in der Rolle der Tänzerin Conchita gar nicht auf (so Buñuel 1983, 242f).[89] Ein aktuelles Beispiel wäre I'M NOT THERE (USA/D 2007) von Todd Haynes, eine narrativ-essayistische Annäherung an die Biografie Bob Dylans, in der sechs sehr unterschiedlich aussehende und agierende Schauspieler, darunter Cate Blanchett, den Musiker verkörpern.

Wie im Alltag greifen auch bei der ‹Bekanntschaft› mit abgebildeten Figuren psychologische Effekte, so etwa der Effekt des sprichwörtlichen ‹ersten Eindrucks› und der *Halo-Effekt.* In der Sozialpsychologie wird mit «Halo-Effekt» (auch «Hofeffekt» oder «Überstrahlungseffekt»)[90] eine bei der Persönlichkeitsbeurteilung auftretende Fehlerquelle beschrieben: Demnach zeigt der Beurteiler die Tendenz, sich von einer hervorstechenden Eigenschaftsdimension der einzuschätzenden Person leiten zu lassen, die einen ‹Hof› von Hypothesen über weitere, zu dieser einen passenden Eigenschaften erzeugt (z.B. ‹der kluge Brillenträger›) (vgl. Greve/Wentura 1991, Kap. 3): Lernen wir eine Person als ‹sozial engagiert› kennen, sind wir geneigt, ihr weitere positive Eigenschaften im sozialen Miteinander zuzuschreiben und abweichende Merkmale nicht wahrzunehmen (sie zu «narkotisieren», um es mit Eco zu sagen).

Dieser Effekt ist mutmaßlich besonders stark, wenn wir einer Person zum ersten Mal begegnen, so dass man von Wechselwirkungen zwischen Halo-Effekt und erstem Eindruck ausgehen kann. Dieser ist auf den Neuheitseffekt zurückzuführen, aber stärker noch auf unser angeborenes Explorierverhalten, das ein Fremder auslöst, vorausgesetzt, er ist für uns von Bedeutung (vgl. Arnold/Eysenck/Meili 1988, Bd. 1, 505). Für den ersten Eindruck sind einerseits Ausdrucksmerkmale der fremden Person, andererseits kulturell bedingte Normen und Werte maßgeblich. In experimentellen Erkundungen beziehen sich Schilderungen des ersten

89 Kniffliger sind Fälle, in denen einer Figur kein eindeutiger Körper zugewiesen werden kann, weil sie sich verschiedener Körper bemächtigt, wie Wulff (2006, 46f u. 53) am Beispiel von John Carpenters THE THING (USA 1982) und Philip Kaufmans INVASION OF THE BODY SNATCHERS (USA 1978) darlegt. Auch die Transformation des Wissenschaftlers in ein Mischwesen aus Mensch und Fliege in David Cronenbergs THE FLY (USA 1986) stellt den Zuschauer vor das Problem der Figurenfestlegung mit Konsequenzen für die empathische Bindung; vgl. dazu Eder 2005, 239-242.

90 Die Bezeichnung «Halo-Effekt» geht auf Edward L. Thorndike (1920) zurück; experimentell überprüft wurde er z.B. von Asch (1946).

Eindrucks auf unterstellte Eigenschaften (freundlich, schüchtern usw.), aber auch auf Aussagen über das Äußere. Der Effekt ist nun nicht allein relevant, wenn wir jemanden auf einer Party kennenlernen oder ihm in einem Vorstellungsgespräch gegenüber sitzen, sondern auch, wenn wir im Kino mit einer neu eingeführten Figur konfrontiert werden. Im Fall der narrativ kontrollierten Informationsvermittlung lässt sich der erste Eindruck in einen Zusammenhang stellen mit dem von der Lernpsychologie beschriebenen *primacy effect*, von dem in Kapitel 3.3 (←) bereits die Rede war. Zimbardo (1995, 701) weist auf den Einfluss dieses Effekts bei der Personenwahrnehmung hin und diskutiert ihn im Zusammenhang mit Stereotypen: Demnach schließen wir von sozialen Stereotypen, vermittelt über die Gruppenzugehörigkeit einer Person, in einem ‹Eilverfahren› auf den Menschen als ganzen. Die Untersuchung des *primacy effect* bei der Personenwahrnehmung und der Prägung von Eindrücken und Haltungen gegenüber Fremden stellt in der Sozialpsychologie einen zentraler Bereich der Vorurteilsforschung dar.

Die in der Lern- wie in der Sozialpsychologie verfolgten Fragestellungen zum *primacy effect* sind – bei aller gebotenen Vorsicht hinsichtlich der Übertragung von Mechanismen der Alltagswahrnehmung auf die Filmrezeption (und grundsätzlich von psychologischen Modellvorstellungen auf textpragmatische) – im Zusammenhang mit initiatorischen Prozessen von Interesse. Stärker als im Alltagsleben, in dem wir ja, wie Goffman (1991 [1959]) gezeigt hat, gleichfalls (soziale) Rollen performieren und also «Theater spielen», beruhen unsere ersten Eindrücke im Film auf vielfältigen Inszenierungstechniken.

Die Initialphase kann etwa so verfahren, dass sie eine Figur über typische Merkmale und Verhaltensweisen aufbaut und diese ersten Eindrücke im Folgenden systematisch bedient, um eine schnelle Verfestigung der Urteilsbildung zu erreichen.

Mit dieser Strategie kann eine weitreichende Irreführung verbunden sein, wie Murray Smith (1995, 216-223) am Beispiel des von Jean-Paul Belmondo verkörperten zwielichtigen Silien in Melvilles LE DOULOS (I/F 1963) darlegt. Mit entsprechenden Hinweisen am Anfang ausgestattet, kann der Zuschauer gar nicht anders, als an Siliens Loyalität und moralischer Integrität zu zweifeln und ihn als Verräter aufzubauen – und sieht sich am Ende gezwungen, diesen ersten, nachhaltigen Eindruck grundsätzlich zu revidieren (→ Kap. 6).

Der Anfang kann die Figur aber auch mittels stereotyper Attribute und Eigenschaften einführen, dabei auf den *primacy effect* und den Halo-Effekt setzen und den so gewonnenen Eindruck sogleich untergraben: In einem solchen Fall müssen wir lernen, dass die Figur facettenreicher, klüger, gewitzter, durchsetzungsfähiger und handlungsmächtiger ist, als wir zunächst anzunehmen angehalten waren, sehen uns also vor die Aufgabe gestellt, das Figurenmodell zu modifizieren, wie die folgenden Beispiele zeigen:

Die Titelfigur in ERIN BROKOVICH (Steven Soderbergh, USA 2000) stellt sich im Verlauf der Erzählung als kluge, selbstbewusste und kämpferische Frau heraus und behauptet sich als Charakter gegenüber dem anfangs aufgerufenen sozialen Stereotyp von der Unterschichtsfrau mit offensiv zur Schau gestelltem Sexappeal und beschränktem geistigen Horizont.

Ähnlich kalkuliert auch die Initialphase von Robert Altmans COOKIE'S FORTUNE (USA 1999) mit sozialen Stereotypen bei der Figurenwahrnehmung. Eine Kneipenszene: ein betrunkener Schwarzer am Tresen, der Wirt drängt ihn zum Gehen. Beim Verlassen stiehlt der Schwarze eine Flasche Whiskey und steigt danach in ein Haus ein. Kaum haben wir ein Urteil über ihn gefällt und meinen, das Kommende voraussagen zu können, erweist sich, dass der trinkfreudige Willis der beste Freund der alten Dame ist, die hier wohnt und von ihm liebevoll umsorgt wird, und der Diebstahl der Flasche ein unausgesprochenes Spiel zwischen Gast und Wirt: Willis stellt regelmäßig eine neue Flasche ‹unauffällig› ins Regal zurück, und der Barbesitzer tut so, als bemerke er den Vorgang nicht. Mit den Kurzschlüssen unserer Urteilsbildung kalkulierend, gestaltet die Anfangssequenz einen *red herring*; sie endet mit einem Situationsumbruch, an dem wir die Figur neu aufbauen und unsere Haltung zu ihr korrigieren müssen.

Auf der anderen Seite gibt es Filme, in denen sich der erste Eindruck nicht zum Bild eines Charakters verdichtet, in denen wir eine Figur bis zum Schluss nicht ‹stimmig› bekommen, sie in ihrer Persönlichkeit nicht hinreichend erschließen können oder in denen wir den Eindruck einer ‹Kippfigur› erhalten, die sich mal in die eine, mal in die andere Richtung neigt, so dass die Charaktersynthese nicht oder nur lückenhaft gelingt (vgl. dazu auch Schick 2008). Dieser Effekt kann verschiedene Ursachen haben: Die figurenbezogenen Hinweise sind zu dünn gesät, sie sind widersprüchlicher Natur, oder aber die Figur passt nicht zur Handlungsrolle, in die sie gestellt ist.

Ein Beispiel für eine solche, über den Anfang fortdauernde Inkonsistenz von Rolle und Charakter begegnet uns in der Hauptfigur von Bruno Dumonts L'HUMANITÉ (F 1999). Dem Protagonisten (Emmanuel Schotté) mit dem ebenso klingenden wie in der Tristesse seiner dörflichen Umgebung unpassenden Namen Pharaon de Winter trauen wir aufgrund seines tranigen, einfältig wirkenden Gesichtsausdrucks, seiner unbeholfenen Körperlichkeit, seinem Schweigen, das wir als Zeichen geistiger Retardiertheit nehmen, aufgrund seines merkwürdigen Verhaltens, aber auch des mitleidig-fürsorglichen Umgangs der anderen Figuren mit ihm die Handlungsrolle des in einem brutalen Verbrechen ermittelnden Polizisten bis zum Ende nicht zu. Die Figur ist von Anbeginn gegen das Genre-Schema und gegen gängige Rollen- und Figurenkonzepte inszeniert. Wenn sie eingeführt wird, wie sie sich, scheinbar auf der Flucht, am Horizont von einem Bildrand zum nächsten fortbewegt, danach über ein Feld stolpert, liegen bleibt und mit dem leeren Blick eines Toten dem Betrachter entgegenstarrt, wirkt sie wie der Dorftrottel und nicht wie ein Polizist. Diese Unstimmigkeit irritiert nachhaltig, verursacht ein Gefühl des Unbehagens und sorgt dafür, dass wir dem Protagonisten wie auch dem Geschehen insgesamt distanziert begegnen.

Figuren im Film sind einerseits, wie oben gesagt, spezifische Objekte sozialer Wahrnehmung und werden in dieser Hinsicht wie Personen genommen, andererseits sind sie aber, und das zeigt sich an den hier geschilderten Beispielen unmittelbar und deutlich, als Charaktere im Werk- und Erzählkontext etwas grundsätzlich Anderes als Nachbarn oder Bekannte (vgl. Keppler 1995; Wulff 2006, 55ff): Der Status des Spielfilms als medial und kommunikativ gebunden sowie das narrative Format und die damit einhergehenden Absichten und Inszenierungsstile trennen die Filmwahrnehmung von der Alltagswahrnehmung und sorgen dafür, dass sich das Verstehen von Charakteren eben nicht ausschließlich über Zuschreibungen erklären lässt, derer wir uns im Alltag bedienen.

Um dieses Verhältnis begrifflich zu fassen, unterscheidet Tröhler (2007) in einem Glossar zur Begrifflichkeit der Figur (2007, 578ff) u.a. die *Person* als ein außerfilmisches Individuum, das als anthropologische Grundlage der Konzeption eines fiktionalen Charakters dienen mag; die *Figur* als ein Konstrukt des Textes, eine mediale Kunstfigur mit spezifischen Eigenschaften und Funktionen; den *Charakter*, der in einer realistischen Lektüre ein Amalgam individueller physischer, psychischer und sozialer Eigenschaften ist, mit der die fiktionale Konstruktion der Figur als Entsprechung einer «möglichen ‹Person›» in der Vorstellung aufgebaut wird.[91] Dass wir sie als ‹mögliche› Personen nehmen, heißt aber nicht, dass wir sie wie ‹echte› wahrnehmen.

Der Reiz erzählter Welten, so wurde gleichfalls oben (← Kap. 3.7.1) gesagt, bestehe gerade in ihrer Eigenständigkeit gegenüber der Realität der Zuschauer. Erst diese Differenz von Alltagswelt und fiktionalen Welten erklärt, warum uns Fiktionen spezifische Welterfahrungen ermöglichen. Entsprechend bauen wir die filmischen Charaktere als fiktionale Wesen

91 Zur Unterscheidung von Person und Figur im Rahmen der literaturwissenschaftlichen kognitiven Narratologie vgl. Jannidis 2004.

auf, die Menschen in unserer Welt nur bedingt gleichen (eine gegenteilige Auffassung vertreten Bortolussi/Dixon 2003, Kap. 5). Wir wissen um die Inszeniertheit, die Werkgebundenheit, die narrative und semantische Funktionalität von Figuren im Spielfilm. Diese Bewusstseinstatsache wird auch in Momenten gesteigerten Involvements nicht ausgeblendet. Erst weil uns der fiktionale Status und der Spielcharakter der Darbietung bewusst ist, können wir uns auch auf solche Exemplare einlassen, denen wir im Alltag nicht begegnen wollten, weil sie uns unangenehm wären. An der Wahrnehmung von und der Anteilnahme an Filmfiguren lässt sich so auch zeigen, wie die Rezeption eine Versuchsanordnung zur sozialen und kulturellen Selbstverortung und -erkundung bietet, einen Raum für imaginäres ‹Probehandeln›, «Trainingsfeld» für «den spielerischen und phantasievollen Umgang mit Möglichkeiten des Lebens» (Wuss 1993a, 418; vgl. ähnlich Grodal 2001, 116).[92]

Bei der Figurenwahrnehmung und Charaktersynthese bringen wir neben im Alltag erworbenen Menschenbildern und naiven Persönlichkeitstheorien, neben sozialem Wissen (Wissen um die Handlungswelten, in denen sich die Figuren bewegen, um typische Rollenbilder und Stile des Verhaltens) vor allem narratives und intertextuelles Wissen ins Spiel: Wissen um die Konstellationen, in denen die Figuren interagieren, um das Verhältnis von Prot- und Antagonisten, von Haupt- und Nebenfiguren, Wissen um Genres und die darin vorgesehenen Handlungsrollen und Konflikte, um intermediale Figurenstereotype und Rollenmuster, um die allegorische Anlage von Figuren etc. (vgl. Wulff 2006; Eder 2008, 122ff passim).

Dazu gehört ganz wesentlich auch das Wissen um das Doppel von *Rolle* und *Darsteller* sowie um *Schauspieler* und *Star*, das die Figurenwahrnehmung bestimmt. Der Filmanfang, so habe ich in Kapitel 2.8 (←) Jost (2004, 41) zitiert, mache schließlich nicht nur ein Versprechen hinsichtlich der auftretenden Figur, sondern auch hinsichtlich des Schauspielers, der diese Rolle verkörpert (der also der Figur seinen Körper leiht und ihn durch seine Performance ‹lesbar› macht[93]), mit dem für den Film geworben und

92 Am Rande sei bemerkt, dass solche Überlegungen der Idee von der ‹Immersion› des Zuschauers in das Leinwandgeschehen zuwiderlaufen (zur Kritik an der Verwendung dieses Konzeptes in der zeitgenössischen Filmtheorie vgl. Schweinitz 2006a); andererseits sollte man aber auch dem ‹Trainingsmodell› skeptisch gegenüberstehen: Ästhetische Erfahrungen mögen sehr wohl in das Alltagsleben hineinwirken, aber sie stellen kein Training für die ‹richtige› Erfahrung dar; die Kunst taugt nicht als ‹Turnhalle des Lebens› (vgl. Goodman 1976 [1969], 248). Vinzenz Hediger verdanke ich eine spannende Diskussion zu diesem Thema.

93 Auch der Körper im Film ist ja nicht schlichtweg ein abgebildeter. Er stellt vielmehr eine semiotische Ausdrucksfläche dar, die ‹gelesen› wird, wie Kessler (1998) für den Stummfilm dargelegt hat.

dessen Name im Vorspann genannt wird (wodurch das Doppel von Darsteller und Rolle evident ist). Die Wahrnehmung und das Verstehen von Filmfiguren ist maßgeblich davon geprägt, dass sie von Schauspielern oder Stars verkörpert werden, die nicht nur ihren Körper, ihr Gesicht,[94] ihre Physiognomie und ihre damit sich verbindende *photogénie*,[95] ihre Stimme und Intonation, ihr Temperament und ihren Performance-Stil in die Rolle einbringen, sondern die über ein intertextuell geprägtes Leinwandimage verfügen und als Stars zudem über ein außerfilmisches Starimage, das sich neben den Rollen aus öffentlichen Auftritten, der Klatschpresse und Fandiskursen speist.[96] Dieses Wissen um die Leinwand- und die Star-*Persona* präfiguriert die Erwartungen und bahnt die Bildung narrativer Hypothesen.

Das Hollywood-Starsystem hat der Affinität des Publikums zu ‹seinen Stars› Rechnung getragen, indem es für die Amalgamierung und Homogenisierung von Star-Persona und Leinwandimage gesorgt hat. Schauspieler wurden in aller Regel rollenkonform besetzt und ihre außerfilmischen Images den Rollenmustern entsprechend modelliert.[97] Bei der einführenden Charakterisierung der Figur kann so erzählökonomisch auf das Leinwandimage zurückgegriffen werden, wie die folgenden Beispiele illustrieren:

Don Siegels Spät-Western THE SHOOTIST (USA 1976) verwendet am Anfang eine von einer Voice-over begleitete Montagesequenz, die Ausschnitte aus früheren John-Wayne-Western (sämtlich von Howard Hawks, nicht von John Ford) versammelt, welche die ‹Karriere› des Scharfschützen J.B. Books über exemplarische biografische Stationen nachzeichnen und ver-

94 Das Gesicht im Film ist in den letzten Jahren in Anlehnung an klassische filmtheoretische Überlegungen vor allem von Béla Balázs (1924) intensiv erforscht worden; vgl. Aumont 1992; Gläser/Gross/Kappelhoff 2001; Blümlinger/Sierek 2002; Löffler/Scholz 2004; Barck/Löffler et al. 2005; Tan 2005 und die beiden Themenschwerpunkte zu «Das Gesicht im Film» in *Montage AV* 13,1, 2004 sowie in 13,2, 2004.

95 Zu diesem filmtheoretisch bislang nur ansatzweise beschriebenen Konzept, das auf Louis Delluc (1984 [1920]) und Jean Epstein (1974 [1926]) zurückgeht, vgl. Kessler 1996; Fahle 2000, 33-80.

96 Zur Beschreibung des Stars über das Zusammenspiel von Schauspieler, Leinwandimage und Starimage vgl. z.B. Dyer 1979; Ellis 1982; Mikos 1991; McDonald 1995; Lowry 1995; 1997a; 1997b; 1997c; Lowry/Korte 2000, 5-28; Wulff 1990, den Sammelband von Gledhill 1991 sowie die beiden Themenhefte zu «Stars», *Montage AV* 6,2, 1997 u. 7,1, 1998.

97 Zum Zwecke der Fusion von Schauspieler, Leinwandimage, Starimage und Rolle wurde ein enormer publizistischer Aufwand seitens der *publicity departments* der Filmstudios betrieben, auch vor modellierenden Eingriffen in den Schauspieler-Körper wurde nicht zurückgeschreckt, wie die Fallstudien von Klaprat (1985) über Bette Davis und von Allen/Gomery (1985, 172-186) über die Funktionsweise des Starsystems am Beispiel der Karriere von Lucille Le Sueur alias Joan Crawford illustrieren. Vgl. auch den Überblicksartikel «Selling Stars» in Balio (1993, 143-177).

dichten. Die Eingangssequenz, die Thomas Schatz als «one of the most self-reflexive sequences of any Hollywood movie» (1981, 53) bezeichnet, appelliert an das Wissen um Rollenbiografie und Leinwandimage des Schauspielers John Wayne, um darüber die *back story* der Figur Books zu entwerfen. Mit dem selbstreflexiven Gestus ist auf die Fabrikation von Filmfigur und Starimage, aber auch auf die Historizität des Genres verwiesen.

Das Spiel mit den Images und der Erwartungsbildung am Anfang des Lektüreprozesses kann aber auch so angelegt sein, dass die intertextuell geprägten Erwartungen an das Rollenmuster durchbrochen oder enttäuscht werden: wenn Schauspieler in (zunächst) nicht adäquat erscheinenden Rollen besetzt werden, wie Julia Roberts in der Titelrolle von ERIN BROKOVICH.

Nachhaltig für Verstörung gesorgt hat auch die Besetzung von Audrey Tautou, die einem großen Publikum als rehäugige, mädchenhaft-charmante und gewitzte Hauptfigur in LE FABULEUX DESTIN D'AMÉLIE POULAIN (Jean-Pierre Jeunet, F/D 2001) bekannt wurde, nur ein Jahr nach diesem Kassenerfolg als psychisch kranke Mörderin in Laetitia Colombanis raffiniertem Erzählexperiment A LA FOLIE ... PAS DU TOUT (F 2002).[98]
Die changierende Dreiecksgestalt von Figur/Schauspieler/Star erweist sich auch anhand der Inszenierungsweise, mit der manche klassischen Hollywood-Filme dem Star bei seinem ersten Auftritt zu huldigen scheinen:

So legt Rembert Hüser (2004) am Beispiel der Einführung von Audrey Hepburn in BREAKFAST AT TIFFANY'S (Blake Edwards, USA 1961) dar, wie hier der Star als Wertobjekt im filmischen Kader ausgestellt wird. Diese Auratisierung des Stars zeigt sich auch in der Hinführung auf Rick/Humphrey Bogart in CASABLANCA (Michael Curtiz, USA 1942), die sich auf

98 Natürlich konnten Produzenten und die Regisseurin bei der Besetzung der Hauptrolle den gewaltigen Erfolg von LE FABULEUX DESTIN D'AMÉLIE POULAIN und das von dieser Rolle geprägte Leinwandimage ihrer Darstellerin nicht erahnen. Die Verleiher mühten sich daher, beim Marketing für A LA FOLIE ... auf die Durchbrechung des Leinwandimages von Tautou hinzuweisen, und versahen das Filmplakat mit dem Hinweis «Die dunkle Seite von Amélie» (auf der DVD-Hülle später: «Amélie auf Abwegen»), um falsche Erwartungen zu blockieren (was, wenn ich mich an meine Beobachtung des Publikums in einem Berliner Multiplex-Kino erinnere, nur bedingt gelang). Der Fall zeigt sozusagen *ex negativo*, wie wichtig Voreinstellungen bezüglich des Stars und seines Images sind: Diese können aus erzählökonomischen Gründen ‹bedient› werden und verfestigen dann das Image, sie können aber auch durchbrochen werden, um dem Leinwandimage neue Facetten hinzuzufügen; unter Umständen – wie in diesem Beispiel – kann die Durchbrechung des Images aber auch negative Effekte zeitigen. Chaplin sah sich 1923 aus ähnlichen Gründen genötigt, seinem A WOMAN OF PARIS: A DRAMA OF FATE (USA 1923) einen erklärenden Titel voranzustellen: «TO THE PUBLIC: In order to avoid any misunderstanding, I wish to announce that I do not appear in this picture. It is the first serious drama written and directed by myself. CHARLES CHAPLIN.»

verschiedenen Ebenen beobachten lässt: im Dialog, durch die Staffelung der Räume, durch die kontinuierliche Lateralbewegung der Kamera über alle Einstellungsgrenzen hinweg, die erst dann von einer kurzen Vertikalbewegung abgelöst wird, wenn die Fahrt bei Rick angekommen ist und die Kamera von seinen Händen hochfährt, um sein Gesicht in Großaufnahme zu zeigen. Zelebriert wird der Auftritt der Figur, die vorher als ‹strukturierende Abwesenheit› die Szene kontrolliert hat.

Der Anfang von CASABLANCA nutzt effektiv die dramaturgische Strategie der Charakterisierung *in absentia* – und er kann sie nutzen, weil ein bekannter Star im Zentrum steht, auf den der Zuschauer *wartet*.[99]

Ein weiteres Verfahren, mit dem im klassischen Kino die privilegierte Rolle der von einem Star verkörperten Hauptfigur zum Ausdruck gebracht wird, ist die Bevorzugung bei den Großaufnahmen: Typischerweise bekommen die Protagonisten nicht nur die meisten, sondern auch die ersten Close-ups. Erst mit der Großaufnahme kommt der Charakter richtig zum Ausdruck, wird das Gesicht ‹lesbar› und zur (psychologischen) Erkundung angeboten; zugleich dient sie, vor allem durch den Gebrauch von *star lighting* und Weichzeichnereffekten, der Glorifizierung des Stars.

Nicht zuletzt an solchen Formen des dramaturgischen Kalküls mit Rollenmustern und Star-Images erweist sich das höchst komplexe Repräsentationsverhältnis, das für die Figur im Spielfilm kennzeichnend ist und bei ihrer Charakterisierung zum Tragen kommt. Wulff (2006, 48) beschreibt es als ein «Kräftefeld» zwischen der *Rolle*, der *Typenhaftigkeit* der Rolle und dem Wissen um den *Schauspieler* oder auch den *Star*. Die Figur bestimmt sich damit über ganz verschiedene Komponenten, die nur zu einem Teil aus dem Text extrapoliert, zum anderen als vorhandene Wisseneinheiten an ihn herangetragen werden. Unterschiedliche Facetten durchdringen einander, ohne gänzlich ineinander aufzugehen, vor allem der Schauspieler bleibt als Bewusstseinstatsache präsent, der Darsteller ‹verschwindet› nie vollständig hinter der Figur, die er oder sie verkörpert. Wulff illustriert dies an einem Beispiel, das hier abschließend zitiert sei:

> Audrey Hepburn spielt in Steven Spielbergs ALWAYS (USA 1989) einen Engel, der den toten Helden im Himmel [...] begrüßt und ihm eröffnet, dass er eine Übergangsfrist gewährt bekommen habe, in der er weiterhin auf der Erde weilen darf – als Geist, wohlgemerkt. Das Kräftefeld in aller Kürze: ‹Hep› (so der Rollenname – die Ruf- und Koseform von ‹Hepburn›) ist ein ‹Engel›,

99 Zu den Techniken der Einführung der Hauptfigur und ihrer Charakterisierung vgl. die Analyse von Eder (2008, Kap. 8.3). Auch das *biopic* bedient sich häufig der Strategie der verzögerten Einführung der Hauptfigur. Das spannungserzeugende Hinauszögern des Auftritts von Protagonist und Star, denen so gleichsam ‹die Bühne bereitet› wird, dient ihrer Auratisierung; vgl. dazu Taylor 2002, 255.

> eine literarisch-mythologische Kunstfigur. Sie besetzt in der Geschichte eine Schlüsselrolle, weil der Held als Handlungsträger ganz neu definiert und damit der realistische erste Teil der Geschichte in die phantastische zweite Hälfte transformiert wird. Und es handelt sich um einen Gastauftritt von Audrey Hepburn, deren Star-Image durchaus solche ‹engelhaft-ätherischen› Züge schon umfasste, durchmischt mit einer ganz eigenen erotischen Aura. Diese für Hepburn charakteristische Spannung zwischen Unschuld und Neugier, Zerbrechlichkeit und Arglosigkeit, Eleganz und Melancholie ist spürbar in allen ihren Filmen, von FUNNY FACE (Stanley Donen, USA 1957) bis hin zu ROBIN AND MARIAN (Richard Lester, USA 1976).
> So holzschnittartig das Beispiel ist, vermag es doch zu zeigen, dass und wie die Vorstellung der ‹Person›, welche die Hepburn in ALWAYS spielt, aus verschiedenen Wissensquellen gespeist und keinesfalls nur aus dem herausentwickelt wird, was zu sehen ist (Wulff 2006, 48f).

Dank der charakterisierenden Informationen und Hinweise am Anfang gelangen wir zu den bestimmenden Eindrücken von den Figuren, werden die Weichen zu ihrer Einschätzung gestellt; wir beginnen, uns auf sie einzulassen und in sie einzufühlen, wir nehmen eine moralisch-ethische Haltung ihnen gegenüber ein, beurteilen sie als sympathisch oder unsympathisch, wir binden uns emotional an sie und investieren Gefühle in die Geschichte.

3.8.3 Konstelliertheit und narrative Funktionalität der Figuren

Bei der ‹Bekanntschaft› mit Filmfiguren wissen wir, dass wir es mit Entitäten zu tun haben, denen im Rahmen der Erzählung bestimmte Merkmale zukommen, welche narrativ ‹ausgebeutet›, funktionalisiert werden. Jurij M. Lotman beschreibt die Figur im strukturalistischen Sinn als «Satz von Differentialmerkmalen»:

> Der Charakter einer Figur ist die Summe aller im Text gegebenen binären Oppositionen zu anderen Figuren (anderen Gruppen), die Gesamtheit ihrer Zugehörigkeit zu Gruppen anderer Figuren, d.h. ein Satz von Differentialmerkmalen. Der Charakter ist also ein Paradigma (Lotman 1986 [1970], 356).[100]

Nun lässt sich darüber streiten, ob Figuren oder im hier spezifizierten Sinn: die psychologisch ausgeformten Charaktere ausschließlich über «binäre Oppositionen» zu bestimmen sind oder nicht auch andere Verhältnisse

100 Vgl. ähnlich Pfister 2000 [1977], 224f sowie die Darstellung in Tröhler 2007, 27ff.

zum Tragen kommen. Zudem sei nochmals darauf hingewiesen, dass der Charakter im Film eine spezifisch verkörperte Figur mit einer gewissen «sinnlichen Autonomie» (Bordwell 1992, 13) ist, die verhindert, dass er allein als Bündel von Merkmalen oder als Funktionsträger innerhalb einer Erzählung anzusehen ist. Doch trotz dieses Einwands ist es im Hinblick auf das narrative Potenzial der Figuren produktiv, sie als Konstrukt verschiedener Eigenschaften aufzufassen, welche in Bezug zu den anderen Figuren und zu Figurengruppen stehen. Weil die Figuren im Kontext der Erzählung Träger narrativ funktionaler Eigenschaften sind, stehen sie nicht für sich allein, sondern sind grundsätzlich im Vergleich und Zusammenspiel zu betrachten (vgl. Platz-Waury 1997), wie dies auch Marc Vernet für die Figurenanalyse beim Film einfordert:

> Will man eine Figur beschreiben, so muss man die Netze beschreiben, in die ihre Elemente verstrickt sind, muss also alle Figuren beschreiben.
> Doch auch das genügt noch nicht. Es gilt, nicht nur den Überblick über alle differentiellen Elemente zu bewahren, die von der Gesamtheit der Erzählung in Gang gesetzt werden, es gilt darüber hinaus das Zusammenspiel all dieser Elemente in jeder Phase von Geschichte und Erzählung zu betrachten, denn erst in der doppelten Dynamik ihres Ablaufs entwickeln sich die relationalen Permutationen (Vernet 2006 [frz. 1986], 18).

Solcherart illustriert er am Beispiel von MILDRED PIERCE (Michael Curtiz, USA 1945), wie die beiden Töchter je eine Seite der Mutter zum Ausdruck bringen oder wie im «Paradigma der Männer» die verschiedene Typen (und Rollenstereotype) repräsentierenden Figuren dazu dienen, die Stationen der biografischen Entwicklung Mildreds hervorzukehren. Sie fungieren n einem «einfachen System von Gegensätzen, das in ein System der Umkehrungen mündet» (ibid., 31): «Mildreds Laufbahn wird durch die wechselnden Bezüge zwischen ihren attributiven Elementen und denen der anderen Filmfiguren bestimmt» (ibid., 32). Vernets Beobachtungen aufgreifend, lässt sich die Initialphase des narrativen Diskurses als eine besondere Phase beschreiben, denn hier werden die Figuren mit ihren differenziellen Merkmalen in Bezug aufeinander eingeführt und spezifiziert. Ihre Eigenschaften und die Konstellation, in die sie gestellt sind, liefern das Material, aus denen das *Situationsmodell*[101] und im Weiteren die Diegese als Gesamtheit all dieser Modelle sich aufbaut. Die Verschiebungen und Transformationen innerhalb der Figurenkonstellation und der Situations-

101 Konzeptionen des Situationsmodells finden sich bei Johnson-Laird (1983) und bei Van Dijk/Kintsch (1983); zur Beschreibung der bei der Filmwahrnehmung ablaufenden Prozesse wurde es aufgegriffen und spezifiziert durch Ohler (1994); vgl. auch die Darstellung in Wuss (1993a, 42-46).

modelle sind wesentlich für die Narrativisierung des Stoffs. Vernet weist auf die «Dynamik» des narrativen Diskurses hin – eine strukturfunktionale Analyse der auf die Figur bezogenen initialisierenden Prozesse hätte folglich danach zu fragen, wie sich Merkmalsattribuierung und Charakterisierung in Bezug aufeinander und das Figurennetzwerk aktualgenetisch vollziehen und welcher Raum möglicher narrativer Entwicklungen dadurch abgesteckt wird.[102]

Für die Spezifikation eines über die Figuren definierten Handlungsraums ist das Verhältnis der *Neben-* zu den *Hauptfiguren* entscheidend: Die Nebenfiguren sind in der Regel auf die zentralen Charaktere ausgerichtet. Sie dienen als Stichwortgeber oder, wenn man so will, als ‹Wasserträger›, die dafür sorgen, dass attributive Eigenschaften, Verhaltensweisen, aber auch die Ziele und Wünsche der Hauptfigur(en) und die Konflikte innerhalb der erzählten Welt hervortreten.[103]

Im Gegensatz zu den individuell gestalteten Protagonisten sind Nebenfiguren zuweilen als «Typen» angelegt und eher abstrakte Größen, als dass sie Personen gleichen. Edward M. Forster hat in *Aspects of the Novel* (1949 [1927]) die in der Literaturwissenschaft durchgesetzte Gegenüberstellung von Charakteren in «flat» und «round» geprägt: Während «flache» Charaktere oder auch «Typen» nur ein begrenztes Bündel psychologischer und soziologischer Merkmale auf sich vereinen und als Vertreter einer Klasse, Kaste oder Gruppe fungieren, bieten «runde» (oder vielleicht besser «tiefe») Charaktere eine komplexe Fülle unterschiedlichster, dabei unter Umständen auch widerstrebender Eigenschaften und Persönlichkeitsmerkmale (*traits*). *Typisierung* und *Repräsentation* auf der einen Seite steht *Individualisierung* und *Psychologisierung* auf der anderen gegenüber (vgl. Wulff 2006, 53ff).[104] In Hinblick auf die Charakterisierung der Hauptfiguren vor allem in Mainstream-Dramaturgien ist dieses Verhältnis zentral, denn in der Hierarchie von Haupt- und Nebenfiguren dienen gerade die typischen und auch stereotypen Eigenschaften der letzteren dazu,[105]

102 So zeigt Bordwell (1992, 11), ebenfalls am Beispiel von MILDRED PIERCE, wie das Figurenkonzept und die Konstellation der Figuren im Rahmen einer erzählerischen Irreführungsstrategie genutzt wird. Der Eindruck von der Protagonistin und die Annahme von den Figurenbeziehungen sollen den Zuschauer zu einer falschen Zusammenhangshypothese anregen.

103 Diese ‹dienende› Eigenschaft der Nebenfiguren beschreibt auch Vale, warnt aber zugleich davor, bei ihrer Gestaltung zu wenig Sorgfalt an den Tag zu legen; vgl. Vale 1992 [1944/1972], 115.

104 Vgl. dazu auch die Darstellungen bei Chatman (1978, 132f), Eder (2008, 392f) und Persson (2003, 216f), das Lemma «Charakter und Typ» in Nünning (1998, 65) sowie das oben bereits erwähnte Glossar in Tröhler (2007, 578-581), das neben «Charakter» und «Typ» auch Begrifflichkeiten wie «Image», «Part», «HeldIn» und «Star» umfasst.

105 Schweinitz (2006, 43-53) diskutiert das Verhältnis von Typ und Stereotyp bei der Anlage der Figuren und greift auf Überlegungen von Neale, Dyer, Eco, Cavell u.a. zurück.

die individuellen Merkmale der tiefer ausgeleuchteten Hauptfiguren hervortreten zu lassen. Und es bestimmt unsere Erwartungsbildung: Figuren, deren stereotype Eigenschaften betont und die kaum psychologisiert werden, taugen wenig zur Perspektivierung der Erzählung und laden nicht zum Empathisieren ein (→ Kap. 3.8.4).

Wie weit die Nebenfiguren ausgestaltet werden, hängt nicht allein von den Konventionen unterschiedlicher Erzählformen und vom Genre ab, sondern auch vom Geschmack der Filmemacher. So betreiben einige die Zeichnung der Nebenfiguren mit großer Sorgfalt und Liebe, während andere sie in der Tat eher stiefmütterlich behandeln und es bei der Typage belassen.

Die Dramaturgie der *traits* und der Typage ist in allen Filmkulturen auszumachen. Ich möchte sie hier kurz an einem Beispiel aus dem klassischen Hollywood-Kino veranschaulichen, der Einführung der sechs Passagiere, die am Anfang von STAGECOACH (John Ford, USA 1939) und vor dem Auftritt der Hauptfigur die titelgebende Kutsche besteigen, um sich auf eine gefährliche Fahrt durch Indianergebiet zu begeben:

Versammelt werden ein gottesfürchtiger und zartbesaiteter Schnapsvertreter; ein trunksüchtiger, den gesellschaftlichen Konventionen spottender Arzt; ein ‹gestraucheltes Mädchen›; eine ‹höhere Tochter› und Gattin eines Kavallerieoffiziers; der aufgeblasene Direktor der örtlichen Bankfiliale und ein zwielichtiger Spieler mit dem Gebaren eines Südstaaten-Gentleman. Dazu kommen der nicht eben intelligente Kutscher mit der Fistelstimme und schließlich der knurrige, aber wohlmeinende Sheriff, der zum Schutz der Passagiere mitreist. Jede dieser Figuren ist durch eine begrenzte Zahl von Merkmalen und Eigenschaften sowie durch ein persönliches Motiv für die Reise ausgewiesen und auf die anderen bezogen: Der Whiskeyvertreter braucht die Alkoholproben, während der trunksüchtige Arzt danach trachtet, diese Vorräte zu verbrauchen; die junge Offiziersfrau und die Prostituierte werden als Verkörperung komplementärer Frauenbilder einander gegenüber gestellt und darüber ein moralischer sowie ein Klassengegensatz formuliert. Ähnlich wie im Beispiel von MILDRED PIERCE werden auch hier über die Figuren verschiedene Permutationen organisiert, welche die Geschichte dynamisieren und für Veränderungen in der erzählten Welt sorgen (nicht zuletzt verändern sich die Figuren selbst, weil sie im Verlauf des gemeinsam erlebten Abenteuers Erfahrungen machen und zu Einsichten gelangen).

In ihrer Konstellation bilden die Figuren eine Reihe von spannungsvollen Beziehungen aus und formieren so eine Art Versuchsanordnung, einen Mikrokosmos (buchstäblich, weil das Innere der Kutsche einen äußerst engen Handlungsraum darstellt), innerhalb dessen sich eine Vielzahl möglicher Geschichten entfalten könnte. Die Differenzialmerkmale, von denen Lotman spricht und auf die Vernet seine Analyse abstellt, sind am Anfang der Erzählung Bedingung für potenzielle Konflikte und zugleich Vorgriffe auf diese. Die Typikalität der Figuren wird funktionalisiert im Rahmen der genretypischen *story schemata*, die solche Antizipationen ermöglichen. Nun erschöpfen sich aber die Nebenfiguren nicht in ihrer narrativen Funktion, sondern ihre typifizierten Merkmale sind zudem bezogen auf Gegensätze in der erzählten Welt, etwa unterschiedliche Moralvorstellungen, zu denen sich der Zuschauer in Beziehung setzt.

Gegenüber den Nebenfiguren, von denen einige später profiliert werden und ihre anfängliche Typenhaftigkeit verlieren, ist Ringo gleich von Anbeginn stärker ausgearbeitet: Er trifft in der Wildnis (nachdem er sein lahmendes Pferd erschießen musste), auf die Kutsche. Dieser Auftritt ist spektakulär inszeniert. Edward Buscombe beschreibt ihn so:

> It's one of the most stunning entrances in all of the cinema. We hear a shot, and cut suddenly to Ringo standing by the trail, twirling his rifle. «Hold it,» cries the unmistakable voice of John Wayne. The camera dollies quickly in towards a tight close-up – a rarity for Ford, whose preferred method of shooting was to plonk the camera down four-square and move the actors around it. So fast is the dolly in that the operator can't quite hold the focus. But as the camera settles securely on Wayne's sweat-stained face Buck, agog with the anticipation of exitement to come, calls out, «Hey look, it's Ringo!» (Buscombe 1992, 9).

Mit diesem Ruf, der den Unbekannten mit einem (Spitz-)Namen versieht und uns damit der Berühmtheit seines Trägers versichert, endet die rasante Heranfahrt auf die Figur – eine starke deiktische Geste, ein filmstilistisches Ausrufezeichen, das den in der Weite der Landschaft stehenden Mann als (bislang abwesendes) Zentrum der mit ihm nun beginnenden Geschichte kennzeichnet (zur Initialisierung der Handlung → Kap. 3.8.5). Durch den individualistischen Habitus des Westerners wie auch durch die Inszenierung wird Ringo von den anderen Figuren abgesetzt und in der Interaktion mit ihnen weiter profiliert: Er muss in der voll besetzten Kutsche mit einem Platz auf dem Boden vorlieb nehmen, bildet so den Mittelpunkt des (begrenzten) Raums und wird zur Schaltstelle für die Kommunikation der anderen. Durch sein unkonventionelles, zugleich vorurteilsloses, nur der eigenen Moral folgendes Verhalten und über die Dialoge wird er mit ausgeprägten Persönlichkeitsmerkmalen versehen, als individueller Held und als Sympathieträger aufgebaut und mit einer *back story* und einem daraus herrührenden starken Motiv für die Reise ausgestattet: Er ist auf seinem Weg, den Tod des Bruders zu rächen.

Zusammenfassend ist festzuhalten, dass im Netzwerk der Figuren, das in der Initialphase geknüpft wird, über die Persönlichkeitsmerkmale und die konfligierenden Wünsche und Handlungsziele die Konflikte – Kern und Motor der Geschichte – angelegt sind: Die Protagonisten und zuweilen auch die Antagonisten werden als «runde» Charaktere und Träger entgegengesetzter Handlungsziele aufgebaut und fungieren damit als Personifikation eines Konflikts zwischen unterschiedlichen Wertewelten. Solche Gliederungen der erzählten Welt über moralische Verortungen werden, wie dargelegt, auch über die Nebenfiguren zum Ausdruck gebracht. Die daraus resultierenden Konflikte können allmählich narrativ herausgearbeitet werden, können aber auch von Anbeginn offensichtlich sein. Möglich ist auch, dass sich ein Konfliktpotenzial abzeichnet, ohne dass der Konflikt offen ausbricht. Und in Filmen, die, anders als das hier gewählte Beispiel, nur schwach narrativ angelegt sind und die innere Bewegung eines Charakters ins Zentrum stellen, können Konflikte auch unterschwelliger bleiben und keine dramatische Zuspitzung erfahren.

3.8.4 Empathisieren, imaginative Nähe und emotionale Anteilnahme

Die Initialphase bahnt, darauf wurde bereits mehrfach hingewiesen, nicht allein das Geschichtenverstehen, sondern stellt zugleich die Weichen für den Erlebensprozess, den der Film bereitet. Für das Kino wie für die Wirkungsmacht des Spielfilms insgesamt ist die Ausbildung von Nähe (oder auch die Vermittlung einer gewissen Distanz) zu den Figuren wesentlich (vgl. Eder 2006). Unsere «Kinogefühle», um den Titel eines einschlägigen Buches (Brütsch et al. 2005) aufzugreifen, mit dem die Herausgeber das Spektrum affektiver Beteiligung summarisch fassen, richten sich zwar auch auf andere Elemente und Dimensionen der Narration wie auch auf den Film als Artefakt oder werden von diesen angeregt (vgl. Tan 1996; 2006, 35ff; zu den «Artefakt-Emotionen» → Kap. 3.10.1); doch stehen die figurenbezogenen Gefühle im Zentrum der von Ed Tan beschriebenen «Fiktions-Emotionen», welche die Anteilnahme am Film maßgeblich bestimmen. Im Folgenden sei daher kurz auf die Erzeugung oder vielmehr die Ermöglichung von imaginativer Nähe und emotionaler Anteilnahme als wesentliche Vorgänge bei der Initiation des Zuschauers eingegangen.

Oben habe ich unter Bezug auf einschlägige Bestimmungen von ‹Erzählung› formuliert, eine Geschichte sei immer die Geschichte von jemandem. Das heißt aber auch: Um eine Geschichte zu verstehen, muss man die Figuren verstehen, deren Geschichte erzählt wird. Dies meint nicht nur einen Entwurf der Figur in ihren äußeren Merkmalen, grundlegenden *traits* und Eigenschaften, sondern bedeutet zugleich, ihr eine «hypothetische Psychologie» zuzuschreiben (Wulff 2003a, 154), ihre Gedanken und Überzeugungen, ihre Wahrnehmungsweisen, ihre (wechselnden) Stimmungen und Gefühle, ihre Wünsche, Begierden, Bedürfnisse, ihre Intentionen und Moralvorstellungen zu erschließen – Voraussetzung, um ihr Handeln nachvollziehen und antizipieren zu können.

Dieser Vorgang erfordert die imaginative Tätigkeit der *Empathie*. Empathie oder auch «einfühlendes Verstehen»[106] ist eine grundsätzliche menschliche Fähigkeit, derer wir uns im Alltag wie beim Filmsehen selbstverständlich bedienen, um andere Menschen ‹von innen her› zu verstehen;[107] Tan definiert: «By empathy we mean all the cognitive operations on the part of the viewer that lead to a more complete understanding of the situational meaning for the character» (1996, 172). Bei Carl Plantinga heißt es:

> Empathie besteht aus der Fähigkeit oder Disposition zu wissen, zu fühlen und darauf zu reagieren, was in einer anderen Person vorgeht, und der Begriff bezeichnet zugleich diesen Prozess (2004 [1999], 15).[108]

Analog zu dem oben vorgeschlagenen begrifflichen Doppel von Diegese und Diegetisieren würde ich zunächst vorschlagen, von *Empathie* als einem Grundwerkzeug menschlichen Handelns (vgl. Zillmann 2005, 170; Vaage 2007, 101) und vom *Empathisieren* (Wulff 2002, 109f) als dem aktuellen Prozess des Sich-Hineinversetzens in ein menschliches (oder menschenähnliches) Gegenüber zu sprechen.[109] Empathie meint den Nachvollzug der

106 Zur Begriffsgeschichte von «Empathie», eine Rückübersetzung des deutschen Begriffs «Einfühlung» aus dem Englischen, vgl. Smith 1995, 99; Tan 1996, 154; Wulff 2003a, 136..

107 M. Smith (1997) spricht vom «imagining from the inside». Ein Ausschnitt aus Harper Lees Roman *To Kill a Mockingbird* (1960) bringt diese Vorstellung sehr schön auf den Punkt: «‹Vor allem, Scout›, sagte er, ‹musst du einen ganz einfachen Trick lernen, dann wirst du viel besser mit Menschen aller Art auskommen. Man kann einen anderen nur richtig verstehen, wenn man die Dinge von seinem Standpunkt aus betrachtet… Ich meine, wenn man in seine Haut steigt und darin herumläuft›» (zitiert nach der dt. Ausgabe *Wer die Nachtigall stört*, übersetzt von Claire Malignon).

108 So klar und einleuchtend diese beiden Definitionen zunächst scheinen: Sie modellieren das Zusammenspiel kognitiver und affektiver Anteile beim «einfühlenden Verstehen» durchaus unterschiedlich. Tatsächlich wurde und wird die Konzeptualisierung von Empathie und die Festlegung ihrer Rolle bei der Filmrezeption kontrovers diskutiert. Hier ist nicht der Ort, diese Debatte nachzuzeichnen, hingewiesen sei auf die zentralen Beiträge von Carroll 1988; 1990; 1998; von Zillmann 1991, der auch einen guten Überblick über die unterschiedlichen Konzeptualisierungen von Empathie in Psychologie und Philosophie gibt; von Smith 1995; 1997; 1999; Neill 1996; Tan 1996; Grodal 1997; 2001; Gaut 1999; Plantinga 2004; Wulff 2002; 2003a; Eder 2005; 2006; 2008; Brinckmann 1997d; 1999; 2005b; 2008; Barratt 2006; Vaage 2007.

109 Ähnlich Sachse (1993, 170), der dafür plädiert, bei Empathie «zwischen Prozessen und Produkten [zu] unterscheiden». Sachse weist im Übrigen auf die uneinheitliche Bedeutung des Empathiebegriffs in der Psychologie hin.

Innenperspektive einer Figur, den Entwurf der *situational meaning structure* (Tan 1996, 44ff et passim), unter Einschluss der emotionalen Bedeutung, die eine gegebene Situation für sie hat. Fehlt uns die Fähigkeit zur Empathie, können wir die Gedanken, Gefühle und Motive der Charaktere nicht nachvollziehen; das Verstehen des Konflikts knüpft sich an ihre Psychologisierung. Empathie ist daher – in der Formulierung von Wulff – eine grundlegende «Dimension des Filmverstehens» (2003a). Das Empathisieren selbst ist in diesem Verständnis ein kognitiv-imaginativer, kein affektiver Prozess (so auch Smith 1995, 85), stellt jedoch die notwendige Voraussetzung dar, dass wir mit den Figuren empfinden können, so dass es zur Ausbildung «empathischer Emotionen» (Tan 1996, 174ff) kommen kann.[110]

Nun beruht Empathie zwar darauf, dass der Zuschauer die Gefühle der Figur simuliert; dieses ‹Mit-Fühlen›[111] bedeutet aber nicht, dass er deren Gefühle (und die damit verbundenen körperlichen Zustände) vollumfänglich teilt oder in sich nachbildet (als «simulation in the flesh», wie es Grodal [2001, 117] formuliert).[112] Empathie meint im Kern keine «Gefühls*übernahme*» (auch wenn es diese geben kann), wie das in Identifikationskonzepten psychoanalytischer Provenienz, aber auch in einigen kognitiven Ansätzen zuweilen behauptet wird,[113] sondern ein «Gefühls*verständnis*» (Wulff

110 Ich vertrete mit dieser Kopplung an die Figuren einen relativ engen Empathiebegriff. Man könnte ihn mit einigem Grund auch weiter fassen und dann eher von einem ‹empathischen Formenkreis› sprechen. Darunter fielen dann auch körperbezogene Formen («somatische Empathie») oder auch die Fähigkeit zur spontanen Einfühlung in typische, uns vertraute Situationen («situative Empathie»), die ohne Psychologisierung auskommen. Als «somatische Empathie» fasst Brinckmann (1999) Formen der unwillkürlichen körperlichen Beteiligung an den leinwandlichen Vorgängen und exemplifiziert dies an den Filmen Alfred Hitchcocks. Zur somatischen Empathie als Grundlage einer Theorie des Körpers vgl. Morsch (1997).

111 Wiederum von Zillmann (1991, 140) stammt auch die vielzitierte Unterscheidung zwischen einem *feeling with* und einem *feeling for*. Bei empathischen Beziehungen dürften beide Formen affektiver Ausrichtung auf das zu empathisierende Gegenüber zum Tragen kommen.

112 Grodal verbindet Empathie strikt mit der *Simulation* der Figurenemotionen und bringt dieses Modell in Auseinandersetzung mit Carrolls Theorie vom *unbeteiligten Beobachter* (vgl. etwa 1998, 260) in Stellung: «To understand a situation in depth is to *simulate* this situation with eyes, bowels, heart, cognition and muscles» (2001, 40; meine Herv.). Zur Simulationstheorie vgl. auch Ravenscroft (1998). Demgegenüber möchte ich einwenden: Empathie kann solcherart auftreten, etwa, wenn sie die Form *somatischer Empathie* annimmt; vgl. Brinckmann (1999) – zum Konzept einer *embodied empathy*, einer «körperbezogenen Empathie» vgl. auch Vaage (2007, 101, passim) – ; sie muss aber nicht so körperlich intensiv und so umfassend erlebt werden, wie Grodal es beschreibt. Und Coplan (2006) argumentiert gar, dass im Kino vielfach Prozesse von *emotional contagion* (Gefühlsansteckung) zum Tragen kommen, die zwar körperlich empfunden werden, aber im Kern gerade nicht-empathischer Natur seien. Sie weist darauf hin, dass die Simulationstheorie zur Beschreibung von Zuschaueremotionen höchst umstritten ist; ibid., 30, Anm. 19; vgl. zu dieser Diskussion auch Barratt 2006.

113 Diese Auffassung vertritt Berys Gaut: «[...] empathy requires the viewer *actually* to feel what a person (or a character fictionally) feels» (1999, 206; Herv.i.O.).

2003a; 37; Herv.i.O.; ähnlich M. Smith 1995, 85). Sie beschreibt daher auch keine Übereinstimmung nach Art oder Intensität der beim Empathisieren hervorgerufenen Gefühle mit denen, welche die Figur in einer gegebenen Situation durchlebt (vgl. Carroll 1990, 88-96): Der Zuschauer entwickelt (so er emotional bewegt wird) nicht notwendig die gleichen Gefühle, sondern Gefühle ähnlicher Richtung, worauf auch Plantinga hinweist (2004, 15f; ähnlich Eder 2001, 458).[114]

Das Empathisieren wird ermöglicht und stimuliert, indem die Narration dem Zuschauer Zugang zu einem Charakter gewährt – zu seiner Wahrnehmungsperspektive (die Charaktere dienen als Fokalisatoren des Geschehens) wie zu seinen Gedanken und Gefühlen. M. Smith spricht von einem *spatio-temporal attachment*, das vor allem durch Point-of-View-Strukturen befördert wird (man müsste ergänzen, dass subjektiver Ton eine ähnliche, wenngleich filmanalytisch weniger beachtete Rolle spielt; dazu Flückiger 2001, Kap. 12).[115] Er unterscheidet dies von einem *subjective access* zu den Charakteren (1995, 83), der davon abhängt, wie weitreichend und tiefgehend[116] die narrativen Informationen sind.

Zugänge zum Innenleben eines Charakters können hergestellt werden über das Gesicht als Spiegel der Emotionen, über sein Verhalten, aber natürlich auch durch expositorische Techniken, so etwa die Informationsvergabe über den Dialog anderer Figuren oder eine extradiegetische Voice-over (→ Kap. 3.8.6). Der Eindruck der Nähe zur Figur entsteht aber auch dann, wenn sie (die dazu in die Funktionsrolle eines homodiegetischen Erzählers schlüpft) sich mittels Direktansprache oder – häufiger – ebenfalls mittels Voice-over an den Zuschauer wendet und Zugang zu ihren Gedanken, Eindrücken, ihren persönlichen Erinnerungen und eben ihren

114 In Plantingas Bestimmung von Empathie ist allerdings sowohl eine Vermischung mit Gefühlsansteckung oder -übernahme als auch mit Sympathie (die Tan als eine der möglichen empathischen Emotionen fasst) festzustellen. Das läuft seiner oben zitierten Definition zuwider und erweckt den Anschein, er rechne Empathie doch zu den Zuschaueremotionen; zu diesem Befund vgl. auch Coplan 2006, 31.

115 Allerdings sind für das Empathisieren PoV-Strukturen als konventionelles Verfahren zur Subjektivierung keinesfalls notwendig, worauf M. Smith (1995, 156f) hinweist und sich damit dezidiert gegen die von der psychoanalytischen Filmtheorie vertretene Engführung von Point-of-View und der vermeintlichen ‹Identifikation› des Zuschauers mit der Leinwandperson wendet. Smith kann sich dabei auf Arbeiten von Nick Browne und Branigan beziehen, die ähnlich argumentiert haben: Browne (1985 [1975/76]) legt am Beispiel der Gasthausszene in STAGECOACH dar, dass der Zuschauer die Gefühle der Prostituierten Dallas erschließt, die von Lucy gedemütigt wird, und Partei für Dallas ergreift, statt sich mit Lucy zu identifizieren, über deren Blicke die Szene organisiert ist. Auch Branigan entkoppelt in seiner umfassenden Studie zum Point-of-View und zur Subjektivität im Film (1984) die beiden Konzepte; vgl. auch Dagrada 1995, 236f.

116 Smith bedient sich hier des Bordwellschen Instrumentariums zur Beschreibung der Narration, namentlich der Kategorien *range* und *depth of knowledge*; vgl. Bordwell 1985, 57f.

Gefühlen gewährt. Diese intime Vermittlungssituation schafft einen rhetorischen Schulterschluss, eine Art (Pseudo-)Vertrautheit zwischen Erzähler-Figur und Zuschauer. Über die genannten narrativ zusammenwirkenden Möglichkeiten zur (immer bloß partiellen) Innenperspektivierung wird der Fluss narrativen Wissens auf je spezifische Weise gefiltert und reguliert und damit eine Kopplung des Zuschauers an die Figur erzeugt, die Smith, wie erwähnt, als *alignment* fasst.

Die Empathie befördernden narrativen Techniken kumulieren in Episoden, die Plantinga (2004) als «Szenen der Empathie» bezeichnet. Darunter fasst er Schlüsselszenen, in denen das emotionale Erleben einer Figur ganz im Zentrum steht, so dass sie besonders zum Empathisieren anregen und auf den Zuschauer stark emotionalisierend wirken. Erzielt wird dieser Effekt vor allem durch Operationen der Kamera: Naheinstellungen oder auch (extreme) Großaufnahmen, Schärfenverlagerung, Fahrten, Zooms oder auch Ransprünge an das Gesicht der Figur, das solcherart hervorgehoben wird – und zwar länger, als dies zur bloßen Vermittlung der Mimik als ‹Abdruck› des Gefühls vonnöten wäre. Dazu tritt verstärkend die kommentierende Musik, welche die Befindlichkeit der Figur zum Ausdruck bringt und den emotionalen Gehalt der Szene unterstreicht. In «Szenen der Empathie» geht es nicht bloß darum, die innersten Bewegungen der Figur in einer Problemsituation zu vermitteln; sie zielen zugleich darauf, Gefühle auf Seiten des Zuschauers zu evozieren.

Voraussetzung solch zugespitzter emotionalisierender Episoden ist die zuvor gegebene Innenperspektivierung des Charakters. Diese Ermöglichung (oder auch Verhinderung/Blockade) des Empathisierens obliegt der Initialphase. Die dort angeregten empathischen Bindungen haben allerdings nicht unveränderlich Bestand; Art und Intensität der Anteilnahme sind von grundsätzlich «episodischer Struktur» (Vaage 2007, 114ff), sie verschieben sich im narrativen Verlauf. Dies auch deshalb, weil die Figuren nicht für sich genommen empathisiert werden: Aufgrund ihrer Konstelliertheit innerhalb der Diegese haben wir es, so die Formulierung von Wulff, mit einem «empathischen Feld» (2002; 2003a, 151ff) zu tun, in dem unterschiedliche Formen und Grade von Empathie (Wulff spricht mit Zillmann 1991 auch von «Konterempathien»; 2003a, 151ff) ausgebildet werden: «Empathie ist eine feldartige Modellierung der Handlungsperspektiven der Beteiligten, keine auf die einzelne Figur bezogene Tätigkeit» (2007a, 150).

Filmanfänge selbst sind im Allgemeinen keine privilegierten Orte empathischer Teilhabe, wie ich sie hier verstehe, und können dies auch gar nicht sein: Empathie bedarf des narrativen und szenischen Kontextes, sie ist «textuell verankert» (Wulff 2003a, 154ff; ähnlich Grodal 1997, 86f). Intensive empathische Episoden oder «Szenen der Empathie» müssen vorbereitet werden und finden sich daher meist am Höhepunkt des Films, an dem sie für emotionalen Nachhall sorgen, bevor die Figuren wieder ‹losgelassen› werden müssen und das Filmende für Distanzierung sorgt (vgl. Christen 2002, 66ff). Es braucht Zeit, um die Figuren in ihren Konstellationen, mit ihren unterschiedlichen Handlungsplänen und Perspektiven aufeinander einzuführen und das «empathische Feld» allmählich zu konturieren, Zeit, die Bindungen an sie herzustellen und emotionale Episoden (im Film wie im Zuschauer) narrativ vorzubereiten. Der Anfang ist gemeinhin kein Ort, in dem das einfühlende Verstehen bereits voll zum Tragen kommt, noch ein Ort ‹großer Gefühle›. Er schafft indes die Voraussetzungen für gelingende Empathie und damit verbundene Emotionen. Oder, mit einer Metapher aus der Dramaturgie: Der Anfang ‹sät›, was später ‹geerntet› wird.

Bei der Einführung der Hauptfigur bedient sich die Narration gewisser Techniken, um zunächst das Interesse zu wecken und den Wunsch, mehr über sie zu erfahren. Das Interesse beim ersten Auftritt mag schlichtweg dadurch befördert werden, dass wir mit der Figur ‹mitgehen›, indem die Kamera länger auf ihr verweilt und sie unseren Blicken darbietet – sei es, dass sie einen Bahnsteig hinuntergeht wie die Titelfigur in MARNIE (Alfred Hitchcock, USA 1964), einen Dauerlauf absolviert wie die Protagonistin in THE SILENCE OF THE LAMBS oder vor etwas wegzulaufen scheint wie in L'HUMANITÉ. Die Figuren werden durch die Inszenierung in den Fokus der Aufmerkamkeit gerückt und mit einem Geheimnis umgeben: Wer ist die Frau, die wir nur von hinten zu sehen bekommen, was verbirgt sich in der Tasche, die sie fest an sich presst? Droht der allein durch den Wald joggenden Frau Gefahr? Wer ist die unkenntliche Figur, die da voller Panik wegzulaufen scheint, und was hat sie so erschreckt? Aber auch ein frontales Gesicht in Close-up gleich zu Beginn, eine gleichsam körperliche Nähe zu der noch unbekannten Figur, die die soziale Distanz aus dem Alltag unterschreitet, erweckt Interesse, den Wunsch, das Gesicht zu ‹lesen› oder, mehr noch, die Neugier, hinter das Gesicht zu blicken und die Figur in ihrer Psychologie und ihrem Geheimnis zu erfassen.

Eine andere Möglichkeit, Empathie zu befördern, besteht darin, die Figur in einer uns aus dem Alltag wohlbekannten, unmittelbar verständlichen Situation zu präsentieren, etwa wie sie gerade hinter einem Zug herläuft und ihn verpasst, ihr ein Missgeschick passiert oder sie bei einem kleinen Vergehen ertappt wird und in eine peinliche Lage gerät (vgl. Brinckmann 2005a, 336). Starke typische und daher nachvollziehbare Situationen vor allem bei Anfängen *in medias res*, die uns die Figur unmittelbar gegenüber stellen, sorgen für Sympathie (auch für Solidarität oder Mitleid mit dem Pechvogel), ohne dass hierfür eine psychologische Auskleidung nötig wäre. Man könnte in solchen Fällen von *situativer Empathie* sprechen.

Ein Beispiel ist der Stau am Anfang von FALLING DOWN (Joel Schumacher, F/USA 1993). Die Inszenierung sorgt für extreme räumliche Nähe zu dem an einem heißen Tag in seinem Auto gefangenen Mann; um diese klaustrophobische Lage verstehen und nachvollziehen zu können, brauchen wir ihn nicht von innen her zu imaginieren, die aus dem Alltag, aber auch aus anderen Filmen wohlvertraute Situation (vgl. den Anfang von OTTO E MEZZO) genügt.

Empathisieren der Hauptfigur

Wie im Zuge der Initiation des Zuschauers imaginative Nähe zu einer Figur hergestellt wird, wie der Filmanfang verfährt, um die Protagonistin als empathisches Zentrum der Geschichte aufzubauen und welcher empathisierenden Verfahren er sich dabei bedient, möchte ich an einem Beispiel demonstrieren, an Isabel Coixets MY LIFE WITHOUT ME (E/CAN 2003):

Der Film erzählt die Geschichte der 23jährigen Ann (Sarah Polley), Mutter zweier kleiner Mädchen, die erfährt, dass sie Unterleibskrebs und nur mehr zwei, drei Monate zu leben hat. Sie beschließt, weder ihrem Ehemann noch sonst jemand von ihrem bevorstehenden Tod zu erzählen. Stattdessen erstellt sie eine schriftliche Liste, die sie mit THINGS TO DO BEFORE I DIE überschreibt:

1. Tell my daughters I love them several times.
2. Find Don a new wife who the girls like.
3. Record birthday messages for the girls for every year until they're 18.
4. Go to Whalebay Beach together and have a big picnic.
5. Smoke and drink as much as I want.
6. Say what I'm thinking.
7. Make love with other men to see what it's like.
8. Make someone fall in love with me.

Sie tröstet den hilflosen Arzt, der sie nicht retten kann, lehnt jede überflüssige Therapie ab und bittet ihn lediglich darum, die Audiokassetten für ihre Töchter in Verwahrung zu nehmen. Die Todkranke wehrt sich gegen die melancholische Rolle des Opfers und die Abhängigkeit der Pflegebedürftigen, nimmt die Krankheit und die Tatsache des nahenden Endes an und geht systematisch daran, die verbleibende Lebensspanne bewusst zu erfahren und das Leben für die Zeit nach ihrem Tod zu ordnen.

Der Film beginnt mit einer Irritation, ein nichtgegenständliches Bild von blendendem Weiß, das eine Ansicht des Himmels sein könnte.[117] Von einer Voice-over wird es erläutert mit: «This is you. Eyes closed. Out in the rain. You never thought you'd be doing something like that.» Das erste Bild erweist sich sogleich als ein inneres – ein starkes Signal, mit dem der subjektive Modus der Bezugnahme auf den Stoff etabliert wird. Im Zusammenspiel mit der durch den inneren Monolog geschaffenen intimen Vermittlungssituation sind wir eingeladen, uns auf das Innenleben der Figur einzulassen. Diese erste Szene, über der die Off-Stimme weiterläuft, wirkt narrativ wenig eingebunden und eher wie ein symbolisierender Auftakt oder Rahmen (→ Kap. 3.9.1): Er bahnt den Zugang zur Figur und zum Diskursuniversum der Erzählung, ehe die eigentliche Geschichte beginnt. Die Hauptfigur steht barfuß im strömenden Regen auf einer Wiese. Ihre die Bilder begleitende Voice-over ist eine Form der Selbstverständigung im inneren Monolog, die aber durch das Sprechen in der zweiten Person («das bist du») zum einen das eigene ‹Ich› auf Distanz bringt, der neuen Erfahrung zugänglich macht und also ‹entautomatisierend› wirkt, zum anderen der Figurenrede eine Doppeladressierung verleiht, indem sie mit dem ‹Du› den Zuschauer einbezieht:

> «You never saw yourself as, I don't know how you'd describe it, as … like one of those people who like looking up at the moon, or who spend hours gazing at the waves or the sunset or … I guess you know what kind of people I'm talking about. Maybe you don't. Anyway, you kinda like it being like this, fighting the cold and feeling the water seep through your shirt and getting through to your skin. And the feel of the ground growing soft beneath your feet and the smell. And the sound of the rain hitting the leaves.
> All the things they talk about in the books that you haven't read. This is you. Who would have guessed it. You.»

Die in ihrer Adressierung changierende poetische Rede gibt die intime Nähe zur Hauptfigur und zugleich die Bindung des Zuschauers an sie vor. Es ist *ihre* Geschichte, die erzählt wird, es sind *ihre* Wahrnehmungen, die uns vermittelt werden, es sind *ihre* Überzeugungen, Gefühle und Empfindungen, auf die uns verstehend einzulassen wir aufgefordert sind.

Die stilistischen Optionen unterstreichen diesen subjektivierenden narrativen Modus. In der Auftaktepisode ist die Kamera der Figur ganz nahe, zeigt die Regungen ihres Gesichts, die Härchen auf den Armen, die sich

117 Der Film scheint mit diesem Weiß am Anfang, ein Bild, dem kein Ort in der Diegese zukommt, auf christliche Ikonografien der Todesdarstellung zurückzugreifen. Aber das ist ein Bedeutungsaspekt, der mutmaßlich erst retrospektiv, im Wissen um den Fortgang der Geschichte, erschlossen werden kann.

aufrichten vor Kälte, schmiegt sich an, umkreist den Körper, scheint ihn berühren zu wollen, während die Protagonistin mit ruhiger Stimme vom Gefühl des Regens auf der Haut und dem des weichen Grases unter den Füßen kündet und uns einlädt, uns an ähnliche, vielleicht vergessene Eindrücke zu erinnern.[118] Die von Smith angeführten Verfahren zur Innenperspektivierung, das *spatio-temporal attachment* mit der Figur einerseits, der *subjective access* zu ihrem Inneren andererseits, lassen sich anhand dieser Szene in ihrem Zusammenwirken anschaulich demonstrieren.

Nachdem Ann als empathisches Zentrum eingesetzt und der Modus der narrativen Bezugnahme über sie als Filter etabliert ist, lernen wir in der zweiten Sequenz ihren personalen Umkreis kennen, erhalten eine Aufsicht auf ihr Handlungsfeld, um später ihre Möglichkeiten einschätzen und ihre Entscheidungen nachvollziehen zu können. Die Sequenz ist dabei so gegliedert, dass in aufeinander folgenden Szenen die verschiedenen Figuren eingeführt werden, mit denen Ann in Beziehung steht. Nach dem Muster konzentrischer Kreise erfolgt die Annäherung von außen nach innen, schreitet zum Zentrum der emotionalen Bindungen Anns fort: Wir lernen der Reihe nach zunächst ihre Arbeitskollegin und Freundin kennen, mit der sie nachts in der Universität putzt, wobei sie die mit sich unzufriedene Freundin aufheitert und moralisch stützt, danach ihre alleinstehende, lebensunlustige Mutter, die sie nach deren Nachtschicht in einer Bäckerei im Auto mitnimmt, in der nächsten Szene ihren ebenfalls noch sehr jungen Ehemann, mit dem sie in einem Wohnwagen lebt und eine liebevolle Ehe führt; schließlich am nächsten Morgen die beiden Töchter, um die sie sich mit Hingabe und Humor kümmert. Über die Präsentation dieser unterschiedlichen Menschen und Anns Beziehung zu ihnen wird zugleich ihr Charakter erhellt: Wir erleben sie als einen hilfsbereiten, liebevollen, klaglosen, über die kleinen Fehler der anderen großzügig hinwegsehenden und ihre Rolle als Ehefrau und Mutter bejahenden Menschen. Indem wir uns von außen nach innen an das moralische und emotionale Zentrum dieses Lebens heranbewegen, generieren wir das Handlungsfeld und vermögen einzuschätzen, wie die anderen Figuren Ann sehen und was sie an ihr haben. Erst vor diesem Hintergrund können wir verstehen, warum die Protagonistin, wenn sie in der nächsten Sequenz von ihrem nahenden Tod erfährt, so handelt, wie sie handelt.

Während das Empathisieren mit einer Figur, die in der Rezeption vollzogene Innenperspektivierung auch als *central imagining* beschrieben wird

118 Nachdem wir von der tödlichen Krankheit erfahren haben, können wir auf die zunächst enigmatisch wirkende Anfangsszene neu zugreifen: Die Szene im Regen steht exemplarisch für die Dinge, die Ann (noch einmal) tun möchte, bevor sie stirbt, für Momente bewussten (Er-)Lebens.

(vgl. M. Smith 1995, 76ff; 1997, der diesen Begriff Wollheim 1984, 74 passim entlehnt), meint *acentral imagining* das Bewerten und Einschätzen der Charaktere von außen. Auf dem Weg azentralen Imaginierens[119] gelangen wir zu Haltungen gegenüber den Figuren, die zu affektiven Bindungen wie Sympathie oder auch Antipathie führen oder zumindest führen können, aber tendenziell unabhängig sind von den dargestellten Gefühlen. Affektive Nähe zu einer Figur kann also in empathischer oder in sympathischer Form auftreten; affektive Distanz kann sich als Antipathie äußern oder die Form kühler, nicht-empathischer Beobachtung annehmen (vgl. Eder 2006, 142). Empathie befördert zwar Sympathie, ist jedoch keine notwendige Voraussetzung für ihr Zustandekommen (so mögen uns, um beim erwähnten Beispiel zu bleiben, der Ehemann und die Kinder Anns aufgrund ihrer Eigenschaften sympathisch sein, auch wenn die Anfangsszenen keine Gelegenheit bieten, diese Figuren zu empathisieren).

Nicht-empathische Formen der Anteilnahme

Interesse ist, wie oben bemerkt, der zentrale Mechanismus, um zunächst einmal Nähe zu den Figuren herzustellen, ohne dass hier bereits Empathie mit ins Spiel kommt. Auch ‹böse› oder moralisch verwerflich handelnde Figuren können interessant sein und zur Beschäftigung mit ihnen einladen (häufig sind die Schurken sogar die eigentlich interessanten Figuren, man denke nur an Hannibal Lecter in THE SILENCE OF THE LAMBS oder an die von Dennis Hopper verkörperten Figuren in BLUE VELVET oder in SPEED, und häufig sind sie es gerade deswegen, weil sie so undurchdringlich erscheinen, wir wenig über ihre Intentionen und Beweggründe erfahren und sie sich so dem Empathisieren entziehen). Dieses Interesse am Antagonisten, das von ihm ausgehende Faszinosum ist das, was gemeinhin als «Identifikation mit dem Schurken» bezeichnet wird und Smith (1995, 103ff passim; 1999, 225ff) als «sympathy for the devil» fasst.

Empathie und Sympathie können einander also auch zuwiderlaufen, empathisieren können wir, so die Narration dies nahelegt, auch den Schurken, der uns aufgrund seines Verhaltens und Amoralismus zutiefst unsympathisch sein mag (ich habe am Beispiel von AMERICAN PSYCHO bereits darauf hingewiesen, ← Kap. 3.7.1; auch Hitchcock hat wiederholt so gearbeitet). Und umgekehrt kann uns eine Figur, wie das Beispiel von Ringo in STAGECOACH gezeigt hat, allein dank ihrer Erscheinung, auch dank der besonderen Inszenierung ihres Auftritts, die anzeigt: «Hier

119 Der Begriff erscheint mir leicht irreführend, handelt es sich hierbei doch weniger um «Imagination» als um eine Attribuierung von Charaktereigenschaften, aufgrund derer wir ein Urteil über die Figur fällen.

kommt der Held», oder auch schlichtweg deshalb, weil sie von anderen, als ‹ablehnenswert›, ‹unsympathisch› oder auch nur als ‹flach› und damit ‹uninteressant› gekennzeichneten Figuren positiv unterschieden wird, von Anbeginn an sympathisch sein, ohne dass uns überhaupt Gelegenheit geboten wurde, den Charakter zu empathisieren. Diese gewissermaßen ‹kurzschließende› Sympathie dürfte umso stärker ausfallen, wenn die Figur von einem bewunderten Star verkörpert wird.

Die Parteinahme für oder gegen eine Figur erfolgt auch aufgrund ihrer moralischen Bewertung – ein Prozess, den M. Smith als *allegiance* beschreibt und der für ihn im Zentrum der Affektsteuerung steht (1995, 188). Dieser kann aus der ‹Draufsicht› gewonnen werden, verdankt sich *appraisal*-Prozessen (vgl. Tan 1996; Carroll 1998; Zillmann 2005), die nicht-empathischer Natur sind.

Spontane Sympathie für einen Charakter können wir sogar dann empfinden, wenn uns sein Verhalten zunächst merkwürdig erscheint oder peinlich berührt und Empathie durch narrative oder stilistische Verfahren blockiert wird:[120] Ein Beispiel ist die Eröffnungsszene von ROSETTA (Luc und Jean-Pierre Dardenne, B/F 1999), in der die Kamera der Figur immer ‹dicht auf den Fersen› ist, aber nie deren subjektive Wahrnehmung wiedergibt.

Der Film beginnt mitten in einer wilden Verfolgungsjagd quer durch eine Fabrik: durch Werkshalle, Gänge und Umkleideräume. Eine sehr junge, offensichtlich verzweifelte und in ihrer Wut und Hilflosigkeit rasende Frau flieht vor dem Personalchef sowie Männern des Wachschutzes, die sie gewaltsam vertreiben wollen. Sie aber tut alles, um dem zu entgehen: Sie rennt weg, sie schreit, sie krallt sich fest, klammert sich buchstäblich an ihren Arbeitsplatz. Ihr Verhalten mag zunächst peinlich berühren, weil seine Vergeblichkeit ebenso klar auf der Hand liegt wie der damit verbundene Gesichtsverlust. Doch diese bürgerliche Kategorie von Peinlichkeit und Scham, mit der wir die Figur wahrnehmen (verstärkt auch dadurch, dass ihr Kamera und Mikro buchstäblich auf den Leib rücken und damit die Grenzen zur intimen Distanz überschreiten, was im Kino als unangenehm empfunden wird), scheint hier nicht zu greifen; warum, das wissen wir nicht, hatten wir doch vor diesem atemlosen Auftakt keine Gelegenheit, die Figur und ihre Situation kennenzulernen, um die Folgen des Arbeitsplatzverlustes abschätzen zu können, der diesen Furor in ihr auslöst. Wir verfügen weder über die notwendigen Kontextinformationen noch blicken wir in die Figur hinein, so dass wir die tragische Fallhöhe dieses

120 Wie durch narrative und stilistische Verfahren eine solche Blockade empathischer Teilhabe in der Initialphase befördert wird, habe ich am Beispiel von Fassbinders FONTANE EFFI BRIEST (BRD 1974) dargelegt; Hartmann 2004, 559.

Ereignisses nur erahnen können. Durch Vermeiden des Point-of-View wird von Beginn an bedeutet, dass es der narrativen Instanz nicht gegeben ist, auf konventionelle Weise in die Hauptfigur ‹hineinzukriechen› und uns Zugang zu ihrem Innenleben zu gewähren (vgl. Tröhler 2006a). Dennoch reagieren wir – aufgrund einer spontanen Situationsanalyse – emotional auf das Geschehen und ergreifen moralisch Partei für die den ‹Vertretern des Systems› hoffnungslos unterlegene Frau: Die *allegiance* als Teil der *structure of sympathy*, wie Murray Smith sie beschreibt (1995, 187ff), ist tendenziell unabhängig von der Innenperspektivierung. Tatsächlich gewinnt der Film seine Kraft gerade daraus, dass er bei aller Unbarmherzigkeit, mit der er seine auf verlorenem Posten kämpfende Protagonistin darbietet, die Außenperspektive gerade nicht aufgibt, (billiges) Mitleid verhindert und den Zuschauer zu einer analytischen, politischen Lesart anhält. An die Stelle empathischer Emotionen tritt die moralische Parteinahme für die Figur und die Sache, um die es ihr geht – das Recht auf Arbeit und ein menschenwürdiges Leben.

Die Herstellung des spezifischen Grades an Nähe oder auch Distanz zu den Figuren und die Beförderung von affektiven Bindungen, so hatte ich oben behauptet, bestimmen zugleich den Grad der Anteilnahme und des fiktionalen Involvements oder auch die ‹immersive Qualität› des Filmerlebens. Vielleicht lässt sich, bei aller gebotenen Vorsicht vor pauschalisierenden Zuschreibungen, behaupten, dass populäre Dramaturgien, die einem Verständnis von narrativem Realismus verpflichtet sind und daher ihre Figuren als ‹tiefe›, facettenreiche, psychologisch runde und transparente Charaktere anlegen, das Empathisieren mit der Hauptfigur befördern und sie in aller Regel zugleich als Sympathieträger aufbauen. Ryssel und Wulff (2000, 236) weisen auf die Drehbuchhandbücher hin, die fordern, die Figuren möglichst genau zu charakterisieren und ihre Handlungen diegetisch zu motivieren, damit der Zuschauer eine starke empathische Bindung zu ihnen aufbauen könne. Demgegenüber tendieren modernistische Erzählformen dazu, nur rudimentären Einblick in die Psychologie der Charaktere zu gewähren, sie mit widersprüchlichen Zügen und unerklärlichem Verhalten auszustatten und ihre Artifizialität hervorzukehren. Hier ist weniger das Verstehen der Charaktere Voraussetzung des Geschichtenverstehens, als dass die Unmöglichkeit des Empathisierens den Modus der Erzählung bestimmt und unter Umständen zugleich zu ihrem Thema wird.[121] Während der klassisch-realistische Modus die Nähe zu den Figuren und damit eine involvierte Form der Rezeption befördert, halten

121 Louis Malle soll einmal gesagt haben: «Ich liebe es, Filme über Menschen zu machen, die ich nicht verstehe.»

der modernistische oder auch der postmodernistische Erzählmodus den Zuschauer auf emotionale Distanz und sorgen für eine stärker analytisch ausgerichtete Rezeption.[122] Es ließe sich daher auch von *empathischen* im Gegensatz zu *nicht oder nur schwach empathischen filmischen Modi* sprechen. Aufgabe der Initialphase ist es, die Weichen zur jeweiligen Form der Anteilnahme zu stellen.

Nun fungieren Anfänge nicht allein als Vorbereitungsphase später sich erfüllender emotionaler Prozesse, sondern können, wie das Beispiel ROSETTA gezeigt hat, durchaus selbst emotional wirksam sein. Diese Gefühle sind jedoch in der Regel unpersönlicher oder zumindest nicht psychologischer Natur. Unterstreichen lässt sich diese These von der nichtpsychologischen Natur emotionalen Erlebens am Anfang auch durch Filme mit einem *grabber opening*, die mit einem Schockmoment beginnen, das den Zuschauer unvermittelt trifft.

FACE/OFF (John Woo, USA 1997) beginnt so: Ein Mann beobachtet durch das Zielfernrohr eines Gewehrs einen Vater mit seinem Sohn. Der Junge fährt freudestrahlend auf einem Karussell, der Vater steht lachend daneben – als der Mörder abdrückt und das Kind erschießt. Der Zuschauer reagiert emotional geschockt auf diese Ungeheuerlichkeit, auf die er durch nichts vorbereitet war und die er an dieser Stelle nicht erwarten konnte. Denn er geht davon aus, dass Gewaltszenen nicht ohne narrativen Kontext, also nicht ‹sinnlos› daherkommen, dass zunächst ein empathisches Feld und ein Sinnhorizont aufgebaut werden, aus denen heraus die Gewalt verstanden werden kann. Für das Empfinden des emotionalen Schocks ist keine Empathie mit dem Vater vonnöten. Wir müssen nicht erst imaginieren, was er fühlen mag; unser moralisches Empfinden reicht aus, um Tat und Täter grundsätzlich zu verdammen.

Eine *tour de force* emotionaler Teilhabe dieser Art bereitet der Anfang von Steven Spielbergs SAVING PRIVATE RYAN (USA 1998), die berühmte Sequenz von der Landung der Soldaten auf Omaha Beach an der Küste der Normandie. Sie schließt hart an den narrativen Rahmen an, mit dem der Film eröffnet, den Besuch eines Veteranen auf der Grabes- und Gedenk-

122 Solche Annahmen bedürfen einer empirischen Überprüfung. Zur Unterscheidung von ‹analytischer› und ‹involvierter› Form der Rezeption, traditionelle Kategorien empirischer Rezeptionsforschung, vgl. (am Beispiel des Fernsehfilms) Vorderer 1992. Darauf aufbauend gewinnt Suckfüll (2001, 38ff) verschiedene «Rezeptionsmodalitäten», umschrieben mit Aussagen wie man «lasse sich in die Geschichte fallen», «lasse sich treiben», «lebe die eigenen Emotionen aus», «identifiziere sich mit den Figuren», «achte auf Unstimmigkeiten», «denke sich ein anderes Ende aus», deren Operationalisierung im Rahmen eines umfassenden Rezeptionsmodells noch zu leisten ist; vgl. Suckfüll 2004; 2007. Zu Rezeptionsmodalitäten aus handlungstheoretischer Perspektive vgl. Göttlich 2006, Kap. 6.2. Betrachtungen zu unterschiedlichen historischen Rezeptionsweisen stellt Staiger in *Perverse Spectators* (2000, Kap. 1) an.

stätte. Die folgende Darstellung des Kampfgeschehens verlangt dem Zuschauer in ihrer Brutalität und Gnadenlosigkeit viel ab. Man leidet mit den Soldaten, die im flachen Wasser und auf dem weithin offenen Strand keinerlei Deckung finden und dem Feuer der in Betonbunkern verschanzten deutschen Truppen ausgeliefert sind. Man muss mitansehen, wie Körper von Kugeln durchsiebt, Körperteile abgetrennt werden und Eingeweide aus offenen Bauchdecken quellen. Die Sequenz erzeugt heftige, dabei durchaus unterschiedliche Emotionen: Mitleid, ein Gefühl des Ausgeliefertseins, Trauer um die Opfer, Schrecken und Ekel ob der Grausamkeit der Darstellung, die auch zur Abwehr des Films führen können.

Die Inszenierung der Sequenz verfolgt dabei die Strategie, Empathie mit einzelnen Figuren zu verhindern, indem die Soldaten vorab wenig individualisiert werden. In den kurzen Momenten vor dem Gemetzel gewinnen sie allenfalls als Vertreter einer Bevölkerungsgruppe, einer ethnischen oder religiösen Gemeinschaft Profil (vgl. Coplan 2006, 26f). Im Kampfgeschehen sind sie kaum mehr unterscheidbar; dazu trägt die extreme Fragmentierung durch Handkameras bei, die den visuellen Stil der Kriegsreportage simulieren, der unablässige Wechsel der Blickpunkte, kombiniert mit einer Manipulation der Linsenverschlusstechnik, wodurch schnelle Bewegungen als Serie von Einzelmomenten erscheinen,[123] die stakkatoartige, teilweise diskontinuierliche Montage sowie die Orchestrierung des Tons. Es gibt im entfesselten Chaos dieses Kugelhagels keinen sicheren Ort, keinen noch so kurzen Moment der Ruhe in (und vor) dieser Hölle, weder für die Soldaten noch für den Zuschauer. Kein auktorialer Standpunkt wird uns angeboten, von dem aus eine stabilisierende Fokalisierung und Perspektivierung des Geschehens möglich wäre.

Der suggestiv physische Kamerastil verfolgt die Strategie, den Krieg als Erfahrungsmodus zu vermitteln, wobei die radikale Subjektivierung innerhalb der einzelnen Einstellungen kaum je auf ein bestimmtes Individuum rückführbar ist und der Blickpunkt sich nicht im szenischen Raum verankern lässt. Empathie mit einem Einzelnen ist denn auch nicht Ziel der Inszenierung; ihr geht es darum, moralische und emotionale Nähe zu einem Kollektivsubjekt herzustellen, dessen Ausgeliefertsein und Verwundbarkeit man körperlich nachvollziehen – und sich darüber empören – soll. Hier greift zunächst eine Form «somatischer Empathie», die gänzlich ohne Psychologisierung auskommt, aber ausgeprägte viszerale Empfindungen als Reaktion auf das Geschehen erzeugt (vgl. Turnock 2002), sodann (vorausgesetzt, der Zuschauer wehrt sich nicht gegen die Darstellung,

123 Zu den visuellen Effekten, mit deren Hilfe der Wirklichkeitseindruck gesteigert werden sollte, vgl. die Interview-Passagen mit Kameramann Janusz Kaminski in Probst (1996).

die ihm zugemutet wird) Gefühle der Anteilnahme und eine moralische Parteinahme für die ‹amerikanische Seite›. Nach dem David-und-Goliath-Prinzip schlagen wir uns auf die Seite der Schwachen, solidarisieren uns mit denen, die unsere Unterstützung brauchen und um deren moralische Überlegenheit wir wissen. Die Schlachtszene bereitet den Zuschauer nicht allein auf das Kommende vor, sondern ist wesentlicher Baustein des rhetorischen Komplexes vom amerikanischen Patriotismus, auf den SAVING PRIVATE RYAN uns mit diesem Handlungsbeginn einschwört und damit ideologisch eingemeindet.

Die Figuren sind Schlüssel zur Geschichte: Als Objekte und Auslöser empathischer und emotionaler Prozesse stehen sie im Mittelpunkt der Aufmerksamkeit und dienen als Ankerpunkt unserer Verstrickung in die Narration.

3.8.5 Handlungsauslösende Funktion

Erzählung, hieß es oben, erfordert *Handlung*. Handlung nun ist keine Abfolge bloßen Geschehens oder statischer Zustände, sondern eine Kette von zeitlich und (in der Regel) kausal miteinander verknüpften Ereignissen, der ‹rote Faden› der Geschichte. Handlung ist dynamisch, sie zeitigt Veränderungen: der Figuren, ihrer Wünsche und Ziele, ihrer Konstellationen und Konflikte und damit des Zustands der erzählten Welt.

«Etwas muss passieren!» – damit eine Geschichte ihren Anfang nehmen kann, bedarf es eines Impulses, eines *auslösenden Ereignisses*, das die Handlung in Gang setzt. In seinem *Dictionary of Narratology* definiert Gerald Prince diesen Punkt als Anfang: «*beginning*. The incident initiating the process of change in a *plot* or *action*. This incident does not necessarily follow but is necessarily followed by other incidents» (1987, 10; Herv.i.O.). Wenn Hercule Poirot zu Beginn von THE ALPHABET MURDERS (← Kap. 1) sich abwendet und verkündet: «Gar nichts wird passieren!», dann wissen wir um das Paradox dieser Behauptung und werden in unserer Einschätzung bestätigt, wenn gleich darauf der tödliche Schuss fällt, der die Detektivgeschichte anstößt.

In (←) Kapitel 2.3 war dann vom Anfang als «Äquilibrium» oder – je nach Konzeptualisierung – als «Störung» die Rede. Nicht der Filmanfang per se ist als Störung zu beschreiben, habe ich dort festgehalten, jedoch kann der Plotbeginn als Durchbrechung eines vormaligen Gleichgewichts- oder Ruhezustands beschrieben werden – so es denn, wie Carroll spöttelt (op. cit.), einen solchen jemals gegeben hat. Trotz dieses berechtigten Einwands scheint mir die Metapher von Äquilibrium und Störung, die Erzähltheorien des Films und Drehbuchliteratur durchzieht, produktiv:

weil sie den *Anfang der Diegese* vom *Anfang des Plots* als zwei Textmomente mit distinkten Initialisierungfunktionen (den diegetisierenden und den narrativisierenden) scheidet.

Für manchen Zuschauer ist erst mit dem Einsatz der Handlung der Punkt gekommen, an dem der Film ‹richtig anfängt›, weil nun ‹endlich etwas passiert›. Die Geschichte rückt ins Zentrum der Aufmerksamkeit, die fabelkonstruierende Tätigkeit setzt ein. Die Handlung mag dabei entweder *medias in res*, also unmittelbar am Filmanfang beginnen oder erst nach einer Phase, die der Kontaktaufnahme, der Diegetisierung und der expositorischen Darlegung (→ Kap. 3.8.6) vorbehalten ist. Der Aufbau der Handlungswelt kann – zumindest in grundlegenden Zügen – den narrativisierenden Prozessen im eigentlichen Sinn vorausgehen, die verschiedenen Initialisierungsfunktionen können phasisch aufeinander folgen, müssen dies aber nicht.

Auf das Phasenmodell des Diegetisierens und Narrativisierens, das Zobrist (2000) in Anlehnung an Odin entwickelt hat, habe ich oben bereits kurz hingewiesen (← Kap. 2.6): Zobrist beschreibt damit unter anderem, wie zunächst für «Orientierung» im Handlungsraum gesorgt werde, bevor sich die erzählte Welt über einen «ersten Ansatz der Diegese» zur «vollen Szenerie» rundet, wenn die Figuren auftreten und Informationen über sie vermittelt werden, bevor mit einer weiteren Stufe die Handlung einsetzt (ibid., 53f). Diese konventionalisierte Abfolge diegetisierender und narrativisierender Funktionen und damit so etwas wie eine ‹phasische Gliederung› des Anfangs (mit dem Handlungsbeginn als dessen Ende) lässt sich etwa an François Ozons SWIMMING POOL (F 2002) exemplarisch darlegen:

1. Über den Ortsindikator ‹Big Ben› wird der Schauplatz London etabliert; 2. die erste Szene zeigt eine typische Situation: Fahrgäste in einer vollen U-Bahn; 3. mit Hilfe einer Nebenfigur wird die Protagonistin, eine Krimiautorin, vorgestellt und mit grundlegenden Eigenschaften ausgestattet (sie reagiert abweisend und will sich nicht zu erkennen geben); 4. in einer anschließenden Dialogszene im Büro ihres Verlegers, zugleich ein Freund und Förderer, werden expositorische Hinweise vergeben (über den versiegenden Erfolg der Autorin, ihre derzeitige Schreibblockade, ihre Suche nach einem neuen Ansatz etc.), zugleich werden prospektive Impulse gesetzt (der Verleger bietet ihr an, auszuspannen und die Schreibblockade in seinem Ferienhaus in Frankreich zu überwinden); 5. die Reise nach Frankreich markiert den Aufbruch in ein Abenteuer – etwas muss passieren! – und den Beginn der ‹eigentlichen› Geschichte, die sich hier entspinnt.

Die Bedürfnisse, Ziele und die sich daraus ergebenden Konflikte der Figuren bestimmen den narrativen Verlauf und fungieren als Motor der Geschichte. Das Anlegen des Konfliktpotenzials im Netzwerk der Charaktere mit ihren Differenzialmerkmalen und -eigenschaften bereitet die Durchführungsphase vor, die vom konfligierenden Handeln prot- und antagonistischer Figuren bestimmt ist. Im Folgenden wird nun die Initialisierung der Handlung oder, wie ich es nennen möchte, die *handlungsauslösende Funktion* betrachtet – und damit eine für die Narrativisierung wesentliche Aufgabe der Initialphase.

Die Funktion, für die Störung eines wie auch immer beschaffenen Gleichgewichts zu sorgen, die Ruhe der erzählten Welt zu durchbrechen und die ‹eigentliche› Geschichte anzustoßen, kommt einem Moment zu, das bereits in Gustav Freytags Dramenlehre beschrieben und dort als «Eintritt der bewegten Handlung» oder als das «erregende Moment» benannt ist (Freytag 1983 [1863], 105). Zeitgenössische Dramaturgien bezeichnen dies wahlweise als «Auslöser» oder «auslösenden Vorfall», als «Angriffspunkt», als «Initialmoment» oder auch als «Initialzündung». In amerikanischen Drehbuchhandbüchern ist entsprechend die Rede vom «trigger» oder «triggering incident», in Voglers spezieller Terminologie vom «call to adventure» (1996, 117), bei anderen Autoren auch, und diese Bezeichnungen sind die wohl gebräuchlichsten, vom «inciting incident» oder dem «point of attack».

Die handlungsauslösende Funktion geht in Filmerzählungen, die nach dem kanonischen Geschichtenformat angelegt sind – und nur von diesen soll zunächst die Rede sein –, gemeinhin aus von dem *ersten hervorgehobenen Ereignis* in einer Kette aufeinander folgender und sich auseinander ergebender Aktionen und Gegenaktionen, die Anfang und Ende der Geschichte miteinander verbinden; in der Formulierung bei Hant:

> Der Plot Beginn [sic!] löst eine Kette von Ereignissen aus, die sich bis zum Höhepunkt am Schluß der Geschichte [...] fortsetzen. [...] Diese Kette von Ereignissen schafft eine direkte kausale Verbindung zwischen dem Plot Beginn und dem Höhepunkt am Ende (1992, 88).[124]

Die Initialzündung, die Hant als ‹Plotbeginn› bezeichnet, begegnet uns in sehr unterschiedlichen Formen, wie ich kursorisch darlegen möchte.

Formen und Muster des handlungsauslösenden Moments

Der Handlungsauslöser kann von außen in die Welt der Figuren einbrechen (in Form einer Naturkatastrophe, eines Angriffs aus dem All etc.) oder aus diesen selbst herrühren (eine Figur trifft eine Entscheidung, die Konsequenzen nach sich zieht); in jedem Fall ist es das hierdurch bedingte

124 Ähnliche Beschreibungen finden sich in fast allen zeitgenössischen Filmdramaturgien, aber auch in filmnarratologischen Modellen; vgl. als Überblick Eder 1999, 60ff.

Handeln der Figuren, das die Geschichte ins Rollen bringt und ihr Zentrum bildet (auch in dieser Hinsicht erweisen sie sich als Schlüssel zur Geschichte): Der Anfang knüpft sich daran, dass die Figuren mit einem Problem konfrontiert sind, eine Entscheidung zu dessen Lösung treffen, damit die Ereigniskette in Gang setzen und zugleich die «zentrale Frage» aufwerfen (vgl. z.B. McKee 1997, 198; Eder 1999, 60). Was als Handlungsauslöser fungiert, ist weitgehend von Erzählform und Genre abhängig.

So stellt die Anfangsformel ‹ein Auftrag wird erteilt› den typischen Auslöser von Detektivgeschichten dar: In THE MALTESE FALCON betritt eine elegante Frau das Detektivbüro und bittet Sam Spade, nach ihrer verschwundenen Schwester zu suchen – Beginn einer Kette gefahrvoller Verwicklungen (vgl. Crawford 1980). In THE SILENCE OF THE LAMBS erhält die FBI-Schülerin Clarice Starling den Auftrag, im Fall eines Serienmörders zu ermitteln und zu diesem Zweck den im Hochsicherheitsgefängnis einsitzenden Hannibal («the Cannibal») Lecter aufzusuchen. Und nachdem Charles Foster Kane zu Beginn von CITIZEN KANE gestorben ist und der Nachrichtenfilm «News on the March» die Lebensstationen des Zeitungsmagnaten resümiert hat, ergeht der Rechercheauftrag an den Reporter Thompson: «Rosebud – dead or alive!» Ein dreifacher Beginn, dessen Ende den Auftakt bildet zu einer detektivischen Spurensuche.

Ein ähnlich funktionierender Auslöser ist ‹eine Wette wird geschlossen› etwa am bereits erwähnten Anfang von AROUND THE WORLD IN 80 DAYS nach Jules Verne: Zwei Gentlemen treffen in ihrem Londoner Club aufeinander, man debattiert, die Gemüter erhitzen sich, ein Wort gibt das andere – bis schließlich gewettet wird, ob es in der modernen Zeit, 1872, möglich wäre, die Erde in der Rekordzeit von 80 Tagen zu umrunden.

Hier verfügt das handlungsauslösende Ereignis selbst nicht über Ereignischarakter im eigentlichen Wortsinn (weshalb ich den Begriff der ‹handlungsauslösenden Funktion› bevorzuge), sondern wird im Dialog vermittelt.

Im Biopic mag der Handlungsauslöser ein traumatisches oder zumindest einschneidendes Ereignis sein, welches das Leben des Protagonisten prägt. Ein Beispiel wäre der tödliche Unfall des älteren Bruders am Anfang der Binnenerzählung von WALK THE LINE (James Mangold, USA/D 2005) über Johnny Cash. Im Horrorfilm kann sich die handlungsauslösende Funktion durch die erste Attacke des Monsters vollziehen, im Sciencefiction durch nichts Geringeres als die Nachricht vom bevorstehenden Weltuntergang oder auch nur durch den Umstand, dass ein kleiner Außerirdischer allein auf der Erde zurückblieb. Aber so sensationell muss sie gar nicht daherkommen, auch Alltagskonflikte können sich zu Krisen zuspitzen und eine Geschichte in Gang setzen.

In KRAMER VS. KRAMER besteht das Initialmoment darin, dass eine Mutter, nachdem sie ihren Sohn liebevoll zu Bett gebracht hat, einen Koffer packt und ihrem spät von der Arbeit heimkehrenden Mann mitteilt, dass sie ihn verlässt. Von einem Moment auf den anderen steht er vor dem Problem, sich allein um das Kind kümmern zu müssen; sein Leben wird sich grundlegend ändern.

Es kann aber auch der pure Zufall sein, der das Leben der Protagonisten durcheinander wirbelt und die Geschichte ins Rollen bringt, so im Fall des stereotypen Erzählschemas ‹boy meets girl›, mit dem IT HAPPENED ONE NIGHT (Frank Capra , USA 1934), BLUEBEARD'S EIGHTH WIFE (Ernst Lubitsch, USA 1938), WHEN HARRY MET SALLY (Rob Reiner, USA 1989), NOTTING HILL (Roger Michell, GB/USA 1999) und unzählige andere Liebeskomödien beginnen.

Am Rande sei bemerkt, dass die verschiedenen Realisierungsmöglichkeiten der handlungsauslösenden Funktion als deutlicher Hinweis auf das Genre und seine Affektstruktur dienen: Es mag trivial klingen, aber wenn Harry auf Sally trifft, lässt das nicht nur einen anderen narrativen Verlauf erwarten als ein blutiger Überfall zum Auftakt der Geschichte, sondern legt auch die Dominanz und Tiefe bestimmter Emotionen nahe (vgl. Tan 1996, 221f; Grodal 1997, 3 passim), setzt also einen Rahmen für das Verstehen und Erleben.

Welche Form die handlungsauslösende Funktion auch annimmt, in jedem Fall reagieren die Charaktere auf eine Herausforderung, suchen nach Lösung eines Problems, stehen vor einer Entscheidung, schlagen einen Weg ein, kurzum: Sie beginnen zu handeln.[125] Entsprechend sind hier die konstruktiven, die Hypothesen bildenden und die Geschichte entwerfenden Tätigkeiten des Zuschauers gefordert und nehmen eine Richtung an.

Eder (1999), der Drehbuchratgeber und Narrationsmodelle kognitiver Filmtheorie hinsichtlich der Elemente und Eigenschaften populärer Dramaturgie untersucht hat, weist auf Unklarheiten in der vorherrschenden Redeweise vom *point of attack* hin, die auch in meiner Darstellung offensichtlich werden. Er schlägt vor zu unterscheiden: 1. Ereignisse, die das zentrale Problem für die Figur verursachen; 2. Ereignisse, bei denen sich die Hauptfigur entscheidet, das Problem zu lösen, und also ein Handlungsziel fasst; 3. Ereignisse, die beim Zuschauer die zentrale Frage der Geschichte aufwerfen, welche im Weiteren seine Hypothesenbildung, seine Antizipationen und Erwartungen bestimmt (vgl. ibid., 63). Diese Differenzierung berücksichtigt, dass zwischen dem Auftreten eines Problems

125 Paul Ricœur (1988-91, Bd. 3, 371) bezeichnet den Handlungsauslöser ganz in diesem Sinn als «Initiative», als «Eingriff des Handelnden in den Lauf der Welt».

und dem einsetzenden Problemlösehandeln der Figur Zeit vergehen kann (etwa weil die Figur sich zunächst dagegen sträubt einzugreifen) und dass der Informationsstand von Figuren und Zuschauer höchst unterschiedlich sein kann (so mögen wir bereits mit Problemen in der erzählten Welt konfrontiert sein – die Katastrophe hat sich schon ereignet, das Monster schon sein erstes Opfer gefordert –, von denen der Protagonist noch gar nichts ahnt).

Für den Dramaturgen ist die Frage nach dem auslösenden Vorfall, d.h. danach, *womit* die Geschichte beginnen soll, zugleich die danach, *wo* dies zu geschehen habe (vgl. McKee 1997, 189). Filme populärer Dramaturgie setzen vielfach *in medias res* ein, der Hollywood-Weisheit folgend, man müsse mit einem Knall anfangen (und sich danach zu steigern wissen) (← Kap. 1.2). Der größte Fehler, so die Mehrzahl amerikanischer Dramaturgen, sei es, das handlungsauslösende Moment allzu lange aufzuschieben und den Anfang mit Exposition zu überfrachten – schließlich warte der Zuschauer auf die Initialzündung, die die zentrale Frage aufwirft, der Geschichte eine Richtung gibt und ihr Spannung verleiht (vgl. Miller 1988, 66).

Manche Filmanfänge zögern den Anfang der eigentlichen Geschichte ein wenig hinaus. So beginnt der Western BEND OF THE RIVER (Anthony Mann, USA 1952) mit einem kleinen Dialog während eines Planwagentrecks, der um die Qualität der von den Frauen gebackenen Brötchen und um zu waschende Hemden kreist, so spielerisch die Lebensbedingungen der Siedler und die Beziehungskonstellation in der Gruppe beleuchtend. Dann reitet der solcherart eingeführte Protagonist los, trifft zufällig auf eine Gruppe Männer, die einen vermeintlichen Pferdedieb hängen wollen, rettet diesen vor dem Strick (das ist der *point of attack*) und lädt ihn nach erfolgreicher Flucht in das Planwagenlager ein – mit dem Hinweis auf die guten Brötchen, die es dort gebe.

Dagegen nimmt sich der bereits erwähnte WITNESS für einen Hollywood-Film außergewöhnlich viel Zeit, um in die Welt einer Gemeinde von Amish-Leuten einzuführen, in ruhiger und detailreicher Erzählweise ihre zeitenthobene Lebensweise darzustellen, die Moralauffassungen dieser tiefreligiösen Kultur zu verdeutlichen, den bedächtigen Rhythmus, nach dem dort gelebt wird, zu etablieren und die topologische Teilung der erzählten Welt hervorzukehren. Es dauert ungefähr 13 Minuten, bis der Amish-Junge bei seiner ersten Reise, die ihn aus dieser kulturellen Enklave hinausführt, auf einer Bahnhofstoilette als einziger Zeuge einen Mord mitansehen muss. Bei den Ermittlungen treffen die Hauptfiguren als Vertreter unterschiedlicher (Werte-)Welten aufeinander. Die Konfrontation führt zu Veränderungen auf beiden Seiten: Nicht allein müssen die pazifistischen Amish lernen, der Gewalt entgegenzutreten, auch der Protagonist wandelt sich von einem zynischen Großstadtpolizisten zu einem verantwortlichen, hilfsbereiten, moralisch integren Charakter (vgl. Howard/Mabley 1993, 50f).

Wie einige wenige Drehbuchratgeber nahelegen, die der Dramaturgie des initialen Knalleffekts skeptisch gegenüberstehen, wird der Anfang hier genutzt, um zunächst, wie oben geschildert, die Diegese und die sie bevölkernden Figuren in ihrem personalen Umfeld vorzustellen, anhand kleiner Dialoge und typischer Verhaltensmuster zu charakterisieren und in ihren «normalen Lebensumständen» einzuführen (Aronson 2000, 85, meine Übers.), bevor die eigentliche Handlung beginnt.[126]

Es gibt aber auch Genres und Erzählformen, die ein gänzlich anderes Spiel spielen, indem sie den Plot mitten in einem zugespitzten Moment beginnen lassen, der sich dann als Krise kurz vor dem Ende herausstellt. Bordwell (2007b) weist auf diese im Action-Kino seit einigen Jahren etablierte Mode hin, von diesem Krisenmoment an den Anfang zurückzuspringen, worauf die Geschichte entweder ‹objektiv› erzählt oder aber in einem langen ‹subjektiven› Flashback dargeboten wird. FIGHT CLUB (David Fincher, USA/D 1999) verfährt nach diesem Muster, Bordwell nennt MISSION: IMPOSSIBLE III (J.J. Abrams, USA/D 2006).

Der Anfang erscheint auf diese Weise zunächst rätselhaft, allmählich erst kann die Situation kontextualisiert werden, bevor mit der Rückwendung orientierende und expositorische Funktionen greifen, wenn Schauplatz und Figuren eingeführt werden und die Ausgangssituation der Geschichte verdeutlicht wird. Solche Erzählkonstruktionen zeigen deutlich, dass wir es bei der ersten Handlungsszene nicht notwendig mit dem Auslöser zu tun haben. Die Geschichte folgt der zentralen Frage, wie es zu dieser Entwicklung kommen konnte – wenn man so will, die ‹postklassische Action-Variante› des ‹Endes-am-Anfang›, das bereits der Film Noir

126 McKee (1997, 200ff) weist darauf hin, dass es in CASABLANCA 32 Minuten dauert, bis «As Time Goes by» gesungen wird und Ilsa in Ricks Leben zurückkehrt. Erst mit Ilsas Auftritt werde die Liebesgeschichte und damit die zentrale Handlungslinie angestoßen. In der Phase davor entwickeln sich allerdings eine ganze Reihe von Nebenlinien. McKee scheint hier *inciting incident* und *plot point* in eins zu setzen. Das Auftauchen Ilsas in Ricks Bar stellt sicherlich einen Wendepunkt dar, aber ist es zugleich als das auslösende Ereignis einer Geschichte anzusehen, die neben dem (in der Tat ungewöhnlich spät einsetzenden) *romantic plot* aus mehreren Subplots besteht, die zu diesem Zeitpunkt bereits weitgehend entfaltet sind? McKees Einschätzung würdigt die Geschichte vom Widerstand der Migranten gegen die Nazis und das verhasste Vichy-Regime zu Nebenlinien der Liebesgeschichte herab. CASABLANCA aber ist ein Polygenre (vgl. Eco 1989 [1975]) und der Film gerade deshalb so erfolgreich, weil er Geschichten unterschiedlicher generischer Art und affektiver Ausrichtung zu einem mehrstimmigen und dichten Erzählgewebe zusammenfügt, das spezifische narrative Interessen und Unterhaltungsbedürfnisse verschiedener Zuschauergruppen befriedigt.

mit DOUBLE INDEMNITY (Billy Wilder, USA 1944) oder SUNSET BOULEVARD (Billy Wilder, USA 1950) erprobt hat und das auch die narrative Struktur von CITIZEN KANE, MILDRED PIERCE, THE BAD AND THE BEAUTIFUL (Vincente Minnelli, USA 1952) oder THE BAREFOOT CONTESSA (Joseph L. Mankiewicz, USA 1954) prägt.[127]

Handlungsauslösendes Moment und Hypothesenbildung

Die vielgestaltigen dramaturgischen Möglichkeiten, eine Geschichte in Gang zu setzen, dem handlungsauslösenden Moment Gestalt zu verleihen und es im Erzählablauf zu platzieren, zeigen, wie der Anfang auf die Initiation des Zuschauers und seine Verwicklung in die Erzählung zielt. Denn bei aller Verschiedenartigkeit der Formen und Spielarten sind ihnen doch für den hier zu diskutierenden Zusammenhang zentrale Funktionen gemein:

Wiederkehrende Muster zeichnen sich ab; manche Handlungsauslöser sind, wie gesehen, innerhalb eines Genres konventionalisiert, zuweilen stellen sie gar stereotype Anfangsformeln dar. An sie knüpfen sich ganze Erzählprogramme, die mit dem Handlungsauslöser abrufbar werden – so zieht der Auslöser ‹Unschuldig beschuldigt› typischerweise eine ‹Innocent on the run›-Geschichte mit ihren narrativen Unterprogrammen nach sich. Wenn das handlungsauslösende Ereignis die Geschichte anstößt, dann damit zugleich die Kette von Fragen und Antworten, die Carroll (1988, 170-181; vgl. 2007, Kap. 5) als Kern der narrativen Strukturbildung im klassischen wie im zeitgenössischen populären Film ausmacht. In seinem als *erotetic narration* bezeichneten Modell (auch «tacit question model» oder «interrogatory model» benannt; vgl. ibid., 173) beschreibt er die Erzählstruktur – etwas simplifizierend – als übergreifende Bögen von Fragen und Antworten:[128] Der Anfang wirft demnach ein ganzes Bündel narrativer Fragen auf, deren (teilweise) Beantwortung in späteren Szenen erfolgt, in denen sich wiederum neue Fragen ergeben, welche die nächste(n) Szene(n) vorbereiten, bis am Ende (nahezu) alle Fragen beantwortet sind, insbeson-

127 Vor jedweder filmischen Anverwandlung ist die Form bereits vom Drama streng analytischer Struktur bekannt, dessen Handlung einen Prozess der Aufdeckung der Bedingungszusammenhänge darstellt, die zu der Eingangssituation geführt haben; vgl. Pfister 2000 [1977], 126.

128 Ähnlich bei Bordwell: «Our hypothesis-forming activity can be thought of as a series of questions which the text impells us to ask» (Bordwell/Staiger/Thompson 1985, 39). Der Begriff «erotetisch» beschreibt die Verbindung von ‹Frage-› und ‹Antwort-Szenen› (die selbst wiederum neue Fragen aufwerfen); Carroll geht indes nicht von einer linearen Kausalität zwischen den einzelnen Szenen aus, sondern legt dar, wie der Anfang ein «structured set of possibilities» (1988, 172) hervorbringt, die mehr oder weniger wahrscheinlich sind; vgl. grundsätzlicher zum Status von Kausalität als Bindemittel in Erzählungen Carroll 2001.

dere die initiale «Makro-Frage» (in der Drehbuchliteratur, wie oben zitiert, auch als «zentrale Frage» bezeichnet).[129] Die Makro-Frage überspannt die gesamte Erzählung, bildet ihr Rückgrat (vgl. McKee 1997, 194ff) und steht im Zentrum der Zuschauerüberlegungen: Wird E.T. auf seinen Planeten zurückkehren? Kann der Weltuntergang verhindert werden? Werden Rick und Ilsa am Ende wieder als Paar vereint sein? Und wie werden Harry und Sally trotz der bestehenden Animositäten zueinander finden?

Indem Carroll die Filmerzählung als ‹Frage-und-Antwort-Spiel› konzipiert, veranschaulicht er die Verwobenheit von Erzählstruktur und Zuschaueraktivitäten. Wir sind aufgefordert, Erwartungen zu bilden, also (mehr oder weniger bewusst) Fragen an die Erzählung zu richten, im Erzählangebot nach Informationen und Hinweisen zu suchen, die Situationen der Charaktere und daraus sich ergebende Konflikte einzuschätzen, mögliche narrative Verläufe zu antizipieren (→ Kap. 3.8.7) und am Schicksal der Figuren Anteil zu nehmen.

Nun ist einschränkend zu bemerken, dass Carrolls Modell sehr apodiktisch daherkommt und angesichts der Vielzahl filmischer Erzählweisen relativiert werden muss: Oben habe ich mit Tan und Ohler darauf hingewiesen, dass das Filmverstehen kein kalkulierender Problemlöseprozess ist. Ebensowenig ist es als Rätsel oder als Ratequiz zu verstehen – oder doch nur in den seltensten Fällen. Die rezeptive Strategie des Miträtselns, die beim Whodunit vorherrscht, mag in anderen Erzählformen gänzlich fehl am Platze sein. Häufig stellen wir keine dezidierten, in oben angeführter Weise formulierbaren Fragen an die Erzählung, sondern sammeln die uns angebotenen Informationen, haben vage Vorahnungen und allenfalls latente Erwartungen und lassen ansonsten die Ereignisse auf uns zukommen, wissend, dass sie sich auch ohne unser Dazutun entwickeln werden. Carrolls Modell ist von gewisser Eleganz und Evidenz, was die Beschrei-

129 Dieses Erzählmodell wird auch an anderer Stelle beschrieben: So spricht Bordwell (1985, 38) mit Šklovskij (1984 [russ. 1929], 55f) von einer «treppen-» oder «stufenartigen» Struktur (*stairstep construction*) des Handlungsaufbaus und von «dangling causes» zur Verbindung der einzelnen Szenen. Bordwell/Staiger/Thompson arbeiten heraus, wie das Frage-Antwort-Modell im klassischen Hollywood-Kino auch auf den Aufbau der Szene übertragbar ist; vgl. 1985, 65; vgl. für das postklassische Kino Bordwell 2008. Folgt man dieser Modellvorstellung, dann wäre das Ende als Ort der Beantwortung sämtlicher offener Fragen und damit gewissermaßen als Krönung der Erzählstruktur anzusehen. Diese Vorstellung, die auch die Drehbuchliteratur prägt, erklärt, warum das Ende im Hollywood-Kino als Funktion das Anfangs erscheint: weil am Anfang die zentralen Fragen aufgeworfen werden, die ein als ‹geschlossen› geltendes Filmende beantwortet haben muss; vgl. Neupert 1995, Kap. 2; Christen 2002, 21ff. Nun wissen wir jedoch aus zahlreichen Produktionsgeschichten, dass tatsächlich kaum je so gearbeitet wurde: Im Falle von CASABLANCA etwa soll das Ende keinem der Beteiligten bei Drehbeginn klar gewesen sein. Und häufig werden mehrere Schlüsse gedreht, weil man sich noch nicht festlegen will.

bung der Erzählstrukturen im klassischen und postklassischen Erzählkino anbelangt, sollte aber keinesfalls verabsolutiert werden.

Etwas vorsichtiger (aber eben auch ungefährer) ließe sich formulieren: Die die Erzählung prägenden Konflikte, die in der Initialphase etabliert und mit dem *inciting incident* in Handlung umgesetzt werden, sind in der Modellvorstellung kognitiver Dramaturgie als Mittel zur kontrollierten Einwirkung auf den Zuschauer zu beschreiben. Sie sorgen zunächst für Interesse, dann für (mehr oder weniger manifeste) Erwartungen, Antizipationen und Hypothesen und damit für kognitive wie emotionale Spannungen.

Mit dem auslösenden Ereignis vollzieht sich ein (mehr oder weniger ausgeprägter) *rezeptiver Wechsel*, ändern sich die Frage- und Antizipationstätigkeiten des Zuschauers und seine Suchstrategien: Waren sie zuvor, in der Phase der Kontaktaufnahme und der einsetzenden diegetisierenden Prozesse noch relativ ungerichtet oder diffus, umkreisten sie zunächst die «aboutness» (Eco 1990 [1979], 114) des Films und der Erzählung (Was ist das für ein Film? Was geht hier vor? Wie ist das zu verstehen? Wie hängen die einzelnen Momente zusammen? Was für eine Geschichte könnte der Film erzählen? Was will er von mir?) und waren, wie geschildert, auf eine grundlegende Orientierung im Handlungsraum gerichtet (auf die Bestimmung von Ort, Zeit und Milieu, die Festlegung der Hauptfiguren, ihre Konstellation zueinander, die Synthese der Charaktere), so sind die sich stellenden Fragen nunmehr stärker plotbezogen. Mit dem Aufbau des Situationsmodells verengt sich auch der ‹Suchraum›, die narrativen Möglichkeiten und Probabilitäten, die am Anfang noch wenig bestimmt oder weit gefächert sind, werden sukzessive eingegrenzt, die Hypothesenbildung bündelt sich stärker auf ein Ziel (vgl. Chatman 1989 [1978], 46).

Mit dem *point of attack* nimmt die Geschichte Gestalt an, sie bekommt Stoff, eine Richtung, zuweilen gar ein Handlungsprogramm. Pragmatisch gesprochen: Der Zuschauer erlangt mit dem Aufwerfen der zentralen Frage ein stärkeres Gefühl kognitiver Kontrolle, weil diese Frage die narrativen Informationen fokussiert und so hilft, sie besser einzuordnen. Während er sich vor dem ‹Angriffspunkt› in einem Zustand der «pré-compréhension» (Odin 2000, 29) befindet und eine eher ungerichtete ‹Sammelstategie› verfolgt oder eine, wie Bordwell es mit Teun van Dijk (1979) nennt, «wait-and-see strategy» (1985, 38), verschafft der *point of attack* dem Verstehensprozess eine andere Dynamik und Stoßrichtung: Ein roter Faden wird sichtbar, an dem entlang sich das Geschichtenverstehen vollziehen kann. Damit ist eine neue Stufe in der Verarbeitung des narrativen Angebots erreicht (vgl. Bordwell 1985, 38; Eder 1999, 65). Eder gibt zu bedenken, dass das Aufwerfen der zentralen Frage den Punkt darstellt, an dem der

Zuschauer mit dem Problem des Protagonisten und mit dessen Gefühlen vertraut gemacht wird, was, im Zusammenspiel mit der hier einsetzenden narrativen Perspektivierung über die Figur, Empathie mit ihr begünstigt und damit für fiktionales Involvement sorgt (ibid.).[130]

Aber bei diesen Überlegungen darf natürlich nicht vergessen werden, dass es filmische Erzähltraditionen gibt, die ihre Geschichten gänzlich anders darbieten und sich nicht oder nur mit Einschränkungen über das kanonische Format und das Modell erotetischer Narration beschreiben lassen. Das mag schlichtweg damit beginnen, dass sich diese Filme nicht dem Diktat der Drehbuchliteratur fügen, wonach das auslösende Ereignis unbedingt gezeigt werden müsse und keinesfalls in der so genannten *back story* versteckt sein dürfe.

Oder worin besteht der *point of attack* in YELLA (Christian Petzold, D 2007)? Die Geschichte beginnt *in medias res*; am Anfang ist die Protagonistin bereits auf ihrem Weg, die Entscheidung, wie sie zukünftig leben will, in die Tat umzusetzen: Nach dem Scheitern ihrer Ehe und dem Bankrott der Firma ihres Mannes verlässt sie den kleinen ostdeutschen Ort, um ihr Glück in der ‹freien Wirtschaft› im Westen zu suchen. Der Moment, in dem sie diese Entscheidung getroffen hat, bleibt indes ausgespart. Was wir sehen, ist eine Frau, die straffen Schrittes durch ihre Heimatstadt läuft, um ihren Koffer abzuholen. Erst am Ende erfährt der Zuschauer, dass der Autounfall kurz nach diesem Handlungsbeginn, der die Protagonistin scheinbar nicht hindern konnte, den eingeschlagenen Weg weiterzuverfolgen (und damit auch nicht als *point of attack* zu klassifizieren war), das auslösende Ereignis einer *anderen Geschichte* darstellt als der, die er zu sehen meint und über deren diegetischen Realitätsstatus er nachhaltig getäuscht wird. Tatsächlich stirbt die Protagonistin nämlich bei diesem Unfall, mit dem sich zugleich ein narrativer Moduswechsel vollzieht, auf den mit Hilfe subtiler Hinweise aufmerksam gemacht wird: Die Geschichte verlagert sich in eine Zwischenwelt zwischen Leben und Tod, erzählt wird vom *möglichen* Verlauf der Ereignisse, vielleicht vom Zukunftsentwurf einer Sterbenden – unmerklich ist aus der realistischen Erzählung vom Anfang eine mit metaphysischen Anteilen oder auch eine Geschichte «im Potentialis» (Grob 2005) geworden.

Auch die Formen ‹mehrstimmigen Beginns› lassen sich nicht bruchlos mit den tradierten dramaturgischen Modellen und Konzepten erfassen, und ein einziges handlungsauslösendes Moment ist auch hier nicht ohne

130 Ähnlich beschreiben dies bereits Tan und Diteweg (1996) in einer Studie zum Suspense: Mit dem auslösenden Ereignis, das als Bedrohung oder zumindest als Herausforderung des Protagonisten empfunden wird, beginnt zugleich die Sorge um ihn – eine der Voraussetzungen für (späteres) Spannungserleben und grundlegend für das Interesse an der narrativen Entwicklung.

Weiteres bestimmbar: In multiperspektivischen, vielstimmigen Narrationen werden simultan oder sukzessive viele Handlungslinien eröffnet und wie Puzzleteile dargeboten, die sich nicht sofort zu einem Zusammenhang integrieren lassen. Die Erzählung wirkt zunächst dezentriert, wie sich an Filmen mit pluralen Figurenkonstellationen und Episodenstruktur zeigen lässt, so z.B. City of Hope (John Sayles, USA 1991), Life According to Agfa (Ha Chayim Aply Agfa/Nachtaufnahmen, Assi Dayan, Israel 1992) oder Short Cuts (Robert Altman, USA 1993), die Margrit Tröhler (2007) in einer umfassenden narratologischen Studie untersucht hat.

Manche Erzählformen gehen noch weiter. Sie meiden überhaupt die Ereignishaftigkeit und verzichten bei ihrem Versuch narrativer Ausdünnung und des Anhaltens des Erzählflusses durch Einfügen ‹leerer› Bilder, Stillstellung der Zeit und das Spiel mit kleinen Variationen anstelle einer kausalen Kette auch auf so etwas wie einen Handlungsauslöser. Die erzählte Welt scheint ereignislos und daher ohne Zäsuren. Wo es kaum mehr eine Handlung im traditionellen dramaturgischen Verständnis gibt, da lässt sich auch kein auslösendes Ereignis ausmachen. Solche Geschichten *beginnen* nicht, wie Carroll formuliert (op.cit.) – *sie fangen einfach an.*

Beispiele wären die gedehnten Anfangssequenzen der Filme Michelangelo Antonionis, in denen der Beginn einer eigentlichen Handlung nicht genau festzulegen ist und die erzählte Zeit gleichsam auf der Stelle tritt.[131] Man denke aber auch an spätere Formen, die dieses ehedem avantgardistische Prinzip aufgegriffen und popularisiert haben, so etwa amerikanische Jugendfilme wie Richard Linklater's Slacker (USA 1991) oder Clerks (Kevin Smith, USA 1994), die das Ausbleiben von «Action» zum Erzählinhalt und dramaturgischen Prinzip erheben, worauf bereits die lakonischen Filmtitel hinweisen. Erwähnt seien auch die als «Berliner Schule» etikettierten Filme, etwa, um nur einen Vertreter zu nennen, Thomas Arslans handlungsarme Großstadtfilme von Mach die Musik leiser (D 1994) über Kardesler/Geschwister (D 1996) und Dealer (D 1998) bis zu Der schöne Tag (D 2001), die abstellen auf Realzeiterfahrung und eine Begehung des städtischen Raums, der allerdings unterbestimmt und unfassbar bleibt.

Ein extremes Beispiel dieser Entwicklung ereignislosen Erzählens stellt Heya – The Room (Sion Sono, J 1993) dar. Der nur schwach narrative Film arbeitet – insbesondere in der Eingangssequenz – mit extremen Dehnungen der Zeit und mit langen Einstellungen, ‹leeren› Bildern, die stehen

131 Zu den gleichermaßen zeitlich gedehnten wie narrativ unterdeterminierten Erzählanfängen bei Antonioni liegen zahlreiche Analysen vor, exemplarisch sei verwiesen auf Christen 1994a; Wuss 1996; Tinazzi 2004.

bleiben, ohne dass überhaupt etwas passiert. Die (dünne) Geschichte: Ein schweigsamer, enigmatisch wirkender Mann ist mit Hilfe eines jungen Mädchens, Angestellte in einem Immobilienbüro, auf der Suche nach einem Zimmer in der ihm unbekannten Großstadt. Die Auswahl gestaltet sich schwierig, weil seine Kriterien einigermaßen seltsam anmuten. Warum er überhaupt dieses Zimmer sucht, dessen Bild er vor Augen zu haben scheint, was ihn buchstäblich in Gang gesetzt hat, das bleibt bis kurz vor Ende im Dunkeln.

John Cassavetes hat die Schwierigkeiten des Publikums mit seinen im normativen Verständnis gleichfalls handlungsarmen und dramaturgisch sperrigen Filmen sehr schön beschrieben. Seine Schilderung vermag zu illustrieren, welche Erwartungen eines bestimmten Geschichtenformats gemeinhin an die Filme herangetragen werden:

> The audience comes into the theater and sits down. The lights dim, the movie begins, and they say ‹Alright, let's get going.› They watch for a few minutes and say it again. They watch a few minutes more and say it one more time. But what they don't realize is that the film has been going all along – going like crazy – but somewhere they don't understand, somewhere, maybe, they don't want to go (Cassavetes zit. in Carney 1989, 30).

Die Schilderung zeigt, wie die Zuschauer in der Initialphase nach dem hervorgehobenen Ereignis suchen, welches ihnen bedeutet, dass nunmehr die Geschichte anfange und sie ihre rezeptiven Strategien entsprechend auszurichten haben: ‹Aufpassen, jetzt geht es los!› Mit diesen Konventionen populärer Dramaturgie, wonach ein auslösender Vorfall das Ende der Einstimmung und des ‹Vorgeplänkels› und den Beginn der eigentlichen Geschichte anzuzeigen habe (womit der Rezipient gleichsam an die Hand genommen, ihm eine Strukturierungshilfe gegeben und zugleich ein erhöhtes Maß an Aufmerksamkeit nahegelegt wird), bricht Cassavetes, zumindest schert er sich nicht darum. Wenn der didaktische Gestus, der sich im eindeutigen narrativen Signalement und in deutlichen Zäsuren im narrativen Angebot zeigt, zurückgenommen wird, ist der Zuschauer stärker gefordert, Erzählstrukturen und kategoriale Muster auszumachen und nach einem (und sei es auch noch so dünnen) Handlungsfaden zu suchen, der ihm Orientierung und Vorausschau ermöglicht.

Auch und gerade anhand solcher von den tradierten Dramaturgien und Erzählformaten abweichenden Beispielen erweist sich die zentrale Bedeutung der handlungsauslösenden Funktion für die Lenkung der Rezeptionsprozesse. Der *point of attack* steht nicht allein in engem Zusammenhang mit der Frage, wo und womit die Geschichte beginnen, welche Richtung sie einschlagen, welche Form sie annehmen soll, sondern diese Festlegung ist zugleich mit der Frage nach Exposition verknüpft, d.h. danach, wann, auf welchem Wege und in welcher Dichte die zum Verständnis der Handlungsvoraussetzungen notwendigen Informationen zu vermitteln sind.

3.8.6 Expositorische Funktion

Unabhängig, ob der Film das handlungsauslösende oder -initialisierende Moment direkt an den Anfang stellt und also *in medias res* beginnt (oder gar mitten in der Endphase, wie oben geschildert) oder ob er zunächst die erzählte Welt vorstellt und uns darin zu orientieren versucht: Irgendwann kommt der Punkt, an dem Informationen zu vergeben sind, um den Zuschauer in Kenntnis zu setzen über die Ausgangsbedingungen der Geschichte und Hinweise zu liefern, die er zu ihrem Verständnis benötigt – Aufgabe expositorischer Darlegung.

Hier soll nun nicht die Diskussion um die Problematik von Exposition in Dramaturgie, Dramen- und Erzähltheorie, die in Kapitel 2.1 (←) geführt wurde, nochmals aufgerollt werden; doch seien die wesentlichen Ergebnisse kurz rekapituliert, bevor ich zeige, welcher spezifischen explikativen Techniken sich der Film bedient und welche Effekte damit erzielt werden.

Ich habe oben dafür plädiert, ‹Exposition› nicht substanziell zu nehmen und als Textteil des Anfangs aufzufassen oder gar dem Anfang insgesamt gleichzusetzen; vielmehr wurde vorgeschlagen, von verschiedenen Arten von Information am Anfang des narrativen Diskurses und den damit verbundenen, je unterschiedlichen initialisierenden und initatorischen Funktionen auszugehen. Das ‹Expositorische› in diesem Verständnis ist eine Eigenschaft oder Funktion von Textelementen und die expositorische Darlegung oder Mitteilung eine spezifische Form der Informationsvergabe (so auch Chatman 1989 [1978], 67), für die, wie es oben hieß, der Filmanfang der privilegierte, aber eben nicht der ausschließliche Ort ist. Gleichwohl kommt der expositorischen Funktion in der Initialphase gesteigerte Bedeutung zu, werden Informationen hier doch besonders benötigt und daher nachgefragt oder mehr noch: Sie werden aktiv gesucht. Am Filmanfang wird das, was gezeigt und gesagt wird, gewissermaßen ‹abgeklopft› auf seinen möglichen expositorischen Gehalt. Das Expositorische, auch das wurde betont, zeichnet sich durch seine spezifisch didaktische Ausrichtung und damit einen erhöhten Grad an Reflexivität aus: weil es als ‹Beibringestrategie› spürbar ist und auf die Enunziation und das kommunikative Verhältnis rückverweist.

Die expositorische Darlegung unterscheidet sich folglich von den anderen initialisierenden und initiatorischen Funktionen nicht allein durch die Art der vergebenen Informationen und ihre zeitliche Verortung innerhalb der Fabel, sondern auch modal durch ihren Mitteilungscharakter. Daher sollen hier expositorische Informationen unter behutsamem Rückgriff auf die Kriterien Sternbergs und unter Berücksichtigung des filmspezifischen Verhältnisses von Sagen und Zeigen näherungsweise (und den oben aufgefächerten Bedeutungsspielraum von Exposition erheblich einschränkend) definiert werden als *Informationen über Einzelheiten der Fabel vor Beginn des Plots*, die daher nicht Teil der Erzählgegenwart sind. Dies können sein:

- Ereignisse oder Sachverhalte, von denen entweder rückschauend *berichtet* wird oder die in szenischer Form (ein Erinnerungsflashback, ein Traum) *dargestellt* werden;[132]
- (mit Einschränkungen, s.u.) Erzählsegmente, die im Gegensatz zu den umgebenden Handlungsabschnitten die erzählte Zeit raffen oder verdichten, also von *zusammenfassendem Charakter* sind;
- die sich durch einen *erklärenden oder darlegenden Gestus* auszeichnen oder von Erklärungen begleitet sind und innerhalb des primär darstellenden fiktionalen Films *als eine Form der Mitteilung wahrgenommen* werden;
- und deren *didaktische Hinwendung* zum Zuschauer daher spürbar ist.

Ergänzend ist darauf hinzuweisen, dass die Redeweise von «Erzählsegmenten» nicht so verstanden werden darf, dass sich die expositorische Funktion grundsätzlich an fest umrissene Teile des Textes knüpft, denn damit würde man ja wiederum einer substanzialistischen Festlegung von Exposition das Wort reden. Dieses Bestimmungskriterium greift nur im Falle von Textteilen mit vorrangig expositorischer Funktion (aber auch diese erschöpfen sich nicht darin, wie gleich gezeigt wird). Mit Sternberg und Pfister ist nochmals darauf hinzuweisen, dass die expositorischen Informationen in *verdichteter Form* innerhalb der Initialphase vergeben werden können, aber nicht müssen, dass sie also auch in *verteilter Form* über den gesamten Erzähltext hinweg gestreut sein können. Im Folgenden wird exemplarisch gezeigt, welcher Strategien zur Vermittlung expositorischer Informationen sich die Initialphase bedient und welche Formen die expositorische Funktion annehmen kann.

132 Die expositorische Darlegung ist zu unterscheiden von der erzählerischen Rückwendung, der *Analepse*, die Genette definiert als: «nachträgliche Erwähnung eines Ereignisses, das innerhalb der Geschichte zu einem früheren Zeitpunkt stattgefunden hat als dem, den die Erzählung bereits erreicht hat» (1994, 25). Weil mit dem Expositorischen im Unterschied zur ‹einfachen› Rückwendung Ereignisse nachgereicht werden, die sich nicht schlichtweg vor dem bislang in der Handlung erreichten Zeitpunkt, sondern vor Plotbeginn überhaupt ereignet haben. Man könnte den expositorischen Rückgriff mit dieser Spezifikation als besondere Form der Analepse fassen oder sagen, dass die Analepse unter bestimmten Bedingungen expositorische Funktion haben kann.

Um auf das spezifische Verhältnis von Sagen und Zeigen zurückzukommen, das die Übertragung der Sternbergschen Expositionskonzeptes auf den Film nur näherungsweise erlaubt, sei darauf hingewiesen, dass beim ‹mehrkanaligen› Film, der Bild, Geräusche, Dialoge, Musik, Erzählerstimme, Schriftinserts gleichzeitig zum Erzählen nutzen kann, die Darstellungs- und Mitteilungsmodi auf höchst komplexe Weise ineinander greifen. Beim Spielfilm können verschiedene Erzählsituationen in ein und derselben Szene korealisiert, entsprechend verschiedene narrative Instanzen kopräsent sein und sich die verschiedenen Erzählstimmen und Fokalisierungen auf komplexe Weise durchdringen (vgl. auch Schweinitz 2005, 93ff; 2007). So kann auch die expositorische Darlegung in Handlungsszenen erfolgen und Sagen und Zeigen miteinander verwoben sein, wie das folgende (fiktive) Beispiel veranschaulichen soll:

Man denke sich eine wilde Auto-Verfolgungsjagd quer durch eine Großstadt: Während riskante Überholmanöver und Zusammenstöße und dazwischen immer wieder der Flüchtende und seine Verfolger, zwei Polizisten, gezeigt werden, erklärt der ältere Polizist seinem neuen Partner, was der entflohene Sträfling verbrochen hat, warum er als äußerst gefährlich gilt und welche persönliche Geschichte ihn mit dem gesuchten Mörder verbindet. Der Dialog, mit dem der Ältere den Novizen einweist, wird gestützt durch eingeschnittene schnappschussartige Bilder aus der Vergangenheit der Figuren. Er enthüllt Aspekte der *back story* des Täters wie des Polizisten und legt so die Prämissen der Geschichte dar – und das, während sich die Handlung rasant entfaltet.

Ein zugegeben triviales Beispiel, das aber vor Augen führt, wie schwierig beim Film die Unterscheidung zwischen Handlungsszenen und Exposition zu treffen ist. Dies gilt vor allem für das populäre Kino, das darum bemüht ist, den Zuschauer nicht mit expositorischer Darlegung am Anfang zu ermüden (so jedenfalls die in der Drehbuchliteratur immer wieder geäußerte Befürchtung), sondern solche Informationen in die Handlung zu integrieren sucht.[133]

Explikative Techniken

Die Handbücher nennen verschiedene Strategien zur Vergabe expositorischer Information. Potter etwa listet neben der Möglichkeit der Exposition durch den Dialog weitere Spielarten auf: Sie erwähnt Exposition über den Einsatz von Voice-over-Erzählung und Exposition durch Rückblenden, die

133 So beschreibt es auch Phillipps in normativer, von der tatsächlichen Bandbreite erzählerischer Möglichkeiten absehender Festlegung: «Tellers of tales – whether in print, on the stage, or on the screen – typically use as little initial exposition as possible but feed us tidbits of it when needed as the story progresses» (1999, 287).

dabei entweder von der primären narrativen Instanz dargeboten werden oder als Erinnerung (*memory flashback*) einer Figur motiviert und markiert sind (Potter 1990, 87). Miller (1988, 58) ergänzt die Liste durch Schrifttafeln und Schrifteinblendungen in expositorischer Funktion. Ich würde dazugesellen: extradiegetische Elemente wie Fotos, Familienfilme oder auch Landkarten am Filmanfang, aber auch Fotos als Elemente innerhalb der Diegese, die gezeigt (und damit aus dem Setting hervorgehoben), oder Zeitungsartikel und Briefe, die vorgelesen werden, womit offenkundig eine ‹Beibringestrategie› verbunden ist. Und schließlich sei die Möglichkeit der expositorischen Darlegung und der damit verbundenen Inauguration des Zuschauers durch eine «In-Stimme» (Metz 1997 [1991], 32ff), d.h. durch die Adressierung und Ansprache des Zuschauers mithilfe einer im Bild anwesenden Erzählerfigur zu nennen (← Kap. 3.6).

Diese Spielarten expositorischer Darlegung seien hier an einigen Beispielen kurz illustriert. Ein Beispiel für eine Szene mit vorrangig expositorischer Funktion, welche über den Dialog der Figuren erfolgt, ist die erste Szene nach der Vorsequenz (ein Einstieg *in medias res* und zugleich ein *grabber opening*) und dem Vorspann von Saul Bass in VERTIGO (USA 1958, Alfred Hitchcock).[134]

In einem langen Dialog zwischen dem Protagonisten und seiner alten Freundin Midge werden nicht allein dessen Karriere im College, als Anwalt, bei der Polizei, das Verhältnis zwischen den beiden, seine Zukunftspläne und Sorgen dargelegt, sondern auch seine Höhenangst einschließlich ihres lateinischen Namens eingehend thematisiert, um dem Zuschauer die zentrale Handlungsprämisse einzubläuen. Für die beiden Charaktere dürften die Informationen kaum Neuigkeitswert haben. Für die Unterrichtung des Zuschauers über den Protagonisten, seine Vorgeschichte und vor allem über die Höhenangst als Bedingung für die Intrige, in der er zum Werkzeug wird, sind sie jedoch unverzichtbar und daher, um mit Bordwell zu sprechen, «kompositionell motiviert» (1985, 36).

Der darlegende und erklärende Charakter des Expositorischen wird hier augenfällig. Es erweist sich als Beibringestrategie, deren Appellcharakter deutlich ausgestellt ist. Der gelegentlich zumal bei älteren Filmen sich einstellende Eindruck, «Das sagen die jetzt bloß, damit der Zuschauer es auch mitbekommt», wäre ein Indiz für die hier behauptete didaktische Intention ‹expositorischen Sprechens› wie auch für die Historizität informationeller Strategien. So lässt sich die besondere Bedeutung des Expositorischen im Hollywood-Kino als ‹Service-Funktion› erklären und

134 Zu den ‹Registerwechseln› zwischen Vorsequenz, Vorspann und der hier geschilderten ersten Szene nach dem Vorspann, mit denen VERTIGO dreimal unterschiedlich anfängt, vgl. Esquenazi 2001, 115ff.

bietet wohl auch Aufschluss über die historisch besonderen Rezeptionsbedingungen: Die am Beispiel von VERTIGO zu beobachtende Regel des «Sag's dreimal» (zur *rule of three* vgl. Bordwell/Staiger/Thompson 1985, 31) ist darauf zurückzuführen, dass auch der unaufmerksame Zuschauer (der das Kino z.B. im Rahmen von *dating rituals* benutzt; vgl. Maltby 1996; Stacey 1994, 86) die zum Verständnis notwendigen Informationen in ausreichender Dichte präsentiert bekommt. Die Redundanz wird nicht als störend empfunden, weil die entsprechenden Informationen wichtig sind und – insbesondere zu Beginn der narrativisierenden Prozesse – gesucht und nachgefragt werden.

Der zeitgenössischen Drehbuchliteratur hingegen gilt das so genannte «Durchtelefonieren» von Informationen im Dialog als handwerklicher Fehler, der wie die Überfrachtung des Anfangs mit Information tunlichst zu vermeiden sei. Exposition wird als notwendiges Übel angesehen, das nur in homöopathischen Dosen verträglich sei und, ähnlich wie die Medizin auf dem Zuckerstück, nur in Verbindung mit dem Vorantreiben der Handlung verabreicht werden sollte.[135] Der zeitgenössische populäre Film ist daher in der Regel so angelegt, dass er nicht die Anfangsszene zur Exposition nutzt, sondern (wie VERTIGO) *in medias res* einsteigt, um dann entweder die notwendigen Informationen nachzureichen oder sie (wie in unserem fiktiven Beispiel) simultan zur Handlungsentwicklung zu vergeben.

Das klassische Hollywood-Kino kennt aber auch Anfänge, die nicht durch diese heute verbreitete Furcht vor der Informationsfülle geprägt sind, und hat der expliziten Einführung charmante Formen verliehen:

Am Anfang von Billy Wilders SABRINA (USA 1954) stellt eine mädchenhafte Off-Stimme, von sich in der dritten Person und mit naivem Gestus sprechend, prologartig die erzählte Welt vor, während Ansichten eines riesigen menschenleeren Anwesens, Schauplatz der Geschichte, gezeigt werden. Die für das Verständnis maßgeblichen Informationen werden von der Protagonistin in ihrer Funktionsrolle einer zunächst als heterodiegetisch sich gerierenden Erzählerfigur dargeboten:

> «Once upon a time on the north shore of Long Island, some thirty miles from New York, there lived a small girl on a large estate. The estate was very large indeed and had many servants. There were gardeners who take care of the gardens [...]. There were specialists to take care of the grounds, the outdoor

135 In Richard Walters *Screenwriting* liest sich das so: «Exposition is necessary at the start of virtually every film. Writers should keep it short, present it in a fresh manner, and avoid making more of it than it is worth. The best way to address exposition is to spit it out, get it over with, move along» (1988, 49).

> tennis court and the indoor tennis court [...]. And there was a man of no particular title who took care of a small pool in the garden for a gold fish named George. Also in the estate there was a chauffeur by the name of Fairchild who had been imported from England years ago together with a new Rolls Royce. Fairchild was a fine chauffeur of considerable polish like the eight cars in his care. And he had a daughter by the name of Sabrina.»

Die expositorische Darlegung wird unterbrochen von der Markierung des Plotbeginns «It was the eve of the annual six meter yacht races ...», um nach diesem Anfangssignal wiederum von allgemeinen Informationen auf der Tonebene abgelöst zu werden, während auf der Bildebene die Hinwendung zum Ort der einsetzenden Handlung beginnt.[136]

Betrachtet man diese Form präliminärer und konzentrierter Exposition mit ihrer ausgestellten Hinwendung zum Zuschauer (womit sie sich wissensmächtig, hoch-kommunikativ und selbstbezüglich gibt), so ist unmittelbar ersichtlich, dass sich selbst die Funktion des einleitenden Voice-over-Prologs nicht in der expositorischen erschöpft. Die Vorrede leistet mehr. Sie setzt mit der zwischen vorgespielter Naivität und raffinierter Ironie changierenden Bezugnahme auf die Geschichte zugleich einen modalen Rahmen, der im Zusammenspiel mit dem Textsignal «Es war einmal» als Genremarkierung fungiert und den Weg in eine heitere Liebesgeschichte und ein modernes Märchen bahnt. Mit diesem, den uneigentlichen Modus der Erzählung setzenden und die erzählte Welt in den Rahmen des Märchens stellenden Vorgang (→ Kap. 3.9) übersteigt der Prolog die ihm zugeschriebene expositorisch-informative Funktion. Die Informationen, die er vermittelt, umfassen orientierende wie expositorische, sie tragen zur Diegetisierung bei, erhellen die Vorgeschichte der handelnden Figuren und lassen ein mögliches Konfliktpotenzial wie das rituelle Happy End aufscheinen (womit der Prolog zugleich die typischerweise mit dem Genre verbundenen Rezeptionsgratifikationen in Aussicht stellt).

An diesem Beispiel zeigt sich, dass die expositorische Funktion gewissermaßen quer liegt zu den initialisierenden und initiatorischen Funktionen, die in diesem Kapitel insgesamt aufgefächert werden. Wie oben (← Kap. 2.1) bereits festgestellt, ist das Expositorische eingebunden in Strategien der Diegetisierung, der Charakterisierung von Figuren, der Vorbereitung der Handlung, aber auch der Themenentfaltung, der Modalisierung

136 Vergleichbar beginnt Out of Africa (Sydney Pollack, USA 1985) mit einer Erzählstimme über illustrierenden Bildern, die zunächst alles auf einmal erzählen will und sich dann selbst maßregelt: «But I've gone ahead of my story. He'd have hated that. Denys loved to hear a story told well.» Eine Parodie auf diese Form der Informationsvergabe stellt The Big Lebowski (Joel Coen, USA/GB 1998) dar, bei dem der Off-Erzähler mit großer Geste anhebt, aber dann den Faden verliert.

der Erzählung und zuweilen auch der Etablierung der Textsorte; all dies kann in Form expositorischer Darlegung erfolgen – ein weiterer Beleg für die besondere Bedeutung der expositorischen Funktion in Hinblick auf die Initiation des Zuschauers in die Geschichte und in die Fiktion, auf die ebenfalls oben hingewiesen wurde, wo das Expositorische als ‹Schaltstelle› zwischen den Intentionen, eine Geschichte zu entfalten, und der Rezipientenführung durch die Narration beschrieben wurde. Diese deutlich zu Tage tretende initiatorische Absicht ist auch in anderen expositorischen Strategien und Spielarten offensichtlich.

Ein dem Voice-over-Prolog vergleichbares Verfahren ist die Vergabe expositorischer Informationen durch eine im Bild anwesende und den Zuschauer direkt adressierende Erzählerfigur (← Kap. 3.6), eine gleichfalls demonstrativ-didaktische und dabei hochgradig reflexive Form expositorischer Darlegung, wie sie etwa in Sam Woods OUR TOWN, in Max Ophüls' LA RONDE oder, variiert, auch in ANNIE HALL (Woody Allen, USA 1977), FERRIS BUELLER'S DAY OFF (John Hughes, USA 1986), SNAKE EYES (Brian De Palma, USA 1998) und BRIDGET JONES'S DIARY (Sharon Maguire, GB/F 2001) eingesetzt wird.

Auch das Verlesen von Briefen oder Zeitungsartikeln kann dazu dienen, eine Figur zu charakterisieren, ihre Vorgeschichte darzulegen oder auch das Beziehungsgeflecht zwischen den handelnden Figuren zu klären. So schildert Olivier Zobrist (2003), wie innerhalb der Initialphase von VOICI LE TEMPS DES ASSASSINS (Julien Duvivier, F 1956) ein Zeitungsartikel vorgelesen wird, um darüber den Protagonisten in seinem beruflichen und personellen Umfeld vorzustellen und Informationen zu verteilen, die zum Verständnis der nachfolgenden Geschichte beitragen.

Eine weitere, ein wenig subtilere Möglichkeit zur Vergabe expositorischer Informationen besteht in der Verwendung von in die Diegese integrierten Fotos und anderen Materialien, die gezeigt werden, um die Vorgeschichte des Protagonisten offenzulegen, so in der Eröffnungsszene von Hitchcocks REAR WINDOW (USA 1954), wenn die Kamera sich im Zimmer des Protagonisten ‹umsieht› und auf seinen Fotos verweilt. Die solcherart gewonnenen ersten Annahmen bestätigt hier der sich unmittelbar anschließende Telefondialog, in dem der Gesprächspartner eben jene Informationen erfragt, die auch der Zuschauer benötigt.

Beispiele für Exposition mit Hilfe von Schrifttafeln oder Schrifteinblendungen bilden die langen Rolltitel, mit denen zu Beginn von STAR WARS (George Lucas, USA 1977) die narrativen Prämissen dargelegt werden – gleichfalls eine hochkommunikative (vielleicht auch wenig elegante) Form expositorischer Darlegung seitens einer omnipotenten narrativen Instanz, die wiederholt karikiert wurde. Howard Hawks' klassischer Western RED

River (USA 1948) wie auch Clint Eastwoods Abgesang auf das Genre Unforgiven (USA 1992) verwenden am Anfang Schrifttafeln respektive -einblendungen, um die Ausgangssituation der Geschichte darzulegen. Diese Beispiele zeigen zugleich, wie in Passagen mit vorrangig expositorischer Funktion, so etwa auch im Falle von erklärenden Zwischentiteln (*expository titles*) im Stummfilm[137] oder in zusammenfassenden Montagesequenzen wie am Anfang von The Public Enemy (William A. Wellman, USA 1931) von der «szenischen Zeitnorm» (*scenic time-norm*, Sternberg 1978, 20) der Handlung abgewichen werden kann (vgl. Bordwell 1985, 158 u. 188; Bordwell/Staiger/Thompson 1985, 29).

Ähnlich dienen extradiegetische Fotos, Fotoalben oder auch Super-8-Aufnahmen, die als Ausschnitte aus Familienfilmen gelesen werden sollen und vor allem im Vorspann Verwendung finden, der expositorischen Darlegung: Sie präsentieren gemeinhin glückliche Kindertage der Protagonisten, ihr familiäres Beziehungsgeflecht, Etappen biografischer Entwicklung.

So etwa die Fotos am Anfang von Cria Cuervos (Züchte Raben, Carlos Saura, E 1976), von Husbands (John Cassavetes, USA 1970) oder auch von Norma Rae (Martin Ritt, USA 1979): Letztere zeigen zunächst die Titelheldin als Baby und schließlich als junge Frau mit ihrem eigenen Baby im Arm, unterschnitten mit Aufnahmen der Fabrik, in der schon Normas Eltern gearbeitet haben, nun sie selbst und mutmaßlich später auch das Kind – hier wird nicht nur das bisherige Leben der Protagonistin umrissen, sondern zugleich der Kreislauf von Leben, Arbeit und Tod, aus dem Norma auszubrechen sucht, sinnfällig abgesteckt. Im Vorspann von Martin Scorseses Mean Streets (USA 1973) kehrt ein ‹privater› Super-8-Film beiläufig charakteristische Verhaltensmomente der von Harvey Keitel verkörperten Hauptfigur hervor, und in Man on the Moon (Milos Forman, USA 1999) stellt ein Ausschnitt aus einem als *home movie* markierten Textstück, der von der kommentierenden Voice-over des Protagonisten begleitet wird, die Familie vor.

Auch die «News on the March»-Sequenz am Anfang von Citizen Kane dient ausschließlich dazu, den Zuschauer über die Biografie der Titelfigur in Kenntnis zu setzen, bevor der Reporter sich an die Aufgabe macht, den Schlüssel zum Leben Kanes zu suchen. Das *newsreel* wirkt zunächst wie eine explizite expositorische Darlegung ohne Einbindung in die Diegese und wird erst mit der sich anschließenden Szene im Vorführraum diegetisch.

137 Vgl. Bordwell/Staiger/Thompson 1985, 27f; Orosz 1988; Garncarz 2002.

Neben solch pseudo-authentischen Formen können aber auch historische Foto- oder Filmaufnahmen der Darlegung des polithistorischen Hintergrundes dienen wie z.B. in der Eingangssequenz von Oliver Stones JFK (USA 1991), in Andrzej Wajdas CZŁOWIEK Z MARMURU (DER MANN AUS MARMOR, PL 1977) und im Vorspann von BONNIE AND CLYDE (Arthur Penn, USA 1967), bei dem Fotografien, die an den Stil von Walker Evans angelehnt sind, die Armut, Not und Hoffnungslosigkeit der Landbevölkerung im Amerika der Depressionszeit einfangen und verdichten. Die Fotos (einige scheinen authentisch, einige sind nachgestellt) verorten die Geschichte nicht allein historisch und weisen sie einem Milieu zu, sondern allegorisieren und politisieren sie (→ Kap. 3.9).

Schließlich stellen Landkarten in expositorischer Funktion[138] wie etwa in Josef von Sternbergs MOROCCO (USA 1930), in Raoul Walshs CAPTAIN HORATIO HORNBLOWER (GB/USA 1951) oder in Billy Wilders THE SEVEN YEAR ITCH (USA 1955) ein wirksames Mittel zur Unterrichtung des Zuschauers über den Schauplatz und die äußeren Umstände der Geschichte dar, worin sie zumeist von einem erläuternden Voice-over-Kommentar unterstützt werden.[139]

CASABLANCA, den Eco als Versammlung einer Vielzahl narrativer Stereotypen beschreibt (1989 [1975]), beginnt mit einer Landkarte und kombiniert danach eine ganze Reihe Techniken expositorischer Darlegung aus dem soeben geschilderten Arsenal: Die Einführung des Schauplatzes und der Handlungsumstände erfolgt, indem zunächst eine sich in Nebel und Wolken drehende Weltkugel gezeigt wird, über der ein Off-Kommentar einsetzt, der die weltpolitische Lage erörtert. Währenddessen nähert sich die ‹Kamera›, bis der Nordteil Afrikas zu erkennen ist. Danach wird Europa fokussiert, es folgt eine Ausschnittvergößerung von Paris, Ausgangspunkt einer auf der Karte grafisch nachgezeichneten Bewegung der Flüchtlinge quer durch Europa bis nach Marokko, wo sie auf Ausreise in die USA hoffen und warten. Mit Hilfe von Doppelbelichtungen wird dieser Weg nach Casablanca (und in die Handlung hinein) durchsetzt von typischen Szenen aus dem Alltag der Emigranten, immer noch begleitet von der Voice-over des Radiokommentators, der die Bilder mit Hintergrundinformationen versieht und mit dem politisch-historischen

138 Zu den Verwendungsmöglichkeiten von Karten an der Grenze des diegetischen Raums vgl. Böhnke 2007a, 149-162.

139 Bordwell/Staiger/Thompson (1985, 63) weisen darauf hin, dass im Stummfilm zuweilen gezeichnete Karten als Hintergrund der expositorischen Zwischentitel dienen. Hier liegt eine dem oben geschilderten Verfahren im Tonfilm vergleichbare Kombinatorik extradiegetischer Elemente mit expositorischer Funktion vor oder anders herum: Der Tonfilm verwandelt sich ein im Stummfilm etabliertes expositorisches Verfahren an; zu dieser Idee ‹funktionaler Äquivalente› vgl. ibid., 74.

Konflikt zugleich die zentrale Prämisse der Geschichte darlegt, bevor die Annäherung an «Rick's Café Americain» erfolgt, wo nun die Handlung einsetzt. Böhnke charakterisiert diese Sequenz als «funktional äquivalent zu einem *expository title*» (2007a, 161f; Herv.i.O.).

Diese Zusammenschau zeigt die Vielfalt der Möglichkeiten, in die die explikative Funktion gekleidet werden mag und bei denen weder Langeweile noch Ermüdung zu befürchten stehen. Der Geringschätzung von Exposition in den Drehbuchmanualen begegnet Kristin Thompson denn auch mit der trotzigen Behauptung «exposition is our friend» (1999, 99) – und zeigt am Beispiel von BACK TO THE FUTURE (Robert Zemeckis, USA 1985), wie raffiniert und visuell ansprechend (dem Verfahren in REAR WINDOW übrigens nicht unähnlich) sich die Handlungsvoraussetzungen darbieten lassen, ohne dass ein einziges erklärendes Wort fallen muss (vgl. ibid., 99-102). Aber auch wenn in diesem Beispiel die Informationen nicht im Dialog ‹durchtelefoniert› werden, sondern ein eleganteres Verfahren gefunden wurde, so fällt doch der mit den Kamerabewegungen verbundene deiktische Gestus auf, mit dem Details aus dem szenischen Raum herausgelöst und als für die Erschließung der Vorgeschichte wichtige Elemente hervorgehoben werden; die Beibringestrategie, die mit dem Expositorischen verfolgt wird, ist auch hier offenkundig.

Ähnlich verhält es sich sogar, wenn die expositorische Darlegung in szenischer Form, d.h. mit Hilfe eines (Erinnerung-)Flashbacks erfolgt. Diese besondere Form der Analepse (s.o.) ermöglicht die Erhellung der Vorgeschichte im Modus des *Zeigens* und scheint daher auf den ersten Blick ohne erklärenden Gestus auszukommen.[140] So wird die Vorgeschichte des geheimnisvollen Protagonisten in HEYA über kurze, sich sukzessiv ergänzende Flashbacks enthüllt, die erst am Ende des Films den Schlüssel liefern, um die Gründe für die anfangs unverständliche Suche nach einem geeigneten Zimmer nachvollziehbar zu machen. Doch auch in diesem Fall ist die narrative Strategie offenkundig, mit der die Vorgeschichte häppchenweise nachgereicht wird. Der Zuschauer nimmt die Aufeinanderfolge der Erzählsegmente ja nicht als achronologisches Erzählen, als formale Spielerei, sondern geht davon aus, dass die Erklärung für das Verhalten des Protagonisten und damit der Schlüssel zum Verstehen der Geschichte in dessen Vergangenheit liegt. Er erkennt die erzählerische Strategie, mit der die benötigten Informationen zunächst aufgeschoben und dann in einander ergänzenden Teilen zeitlich kontrolliert zugänglich gemacht werden.

140 Auch in solchen Fällen sind gemischte Formen vorherrschend. So setzt konventionellerweise eine Figur zu einer Erklärung an, welche dann in Form einer Rückblende szenisch repräsentiert wird; Momente des ‹Sagens› und des ‹Zeigens› durchdringen einander wie z.B. im Fall von LITTLE BIG MAN (Arthur Penn, USA 1970).

Solche Formen impersonaler oder über die Erinnerung einer Figur motivierter Analepsen stellen einen Grenzfall dar, weil sie sich den oben formulierten Bestimmungskriterien des Expositorischen nur unzureichend fügen. Tatsächlich ist in ihrer szenischen Textur kein mitteilender Gestus spürbar und findet sich hier in der Regel auch keine Raffung der Zeit, sondern der Mitteilungscharakter erschließt sich lediglich über die kommunikative Absicht, mit der die Rückschau an dieser Stelle eingefügt wird. Dieser grundsätzliche Zeigegestus ist aber letztendlich allen Momenten des Films mitgegeben, so dass hier lediglich der zeitliche Rückgriff auf einen Punkt vor Plotbeginn als Kriterium des Expositorischen übrigbleibt, wodurch das Verfahren nach den Kriterien Sternbergs nicht hinreichend als expositorisches bestimmt ist. In Flashbacks, die von einer erklärenden oder darlegenden Voice-over begleitet sind, zeigt sich demgegenüber die expositorische Intention expliziter.
Dass die unterschiedlichen expositorischen Strategien und Formen nicht zuletzt auf filmkulturell und -historisch spezifischen Konventionen und dramaturgischen Handwerksregeln beruhen, lässt sich anschaulich am Vergleich von Filmoriginal und Remake illustrieren. Als Beispiele dienen hier Akira Kurosawas SHICHININ NO SAMURAI (DIE SIEBEN SAMURAI, J 1954) und John Sturges' amerikanisches Remake THE MAGNIFICENT SEVEN (USA 1960). Ersterer vermittelt die Ausgangssituation, die akute Bedrohung eines Bergdorfes durch marodierende Banditen, durch einen erklärenden Off-Kommentar sowie durch den Dialog der Räuber:

Die erste Szene zeigt eine Gruppe Reiter, die im wilden Galopp angeritten kommen, darüber liegt die Voice-over: «Ende des 16. Jahrhunderts herrschte in Japan Bürgerkrieg. Banditen zogen durch das Land, überfielen die Bauern und plünderten sie aus.» Die Räuber stoppen ihre Pferde auf einem Hügel und blicken auf ein kleines Dorf, das unten im Talkessel liegt. Einer der Räuber sagt: «Na, was ist? Plündern wir das Dorf? Los!» Die anderen johlen. Ein älterer wirft ein: «Halt Männer, wartet! Wir haben ihnen doch letzten Herbst alles weggeholt, die werden nichts mehr haben. Wir reiten weiter!» Der erste darauf: «Du hast Recht. Wir warten, bis die Gerste reif ist, dann kommen wir wieder!» Die Räuber reiten fort. Die nächste Einstellung zeigt einen Bauern, der sich aus der Hangböschung erhebt, vor der die Banditen eben noch gestanden haben – das Bündel Reisig auf seinem Rücken hat ihn vor ihren Blicken verborgen. In panischer Angst läuft er ins Dorf, um zu erzählen, was er eben mitangehört hat.

Diese explizite, geradezu ausgestellte Form der Informationsvergabe wird im amerikanischen Remake in Handlung aufgelöst und so den Anforderungen klassischen, d.h. transparenten, aber eben auch handlungsorientierten und spannenden Erzählens angepasst: Sturges inszeniert einen actionreichen Auftakt und zeigt einen Überfall, an dessen Ende die Banditen ihre Rückkehr androhen. Beide Filme greifen zurück auf die Eröffnungsformel ‹Eine Drohung wird ausgespochen›. Das Western-Remake koppelt die Unterrichtung über die Prämisse der Handlung indes an die szenische Darstellung, während Kurosawa keine Scheu vor der unverkleideten expositorischen Darlegung und dem ‹Durchtelefonieren› von Informationen zu kennen scheint – dasselbe Erzählprogramm mit unterschiedlichen Oberflächenformen und kommunikativen Versprechen. Hier zeigen sich die Unterschiede kulturspezifischer Erzählstile, in denen auch unterschiedliche Vorstellungen vom Zuschauer, seinem Informationsbedarf, gerade am Textanfang, wie auch von seinen Unterhaltungsbedürfnissen zum Ausdruck kommen. Gemein ist beiden expositorischen Stilen, dass sie die entscheidenden Informationen in der Eingangsszene komprimieren und damit dafür sorgen, dass die Prämisse der Geschichte verstanden wird. Mit beiden gehen Priming-Effekte einher.

Priming-Effekte expositorischer Informationsvergabe

Am Ende meiner Überlegungen zur expositorischen Funktion und den Formen, in denen sie sich im Spielfilm zeigt, möchte ich nochmals auf Branigans bereits erwähntes narratives Schema zurückkommen. Branigan bezeichnet darin die kondensierte Informationsvergabe vor Plotbeginn nicht als expositorische Darlegung, sondern fasst sie als *abstract* oder – in der ausgedehnten Form wie bei der Voice-over am Anfang von SABRINA oder der Direktadressierung in OUR TOWN – als *prologue* (1992, 18; auch 2006, 29). Er definiert:

> An *abstract* is an implicit title or compact summary of the situation that is to follow (in the scene, sequence, or plot). Psychologists refer to an abstract or précis more generally as an «advance-organizer.» It creates a framework (or propaedeutic) for perception. Occasionally the abstract may be made explicit, as in the title of a film or commentary by a voice-over narrator. An abstract primes the spectator by creating a set of expectations; it may appear as a written title, a sound, or an image. If an abstract is expanded, it becomes a *prologue*. The title of a film is an abstract; foreboding music is an abstract; an establishing shot may be an abstract; and a line of dialogue may be an abstract when, for example, it sets the «tone» for a scene (2006, 29; Herv.i.O.).

Kritisch sei zu dieser Aufzählung zum einen angemerkt, dass Branigan hier verschiedene Aspekte des Anfangs und ihre Funktionen kurzzuschließen scheint: Das Etablieren des ‹Tonfalls› einer Szene ist kategorial wie funktional anders beschaffen und auf einem anderen Strukturniveau des Erzähltextes anzusiedeln als eine eröffnende Totale oder die explizite

Informationsvergabe durch Schrifteinblendungen oder eine prologartige Voice-over: Während Ersteres primär der ‹Einstimmung› des Zuschauers dient (→ Kap. 3.10) und der *establishing shot* konventionellerweise seiner Orientierung im Handlungsraum, kommen dem Prolog, wie am Beispiel von SABRINA dargelegt, eine Vielzahl unterschiedlicher Funktionen zu, neben den informativen etwa auch modalisierende (→ Kap. 3.9). Hier müsste man auf Differenzierung der sehr unterschiedlichen Formen dringen, die Branigan unter *abstract* subsumiert. Zum anderen müsste man, fasst man solche Formen mit Branigan als *advance organizer*, berücksichtigen, dass sie auf unterschiedliche Weise und mit unterschiedlicher Intensität Wissen mobilisieren – so dürfte der eingeblendete Titel «Berlin 1933» weitaus mehr und vor allem spezifischeres kulturelles Wissen ins Spiel bringen und daher präzisere narrative Erwartungen auslösen als «Kairo 1933».

Trotz dieser Kritik an der mangelnden Trennschärfe der betrachteten Phänomene sind Branigans Ausführungen für die hier verfolgte Argumentation fruchtbar, weil sie, etwa mit dem Hinweis auf die lernpsychologische Technik des *advance organizer*, die kalkulierte Informationsvergabe zu Beginn des Erzählprozesses als eingebunden in übergreifende Priming-Phänomene begreift. Die unterschiedlichen Vermittlungstechniken, die Branigan benennt, sorgen für den Aufruf wahrnehmungsleitender Schemata und damit für die Bahnung der Wahrnehmung und das Herausbilden spezifischer Erwartungen. Priming greift, wie oben bereits ausgeführt (← Kap. 3.3), auf ganz verschiedenen Ebenen und Schichten des Textes und ist daher ein für die pragmatisch-funktionalistische Grundlegung der Initialphase zentrales Kriterium.

Fasst man nun Branigans Kategorien *abstract/prologue* und meine Kategorie des *Expositorischen* strikt funktional in Hinblick auf die mit ihnen verbundenen Priming-Prozesse, lassen sie sich mit einigem Grund auch zusammenführen: Sie erweisen sich als gleichermaßen eingebunden in eine dezidierte und offensive narrative Strategie zur Unterrichtung des Zuschauers, zur Bahnung der Wahrnehmungs- und Verstehensprozesse wie zur Ausrichtung der Affekte. Die hohe Informationsdichte in der Initialphase, die bereits Barthes beschreibt (← Kap. 3.2) und die Bordwell mit Sternberg als präliminäre und konzentrierte Form von Exposition versteht und als typisch für das klassische Kino ansieht, geht mit starken Priming-Effekten einher (vgl. Bordwell 1985, 56; Bordwell/Staiger/Thompson 1985, 37). Die komprimierte expositorische Darlegung, sei sie in prologartiger Form der eigentlichen Geschichte vorangestellt, sei sie narrativ integriert in den ersten Szenen, erzeugt prägende erste Eindrücke und bahnt dem Zuschauer den Weg durch die Erzählung. Dieser ist hier weniger mit der abwägenden Einschätzung der narrativen Relevanz einzelner Informationen beschäftigt, wird ihm doch von Anbeginn an klar gemacht, welche Informationen und Hinweise die für das Verständnis der Geschichte zentralen und notwendigen sind. So etabliert der Prolog von SABRINA die Teilung der erzählten Welt in ‹Arm› und ‹Reich› sowie das ‹Aschenputtel›-Motiv; der Voice-over-Kommentar in der Eröffnung von CASABLANCA betont, wie verzweifelt die Lage der Emigranten ist und wie lebensnotwendig das Erlangen gültiger Einreisedokumente für die USA; und die beiden Varianten des ‹Sieben Samurai›-Stoffes ‹pflanzen› die Information von der Rückkehr der Räuber und der Angst der Bauern als narrative Prämisse.

Unabhängig davon, welche Form das Expositorische annimmt, wie dicht (und unter Umständen auch redundant) oder aber wie dünn die Informationsvergabe in der Initialphase ausfällt, wie dezidiert oder wie zurückhaltend die Hinwendung zum Zuschauer erfolgt und wie stark das Priming ausfällt: Der expositorischen Funktion korrespondiert eine initiatorische, und das Expositorische erweist sich als eine zentrale ‹Beibringestrategie› innerhalb des *initiatorischen Programms* der Erzählung. Die Anhäufung expositorischer Informationen innerhalb der Initialphase, wie sie nicht allein für das klassische Erzählkino, sondern auch für andere Formen vor allem des populären Films durchaus üblich und verbreitet ist, lässt sich beschreiben als eine konventionalisierte, didaktische Form zur umstandslosen Orientierung in der erzählten Welt, zur Charakterisierung der Figuren und zur Vermittlung der Handlungsvoraussetzungen. Doch wie oben bereits erwähnt, stellt sie eben nicht die einzig mögliche initiatorische Strategie dar: Sämtliche Filme verfolgen ein initiatorisches Programm (sie bieten sich dem ‹Wahrnehmen-und-Verstehen-und-Erleben› auf je spezifische Weise an), aber nicht alle bedienen sich dabei eines dezidiert einführenden Gestus und nutzen Exposition im traditionellen Verständnis.

Bei der Fabelkonstruktion greifen retro- und prospektive Erzählfunktionen, Vorwärts- und Rückwärtsbewegungen ineinander. Betrachtet man Branigans Darlegung etwas genauer, so wird deutlich, dass sie sich weniger auf genuin expositorische als vielmehr auf *prospektive* Verfahren beziehen, die in der Initialphase ebenfalls verstärkt zum Tragen kommen. Sie stehen im Zentrum des nächsten Abschnitts.

3.8.7 Prospektive Funktion

Umberto Eco spricht am Beispiel literarischer Fiktionen von «Wahrscheinlichkeitsdisjunktionen» (1990, 141), die vor allem an den Eck- oder Entscheidungspunkten der Handlung vorgenommen werden, wo der Leser evaluieren und kalkulieren muss, welche Zustandsveränderungen ein Ereignis einleitet und wie der Handlungsablauf dadurch beeinflusst wird: «Das Eintreten eines Erwartungszustands bedeutet, Vorhersagen zu treffen. Der Modell-Leser ist dazu aufgerufen, an der Entwicklung der Fabel mitzuwirken, indem er die nachfolgenden Zustände *antizipiert*» (ibid., 143; meine Herv.). Das Szenario, das solcherart entworfen wird, speist sich aus den unterschiedlichsten Wissensbeständen, mit deren Hilfe die vom Text vermittelten Informationen ergänzt und weiterentwickelt werden: aus Erfahrungen mit ähnlichen sozialen Situationen wie den fiktional abgebildeten, aus (küchen-)psychologischem Wissen über typisches menschliches Verhalten und natürlich aus Genrewissen sowie dem Wissen um unterschiedliche Erzählformen, dramaturgische Verläufe und Konventionen: Am Anfang der Geschichte ist anderes zu erwarten als am Ende, eine sympathische Figur wird nicht gleich zu Beginn sterben, der Tod des Helden ist im Hollywood-Kino auch am Ende eher die Ausnahme, eine Liebesgeschichte verläuft im Melodrama anders als in einer Tragödie.

Beim literarischen wie beim Filmverstehen gehen wir ständig, in der berühmten Formulierung Jerome Bruners (1973), «über die gegebenen Informationen hinaus», und das heißt auch, dass wir der narrativen Entwicklung imaginativ vorauseilen und die künftigen Ereignisse und möglichen Verläufe antizipieren. *Antizipativität* als «allgemeine zeitliche Orientierung des Bewußtseins» (Wulff 1999b, o.P.) ist eine grundlegende psychologische Kategorie und die Bildung von *Antizipationen* als dem Geschehen vorgreifende Entwürfe von Wahrnehmungs- und Verstehensgegenständen ein notwendiger Vorgang bei der Wahrnehmung im allgemeinen wie bei der Filmrezeption im besonderen – ohne Antizipationen wären weder Erleben noch sinnvolles Verhalten möglich.[141]

Während die expositorische Funktion im letzten Abschnitt unter anderem darüber definiert wurde, dass sie auf die Vermittlung von Informationen über die Vorgeschichte bezogen und in dieser Hinsicht retrospektiv

141 *Antizipation* wird in der Psychologie definiert als «Vorziehen» oder «gedankliche Vorwegnahme»: «Antizipation bezeichnet auch die prospektive Komponente jedes Erlebens und Verhaltens» (Häcker/Stapf 2004[14], 55; meine Herv.). Wulff betont den affektiven Charakter von Antizipation: «*Antizipation* ist ein in die Zukunft gerichteter Affekt oder begleitet Affekte, die sich auf kommendes Geschehen richten (in diesem Sinne etwa spricht Bloch von den *Erwartungsaffekten*); die Hypothese dagegen ist eine kognitive Repräsentation einer gegebenen Lage mit Blick darauf, wie sie sich in welchen Wahrscheinlichkeiten entwickeln wird» (1999, o.P.; Herv.i.O.). Ich möchte ‹Antizipation› allerdings nicht auf ihren affektiven Anteil reduzieren, sondern gehe von einem Zusammenspiel von kognitiven und affektiven Anteilen aus: Antizipation ist ein Entwurf in den zeitlichen Horizont hinein, der mit Erwartungsaffekten einher geht, aber auch Erwartungsaffekten folgt. Die Hypothese fasse ich, darin Wulff folgend, als die kognitive Repräsentation einer gegebenen Situation und ihrer Entwicklungsmöglichkeiten und -wahrscheinlichkeiten und entsprechend als Produkt von (auch) antizipierender Tätigkeit.

ausgerichtet ist, soll hier die *prospektive Funktion* der eingeführten Gegenstände und Elemente bestimmt werden oder auch das *Feld des Prospektiven*, das am Anfang des narrativen Prozesses eröffnet wird. Mit ‹prospektive Funktion› ist eine Eigenschaft des Textes bezeichnet, mit ‹Erwartungen›, ‹Antizipationen›, ‹vorwärtigen Inferenzen› und ‹Hypothesen› die rezeptiven Vorgänge, die auf die einschlägigen Textangebote antworten, sie aufnehmen und imaginativ weiterentwickeln.[142]

Die prospektive Funktion ist elementar mit dem Frage-und-Antwort-Modell des Erzählens verbunden. Jede Frage, die die Erzählung aufwirft, zieht nicht nur eine Antwort nach sich (oder verspricht sie), sondern befördert zugleich die antizipativen Tätigkeiten des Zuschauers, mit denen er zu Schlussfolgerungen, Annahmen und Hypothesen gelangt. Einige dieser Weiterentwicklungen sind kurzschrittiger Art, beziehen sich auf den Fortgang der Szene, andere auf die gesamte Geschichte. Genres erleichtern die Generierung von Erwartungen, wie eine Geschichte sich weiterentwickeln mag, indem sie Story-Schemata aktivieren, überdauernd gespeichertes (implizites) Wissen um typische Verlaufsstrukturen (vgl. Ohler 1994, 140). Die ‹Fragen› oder ‹Leerstellen› innerhalb des Erzählprozesses lassen sich auch beschreiben als Stimulanz oder Provokation von Antizipationen und der Imagination möglicher Verläufe – Erzählspannung ist im Kern prospektiv, ist «Wissen-Wollen», wie Sierek eine zentrale These der Spannungsforschung zusammenfasst (1994, 115) und damit an Barthes' Konzeption des «hermeneutischen Kodes» aus *S/Z* (1987 [1970]) anschließt.

Wie die expositorische ist auch die prospektive Funktion keineswegs der Initialphase vorbehalten. Allerdings kommt ihr hier ebenfalls größere Bedeutung zu, stellt doch der Anfang einen besonderen ‹Eck- oder Entscheidungspunkt› im Sinne Ecos dar. Hier geht es schließlich nicht allein darum, den nächsten Schritt der Handlungsentwicklung vorherzusehen, sondern der Zuschauer sucht zugleich zu grundlegenden, stabilen und weitreichenden Hypothesen hinsichtlich der Geschichte insgesamt zu gelangen (und damit zu einem gewissen Maß an kognitiver Kontrolle). In diesem Sinne formuliert Kristin Thompson (und bezieht sich dabei auf die Vorstellung vom Priming): «Der Anfang versorgt uns in der Regel mit den wesentlichen Informationen, aufgrund derer wir die stärksten und beharrlichsten Hypothesen über die Fabel bilden» (1995 [1988], 56). Betrachtet man Carrolls *tacit question model*, so müsste auch hier die Initialphase jenen Textabschnitt darstellen, innerhalb dessen nicht nur die

142 Auf diesen Punkt weise ich hin, weil in der Psychologie mit ‹prospektiv› vorausblickende, Ereignisse vorhersehende Wahrnehmungs- und Verstehensprozesse, aber auch ein entsprechendes zielorientiertes Handeln gekennzeichnet werden; vgl. Fröhlich 1987 [1968], 55.

meisten, sondern auch die bestimmenden Fragen – zu den Figuren und ihren Beziehungen, ihren Bedürfnissen und Intentionen, Schwierigkeiten und Konflikten, zu ihren Geheimnissen – aufgeworfen und Hypothesen zum Erzählzusammenhang und zur Handlungsentwicklung formuliert werden, die zum Teil von großer Reichweite und Persistenz sind, so vor allem natürlich die ‹zentrale Frage›. Aber auch viele kleinschrittige Bögen von Fragen und Antworten nehmen hier ihren Anfang. Die prospektive Funktion ist folglich in der Initialphase besonders ausgeprägt und zeichnet sich in verschiedenen, die Antizipation befördernden dramaturgischen Techniken, mehr oder weniger auffällig, ab.

Einschränkend sei nochmals kurz darauf hingewiesen, dass Erwartungen an die Geschichte, wie oben (← Kap. 3.5) bemerkt, bereits bestehen, bevor der Film überhaupt seinen Anfang nimmt (an den Film als solchen, dem der Zuschauer gespannt und erwartungsvoll entgegensieht, ja ohnehin). Diese können durchaus konkreter Natur sein, vor allem die den Film umstellenden Paratexte – Trailer, Plakate, Programmhefte, die Fotos in den Kinoschaukästen, Werbetexte auf der DVD-Hülle, aber auch die Vorabberichterstattung über den Film und natürlich die Kritiken – vermögen mehr oder weniger stabile Genre-Erwartungen zu wecken (in dieser Funktion werden sie denn auch in der Filmvermarktung genutzt; vgl. Hediger / Vonderau 2005b; Schmitt 2007). Und natürlich dient der Filmtitel, der in der Regel vor dem Kinobesuch bekannt ist, als Hinweis auf Inhalt oder Plot.[143] Doch mit der Untersuchung solcher erwartungsevozierender Faktoren im Vorfeld der Rezeption bewegt man sich, auch das wurde oben gesagt, im Bereich des ‹Voranfänglichen›. Mir geht es hier dagegen um genuine Textprozesse, genauer: um die dramaturgische Lenkung der imaginativen Entwürfe in den (mehr oder weniger) offenen Horizont der Geschichte.

Eine präzisierende Bemerkung zum Filmtitel als Rahmen der Bedeutungsbildung scheint mir hier dennoch am Platze: Begreift man ihn mit Branigan als *advance organizer* im Hinblick auf den Verstehensprozess, so ist hinzuzufügen, dass sich seine Aufgabe, fokussierend auf die Bedeutungsbildung einzuwirken, nicht allein darin zeigt, dass wir erwarten können, Bonnie und Clyde werden als Paar zusammenfinden, schlicht weil der Titel das verheißt, oder dass wir annehmen dürfen, es mit einer Mordserie zu tun zu haben, wenn der Titel «alphabet murders» ankündigt. Er kann

143 In extremen Fällen gibt der Titel den Plot in kondensierter Form wieder («the story in a nutshell», wie es die Drehbuchliteratur ausdrückt), ein Beispiel wäre Robert Bressons UN CONDAMNÉ À MORT S'EST ÉCHAPPÉ (F 1956): Durch die nüchterne Vorwegnahme der Ereignisse im sperrigen Filmtitel ist von vornherein klar, dass Spannung im konventionellen Verständnis nicht zu erwarten und die Voraussage der Handlungsentwicklung auch nicht die Anforderung ist, die dieser Film an sein Publikum stellt.

auch das Strukturprinzip der Erzählung vorgeben wie etwa in LA RONDE oder in 5X2 oder aber im Fall multiepisodalen Erzählens das die einzelnen Stränge verbindende Motiv wie in AMORES PERROS (Alejandro Gonzáles Iñarritu, Mexiko 2000).[144]

Wie die ‹expositorische Funktion› verstehe ich auch ‹prospektive Funktion› als Sammelbezeichnung: in diesem Fall für die spezifische Effektivität unterschiedlicher narrativ-dramaturgischer Verfahren, die den Zuschauer dazu anhalten, den Ereignissen vorzugreifen und zu *vorwärtigen Inferenzen* (vgl. Tan/Diteweg 1996; Ohler/Nieding 2001) und Hypothesen hinsichtlich der Plotentwicklung, d.h. zu Entwürfen in den zeitlichen Horizont der Geschichte hinein zu gelangen. Der Anfang legt die ‹Spuren› oder ‹Fährten› aus; der Zuschauer in der ihm zugedachten kommunikativen Rolle als eine Art ‹Fährtensucher› oder ‹Spürhund›[145] folgt diesen allerdings nicht einfach, sondern ‹erahnt› oder ‹erspürt› den Verlauf, den der Weg hinter der nächsten Biegung nehmen mag (Wuss spricht mit Peirce von «Abduktionen», die der Zuschauer vornimmt). Der Dramaturg wiederum kalkuliert mit dieser Ratetätigkeit und unseren Antizipationen, vermag raffiniert damit zu spielen, etwa indem er die Erwartungen frustriert oder auch den Zuschauer zu täuschen und auf eine ‹falsche Fährte› zu schicken sucht (→ Kap. 6).

Aus der Perspektive kognitiver Dramaturgie wie aus schematheoretischer Sicht scheinen diese Thesen evident,[146] und sie dürften wohl auch jedem Zuschauer aus eigener Erfahrung einleuchten. Psychologisch sind sie allerdings erst ansatzweise belegt, worauf Ohler und Nieding (2001, 17) hinweisen. Aufgrund eigener laborexperimenteller Studien zur Bildung vorwärtiger Inferenzen (vgl. auch Ohler 1994) können die Autoren nun aber belegen, dass Zuschauer tatsächlich *online* zu solchen Antizipationen kommen. Zwar lassen sich keine obligatorischen prospektiven Erwartungen innerhalb einer Probandengruppe nachweisen, aber doch relativ stabile Varianten, die ausgehend vom Stimulus-Material entwickelt werden. Dabei zeigt sich (und das bestätigt die Thesen einschlägiger Studien kognitiver Filmtheorie), dass die Bildung vorwärtiger Inferenzen abhängig ist von der narrativen Form: Die Voraussagewahrscheinlichkeit fällt bei Genreerzählungen höher aus als bei eher ‹offenen› Erzählstrukturen (ibid, 17-23).

144 Zu den Funktionen des Filmtitels vgl. von Kügelgen 1988; Kluge 1983, 196-208; Schreitmüller 1994; Kolstrup 1996.

145 Zu diesem Arthur Conan Doyle entlehnten Bild vgl. Wuss 1993b, 107ff; Wulff 2005b.

146 So heißt es bei Wulff ganz selbstverständlich: «Der schemagesteuerten Wahrnehmung wird […] eine *fundamentale antizipatorische Qualität* zugestanden, weil die Anwendung von Schemata immer auch den Schluß gestattet auf im Schema vorgesehene weitere Geschehensabläufe» (1993, 326; Herv.i.O.).

Einige Formen und Genres begünstigen also diese Entwurfstätigkeit stärker als andere; manche streuen entsprechende Informationen und Hinweise großzügig oder setzen sie gezielt ein – beim Whodunit bildet das Auslegen von richtigen, aber auch von falschen Spuren gar den Kernmechanismus der narrativen Struktur –, andere dagegen zeichnen sich durch eine restringierte Informationsvergabe oder auch eine Ausdünnung der Erzählung aus, wodurch nicht allein das Erschließen der Vorgeschichte, sondern auch die vorauseilende Fabel-Konstruktion verunmöglicht wird oder als unangemessen ausgeschlossen werden muss: Wenn die Erzählung wie etwa im *cinéma du comportement* einen Beobachtungsmodus befördert oder die Charaktere wie bei Cassavetes in ihrem Leben improvisieren, statt eine Handlung voranzutreiben,[147] scheint die Frage nach der Entwicklung der Ereignisse wenig relevant für das Verstehen der dargestellten Vorgänge und eine «wait-and-see»-Strategie oder auch die Suche nach wiederkehrenden Verhaltensmustern und Topiks, also eine Form «perzeptiver Invariantenbildung» (Wuss 1993a, 135 passim), angebrachter.

Doch solche narrativen Modi seien hier zunächst ausgeklammert. Im Folgenden möchte ich prospektive Verfahren des Films beschreiben, die die antizipierenden Tätigkeiten anregen, indem sie gewissermaßen wie Vektoren in die narrative Zukunft weisen und daher in der Initialphase gehäuft auftreten.

Angsterwartung und Suspense

Die zukünftige Entwicklung des Plots lässt sich mit Eco, Carroll und Wulff beschreiben als eine durch die Bedingungen der erzählten Welt strukturierte und begrenzte Anzahl von Alternativen, deren Wahrscheinlichkeiten kalkulierbar sind. Dies kann am Erleben von Suspense gut gezeigt werden, das ja wesentlich auf Erwartungen und dem Extrapolieren künftiger Entwicklungen aus dem informationellen Angebot, mithin auf Antizipationen beruht: In Suspense-Szenen schätzt der Zuschauer das Ausmaß der Gefahr ein, in der eine Figur schwebt, berechnet deren Chancen und Möglichkeiten, sich aus der Situation zu retten oder gerettet zu werden, kalkuliert dabei auch mit den Intentionen und Gegenaktionen der antagonistischen Kräfte und wägt so die Wahrscheinlichkeit des ‹schlimmen Endes› gegenüber dem ‹glücklichen Ausgang› ab – Voraussetzungen, um

147 ‹Improvisation› bezieht sich hier nicht auf die Arbeit der Schauspieler, beschreibt keine Darstellungstechnik, sondern das Verhalten der Charaktere als Kern der narrativen Struktur. Unsicherheit und Nervosität als ihr Erfahrungsmodus sollen sich auf den Zuschauer übertragen, für den die Handlungsentwicklung unkalkulierbar wird.

Spannung erleben zu können, und zugleich Kern des Spannungserlebens selbst (vgl. Tan/Diteweg 1996; Wulff 1993; 1996b).[148]

Suspense-Szenen direkt zu Filmbeginn sind eher selten, bedarf doch das Erleben von Suspense der Vorbereitung in informationeller wie emotionaler Hinsicht. Daher wird in aller Regel zunächst die Figur eingeführt, ‹empathisiert›, häufig auch als Sympathieträger aufgebaut, bevor sie in eine gefahrvolle Situation gerät, die man als spannend erlebt. Eine Ausnahme stellen *pre title sequences* dar, die *medias in res* vorgehen. In der Form eines *shock opening* dienen spannende und actionreiche Vorsequenzen als *teaser* des Films, der hier gewissermaßen seine Visitenkarte abgibt und damit zugleich als Köder für den Zuschauer fungiert, um ihn schnellstmöglich an seinen Sitz zu fesseln. Bei solchen Eröffnungen ist es in aller Regel eine Nebenfigur, die in Gefahr gerät und darin umkommt, nicht der Protagonist, dessen Auftritt noch bevorsteht oder durch die Gewalttat am Anfang motiviert wird. Eine Ausnahme stellen die *pre title sequences* der «007»- oder auch der «Indiana-Jones»-Serie dar: Diese bilden nicht den Anfang der Geschichte, sondern betonen den Seriencharakter, indem sie die erzählte Welt und den ‹Alltag› des Helden in einer exemplarischen Episode (einem Prolog vergleichbar) vorführen, ohne dass diese für die nach dem Vorspann einsetzende Geschichte relevant wäre. Solche Szenen direkt zu Beginn setzen die ‹Genremarken›, machen die mit dem Genre verbundenen Emotionen vorab erlebbar und errichten so den Rahmen des Verstehens und Erlebens. Doch zurück zum eigentlichen Thema.

An einem einschlägigen Beispiel, dem Anfang von JAWS (Steven Spielberg, USA 1972), lässt sich verdeutlichen, wie der Horrorfilm Antizipationen hinsichtlich des schlimmen Ausgangs einer Szene weckt, Erwartungen von Furcht und Schrecken, die sich über die Szene hinaus auf den gesamten Film beziehen: Eingeführt wird der Topos von Gewalt (vgl. Wulff

148 Das (vermeintliche) «Paradox des Suspense» (Carroll 1996b) besteht darin, dass wir auch dann Spannung intensiv erleben, wenn wir den Ausgang der Situation/der Szene bereits kennen (vgl. Brewer 1996): Weil wir uns, so wir uns illusionär einbinden und narrativ verstricken lassen, im Spiel des ‹So-tun-als-ob› notwendig in die augenblickliche Situation der Figuren hineinversetzen. Und deren Gefährdung ist nun einmal gegeben, ist ‹real› innerhalb der erzählten Welt und verbunden mit der Erwartung von Furcht und Schrecken, unabhängig, ob wir um den Ausgang wissen oder nicht. Suspense-Dramaturgien offerieren ein Spiel, auf das wir uns einlassen (müssen), und das Suspense-Erleben ist ein aufgesuchter und erwarteter Affekt, Teil der Rezeptionsgratifikationen und also des Unterhaltungsangebots, das der Film an seinem Anfang verspricht. Das «Paradox» des Suspense ist ein Beleg dafür, dass der am Anfang etablierte Genre-Vertrag als Teil des kommunikativen Pakts in Geltung steht und Teil des Zuschauerkalküls ist. Zur Analyse der Dramaturgie des Suspense und den Aspekten des Spannungserlebens vgl. Vorderer/Wulff/Friedrichsen (1996); zur Spannungsanalyse aus der Perspektive der empirischen Rezeptions- und Wirkungsforschung Schulze (2006).

1985b, 60ff) und damit Gewalt- und Angsterwartung als Teil des Genrekontrakts, den der Film mit seinem Publikum schließt, der Versprechen, die er macht.

JAWS beginnt mit einem Ankündigungsmotiv auf der Tonspur: Bevor auf der Leinwand überhaupt etwas zu sehen ist, liefert die Anfangsmusik von John Williams den ersten und deutlichsten Hinweis auf die drohende Gefahr. Die Musik ist hier ein autonomes Zeichen; sie untermalt oder kommentiert nicht etwa Bilder mit Hinweischarakter, sondern sie selbst evoziert die kommende Gefahr und eröffnet damit den Erwartungshorizont der Geschichte. Obgleich nichtgegenständlicher Natur ist sie hier der entscheidende Faktor bei der Erweckung von Erwartungen und Erwartungsaffekten. Das Ankündigungsmotiv fungiert zugleich als Leitmotiv, das mit dem Hai assoziiert wird, bevor er zu sehen ist, und dem daher Priming-Funktion in kognitiver wie affektiver Hinsicht zukommt (vgl. Flückiger 2001, 186).

Nach diesem ersten Moment einsetzender Erwartungsbildung folgen, begleitet von der bedrohlich wirkenden Musik, Aufnahmen einer Unterwasserkamera, die am Meeresgrund entlanggleitet, Haken schlägt, durch Algen stößt – und in deren Bewegungen Intentionalität unmittelbar greifbar wird und zur Anthropomorphisierung der Aufnahmeapparatur auffordert: ‹Etwas›, ein lebendiges Wesen streift unter Wasser herum, scheint den Raum abzusuchen, nach Nahrung zu spüren. Die unsichtbare Bestie wird lediglich über Indizien erschlossen, ihre Ausgestaltung bleibt vorerst der Imagination des Zuschauers überlassen (der Film hält, wie im Horrorfilm üblich, lange an der Strategie fest, das Monster zu verbergen).

Wenn dann ein Schauplatzwechsel erfolgt – gezeigt wird eine Gruppe junger Leute, die nachts in den Dünen um ein Lagerfeuer sitzen, Bier trinken, Gitarre spielen, flirten –, so ist diese Szene eingeklammert, von Beginn an bezogen auf das Geschehen unter Wasser. Die Leitmusik, die der Bestie zugeordnet ist, steht in hartem Kontrast zur fröhlichen und erotischspielerischen Stimmung am Ufer. Die hübsche blonde Frau, die sich aus der Gruppe löst, um schwimmen zu gehen, vor allem aber, um mit dem jungen Mann anzubändeln, der sichtlich angetrunken hinter ihr herläuft, ist das erste Opfer. Dass sie nichts ahnt von der Gefahr, völlig arglos ist – dieses Wissensgefälle zwischen ihr und dem Zuschauer gehört wie der Kontrast zwischen ihrer Schutzlosigkeit und der Brutalität des Monsters zu den Stereotypen der Eröffnung im Horrorfilm. Wo im Leben Antizipationen helfen, das Verhalten an eine gegebene Situation zu adaptieren, muss der Zuschauer hier den erwartbaren Schrecken auf sich zukommen lassen. Allenfalls entwickelt er geeignete *coping strategies*, um sich dem Schrecken nicht gänzlich auszuliefern (Augen zuhalten, im Sitz tiefer rutschen, sich schutzsuchend an den Sitznachbarn schmiegen – sicherlich ein Grund, warum das Genre beliebt ist für erste Verabredungen).

Neben der Musik ist vor allem die Szenenauflösung von prospektiver Funktion: Die Bilder alternieren zwischen Aufnahmen der fröhlich Schwimmenden, des betrunkenen jungen Mannes am Strand, der einzunicken scheint und allmählich aus der Szene ‹verabschiedet› wird, und Unterwasseraufnahmen von unten auf die Schwimmerin an der Oberfläche. Die Distanz verringert sich, der Montagerhythmus nimmt zu: Verknappung der Zeit und Verengung des Raumes zählen zum stilistischen Grundinventar der Suspense-Dramaturgie. In dem Moment, in dem der Hai schließlich zuschlägt, kippt die Szene in Grauen um: Was unter der Wasseroberfläche passiert, ist nur dem panischen Blick der Frau und den ruckartigen Bewegungen ihres Körpers zu entnehmen, der zum Spielball wird. Der Hai hat sein schreiendes Opfer im Griff und zieht es hinter sich her. Zwischendurch scheint er von der Frau abzulassen, die Halt an einer Boje sucht – nur um erneut zuzuschlagen und sie endgültig in die Tiefe zu ziehen. Furcht und Schrecken sind gesetzt: als Thema des Films und als Form der Teilhabe.

Damit wirkt die Szene wiederum prospektivisch in Hinblick auf die Geschichte: Die Gewaltszene am Anfang lässt, wie oben bemerkt, weitere Szenen dieser Art wahrscheinlich werden und sorgt damit für Erwartungsaffekte und Emotionen wie Suspense und *thrill*, Furcht, Grusel, Unbehagen, Angst(-lust) und dergleichen. Dabei kalkulieren wir auch mit unserem dramaturgischen Wissen, indem wir eine Dramaturgie der Steigerung unterstellen, wissend, dass dies nur der (vergleichsweise ‹harmlose›) Auftakt war, denn noch erahnen wir zwar Größe und Kraft des Hais, können ihn aber noch nicht in seinen Dimensionen und Intentionen imaginieren. Der Horror wird zunehmen, das Monster sich als böser und perfider erweisen, seine Angriffe werden sich steigern: «Der Tod zieht herauf, und Ihr begreift es besser gleich: *Es sterben ein paar von den falschen Leuten.*»[149]

An diesem Beispiel zeigt sich zugleich, wie am Anfang Relevanzabwägungen vorgenommen werden: Die Musik und die Unterwasseraufnahmen machen klar, dass wir nicht mit der Weiterentwicklung der Liebesgeschichte rechnen dürfen, sondern dass die Frau von Anbeginn als Opfer zu betrachten ist und ihre Funktion sich in dieser Rolle erfüllt hat, mag sie uns noch so sympathisch erscheinen. Die Anfangsbilder setzen einen pragmatischen Rahmen, man könnte auch sagen: einen ‹relevanziellen Filter›, der das Verstehen vorstrukturiert. Zugleich erfolgt eine Bahnung der

149 Das Zitat stammt aus William Goldmans *The Princess Bride* (1973, dt. Ausgabe: *Die Brautprinzessin*. Stuttgart: Klett-Cotta 1996, 215), wo es als Warnung an die Kinder unter den Lesern dient, nicht immer und grundsätzlich dem Versprechen vom glücklichen Ende aus dem Märchen Glauben zu schenken, denn: «Das Leben ist nicht gerecht.»

Emotionen, ein Prozess, den man als *affektives Priming* bezeichnen kann.

Am Ende, auch davon können wir ausgehen, steht die Vernichtung des Hais, wird wieder Ruhe einkehren in die in Aufruhr geratene Kleinstadt. Anfänge im Horrorfilm lassen sich so in der Tat als ‹Störung› beschreiben (← Kap. 2.3), eine Störung, die immer zugleich formale Erwartungen auf einen befriedeten Endzustand als Teil der Struktur- oder Gestalterwartungen impliziert.

Prospektive Techniken: *foreshadowing, foreboding, planting*

In Kapitel 2.4 (←) war mit Rekurs auf einschlägige narratologische und textanalytische Arbeiten bereits die Rede von der ‹Vorausdeutung› auf den Plot sowie seiner ‹Vorwegnahme› durch den Anfang. Unter ‹Vorausdeutung› oder ‹Vorverweisung› fasst die Erzähltheorie narrative Techniken, die zumindest ein Stück weit die Richtung des Handlungsverlaufs angeben (vgl. Lämmert 1955, 141) und damit den Erzählprozess strukturieren. Sie dienen als Element der Binnenverweisstruktur des literarischen Textes zugleich dazu, dessen semantische Dichte zu erhöhen. Die Narratologie kennt aber auch die direkte Vorwegnahme eines Handlungsereignisses als Spielart anachronischen Erzählens, die Genette als ‹Prolepse› fasst (vgl. 1998, 45-54).[150] Diese narrative Figur sei hier allerdings nur der Vollständigkeit halber erwähnt, da der direkte Vorgriff ja gerade nicht antizipativ wirkt, wenn er das Ereignis selbst verrät. Rhetorik und Stilistik wiederum verfügen über ‹kataphorische›, d.h. vorverweisende Elemente, zuweilen auch als ‹Kataphern› bezeichnet.[151] Diese Techniken und Figuren lassen sich selbstverständlich auch für die Filmerzählung ausmachen: So wird die Prolepse gemeinhin als *flashforward* bezeichnet; und die Struktur der «vorherbestimmten Entwicklung» (*intrigue de prédestination*), die Todorov und Barthes aus literarischen Erzählungen herauspräpariert haben und

150 «Mit *Prolepse* bezeichnen wir jedes narrative Manöver, das darin besteht, ein späteres Ereignis im voraus zu erzählen oder zu evozieren» (1998, 25; Herv.i.O.). Genette unterscheidet den expliziten *Vorgriff* vom *Vorhalt*: Während ersterer ein zukünftiges narratives Segment in der Vorwegnahme gewissermaßen verdoppelt, weckt der Vorhalt eher unspezifische Erwartungen auf ein nur andeutungsweise vorweggenommenes Ereignis; für eine genauere Differenzierung vgl. Nünning 1998, 446f. In diesem Zusammenhang spricht Genette auch von *Antizipation*, wobei er aber psychologische Konnotationen zu vermeiden sucht (vgl. Genette 1998, 45-54). Er beschreibt weder die Handlungsvorausschau durch den Leser, also eine rezeptive Aktivität, noch deren Ermöglichung seitens des Textes, sondern *narrative Figuren* – sein strukturalistisches Erzählmodell klammert die pragmatische Dimension des Erzählens aus.

151 In der Textlinguistik bezeichnet ‹Katapher› eine sprachliche Einheit, die auf ein Objekt vorverweist, das erst nachfolgend genannt wird: «*Er* ist derzeit einer der größten Stars im deutschen Film. *Er* hat viele Preise und Auszeichnungen erhalten. Die Rede ist von Jürgen Vogel.» Kataphern tragen wie ihr Gegenstück, die Anaphern (sprachliche Rückbezüge), zur Kohäsion und semantischen Dichte des Textes bei.

die Jost (2004, 40) als eine der grundlegenden Funktionen des Anfangs ansieht, hat die Gruppe um Jacques Aumont (Aumont et al. 1992 [1983], 98f) angeregt, filmspezifische Formen der Vorausdeutung zu unterscheiden, die «explizite», die «implizite» und die «allusive».

Wulff (1993a, 331ff; 1996b; 1999a, 216ff) beschreibt am Beispiel von Suspense-Szenen die Rolle von *Kataphern*. Mit diesem filmnarratologisch noch ungebräuchlichen Begriff bezeichnet er Vorverweise auf eine mögliche Gefahr oder den plötzlichen Umschlag einer Situation, der solcherart vorbereitet wird. Kataphern zielen in den noch unbestimmten narrativen Verlauf hinein und beziehen sich nicht auf festliegende Textelemente (das unterscheidet sie von den eindeutigeren Hinweisen oder *cues*). Sie sind von vorbereitender und aufmerksamkeitslenkender Funktion, ein zentrales Mittel, um beim Zuschauer ein Erwartungsfeld aufzubauen und ihn einzustimmen auf das, was möglicherweise kommt. An diesem Punkt möchte ich einhaken und die Erscheinungsweisen des Prospektiven unter Rückgriff auf die filmdramaturgische Praxis ein wenig differenzieren.

Die Drehbuchliteratur nennt unterschiedliche Techniken, mit deren Hilfe die Vorhersageaktivitäten des Zuschauers gerade am Anfang befördert werden, allerdings sind die vorgeschlagenen Kategorien nicht eben trennscharf. So wird eher allgemein von der notwendigen ‹Vorbereitung› (*preparation*) eines Ereignisses gesprochen; darunter fallen sowohl die vage bestimmten Formen *foreshadowing* (etwa ‹Voraus[be]deutung›, ‹Ankündigung› oder ‹Vorwegnahme›) und *foreboding* (das eingeschränkter ‹[böses] Vorzeichen›, ‹böses Omen› oder auch ‹Prophezeiung› meint) als auch die konkretere (und genauer beschriebene) Technik des *planting* von Informationen:

> We speak of preparation in two senses. *Foreshadowing* is a way of setting up actions, events and story twists. There are many ways to foreshadow. The mood and atmosphere of the setting can foreshadow what might occur there. A look from a character may presage a future killing, or a romance. A howling wind can set up mystery. A *plant* is an object, a person or information which is established early so that it can be used effectively later. Paraphrasing Chekhov, if you want to use a gun in Act III, show it in Act I (Miller 1988, 61; Herv.i.O.).[152]

Betrachtet man zunächst nur Millers weite Definition von *foreshadowing*, kann nahezu jedes Element (ein warnender Blick, ein wissendes Lächeln, die Verwendung einer bestimmten Farbe oder eine ungewöhnliche Lichtsetzung, der Einsatz von Musik) dazu dienen, ein künftiges Ereignis sub-

152 Zu *preparation*, *foreshadowing*, *foreboding* und *planting*, die in den Drehbuchratgebern zuweilen als Synonyme verstanden werden, vgl. auch Vale 1987 [1944]; Howard/Mabley 1993; McKee 1997; Chion 2001 [1985]; Lucey 1996; Trottier 1998; Mamet 2001.

til aufscheinen oder suggestiv anklingen zu lassen oder es in verdichteter, symbolischer Form vorwegzunehmen, so wie es das geflügelte Wort ‹die Ereignisse werfen ihre Schatten voraus› bildlich zum Ausdruck bringt (auch wenn *foreshadowing* nicht nur düstere, sondern auch erfreuliche Ereignisse betreffen kann). Das Verfahren der Vorausdeutung oder auch Vorankündigung künftiger Ereignisse ist bereits aus der epischen wie der dramatischen Technik bekannt. In dem Sinne, wie es die Drehbuchliteratur verwendet, scheint mir das englische *foreshadowing* allerdings das treffendere Wort: Das Bild vom vorausweisenden ‹Schatten der Ereignisse› beschreibt die dramaturgische Technik besser als das Wort ‹Vorausdeutung›, das von größerer Explizitheit ist und eher an den Fall der im Märchen direkt ausgesprochenen Prophezeiung oder an das Orakel in der griechischen Tragödie denken lässt. Hier ist die Erfüllung der Prophezeiung erwartbar und hochwahrscheinlich, weil sie eines der wiederkehrenden Erzählmotive der Gattung darstellt; beim *foreshadowing* bleibt das Eintreffen eines späteren Ereignisses (welches?, auch das ist ja noch unbestimmt), auf das vorab hingedeutet wird, im Bereich des vage Möglichen und Ungefähren.

Miller (ibid., 60f) führt als Beispiel für *foreshadowing* eine Episode aus John Boormans DELIVERANCE (USA 1972) an: Bei der frühmorgendlichen Jagd trifft einer der Männer auf ein Reh. Er legt den Bogen an, aber die Hand zittert ihm mit einem Mal so, dass er sein Ziel verfehlt. Die Szene dient als Vorbote eines späteren, für die Geschichte zentralen Ereignisses: Derselbe Mann trifft, wiederum allein, auf den bewaffneten Verfolger der Gruppe, der die Überlebenden der Flussfahrt umzubringen droht, so dass er ihm zuvorkommen muss – als ihn wiederum dieses Zittern befällt, das es ihm zunächst unmöglich macht, den Bogen zu spannen, während sich der Gegner seinem Versteck nähert.

Die Stelle aus DELIVERANCE beschreibt genaugenommen eine *Präfiguration*: Das spätere Ereignis spiegelt sich im früheren, das es in bestimmten Aspekten vorwegnimmt. Millers Beispiel ist der Mitte des Films entnommen. Als Beispiel für *foreshadowing* in der Eingangsphase möchte ich auf den Anfang von THE MOST DANGEROUS GAME zurückverweisen, auf Vorspann und Eröffnungssequenz, die Kuntzel als ‹Matrix› des Films analysiert hat (← Kap. 2.4). Im Falle von THE MOST DANGEROUS GAME werden zentrale Handlungselemente zunächst in der Titelsequenz vorweggenommen (Aumont et al. würden von einer «allusiven» Vorwegnahme sprechen, eine für Vorspannsequenzen verbreitete Form): Der Ton des Horns nimmt die Jagd motivisch vorweg, der martialisch anmutende Türklopfer mit der geraubten Frau und dem vom Pfeil durchbohrten Zentaur verweist symbolisch auf die Frau als Jagdtrophäe und den Tod des Räubers. Das Spiel mit prospektiven Hinweisen und Präfigurationen setzt sich – in anderer

Form – in der Eingangssequenz fort, wenn mit Hilfe von Fotos und der Dialoge, die in expositorischer Funktion Auskunft über den Protagonisten als Großwildjäger und Abenteurer geben, zugleich auf die Jagd und den Rollentausch von Jäger und Gejagtem vorverwiesen wird.[153]

Ein gelungenes Beispiel für *foreshadowing* am Filmanfang beschreibt auch Branigan (allerdings ohne es so zu nennen; 1992, 90ff): Am Ende der Eröffnungsszene von Hitchcocks THE WRONG MAN (USA 1956) tritt der Protagonist, Kontrabassist in einem Tanzorchester, der später irrtümlich eines Raubüberfalls beschuldigt wird, aus der Tür des Nachtclubs, in dem er aufgetreten ist. In diesem Moment kommen zwei Polizisten vorbei. Er passiert sie achtlos, und auch sie nehmen keine Notiz von ihm; durch geschickte Kadrierung und die zeitlich exakt abgestimmte Bewegung der drei Figuren sieht es allerdings für einen Moment so aus, als würden die beiden ihn in ihre Mitte nehmen, wie um ihn abzuführen – dieses eine Bild präfiguriert die späteren Ereignisse, nimmt sie symbolisierend vorweg. Branigan interessiert an dieser Konfiguration, wie die Narration falsche Eindrücke, um die es in der Geschichte geht, modellhaft vorführt. Zugleich präsentiert sie sich als geschickter Taschenspieler – eine selbstbezügliche Geste des ‹impliziten Autors›, auf den hier geschlossen werden kann.

Wie aber lässt sich die vorbedeutende Geste fassen, die mit der eröffnenden Totale von Ridley Scotts THELMA & LOUISE (USA/F 1991) verbunden ist? Die in ihrer Atmosphäre erhaben wirkende Aufnahme vom Grand Canyon steht als stereotype Eröffnung des Westerns metonymisch für eine Welt der Freiheit, losgelöst von den Zwängen der Zivilisation – allerdings beginnt hier kein Western und der vermeintliche *establishing shot* eröffnet nicht den Handlungsraum. Das in die Geschichte zunächst nicht integrierbare Anfangsbild weist auf das Ende und nimmt das Handlungsziel, von dem die Protagonistinnen noch nichts ahnen, vorweg. Vom Ende her gesehen ist die erste Einstellung neu zu semantisieren: als Vorausdeutung auf den letzten Fluchtpunkt der beiden Frauen und ihren gemeinsamen Selbstmord an diesem mythischen, zeitenthobenen Ort. Das tragische Ende wird zugleich als Akt der Befreiung zelebriert und zu einer Art feministischer Utopie umgeschrieben. Vom Anfang her ist dies natürlich nicht ersichtlich, hier stellt die Landschaftsaufnahme, weil sie zunächst nicht narrativisierbar ist, ein beunruhigendes Element dar. Es ist aber da und damit Zeichen – Träger einer Bedeutung, die sich noch enthüllen muss.

Der prospektive Charakter des *foreshadowing* kann sich mehr oder weniger deutlich abzeichnen. Zuweilen haben wir es mit symbolischen oder ins Al-

153 Bordwell, Staiger und Thompson (1985, 30f) sprechen von «antizipatorischen Motiven» und nennen einige Beispiele.

legorische zielenden Formen der Vorausdeutung zu tun, deren Hinweischarakter und tatsächliche Bedeutung sich zur Gänze erst im Moment ihrer ‹Erfüllung›, häufig also erst vom Filmende her erweist. Dessen ungeachtet zeitigen sie prospektive Wirkung, indem sie – allerdings nur ungefähre – Vorahnungen und Erwartungen wecken und ihnen den Weg bereiten.

Dagegen arbeitet der Anfang von LAWRENCE OF ARABIA (David Lean, GB 1962) mit einer konkreteren und kurzschrittigeren Form der Vorausdeutung, die mir hier als Beispiel für *foreboding* dient: Der Film beginnt mit dem Ende der Geschichte, dem Unfalltod des Titelhelden. Der zunächst gesichts- und namenlose Protagonist startet nach einiger Vorbereitung, Zeit zur Einblendung der *credit titles*, sein Motorrad und fährt los. Ganz offensichtlich genießt er die rasante Fahrt – die Frühlingssonne, die Schönheit der englischen Landschaft, die Kraft der Maschine, die Geschwindigkeit, den Wind in den Haaren. Er kommt an einer Baustelle vorbei; zahlreiche Warnschilder weisen auf die Gefahr hin. Weil wir wissen, dass im Film nichts zufällig ist und gezeigte Objekte als ‹Um-zu-Dinge› fungieren, mit denen etwas getan oder bedeutet wird (das ist Teil des kommunikativen Rahmens),[154] ahnen wir, dass wir auf ein Unglück vorbereitet werden. Der Protagonist passiert die Baustelle mit reduzierter Geschwindigkeit, und während wir uns noch entspannen, weil (zunächst) nichts passiert ist, erhöht er die Geschwindigkeit, scheint auf der engen Landstraße dahinfliegen zu wollen, wobei sein Gesicht hinter der Schutzbrille den Ausdruck höchster Anspannung und höchsten Genusses zugleich annimmt.

Der Montagerhythmus akzeleriert, die Lautstärke nimmt zu – indikative Techniken, analysiert doch die Szenenauflösung die Situation in Hinblick auf das bevorstehende Unglück, der Rhythmus der Schnitte steht für die Verknappung der Zeit, das ansteigende Motorengeräusch ist lesbar als Warnsignal –, bis es am Ende dieser Auftaktszene zum erwartbaren Unfall kommt: Hinter einer Hügelkuppe tauchen zwei Radfahrer auf, Ausweichen ist nicht möglich, Bremsversuche vergeblich. Das Motorrad kommt von der Straße ab, Lawrence stürzt und stirbt – nicht als Kriegsheld in der arabischen Wüste, sondern bei einem Ausflug in die grünen Hügel Südenglands.

Vorbereitet durch einen prospektiven Hinweis, verbunden mit einem kurzen Hinauszögern der Erwartungserfüllung, die spannungssteigernd wirkt und die Konzentration auf die Figur bündelt, dient die Szene zugleich der Charakterisierung des Protagonisten, ohne dass ein einziges erklärendes Wort vonnöten wäre: Dies ist die Geschichte eines Abenteurers

154 Bordwell beschreibt die Motivation von handlungsfunktionalen Elementen in klassischer Narration als «gemacht-zum-Benutzen» (2002 [1985], 220f).

und Draufgängers, eines Menschen, der sein Schicksal herausfordert. An diesem Beispiel zeigt sich zugleich, wie die Antizipationen, die innerhalb der Szene greifen, in Widerspruch stehen zu den dramaturgischen Erwartungen, welche gleichfalls in die Kalkulation des Handlungsfortgangs einfließen: Dies ist der Protagonist des Films, sein Tod am Anfang der Geschichte unwahrscheinlich. Vermutlich aus diesem Kalkül heraus verleiht der Auftakt dem Helden zunächst kein Gesicht, baut ihn nicht sogleich als Sympathieträger auf: Der Prozess der Idolisierung und danach der Destruktion oder zumindest der Relativierung des (vom Film selbst geschaffenen) Mythos setzt erst nach diesem Ende-am-Anfang ein.

Ähnlich wie am Anfang von JAWS ist auch Wendy Carlos' Titelmusik zu THE SHINING (Stanley Kubrick, GB/USA 1980) als *foreboding* zu verstehen: Während sich die Protagonisten noch ahnungslos und bei strahlendem Herbstwetter auf ihrer Reise zum Overlook-Hotel befinden, weist die repetitive Verwendung des auf einem Synthesizer erzeugten, verfremdeten *Dies-irae*-Motivs insistierend auf das drohende Unheil hin. Eingefangen wird diese Szene aus der Vogelperspektive und von einer souverän sich bewegenden Kamera – Sicht einer auktorialen Erzählinstanz, die weiß, wohin sie ihre Figuren schickt und welcher Gefahr sie dort ausgesetzt sein werden, und die dies mit Hilfe der Musik hervorkehrt (und so zugleich selbstbezüglich auf sich zurückverweist).

Von kategorial anderer Art und Wirkung ist dagegen die Prolepse, mit der das Geheimnis des Hotels etabliert wird: Noch bevor die Familie an den Schauplatz reist und die ominöse Musik einsetzt, hat der kleine Danny die Vision von den toten Zwillingsmädchen und den Strömen von Blut, die sich aus den Fahrstuhlschächten in die Hotelgänge ergießen: Hier werden Handlungsmotive vorweggenommen, die zunächst alptraumartigen Charakter haben und wie ein böses Omen global auf die bevorstehende Gefahr hinweisen, sich dann aber, wenn sie später aufgegriffen werden, sukzessive zur Vorgeschichte des *haunted house* zusammenfügen. Mit der Vision nimmt die Erzählung Ereignisse vorweg, die dem Jungen später tatsächlich (?) begegnen. Angestoßen werden konkrete Erwartungen, die sich darauf beziehen, wann er von seinen Alpträumen eingeholt und in seiner Handlungswelt mit diesen Szenarien konfrontiert wird und wie sie zu deuten sind.

Die Beispielreihe abschließen möchte ich mit dem Hinweis auf ROSEMARY'S BABY (Roman Polanski, USA 1968). Der Film beginnt mit einer langen, ungeschnittenen Flugaufnahme, eine Bewegung über den New Yorker Central Park und das umgebende Viertel hin auf das riesige viktorianische Haus als Schauplatz der Geschichte – eine klassische Eröffnung. Doch warum löst der panoramatische Blick von oben zugleich ein Gefühl latenter Unsicherheit und Verstörung aus? Irgend etwas scheint nicht zu stimmen. Bei genauerer Betrachtung zeigt sich: Die Stadt wirkt wie ausgestorben, kein einziger Mensch ist auf den Wiesen des Parks oder in den Straßen zu sehen.

Weil sie häufig so unbestimmt sind, so andeutungshaft und so wenig fassbar, dass sie sich der kognitiven Kontrolle entziehen, verursachen *foreshadowing*, mehr aber noch *foreboding* unbehagliche Gefühle, eine aufkeimende Beunruhigung oder latente Angsterwartung, die von manchen Zuschauern als durchaus lustvoll erlebt wird.

Als zweite vorbereitende Technik nennt Miller das *planting*. *Planting* oder, wie es im Deutschen auch genannt wird, das ‹Säen› von Informationen bezieht sich auf die Einführung von zunächst unauffälligen, wie beiläufig gesetzten Objekten der erzählten Welt, die später – in der ‹Ernteszene›, dem *pay off* – aufgegriffen werden und sich dann als handlungsfunktional erweisen. *Planting* und *pay off* sind die beiden notwendigen Elemente einer Dramaturgie des «Säens-und-Erntens» (vgl. z.B. Vale 1992 [1944], 83; McKee 1997).

Alle Elemente der Diegese sind potenziell handlungsfunktional, sie können narrativisiert werden und stellen also das Material dar, aus dem sich die Geschichte entwickeln kann. Wie oben Miller mit Bezug auf Tschechow gesagt hat, gehört die Pistole, die im dritten Akt abgefeuert wird, bereits im ersten Akt zur erzählten Welt, ohne indes größere Aufmerksamkeit zu beanspruchen.[155] Die Information aber, dass die Pistole da und zur Hand ist (um bei diesem etwas abgegriffenen Beispiel zu bleiben), wird in der Rezeption gewissermaßen aufbewahrt; sie kann später aktualisiert, in die Gegebenheiten der Handlung eingepasst und mit (neuer) Bedeutung belegt werden. Prinzip des *planting* ist das der *retrospektiven Vorausdeutung*: Vom Ende her wird erinnert, dass und in welchem Kontext das bewusste Element zuvor bereits zu sehen war, und man realisiert, dass damit ein Vorverweis auf den späteren Verlauf erfolgt ist.

Der quasi natürliche und damit privilegierte Ort der Strategien des ‹Säens› ist der Anfang der Geschichte (so auch Vale 1992 [1944], 83; Chion 2001 [1985], 218). Wie diese dramaturgische Technik in der Initialphase eingesetzt werden kann, zeigen die folgenden Beispiele:

In ALIENS (James Cameron, USA 1986) wird die Protagonistin Ripley darüber eingeführt, wie sie mit einem hydraulisch betriebenen Arbeitsro-

155 Die Pistole als *prop*, als (potenzieller) Handlungsgegenstand, mag wie zufällig ins Bild geraten oder auch stilistisch markiert sein, ohne dass dies allzu sehr ausgestellt wird: durch eine Objektfokussierung mittels Kameraheranfahrt oder eine eingeschnittene Großaufnahmen, durch musikalische Untermalung, durch Wiederholung einer Geste, die dem Objekt gilt, seine beiläufige Erwähnung im Dialog etc.

boter trainiert – eine merkwürdige Stahlkonstruktion, gesteuert von dem in ihn ‹eingespannten› und in ihm agierenden Menschen, die wie eine stählerne Erweiterung des Körpers angelegt ist. Später wird Ripley dem Alien-Muttertier mit/in eben diesem Gerät zum finalen Kampf entgegen treten. Der Roboter ist ein Element, dessen eigentliche Funktion und Bedeutung sich erst auf dem Höhepunkt der Geschichte erweist. Dann greift eine Umkodierung und Instrumentalisierung des Objektes, das vom Arbeitsgerät zur Rüstung und Kampfmaschine mutiert.

Wenig überraschend erscheint das Wiederaufgreifen des ‹gesäten› Objektes und der *pay off* in Sam Peckinpahs STRAW DOGS (USA/GB 1971). Wir lernen die beiden Hauptfiguren, ein junges in ein englisches Dorf übergesiedeltes Paar, kennen, als die beiden gerade eine gewaltige Schnappfalle für Tiere erstanden haben, die sie als Dekorationsstück über dem Kamin anbringen wollen. Bereits in dieser Eröffnungssequenz finden sich kleine Störungen und Warnsignale: misstrauische Blicke der Einheimischen, angedeutete Konfrontationen, schließlich der Hinweis auf eine frühere erotische Beziehung der Frau, die hier aufgewachsen ist, mit einem der Dorfbewohner und einen daraus resultierenden ungelösten Konflikt. Eine Atmosphäre latenter Gewalt prägt den Filmanfang und sorgt für Unbehagen und unbestimmte Erwartungen kommenden Schreckens. Wenn dann beim Spannen der Falle der Mechanismus einen Handwerker zu verletzen droht, so erkennen wir den prospektiven Impuls und ahnen, dass sie später zur tödlichen Falle wird.

Die Aufmerksamkeit kann aber auch auf das Objekt gelenkt werden, indem es wiederholt aufgegriffen wird, allerdings lässt dies die Vorbereitung explizit und durchsichtig erscheinen:

Wenn in Spielbergs DUEL (USA 1971) der marode Kühlschlauch bei der Flucht vor dem Truck im entscheidenden Moment platzt, so ist das vorbereitet, weil zuvor ein Tankwart auf das schadhafte Teil hingewiesen und sich der Protagonist bei einem neuerlichen Stopp erfolglos nach einem Ersatzteil erkundigt hat. Das Auftreten des Schadens ist also hochwahrscheinlich – und der dramaturgisch geschulte Zuschauer darf vermuten, dass der *pay off* nicht zu einem beliebigen Zeitpunkt erfolgt, sondern in einer Suspense-Szene, in der dem Schlauch eine Schlüsselfunktion zukommt, da Gedeih und Verderb des Protagonisten davon abhängen.

Durch sorgfältiges *foreshadowing* und *planting* wird die (retrospektiv festgestellte) Wahrscheinlichkeit erhöht, mit der die solcherart vorbereiteten Ereignisse tatsächlich eintreten. In der ‹Ernteszene› wirken sie dann nicht wie die Erfüllung einer kontingenten, bestenfalls möglichen Entwicklung, sondern als eine geradezu notwendige, die man hätte vorhersehen können, wäre man nur aufmerksam genug gewesen und hätte die Zeichen richtig gedeutet (vgl. Miller 1988, 61; Bordwell/Staiger/Thompson 1985, 44; Trottier 1998, 14).

Neben der vorbereitenden Wirkung des *planting* beschreiben Howard und Mabley denn auch einen strukturellen Aspekt, der unmittelbar in Zusammenhang steht mit der Erhöhung narrativer Wahrscheinlichkeiten: die Verdichtung der Textur des Drehbuchs durch das mit dem *planting* verbundene Prinzip von Vorverweisung und Wiederaufnahme (vgl. 1996, 97).[156]

Allerdings ist einschränkend zu bemerken, dass nicht immer unterschieden wird zwischen Hinweisen, die narrativ wirksam werden (den eigentlichen Vorverweisen und *plants*), und solchen, die zur atmosphärischen Dichte beitragen oder der thematischen Struktur zugehören, aber handlungsirrelevant sind. Ein Beispiel für letzteres wäre die motivische Reihe der Augen in Eisensteins IVAN GROSNY (IWAN DER SCHRECKLICHE, UdSSR 1944 [Teil 1] und 1946/1958 [Teil 2]), die metaphorisch auf die im Zarenpalast vorherrschende Atmosphäre von Beobachtung und Überwachung verweist (vgl. Thompson 1981, 163ff; Bordwell 1993, 237f). Im Unterschied zu solch motivischen Reihen oder Topoi, die sich durch Wiederholung und Invariantenextraktion allmählich herauskristallisieren, sind *plants* konkrete Objekte, die handlungsfunktional werden, und stellen damit eine besondere Klasse narrativer Vorverweise dar.[157] Während *planting* und andere prospektive Techniken die Textur des Films dichter machen, sind umgekehrt nicht alle Techniken zur Erhöhung der semantischen oder atmosphärischen Dichte als narrative Vorverweise zu werten.

Auch das Kriterium der Unauffälligkeit, das ich hier dem *planting* zugesprochen habe, ist dramaturgisch durchaus strittig: Wenn auf das potenziell handlungsfunktionale Objekt so demonstrativ hingewiesen wird, dass der Zuschauer darauf wetten mag, dass es später zum Einsatz kommt (wie

156 Diesen die Textur verdichtenden Effekt des *foreshadowing* beschreibt Seymour Chatman in narratologischer Hinsicht: Die Techniken der Vorausdeutung stehen bei ihm in Verbindung mit der Gewichtung von Szenen und Episoden: Narrative Kernszenen (*kernels*) treiben die Erzählung voran, ‹Satellitenszenen› (*satellites*), in denen die Ankündigungsfunktion gebündelt auftritt, bereiten Kernszenen vor. Daher lassen sich Satellitenszenen entfernen, ohne dass der rote Faden der Geschichte reißt und sie lückenhaft wird. Der Plot bleibt unberührt; was die Erzählung mit dem Verlust der Binnenverweisstruktur allerdings einbüßt, ist einerseits ihre semantische Dichte, die wesentlich für ihre Literarizität bürgt, andererseits das Vermögen, Spannung zu erzeugen, denn erst die Verweisstruktur ermöglicht Antizipationen als Voraussetzung des Spannungserlebens. Im Unterschied zur Vorausdeutung stellen übrigens Prolepsen als tatsächliche Vorwegnahmen von in der Chronologie der *fabula* späteren Episoden Kernszenen dar und sind daher nicht aus dem Plot eliminierbar, ohne dass die Fabel ‹löchrig› würde; vgl. Chatman 1989 [1978], 64.

157 Auf die mangelnde Abgrenzung von narrativen Kataphern (Vorverweisen im eigentlichen Sinn) gegenüber thematischen oder atmosphärischen weist in Auseinandersetzung mit Kortes (1987) Analyse von JAWS auch Wulff (1993, 333f) hin.

etwa im Falle von DUEL), dann verliert der *plant* nach Auffassung einiger Drehbuchratgeber seine Wirkung. Er zählt dann entweder zu den *cues*, den deutlichen Hinweiszeichen, mit denen dem Zuschauer z.B. die Handlungsprämisse nahegebracht wird, oder er wird als «telegraphy effect» gescholten – ein Überraschungseffekt, der misslingt, weil der Zuschauer ihn vorhergesehen hat (vgl. Chion 2001, 247). Doch diese Einschätzung wird nicht von allen geteilt, und manche Drehbuchautoren zählen auch die Techniken, mit denen uns im klassischen Kino die Handlungsprämisse ‹eingebläut› wird, zum *planting*; so erfindet Vale das Beispiel eines Mannes, von dem wir am Filmanfang erfahren, dass er zum brutalen Schläger wird, sobald er trinkt (vgl. Vale 1992 [1944], 83].

Das fiktive Beispiel Vales scheint in BLIND DATE (Blake Edwards, USA 1987) eingelöst. Zu Beginn des Films wird etabliert, dass die Protagonistin ausflippt und unberechenbar wird, wenn sie Alkohol zu sich nimmt. Diese Handlungsprämisse wird eingehend dargelegt und ist dem Zuschauer bekannt – nicht jedoch der männlichen Hauptfigur, einem karrieristischen Geschäftsmann, der für ein Essen mit einem japanischen Geschäftspartner eine Begleitung braucht und dafür die Frau, die er nie zuvor getroffen hat, engagiert. Solcherart vorbereitet erwarten wir gespannt und mit vorauseilender Schadenfreude den Augenblick, an dem er ihr etwas zu trinken anbietet.

An diesem Anfang zeigt sich, dass sich das Etablieren der Handlungsprämisse im klassischen und postklassischen Kino oft anders vollzieht als das wie beiläufig daherkommende *planting*, dessen Effekt sich am ehesten als «beabsichtigt unauffällige Auffälligkeit»[158] beschreiben lässt: Im Unterschied dazu ist Ersteres hochauffällig, es soll ins Bewusstsein rücken. Nichts daran ist dunkel; der Zuschauer weiß, dass er es mit der zentralen Information zu tun hat, dem Auslöser oder der Motivation der gesamten Geschichte, die ihm ‹beigebracht› werden soll. Ein plakatives Beispiel ist auch die Bombe, die zu Beginn scharf gemacht und erst ganz zum Schluss, kurz vor der verheerenden Detonation, entschärft wird, so etwa in FACE/OFF (John Woo, USA 1997).

Die mangelnde Trennschärfe in der Beschreibung des *planting* in der Drehbuchliteratur ließe sich weiter problematisieren. Zu fragen wäre, ob ein *plant* Überschuss-Qualitäten besitzen muss oder wodurch es sich von anderen im Bild vorhandenen Objekten unterscheidet, die später aufgegriffen werden? Ein Pferd im Western ist schließlich kein *plant*, selbst wenn es später zur Flucht benutzt wird (denn Pferde gehören zum Genre-Inventar). Ein *plant* liegt allerdings vor, wenn wir am Rande erfahren, dass eben

158 Diese schöne Formulierung verdanke ich Noll Brinckmann.

jenes Pferd lahmt, auf das sich später der Flüchtende schwingt. *Plants* sind von gratwandlerischem Charakter, sie können zu viel oder zu wenig sein, zu deutlich oder zu undeutlich ausfallen. Man könnte sich hier eine Skala vorstellen, die von ‹tatsächlich unmerklich›, über ‹erst im Rückblick oder bei der Wiederbesichtigung erkennbar› bis zu ‹plump und ärgerlich, da überdeutlich› reicht. Die Einschätzung ist dabei abhängig von der narrativen und filmischen Kompetenz und natürlich auch vom Geschmack des Zuschauers. Doch soll diese Diskussion hier nicht weiter verfolgt werden, schließlich geht es mir vor allem um die mit dem *planting* in der Initialphase verbundene prospektive Funktion.

Die Technik des ‹Säens-und-Erntens› ist heutzutage als hochkonventionalisiert anzusehen, zählt zum dramaturgischen Standard-Repertoire, das die Filme selbst wiederum ironisch und selbstbezüglich aufgreifen:

In THE OPPOSITE OF SEX (Don Roos, USA 1998) kommentiert die abgeklärt und gerissen agierende jugendliche Protagonistin (Christina Ricci) als homodiegetische Erzählerin nicht nur das eigene Tun, sondern – im augenzwinkernd-rhetorischen Schulterschluss mit dem Publikum – auch die Dramaturgie des Films: «This part, where I take the gun is like ... important! It comes back later, but I'm putting it here for foreshadowing. Which reconverted me to Dickens. If you're smart, you won't forget I've got it.»

Der ironische, selbstreflexive Gestus offenbart, dass das *planting* eingebunden ist in übergreifende historische Beibringestrategien, die einem Alterungs- oder Abnutzungsprozess unterliegen und daher dem literatur- und filmkompetenten Zuschauer als allzu durchsichtig gelten mögen. Dramaturgen und Zuschauer spielen ein Spiel, in dem die eine Seite immer raffiniertere Techniken der Vorbereitung und Vorausdeutung erkundet und die andere versucht, ihr dennoch auf die Schliche zu kommen.

In (→) Kap. 6 werde ich darauf eingehen, welche Effekte die nachträgliche Identifizierung solcher vorausdeutenden Indizien und *plants* beim Rezipienten auszulösen vermögen: ‹Aha-Erlebnisse›, die mit Rückschlüssen auf die Erzählinstanz, mit einer Umstrukturierung der Erinnerung an die Geschichte, unter Umständen aber auch mit Verärgerung (wenn die vorausdeutenden Zeichen nicht erkannt und die Indizien übersehen wurden) verbunden sein können.

Beim ‹Säen-und-Ernten› von Informationen mag der Film auch mit Elementen aufwarten, die den Eindruck erwecken, sie könnten später eine Rolle spielen, dann aber nicht weiter verfolgt oder auch schlichtweg vergessen werden. Die Dramaturgen bezeichnen sie als ‹blinde Motive› oder *false plants* (vgl. Chion 2001 [1985], 240; Wulff 2005b; Hartmann 2007). Solche Schnitzer des Drehbuchs, der Dramaturgie oder auch der Montage, häufig Effekte von Kürzungen, mögen den Zuschauer verwirren oder ärgern. Doch sollte man nicht vorschnell jeden *plant*, der nicht aufgeht, als handwerklichen Fehler werten: Auch *false plants* können intendiert sein, z.B. als ‹Bombardement› mit Infos und Hinweisen am Filmanfang, die den Zuschauer ablenken oder überfordern sollen, auf dass er entscheidende Hinweise übersehe oder in ihrer Bedeutung falsch einschätze. Der Whodunit stellt dabei einen Sonderfall dar, weil hier falsche und richtige *plants* zentral zum Genre gehören, sie zählen zum System, das den gesamten Film durchzieht und früh einsetzt, weil es mit Priming-Strategien und dem Auslegen falscher Fährten verbunden ist.

Ein Beispiel für einen *false plant* ist das Messer, das wie von ungefähr gezeigt wird, einschlägige Plot-Erwartungen weckt, dann aber doch nicht zum Einsatz kommt. Die Dramaturgie könnte allerdings auch auf den Effekt setzen, mit dem Nicht-Gebrauch des Messers, der immer wieder verschobenen Einlösung des Versprechens, für eine Beunruhigung des Zuschauers zu sorgen, der das *pay off* erwartet und die Handlungssituationen auf ihre mögliche Eignung dafür befragt. Oder es könnte dazu dienen, von einem anderen – entscheidenden – Hinweis abzulenken. Für die Dichte des Textes, seine stoffliche Fülle, aber auch für die Modulation der Teilhabe in kognitiver wie affektiver Hinsicht mag es wichtig sein, viele *plants* zu setzen, auch wenn nicht beabsichtigt ist, sämtlich auf sie zurückzukommen.

In Übereinstimmung mit Millers oben genannter Definition vorbereitender Techniken sei schließlich noch erwähnt, dass narrative Vorverweise und Vor(be)deutungen auch durch die Lichtsetzung (z.B. Schattenwürfe), die Farbgebung und, wie gezeigt, durch die Musik erfolgen kann, dass also prospektive Hinweise durchaus nichtgegenständlicher *Natur* sein können.

3.8.8 Resümee: Narrative Didaxe, die Suche nach Informationen und der ‹doppelte Blick› des Zuschauers

Gemäß der Konzeption von der ‹retrospektiven Vorausdeutung› könnte man annehmen, dass ein sorgfältiges und geschicktes *planting* zwar für die Initialisierung der narrativ funktionalen Elemente, für ihre Motivation, für die Erhöhung der narrativen Wahrscheinlichkeiten und damit letztlich für die Stimmigkeit der Geschichte essenziell ist, für die Initiation des Zuschauers dagegen nur eine untergeordnete Rolle spielt – zumindest immer dann, wenn die Platzierung unauffällig geschieht, man also von der lenkenden Absicht nichts bemerkt oder nichts bemerken soll. Diese These möchte ich angesichts des hier geschilderten Spielcharakters von Filmdramaturgie und -rezeption anzweifeln und relativieren.

Gemeinhin zeigt sich zwar tatsächlich erst retrospektiv, mit welchem Kalkül die Informationsvergabe und kognitive Lenkung in der Initialphase betrieben wurde und wodurch die Voraussetzungen für das gelungene *pay off* geschaffen wurden. Einem durchsichtigen *planting* kommt eine reflexive Komponente zu, bemerkt doch der Zuschauer in diesem Fall, dass seine Aufmerksamkeit auf ein Objekt gelenkt und damit eine spätere Ernteszene vorbereitet wird: Die Beibringestrategie und damit die initiatorische Intention wird unmittelbar greifbar, darin dem ‹Telegrafie-Effekt› ähnelnd, der manchen expositorischen Gesten anhaftet.

Doch auch wenn sich das *planting* unauffällig vollzieht oder als «beabsichtigt unauffällige Auffälligkeit» daherkommt: Die Suche nach prospektiven wie retrospektiven Hinweisen, nach Vorausdeutungen, *plants* und expositorischen Informationen ist eine habituelle Rezeptionsaktivität, vor allem und gerade in der Initialphase. Der Anfang legt die Spuren in die Geschichte, in ihre Vergangenheit wie in ihren Zukunftshorizont; der Zuschauer seinerseits ist sich dieser Funktion hinsichtlich der Bahnung des Verstehensprozesses wie auch der eigenen spurensuchenden und -verfolgenden Rolle bewusst. Er weiß um die Konvention, mit der in dieser Phase der Erzählung – vor allem bei Filmen des klassischen Paradigmas wie auch bei anderen Spielarten populärer Dramaturgie – geballt Informationen unterschiedlichster Art ‹gesät› werden. Er hat den ‹doppelten Blick›, wenn er auf die *fabula* ausgreift und damit auch auf das Ende der Geschichte als dem Moment der ‹Ernte› sowie auf die damit verbundenen kognitiven und emotionalen Gratifikationen.

Der mit dem ‹doppelten Blick› ausgestattete Zuschauer – Bordwell (1992, 5ff) konzipiert ihn, einen Gedanken Ecos aufnehmend, als den «skeptischen» gegenüber dem «vertrauenden» (vgl. Lahde 2002, 150f) – trachtet bei seiner Suche nach dem Weg in die Geschichte immer auch danach herauszufinden, mit welchen informationellen Strategien die Narration arbeitet und nach welchen Regeln die Erzählung funktioniert. Er ist aufmerksam für die unterschiedlichen Erscheinungsweisen expositorischer und prospektiver *cues*, von *foreshadowing*, *foreboding* und *planting*, von Andeutungen und Techniken des Aufschiebens oder Verzögerns enthüllender Hinweise, und er weiß um die dramaturgischen Tricks und Täuschungsmanöver, die damit verbunden sein können. Er sucht also nicht schlichtweg nach Informationen zur Konstruktion der Geschichte, sondern befindet zugleich über die Form der narrativen Didaxe und schätzt das Spiel ein, das die Erzählung mit ihm zu spielen beabsichtigt, die Rolle, die ihm darin zugedacht ist.

Weil wir um die Initialisierungs- und Initiationsfunktion des Anfangs wissen, vollzieht sich insbesondere und gerade dort eine aktive Suche nach jeder Art von Information; wir sind hochaufmerksam und dabei auch wach für einsetzende Priming-Mechanismen. Alles, was gezeigt, gesagt und auf andere Weise vermittelt wird, wird ‹abgeklopft› auf die damit einhergehenden Beibringestrategien.[159] Wir fragen uns nicht nur: Wie passt das alles zusammen, und was für eine Geschichte soll mir hier erzählt werden?, sondern auch: Was sagt mir das?, oder anders: *Was soll ich damit anfangen?* Auf diesen für die Modellvorstellung von Initiation entscheidenden Punkt wird in Kap. 3.12 (→) zurückzukommen sein, weil er von Bedeutung ist im Hinblick auf die Frage nach dem Ende des Anfangs.

Die Betrachtungen der narrativisierenden Operationen, die naturgemäß im Zentrum eines Initiationsmodells des Spielfilms stehen, sollten darlegen, wie sich der kalkulierende Umgang mit Erwartungen, die geweckt, bedient und gelenkt, aber auch durchkreuzt, enttäuscht und hintertrieben werden, als grundlegender Mechanismus des Erzählens beschreiben lässt. Er steht im Zentrum dessen, was ich hier als *narrative Didaxe* bezeichne: die Gesamtheit der für den jeweiligen Film spezifischen Beibringestrategien – ein Spiel mit den Erfahrungen und narrativen Kompetenzen, der Lernbereitschaft und der Neugier des Zuschauers. Wie sich die narrative Didaxe im Umgang mit ‹Wissen› zeigt, wurde etwa anhand der Figureneinführung und -charakterisierung beschrieben oder anhand der Vergabe expositorischer wie prospektiver Hinweise. Beim Geschichtenerzählen im Film geht es (auch) darum, Denkbewegungen und Erfahrungsprozesse zu organisieren und zu lenken. In meiner Darlegung der verschiedenen narrativisierenden Operationen war mir in diesem Sinn daran gelegen, die in der Initialphase wirksam werdenden didaktischen Momente des Erzählens hervorzukehren, mit denen die Initiation des Zuschauers in die Erzählung und den Modus ihrer Vermittlung betrieben wird. Wenn die Narration dies nahelegt, schließen wir auf eine Erzählinstanz oder Enunziation als «Quelle» (Metz 1997, 3 passim), von der aus die Darlegung des Geschehens und die Informationsvergabe mit Hilfe einer bestimmten Rhetorik und mit bestimmten Wirkabsichten erfolgt.

Solche Prozesse sind Gegenstand des folgenden Teilkapitels. Darin erweitere ich die Betrachtung der narrativisierenden Operationen über das

159 Hinzuweisen wäre an dieser Stelle auf Ergebnisse aus der Textverarbeitungsforschung, die gezeigt haben, dass der Zeitaufwand für den ersten Satz über der durchschnittlichen Lesedauer pro Satz liegt. Dieses Ergebnis wird von Haberlandt, Berian und Sandson mit der «Boundary Hypothesis of Encoding» begründet: Demnach liegen an den Grenzen der einzelnen «Episoden» einer Geschichte Informationen vor, die innerhalb der Episoden nicht enthalten sind, so dass zu Beginn jeweils ein erhöhter kognitiver Aufwand zu leisten ist (vgl. 1980, 647). Der Textanfang scheint mir in diesem Zusammenhang eine besonders markante Episodengrenze darzustellen.

enge Konzept der Fabelkonstruktion hinaus und beschreibe die die Erzählung rahmenden und sie zugleich modalisierenden Funktionen, darunter die Indikation des Textstatus und seiner referenziellen Bezüge, die am Anfang erfolgen.

3.9. Indikation von narrativem Modus und Fiktionalitätsstatus

Bei meinen Betrachtungen der narrativisierenden Prozesse habe ich den Narrationsbegriff bewusst eng gehalten, weil es mir zunächst um die Vorgänge zu tun war, die mit dem Bild vom ‹Auslegen der Spuren› umschrieben sind: die Spuren, die in die Geschichte führen, und, rezeptionsseitig betrachtet, die fabelkonstruierenden Tätigkeiten, die dadurch angeregt und gebahnt werden. Aber diese sind nur Teilbereiche, wenngleich grundlegende und zentrale der am Anfang sich vollziehenden Operationen des Zuschauers – schließlich erschöpft sich das Erzählen nicht in der Darbietung einer Kette von Ereignissen in einer jeweiligen erzählten Welt und die imaginativen, kognitiven und affektiven Vorgänge auf Zuschauerseite gehen über die Erschließung von Diegese und *fabula* hinaus.

Zum Filmverstehen gehört auch, darüber zu befinden, welcher Art die Geschichte ist, wie sie ‹daherkommt›, d.h. von welcher Warte und mit welcher Haltung, mit welchen Intentionen und Wirkungsabsichten, auch mit Hilfe welcher Rhetorik sie dargeboten wird: ob sie den Anspruch erhebt, von ‹wahren› Ereignisse zu künden, oder ob sie von gänzlich Irrealem und nach unserem Dafürhalten Unmöglichem erzählt; ob sie den Eindruck innerer Geschlossenheit und Stimmigkeit vermittelt oder inkohärent und brüchig wirkt; ob die narrative Instanz souverän über das Geschehen verfügt oder ihr Zugang zu den Figuren und Ereignissen eingeschränkt ist; ob sie als zuverlässig anzusehen ist oder ob sie Signale setzt, die auf ihre Unzuverlässigkeit hindeuten (vgl. Nünning 1998c, 27ff; Helbig 2005). Zu befinden ist aber auch darüber, ob die Geschichte überhaupt den Mittelpunkt des Diskurses bildet oder ob sie eher ein Vehikel darstellt, um ein wie auch immer geartetes Thema zu vermitteln, das über die Grenzen der Fiktion hinausweist und den Text in außertextuelle diskursive Zusammenhänge stellt. Auch sein Status ist am Anfang zu evaluieren: Ist seine Fiktionalität fraglos gegeben, oder bricht das Spiel auf der Leinwand zuweilen auf und lässt das Gezeigte dokumentarisch erscheinen? Konstruieren wir mit Odin (1990a [1984], 127) den Enunziator als «fiktives Ursprungs-Ich» oder schließen wir auf ein «reales Ursprungs-Ich», dem die Hervorbringung der Erzählung oder, im zweiten Fall, des als dokumentarisch genommenen Films zugeschrieben wird? Oder fällt die Festlegung auf eine «fiktionalisierende» oder aber «dokumentarisierende Lektüre» (anfänglich) schwer, weil der Text widerstreitende Hinweise auf seinen ontologischen Status gibt und seine referenziellen Bezüge changieren, so dass er sich einer eindeutigen Kategorisierung entzieht?

Hinweise darauf fasse ich hier, je nachdem, ob sie sich auf spezifische Eigenschaften der Erzählung oder aber den Text insgesamt beziehen, als *modale Kennungen* respektive als *Indikationen des Fiktionalitätsstatus*;[160] sie beziehen sich auf einzelne Segmente oder umgreifen die gesamte Erzählung und fungieren als Anweisungen, von ‹welcher Art› der Text(teil) ist. Diese Indices sind anderen Zuschnitts als Informationen etwa zu den Figuren oder auch prospektive Hinweise, die auf der Ebene von Plot und Fabel wirksam werden. *Rahmen errichten*: Mit den modalen und indikativen Rahmen, deren Anweisungs- oder Anleitungscharakter sie zugleich als pragmatische profiliert, sind Dimensionen oberhalb der Handlungsebene berührt.

In *Struktur literarischer Texte* spricht Lotman – unter der Überschrift «Rahmen» – von der «kodierenden Rolle» des Anfangs (1986 [1970], 300-311; ← Kap. 2.7). Dementsprechend will ich in diesem Abschnitt ‹Rahmen› nicht in einem formalen Sinn als äußere Einfriedungen oder Schwellen nehmen – wie in Kapitel 3.5 (←) zunächst vorgeschlagen –, sondern als *kognitive Rahmen*. Es sind *pragmatische Zuschreibungen*, mit der solch modalisierende und indikative, die Auffassung des Textes bestimmende Hinweise und Klammern gefasst werden. Formale Rahmen wie Titelsequenzen, Schrifttafeln, Texteinblendungen und erzählerische Rahmensituationen, das wurde oben vorausgeschickt, sind zugleich von modalisierender und indikativer Funktion und fungieren als Lektüreanweisung.

Einige dieser indikativen und/oder modalisierenden Verfahren wurden zum Teil bereits bei der Darlegung anderer Initiationsfunktionen berührt: so etwa der Gebrauch historischer Aufnahmen oder kompilierten *found-footage*-Materials zur Entfaltung des historischen Hintergrunds. Im Folgenden wird gezeigt, dass die Historisierung der Erzählung über die expositorische Funktion hinausweist. Die Elemente des Textes stehen in mannigfaltigen semiotischen Bindungen, auch ihre Funktionen für die Bahnung der Verstehensprozesse sind daher vielschichtig und komplex.

Bei meinen Ausführungen werde ich an der bislang verfolgten *bottom-up*-Strategie festhalten, stütze mich also auf unterschiedliche Beispiele, die

160 Carroll (1996a [1983], 232) spricht vergleichbar von ‹Indexierungen›, versteht darunter jedoch ausschließlich para- oder kontextuelle Kenntlichmachungen der Gattung seitens der Produzenten oder der Institution, also das, was Odin als ‹externe Lektüreanweisungen› beschreibt (vgl. ← Kap. 3.5). Demgegenüber lege ich hier den Fokus auf *textinterne* Indikationen von narrativem Modus und Fiktionalitätsstatus.

ich als exemplarisch nehme für spezifische Erscheinungsweisen narrativer Modalisierung oder Indikationen der Textsorte. In der Summe ergibt sich eine lockere Zusammenschau solcher Rahmen und Leistungen. Gezeigt wird, wie der Filmverstehensprozess, den der Anfang anstößt – das wurde bereits verschiedentlich gesagt und in den Überlegungen zum Diskursuniversum ausgeführt (← Kap. 3.7.2) –, über die Fabelkonstruktion hinaus Dimensionen ober- oder auch unterhalb der Handlungsebene berührt. Darunter fallen auch metatextuelle Bezugnahmen, die Ausfaltung eines die Erzählung übergreifenden Themas und ihre Allegorisierung.

3.9.1 Modale Rahmen

Die Modalisierung der Erzählung ergibt sich wesentlich aus ihrer Perspektivierung, zugleich das wichtigste Instrument zur Organisation narrativer Informationen, zur Regulation der ‹Eingeweihtheit› des Zuschauers in das Geschehen und zur Subjektivierung der Darstellung. Oben (← Kap. 3.1) wurde mit Bezug auf Branigans ‹Acht-Ebenen-Modell› dargelegt, wie sich der Erzählprozess über verschiedene Möglichkeiten von Perspektivierungen und Fokalisierungen auf hierarchisch geordneten Ebenen und über unterschiedliche narrative Instanzen vollzieht (Branigan 1992, 86-124; vgl. 2007). Die narrativisierenden Tätigkeiten des Zuschauers umfassen immer auch Entwürfe hinsichtlich der Perspektive, aus der heraus die Informationen vergeben werden:

> A typical description of the spectator's «position» of knowledge includes the invention of (sometimes tacit) speakers, presenters, listeners, and watchers who are in a (spatial and temporal) position to know, and to make use of one or more *disparities* of knowledge. Such «persons» are convenient fictions which serve to mark how the field of knowledge is being devided at a particular time (Branigan 1992, 76; Herv.i.O.).

Die Frage nach der Perspektivenstruktur der Erzählung ist zugleich die Frage danach, wie, auf welchem Wege wir die Informationen erhalten, aufgrund derer wir zu unserer Deutung des Geschehens gelangen. Wenn auf die wechselnden Erzählperspektiven zurückzuschließen ist, so heißt das nicht allein, dass wir über die jeweiligen Wissensstände und Sichtweisen der Figuren und die Haltung der primären narrativen Instanz oder auch des implizierten Autors zum Geschehen (seinen *stance* in der Begrifflichkeit von Chatman)[161] befinden müssen. Dazu zählt auch, wie

161 Chatman (1990, 139ff) bezeichnet die mentale Erfahrung und subjektive Haltung, auch den wertenden Kommentar extradiegetischer narrativer Instanzen als *slant* und grenzt diese ab von den Wahrnehmungen und Eindrücken der Figuren, die er als *filter* fasst.

bereits erwähnt, der Befund über die Angemessenheit, Stimmigkeit, die Vollständigkeit und Zuverlässigkeit der Darstellung, über Inkohärenzen oder offene Widersprüche zwischen den unterschiedlichen, einander auch durchdringenden erzählenden und fokalisierenden Instanzen (vgl. Schweinitz 2007).

Der erzählerische ‹Blick›, die Haltung des Erzählers und sein Erzählinteresse prägen den Zugriff auf den Stoff: Die Geschichte eines anderen erzähle ich anders als meine eigene, eine aus längst vergangenen Jugendtagen anders als eine, die ich gerade erlebt habe, oder eine, die ich als Lebensentwurf in die Zukunft projiziere; eine mit übergeordnetem historischen Bezug und politischem Anliegen wird anders dargeboten als eine von anekdotischem Zuschnitt. Die Erzählung wird modalisiert und dabei auch subjektiviert, indem ihr der Erzähler seine Erlebensperspektive, seine Sichtweise, seine ethisch-moralische Haltung verleiht und sie so persönlich färbt: Würde ein anderer sie erzählen, eine andere Geschichte wäre das Resultat.

Erinnerung

Eine Möglichkeit, die Erzählung zu modalisieren, besteht darin, sie mit einem narrativen Rahmen einzufassen und als Erinnerung des Rahmenerzählers auszuweisen. Im Gestus des Erinnerns können sich ganz unterschiedliche Zugriffe auf die Ereignisse realisieren: nüchtern berichtende, nostalgisch-verklärende, träumerische, anekdotische, auch ironisierende.[162]

«Last night I dreamt I went to Manderley again» – mit diesem berühmten ersten Satz beginnt Hitchcocks REBECCA (USA 1940) nach dem Roman von Daphne Du Maurier. Die Geschichte hebt an als Traum: tiefe Nacht, ein eisernes Tor, das sich wie von Geisterhand öffnet, der Weg über die geschwungene, von Gestrüpp überwucherte Auffahrt hin zur Ruine eines stattlichen Anwesens. Darüber liegt die Voice-over; sie weist die Geschichte aus als Rückschau der Erzählerin auf ein traumatisches Geschehen, das

Er differenziert damit verschiedene Erscheinungsformen und Funktionen des Point-of-View. Zu Perspektivierung und Subjektivität vgl. auch Branigan 1984; 2007 [1992]; Peer/Chatman 2001 und das Themenheft «Figur und Perspektive (2)», *Montage AV* 16,1, 2007.

162 Taylor weist für das Genre des Biopic darauf hin, dass biografische Filme gemeinhin als «Erinnerungstexte» (2002, 248) markiert sind. Er führt aus: «Insofern ist ihnen von Anbeginn eine Futurum-exactum-Struktur des ‹was gewesen sein wird› eingeschrieben und ein gewisser Hauch der Nostalgie fast unvermeidlich» (ibid., 250). Erinnerungsmodus und nostalgische Bezugnahme werden am Anfang etabliert; dem Übergang von der «anfänglich betonten Nichtfiktion» in die Fiktion komme daher besondere Bedeutung zu, hier zeige sich daher auch «ein überdurchschnittliches Maß an narrativem Eigenbewusstsein» (248). Auf diesen Punkt komme ich zurück.

sie überstanden und bewältigt hat und an dem sie innerlich gereift ist. Es ist eine leicht melancholische, träumerische, zugleich erwachsen und souverän klingende Stimme. Wenn danach die Handlung der Gegenwart an der sonnigen Küste Monte Carlos einsetzt, so liegt doch der düstere Schatten der Vergangenheit schon als Zukunft darauf. Der Prolog ist mehr als nur formaler und motivierender Rahmen des Flashbacks: Traumdarstellung und Voice-over fungieren als vorbedeutende Geste (← Kap. 3.8.7) und verleihen der Geschichte einen modalen Rahmen, indem sie das Genre indizieren und den beklemmenden und morbiden Charakter der Gothic-Erzählung vorgeben.

Die erste Einstellung von Terrence Malicks BADLANDS (USA 1973) zeigt ein junges Mädchen (Sissy Spacek), das mit einem großen Hund spielend auf dem Bett sitzt. Während die Kamera daran entlang fährt, erzählt ihre Voice-over in dem emotionslosen Ton, den sie auch im weiteren Verlauf nie ablegen wird (vgl. Haeseli 2006), wie ihr Vater nach dem Tod der Mutter die Hochzeitstorte verschenkt habe, die er zehn Jahre in der Tiefkühltruhe aufbewahrt hatte, und wie er dann mit ihr hierher, nach Fort Dupree in South Dakota, gezogen sei. Bignell beschreibt diesen Anfang so: «This opening moment is then a kind of memory-image, a flashback to a lost time in which the family was complete» (2005, 43f). Doch bei diesem Einstieg handelt es sich nicht um einen Flashback, und ich meine auch, dass in diesem Zugriff auf die Geschichte mehr und anderes liegt: Die Erzählerin kündet im gleichmütigen Tonfall von nichts weniger als vom inneren Tod des Vaters und zugleich von der Agonie des Realen, die auch im weiteren Verlauf ihre Wahrnehmung der Ereignisse bestimmt. Das anrührende Bild von Mädchen und Hund wird unmittelbar konterkariert von dessen erschreckend ungerührter (vielleicht auch lediglich unreifer, naiver) Sicht auf das Leben. Damit wird zugleich das Erzählprinzip des Films etabliert, das für Diskrepanzerfahrung sorgt zwischen dem, was wir sehen, und seiner Bewertung durch die homodiegetische Erzählerin. Wir begegnen dieser Instanz, die sich im weiteren Verlauf als zunehmend unzuverlässig erweisen wird, oder genauer: die über kein entwickeltes moralisches Bewusstsein verfügt, unter Vorbehalt. Solche Unzuverlässigkeitssignale am Anfang (vgl. Helbig 2005) lassen sich als modalisierende Rahmen beschreiben; sie sind wesentlich für die Bedeutungsbildung und unsere Einstellung zu den Vorgängen auf der Leinwand.

Als «flashback to a lost time» präsentiert sich hingegen der Zugriff des extradiegetischen Erzählers auf die eingebettete Geschichte in Sam Woods OUR TOWN. Bei der Darlegung der Schwellensituation am Textanfang (← Kap. 3.5) wurde bereits auf die narrative Rahmung durch eine in die Kamera blickende und den ‹Zuschauer› direkt adressierende Erzählerfigur[163] hingewiesen und ihr nicht allein eine phatische und appellative, sondern auch eine modalisierende Funktion zugeschrieben:

Our Town beginnt (wie das Drama von Thornton Wilder) mit einer solchen Einfassung der Geschichte: Der Erzähler, über den Hügeln der kleinen Stadt stehend und die erzählte Welt von oben souverän überblickend, stellt «Grover's Corner» zunächst wie ein Fremdenführer mittels geografischer und demoskopischer Daten vor, exponiert den Ort durch allerlei Informationen, um danach die Zeit ‹zurückzudrehen›, das Figurenensemble vorzustellen und in episodischer Form durch die *small town* und die Alltagsgeschichten ihrer Bewohner zu führen (vgl. Hartmann 2003). Die auktoriale Erzählerfigur, die mit allen Möglichkeiten eines Zeremonienmeisters ausgestattet ist – der Regulation des Erzählflusses, der Auswahl der Episoden, der narrativen Vorausschau und des Rückgriffs –, nutzt seine metadiskursive Macht, die Handlung nach Belieben zu unterbrechen und kommentierend einzugreifen.

Die Zuschaueransprache sorgt nun nicht allein für die Simulation einer *face-to-face*-Kommunikation, um den Zuschauer mithilfe dieses kommunikativen Spiels zu binden, sondern sie greift spezifisch auf die Geschichte zu. In der Darlegung der Routinen und Gepflogenheiten des Lebens offenbart sich ein nostalgischer Blick auf *small-town*-Amerika und die ‹gute alte Zeit› als einer verlorenen; ihn zu teilen ist der Zuschauer nicht nur eingeladen, sondern mittels des rhetorischen Schulterschlusses durch Direktadressierung und vertrauliches Beiseite-Sprechen aufgefordert. Der Erzähler breitet nicht nur eine fiktionale Welt aus, sondern setzt unser Einverständnis mit den hier in Geltung stehenden Werten und Normen voraus.

Die Form, in der die narrative Autorität ausgestellt ist, weist direkt zurück auf das Menschenbild der *small town* als einer ‹Einheit des Wissens›: In der Bezugnahme des väterlich-verständnisinnigen Erzählers offenbart sich ihr ideologisches Fundament, zum Ausdruck kommt ein Kontrollbedürfnis des Kleinbürgertums, das frösteln macht. Wenn sich Russ Meyer am Anfang seines Beneath the Valley of the Ultravixens (USA 1979) über ebendiese Konstruktion lustig macht, in der ein omnipotenter und -präsenter Erzähler seine Zuschauer über die Vorkommnisse in «small town», wie der Ort hier kurzerhand heißt, unterrichtet, parodiert er damit nicht allein die Erzählform, sondern greift das quietistische, tief-konservative Gesellschaftsbild des Genres an.

163 Der gerichtete Blick in die Kamera zielt grundsätzlich auf die logische Position eines textuell präsupponierten Gegenübers. Der empirische Zuschauer im Hier und Jetzt seiner Kinosituation weiß um die Differenz von textuell-kommunikativer Rolle und eigenem Selbst: «Der Zuschauer glaubt nicht wirklich, daß man *zu ihm* spricht, aber er ist sicher, daß man *für ihn* spricht», urteilt denn auch Metz (1997, 41; Herv.i.O.).

Ironisierung

Jirí Menzels OSTRE SLEDOVANE VLAKY (SCHARF BEOBACHTETE ZÜGE/LIEBE NACH FAHRPLAN, CSSR 1966) ironisiert die Geschichte und stellt sie in den Rahmen der Komik. Die Einführung erfolgt mithilfe der Voice-over eines homodiegetischen Erzählers, der zugleich im Bild zu sehen ist und uns unverwandt anschaut. Wir lernen den jungen Zugabfertiger am Tage seines Amtsantritts kennen, wie er, in Unterhosen und auf krummen Beinen, die neue Uniform erwartet, die seine Mutter für ihn bügelt. Anhand ‹historischer› Zeichnungen und Fotos legt die Voice-over die Familiengeschichte dar. Errichtet wird der thematische Rahmen vom Widerstand gegen die Deutschen, den der Erzähler allerdings eher beiläufig erwähnt; denn sein Fokus ist die Arbeitsscheu seiner Vorfahren, eine Tradition, die er mit dem ruhigen Posten auf dem Provinzbahnhof fortsetzen soll. Den Versuch des Großvaters, die Deutschen mittels Hypnose vom Einmarsch in Prag abzuhalten, stellt er nicht als heroischen Akt dar, sondern als lächerlichen Auftritt und Zeichen der Verblendung. Das Widerstandsthema wird ironisch gebrochen und fundiert damit den Blick auf das Kommende: Denn auch der Protagonist, der im weiteren Verlauf ein Attentat auf einen deutschen Zug verüben wird, gerät eher ohne aktives Zutun in diese Rolle; in Schweijkscher Manier will er beileibe kein Held sein, sondern nur endlich mit der schönen Schaffnerin schlafen.

Der Modus der komisch-ironischen Bezugnahme lässt sich auch in der biografischen Rückerinnerung ausmachen, wie sie sich nicht nur in den Rahmenkonstruktionen bei Woody Allen zeigen (← Kap. 3.6), sondern etwa auch in der Eröffnung von Jaco van Dormaels TOTO LE HÉROS (F/B/D 1991), in der ein alter Mann die Geschichte des von seinem Alter Ego gestohlenen Lebensglücks erzählt.

Spielcharakter, Möglichkeitsform und Uneigentlichkeit der Darstellung

Oben wurde gesagt, der Anfang gebe die Spielregeln vor, nach denen die Erzählung funktioniert. Tatsächlich tut er dies zuweilen ganz buchstäblich, indem er die Geschichte dezidiert als Spiel kennzeichnet. So weist Herpe (1995) auf den Zeremoniencharakter der Vorspänne bei Sacha Guitry hin, in denen eine «Demystifikation» der Fiktion betrieben werde und eine Verständigung über die Regeln des Spiels erfolge. Zu Beginn von LE TRÉSOR DE CANTENAC (F 1950) etwa stellen sich die Figuren ihrem *auteur* vor. Herpe fasst diese Technik als «mise à distance»: Die fiktionale Welt wird als eine Welt der Spiele eingeführt, die der Zuschauer zwar nicht ernstzunehmen brauche, der er für die Zeitdauer des Films aber Glauben zu schenken habe. In diesem Zusammenhang möchte ich auch die Filme von Peter Greenaway nennen, vor allem natürlich DROWNING BY NUMBERS (GB/NL 1988), der das Spiel zum Thema und zum Strukturprinzip erhebt (wie überhaupt das Spiel als Metapher und Motor des Erzählens den Spielfilm immer schon nachhaltig geprägt hat).[164]

Auch der ausgeklügelte Auftakt von LOLA RENNT (Tom Tykwer, D 1998) rahmt seine Geschichte als Spiel, als Erkundung eines tendenziell unbegrenzten Möglichkeitsfeldes und indiziert dies, indem zunächst die einzelnen Figuren aus einer wimmelnden Menschenmenge isoliert werden. Ein wie zufällig anwesender Wachmann (Armin Rohde) spricht in der Funktion eines Schiedsrichters oder auch Spielleiters die berühmten Worte Sepp Herbergers «Der Ball ist rund, das Spiel dauert 90 Minuten.» Er führt diesen Satz fort mit «So viel ist schon mal klar, alles andere ist Theorie. Und ab ...!» Mit diesen Worten kickt er einen Fußball in die Höhe und gibt damit das Signal zum Beginn der Geschichte als einer unvorhersehbaren Partie, einem Spiel, das unterschiedliche Verläufe nehmen könnte, die im Folgenden durchgespielt werden (vgl. Wedel 2009, 130f).

Uneigentlichkeit und Spiel als Modalitäten der Erzählung, die verschiedene Möglichkeiten ent-, aber auch wieder verwirft, zeichnet auch REPRISE (Joachim Trier, N 2006) aus, der mit seinem hochgradig reflexiven Anfang hervorkehrt: Es könnte so kommen ... (oder aber, alles auf Anfang, die Dinge könnten sich auch ganz anders entwickeln) – eine ‹Erzählung im Konjunktiv›, in der das fiktional ‹Reale› und das ‹Mögliche› letztlich nicht mehr unterscheidbar sind. REPRISE ist so etwas wie die spielerische Antwort auf die umkreisende Erkundung des ‹Möglicherweise-so-Gewesenen›, einer Befragung einer nicht mehr für gegeben genommenen Vergangenheit, wie sie Alain Resnais mit HIROSHIMA, MON AMOUR (F/J 1959) und L'ANNÉE DERNIÈRE À MARIENBAD (F/I 1961) entworfen hat. Allerdings richtet sich der Entwurf im Falle von REPRISE in die Zukunft, ist weniger an gesellschaftlichen als an den psychischen Befindlichkeiten seiner Protagonisten interessiert und kommt im satirischen Modus daher.

Als weitere Beispiele könnte man Federico Fellinis E LA NAVE VA (I/F 1983) oder auch Milos Formans MAN ON THE MOON (GB/D/J/USA 1999) anführen. Im ersten Fall dank seiner ausgestellten Selbstreferenzialität und seinem Rekurs auf die Kinogeschichte sowie der Künstlichkeit der entworfenen Welt, in der die Figuren wie auf einem Spielfeld bewegt werden; im

164 Vgl. Hans J. Wulffs Rezension zu Rainer Leschke/Jochen Venus (Hg.), *Spielformen im Spielfilm. Zur Medienmorphologie des Kinos nach der Postmoderne*, Bielefeld: Transcript 2007. Er widerlegt die These, die dem Band zugrunde liegt, die Ausbreitung der Computerspiele habe eine auf der Spielstruktur gründende filmische Erzählweise initiiert. Denn eine solche Erzählweise gab es bereits in früheren Traditionen des Kinos (Wulff in: *literaturkritik.de*, Nr.4, April 2008).

zweiten Fall dank der Verwischung, dem Kippspiel aus Rolle und eigener Person, das die Hauptfigur betreibt und zu Beginn etabliert.

Authentisierung und Beglaubigung

Eine ganz andere Form der Modalisierung oder auch der Indikation eines spezifischen Wirklichkeitsbezugs, auf die ich hinweisen möchte, besteht in der Beglaubigung des Geschehens durch eine sich als extrafiktional gerierende enunziative Instanz. Indem sie die Geschichte als wahr oder authentisch ausweist, wird diese gegenüber anderen Fiktionen profiliert; es ist ein Aufmerksamkeit heischender und Ehrfurcht gebietender Gestus, mit dem behauptet wird: «Die folgende Geschichte ist wahr.»

In LE TROU (F/I 1960) wendet sich eine Figur an den Zuschauer und erklärt, die nachfolgende Geschichte, die Jacques Becker erzähle, sei ihre eigene und habe sich bis ins letzte Detail so zugetragen (vgl. Metz 1997, 32). Ähnlich betont die extrafiktionale Erzählerfigur – «This is Alfred Hitchcock speaking» – in der Vorsequenz von THE WRONG MAN, dass dieser Film sich von all seinen anderen Werken darin unterscheide, dass die Geschichte durchgängig «true» sei; sie enthalte aber dennoch Elemente, «that are stranger than all the fiction that has gone into many of the thrillers that I've made before».[165] Damit sorgt Hitchcock nicht allein für Aufmerksamkeit und schürt die Erwartungen auf die als einzigartig ausgewiesene Geschichte (ein Verkaufsargument), er befördert auch die Empathie mit dem unschuldig beschuldigten Protagonisten, moduliert also die Teilhabe des Zuschauers.

Eine Beglaubigungsstrategie kann sogar mit dem Verzicht auf einen formalen Rahmen verbunden sein (man könnte also behaupten, dass der fehlende formale Rahmen einen regulierenden kognitiven Rahmen darstelle): So verfolgt der Kriegsfilm manchmal mit dem Wegfall des Vorspanns die Strategie, die Spuren der Produktion zu verbergen, um damit seinen Authentie- oder Realitätseffekt zu steigern.

Zeigen lässt sich das etwa an der Gemeinschaftsarbeit THE LONGEST DAY (Ken Annakin, Andrew Marton, Bernhard Wicki und, ungenannt, Gerd Oswald sowie Darryl F. Zanuck, USA 1962) über den ‹D-Day›. Der Film wird keinem *auteur* zugeordnet, keinerlei Titel weisen auf das Staraufgebot hin (unter ihnen immerhin Henry Fonda, Robert Mitchum, Paul Anka, Rod Steiger, Sean Connery, John Wayne und Richard Burton) oder

165 Solche Autorenfiguren sind, darin den diegetischen Figuren durchaus ähnlich, als Konstrukte zu begreifen, als ein Image, das der Autor von sich erschafft und das changiert zwischen einem historischen Subjekt vor der Kamera, das über den Film spricht, und einer abgebildeten, textuellen (und damit letztendlich wiederum fiktionalen) Instanz; vgl. Branigan 1992, 88f.

auf andere an der Produktion Beteiligte. Ziel scheint zu sein, eine Balance zwischen den wahren Ereignissen und ihrer fiktionalisierenden Darstellung zu schaffen und zu beteuern, dass das primäre Erzählinteresse der getreulichen Wiedergabe der historischen Fakten und nicht ihrer Dramatisierung gelte. THE LONGEST DAY wirkt in seiner chronologischen Erzählstruktur wie ein groß angelegtes Doku-Drama *avant la lettre*. Auch SAVING PRIVATE RYAN (← Kap. 3.8.4) gibt lediglich Produktionsfirmen und Filmtitel an, unterlässt es aber, Regisseur und Cast aufzuführen. Der in der Omaha-Beach-Sequenz verwendete Reportage-Stil wird durch diesen Verzicht beglaubigt. Außerdem weist der narrative Rahmen die Geschichte als Erinnerung eines (zunächst) namenlosen Kriegsveteranen aus. Kein Image eines bekannten Stars schiebt sich zwischen die Großaufnahme seines Gesichts und die Ereignisse, von denen anschließend im vorgeblichen Erinnerungsflashback berichtet wird.[166]

Historisierung

Eine besondere Form narrativer Modalisierung, mit der zugleich eine Indikation der Wirklichkeitsbezüge verbunden ist und der ich etwas mehr Aufmerksamkeit zukommen lassen möchte, besteht darin, historisches Archivmaterial (*found footage*) an den Anfang zu stellen. Die Dokumentaraufnahmen sorgen für Referenzialisierung auf die außerfilmische Wirklichkeit, sie zeigen an, dass die dargebotene Geschichte nicht der schieren Fantasie entsprungen, sondern ‹von dieser Welt› ist. Die Indikation solcher Wirklichkeitsbezüge bettet die Spielhandlung in den historischen Kontext ein; spezifische Wissenscluster werden angespielt und der Film in einen größeren Diskurszusammenhang gerückt. Wuss (1986, 53ff) fasst die Verwendung von Bildern der NS-Zeit in DIE VERLOBTE (Günter Rücker & Günther Reisch, DDR 1980) so, dass der Zuschauer zum einen angehalten werde, «die Geschehnisse in eine bestimmte Zeit zu stellen», zum anderen «die Zusammenhänge ursächlicher Art zwischen dem gezeigten Lebensausschnitt und dem historischen Hintergrund» zu suchen und «Anschluß an bestehende soziale Erkenntnisse» herzustellen.

Die Historisierung, die über das Zitieren von Archivmaterial erzielt werden soll, meint also mehr als das bloße Abstecken des zeithistorischen Hintergrunds der Spielhandlung, sie ist nicht lediglich als expositorisches Verfahren anzusehen, wie oben (← Kap. 3.8.6) dargelegt wurde (so auch Wulff 1995, 748). Historisierung beschreibt die erzählerische Strategie, das

166 Vom Ende her gesehen erweist sich die Erinnerungs-Markierung der Binnenerzählung als «täuschender Rahmen» im Sinne Goffmans (1993 [1974], 98f), weil sie suggeriert, die Figur habe die Ereignisse auf Omaha Beach selbst miterlebt. Der wahre Sachverhalt wird erst kurz vor Ende enthüllt.

fiktionale Universum zur Historie hin zu öffnen, die Ereignisse *in der Geschichte* zu verankern und ihre Interpretation an das Verständnis faktischer Zusammenhänge zu knüpfen. Im Extremfall beansprucht die Fiktion, *assertive Aussagen* über die Wirklichkeit zu machen, die eigentlich der dokumentarischen Gattung vorbehalten sind,[167] oder sie führt gar einen Diskurs über ‹historische Wahrheit›, wie noch zu zeigen sein wird.

In aller Regel erfolgen Referenzialisierung und Appell an das historische Wissen am Anfang, um den spezifischen Zugriff auf die Geschichte als einen Blick zu etablieren, der sich gleichsam ‹durch die Handlung hindurch› auf die Historie richtet. Beispiele für die Verwendung von Archivmaterial in dieser Absicht sind etwa Roberto Rossellinis PAISÀ (I 1946), die Titelsequenz von Andrzej Wajdas CZLOWIEK Z MARMURU, wo Fragmente aus polnischen Filmen der 50er Jahre mit Liedern der kommunistischen Jugend unterlegt sind (vgl. Godzic 1992, 76), oder Oliver Stones JFK, der in seinem Prolog u.a. Fernsehnachrichtenmaterial und Ausschnitte aus dem Zapruder-Film vom Attentat in Dallas zeigt, oder auch Spike Lees MALCOLM X (USA 1992), der in seinen prologartigen Vorspann das ‹Rodney King tape› integriert.

PAISÀ entfaltet auf dem Hintergrund der Ereignisse zwischen der Landung der alliierten Truppen in Sizilien im Juli 1943 bis zum Partisanenkampf in der Po-Ebene im Winter 1944/45 eine Chronik der Befreiung Italiens anhand von sechs Episoden mit verschiedenen Protagonisten, die wie zufällig aus den Zeitläuften herausgegriffen wirken (vgl. Hattendorf 1994, 229-236). Den einzelnen Kurzgeschichten, die jede für sich einem dramaturgischen Aufbau folgt, der dann doch wieder der Tragödie oder dem Melodram verpflichtet ist (nicht zuletzt durch die affektverstärkende Musik),[168] sind jeweils Ausschnitte aus zeitgenössischen Kriegswochenschauen vorangestellt. Eine Voice-over, die an einen Wochenschaukommentar erinnert, versieht sie mit genauen Orts- und Zeitangaben, rekapituliert kurz die militärischen Ereignisse, die den Hintergrund der folgen-

167 Zur Unterscheidung assertiver und fiktiver Aussagen vgl. Plantinga 1987, 48f; Carroll 1996a, 242f; Eitzen 1998, 20ff; Tröhler 2002, 20f.

168 Mit dieser Charakterisierung widerspreche ich der Einschätzung Hattendorfs, der den «dokumentarischen» Charakter des Films und die vermeintliche «Ereignislosigkeit» der einzelnen Episoden betont (1994, 230). Dem scheint ein Erzählverständnis zugrunde zu liegen, das sich an populären Dramaturgien orientiert. In der Sizilien-Episode geht es um die schwierige Annäherung zweier Menschen über sprachliche und kulturelle Grenzen hinweg, am Ende steht der Tod beider und eine tragische Fehleinschätzung der Situation durch das Umfeld, das Hilfestellung als Verrat deutet – von «Ereignislosigkeit» würde ich hier nicht sprechen. Und die sich anschließende ‹Neapel-Episode› um die gestohlenen Stiefel entfaltet gar melodramatische Züge. Vgl. zu dieser Tendenz des Neorealismus, die der programmatisch geforderten «Entdramatisierung» (Zavattini 1964 [1953]) von Anbeginn an zuwiderlief, Bazin 1975 [1958], 130ff; Witte 1991.

den Episode bilden, und verankert so die ‹kleine› Geschichte in der ‹großen›. Ich würde nun nicht so weit gehen wie Hattendorf, wenn er schreibt, dass durch die Arbeit mit Laiendarstellern, die chronikalische Erzählstruktur, den Stil, vor allem aber durch diese Rahmung der Episoden mit dem Wochenschaumaterial und dem pseudo-authentischen Kommentar eine «dokumentarisierende» Lektüre befördert werde (ibid., 230 passim). Vielmehr geht es wohl eher darum, die Geschichten vor dem Hintergrund von Krieg und Kampf gegen den Faschismus als mögliche und historisch wahrscheinliche lesbar zu machen. Die Modalisierung weist nicht in Richtung eines unbedingten ‹So hat es sich zugetragen› (auch wenn der Off-Kommentar dies am Filmende behauptet), sondern suggeriert eher: ‹So oder ähnlich könnte es gewesen sein.›

Spike Lee geht es im Biopic MALCOLM X über den Führer der Black Panther- und Nation of Islam-Bewegung darum, mittels der Geschichte eines Einzelnen die des Rassenhasses in den USA zu erzählen – von der Verschleppung und Versklavung der Afrikaner, die unmittelbar zu Beginn in einer Rede von Malcolm X gegeißelt wird, bis zum Fall Rodney King.[169]

Der Film beginnt auf der Tonspur und fesselt unmittelbar die Aufmerksamkeit. Über schwarzem Hintergrund, auf dem Credits zu sehen sind, ertönt eine Stimme, die sich zunächst im gedämpften Gebetston an eine Gemeinde wendet, bevor sie lauter wird und in eine Wechselrede mit ihr verfällt. Der Wortlaut in etwa:

> Ansager: «In the name of Allah the merciful, all praises due to Allah, Lord of all the worlds. The one God to whom praise is due forever. The one who came to us in the person of Master Fard Muhammad and raised up the Honorable Elijah Muhammad. Amen. [Pause] Asalaamalaikum!»
> Antwort aus dem Publikum: «Alaikum-salaam!»
> Ansager: «How do you feel?»
> Antwort: «Good!»
> Ansager: «Who do we want to hear?»
> Antwort: «Malcolm X!»
> Ansager: «Are we gonna bring him on?»

169 Am 3. März 1991 prügeln vier Polizisten (drei weiße und ein Latino) einen schwarzen Autofahrer halbtot, der die Höchstgeschwindigkeit überschritten und sich mit ihnen eine Verfolgungsjagd geliefert hatte. Ein Amateurfilmer hält den Übergriff fest, das Material wird im Fernsehen gesendet und Anklage gegen die Polizisten erhoben. Obgleich das Geschehen anhand des Videos rekonstruiert werden konnte, sprach ein kalifornisches Gericht, in dessen Jury kein einziger Afroamerikaner saß, die Angeklagten frei. Dies löste die Rassenunruhen in Los Angeles 1992 aus, bei denen 53 Menschen starben. In einem Wiederaufnahmeverfahren wurden später zwei der vier Polizisten zu je 30 Monaten Haft verurteilt (Quelle: *Wikipedia*, http://de.wikipedia.org/wiki/Rodney_King).

Antwort: «Yes!»
Ansager: «Yes, we gonna bring him on. Well let us hear from our minister, Minister Malcolm X. Let us bring him on with a round of applause!»

Das erste Bild ist eine leinwandfüllende US-Flagge, auf die der Filmtitel eingeblendet wird. Sein Erscheinen folgt dem Applaus, der dem Auftritt des Protagonisten gilt, und bezeichnet so den Film wie die Figur im Zentrum. Der solcherart Angekündigte hebt an zu einer Rede, in der er die USA der internationalen Kriegsführung und der Unterdrückung der schwarzen Bevölkerung im eigenen Land bezichtigt. Dazwischen montiert sind unscharfe Amateuraufnahmen, die zeigen, wie aus einer größeren Gruppe von Polizisten mehrere Beamte mit Schlagstöcken wieder und wieder auf einen Schwarzen einprügeln, der hilflos am Boden liegt, und ihn mit Füßen treten – das zur Erscheinungszeit des Films allgemein bekannte ‹Rodney King video›. Während die Rede von Malcolm X auf der Tonspur weitergeht, alternieren der Blick auf die Flagge, die von den Rändern her zu brennen beginnt, mit dem auf die Ausschreitungen der Polizisten. Die flammende Rede aus dem Off endet mit den Worten: «We've never seen democracy, all we've seen is hypocrisy. We don't see the American dream, we experience only the American nightmare!» Die brennende Flagge schnurrt auf das X im Namen der Titelfigur zusammen. «Directed by Spike Lee», jetzt wieder auf schwarzem Grund, beschließt den Vorspann, der das Geschehen nicht allein formal, sondern auch modal rahmt, indem er Wirklichkeitsbezüge und politisches Anliegen des Films anzeigt (vgl. Nichols 1994, Kap. II).

Herausgestellt wird, dass ein unmittelbarer Zusammenhang zwischen den Fällen besteht, dass also die Aussagen von Malcolm X durch die brutalen Bilder des Rodney-King-Tape bewiesen werden:

> The sequence tells you not only that this is a film about rage, but that the historical anger described has not yet outlived its purpose – it is the celluloid equivalent of throwing a Molotov cocktail into the auditorium, a provocation to feelings of prejudice from both black and white audiences that the film then sets out to explore (Sutcliffe 2000, 30).[170]

Beweisführung und Persuasion mit den Mitteln des Spielfilms – dieses Anliegen verfolgt Oliver Stones Geschichtsdrama JFK, und auch dieser Film

170 Tatsächlich tobte eine publizistische Kontroverse um den Film noch vor seinem Erscheinen. Viele Kritiker teilten Sutcliffes Lesart nicht, sondern warfen Spike Lee vor, vor der von Weißen dominierten Filmindustrie zu ‹kuschen› und mit dem Mehrheitsgeschmack zu kalkulieren. Der Film entradikalisiere die Lebensgeschichte von Malcolm X gegenüber der literarischen Vorlage von Alex Haley und gebe die Schwarzen der Lächerlichkeit preis; vgl. exemplarisch bell hooks 1993.

kehrt das mit seinem *found-footage*-Anfang hervor. Kessler (2002c) hat das prologartige, mit der Ermordung des Präsidenten am 22. November 1963 endende Beginnsegment, das Archivmaterial unterschiedlichster Provenienz und fiktionale Elemente raffiniert miteinander verschränkt, einer semiotischen Analyse unterzogen. Er arbeitet heraus, wie dieser changierende Darstellungsmodus etabliert wird und wie – auf thematischer Ebene – die These von der Verschwörung gegen Kennedy, die das argumentative, die Spielhandlung umgreifende Muster bildet, Gestalt gewinnt. Die Verschwörungstheorie prägt das Geschehen, ihre sukzessive Entwicklung motiviert den Handlungsverlauf, und sie bildet den Kern der Rhetorik des Films.

Kessler legt dar, wie die Narrativisierung sich entwickelt aus der anfänglichen Illustration in der Montagesequenz, gefolgt von ersten diegetischen Bezügen, die die Montage mit dem sukzessiven Einbeziehen von fiktionalem Material herstellt, bis schließlich der narrative Modus dominiert und die Ereignisse auf das Attentat zustreben. Dabei vollzieht sich ein Registerwechsel, die Enunziation, wie sie sich zunächst in der Diskursivierung des Archivmaterials zeigt, weicht allmählich der Narration, in die – mittels Point-of-View-Einstellungen und Erzählspannung – der Zuschauer ‹hereingeholt› wird. «Doch», so ergänzt Kessler seine Beschreibung, «die Mischung von dokumentarischen Aufnahmen und inszenierten Bildern blockiert die vollständige Fiktivisierung der Enunziation, der textpragmatische Status des Segments bleibt in der Schwebe» (ibid., 129).

Dabei sorgt der Anfang nicht allein für die Narrativisierung, sondern etabliert zugleich die spezifische diskursive Strategie einer historischen, quasi-juristischen Beweisführung im Gewand des Spielfilms, die mit Hilfe des gesamten Arsenals emotionalisierender Mittel, über das die Gattung verfügt, aufgeladen und bei den Zuschauern verankert werden soll. Die komplexe diskursive Herangehensweise läuft der eindimensionalen politischen Aussage zuwider. Auf der Oberfläche ist JFK dem fragmentarischen Charakter des postmodernen Geschichtsfilms verpflichtet (vgl. Taylor 2002, 44), doch die Rhetorik, die er verfolgt, ist eine traditionell persuasive, die keine Zwischentöne kennt und damit ausgesprochen geschlossen und autoritär daherkommt. Das Ziel besteht darin, den bestehenden Mythos durch einen Gegenmythos zu ersetzen (vgl. Medhurst 1997; Distelmeyer 2005, 203ff). Aus der Verschwörungsthese am Anfang entfaltet sich ein Nationalepos, das die Ermordung des Präsidenten, Hoffnungsträger und Vaterfigur eines ‹anderen Amerika› nach Vietnam, als ‹Wunde› der jüngeren amerikanischen Geschichte, als ‹Verlust der Unschuld› und Sündenfall der Demokratie allegorisiert, dem therapeutisch, mit Trauerarbeit und einer

Art symbolischer Wiedergutmachung begegnet wird (vgl. Mackey-Kallis 1996; Hediger 1998, 50ff).

Ein kurzer Vergleich mit Errol Morris' hochgradig stilisiertem, gleichfalls dokumentarisches und inszeniertes Material verschränkenden Dokumentarfilm THE THIN BLUE LINE (USA 1988), der wenige Jahre vor JFK herauskam, zeigt die Unterschiede im Zugriff auf vergangene Ereignisse und in den Strategien ihrer Rekonstruktion und Repräsentation:

In diesem Film über einen Polizistenmord in Los Angeles werden mithilfe von wiederholten *Reenactments*, Nachinszenierungen mit gesichtslos bleibenden Schauspielern, die Vorgänge um die Tat herum und der Mord selbst in immer neuen Versionen rekonstruiert. Die Rekonstruktionen sind dabei stets als ‹mögliche›, mehr oder weniger ‹wahrscheinliche› gekennzeichnet. Unterstrichen wird die Möglichkeitsform durch Stilisierung in der Farbgebung, durch Detailaufnahmen von Schriftstücken, Zeitungsausschnitten, Schreibmaschinen, durch *slow motion* und die elegische, artifizielle Musik von Philip Glass. Auch Morris geht es um Beweisführung, sein Ziel besteht aber zunächst nur im Nachweis, dass die offizielle Version des Geschehens, wie das Gericht sie gesehen hat, zumindest fragwürdig, wenn nicht unmöglich ist. Die dokumentarische Recherche soll diese Version erschüttern und die Kurzschlüssigkeiten der polizeilichen und juristischen Arbeit nachweisen. Der Film bietet aber keine geschlossene revisionistische Lesart an; Zweifel und Skepsis bestimmen die Vorgehensweise des «postmodernen Dokumentarfilms», nicht der Glaube an eine unumstößliche historische «Wahrheit» (vgl. Williams 2003 [1993]).

Anhand der unterschiedlichen Beispiele sollte gezeigt werden, dass ‹Historisierung› eine spezifische Strategie des Zugriffs auf den Erzählstoff und seine Diskursivierung bedeutet. Sie verankert die Spielhandlung nicht allein in der Historie und knüpft die Interpretation der Geschichte an die Interpretation historischer, politischer und gesellschaftlicher Zusammenhänge, sondern sucht aus der Fiktion politische Argumente zu gewinnen, um auf die Wahrnehmung der Welt und die Interpretation der Geschichte einzuwirken. An den beiden nationalen Epen MALCOLM X und JFK zeigt sich, wie diese Strategie der Historisierung die Erzählung zugleich *allegorisiert*, indem bedeutet wird, dass ihr Gegenstand für Größeres steht.

3.9.2 Themensetzung, Allegorisierung, Stil

Die Beispiele zeigen, dass Spielfilme, wie jede Erzählform, nicht allein eine Geschichte darbieten, sondern zugleich ‹von etwas anderem› künden, von einem Thema, das im Erzählprozess mitverfolgt und gestaltet wird.[171] Über die Lebensgeschichte eines Führers der afroamerikanischen Emanzipationsbewegung lässt sich der alltägliche Rassismus in den USA thematisieren. Während die Geschichte eines mörderischen Paares in den USA der Depressionszeit erzählt wird, kann zugleich die Ungerechtigkeit einer von ökonomischer und sozialer Ungleichheit geprägten Gesellschaft thematisiert werden. Die Geschichte einer Urlaubsaffäre in der Karibik vermag Licht zu werfen auf den neuen Kolonialismus, der sich in ausbeuterischen sexuellen Beziehungen offenbart. Die Geschichte eines jungen Mannes, dessen erste Anstellung ihn als Personalentwickler in die Fabrik führt, in der sein Vater nach 30 Jahren altershalber entlassen werden soll, ist Anlass, über den Neokapitalismus und den Stellenwert von Familie und Solidarität zu reflektieren. Auch der Wertediskurs, der im Erzählen hervorgebracht wird, ist der thematischen Ebene zuzurechnen.

Das Thema, definiert als «Einheit sozialen Wissens» (Eugeni 2003, 115ff), ist eine zweite, mitlaufende Schleife oder Bezugsgröße des Textes ober- oder unterhalb[172] der Handlung, mal eher punktuell aufscheinend (in Form motivischer Reihen oder auch von *topics*, die symbolisch auf die *aboutness* der Erzählung verweisen oder sich dazu verdichten), mal eigentlicher Mittelpunkt des Erzählinteresses: In solchen Fällen tendiert die Handlung zum Vehikel thematischer Entfaltung, dient als Anlass oder Gerüst, um das Thema in seinen Facettierungen auszubreiten und am Exemplum zu veranschaulichen. Vor allem in essayistisch angelegten Spielfilmen wie beispielsweise Vera Chytilovás experimentellem SEDMIKRASKY (TAUSENDSCHÖNCHEN – KEIN MÄRCHEN, CSSR 1966) oder auch Robert Altmans PRÊT-À-PORTER (USA 1994) zeigt sich die Dominanz der thematischen Ebene. Thematische Inferenzen sind von eher «globalem Charakter» (Graesser/Singer/Trabasso 1994, 378), weil sie sich auf die Erzählung insgesamt beziehen, indem sie sukzessive aus dieser erschlossen werden, wobei von späteren thematischen Implikationen auf zeitlich frühere zurückgegriffen wird (wenn die Erschließung des Themas nicht ohnehin erst vom Ende her, aus der ‹Draufsicht› auf die Geschichte, möglich ist).

171 In der kognitiven Filmtheorie mit ihrem vorrangigen Interesse an den narrativen Strukturen des Films ist das Thema eine tendenziell vernachlässigte Größe; vgl. Persson 2003, 32ff. Impulse zu einer Renaissance der themenzentrierten Analyse kommen denn auch eher aus kulturalistisch orientierten Ansätzen der Literaturwissenschaft, worauf Eugeni (2002) hinweist. In diesem programmatischen Text unterbreitet er einen Vorschlag zur theoretischen und methodologischen Fundierung solcher Analysen über einen Ansatz, den er als «Soziosemiotik des filmischen Textes» bezeichnet.

172 Das ist Ansichtssache; mir scheint ‹oberhalb› treffender, weil das Thematische über das Erzählen hervorgebracht wird und das filmische Diskursuniversum anschließt an außertextuelle diskursive Netzwerke (etwa aktuelle gesellschaftliche Debatten). Man könnte aber auch gegenläufig argumentieren und meinen, dass sich das Thema ‹eine Geschichte sucht›, um mitgeteilt werden zu können.

ROBIN AND MARIAN (Richard Lester, USA 1976) erzählt die Geschichte der Heimkehr Robin Hoods von den Kreuzzügen, seinem Wiedersehen mit Marian, die aus enttäuschter Liebe ins Kloster eingetreten ist, und der Wiederaufnahme des Kampfes gegen den Erzrivalen, den Sheriff von Nottingham. Der Film kulminiert in einer Schlacht, in der Robin Hood den Widersacher zwar besiegt, aber selbst so schwer verwundet wird, dass Marian beschließt, ihn mit Gift zu erlösen. Doch das beschreibt nur die Handlungsebene oder Oberflächenstruktur des Films, denn in erster Linie ist er ein komisch-melancholischer Abgesang auf den Robin-Hood-Mythos (der ursprünglich vorgesehene Filmtitel war «The Death of Robin Hood») und eine Meditation über Alter und Tod. Er gestaltet eine Welt des Übergangs, der Ablösung und des Verfalls und verdeutlicht dies am Anfang mit einem allegorischen Auftakt: Die Titelsequenz zeigt drei Äpfel – im ersten Bild grün, im nächsten verdorrt –, einen Schwertknauf im Abendlicht, den kahlen Kopf eines krächzenden Geiers, gefolgt vom Kopf eines alten Mannes: Er hat nur ein Auge, die andere Augenhöhle ist leer. Mit dieser Symbolik wird ‹Altern› und ‹Vergänglichkeit› als thematisches Zentrum etabliert. Die Entfaltung dieses Themas drängt das narrative Moment zuweilen in den Hintergrund, was nach der Eröffnung, die zeigt, wie mühsam und unheroisch sich die Belagerung einer Stadt gestaltet, erwartbar ist.

Erinnert sei auch an die Überlegungen zum filmischen Diskursuniversum (← Kap. 3.7.2), in deren Zusammenhang ich auf Alan Parkers THE ROAD TO WELLVILLE (USA 1994) hingewiesen habe, der in einer mehrsträngigen Erzählung nicht allein die Geschichte eines entfremdeten Paares, den Vater/Sohn-Konflikt zwischen Dr. Kellogg und einem seiner Adoptivkinder, die Geschichte einer Fehlspekulation und der Suche nach den ultimativen Frühstücksflocken, die Geschichte einer sexuellen Erweckung und weitere Mini- und Teilgeschichten versammelt, sondern daneben auch einen komplexen thematischen Diskurs über Medizin, den Diät- und Gesundheitswahn der amerikanischen Gesellschaft, Hygiene, die Beherrschung des Körpers, Autorität, Sexualität und Moral entfaltet, der die Erzählstränge durchzieht und verknüpft.

Wie mit der Historisierung, so verbindet sich auch mit der Themenentfaltung eine Strategie, das filmische Diskursuniversum anzuschließen an übergreifende, gesellschaftlich zirkulierende Diskurse. Die Übergänge zur *Allegorisierung* sind dabei fließend, wie das Beispiel von ROBIN AND MARIAN zeigt. Allegorie (wörtlich «Anders-Rede») meint ein Zeichen, eine Darstellung oder auch Erzählung, dem oder der neben der eigentlichen Bedeutung eine weitere, verborgene oder tiefere zukommt. Ein Zeichen in allegorischer Funktion ist ein indirektes Zeichen des

Gegenstands-in-Rede. Eine bündige Definition von Allegorie im Film liefert Kaczmarek:

> Filmische Allegorien [...] dienen dazu, historische und zeitaktuelle Situationen zu visualisieren und dabei einen übertragenen, verschlüsselten oder gar verrätselten Bezug auf politische, allgemein gesellschaftliche und moralisch-ethische Konfliktstrukturen oder situative Befindlichkeiten außerhalb der eigentlichen Filmhandlung herauszuarbeiten.[173]

Als Beispiele nennt Kaczmarek Ingmar Bergmans DET SJUNDE INSEGLET (DAS SIEBTE SIEGEL, S 1957) als Allegorie des Todes, Jean Renoirs LA RÈGLE DU JEU (F 1939) mit seiner Jagd-Allegorik, Fritz Langs DAS TESTAMENT DES DR. MABUSE (D 1933) als «Allegorisierung des heraufdämmernden Nationalsozialismus», Vera Chytilovás oben bereits erwähnten essayistischen Film SEDMIKRASKY, der als feministische Allegorie gelesen werden kann (vgl. Lim 2001) und EYES WIDE SHUT (Stanley Kubrick, USA/GB 1999) als freudianische Allegorie.

Xavier (1999) setzt sich mit historischen und nationalen Allegorien auseinander und fasst darunter Filme, die darauf zielen, eine Verbindung herzustellen zwischen Vergangenheit und Gegenwart und eine Diskussion über die Position des eigenen Landes in der Geschichte zu führen: «Recognizing an allegorical dimension in a text requires the ability to perceive homologies, and national allegories require the understanding of private lives as representative of public destinies» (ibid., 335). Als Beispiel nennt er DANTON (Andrzej Wajda, F/PL/BRD 1983), der den Hintergrund der Französischen Revolution nutzt, um die Unterdrückung im Polen der Gegenwart zu reflektieren. Weitere Beispiele sind UNDERGROUND (Emir Kusturica, F/D/H/YU 1995), DIE EHE DER MARIA BRAUN (Rainer Werner Fassbinder, BRD 1979), TO VLEMMA TOU ODYSSEA (DER BLICK DES ODYSSEUS, Theo Angelopoulos, F/I/GR 1995), Kieslowskis TROIS COULEURS-Trilogie (F 1993/94) oder EL VIAJE (DIE REISE, Fernando E. Solanas, ARG/MEX/E/F/GB 1992). Ich würde die Liste um Solanas SUR (ARG/F 1988) ergänzen, und auch die von mir geschilderten Beispiele MALCOLM X und JFK sind diesem Verständnis nach als nationale Allegorien zu begreifen.

Indiziert der Film mit seinem Anfang einen allegorischen Zugriff auf den Stoff, verdeutlicht er, dass er über die Handlung eine Reflexion übergreifender, größerer Fragestellungen befördern will. Xavier fragt nun,

173 Lemma «Allegorie/Allegorik/Allegorisierung/Allegorese», in: *Lexikon der Filmbegriffe*, URL-Dokument: http://www.bender-verlag.de/filmlexikon/lexikon.php? begriff=Alleg ... (letzter Zugriff am 24.04.2008).

woran sich Indikationen der allegorischen Anlage festmachen lassen, wie der Film also signalisiere, dass er ‹anderes› meint? (ibid., 337). Oben habe ich auf die Anfänge bei Peckinpah hingewiesen, etwa auf das Spiel der Kinder, die zwei Skorpione in einen Termitenhaufen setzen und sich an ihrem Todeskampf ergötzen, ein anderes Beispiel wären die Mumien zu Beginn von Werner Herzogs NOSFERATU: PHANTOM DER NACHT (BRD/F 1979), ein narrativ nicht integriertes Bild des Todes, das die Vampir-Geschichte ausweist als Meditation über Liebe, Tod und Vergänglichkeit, vergleichbar dem Auftakt von ROBIN AND MARIAN. Starke symbolische Bilder mit übergreifender Bedeutungsfülle und bar einer konkreten narrativen Funktion sind gemeinhin Indikatoren einer allegorischen Anlage.

Eine andere Möglichkeit, auf Allegorisierung hinzudeuten, besteht in der Verwendung eines Mottos, das dem Film vorangestellt ist – so die Schrifttafel in Fritz Langs METROPOLIS (D 1926) («Sinnspruch: *Mittler zwischen Hirn und Händen muss das Herz sein!*»), in JFK («To sin by silence when we should protest makes cowards out of men.» – Ella Wheeler Wilcox), auch das Gedicht von Rosemary Benét zu Beginn von YOUNG MR. LINCOLN (John Ford, USA 1939)[174] oder das Bazin-Zitat, das Godard LE MÉPRIS (F/I 1963) voranstellt. Sie bringen ein Anliegen zum Ausdruck, das mittels der Geschichte umgesetzt wird, und regen eine Lektüre an, welche die gleichsam ‹höheren› oder – mit Bordwells Begriff – die ‹impliziten› Bedeutungsdimensionen erschließt.

Ergänzend sei darauf hingewiesen, dass das ‹Schichtenmodell› narrativer, textueller und kommunikativer Verfasstheit, das ich meiner Darlegung der initialisierenden und initiatorischen Funktionen zugrunde gelegt und in den einzelnen Abschnitten dieses Kapitels Schicht für Schicht, Register für Register entfaltet habe, auch den Werkstil umfasst, die Gesamtheit der stilistischen Parameter eines Films. Aufgrund der gewählten Schwerpunktsetzung wurde er hier allerdings eher *en passant* berührt. Der Stil ist eine weitere Ebene neben der narrativen (in diesem Fall würde ich tatsächlich meinen, ‹unterhalb› der Handlung) und «interagiert» mit dieser bei der Bedeutungsbildung, wie Bordwell und Thompson darlegen (vgl. 1997 [1979], 168; vgl. auch Gibbs/Pye 2005). Mit «parametric narration» beschreibt Bordwell (1985) einen Modus filmischen Erzählens, bei dem der Stil Dominanz gegenüber der Handlungsebene beansprucht. Stilistische Verfahren können auch dazu dienen, die Textsorte und den Lektüremodus zu indizieren, wie im nächsten Abschnitt gezeigt wird. Damit soll nun keinesfalls die Existenz von so etwas wie einem ‹Wirklexikon› filmischer

174 Es ist zu lang, um es hier wiederzugeben, der genaue Wortlaut findet sich in der Analyse von Brinckmann 1997c [1977], 16.

Mittel behauptet sein; der Einsatz spezifischer stilistischer Mittel vermag zwar einen Lektüremodus nahezulegen, nicht jedoch ihn zu determinieren.

Der «systematische Gebrauch filmischer Mittel», wie Bordwell ‹Stil› definiert (vgl. 1985, 50), stellt (wie das Genre oder die Gattung) eine der textumgreifenden Klammern dar, die gemeinhin nicht gewechselt werden und mit deren Charakteristika und Eigentümlichkeiten der Zuschauer in der Initialphase vertraut gemacht wird (stilistische Wechsel innerhalb der Erzählung dienen dazu, einzelne Segmente zu markieren und zu modalisieren, so z.B. als ‹subjektiv›, als ‹Traum›, ‹Drogentrip› oder als ‹nostalgische Erinnerung›). Im Falle des stilistischen Registers scheint mir die ‹Trainingsmetapher› sehr zutreffend, denn tatsächlich lässt sich qua Introspektion beobachten, dass ein zunächst ungewöhnlich anmutender, auffälliger Stil, der am Anfang die Aufmerksamkeit stark beansprucht, nach und nach in den Hintergrund tritt. Wir scheinen uns ‹einzuschauen› oder ‹einzuüben›, was zur Abnahme der anfänglichen Irritation und der Beschäftigung mit den Ausdrucksmitteln führt. Typische Bemerkungen in Gesprächen nach dem Kinobesuch wie «ich musste mich an diese Wackelkamera erst gewöhnen», oder «anfangs haben mich die unscharfen Videobilder sehr gestört, nachher ist mir das nicht mehr so aufgefallen», mögen als Beleg für diese These gelten, die zu überprüfen wäre.

Veranschaulichen lässt sich die ‹Gewöhnungsthese› anhand der Filme Ozus, die sich, wie Thompson und Bordwell (1976) sowie Branigan (1976) gezeigt haben, eines vom Hollywood-Continuity-System abweichenden Montage-Stils und Umgangs mit dem filmischen Raum bedienen (vgl. ausführlich Bordwell 1988). Das Verfahren der 360-Grad-Montage, das Ozu in Dialogszenen verwendet, mag zunächst irritieren und ein Gefühl der Desorientierung im szenischen Raum verursachen; mit der Zeit aber schauen wir uns ein, und die Frage nach der genauen Anordnung von Figuren und Dingen im Raum beansprucht unsere Aufmerksamkeit kaum mehr. Wir haben gelernt, die Dialoge als Orientierungshilfe zu benutzen, und sind nunmehr, um es mit einem geflügelten Wort von Karl Bühler zu sagen, «ganz bei den Dingen, von denen die Rede ist».

Ein ähnlicher ‹Entseltsamungseffekt› lässt sich auch im Falle des ‹ruppigen› Kamerastils zeitgenössischer Filme konstatieren: Der Zuschauer sieht sich ein in die entfesselten oder als atemlos empfundenen Handkamera-Bilder wie sie – je unterschiedlich – in FESTEN (DAS FEST, Thomas Vinterberg, DK 1997), in ROSETTA (Luc & Jean-Pierre Dardenne, B/F 1999), aber auch in ‹High-Concept›-Produkten wie THE BOURNE IDENTITY (Doug Liman, USA/D/CZ 2002) eingesetzt werden. Das auffallende stilistische Mittel, das am Anfang als störend empfunden wird und für perzeptive

Irritation, bei einigen sogar für Unwohlsein sorgt, sinkt mit fortschreitender fiktionaler Versenkung in der Aufmerksamkeit ab.[175]

Das Etablieren des narrativen Modus, die Themensetzung und Allegorisierung, aber auch das Setzen des stilistischen Registers lassen sich als Rezeptionsvorgaben modaler Art fassen. Der Film tritt in seiner ästhetischen Form dem Zuschauer spezifisch entgegen, und dieser stellt sich ein auf die Eigentümlichkeiten des Diskurses, den Modus der Informationsvergabe, die Form der narrativen Didaxe. Diesen Vorgang fasse ich als *modales Priming*. Später (→ Kap. 6) lege ich dar, wie mittels solcher Priming-Effekte Einfluss genommen wird auf die Bildung grundlegender Annahmen.

3.9.3 ‹Unsichere Welten›: Entfiktionalisierung und changierende Wirklichkeitsbezüge

Zum Schluss dieses Teilkapitels möchte ich einen Schritt zurücktreten, gewissermaßen an die äußere Hülle des hier zugrunde gelegten ‹Schichtenmodells›, und danach fragen, wie sich der Text als Textsorte oder Gattung zu erkennen gibt, wie er den textumgreifenden *Fiktionalitätsstatus* respektive seinen ontologischen Status indiziert. Wie zeigt er seinen Weltbezug an und befördert die Einnahme eines jeweiligen rezeptiven Modus im Sinne von Odins oben (← Kap. 2.6) dargelegter Unterscheidung «dokumentarisierender» und «fiktionalisierender» Lektüre?

Diese Weichenstellung im Pragmatischen bestimmt unsere Haltung zum Dargestellten: Begegnen wir den Ereignissen, dargebotenen Sachverhalten und Aussagen des Textes im Rahmen eines fiktionalen ‹Als-Ob›, so müssen sie in erster Linie intern schlüssig und glaubhaft («nachvollziehbar», «realistisch») sein und den Aufbau einer kohärenten Welt ermöglichen. Nehmen wir sie dagegen als «assertive Aussagen», also als solche, die sich auf die (unsere) afilmische Realität beziehen, müssen sie zumindest der Anlage nach empirisch überprüfbar sein. Joly (2002, 154ff) kennzeichnet diesen Unterschied der Glaubensmodalität, mit denen dem fiktionalen Film im Gegensatz zum dokumentarischen begegnet wird, als den zwischen *croyance* und *crédibilité*. Im Modus der *croyance*, der die Haltung dem fiktionalen Film gegenüber bestimmt, lässt sich der Zuschauer ein auf die fiktionale Realität und schenkt ihr Glauben, oder aber er

175 Der Ehrlichkeit halber ist hinzuzufügen, dass bei vielen Filmen aber auch in der Tat eine Normalisierung des Stils zu beobachten ist: Während am Anfang häufig der Stilwille im Zentrum steht (die, wie eingangs bemerkt, erhöhte Sorgfalt, die den Anfängen gilt), flacht dies gegen Ende ab. Beispiele wären der anfänglich ausgestellt selbstreflexive Stil von BRIDGET JONES'S DIARY (Sharon Maguire, GB/F 2001), der später zurückgenommen wird, oder auch die Verflachung der Bilder nach dem fulminanten Auftakt von LES AMANTS DU PONT-NEUF (Leos Carax, F 1991).

unterzieht ihre Aussagen, etwa im Falle unzuverlässigen Erzählens, einer Glaubwürdigkeitsprüfung (indem er z.B. den Bericht eines Voice-over-Erzählers an dem misst, was auf der Bildebene zu sehen ist, wie oben am Beispiel von BADLANDS bemerkt). Im Modus der *crédibilité*, mit welchem dem dokumentarischen Film begegnet wird, geht er dagegen davon aus, dass die Personen und Ereignisse, die die Kamera eingefangen hat und ihm präsentiert, ‹von dieser Welt› sind: Das ist zentraler Bestandteil des dokumentarischen Kontrakts.[176]

Die Festlegung, ob der Film einer dokumentarisierenden oder fiktionalisierenden Lektüre unterzogen werden soll, hat aber weitere Konsequenzen hinsichtlich der anzulegenden pragmatischen Rahmen. Denn abhängig davon greifen auch ethisch-moralische Kontrakte, wie etwa Festlegungen, was der Dokumentarfilm dürfe oder im Gegensatz zum Spielfilm eben nicht. Problematisierbar ist das etwa an den ethischen Gratwanderungen der Filme von Ulrich Seidl, die er als Prinzip seiner filmerischen Haltung in MIT VERLUST IST ZU RECHNEN (A 1992) am Anfang hervorkehrt, indem er ohne jede Vorbereitung einen ärmlich gekleideten, offensichtlich geistig zurückgebliebenen Mann zeigt, der vor der Kamera und für ein unterstelltes Publikum tanzt und sich dabei entkleidet.

Ein weiterer Punkt, der die unterschiedlichen pragmatischen Rahmen und kontraktuellen Bedingungen betrifft, ist in der neueren theoretischen Diskussion etwas ins Hintertreffen geraten, weil sie von der Frage um die unterschiedliche Form der Referentialisierung von Dokumentar- und Spielfilm beherrscht ist. Es geht darum, dass der Dokumentarfilm ja nicht nur Aussagen über die afilmische Realität macht, sondern damit auch etwas erreichen will: Er will informieren, aufklären, betroffen machen, (politische) Veränderungen herbeiführen, will, dass wir uns zur Welt verhalten. Es ist ein Missverständnis, dass der Dokumentarfilm die Welt ‹abbildet›; zur Programmatik der Gattung gehört, dass er einzugreifen sucht. Die Entscheidung für einen Lektüremodus hat daher Konsequenzen für die (politische, moralische) Haltung und die Erwartungen, mit denen wir dem Film begegnen. Und der Bruch des Glaubwürdigkeitskontraktes kann auch sehr unterschiedliche rezeptive Effekte hervorrufen und wird im Falle des fiktionalen Als-Ob ganz anders empfunden, als wenn sich der vermeintliche Dokumentarfilm vom Ende her als *fake* erweist. Die Indizierung des Fiktionalitätsstatus legt nicht allein einen Lektüremodus nahe, sondern präfiguriert auch die Rolle des Zuschauers, die Haltung, mit der er dem Film begegnet, und den Modus seiner Beteiligung.

176 Vgl. dazu die ausführliche Diskussion in Kessler 1998 wie die weiteren Beiträge im Themenheft «Lust am Dokument», *Montage AV* 7,2, 1998 sowie Tröhler 2002.

Gerade unter zeitgenössischen Produktionen gibt es vermehrt Ansätze, die Grenzen zwischen dem Dokumentarischen und dem Fiktionalen auf unterschiedlichste Weise zu unterwandern (oder in Frage zu stellen) und dem Zuschauer die Erfahrung gemischter oder hybrider Welten zu bereiten. Die Filme verzichten auf eine eindeutige Indizierung, bedienen sich der Darstellungskonventionen und des stilistischen Arsenals von Spiel- und Dokumentarfilm und lassen uns im Unklaren darüber, als ‹was› sie zu verstehen sind.

Zu diesen Formen gehören *fake documentaries, hoaxes* oder auch *mockumentaries. Mockumentaries* betreiben eine ‹dokumentarische Simulation›, indem sie zu Beginn hoch authentifizierend daherkommen und sich dann in einer Rhetorik der Übertreibung ins Absurde steigern, so dass der Schwindel irgendwann auch dem gutgläubigsten Zuschauer offenbar werden muss. Illustrieren lässt sich das etwa an FORGOTTEN SILVER (Peter Jackson & Costa Botes, NZL 1995), der zum 100. Geburtstag des Kinos einen von der Filmgeschichte ‹vergessenen› neuseeländischen Filmpionier namens Colin McKenzie auferstehen ließ.[177]

In anderen Formen des *fake documentary* wird die Täuschung erst am Ende enthüllt, wenn der Abspann die Namen der Schauspieler aufführt, so bei NO LIES ... (Mitchell Block, USA 1974) oder DAVID HOLZMAN'S DIARY (Jim McBride, USA 1967). Zuweilen wird die Täuschung aber auch über den Abspann hinaus aufrechterhalten und die Auseinandersetzung um den ontologischen Status der Bilder als Vermarktungsstrategie genutzt, so etwa bei THE BLAIR WITCH PROJECT (Daniel Myrick & Eduardo Sánchez, USA 1999).

Während im Falle der *fake documentaries* der Zuschauer dazu verleitet wird, einen dokumentarisierenden Lektüremodus anzulegen (sei es, weil er den kontextuellen, paratextuellen und textuellen Indizierungen Glauben schenkt, sei es, weil er sich auf das Spiel, das er durchschaut, gleichwohl einlässt und so die textuell präsupponierte Rolle erfüllt), gibt es aber auch Filme, die aufgrund ihrer textuellen Merkmale und ihres Gebrauchs filmischer Mittel einen (vorübergehend oder dauerhaft) changierenden Eindruck erwecken und für rezeptive Unsicherheit sorgen. Sie mögen dabei mit Techniken der Entfiktionalisierung arbeiten, indem sie die Schauspieler in einem ‹vorgefundenen›, nicht inszenierten Umfeld agieren und

177 Der Schwindel wurde durch kontextuelle und paratextuelle Indizierungen gestützt: Durch eine Gala-Aufführung des Films mit großem Orchester und Live-Übertragung im Fernsehen, wodurch er als nationales Ereignis zelebriert wurde, und durch die neuseeländischen Medien, die das Spiel mitgetragen haben, indem sie ausführlich über die ‹sensationelle Entdeckung› berichteten und eine Korrektur der Filmgeschichtsschreibung forderten; vgl. Roscoe/Hight 1997; Hight/Roscoe 2006.

dort improvisieren lassen, wie Tröhler (1998) am Beispiel von Robert Kramers WALK THE WALK (F/CH 1995) beschreibt, in dem ein Schauspieler mit realen Menschen und Situationen konfrontiert ist. Die Filme von Abbas Kiarostami wären weitere Beispiele dieser Richtung.

Anders gestalten sich die Anfänge von Atom Egoyans CALENDAR (CAN/D/Armenien 1993)[178] oder bei Claire Denis, in denen über einen relativ langen Zeitraum ein Beobachtungsmodus vorzuherrschen scheint, der Blick schweifend und unfokussiert wirkt, so dass die Intention hinter den Bildern undeutlich bleibt und sich der Ansatz einer Geschichte eher unmerklich herausschält, wie Brinckmann (2005b) zum Anfang von BEAU TRAVAIL (F 1999) darlegt und dabei insbesondere die Arbeit der Kamera (Agnès Godard) für diesen Effekt verantwortlich macht.

Zur Exemplifikation dieses Eindrucks von Hybridität und Unentscheidbarkeit des Fiktionalitätsstatus möchte ich kurz an einem Beispiel zeigen, wie der Spielfilm seinen Anfang so anlegt, dass er uns zunächst im Unklaren über seine Gattungszugehörigkeit lässt. Das Sich-Einrichten auf den Text bleibt vorläufig, die Haltung abwartend. Durch die Störung werden die bei der Fiktionalisierung greifenden textklassifizierenden Vorgänge, die für gewöhnlich unproblematisch sind, reflexiv.

IN THIS WORLD (Michael Winterbottom, GB 2002) zeigt bereits mit seinem Titel an, dass die Geschichte und ihre Protagonisten nur teilfiktiv sind: «All dies passiert hier, unter unseren Augen, in dieser einen Welt.» Der Film verzichtet auf einen eigentlichen Vorspann, lediglich die produzierende BBC, das British Film Council und Winterbottoms Produktionsfirma Revolution Films werden genannt. Der Film eröffnet mit Bildern vom Flüchtlingslager Shamshatoo, wie eine Einblendung anzeigt, die spezifiziert wird: «northwest frontier province», «Pakistan», «february 2002». Über verschiedenen Ansichten des Lagers und Aufnahmen einzelner Bewohner, die von dokumentarischem Charakter sind (es wird kein besonderer Kamerastandpunkt eingenommen, die Bilder wirken zufällig und aneinandergereiht, scheinen einer beschreibenden Intention zu folgen, eine besondere *découpage* liegt nicht vor), setzt ein Kommentar im Stil einer BBC-Reportage ein, die mit aufklärerischem Gestus über die Flüchtlingsbewegung aus Afghanistan informiert. Gezeigt werden Bilder vor allem von Kindern, die zumeist unverstellt in die Kamera schauen, teilweise den Kameramann umringen. Sie lachen und scheinen die Aufmerksamkeit zu genießen. Viele der Kinder seien im Lager geboren, so auch der 15jährige Jamal, der Waise ist und in einer Steinfabrik arbeitet. Solcherart wird der Protagonist, der tatsächlich in diesem Lager lebt und Jamal heißt, aus dem

178 Zum changierenden enunziativen Modus von CALENDAR vgl. Jost 2004, 47f.

Umfeld hervorgehoben, und die Kamera heftet sich von nun an seinen Bewegungen an und verlässt ihn nicht mehr. Doch selbst mit der Festlegung eines Handlungsträgers bleibt der Charakter der Darstellung noch eine Weile in der Schwebe zwischen einem dokumentarischen und einem fiktionalen Zugriff. So wird Jamals Eintritt in seine karge Unterkunft, eine niedrige Lehmhütte, weiterhin begleitet durch den Off-Kommentar, der die Kosten der Bombardierung in Milliardenhöhe kontrastiert mit den Hilfsmitteln, die den Flüchtlingen pro Tag zur Verfügung gestellt werden.

Mit dem Einsetzen der Dialoge vollzieht sich ein Moduswechsel, eine zunächst noch dünne Handlung nimmt ihren Anfang, und damit beginnen narrativisierende Prozesse. Der bislang dominierende dokumentarische Ansatz gerät in den Hintergrund, ohne völlig verabschiedet zu werden. Denn auch im weiteren Verlauf macht der Film Gebrauch von dem gesamten Arsenal dokumentarischer Verfahren und Techniken und bindet sie in die narrative Struktur des Abenteuer-Genres und Roadmovies ein, bleibt aber bei seiner stark authentifizierenden chronikalischen Erzählweise, die von Laien in den meisten Rollen getragen wird. Ergebnis ist ein stark authentifizierender Spielfilm mit zahlreichen (quasi-)dokumentarischen Anteilen, die vor allem am Anfang dafür sorgen, dass das fiktionale Universum zur Umgebungsrealität geöffnet und seine Grenzen durchlässig bleiben.

Die Festlegung des Fiktionalitätsstatus ist nicht unverrückbar und historisch unveränderlich gegeben, sie haftet nicht bestimmten Merkmalen des Films an oder ist ihm eingeschrieben, was zahlreiche, mit ihren täuschenden Indizierungen erfolgreiche *fake documentaries* hinlänglich unter Beweis gestellt haben. Es ist eine *pragmatische Zuschreibung*, mit der festgelegt wird, ‹als was› man einen Film begreift. Aus textpragmatischer Perspektive ist allein entscheidend, dass dem Zuschauer durch die Elemente und Charakteristika des Textes, die zu einem gegebenen historischen Zeitpunkt als Indizien des dokumentarischen oder des fiktionalen Regimes genommen werden können, nahegelegt wird, die Aussagen des Films als solche über die afilmische Wirklichkeit oder aber als fiktionale Aussagen zu nehmen (Kessler 1998, 76f).

Aber hier gibt es, wie gesehen, Mischformen und Grauzonen. Der vermeintlich dokumentarische Film mag den pragmatischen Kontrakt zwischendurch aufkündigen und sich als Produkt der Inszenierung und als Fiktion zu verstehen geben, so dass die Bedingungen des Kontrakts retrospektiv neu zu evaluieren sind. Aus der Erfahrung mit *fake documentaries* wissen wir, dass sich, wenn die Täuschung bis zum Ende unentdeckt bleibt, mit dem Moment der Enthüllung und dem Gefühl, in die Falle getappt zu sein, bei einigen Zuschauern Ärger entwickelt, der sich gegen den Film und seinen Urheber richtet. Wäre das im umgekehrten Fall auch denkbar, wenn sich die vorgebliche Fiktion als authentisch erweist? Oder müsste dort nicht eher das Moment der Verblüffung und des Erstaunens vorherrschen: «Das ist tatsächlich so passiert, das ist alles echt?» Schließlich ist darauf hinzuweisen, dass Filme ein Fortleben haben und der kommunikative Vertrag daher auch nach der Rezeption modifiziert werden kann, wenn ich erst im Nachhinein erfahre, dass der vermeintliche Dokumentarfilm, der mich aufgerüttelt hat, ein *fake* ist.

In ihren referenziellen Bezügen changierende, in ihren pragmatischen Bedingungen und Handlungsanweisungen unklare Anfänge verweisen auf die indikative Leistung des Textanfangs zurück. Wo die Indikation widersprüchlich ausfällt, ist der Boden der filmischen Realität «unsicher» (Tröhler 1998). Diese Unsicherheit lässt sich auch beschreiben als mangelnde kognitive Kontrolle, die zu einer abwartenden Haltung führen mag; zuweilen mögen aus solchen pragmatischen Irritationen aber auch, wie ich es nennen möchte, ‹unbehagliche Gefühle› erwachsen. Wenn es uns nicht gelingt, einen Lektüremodus auszubilden und eine eindeutige Haltung zur angebotenen Welt einzunehmen, sind die Erwartbarkeiten ungewiss, die Prognostizierbarkeit des Verlaufs nicht gegeben, aber auch die eigene kommunikative Rolle unklar, was längst nicht jedem Zuschauer angenehm ist. Oder aber er lernt, zwischen den Stühlen zu sitzen, und genießt es, den schwankenden Boden einer unsicheren Realität unter seinen Füßen zu spüren.

3.10 Einfühlung, Einstimmung, Rhythmisierung, *mise en phase*

Nach der Darlegung von Diegetisieren, Narrativisieren und modalisierenden und indikativen Funktionen als den für das Verstehen eines Spielfilms grundlegenden Prozessen soll in diesem Teilkapitel der Fokus verschoben werden. Wie oben bereits bemerkt (← Kap. 3.1), gehen wir ja nicht nur ins Kino, um uns eine Geschichte in Bildern und Tönen darbieten zu lassen, sondern wir suchen hier auch eine besondere Form der *Erfahrung*, die das Geschichtenverstehen übersteigt. Film, so habe ich in Anlehnung an Casetti formuliert, ist ‹Wahrnehmen-und-Verstehen-und-Erleben›.

Im Zentrum dieses Abschnitts stehen daher initialisierende und initiatorische Funktionen, die vor jedwedem narrativen Verständnis greifen, oder vielmehr Funktionen der Initialphase, die im Sinne Casettis zwischen Verstehen und Erleben, zwischen Kognition und den Affekten, zwischen dem Sinn und den Sinnen vermitteln. Mit den Funktionen *Einfühlung,*

Einstimmung und *Rhythmisierung* werden verschiedene Register des filmischen Textes ‹unterhalb› oder besser ‹jenseits› narrativer Bedeutung betrachtet, die für das Zustandekommen des Illusionierungs- und Erlebensprozesses entscheidend sind: die Etablierung des filmischen Rhythmus, den Serge Daney als «Puls» des Films beschreibt, die Initialisierung seiner besonderen Empfindungsqualitäten, seiner tonalen und atmosphärischen Gegebenheiten,[179] sowie die *mood*-Funktion des Anfangs, die Einführung der textübergreifenden Stimmung, die zugleich für eine Einstimmung des Zuschauers sorgt.[180] Die einsetzende Illusionierung erfordert neben kognitiven Prozessen die *affektive Ausrichtung* auf den Text.

Im Folgenden werden die dazu beitragenden Funktionen des Anfangs umrissen. Einige davon, darauf sei hier nochmals hingewiesen, beziehen sich auf relativ kurze Momente, bloße Augenblicke, die indes ausreichen, den Zuschauer unmittelbar affektiv zu affizieren und auf den Film einzustimmen; andere wie die Rhythmisierung benötigen mutmaßlich länger, und mit der Kategorie der *mise en phase* wird schließlich ein Prozess beschrieben, der sich parallel zur Etablierung des Rhythmus der Ereignisse vollzieht und sich über die gesamte Initialphase erstreckt.

Es ist evident, dass hier einerseits relativ weiche textuelle Kategorien beschrieben werden, die sich unter der Hand in psychologische Effekte ungeklärter Validität verwandeln können,[181] und dass andererseits auf theoretische Positionen unterschiedlichster Provenienz rekurriert wird, deren Intergration nicht widerspruchsfrei möglich scheint (und hier auch nicht beabsichtigt ist).

So formuliert etwa Vivian Sobchack in ihren phänomenologischen Studien *The Address of the Eye* (1992) und dezidierter noch in *Carnal Thoughts. Embodiment and Moving Image Culture* (2004) eine harsche Kritik an der «Körpervergessenheit» zeitgenössischer Filmtheorie. In ihrer Konzentration auf Bedeutungs- und Verstehensprozesse sehe sie davon ab, warum wir ins Kino gehen und dass wir dies als «corporeal-material being» (2004,

179 Die ‹Atmosphäre› als ästhetische Kategorie wurde in den letzten Jahren wiederentdeckt (vgl. vor allem Böhme 1995), systematische Untersuchungen zur Atmosphäre im Film stehen aber bislang aus; vgl. den kurzen Überblick von Koebner 2002. Auch der ‹Tonfall› ist in der Filmwissenschaft bislang wenig beachtet worden, eine erste systematische Untersuchung leistet hier Pye 2007.

180 Zur Melancholie als einem solchen Stimmungsregister des Films vgl. Frölich/ Gronenborn/Visarius 2006; zur Melancholie im Stil von Angelopoulos Bordwell 1997b.

181 Odin (2000, 44, Anm. 42) weist auf die Grenzen textbasierter Ansätze hin, die Ausgriffe auf psychologische Prozesse machen, ohne diese modellieren zu können. Ohler/Nieding (2002, 35) räumen ein, dass die Ansätze der kognitiven Filmtheorie, die ‹Affektstruktur› des Spielfilms und ‹Zuschaueremotionen› beschreiben, der empirisch arbeitenden Filmpsychologie die präzise Modellierung des Zusammenspiels kognitiver und emotionaler Komponenten bei der Filmrezeption abnötigen.

Kap. 3) tun, das auch körperlich affiziert werden wolle, das somatische und viszerale Effekte auskosten möchte und sich vom Kino «berühren» lasse (vgl. ähnlich Rutherford 2003). Nun kann man diese Dichotomisierung zwischen einer an den sensuellen, speziell den ‹haptischen› Qualitäten des Films interessierten Filmphänomenologie und der kognitiven Filmtheorie, der Sobchacks Kritik primär gilt, so nicht gelten lassen, denn auch im ‹kognitiven Lager› gibt es sehr wohl Versuche, diese Ebene der Filmwahrnehmung in die Modellbildung zu integrieren. Torben Grodal (1997) etwa nimmt Lakoff und Johnsons Konzept vom «embodied mind» (vgl. 1999) auf, davon ausgehend, dass es bei der Filmwahrnehmung immer auch um leibliche Erfahrungen geht, um somatisches und viszerales Erleben. Folgerichtig beschreibt er visuelle Fiktion als «embodied mental flow». Diese Debatte kann hier nicht weiterverfolgt werden, für den vorliegenden Zweck sei lediglich darauf hingewiesen, dass aus verschiedenen theoretischen Perspektiven über Formen des sinnlichen Erlebens bei der Filmrezeption nachgedacht wird, die sich jenseits narrativ vermittelter Verstehensprozesse vollziehen.

In einigen dieser Ansätze, welche hier herangezogen werden, wird der Anfang als zentraler Punkt solcher auch körperlich erfahrbaren Einstimmungs- und Einfühlungsprozesse genannt[182] – was auf der Hand liegt, da schließlich auch die dafür verantwortlichen Elemente und Register initialisiert werden müssen, um im weiteren Verlauf des Films ihre Wirkung entfalten zu können.

3.10.1 Einfühlung und Artefakt-Empathie

Zu Beginn des Fiktionsprozesses bedarf es der *Einfühlung* in die Artefakt-Qualitäten des Films. Theodor Lipps hat eingangs des 20. Jahrhunderts in *Ästhetik. Psychologie des Schönen und der Kunst* (1903) den seit der Romantik diskutierten Einfühlungsgedanken aufgegriffen und ein umfassendes psychologisches Konzept apperzeptiver ästhetischer Einfühlung entwickelt, das über das heutige Verständnis von Empathie als Sich-Hineinversetzen in die Situation eines Gegenübers, als Nachvollzug oder Simulation seiner Denk- und Gefühlsbewegungen hinausweist. Lipps fasst Einfühlung als «die Innenseite der Nachahmung» (ibid., 120f) und versteht darunter nicht allein die ‹Identifikation› mit einem Charakter, sondern darüber hinaus die «Versenkung» oder «Projektion», heute zumeist «Immersion» des

182 Auch Sobchack illustriert ihre Überlegungen zur somatischen Perzeption und haptischen Erfahrung im Kino anhand eines Filmanfangs: Sie beschreibt die körperlich empfundene Überwältigung durch die ersten beiden Einstellungen von Jane Campions The Piano (AUS 1992); Sobchack 2004, 61ff.

Betrachters in das Werk als ästhetisches Gebilde (vgl. Tan 1996, 154), die eine apperzeptive Erfassung seiner Qualitäten voraussetzt – eine zentrale Kategorie etwa für die Wahrnehmung des Avantgardefilms, wie Christine Brinckmann (1997b; 2009) betont.[183]

Die von Lipps beschriebene Form der Versenkung in die Form oder Oberfläche von Architektur etc. lässt sich auch am Film jenseits des avantgardistischen oder experimentellen Bereichs und hier gerade am Anfang beobachten: Viele Filme beginnen mit Aufnahmen von Wettererscheinungen wie Nebel oder Regen, zeigen Wasser, Schneelandschaften, aber auch rissige Häuserwände oder Baumrinde und suchen dem Betrachter haptische Erfahrungen zu vermitteln, bevor die eigentliche Geschichte einsetzt. So arbeitet wiederum Brinckmann am Beispiel des gewalttätigen Anfangs von Sergio Corbuccis DJANGO (I/E 1966) heraus, wie hier Materialkontraste eingesetzt und «Leder und Schlamm, Holz und Sand, Stoff und Fels, Metall und Haut [...] zu einer Textur aus Hart und Weich, Feucht und Trocken komponiert» werden (1995, 136).

Das Einfühlungskonzept, dessen durchaus problematische Konzeption «affektiven Verstehens» bei Lipps und seine Übertragbarkeit auf das ästhetische Filmerleben hier nicht diskutiert werden können,[184] genoss seinerzeit große Popularität; die Ansätze von Lipps, Vischer, Worringer und anderen wurden breit rezipiert und fanden Eingang in Theater- und Filmdramaturgien (vgl. S. Curtis 2009). So fordert etwa Ernst Iros in *Wesen und Dramaturgie des Films* (1957 [1938]), dass die zentrale Leistung der Exposition im Ermöglichen der Einfühlung und emotionalen Bindung des Zuschauers liege, wobei er ‹Einfühlung› keinesfalls auf die Charaktere beschränkt, sondern verschiedene Formen unterscheidet («Einfühlung in die Bildgestaltung», «eigentliche und symbolische Einfühlung», «unmittelbare und projizierende Einfühlung», «subjektiv betonte und unbetonte Einfühlung»). Iros' Urteil: «Ohne Einfühlung ist kein Erleben denkbar» (ibid., 193).

Tan greift die Überlegungen der deutschen Einfühlungsästhetik sowie die von Michotte van den Berck (2003b [1953]) zur «motorischen Empathie» auf, d.h. der Nachahmung der auf der Leinwand sich vollziehenden Bewegungen.[185] Er schlägt vor, Formen der Einfühlung, die unabhängig

183 Lipps' Arbeit trifft Anfang des 20. Jahrhunderts auf ein fruchtbares Umfeld und ‹Einfühlung› wird zum zentralen Konzept in Ästhetik, Kunstgeschichte und -praxis. Neben der Arbeit von Lipps ist hier vor allem Wilhelm Worringers 1908 publizierte Dissertation *Abstraktion und Einfühlung: Ein Beitrag zur Stilpsychologie* (1981) einflussreich.

184 Voss (2009) arbeitet die Grundzüge des Lippschen Einfühlungsgedankens in der Nachfolge der philosophischen Ästhetik Humes heraus und formuliert eine grundsätzliche Kritik an der Verkürzung des ursprünglichen Konzeptes.

185 Der kurze Rekurs auf Michotte gerät allerdings etwas schief: Diesem geht es um eine

von und neben dem imaginativen Nachvollzug des Innenlebens der Charaktere erfolgen, als *artefact empathy* zu kennzeichnen und als eigenständige Form neben die *fiction empathy* zu stellen (Tan 1996, 65, 154 passim). Unabhängig von ihrem Objekt ist jedwede Form der Empathie, wie bereits oben bemerkt, (noch) keine Emotion. Die Einfühlung in das ästhetische Objekt/das Werk als Artefakt sowie die Empathie mit einer Figur lässt sich aber als Voraussetzung für das Entstehen spezifischer Emotionen, Gefühle und Stimmungen oder als ihr Beförderer beschreiben. Solche apperzeptiven empathischen Prozesse werden an Filmanfängen greifbar, bei denen die Artefakt-Qualitäten des Films oder auch die Kunstfertigkeit des *auteur* im Zentrum stehen.

In diesem Zusammenhang sei rückverwiesen auf die bereits erwähnte lange Plansequenz, mit der Orson Welles' TOUCH OF EVIL beginnt und die mit ihrer Virtuosität zahlreiche Regisseure zur Nachahmung inspiriert hat, so etwa Robert Altman zur Vorsequenz von THE PLAYER (USA 1992) und Brian DePalma zur Eröffnungsszene von SNAKE EYES (USA 1998), um nur zwei Beispiele zu nennen. Ein anders geartetes Beispiel ist die Eröffnungssequenz von Rouben Mamoulians DR. JEKYLL AND MR. HYDE (USA 1931), bei dem Empathie mit dem gleich zu Beginn auftretenden Protagonisten dadurch verhindert wird, dass das Geschehen konsequent von ihm aus fokalisiert ist und uns das Gesicht Dr. Jekylls nur bei seinem Blick in den Spiegel gezeigt wird. Im Zentrum der Aufmerksamkeit steht die auffallende und als künstlich empfundene Point-of-View-Konstruktion.[186]

Artefact empathy in diesem Verständnis lässt sich beschreiben als Voraussetzung oder Begleiterscheinung einer cinephilen Lektüre, welche die formalen Charakteristika des Films (Plotkonstruktion, narrative Perspektivenstruktur und enunziative Markierungen, filmischer Stil) hervorhebt und zum Gegenstand der Wertschätzung und des Vergnügens am Text macht (vgl. Tan 1996, 33-36). Tans Differenzierung für den vorliegenden Zusammenhang aufgreifend, wäre zu fragen, ob Filmanfänge nicht generell A-empathische Prozesse befördern, weil die Artefakt-Qualitäten oder auch Oberflächenstrukturen des Werkes dort naturgemäß stärker ins Zentrum rücken, wo die Figuren noch nicht aufgetreten oder charakterlich noch wenig ausgeleuchtet sind, so dass der «diegetische Effekt» (ibid., 52-56) und damit auch die *fiction empathy* noch nicht voll zum Tragen kom-

Revision der gebräuchlichen Redeweise von ‹Identifikation›. Michotte sucht zu einer differenzierten Beschreibung der emotionalen Teilnahme des Zuschauers am Leinwandgeschehen zu gelangen, sein Konzept motorischer Empathie bleibt aber auf die Bewegungen der Figuren bezogen und umfasst nicht die Artefaktqualitäten, etwa rhythmische *pattern*, wie sie von der Musik, den Kamerabewegungen oder der Montage erzeugt werden.

186 Zur Analyse des Point-of-View in diesem Film vgl. Lehman 1983.

men. Wie eingangs bemerkt, bedürfen solche Prozesse allerdings einer gewissen Zeit und auch der Wiederholung. Man könnte daher die These formulieren, dass Artefakt-Empathie in Filmen, die nicht dem Format des ‹protagonist-driven story cinema› verpflichtet sind, sondern deren narrative Struktur von Topik-Reihen bestimmt wird, welche auf perzeptiver Invariantenbildung beruhen (vgl. Wuss 1993a, 135ff), stärker ausgeprägt und häufiger auszumachen ist.

3.10.2 Sinnliche Qualitäten und körperliche Affiziertheit

Aus der Perspektive einer figuralen Analyse scheint Raymond Bellour (2005) einen ähnlichen Gedanken zu verfolgen. In seiner Betrachtung der ersten Einstellungen von Kenji Mizoguchis OYÛ-SAMA (J 1951) führt er aus, wie hier über die reinen Empfindungsqualitäten der Mise en Scène und über die subtile Enthüllung von räumlichen Details eine *sinnliche Überwältigung* des Zuschauers und eine Art hypnotischer Zustand erzielt werde.[187] Bellour geht es um intensive Empfindungen, um die «pure Affiziertheit des Körpers» (ibid., 61) vor allen Bedeutungsbildungsprozessen und narrativ bedingten Emotionen und entsprechend um die sensomotorischen und haptischen Qualitäten der Filmbilder, die solche Zustände hervorrufen. Bei der Rezeption werden demnach Emotionen freigesetzt, die der Handlung vorauseilen und unabhängig von ihr sind. Wenngleich sie auch grundsätzlich von solchen emotionalen Vorgängen begleitet ist, so ist es der Anfang, der diese nicht allein begünstigt, sondern sie als Teil der filmvermittelten Erfahrung einsetzt, den Zuschauer mit dieser Dimension der Filmwahrnehmung vertraut macht und ein besonderes sinnliches Vergnügen verspricht. Der Anfang wäre demzufolge privilegierter Ort eines vorbegrifflichen emotionalen Erlebens. Hier kommt es nach Bellour zu einer spontanen Synchronisation der Gestimmtheit des Zuschauers mit der «Filmemotion», einer Einstimmung durch die sinnliche Kraft des Films, wie er zu Beginn seiner Analyse darlegt:

> Steigen wir gleich in einen geeigneten Film ein, um zu sehen, wie die Emotion in ihm von Anfang an Form annimmt, noch bevor die narrative Leidenschaft sich gleichsam in sich selbst verknotet und damit in einer scheinbaren Homogenität ein Gleichgewicht herausbildet. Für den Filmverliebten ist dies der Augenblick des hypnotisierenden «Flashs», in dem die Kräfte der

187 Vgl. die Überlegungen von Roland Barthes (1975) zur hypnotischen Wirkung des Kinos, die Bellour aufzunehmen scheint. Auch Odin betrachtet die lange und starre Einstellung vom sich bewegenden Wasser am Anfang von PARTIE DE CAMPAGNE als «[a]morce de structure hypnotique» (2000 [1980], 76).

> Gewohnheit, der Leidenschaft und der Erwartung durch ihr Zusammenwirken den Prozess der Induktion und den momentanen Zustand auf Anhieb zur Übereinstimmung bringen (ibid., 53).

Im Unterschied zu Lipps' Konzept apperzeptiver Einfühlung und Tans Überlegungen zur *artefact empathy* begreift Bellour diesen Prozess nicht als kognitiv vermittelt, sondern nimmt im Rekurs auf Gilles Deleuzes Konzept der «Falte» diese kinospezifischen Emotionen als «eine lebende Spalte, die sich in der – in ihrem Zentrum perzeptiven – Erfahrung des Kinozuschauers auftut» (ibid., 70).[188]

Illustrieren lässt sich die von Bellour beschriebene sinnliche Überwältigung und Einstimmung durch die ersten Bilder und -töne an verschiedenen Beispielen, auf die z.T. oben bereits hingewiesen wurde (← Kap. 3.6): Auf Überwältigung zielt etwa das gigantische Zukunftsstadt-Panorama, das BLADE RUNNER (Ridley Scott, USA/Singapur 1982) zu Beginn ausbreitet; oder die Kaperung des Rebellenschiffs in STAR WARS (George Lucas, USA 1977) – überhaupt scheint der Sciencefiction-Film häufig mit seinen ersten Bildern beeindrucken zu wollen. Eine vergleichbare Strategie verfolgt THE LORD OF THE RINGS: THE FELLOWSHIP OF THE RINGS (Peter Jackson, NZL/USA 2001), der mitten im Kampf beginnt: Gewaltige und eindrückliche Bilder zeichnen ein Schlachtenpanorama, das Darstellungen aus der Malerei aufzunehmen scheint. Anders dagegen die stille und ‹sinnliche› Eröffnung von GLADIATOR (Ridley Scott, GB/USA 2000): sepiagetönte Bilder, die Ruhe vor der Schlacht, ein Kämpfer streicht sanft über die sich im Wind wiegenden Halme, ein Moment der inneren Einkehr, unmittelbar bevor auch hier die Wiese zum Schauplatz des blutigen Kampfes wird.

Bei aller Unterschiedlichkeit ist diesen Anfängen gemein, dass sie mit einer Rhetorik ‹sinnlicher Gefangennahme› oder ‹Überwältigung› des Zuschauers arbeiten. Oben habe ich kurz auf das Stereotyp von eröffnenden Flugaufnahmen hingewiesen, mit denen «die Geschichte eingeflogen» wird (Adelmann 2009), und ihnen eine orientierende Funktion zugeschrieben. Im hier diskutierten Zusammenhang lassen sich solche Aufnahmen

188 Wenngleich Bellours Überlegungen anregend sind, so ist sein Emotionsbegriff offenkundig vortheoretischer Natur und nicht ohne weiteres in das in der kognitiven Filmtheorie verbreitete Emotionskonzept zu übersetzen, welches weitgehend der Emotionstheorie Nico Frijdas (1986) verpflichtet ist. Die körperlichen Zustände, die Bellour als «Emotionen» fasst, würde ich als ‹Empfindungen› bezeichnen. Dennoch sind die Ansätze nicht unvereinbar: Aus kognitivistischer Perspektive, aber mit vergleichbarem Erkenntnisinteresse analysiert Cynthia Freeland (1999b) das «Sublime» im Kino (womit sie an eine lange Tradition in der englischen Ästhetik und Philosophie anschließt) und exemplifiziert ihren Ansatz an Filmen von Dreyer, Herzog und Carné. Auch hier dürften die Filmanfänge einen bevorzugten Ort zur Ausstellung der spezifischen ästhetischen Qualität der Bilder darstellen.

auch anders fassen: als *attraktionelle Momente*, die unsere Wahrnehmung herausfordern und unsere Sinne gefangen nehmen, die mit dem durch sie hervorgerufenen Gefühl des Schwindels für ein intensives körperliches Empfinden sorgen (und zugleich auf die den Raum souverän beherrschenden Möglichkeiten der Filmkamera verweisen).

Ein eindrückliches Beispiel ist auch die oben bereits beschriebene (← Kap. 3.8.7) atemberaubende Flugaufnahme in der Initialphase von Stanley Kubricks THE SHINING (GB/USA 1980): Über einen See, über herbstliche Wälder hinweg verfolgt die Kamera, wie von unsichtbarer Hand dirigiert und scheinbar frei von jeder apparativen Fessel, das weit unten fahrende Auto, bis es am Schauplatz der Handlung ankommt. Unterlegt ist diese Eingangsszene mit der Synthesizer-Version des *Dies-irae*-Motivs: Die erhabene Landschaft und die überwältigende Schwerelosigkeit der Flugaufnahme werden kontrapunktisch begleitet von der Ankündigung des Jüngsten Gerichts, durchsetzt mit verfremdeten Geräuschen – phatische, rhythmisierende, einstimmende, Interesse und Neugier erregende, affektiv erhebende und zugleich verstörende, weil Bedrohung verheißende Funktionen durchdringen sich in dieser Eröffnung.

Selbst Filme, die menschliche Figuren unmittelbar an den Anfang stellen, müssen diese nicht sofort als Handlungsträger einsetzen, sondern können sie (zunächst) als ‹lyrische› oder ‹allegorische› behandeln:

So benutzt Richard Lesters ROBIN AND MARIAN in der Titelsequenz eine Großaufnahme vom Gesicht eines alten, einäugigen Mannes und kennzeichnet u.a. darüber die Erzählung als allegorisch (← Kap. 3.9.2). Wir blicken hier nicht auf einen Charakter, sondern auf eine Gesichtslandschaft. Die Figur hat keine Funktion als (künftiger) Aktant, sondern dient als Symbol des Alterns und der Vergänglichkeit so wie der krächzende Geier und die verdorrenden Äpfel, mit denen sie in eine motivische Reihe gestellt wird. Auch die Gesichter der mit geschlossenen Augen reglos verharrenden, zunächst wie schlafend wirkenden Frauen, über die die Kamera in der Eröffnung von GRBAVICA (ESMAS GEHEIMNIS – GRBAVICA, Jasmila Zbanic, A/BIH/D/HR 2005) langsam fährt, scheinen zunächst nicht Protagonisten zugehörig und Teil der Handlungswelt, sondern gemahnen an eine Todesdarstellung.

Diese unterschiedlichen Beispiele sollen verdeutlichen, dass und wie Filmanfänge ein *Erfahrungsraum der sinnlichen Qualitäten* des Films vor Beginn der Handlung darstellen können – ein ähnlicher Gedanke vom Anfang als begrenztem Raum der Freiheit kam bereits in Godards oben zitiertem Wunsch zum Ausdruck, nur mehr Anfänge zu drehen (← Kap. 1.2). Er lässt sich theoretisch wie historisch profilieren, indem behauptet sei, dass der Film in seinen ersten Momenten, in denen er noch relativ frei ist vom

‹Erzähldruck›[189], Erfahrungen und eine Form der Teilhabe bieten kann, die er filmhistorisch gesehen mit der allmählichen Ablösung des «Kinos der Attraktionen» durch das «Kino der narrativen Integration» (Gunning 1990) wenngleich nicht eingebüßt, so doch den narrativen Anforderungen unterworfen hat (vgl. Casetti 2005).[190]

3.10.3 Komplexes Filmerleben, *mood* und affektives Priming

Gestützt wird die These von der besonderen sinnlichen Qualität oder Erlebnisdimension des Anfangs auch durch Grodals Differenzierung narrativer Strukturen. Grodal unterscheidet (linear-)narrative und lyrisch-assoziative Strukturen und weist ihnen unterschiedliche Formen affektiver Beteiligung zu: Emotionen und Gefühle. «Emotionen» fasst er mit Nico Frijda (1986) als Handlungstendenzen, die kognitiv strukturiert und objektbezogen sind, wohingegen sich «Gefühle» (zu ergänzen ist: und auch «Stimmungen») nicht eindeutig auf ein Objekt beziehen (2000, 67).[191]

Emotionen werden – so Grodal – in der Regel als «gespannt» empfunden, weil sie als Handlungsaktivatoren fungieren, Gefühle dagegen als «gesättigt» (ibid., 69). In lyrisch-assoziativen Sequenzen vollziehe sich dagegen der für den Mainstream-Film typische Wechsel der Erregungsniveaus nicht. Weil Handlungen und Ziele nicht definiert sind, fehle ihnen die Voraussetzung zur Spannungssteigerung und damit zur Entspannung. Sie gingen einher mit einem «tonischen Spannungsaufbau», der von manchen Zuschauern als unangenehm (ich würde meinen: als langweilig) empfunden, von Cineasten indes aufgesucht werde, weil sie ein «komplexes Filmerlebnis» böten (ibid., 71). Im konventionell erzählten Spielfilm dominieren die linear-narrativen Strukturen und die von ihnen episodisch erzeugten Emotionen; lyrisch-assoziative Elemente und die damit ver-

189 Diesen treffenden Begriff verdanke ich Gerhard Schumm.

190 In seinem gleichermaßen theoretisch wie historisch argumentierenden Artikel «Die Sinne und der Sinn oder Wie der Film (zwischen) Emotionen vermittelt» (2005) illustriert Casetti seine These anhand der Eröffnungsnummer von GOLD DIGGERS OF 1933 (Mervyn LeRoy, Choreographie Busby Berkeley, USA 1933) und legt dar, wie in den berauschenden und euphorisierenden Bildern und in der mitreißenden Dynamik der Montage attraktionell und narrativ induzierte affektive Bewegungen, Verstehens- und Erlebensprozesse ineinandergreifen.

191 Ed Tan (1996) hat darauf hingewiesen, dass Stimmungen/*moods* keine emotionalen Episoden geringerer Intensität sein müssen, als welche sie häufig beschrieben werden. Wichtiger sei, dass sie im Gegensatz zu Emotionen kein Objekt aufweisen und nicht episodisch, sondern von übergreifender, «globaler» Natur sind. Grodal erläutert die Abgrenzung von Emotionen und *moods* wie folgt: «A person can be in a romantic mood without having a particular liaison in mind whereas being in love implies a specific object and some action tendencies. Moods thus express unfocused dispositions» (2005, 154).

bundenen Gefühle bleiben hier gemeinhin dem Ende überlassen (visuell konventionell angezeigt z.B. durch Hinweise wie *freeze frame* oder *slow motion*), wo sie dazu dienen, handlungsorientierte Emotionen in gesättigte, zeitlose Gefühle umzuformen, die der Zuschauer dann aus dem Film ‹mitnimmt› (ibid., 70).[192] Aber auch am Anfang werden in neueren Produktionen vermehrt lyrisch-assoziative Strukturen verwendet, um, so formuliert es Grodal, «eine thematisch-affektive Aufladung zu schaffen, aus der sich die Handlung entwickeln kann» (ibid.).[193] Folgt man dieser Überlegung, dann wäre bei den lyrisch-assoziativen Formen eine stärkere Verbindung zu thematischen Strukturen gegeben, die – darauf weist Grodal hin – für den Zuschauer schwerer zu isolieren sind als narrative.[194]

Den hier nur kurz umrissenen Ansätzen gemein ist die Annahme, dass sich die Entfaltung der die Geschichte übergreifenden Stimmungs- oder Gefühlscharakteristik vor der Initialisierung der Handlung und damit vor spezifischen handlungs- und figurengebundenen Emotionen vollziehe und eine eigene Form affektiv-sinnlichen Erlebens darstelle. Diese unterschiedlichen Formen affektiver Teilhabe nehmen Tan und Grodal als Bedingungsverhältnis insofern, als die «emotionale Tönung» (Grodal 1997, 161ff) und die Einstimmung am Anfang die Voraussetzung für die im engeren Sinn narrativ vermittelten Formen emotionalen Erlebens schaffen (was übereinstimmt mit meinen oben geäußerten Überlegungen, wonach der Anfang in aller Regel selbst kein Ort empathischer Gefühle ist, aber das Zustandekommen von Empathie und empathischen Emotionen im weiteren Verlauf vorbereitet).

Diese Überlegung zur einstimmenden Funktion greift Greg Smith in seinem assoziationistischen *mood-cue approach* (1999; 2003) auf. Dem Ansatz zufolge ist die Erzeugung von *moods* der zentrale emotionspsychologische Effekt von Filmen (vgl. Kaczmarek 2000, 269). Die Erweckung des *global mood* am Filmanfang mittels verschiedener stilistischer *emotion*

192 Grodals Beobachtungen sind dahingehend zu spezifizieren, dass solch lyrisch-assoziativen Elemente im konventionell erzählten Film nicht bloß am Ende verwendet werden, sondern auch in Form von Einlagen oder Handlungspausen vorkommen, so etwa in Sexszenen, wie Brinckmann (2007a) u.a. am Beispiel von PLAY MISTY FOR ME (Clint Eastwood, USA 1971) demonstriert hat.

193 Zum «lyrischen Auftakt» vgl. auch Espenhahn 1947, 101ff.

194 Grodals Vorstellung lässt sich anbinden an das oben skizzierte ‹PKS-Modell› filmischer Narration von Wuss und dessen Beschreibung topikalisierter Erzählweisen durch perzeptiv geleitete Strukturen am Filmanfang. Diese tragen nicht zur Entwicklung einer linear-kausalen Handlung bei, sondern verdichten sich zur *aboutness* der Erzählung, wie es Eco (1990 [1979], 114) unter Bezug auf van Dijk beschrieben hat. Wuss (1992a, VIIf) legt diese Erzählform am Anfang von Aki Kaurismäkis ARIEL (Finnland 1988) dar, der ein übergreifendes ‹Aus› thematisiere (die Schließung des Werks, das Ende der Arbeit und des Lebens) und so gleich zu Beginn eine den Film umfassende melancholische Grundstimmung erwecke.

cues (Musik, Textur des Bildes, Lichtsetzung[195] etc.) analysiert Smith als notwendige Voraussetzung für das Zustandekommen spezifischer, objektbezogener und kurzfristiger «lokaler» Emotionen im Handlungsverlauf, welche durch emotional bedeutsame Situationen ausgelöst und durch den Einsatz von *emotion markers* (darunter versteht Smith ein Bündel redundanter, sich gegenseitig verstärkender *emotion cues*) unterstrichen werden (2003, 42). Der Anfang diene entsprechend als «orienting state» (ibid.) im Hinblick auf die Affektstruktur und das zu erwartende emotionale Spektrum des Films, dem bei der Analyse entsprechende Aufmerksamkeit zuteil werden müsse:

> The first step for the mood-cue approach is for the critic to pay close attention to the way that emotion cues act together to create mood at the beginning of a film. The approach assumes that the film will use coordinated sets of cues to signal an emotional orientation toward the film as a whole (G. Smith 2003, 43f).

Ein wichtiger, vielleicht gar der wichtigste *emotion cue* ist die Filmmusik.[196] *Movie music is moving music*, wie es im Titel eines Aufsatzes von Jeff Smith (1999) heißt, und deshalb stellt der Musikeinsatz am Anfang ein überaus effektives Mittel dar, um bereits vor den ersten diegetischen Bildern und Tönen den *mood* zu etablieren und damit gewissermaßen die ‹Temperatur› des Films. Einen Anfang, der auf die musikalische Einstimmung verzichtet und unmittelbar mit einer nicht mit Musik unterlegten *pre title sequence* einsetzt, nennt man denn auch «kalte Eröffnung» (*cold opening*): Wenn die musikalischen Indikatoren der Transition fehlen, wird der Übergang in die Fiktion als harte Grenze empfunden, an die Stelle der allmählichen Einstimmung tritt die unmittelbare Konfrontation mit der Handlung und der Fiktion.

In der Regel beginnen Filme jedoch mit einer von Musik begleiteten stimmungserzeugenden Titelsequenz, so dass dem Vorspann die zentrale Rolle beim Etablieren des grundlegenden *mood* zukommt. Die dem Vorspann unterlegte Musik nimmt man im Übrigen auch bewusster wahr, weil sie dort noch nicht zur Begleit- oder Kommentarmusik der Handlung

195 Eine erste systematische Überlegungen zum Einsatz von Filmlicht als Vermittler von *mood* aus ökologischer Perspektive stellt Grodal 2005 dar. Er nennt ein einfaches Beispiel: «Darkness reduces object control and enhances passive experiences whether such experiences are positive (for instance, in the context of a romantic encounter linked to voluntary reduction of control) or negative (as in a horror environment and its forced reduction of control). The conscious or unconscious evaluation of a given type of lighting will thus be felt as mood» (2005, 154). Er kommt zu dem Schluss: «lighting is a powerful tool for inducing and changing feelings and moods» (ibid., 162).

196 Zur emotionalen Wirkung von Filmmusik im kognitiven Ansatz vgl. z.B. Carroll 1988, 213-225; J. Smith 1999; Bullerjahn 2001, 187-209.

abgesunken ist, sondern ganz im Zentrum der Aufmerksamkeit steht, so dass sie ihre einstimmende oder auch themensetzende Funktion zur Geltung bringen kann.[197] Als «Schwelle» zur Fiktion trägt die Titelsequenz folglich nicht allein zum Formieren von Erwartungen hinsichtlich der erzählten Welt und der Geschichte sowie des (fiktionalen) Status der Darstellung bei und gibt Hinweise auf das übergreifende Thema des Films, sondern sie sorgt zunächst für die affektive Ausrichtung des Zuschauers und verspricht emotionale Rezeptionsgratifikationen einer bestimmten Richtung:

> Within a few minutes – or seconds – an artful title sequence can set a tone or conjure a mood, utilizing distinctly crafted images to purposefully prime both filmgoers and television audiences (Williams 1998, 92).

Zur Illustration der einstimmenden Wirkung der Titelmusik sei hier ein Beispiel genannt, mit dem zugleich rückverwiesen werden soll auf die in (←) Kapitel 2.5 dargelegte Beschreibung des Anfangs als «Präludium» des Films:

INSIDE MAN (Spike Lee, USA 2006) ist ein Beispiel für die seit einigen Jahren verbreitete Praxis, die Titelmusik bereits unter den Logos von Produktion und Verleih einsetzen zu lassen und so die Schwelle zum Text zu umspielen. Die an indischer Popmusik orientierte Filmmusik von Allah Rakha Rahman etabliert hier nicht allein das Multikulturalismus-Motiv, das die Erzählung durchzieht und im Kontrast steht zu den Bildern des Vorspanns – Aufnahmen von New Yorker Bankgebäuden, von Statuen, Straßenschildern, der amerikanischen Flagge und anderen Symbolen von Reichtum, nationaler Würde und Nationalpathos. Sondern sie erweckt zugleich eine fröhlich-euphorische Stimmung, die den Zuschauer rhythmisch mitschwingen und ähnliche Gefühle im Verlauf des Films erwarten lässt. Das Etablieren der Grundstimmung sorgt über die emotionalen Versprechen zugleich für eine vage narrative Vorausschau, indem sie ein ‹gutes› Ende in Aussicht stellt, und zwar ohne dass die Geschichte überhaupt angefangen hätte.

Als eine Art Zwischenresümee lässt sich festhalten: Die eröffnenden Bilder und -töne sorgen für eine (‹voranfängliche›) affektive Ausrichtung sowie für spezifische Affekterwartungen (ein Beispiel wäre die genrespe-

197 Im Gegensatz zur die Handlung begleitenden Musik, die für gewöhnlich ohne Gesang auskommt, soll man den Text der Titelmusik hören. Ab den 50er Jahren bildet sich die Praxis der *title songs* heraus. HIGH NOON (ZWÖLF UHR MITTAGS, Fred Zinnemann) aus dem Jahr 1952 gilt als einer der ersten Filme mit wiedererkennbarem Titelsong – und ebnet den Weg zur heute üblichen Praxis, den Film mit einem Soundtrack auszustatten, der als CD auf dem Musikmarkt herausgebracht wird.

zifische Angsterwartung im Horror-Film, wie oben am Beispiel von JAWS gezeigt ← Kap. 3.8.7). Der Anfang fungiert nicht allein als ‹Gebrauchsanweisung›, was die Form der narrativen Struktur und Didaxe anbelangt, sondern macht dem Zuschauer zugleich Versprechen hinsichtlich der zu erwartenden Affektlagen und emotionalen Gratifikationen.[198] Harrington meint gar: «An opening thus has more significance as an emotional premise than as a logical or intellectual one» (1973, 113). Der anfangs etablierte *mood* des Films übt eine *Filterfunktion* in Hinblick auf die im narrativen Verlauf zu erwartenden Emotionen aus (vgl. Tan 1996, 204). So geht Ludger Kaczmarek mit Frijda (1993) davon aus, dass *moods* «in etwa wie Schwellen [funktionieren] und [...] das Individuum auf die affektive Einschätzung und Bewertung von Ereignissen [einstellen]» (2000, 263). Zugespitzt könnte man der einstimmenden oder der *mood*-Funktion der Initialphase daher auch die Aufgabe des *affektiven priming* zusprechen.

3.10.4 Rhythmisierung und *mise en phase*

Der Anfang, so habe ich Bellour oben wiedergegeben, affiziere mit seinen sinnlichen Qualitäten den Körper und sorge für eine Art emotionalen Gleichklangs zwischen Film und Zuschauer. Dieses Phänomen soll hier aufgegriffen und unter Bezugnahme auf Ruggero Eugenis Betrachtungen zur Rhythmisierung (2003) und Roger Odins bereits vorgestellte Kategorie der *mise en phase* (2000, 37-46) präzisiert und textpragmatisch profiliert werden. Eugeni fasst Rhythmus wie folgt:

> Als Rhythmus im Allgemeinen definiere ich ein *pattern*, das ein Wahrnehmungskontinuum bildet, diesem eine zeitliche Organisationsform verleiht und so die Möglichkeit des Wiedererkennens schafft. Eine solche Form ergibt sich aus Differenzen und Regelmäßigkeiten, die verschiedenen Typs sind, je nachdem, auf welche Substanz der Wahrnehmung sich das *pattern* stützt (Dauer und Akzente von Klängen, sichtbare Ausdehnungen und vektorielle Ausrichtungen usw.). In einem Text hängt der rhythmische Gesamteffekt von der Interaktion mehrerer rhythmischer Ebenen oder Komponenten ab. Im besonderen Fall des filmischen Textes tragen die profilmischen Bewegungen, die Bewegung der Kamera, die Häufigkeit und Art des Schnitts

198 Hediger (2003) legt dar, wie die ‹Einstimmung› des Zuschauers zur Zeit des amerikanischen Stummfilms bereits von den in den Kinopalästen üblichen szenischen Prologen und damit von den ‹Schwellen› vor dem Film geleistet wurde. Durch die veränderte Aufführungspraxis wird diese paratextuelle Funktion später in den Film hinein verschoben. Eine historische Untersuchung zum Zusammenhang von Vorführpraxen, einer Rhetorik der Inauguration und den Techniken zur emotionalen Gewinnung des Publikums steht bislang aus.

und die verschiedenen Register des Tons (Dialog, Musik, Geräusche) zur Bestimmung des Rhythmus bei (2003, 130f).[199]

Das Erkennen des filmischen Rhythmus knüpft sich an die Aktivierung und Organisation von figuralem und sinnlichem Wissen durch den Text sowie an körperliche Aktivitäten des Zuschauers, sich das erkannte *pattern* anzuverwandeln. Dem Anfang kommt dabei naturgemäß eine Schlüsselstellung für die Herausbildung des «rhythmischen Profils» (ibid., 131) des Textes als Voraussetzung für die Strukturierung der Rezeptionserfahrung und eine umfassende Organisation des filmischen ‹Empfindens› zu.[200] Zur Illustration möchte ich wiederum auf einige Beispiele hinweisen:

Fritz Langs METROPOLIS (D 1926) beginnt mit einer Montagesequenz sich drehender Maschinenteile, Räder eines Uhrwerks, pumpender Pleuelstangen und dem vorrückenden Zeiger einer Uhr. Er etabliert so den Maschinenrhythmus, Motiv des Films und Teil seiner topologischen Ordnung, die er körperlich fühlbar machen will. Und UNITED 93 (Paul Greengrass, F/GB/USA 2006) verwendet zur anfänglichen Rhythmisierung dem menschlichen Herzschlag ähnliche Geräusche, die indes nicht ganz regelmäßig sind. Wie INSIDE MAN beginnt dieser Film auf der Tonebene, während die Leinwand noch schwarz ist und man das irritierende Geräusch noch keiner Quelle zuordnen kann. Solche rhythmisierenden Techniken, die vor allem beim Horrorfilm Verwendung finden (Jonathan Demme etwa bedient sich dieser Technik in THE SILENCE OF THE LAMBS beim Abstieg der Protagonistin in den Hochsicherheitstrakt des Gefängnisses), greifen unmittelbar in die physiologischen Prozesse ein und können körperliches Unwohlsein und Gefühle der Beklemmung auslösen.

Der ‹atemlose› Anfang von TRAINSPOTTING (Danny Boyle, GB 1996), die Hetzjagd der Polizisten nach dem flüchtenden Junkie, vermag noch mehr: Nicht nur wird im Off-Kommentar Lebenseinstellung und -gefühl des Protagonisten darlegt und der hochtaktige filmisch-narrative Rhythmus vorgegeben, sondern etabliert wird damit zugleich die Motivik des Films,

199 Ich stelle meine Ausführungen hier auf Eugenis Betrachtungen als einer neueren Arbeit zum Thema ab, die sich auf Vorarbeiten etwa von Jean Mitry (2000 [frz. 1963/65], 207-223) stützt. Wichtige Überlegungen zum Filmrhythmus aus dem Grenzgebiet von Filmpraxis und Filmtheorie finden sich bereits zwischen 1920 und 1925 bei den Vertretern der französischen Filmavantgarde wie Jean Epstein, Louis Delluc, Abel Gance, Germaine Dulac oder Léon Moussinac (vgl. Fahle 2000, 175ff), außerhalb Frankreichs bei Hans Richter, Viking Eggeling oder Walter Ruttmann und später u.a. bei Andrej Tarkowskij; vgl. dazu Wuss 1990a, 118ff; 1993a, 283ff; Curtis/Glöde 2005.

200 Die Filmdramaturgie bezeichnet die dramaturgische ‹Schrittgeschwindigkeit› als *pace* des Films. Edward Dmytryk fordert, bereits das Drehbuch müsse so geschrieben sein, dass beim Lesen der Rhythmus des späteren Films erkennbar sei: «The goal is to establish a reading pace that will closely match the eventual pace of the film» (1986, 24).

der Zeitgeist im England der Thatcher-Ära und das Lebensgefühl einer ganzen Generation. In vergleichbarem Sinn thematisch gebunden ist auch der Atemrhythmus der Gymnastik treibenden Patienten zu Beginn des bereits erwähnten THE ROAD TO WELLVILLE: Die Atemübungen der Turner im Park etablieren den ‹Rhythmus des Atmens› als Teil des Diskursuniversums und sorgen zugleich für die unwillkürlich sich vollziehende Einstimmung des Zuschauers in den Chor der Patienten.

Eugeni weist nun darauf hin, dass sich dergestalt «im sinnlichen und figuralen Profil des Textes eine Dynamik der *mise en phase*, des ‹In-Schwingung-Versetzens› der Zuschauer, wiederholt, wie sie unter anderen Gesichtspunkten von Roger Odin analysiert wurde» (ibid., 135f). Diese Überlegung würde ich präzisieren und behaupten, dass hier auf einer anderen Ebene textueller Organisation und Strukturiertheit ein Vorgang beschrieben ist, der die *mise en phase* nicht etwa «wiederholt», sondern vielmehr vorbereitet und unterstützt, um so die Voraussetzung für das Zustandekommen dieser Form affektiver Teilhabe zu schaffen, die Odin folgendermaßen definiert:

> Par mise en phase, j'entends le processus qui me conduit à *vibrer au rythme* de ce que le film me donne à voir et à entendre. La mise en phase est une modalité de la participation affective du spectateur au film (2000, 38; Herv.i.O.).

Erst durch die Rhythmisierung auf der Oberflächenstruktur des Textes, so sei hier behauptet, wird das «Mitschwingen» oder «Vibrieren» des Zuschauers im Rhythmus der Ereignisse ermöglicht. Die *mise en phase figurale*, wie man den rhythmisierenden Prozess auf der primären, vorsprachlichen oder auch sinnlichen Ebene des Textes (hierfür verwendet die französische Filmtheorie den Begriff *figural*) in Anlehnung an Odins Begrifflichkeit nennen könnte, bahnt die *mise en phase narrative*:

> La mise en phase à l'œuvre dans le visionnement d'une fiction est une mise en phase *narrative*. J'appelle mise en phase narrative, le processus qui me conduit à *vibrer au rythme des événements racontés*. Familièrement, on désigne ce processus en disant que l'on a ‹marché› (ibid., 39).

Um unter der Perspektive der Fiktionalisierung zu funktionieren, müssen alle Parameter des Films (Rhythmus, Montage, Musik, Einstellungen etc.) der Arbeit der Erzählung unterworfen sein (ibid., 42). Behauptet dagegen ein Element seine Autonomie gegenüber der Erzählung, so Odin, komme es zur *déphasage*.[201] Als *mise en phase* fasst er das Zusammenspiel *psycho-*

201 Womit übrigens nicht behauptet ist, dass die *mise en phase* sämtliche enunziativen Markierungen verberge oder die Spuren des Erzählers vergessen mache; aber sie stellt sie sämtlich in den Dienst der Narration (ibid., 44). Damit bezieht Odin zugleich

logischer und *enunziativer* Operationen mit dem Ziel, eine zu den Beziehungen zwischen den dargestellten Ereignissen *homologe* Positionierung des Zuschauers, eine Gleichförmigkeit zwischen den filmischen und den diegetischen Beziehungen herzustellen:

> La mise en phase est une *relation de relations*: un même système structure à la fois les *relations diégétiques* et les relations qui s'instaurent entre le film et son spectateur: les *relations filmiques* (ibid., 44; Herv.i.O.).

Zur Illustration verweist Odin auf Kuntzels Analyse des Anfangs von THE MOST DANGEROUS GAME (← Kap. 2.4), in der dieser demonstriert, wie die Filmerzählung zwischen den ersten beiden Sequenzen ein Oppositionssystem aufbaut: Die Ordnung der ersten Sequenz an Bord des Schiffes trifft auf Chaos in der Szene vom Schiffsuntergang; die Beziehungen zwischen Mensch und Tier, zwischen Jäger und Gejagtem werden verkehrt. Die Homologiebeziehung manifestiere sich darin, dass die Aggression gegenüber dem Schiff und seinen Passagieren ihre Entsprechung finde in der visuellen und akustischen Gewalt der Sequenz gegenüber dem Zuschauer.

Ich habe eingangs den Begriff der *affektiven Ausrichtung* des Zuschauers zur Bezeichnung des gemeinsamen Ziels der einfühlenden, einstimmenden und rhythmisierenden Funktionen des Anfangs vorgeschlagen. Vergleichbar versteht Odin *mise en phase* unter Verweis auf Hamon als «tonalen Operator» (ibid., 46, Anm. 48) und weist diesem verschiedene Ausrichtungen und Wirkungsweisen zu: Die *mise en phase* kann euphorisierend oder dysphorisierend wirken, und sie veranlasst den Zuschauer zur Teilhabe am Rhythmus der Ereignisse:

So hat Casetti (2005) am Beispiel des Anfangs von GOLD DIGGERS OF 1933 gezeigt, wie hier die Erfahrung des Rausches der Geschwindigkeit vermittelt wird. Im Gegenteil dazu kann die *mise en phase* aber auch das quälend langsame Vergehen von Zeit erfahrbar machen, kann für die körperliche Nachvollziehbarkeit von Monotonie und von *temps morts* sorgen, ohne dass – darauf weist auch Odin (2000, 39) hin – solche Filme deswegen notwendig als «langweilig» empfunden würden (vgl. auch Bíró 2007). Als Beispiele würde ich auf die Filme von Michelangelo Antonioni verweisen, von Theo Angelopoulos oder Andrej Tarkowskij, von Tsai Ming-liang oder auch auf die so genannte «Berliner Schule» (Thomas Arslan, Angela Schanelec, Henner Winckler u.a.). Casper Tybjerg (2006) hat darauf aufmerksam gemacht, wie Carl Theodor Dreyer, der sich in seinen Schriften wiederholt mit dem Problem des filmischen Rhythmus auseinandergesetzt hat, vor

Stellung gegenüber der verbreiteten These von der «Transparenzillusion» des klassischen Kinos; vgl. ähnlich Metz 1997 [1991], 34 passim.

allem in seinen Tonfilmen mit der filmischen Zeit experimentiert und etwa in ORDET (DAS WORT, DK 1955) die Erzählzeit gegenüber dem Rhythmus der Ereignisse gedehnt hat. ORDET bildet ein rhythmisches Regime aus, das von unserer Alltagswahrnehmung radikal abweicht und damit eine besondere Zeiterfahrung ermöglicht.

Es sei aber auch auf Fälle hingewiesen, die gewissermaßen gegenläufig zu diesen Beobachtungen sind. Oben wurde gesagt, der Anfang könne so etwas wie ein Erfahrungsraum der sinnlichen Qualitäten des Films vor dem Einsetzen der eigentlichen Handlung darstellen, und bereits in der Einleitung war die Rede vom Raum der Freiheit, das der Filmanfang für den Filmemacher darstelle, weil er hier noch relativ unbeschwert von den Anforderungen der Erzählung, des Genres, des angeschlagenen Tonfalls mit den filmischen Möglichkeiten herumexperimentieren könne. Der Anfang ist nicht allein Vehikel oder Wegbereiter für das, was folgt, sondern ihm kommt auch ein ästhetischer Eigenwert zu. Gerade am filmischen Rhythmus lässt sich dieses Phänomen gut beobachten, denn es gibt Filme, die am Anfang einen dezidiert anderen Rhythmus anschlagen, so dass es gerade nicht darum geht, den Zuschauer ‹einzuschwingen›.

Ein Beispiel wäre die lange, ruhige und zugleich spannungsvolle Eingangssequenz von C'ERA UNA VOLTA IL WEST, die Szene am Bahnhof, in der die Zeit gedehnt und der Prozess des Wartens in hochgradig stilisierter Form gestaltet wird (vgl. Schweinitz 2006b, 226ff), bevor der Protagonist mit dem Zug eintrifft und die gewalttätige Handlung einsetzt. In Kapitel 3.8.5 (←) wurde auf die lange und bedächtige Eingangssequenz von WITNESS hingewiesen. Sie entfaltet einen Rhythmus, welcher sich an der Lebensweise der Amish orientiert und der zerstört wird, wenn der Junge den Mord beobachtet und damit die Thriller-Linie des Films mit dem genretypischen Rhythmus beginnt. Im Folgenden wechselt der Film mit den Handlungsschauplätzen auch den Rhythmus, bis am Ende die Gewalt in die Enklave der Amish einbricht. Für diesen letzten Fall ließe sich formulieren, dass der rhythmische Bruch hier mit dem topologischen Erzählmodell korrespondiert und den Gegensatz innerhalb des Weltmodells vermittelt.

Doch sei zu Odins Konzept von *mise en phase* zurückgekehrt, um dessen weitergehende Überlegungen zu erläutern: Denn über die *mise en phase* vollziehe sich auch ein ‹Anheften› des Zuschauers an die Werte und Ideologien des Textes, wie er am Beispiel des Anfangs von STAGECOACH (John Ford, USA 1939) – vielleicht etwas überzogen – illustriert:

Demnach seien in STAGECOACH die Indianer als Schatten und als Masse, als Elemente eines Reichs der Unordnung dargestellt, dem die Erzählung die Individualisierung der Soldaten als Vertreter der Ordnung entgegensetze. Zu Beginn erfolge so die Ausbildung eines binären Systems, welches typisch für das klassische Kino sei und den Zuschauer in diesem Fall zu einer eth(n)ischen Selbstverortung anrege. Dem sei entgegengehalten, dass der Anfang nicht allzu viel Zeit darauf verwendet, dieses binäre System zu gestalten. Und der wiederholte Hinweis auf Geronimo dient eher der Markierung einer ‹strukturierenden Abwesenheit› innerhalb der erzählten Welt sowie der Ankündigung des ausbrechenden Konfliktes als der topologischen Entfaltung eines Zwei-Welten-Modells.

Das moralisch-ideologische Potenzial der *mise en phase* lässt sich vielleicht besser verdeutlichen, wenn man einen anderen Filmanfang aus dem Werk von John Ford heranzieht, den von THE SEARCHERS (USA 1956):

THE SEARCHERS beginnt mit der Rückkehr des verloren geglaubten Protagonisten als langsame Annäherung eines einzelnen Reiters an das einsame Haus: Der Blick richtet sich aus dem dunklen Inneren des Gebäudes nach draußen, und die Türöffnung fungiert wie ein Rahmen-im-Rahmen, der die ankommende Figur ‹einfasst› und hervorhebt (vgl. Elsaesser/Hagener 2007, 49ff). Die zivilisierte, scheinbar sichere Welt ist der Welt ‹da draußen›, der Wildnis, der Unsicherheit und Gefahr gegenübergestellt. Und während drinnen der Bruder und Onkel in den Schoß der Familie zurückkehrt, prescht in einer Wiederaufnahme und zugleich Variation der Annäherung aus der Wildnis der Ziehsohn der Familie, ein ‹Indianer-Halbblut›, auf einem ungesattelten Pferd heran. Die Dynamik seiner Bewegungen kontrastiert mit dem Rhythmus des ersten Reiters sowie der Familie im Haus, eine Opposition von Außen und Innen scheint hier auf, Topoi wie das ‹Wilde› und das ‹Domestizierte›; der Rhythmus erweist sich als eingebunden in übergreifende Motive und topologische Felder.

Aufgabe der *mise en phase* als einem «homogenisierenden Operator» sei es, für die affektive wie moralisch-ethische Positionierung des Zuschauers zu sorgen und damit das Filmverstehen und -erleben zu präfigurieren:

> Qu'elle fonctionne de façon classique ou non, la mise en phase est une *opérateur d'homogénisation*: elle double le travail d'homogénisation du récit [...] par un travail d'homogénisation du positionnement affectif du spectateur avec la dynamique narrative et discursive (le jeu des valeurs) du film. Le travail d'homogénisation est la caractéristique majeure de la fictionnalisation (Odin 2000, 46; Herv.i.O.).[202]

202 Hier sei an das Transformationsmodell (← Kap. 2.3) erinnert, das bei Odin ebenfalls anklingt, hier aber pragmatisch gefasst und um eine emotionspsychologische Dimension erweitert wird: Am Anfang baue der Film demnach ein Ordnungssystem auf, in dem der Zuschauer ‹mitschwinge›, das dann durch ein gegenläufiges System abgelöst werde, das er als ‹Angriff› empfinde. Die ‹Störung›, die Todorov und Heath beschreiben, wäre nicht nur eine des narrativen Gleichgewichts, sondern auch eine in der Äquilibration der affektuellen Ausrichtung des Zuschauers..

Mit dieser These erweitert Odin seine Kategorie der *mise en phase* um ein ‹Mitschwingen› mit der vom Text vermittelten Wertewelt, eine, wenn man so will, ‹ideologische Eingemeindung› des Zuschauers. *Mise en phase* in diesem Verständnis beschreibt seine Positionierung in einem umfassenden Sinn: In einem unmittelbar leiblichen, einem affektiven und einem kognitiven, auch wenn Odin selbst die Bereiche nicht in dieser Weise trennt. Im Rahmen der Untersuchung der Initiationsprozesse am Filmanfang erscheint mir *mise en phase* als konzeptuell geeigneter Begriff, weil er die narrative und die affektive Dimension von ‹Einstimmung› oder auch ‹affektiver Ausrichtung› miteinander verkoppelt, denn bereits die Isolation rhythmischer Strukturen, darauf weist Eugeni (op. cit.) hin, erfordert die Aktivierung spezifisch rhythmischen Wissens, und der Nachvollzug der topologischen Gliederung der Erzählung und die ‹Ausrichtung› des Zuschauers gemäß der sich hierin manifestierenden ideologisch-moralischen Ordnung ist ohne die Beteiligung kognitiver Prozesse kaum möglich.

Odin scheint einen ähnlichen Gedanken zu verfolgen, wie ich ihn im Rahmen der Ausführungen zum Diegetisieren formuliert habe: dass wir rezeptiv immer ausgreifen auf entwickeltere Ebenen des Textes; dass wir, wenn wir die erzählte Welt (re-)konstruieren, zugleich die vom Text hervorgebrachten Werte- und Moraldiskurse nachvollziehen und uns in Beziehung dazu setzen. Ähnlich lässt sich formulieren, dass wir, wenn wir im Rhythmus der Musik, der Montage, der Bewegungen auf der Leinwand und im Rhythmus der narrativen Ereignisse «vibrieren», eher geneigt sind, uns auf das Wertesystem der Erzählung und die Positionierungsangebote ideologischer Art einzulassen. Die rhythmisierende und die einstimmende Funktion, kognitive und affektive Vorgänge, pränarrative und narrative bedingen einander.

Der Vorgang der *mise en phase*, zentral für den «Eintritt in die Fiktion» und den Illusionierungsprozess, erfordert vom Zuschauer die Bereitschaft zur Weltvergessenheit, damit einhergehend auch eine Bereitschaft zur körperlichen Entspannung und zum Sich-Einlassen und -Einstimmen auf den Rhythmus der Ereignisse, die sich auf der Leinwand entfalten. Die Konzeption erweist sich als anschlussfähig an die Überlegungen von Barthes und Bellour zum «hypnotischen Zustand» im Kino, begründet ihn jedoch anders. Wenn Roland Barthes in seinem Essay «En sortant du cinéma» (1975) die körperlich-psychische Situation des Zuschauers beim Verlassen des Kinos als Erwachen aus einer Art fiktionsgebundener Hypnose beschreibt, so muss diesem als schmerzhaft charakterisierten Desillusionierungsprozess am Ende ein bereitwillig aufgesuchter und lustvoller Illusionierungsprozess am Anfang korrespondieren, der von der Film-

und Kinoinstitution und den situativen Bedingungen der Aufführung befördert wird.[203]

Dieser Vorgang, so sei unter Rekurs auf die hier zuletzt dargelegten pragmatischen und kognitiven Positionen (und in Kritik psychoanalytischer Vorstellungen) abschließend behauptet, bleibt dem Zuschauer grundsätzlich bewusst, kann jederzeit unterbrochen und das fiktionale Involvement damit beendet, partiell ausgesetzt oder deintensiviert werden.

Die ‹Positionierung› des Zuschauers wird folglich nicht ausschließlich dem Text zugewiesen, die hier präferierte Redeweise von seiner ‹affektiven Ausrichtung› beschreibt im Unterschied zu psychoanalytischen Konzepten keinen Prozess, dem der Zuschauer automatisch oder «tragisch» (Tan 1996, 155ff) unterworfen wäre, sondern begreift ihn als an rezeptive Aktivitäten geknüpft: Der Zuschauer spielt einen aktiven Part in einem Wechselspiel zwischen textueller Offerte und einem Sich-Einlassen, Sich-Einrichten und Sich-Einstimmen auf das Wahrnehmungs-, Sinn- und Erlebensangebot. Das ‹Einschwingen› auf den Film und seine rhythmischen Reihen sowohl auf der sinnlichen als auch auf der narrativen Ebene beruht auf der Fiktionswilligkeit des Zuschauers, auf der Bereitschaft und Hingabe, mit der er sich auf den Film einlässt, sich in ihn verstrickt und *zugleich* dessen Artefakt-Qualitäten zu goutieren vermag.

In Zuspitzung dieser These möchte ich behaupten: Die mitlaufenden evaluativen Tätigkeiten und die ästhetische Wertschätzung, welche gerade am Anfang hochaktiv sind, sorgen nicht notwendig für *déphasage*. Die Illusionsbildung und das fiktionale Erleben spannen sich zwischen zwei Polen auf: zwischen der, in der berühmten Formulierung von Samuel Taylor Coleridge, «willing suspension of disbelief» (1907 [1817], 6)[204] und der Selbstbeobachtung, Reflexion und Evaluation. Auch nach dem «Eintritt des Zuschauers in die Fiktion» bleibt ein Teil unseres Selbst potenziell außerhalb und schaut uns beim «Vergnügen am Text» (Barthes) zu.

203 Vgl. dazu die ähnlichen Bemerkungen von Seeßlen über das Dunkel im Kino und die dadurch beförderte Leiberfahrung des Zuschauers: «Warte bis es dunkel wird», in *Die Zeit*, Nr. 52, v. 18.12.2002, p. 59. In einem grundsätzlicheren Sinn weist Christian Metz auf den Zusammenhang zwischen der «libidinösen Ökonomie» («die Lust am Film in seiner historisch konstituierten Form») auf Seiten des Zuschauers und der politischen Ökonomie des Kinos als einer gewinnorientierten Institution hin; Metz 2000 [1977], 17.

204 Zum Konzept der «willing suspension of disbelief» als notwendige Bedingung für die Fiktionsbildung vgl. grundlegend Walton 1990; zur anhaltenden Debatte um das Verhältnis von Illusion und Fiktionalität vgl. zuletzt Koch/Voss 2009.

3.11 Resümee und kurze Bemerkung zur Reflexivität des Anfangs

In diesem zentralen dritten Kapitel wurden die vielfältigen semiotischen Leistungen der Initialphase im Hinblick auf die Ermöglichung und Bahnung des Filmverstehens und -erlebens herausgearbeitet und an unterschiedlichen Filmanfängen exemplifiziert. Die Beschreibung der am Anfang greifenden Bedeutungs- und Strukturbildungsprozesse verstehe ich dabei als Teilstück auf dem Weg zu einer Theorie filmischer Signifikation in Nachfolge von Christian Metz' Diktum, dass es darum gehe zu verstehen, wie die Filme verstanden werden. Der Anfang drängt sich für die Erforschung der *Intelligibilität* des Films förmlich auf: An keiner anderen Stelle lassen sich die schemaevozierenden und schemabildenden Vorgänge besser nachvollziehen als hier, wo die Elemente, Register, Ebenen und Dimensionen des Textes initialisiert werden, wo der Zuschauer in die Fiktion ‹eintritt› und mit ihren Spielregeln vertraut gemacht wird. Der Anfang stellt einen Ankerpunkt des ‹Wahrnehmens-und-Verstehens-und-Erlebens› dar, nicht allein, was die Bildung narrativer Hypothesen betrifft, sondern in einem ganz grundsätzlichen Sinn: Hier beginnt eine komplexe *Verständigungshandlung* des Zuschauers am Text. Mit der Erkundung des ‹initiatorischen Programms› erkundet man also zugleich die Bedingungen und Formen, in denen sich das Filmverstehen und -erleben vollzieht.

Diese Verständigungshandlung, hier zuletzt illustriert am Befund über den narrativen Modus, die referenziellen Bezüge und den Fiktionalitätsstatus sowie an den Vorgängen von Einstimmung und *mise en phase*, erfordert sowohl Befragungen und Bewertungen der Narration wie des Artefakts wie auch eine Einschätzung der eigenen rezeptiven Bedürfnisse und der Gestimmtheit, die folglich gleichermaßen *metanarrativ-metatextuelle* wie *metakognitive* Anteile aufweisen. Berührt werden die *pragmatisch-kommunikativen Rahmen* (der kommunikative Kontrakt), insofern man darüber befinden muss, welche Versprechen der Film macht, welche kommunikativen Absichten er verfolgt, welche Anforderungen er an seinen Adressaten richtet und welche Rezeptionsgratifikationen er in Aussicht stellt. Die *evaluative Einstellung* auf das Textangebot ist am Anfang hochaktiv.

Von daher sind Anfänge ein privilegierter Ort der *reflexiven Bezugnahme auf den Text*. Dazu kommt, dass in keiner anderen Phase der narrative Vermittlungsvorgang so deutlich zu Tage tritt wie hier, wo das textvermittelte kommunikative Spiel einsetzt, wie ich oben (← Kap. 3.6) mit Hinweis auf Miller geschrieben habe (vgl. auch Stanzel 1989 [1979], 207ff). ‹Reflexivität›, so wie ich sie hier mit Bezug auf Wulff (1999a, 56f; 62ff passim) verstehen will, meint nun aber nicht eine formale Eigenschaft des Textes, wie sie etwa in der – durchaus zutreffenden – Feststellung zum Ausdruck kommt, Titelsequenzen und Eröffnungen im klassischen wie im postklassischen Hollywood-Kino zeichneten sich durch ihren höheren Grad an «Reflexivität», «Selbstbezüglichkeit», «Selbstreferentialität» oder auch «narrativem Eigenbewusstsein» gegenüber späteren Teilen des Films aus (so Bordwell/Staiger/Thompson 1985, 25; Blanchet 2003, 31ff). Ich möchte hier nun keineswegs den ‹ästhetischen Vorsprung› des Anfangs feiern oder das ‹exzessive› Moment, das er unter Umständen darstellt, noch die vermeintliche Subversion, die im Durchbrechen der (behaupteten) Transparenzillusion des Hollywood-Kinos liegt (mit dem Argument, durch den Hinweis auf das ‹Gemacht-Sein› werde die Illusionierung hintertrieben).[205] Angemessener scheint mir, mit Tan (1996, 283) davon zu sprechen, dass am Anfang, wo die Narration sich häufig selbstbezüglicher zeigt und der reflexive Anteil größer ist, der «diegetische Effekt» entsprechend schwächer ausfällt als in späteren Phasen des Films. Die Artefakt-Qualitäten, aber auch die Modalitäten des Erzählens selbst stehen hier stärker im Vordergrund.

Grundsätzlich zu unterscheiden ist zwischen Reflexivität oder Rückbezüglichkeit als Konzepten, mit denen gewisse formale Eigenschaften des Textes beschrieben sind (*ästhetische Reflexivität*), und *kommunikativer Reflexivität* als einer pragmatischen Kategorie, wie Wulff darlegt:

> Ich will hier der These folgen, daß Reflexivität in der filmischen Kommunikation nicht allein als eine semiotische Bezüglichkeit innerhalb der Werkstruktur aufgefaßt werden kann [...], sondern daß sie in der Tatsache des Kommunikationsverhältnisses selbst begründet ist (1999a, 56f).

Diese Konzeption scheint anbindbar an enunziationstheoretische Überlegungen. Denn auch wenn die Enunziationstheorie gemeinhin den Rekurs

205 Stam, der das innerhalb der Filmwissenschaft immer noch maßgebliche Buch zum Thema verfasst hat, zielt mit ‹Reflexivität› auf eine grundsätzliche Offenlegung der Konstruktionsprinzipien, auf die Durchbrechung des *flow* der Narration und damit letztlich der Subversion filmischer Illusionsbildung; vgl. Stam 1992 [1985], xi. Ästhetische Reflexivität wird in dieser Konzeption zu einer Art Kampfbegriff, mit dem die filmische Moderne vom ‹transparenten›, ‹bourgeoisen› und ‹ideologieträchtigen› Hollywood-Kino abgesetzt wird; in Anlehnung an den Brechtschen V-Effekt wird die Repräsentation als sozial produziert herausgestellt, was Stam vor allem an den Filmen Jean-Luc Godards exemplifiziert. Vgl. ähnlich Stam/Burgoyne/Flitterman-Lewis 1992, 198-203; Kirchmann 1994; Christen 1994b; Withalm 1999; vgl. auch die Beiträge in Steinle/Röwekamp 2004, die im übrigen fast sämtlich auf die Anfänge der jeweils untersuchten Filme eingehen, von TO BE OR NOT TO BE (Ernst Lubitsch, USA 1942) über BLOWUP (Michelangelo Antonioni, GB/I/USA 1966) und LA NUIT AMÉRICAINE (François Truffaut, F/I 1973), HÉLAS POUR MOI (Jean-Luc Godard [uncred.], F/CH 1993), THE PILLOW BOOK (Peter Greenaway, F/GB/NL/LUX 1996), VIDEODROME (David Cronenberg, CAN 1983) bis zu den Dokumentarfilmen von Michael Moore.

auf ‹Kommunikation› als umgreifende Klammer des Textes ablehnt (zumindest in der strikt «unpersönlichen» Anlage bei Metz), geht sie davon aus, dass in jedem Akt des Zeigens und Mitteilens auf den Aussageakt, die Enunziation (ich würde behaupten: und damit letztlich auf das kommunikative Verhältnis), zurückverwiesen ist; es gibt keine Aussage ohne eine aussagende Instanz, die Enunziation ist «immer anwesend» (Metz 1997, 156). Die pragmatische Enunziationstheorie, wie François Jost (1995) sie vorschlägt, bettet die Beschreibung der Enunziation im hier vorgeschlagenen Sinn gleichfalls in den Rahmen eines Kommunikationsmodells ein.

Kommunikative Reflexivität im Sinne einer «Rekursion des Textes auf seine eigenen Mitteilungsmodalitäten»[206] ist eine notwendige Eigenschaft der Filmkommunikation. Keinesfalls bleibt sie bestimmten Modi wie dem Autorenfilm oder dem postmodernen Kino vorbehalten und an das Spiel mit selbstreflexiven oder selbstreferenziellen Verfahren gebunden.[207] Die selbstbezügliche Eröffnung beschreibt Bordwell (1989b, 22f) denn auch als eine *pragmatische Universalie* des Erzählens, sie ist kulturübergreifend und zeitenthoben.

Die beiden unterschiedlichen Redeweisen von ‹Reflexivität› sind folglich nicht unabhängig voneinander; die verschiedenen Spielarten ästhetischer Rückbezüglichkeit sind Ab- oder Ausdruck, stellen die Form dar, in der die grundlegende kommunikative Reflexivität sichtbar wird (Metz spricht von «Landschaften der Enunziation»; 1997, 29). Reflexive rhetorische Figuren oder auch Stilmittel kehren die grundsätzliche Reflexivität als Eigenschaft der Kommunikation hervor. Filmanfänge als Ort des Etablierens und Ausformens der spezifischen Modalitäten des pragmatisch-kommunikativen Gefüges sind folglich nicht zufällig ein Bereich erhöhter Reflexivität, Schauplatz reflexiver Spielereien in einem vorrangig transparenten Kino, sondern der *systematische* Umschlagplatz für diese Operationen.

Die ‹Entblößung› der Fiktionalität, die sich an vielen Anfängen beobachten lässt, ist auch nicht grundsätzlich als Angriff auf die Illusionsbildung zu verstehen. Vielmehr erweist sich – wie Iser gezeigt hat – die «Selbstanzeige» der Fiktion gar als einer der notwendigen «Akte des Fingierens» (1993, 35). Der am Texteingang auszuhandelnde Kontrakt beinhaltet die Vereinbarung, den Text als «inszenierten Diskurs» (Warning 1983) und als kommunikativ-gerichtet zu begreifen. Das Wissen um die Intentionalität der filmischen Aussage, um die kommunikative Eingebundenheit zählt zu den grundlegenden Bewusstseinstatsachen des Zuschauers und damit zu

206 Hans J. Wulff in einem persönlichen Brief vom Dezember 1997.

207 So etwa bei Kirchmann 1994. Zur Differenzierung der Konzepte von Selbstreflexivität und Selbstreferentialität im Film vgl. auch Withalm 1999; Schweinitz 2006b, 224ff.

den Rahmenbedingungen, die dem Filmverstehen unterlegt werden und Voraussetzung der Illusionsbildung sind.

Die von der Narrationstheorie konstatierte Reflexivität des Anfangs lässt sich aus einer doppelten Perspektive beschreiben: einerseits als Summe der narrativen und stilistischen Verfahren, mit denen auf das kommunikative Verhältnis zurückverwiesen wird. Andererseits aber auch als Effekt der ‹Befragungen› des Anfangs, worauf ich oben (← Kap. 3.8.8) bereits hingewiesen habe: Der Zuschauer sucht in der Initialphase verstärkt nach Informationen jedweder Art, nach Genremarkierungen, prospektiven wie expositorischen Hinweisen, nach *plants* und *foreshadowings*, er richtet seine Aufmerksamkeit auf modale Kennungen des Diskurses, sucht Lektüreanweisungen auszumachen und Zeichen, die auf die narrative Instanz oder Enunziation hindeuten. In diesem Sinn sind Anfänge nicht schlichtweg privilegierter Ort reflexiver Bezugnahmen, sondern Reflexivität erweist sich als *notwendige und unhintergehbare Eigenschaft des Anfangs* überhaupt.

Abschließend möchte ich nochmals auf Roland Barthes' oben (← Kap. 2.4) zitierte Redeweise von der «hohen signifikativen Dichte des Filmanfangs» (1960, 85) zurückkommen, die man nunmehr auch anders begreifen könnte: nicht als Beschreibung der Menge faktisch dargebotener Informationen und Hinweise, sondern – pragmatisch gewendet – als Effekt, der sich aufgrund der *erhöhten Nachfrage nach Informationen* in der Initialphase ergibt, sowie aufgrund der Bedeutung, die ihnen beigemessen wird, und der Aufmerksamkeit, die den Eingangsinformationen zukommt.

3.12 «Fin d'un début» oder Wo ist das Ende vom Anfang?

Die Verfilmung von Harry Mulischs *De ontdekking van de hemel* (1992) unter dem Titel THE DISCOVERY OF HEAVEN (Jeroen Krabbé, GB/NL 2001) übernimmt vom Roman die Gliederung in große Abschnitte, die als Zwischentitel eingefügt sind:

«Erster Teil: Der Anfang vom Anfang»,

«Zweiter Teil: Das Ende vom Anfang» ...

Am Ende der Darlegung meines Initiationsmodells möchte ich auf die Frage zurückkommen, die oben bereits gestellt wurde, als es um den Anfang vom Anfang ging: Wo ist sein Ende, respektive wo kann die Initialphase als abgeschlossen gelten? Welche Kriterien lassen sich zur Festlegung des Gegenstands heranziehen? (In THE DISCOVERY OF HEAVEN erstreckt sich «Das Ende vom Anfang» übrigens bis in die Mitte des Films – und geht mit dem nächsten Kapitel sogleich in den ‹Anfang vom Ende› über. Quizfrage: Wie ist das nächste Kapitel überschrieben?)

Normativen Dramaturgien ist die Festlegung des Endes von Anfang oder ‹Exposition› unproblematisch (vgl. Espenhahn 1947, 109f). Häufig wird dieser Punkt mit dem *point of attack* in eins gesetzt (← Kap. 3.8.5),[208] andere Entwürfe legen ihn auf das Ende des ersten Aktes fest. Bei Lee heißt es rigoros: «The Beginning always [!] ends with a turning point, a clarified, specific line of action that the main characters hope will solve the problem confronting them, which they now rightly believe they understand better» (2001, 53).

Die vorliegende Studie hat den Nachweis erbracht, dass solche Kriterien in den allerwenigsten Fällen greifen, so dass eine morphologische Bestimmung des Gegenstands problematisch ist. Wie verhält es sich denn mit Filmen, die auf Ausdünnen der Erzählung setzen, die anstelle einer kausalen Kette andere Strukturprinzipien aufweisen, etwa die chronologische Abfolge der Ereignisse oder auch Parallelisierungen, Variationen und allmählich sich abzeichnende Topik-Reihen? Die ihre Charaktere als gebrochene oder sich treiben lassende anlegen, unfähig, ein Handlungsziel zu fassen oder, wie ich Lee zitiert habe, «irgendetwas nunmehr besser zu verstehen»? Filme, die mehrere Handlungsfäden miteinander verknüpfen oder verschiedene Kleinstgeschichten ineinander schachteln? Die ihre (rudimentäre) Handlung benutzen, um ein Thema zu entfalten, dessen sukzessive Entwicklung dann eher Zäsuren innerhalb des Diskurses motivieren mag?

Colin (1995a) nimmt die berühmte Plansequenz zu Beginn von TOUCH OF EVIL als Beispiel, um Metz' Strukturschema filmischen Erzählens zu problematisieren. Er weist auf den Unterschied hin zwischen der syntagmatischen Gliederung und der sequenziellen und zeigt, dass die syntagmatische Einheit des Anfangs mit dem Schnitt am Schluss der Plansequenz endet, das erste Handlungssegment aber über diese Grenze hinausreicht und die Explosion der Bombe umfasst (womit sich übrigens auch die filmtheoretisch gängige Redeweise vom Anfang als ‹Vorspann plus Eröffnungssequenz› als problematisch herausstellt).

Noch schwieriger wird die Festlegung, wenn wir, wie ich es hier vorgeschlagen habe, die Ebenen und Register des Films neben, über oder hinter

208 Krützen (2004, 186) vertritt die Auffassung, dass mit der Initialzündung der Geschichte deren Anfang endet. Demnach bestünde er lediglich aus der ersten Phase der Kontaktherstellung, der einsetzenden Diegetisierung und, so vorhanden, der ‹Exposition›. Der *point of attack* bildet den Anfang der Durchführungsphase. Aber in populären Dramaturgien, die Krützen untersucht, ist es verbreitete Praxis, rasant zu beginnen und die expositorischen Informationen auf spätere Szenen zu verschieben; zunächst sollen Hören und Schauen regieren, bevor die Einordnung des Gezeigten erfolgt und der Wunsch zu verstehen bedient wird.

der Handlung hinzuziehen. Die Handlung kann relativ schnell initialisiert werden, wie sich an Anfangsformeln und den entsprechenden Programmen wie ‹Ein Fremder kommt in die Stadt›, ‹Ein Auftrag wird erteilt› oder ‹Boy meets girl› zeigt. Ungleich länger aber dauert es, eine facettenreiche Figur in ihrer komplexen Psychologie zu entwickeln oder auch einen thematischen Diskurs zu entfalten und – rezeptionsseitig betrachtet – solche narrativen Modalitäten zu erkennen, indem man feststellt, dass das Narrative gar nicht das Hauptanliegen des Films bedeutet, dass er anderes vermitteln will.[209]

Ich möchte hier einen weiteren Einwand gegen die mit «turning points» und «Akten» aufwartenden Entwürfe ins Feld führen: Selbst bei den Filmen, in denen eindeutige Segmentgrenzen der Handlung auszumachen sind, soll der Zuschauer eine *Zäsur* in den Beibringestrategien eher nicht bemerken (das ist im Übrigen auch der dramaturgische Einwand gegenüber dem ‹Durchtelefonieren› expositorischer Informationen). Unmerklich soll er von einer rezeptiven Phase in die nächste hinübergleiten, bis er ‹mitschwimmt im Strom der Ereignisse›. Populäre Dramaturgie zielt auf eine schnelle und möglichst umfassende Immersion in das Leinwandgeschehen, merkliche Aktgrenzen, die den Vermittlungsprozess in den Vordergrund rücken, würden diesen Prozess nur stören. Auch soll dem Zuschauer nicht bedeutet werden, dass etwas zu Ende geht, während er gerade dabei ist, ‹hineinzukommen›. Zur Immersion gehört das Sanfte und Gleitende der Übergänge, scharfe Brüche und Risse sind zu vermeiden. Eine Ausnahme stellen Filme mit ausgewiesenen Prologen dar, zum Beispiel mit *pre title sequences* (Vorsequenzen). Aber diese zeigen ja gerade nicht den Anfang der ‹eigentlichen› Geschichte, sondern liefern ein ‹Vorspiel›, das zuvörderst der Präsentation und Entfaltung der erzählten Welt dient.

Als Lösungsvorschlag möchte ich – ähnlich wie ich oben (← Kap. 3.5) angeregt habe, den ‹Anfang vom Anfang› textpragmatisch zu bestimmen – auch bei der Festlegung des ‹Endes vom Anfang› respektive des Endes der Initialphase verfahren und die sich vollziehende Initiation als Kriterium in Anschlag bringen. So provisorisch wie flapsig hatte ich formuliert: *Die Initialphase endet, wenn die Initiation abgeschlossen ist.*

Im letzten Abschnitt wurde auf *Reflexivität* als unhintergehbare Eigenschaft des Anfangs hingewiesen und diese mit Wulff und Bordwell

209 Auch in der Literatur erscheint der Punkt, an dem der Anfang als abgeschlossen gelten mag, als höchst variabel und hängt von der Art der Inauguration in die Erzählung ab. Phelan (1998) unterscheidet verschiedene Formen des Beginns und kommt zu dem Schluss, dass die tatsächliche Länge des Anfangs von Werk zu Werk beträchtlich variieren kann; vgl. auch Richardson 2002b, 250.

als pragmatische Universalie des Erzählens bezeichnet. Reflexivität begründet sich dabei nicht zuletzt als Ergebnis oder Effekt einer erhöhten Nachfrage und Suche des Zuschauers nach Informationen und Hinweisen aller Art. Die evaluative Einstellung, so war oben zu lesen, sei am Anfang hochaktiv, metanarrative und metatextuelle Bewegungen hier ausgeprägter als in späteren Phasen. Und auch die verschiedenen sich an die Eingangsinformationen knüpfenden Priming-Phänomene (handlungsbezogene, modale, affektive), die hier zum Tragen kommen, treten später naturgemäß in den Hintergrund.

Die Initiation geht notwendig mit metadiegetischen, metanarrativen und metatextuellen Operationen einher, mit Aktivitäten des Zuschauers, die darauf gerichtet sind, die Eigenschaften der erzählten Welt und der Erzählung auszuloten, über die modalen Kennungen des Diskurses zu befinden und sich so die Regeln des textuellen Systems und des kommunikativen Spiels anzueignen. Diese treten im prozessualen Verlauf und mit zunehmender narrativer Verstrickung zurück und machen der Bewegung innerhalb der Fiktion Platz (wenn nicht Umbrüche im Illusionierungsprozess oder andere Wechsel der Textstrategien Neuevaluationen erforderlich machen, wie weiter unten an einem Beispiel gezeigt wird (→ Kap. 6). Darin spiegelt sich, auch darauf habe ich hingewiesen, die Erfahrung mit dem filmischen Formengut und das Wissen um die Signifikanz der am Anfang vermittelten Informationen.

Die Initialphase wurde entsprechend auch als «Suchraum» konzipiert oder (mit Bezug auf Carroll) als Phase innerhalb des narrativen Prozesses, die von der größten Frageaktivität begleitet ist. Im Erzählverlauf wird dieser zunächst noch relativ weite und unbestimmte Suchraum durch die Beantwortung einiger Fragen und die Spezifikation und Absicherung anderer sukzessive verengt. Nach Darlegung der verschiedenartigen Initiationsfunktionen, die am Anfang zum Tragen kommen, möchte ich dieses Vorstellungsbild spezifizieren: Die Fragen am Anfang sind auch *von anderem Charakter.* Während sie gegen Ende der Erzählung immer konkreter werden, fragt man sich hier eher grundsätzlich, worum es überhaupt gehen soll, welche Fragen man überhaupt stellen soll, Fragen zur Art und *aboutness* der Erzählung («Worum geht es?») oder zur *fabula* («Was hängt womit zusammen, und welche Richtung dürfte die hier beginnende Geschichte nehmen?»).

Beim Übergang von außen nach innen vollzieht sich somit auch eine allmähliche Ablösung von metatextuellen, metanarrativen und metadiegetischen Operationen durch diegetische und narrative. Der Suchraum verengt sich und die Suchbewegungen werden linearer, zielgerichteter. Hier lassen sich auch Grodals Überlegungen zu den «lyrisch-assoziativen Strukturen» am Anfang und Peter Wuss' «PKS-Modell» aufgreifen: Mit dem Herausschälen einer konkreten Geschichte vollzieht sich entsprechend ein Übergang von lyrisch-assoziativen Elementen zu linear-kausalen Strukturen, von den Topikreihen zu Kausalketten.

Wie in der Konzeption von Wuss' perzeptiv geleiteten Strukturen, die sich über Invariantenextraktion aus dem Wahrnehmungsangebot allmählich herausbilden, scheinen wir zu Beginn des Verstehensprozesses zunächst *bottom-up*-Strategien der Informationsverarbeitung zu verfolgen, die dann *top-down*-Prozessen weichen, wenn sich Erzählstrukturen abzeichnen (vor allem Genrestrukturen mit ihren Handlungsprogrammen) und wir auf entsprechende *scripts* zurückgreifen können.

Mit zunehmender Ausformung der Diegese und Konkretisierung der Handlung werden nicht nur die Möglichkeiten der Handlungsentwicklung immer weiter eingeschränkt, sondern zugleich auch die Probabilitäten, die das WIE der Darstellung und der Erzählung, ihre Modalitäten, betreffen. Auch in dieser Hinsicht dient der Anfang als Gebrauchsanweisung des Textes.

Die Initialphase käme also dann zu ihrem Ende, wenn der Zuschauer mehr auf die narrative Kausalität als auf die Lernprozesse fokussiert und damit evaluative und reflexive Prozesse in den Hintergrund treten. Das heißt nun nicht, dass nicht auch nach dem Ende der Initialphase noch weitere, neue Kausalketten initialisiert werden können; sie entwickeln sich jedoch innerhalb eines hinreichend deutlich bestimmten Diskursuniversums.

Nicht sämtliche Filmerzählungen sind so angelegt, dass sie uns von Anfang an in intensive Frageaktivitäten verwickeln. Häufig erscheint vielmehr, darauf habe ich hingewiesen, eine «wait-and-see»-Strategie, eine abwartende oder auch kontemplative Haltung angemessen (Bordwell 1985, 38): Wir lassen die Dinge auf uns zukommen, bevor wir in den Prozess der Frage- und Hypothesenbildung eintreten. Wenn der Film allerdings mit Irritationen einsetzt und unsere Erwartungen unterläuft, dürfte sogleich eine erhöhte, sich auf Dargestelltes wie auf Darstellung richtende Frageaktivität zu verzeichnen sein. Zu vermuten steht, dass sich die Fragen in solchen Fällen stärker auf die kommunikativen Strategien und die mutmaßlichen Intentionen der Filmemacher richten, dass also die für den Anfang ohnehin typischen metatextuellen Operationen hier deutlich stärker zu verzeichnen sind.

Die Festlegung der Initialphase, die intern wiederum phasisch gegliedert ist, weil die Initialisierung der unterschiedlichen Elemente und Ebenen unterschiedlich lang dauert und abhängig ist von Erzählform und Genre, bleibt letztlich vage, eine *fuzzy category*. Zuweilen bleibt die Initiation gar ein unabgeschlossener Prozess, weil der Film selbst sie hintertreibt, weil er mit immer neuen Brüchen aufwartet und es dem Zuschauer nicht gelingt, die Spielregeln auszuloten.

FIN D'UN DÉBUT: Dieser Zwischentitel ist Jean-Luc Godards LA CHINOISE entnommen; eingeschnitten ist er nicht etwa nach einigen Minuten, sondern am Schluss, wo er in doppelsinniger Orientierung vom Ende der maoistischen Studentenrevolte kündet und zugleich vom Ende des Films. Godard reklamiert damit nichts weniger als ein *anderes Kino*, ein Kino, das mit den tradierten Filmdramaturgien bricht, Filme, die kein Happy End aufweisen, deren Ausgang nicht bereits bekannt ist, die das Experiment wagen – Ende offen. Jeder Film ein Anfang («un film en train de se faire»), ein Terrain, das es forschend zu erkunden gilt. Nichts ist sicher bis zum:

Teil III

Exemplarische Fallstudien

4. Initialisierung und Initiation im klassischen Film: Alfred Hitchcocks SHADOW OF A DOUBT

Ich möchte im Folgenden die im letzten Kapitel herausgearbeiteten Funktionen der Initialphase exemplarisch veranschaulichen. Dem Ansatz von Textpragmatik und kognitiver Dramaturgie verpflichtet, soll Alfred Hitchcocks SHADOW OF A DOUBT (USA 1943) daraufhin befragt werden, wie sich im ‹klassischen› Spielfilm die Initialisierung der Erzählelemente und die Initiation des Zuschauers in die filmische Form und den narrativen Diskurs vollziehen, wie also die rezeptiven Bewegungen inszeniert werden, um für den «Eintritt des Zuschauers in die Fiktion» zu sorgen. Diese erste Fallstudie dient mir zugleich als Basisanalyse: Hier arbeite ich heraus, wie der Anfang die attributiven, inferenziellen und antizipativen Tätigkeiten anregt und den Zuschauer auch emotional in das Geschehen auf der Leinwand verwickelt. Unter dieser Fragestellung betrachte ich verschiedene Phänomene des gewählten Films und lege dar, wie die Funktionskreise der Initialisierung und der Initiation, die oben theoretisch geschieden wurden, prozessual ineinander greifen. Der Anfang von SHADOW OF A DOUBT liefert so eine Folie, vor deren Hintergrund die beiden folgenden Beispiele – HANA-BI (Takeshi Kitano, J 1997) und THE SIXTH SENSE (Manoj N. Shyamalan, USA 1999) – kontrastiv oder ergänzend diskutiert werden.

Eine Forderung der Theater- und Filmdramaturgien aufgreifend habe ich oben formuliert, eine der ersten und wichtigsten Aufgaben des Filmanfangs sei es, eine erzählte Welt zu etablieren und eine sich darin entwickelnde Geschichte anzustoßen. Im Zentrum der folgenden Analyse stehen daher die diegetisierenden und narrativisierenden Operationen des Zuschauers, um im Leinwandgeschehen Fuß zu fassen: das Kalkül mit den dargebotenen Informationen und Hinweisen, um die erzählte Welt zu synthetisieren; das Erfassen der Figurenkonstellation und der Perspektiven der Figuren aufeinander sowie der Prämissen der Geschichte und des sich abzeichnenden Konflikts. Wir gelangen zu einem Situationsmodell des Geschehens, generieren erste, zugleich prägende Hypothesen und gewinnen damit ein gewisses Maß an kognitiver Sicherheit. Anhand des gewählten Beispiels wird gezeigt, wie die Initialphase die Spuren in die Geschichte auslegt.

Zugleich werde ich an diesem Beispiel verdeutlichen, dass sich Initialisierung und Initiation nicht auf die Erzählung im engen Sinn beschränken.

An die Initialisierung der Erzählelemente knüpfen sich weitergehende Operationen, und das Erschließen der erzählten Welt erfordert kulturelles Wissen jenseits des narrativen. Wenngleich auch die Etablierung der Handlung oder des ‹roten Fadens› im *story driven cinema* im Zentrum der Initialphase stehen mag, so erschöpft sich die Initialisierung doch nicht darin. Ebenso umfasst auch die Initiation des Zuschauers mehr und andere Leistungen als den bloßen Anstoß und die Bahnung der Fabelkonstruktion. Das Filmverstehen fußt auf dem Figuren- und Geschichtenverstehen, ist damit aber nur ansatzweise erklärt. Mit den ‹Spuren›-Funktionen verbinden sich, wie oben gezeigt, solche der Rahmensetzung: die Etablierung der Modalitäten von Darstellen und Erzählen, des generischen Rahmens und der affektiven Ausrichtung der Geschichte. Gleichwohl möchte ich diese Fallstudie dahingehend perspektivieren, dass in erster Linie die ‹Basisoperationen› herausgearbeitet werden, d.h. die Prozesse, die notwendig sind, um die Geschichte ins Rollen zu bringen und das filmische Universum vor unseren Augen und Ohren erstehen zu lassen.

Methodisch werde ich daher so vorgehen, dass ich die zentralen Initialisierungsprozesse nachzeichne und zeige, wie sie prozessual korealisiert und miteinander verschränkt sind. Dabei werde ich insbesondere auf die Etablierung der erzählten Welt und die Einführung der darin agierenden Figuren in ihren Konstellationen eingehen, weil diese maßgeblich sind für die Konstruktion handlungsleitender Hypothesen. Daneben werden aber auch die Einführung der spezifischen Form ‹narrativer Didaxe› sowie die Stimmungserzeugung und -modulation thematisiert. Die Analyse ist entlang dieser Phänomene und Funktionskreise gegliedert. Sie geht eher systematisch als strikt chronologisch vor und beansprucht nicht den Status einer detaillierten Textanalyse nach dem Modell von Kuntzels *analyse textuelle*. Mir geht es weder darum, die Bedeutungspotenziale hermeneutisch zu erschließen, noch darum, die aktualgenetisch sich vollziehenden rezeptiven Prozesse nachzuzeichnen. Vielmehr ist meine Analyse grundsätzlicher Natur und zielt auf die in Kapitel 3 (←) dargelegten Funktionen der Initialisierung und Initiation.

4.1 «Mit dem Publikum spielen wie auf einem Instrument»: Hitchcocks Dramaturgie des Zuschauers und das klassische Paradigma

Es mag nicht besonders originell erscheinen, den filmanalytischen Teil dieser Studie mit einem Film von Alfred Hitchcock zu eröffnen. Viel ist über den Regisseur und sein Werk geschrieben worden, kaum ein Aspekt seines Schaffens unberücksichtigt geblieben. Zudem sind Hitchcocks Filme nur bedingt als typische Vertreter des klassischen Hollywood-Kinos anzusehen. Keinesfalls sind sie darauf reduzierbar, Erfüllung des «klassisch-realistischen Textes» (vgl. Bazin 2004 [1958]; MacCabe 1985) oder auch des *degré zéro* zu sein, wie die Filmtheorie in Übernahme des semiotischen Konzepts von Barthes (1953) den vermeintlich transparenten Stil der Studio-Ära beschrieben hat.[1] Das gewählte Beispiel dient mir nicht als Blaupause eines spezifischen Modus.[2] Gleichwohl zählen Hitchcocks amerikanische Filme zum klassischen Paradigma, insofern sie wie sämtliche Produkte der «kommerziellen Ästhetik» (Maltby/Craven 1995, 7 passim) darauf abzielen, durch eine spannende und/oder komische und grundsätzlich verständlich angelegte Geschichte zu unterhalten und dabei die ‹Handschrift› des *auteur* diesen Anforderungen sowie den Konventionen des Studio-Stils unterzuordnen. Filmtechnische Virtuosität als Selbstzweck lehne er ab – so beschrieb Hitchcock sein Selbstverständnis als Filmemacher (Truffaut 1992 [frz. 1966], 91) und steht mit dieser Auffassung in Einklang mit den Regeln des «Systems».[3]

Hitchcocks Filme gelten als Beispiele für ein Höchstmaß erzählerischer und dramaturgischer Kontrolle und einen überaus kalkulierten Umgang mit dem Zuschauer. Das geflügelte Wort über den Regisseur, der es souverän verstehe, ‹auf der Klaviatur des Zuschauers zu spielen›,[4] ist Bestandteil unseres filmkulturellen Wissens: Nicht zuletzt aus den erwähnten

1 Gegen diese pauschalisierende Zuschreibung hat Bordwell Kritik erhoben und die narrativen und stilistischen Charakteristika des Hollywood-Kinos stimmig dargelegt (1985, Kap. 9; Bordwell/Staiger/Thompson 1985, 1-84). Dazu gehört, dass im Zentrum eindeutig definierte Charaktere stehen, deren Ziele und Wünsche sie in Konflikt mit antagonistischen Kräften bringen, welcher in einer Serie von Aktionen und Gegenaktionen ausagiert und am Ende gelöst wird. Die Geschichte entfaltet sich dabei in aller Regel linear und in kausalchronologischer Ordnung. Der klassische Erzählmodus zeichnet sich durch narrative Ökonomie, Allwissenheit, Mitteilungsbereitschaft, Klarheit und geringe Selbstbezüglichkeit aus, die stilistischen Optionen ordnen sich den Anforderungen der Erzählung unter, was sie aber noch lange nicht ‹transparent› oder ‹unsichtbar› macht.

2 Vgl. die Schwierigkeiten Thompsons (1988, 47-86), ein Beispiel für den «ordinary film» zu finden, das die größtmögliche Menge narrativer und stilistischer Konventionen des Hollywoodkinos aufweist. Je genauer man einen Film betrachtet, desto mehr Abweichungen oder, im neoformalistischen Sprachgebrauch, *defamiliarizations* (so die amerikanische Übersetzung des russischen *ostranenie*) gegenüber dem jeweiligen «Modus filmischer Praxis» zeichnen sich ab. Der ‹gewöhnliche› Film ist als analytisches Konstrukt empirisch kaum dingfest zu machen. Vor einem ähnlichen Problem stehen auch Eder (1999) und Krützen (2004) bei ihren jeweiligen Versuchen, typische Vertreter zeitgenössischer populärer Dramaturgie zu bestimmen.

3 So André Bazins Bezeichnung des klassischen Hollywood-Kinos; Bazin 2004 [1958]; vgl. auch Schatz 1988.

4 Hitchcock selbst beschreibt seinen manipulativen Umgang mit dem Zuschauer so: «In PSYCHO habe ich das Publikum geführt, als ob ich auf einer Orgel gespielt hätte» (Truffaut 1992, 264).

Interviews mit Truffaut ist bekannt, dass Hitchcock fortwährend über die Erwartungen und Reaktionen des Publikums reflektiert hat (man vergleiche vor allem seine Überlegungen zum Aufbau von Suspense): Was weiß der Zuschauer in diesem Moment des Films, was muss ihm wann, auf welche Weise und wie oft gesagt werden, damit er die Situation verstehen und Erwartungen aufbauen kann? Wie lassen sich die Antizipationen des Publikums lenken, wie seine Reaktionen steuern? Und mit welchen Tricks lässt es sich hinters Licht führen? Hitchcock erweist sich so als exemplarisches Beispiel für die Rolle des Filmemachers als eines «praktischen kognitiven Psychologen», wie es Bordwell (1992, 16) einmal sehr schön charakterisiert hat. Ähnlich beschreibt James Naremore in einer der zahlreichen Veröffentlichungen anlässlich von Hitchcocks 100. Geburtstag die Wirksamkeit der Filme: Sie führen die Zuschauer «step by step through the action, providing exactly the information that will condition their response» (1999, 269).

Für eine Analyse, die aus textpragmatischer Perspektive die Einwirkung des Anfangs auf die Rezeption untersucht, sind Hitchcocks Filme ideale Studienobjekte. «Schritt für Schritt», wie es bei Naremore heißt, wird hier ersichtlich, wie sich ‹kognitive Dramaturgie› im Einzelnen darstellt. Offengelegt werden die Strategien und das Kalkül, mit denen ein ‹Meister› die Spuren in die Geschichte auslegt und den Zuschauer an sorgfältig geknüpften Fäden mit unsichtbarer Hand führt.[5]

Shadow of a Doubt nun, den Hitchcock wiederholt als einen seiner liebsten Filme bezeichnet hat (vgl. Truffaut 1992, 142), wird gerühmt für seinen Anfang, die spektakuläre «doppelte Eröffnung».[6] Die Geschichte beginnt gewissermaßen zweifach, indem in aufeinander folgenden und parallel gebauten Sequenzen die beiden Hauptfiguren eingeführt werden. Der Film bedient sich damit auffallender, der Beschreibung gut zugänglicher, aber zugleich – wie ich zeigen werde – durchaus komplexer Verfahren zur (An-)Bahnung seiner Geschichte. Konkret frage ich danach: Wie wird am Anfang von Shadow of a Doubt eine spezifische erzählte Welt konstruiert, eine Modellwelt mit den ihr eigenen Möglichkeiten und Wahrscheinlichkeiten? Wie werden die Figuren eingeführt und charakterisiert? Wie wird die Bildung grundlegender Hypothesen zu ihren Handlungszielen und dem sich andeutenden Konflikt gelenkt? Welche Formen

5 Damit sei keinesfalls der These von Hitchcock als alleinigem Schöpfer der Filme das Wort geredet. Den Werkstattcharakter seiner Produktionen belegt anschaulich der von Will Schmenner und Corinne Granof edierte Ausstellungsband *Casting a Shadow* (2007).

6 Entsprechende Beschreibungen finden sich bei Spoto 1999 [1976], 132f; Wood 1989 [1976], 297f; Rothman 1982, 181, um nur einige zu nennen.

der Anteilnahme befördert der Anfang, wie sorgt er für Sympathie und Antipathie? Mit Hilfe welcher Verfahren werden bestimmte Informationen vermittelt, andere strategisch zurückgehalten? Wie spielt der Filmanfang mit unseren Erfahrungen und Erwartungen, und mit welchen Einheiten des Wissens kalkuliert er dabei? Wie also verstrickt der Filmanfang uns in die Fiktion?

4.2 Plotsynopse und Szenengliederung der Initialphase

Zur besseren Orientierung gebe ich vorab eine kurze Plotsynopse sowie einen Überblick über den Geschehensverlauf in jenem Segment, das ich als Initialphase festlegen möchte. Hier zunächst die Zusammenfassung der Filmhandlung:

SHADOW OF A DOUBT beginnt als die Geschichte von Charles, einem Mann mit einem Geheimnis, der verfolgt wird und von der Ostküste zur Familie seiner Schwester nach Kalifornien flüchtet. Zugleich erzählt der Film die Geschichte des jungen Mädchens Charlie, die ihre Familie aus dem Alltagstrott retten will. In ihrem weltgewandten Onkel Charles, dem sie ihren Namen verdankt, mit dem sie sich seelenverwandt fühlt und in den sie wohl auch ein wenig verliebt ist, sieht sie den ‹Erlöser›. Kurz nach dessen Ankunft tauchen allerdings zwei Männer auf, die sich unter dem Vorwand einer Meinungsumfrage Zugang zum Haus verschaffen, um Charles auszuspionieren und zu fotografieren.

Charlie gegenüber gibt sich der jüngere, attraktivere der beiden schließlich als Polizist zu erkennen, vertraut ihr an, dass ihr Onkel eines Verbrechens verdächtigt wird, und bittet sie um Stillschweigen. Charlie verteidigt den Onkel gegen alle Anschuldigungen. Da sie jedoch selbst Verdachtsmomente an ihm bemerkt, versucht sie auf eigene Faust, hinter sein Geheimnis zu kommen. Während er allmählich in den gesellschaftlichen Mittelpunkt der kleinen Stadt rückt und insbesondere bei den Damen beliebt ist, findet sie heraus, dass er der gesuchte «Merry Widow murderer» ist, der bereits drei reiche Witwen umgebracht hat. Die Beweise behält sie jedoch für sich. Als schließlich ein anderer Verdächtigter auf der Flucht vor der Polizei umkommt, scheint Onkel Charles' Unschuld erwiesen. Die Ermittlungen werden eingestellt und der junge Kriminalist, der Charlie heiraten will, abberufen.

Charlie aber weiß, dass Charles der Mörder ist, kann das vor diesem nicht verbergen und drängt ihn aus Rücksicht auf ihre Mutter zur Abreise. Da nur sie ihm noch gefährlich werden kann, versucht er sie zu beseitigen, doch beide Mordanschläge scheitern. Schließlich verlässt er, scheinbar einsichtig, die Stadt. Als er bei Abfahrt des Zuges dennoch versucht, Charlie aus dem fahrenden Wagen zu stoßen, verliert er im Handgemenge das Gleichgewicht und stürzt selbst hinaus. Auf seiner ehrenvollen Beerdigung beschließen Charlie und der Polizist, das Geheimnis des toten Onkels zu wahren.

Die Initialphase des Films besteht aus der Titelsequenz sowie den beiden nachfolgenden Sequenzen, die intern wiederum in mehrere Szenen gegliedert sind, und erstreckt sich über etwa 15 Minuten (bei einer Gesamtlänge von 108 Minuten).[7] Sie bedient die im vorigen Kapitel dargelegten Kriterien: Orientierung in der erzählten Welt; Anregung zu ersten figuren- und handlungsbezogenen Hypothesen; Einübung in den filmischen Modus und die narrative Didaxe. Dabei vermindern sich die Lernprozesse progressiv, so dass die Zuschauer sich in den metanarrativen Raum hinein bewegen, die narrative Kausalität greift und ein ‹Mitschwingen› im Rhythmus der Ereignisse möglich wird. Nacheinander werden zwei räumlich getrennte Handlungsstränge eröffnet, in denen zunächst die männliche, dann die weibliche Hauptfigur eingeführt und in Beziehung zueinander gesetzt werden. Diese beiden Sequenzen bereiten den Konflikt vor, indem sie die divergierenden Motivationen der Figuren etablieren und damit das Möglichkeitsfeld der Entwicklung abstecken. Und schließlich enthalten sie einen ‹auslösenden Vorfall›, der die Handlungskette anstößt und die beiden Protagonisten aufeinander zu bewegt.

Titelsequenz: Der Vorspann, mit dem der Film beginnt, zeigt zu Walzermusik tanzende Paare in historischer Ballkleidung. Darüber werden der Filmtitel und die Credits eingeblendet sowie eine persönliche Danksagung Hitchcocks an Thornton Wilder für die Gestaltung des Drehbuchs.

1. Szene: Während die Walzermusik aus der Titelsequenz weiterläuft, erfolgt die ‹gestaffelte› Einführung des Schauplatzes, von einer amerikanischen Großstadt bis zu einem Mann, der in einer Pension auf dem Bett liegt. Die Musik verklingt. Auf dem Nachttisch und dem Fußboden liegen Geldscheine. Die Zimmerwirtin kommt herein und berichtet, dass sich zwei Männer nach ihm erkundigt haben – sie hätten sich als «Bekannte» ausgegeben und stünden noch immer vor dem Haus. Ihr Untermieter, sie nennt ihn «Mr Spencer», zeigt sich keineswegs überrascht, sondern erklärt ruhig, dass er die beiden nicht kenne. Nachdem die Wirtin das Zimmer verlassen hat, steht er auf, zerschmettert in einem plötzlichen Ausbruch ein Glas und

7 Initialphasen bei Hitchcock sind zumeist recht lang: In NORTH BY NORTHWEST (USA 1959) dauert es etwa 36 Minuten (bei einer Gesamtlaufzeit von 136 Minuten), bis das Motiv des *innocent-on-the-run* etabliert ist, das die Handlungsentwicklung motiviert und bestimmt. Und PSYCHO beginnt mit einem *red herring*, dem gestohlenen Geld, das später keine Rolle mehr spielen wird. Hier dauert es mehr als 25 Minuten, bis die Protagonistin auf ihren Mörder trifft, ein Genrewechsel erfolgt und die eigentliche Geschichte beginnt.

tritt ans Fenster: Unten an der Ecke stehen tatsächlich zwei Männer. «Mr. Spencer» spricht den Satz: «What do you know? You are bluffing. You have nothing on me.» Er steckt seine Geldbörse ein und verlässt das Zimmer.

2. Szene: Er tritt vor die Tür und geht provozierend dicht an den Männern vorbei; sie folgen ihm, Klavierakkorde untermalen ihre sich beschleunigenden Schritte. Auf einem verlassenen Grundstück verlieren die Verfolger seine Spur. Der Gesuchte beobachtet sie aus seinem Versteck oben in einem Rohbau.

3. Szene: Nach der geglückten Flucht kündigt er seiner Schwester mit einem Telegramm seinen Besuch in Santa Rosa an. Besondere Grüße gehen an die «kleine Charlie» von «ihrem Onkel Charlie».

4. Szene: Das Telefonat stellt den Übergang zur zweiten Sequenz her, die mit einer zur ersten Szene nahezu parallel gebauten Annäherung, nun jedoch mit romantischer Musik unterlegt, eröffnet wird. Von einer Panoramasicht der kleinen Stadt Santa Rosa, gefolgt von einer Straßenszene mit einem Verkehrspolizisten, über ein weißes Haus mit Garten und einem Fenster im ersten Stock erfolgt die Überblendung nach innen: Ein junges Mädchen liegt auf dem Bett und hängt ihren Gedanken nach. Die Musik endet mit Telefonklingeln aus dem Off, das den Umschnitt zur nächsten Szene motiviert.

5. Szene: Im Wohnzimmer ist ein kleines Mädchen mit Brille in ein Buch versunken; erst nach Aufforderung bewegt sich Ann zum Telefon – ohne dabei ihre Lektüre zu unterbrechen. Sie nimmt den Anruf der Telegrafistin entgegen. Da sie in Ermangelung eines Bleistifts den Inhalt des Telegramms nicht notieren kann, verspricht sie, der Mutter Bescheid zu geben. Kurz darauf kommt der Vater nach Hause, nimmt jedoch den Hinweis auf das Telegramm nur zerstreut auf. Nach einer abfälligen Bemerkung Anns über seinen Lesestoff – Groschenhefte mit Kriminalfällen – geht er zur älteren Tochter Charlie nach oben.

6. Szene (Fortsetzung von Szene 4): Charlie wie zuvor auf dem Bett. Der Vater tritt in die Tür und erkundigt sich nach ihrem Befinden. Es folgt ein Gespräch, dessen Inszenierung der Dialogszene zwischen Untermieter und Zimmerwirtin ähnelt. Charlie versucht ihrem Vater klarzumachen, dass sich die Familie in einem schrecklichen Trott befinde, dass vor allem für die unermüdlich arbeitende Mutter etwas getan werden müsse und nur mehr ein «Wunder» ihnen helfen könne. Das Gespräch wird durch den Eintritt der Mutter unterbrochen. Nach einem kurzen Disput gehen die Eltern nach unten zu Ann.

7. Szene: Charlie hat plötzlich eine Idee. Sie springt auf, holt ihren Mantel und eröffnet der Mutter, sie wolle ein Telegramm an «Onkel Charlie» schicken und brauche dessen Adresse. Die Mutter verweigert die Auskunft, Charlie erinnert sich jedoch an eine Anschrift in Philadelphia. Währenddessen stürzt ihr kleiner Bruder lärmend ins Haus. Charlie geht das Telegramm aufgeben. Die Mutter wird von Ann über das Telefonat verständigt, nimmt diese Information aber zunächst nicht auf. Erst die Intervention des Vaters bringt sie dazu, auf dem Telegrafenamt anzurufen. Sie hört vom bevorstehenden Besuch ihres Bruders, freut sich sehr und teilt die Neuigkeit der versammelten Familie mit. Über die Idee Charlies, ihm zur gleichen Zeit zu telegrafieren, zeigt sie sich verwundert.

8. Szene: Auf dem Telegrafenamt erfährt auch Charlie vom Besuch des Onkels und versucht, der Telegrafistin das Phänomen der Telepathie zu erklären. Draußen spricht sie überglücklich die Worte: «He heard me, he heard me!» Von ihrem freudestrahlenden Gesicht wird überblendet auf die Räder eines herannahenden Zuges.

Diese Überblendung dient als Transition zur nächsten Sequenz, an deren Ende der Onkel ankommt und sich die Hinweise auf sein Geheimnis und einen sich abzeichnenden Konflikt zwischen ihm und Charlie verdichten. Zugleich markiert sie eine Zäsur, mit der ich das Ende der Initial- und den Beginn der Durchführungsphase ansetze. Ich zähle also das tatsächliche Zusammentreffen der beiden Hauptfiguren in der auf die doppelte Eröffnung folgenden Sequenz nicht mehr zur Initialphase, denn mit dem Einbruch des zwielichtigen Charles in den geschützten Raum der Familie bestätigt die Narration zum ersten Mal die auf die prot- und antagonistische Figurenkonstellation und den Konflikt bezogenen Hypothesen und also die Fragen, die in der Initialphase aufgeworfen wurden. Mit diesen Hinweisen oder Antworten endet der erste Akt des Films im dramaturgischen Verständnis, auf formaler Ebene angezeigt durch eine Schwarzblende. Die Initialisierung der Handlung ist bereits früher erfolgt, handlungsauslösendes Moment war der (doppelte) Einfall, ein Telegramm aufzugeben, um damit eine Veränderung der Ausgangssituation herbeizuführen.

An diesem Beispiel erweist sich, was zuvor bereits theoretisch dargelegt wurde: dass die Grenzziehung der Initialphase im Fall des klassischen Paradigmas mit seinem konventionellen dramaturgischen Aufbau und dezidierten Anleitungscharakter relativ unproblematisch ist. Die initialisierenden Vorgänge kommen zum Abschluss, wenn die Figuren innerhalb des gesteckten Rahmens der erzählten Welt und über die angestoßenen Kausalketten in Richtung auf eine sich andeutende und also erwartbare Konfrontation geführt werden. Die Konfrontation selbst vollzieht sich in aller Regel in der Durchführungsphase der Erzählung.

4.3 Diegetisieren: Orientierung im Handlungsraum, topologische Gliederung der erzählten Welt

Anhand der Strategien bei der Einführung und symbolischen Auskleidung der Handlungsräume zeigt sich, dass diese Aufgabe der Initialphase unter diversen Perspektiven betrachtet werden kann, dass sie lokale, soziale, normative und kulturelle Aspekte umfasst (← Kap. 3.7.2) und dabei initialisierende und initiatorische Funktionen, kognitive und affektive Prozesse ineinander greifen.

Die Eröffnungssequenz von SHADOW OF A DOUBT führt unbeirrt und zielgerichtet zum Ausgangspunkt der Handlung und sorgt durch die Bildsymboliken und die strikte Einstellungsfolge erzählökonomisch für Orientierung. In größter Kürze begegnet dem Zuschauer ein hohes Maß verdichteter Information. Der Film schreitet vom sukzessiven Etablieren des Handlungsraumes voran zur Einführung und Charakterisierung der Hauptfigur in ihren sozialen Bezügen und von dort zur Initialisierung des ‹Falls›, von dem die Geschichte kündet. Erste Orientierungsfragen werden abgelöst durch spezifischere Fragen und Hypothesen zur narrativen Entwicklung. Dieser Vorgang vollzieht sich schritt- oder phasenweise über verschiedene Prozesse des Diegetisierens und Narrativisierens. Dabei zeigt sich zugleich, dass viele dieser Teilprozesse von denselben Textelementen ausgehen, die damit als multifunktional zu beschreiben sind, wie am Beispiel der ersten Orientierung in der erzählten Welt verdeutlicht werden soll.

Die an den Vorspann mit den tanzenden Paaren (auf die Titelsequenz komme ich später zurück) anschließende Eröffnung beginnt mit einem auffälligen Verfahren, das ich als *gestaffelte und konzentrische Annäherung* bezeichnen möchte. Sie vollzieht sich in einer Folge von sechs Einstellungen mit Außenaufnahmen, die allesamt durch Überblendungen miteinander verbunden sind und über denen die Walzermusik aus der Titelsequenz (zurückhaltender und in dissonantem Register) fortgeführt wird. Ihren Anfang bildet der *establishing shot*, die typische eröffnende Totale: die Einstellung von einem Ufer, zwei Brücken führen über den breiten Fluss, Schwenk zu zwei am Wasser sitzenden Männern in schäbiger Kleidung. In einer zweiten Einstellung setzt sich der Schwenk fort über ein Autowrack und allerlei Unrat, im Hintergrund zeichnet sich die Silhouette der Stadt mit Hochhäusern und einem Gasometer ab. Danach folgen zwei Einstellungen einer Straße mit Ball spielenden Kindern, die zweite aus näherer Distanz, im Hintergrund Wohnhäuser mit Stufenaufgängen, sodann ein einzelnes Haus in dieser Straße (für Hitchcock-Kenner: Die Tür trägt die Hausnummer 13), ein Schild verweist auf zu vermietende Zimmer, es folgt ein Fenster im Obergeschoss, aufgenommen aus verkanteter Untersicht, schließlich der Übergang nach innen, die Überblendung in das Zimmer dahinter: Mit einer Fahrt auf einen Mann (Joseph Cotten), der angekleidet auf dem Bett liegt und raucht, endet die Hinführung auf Handlungsort und Protagonist. Es ist, als sei Odins Beschreibung vom «Eintritt des Zuschauers in die Fiktion» hier wörtlich genommen: Mit dem Übergang von außen nach innen, von der öffentlichen in die private Sphäre treten wir zugleich in die Geschichte ein; die Handlung beginnt.

«[V]om Entferntesten zum Nächsten, die Stadt, ein Gebäude in dieser Stadt, ein Zimmer in dem Gebäude», so beschreibt Truffaut am Beispiel von Psycho dieses deduktive (indem es vom Allgemeinen zum einzelnen Fall übergeht) und zugleich progressive «Expositionsprinzip» Hitchcocks (1992, 260; vgl. auch Spoto 1999 [1976], 133), das als ‹klassische Eröffnung› gilt (← Kap. 3.5): Nach den etablierenden Totalen des ‹äußeren› Schauplatzes, die nicht allein für Orientierung im szenischen Raum, sondern zugleich im umgreifenden Raum der Geschichte sorgen (vgl. Aumont/Marie 2002, 71), erfolgt die stringente und zielstrebige Hinführung auf einen ‹inneren› Handlungsort. Spürbar wird dabei die Steuerung durch eine omnipotente narrative Instanz, die aus dem potenziell unbegrenzten Angebot von Geschichten eine ganz bestimmte auswählt.[8]

Um die Abfolge der Bilder als zielgerichtete Bewegung zu verstehen, muss der Zuschauer synthetisierende Arbeit am Material vollziehen,[9] indem er Kontinuität zwischen den Räumen der einzelnen Einstellungen unterstellt (was durch die Überblendungen nahegelegt wird) und einen Zusammenhang konstruiert. Und wie selbstverständlich geht er davon aus, dass die erste Person, die auf solch demonstrative Weise angesteuert wird, Protagonist der Geschichte ist. Die Montage der Einstellungen wird nicht allein mit Kontinuitäts-, sondern auch mit Intentionalitäts- und Relevanzvermutungen unterlegt, die sich nicht zuletzt aus dem Wissen um das klassische Geschichtenformat speisen: So beschreibt Chatman (1990, 51), darauf habe ich bereits hingewiesen (← Kap. 3.8.2), die Eigenart des Hollywood-Films, unmittelbar mit der Handlung einzusetzen, als Konvention, die zum Erfahrungshintergrund des Zuschauers zählt und ihn filmische Verfahren wie eine lange Kamerafahrt oder die oben geschilderte Einstellungsfolge als handlungsvorbereitende oder hinführende Gesten verstehen lässt. Indiziert wird die Ankunft am Ausgangspunkt der Handlung zudem über das allmähliche Verklingen der Titelmusik

8 Der Anfang von Vincente Minnellis An American in Paris (← Kap. 3.6) greift einige Jahre später das formale Muster dergestalt auf, dass er die narrative Lenkung, die in der Ansteuerung des Handlungsortes liegt, als selbstbezügliches und ironisches Spiel einer die Kamera dirigierenden Voice-over gestaltet.

9 Der filmische Raum ist eine Synthese verschiedener Teilräume, er speist sich aus Einstellungsraum, Montageraum und Tonraum, wobei die *on-screen* gegebenen Rauminformationen um den Off-Raum ergänzt werden; vgl. Burch 1981 [frz. 1969], Kap. 2; Wulff 2007c. Oben habe ich dargelegt, dass Diegese ein weitergefasstes Konzept darstellt, weil die erzählte Welt über die konkreten Rauminformationen hinausweist, die der Text bietet, indem der Zuschauer sie mit Wissen und Bedeutungen anreichert, die als Teil der Horizontstrukturen mitgeführt werden und bei Bedarf realisiert werden können.

– ein wichtiger Hinweis auf das Ende der ersten Orientierung. Das Textgliederungssignal reguliert die Aufmerksamkeit und Hinwendung zum Geschehen und unterstreicht als semantische Geste die Bedeutung der zuerst auftretenden Figur. Sie wird nicht allein dank dieser Konventionen als Protagonist genommen, sondern stärker noch: Diese narrative Position wird nachgefragt. Der Zuschauer sucht im Angebot nach einem Ankerpunkt, von dem aus er das Geschehen perspektivieren kann, er sucht nach einem empathischen Zentrum, nach Anbindung an eine Figur (vgl. Wulff 2005a, 385f).

Bereits an dieser Stelle wird deutlich, dass sich an die basale orientierende Funktion des Filmanfangs weiterreichende semiotische Leistungen knüpfen, welche die erzählte Welt als eine soziale profilieren, zugleich die sie bewohnenden Figuren charakterisieren und eine Passagenfunktion in die Geschichte übernehmen. Ich möchte die Vorgehensweise der Eröffnungssequenz in dieser Hinsicht genauer beschreiben.

Die große Brücke über den Fluss und die Hochhaus-Skyline im Hintergrund sind typifizierte Elemente, die als *Ortsindikatoren* dienen, um den Handlungsraum aufzubauen, indem sie den Aufruf entsprechender Wissenscluster stimulieren (vgl. Ohler 1994, 30). Hitchcock hat solche Ortshinweise häufig benutzt, so in SECRET AGENT (GB 1936). Seine Bemerkung über die Eigenschaften der Schweiz sind berühmt: «Was gibt es in der Schweiz? Milchschokolade, die Alpen, Volkstänze und Seen. Mit diesen Elementen, die für die Schweiz typisch sind, habe ich den Film gefüttert» (Truffaut 1992, 94). Er tadelt aber auch die allzu plakative Verwendung solcher Symbole: «Paris läßt sich natürlich immer mit dem Eiffelturm ‹verkaufen› und London mit dem Big Ben im Hintergrund» (ibid., 260).

Das Schema und damit unsere Erwartungsmuster gegenüber Geschichten, die – ich habe am Beispiel von THE ALPHABET MURDERS darauf hingewiesen (← Kap. 1.1) – in ‹London› oder eben ‹Philadelphia›[10] spielen, werden gespeist aus intertextueller Erfahrung, aus kulturell vermitteltem

10 Tatsächlich wurden die Einstellung von der Brücke und die ihr folgenden Einstellungen laut Krohn (2000) *on location* in Passaic, New Jersey, im benachbarten Newark sowie auf einem Parkplatz in Manhattan gedreht. Krohn identifiziert die Brücke als Pulaski Skyway Bridge (ibid., 58), die Jersey City mit Newark verbindet. Hier zeigt sich die Macht der Kontinuitätsunterstellung: In den Artikeln auch der amerikanischen Filmwissenschaftler wird die Stadt mit der Skyline selbstverständlich für Philadelphia genommen. Diese Fehlannahme wird narrativ abgesichert, weil später im Dialog von einer Adresse «in Philadelphia» die Rede ist. Der filmische Raum ist ein hergestellter, und diese Syntheseleistung beruht auf der willigen Mitarbeit des Zuschauers, der räumliche Kontinuität unterstellt, solange diese Annahme nicht nachhaltig gestört wird wie etwa bei Maya Derens Kontinuitätsmontagen diskontinuierlicher Räume in AT LAND (USA 1944) oder MESHES OF THE AFTERNOON (Maya Deren & Alexander Hammid, USA 1943). Šklovskij formuliert es so: «Der Zuschauer baut sich den Raum so auf, wie es ihm der Regisseur vorsagt» (1973, 51).

Wissen um den Gegenstand in Rede. Der Text appelliert an unsere Überzeugungssysteme (*belief systems*) und rechnet damit.

Im vorliegenden Fall wird der Rückgriff auf solche Wissensbestände noch forciert, indem die Stadt über entsprechende Zeichen symbolisch aufgeladen wird: Die Brücke mit den heruntergekommenen Männern am Ufer und dem Autowrack kontextualisiert die nachfolgenden Einstellungen, ‹färbt sie ein›: die Stadt als Ort des Schmutzes, des wirtschaftlichen Niedergangs, der Verwahrlosung und Depression, als schwieriger (also potenziell gefährlicher) Lebensraum. Mit zwei sehr kurzen Einstellungen ist der Zuschauer eingestimmt und in der Lage, Aussagen über das Milieu und die hier herrschende Atmosphäre zu treffen. Das Setting trägt neben der Musik wesentlich dazu bei, das Stimmungsregister zu setzen, den *mood* der Erzählung (← Kap. 3.10.3). Die Dramaturgen sprechen in diesem Zusammenhang von ‹gestimmten Räumen›: Sie dienen dazu, die Figuren zu charakterisieren, wie gleich zu zeigen ist, sie indizieren das Genre, vermögen durch die Atmosphärensetzung aber auch, kongruente Stimmungen zu evozieren. Informative und emotive Funktionen der Initiation sind miteinander verschränkt.

Die orientierenden Bilder vom Filmanfang etablieren den Handlungsraum als Teil einer *sozialen und normativen Welt* (← Kap. 3.7.2) und sorgen so dafür, dass bestimmte Handlungsmuster erwartbar, andere ausgeschlossen sind, geben also einen Rahmen des Verstehens vor. Der Zuschauer ist angeregt, auch das wurde oben bemerkt, der Diegese die eigenen normativen Orientierungen entgegenzuhalten. Das Diegetisieren ist von Evaluationen begleitet. ‹Initiation› meint nicht allein die einsetzende Illusionierung oder Immersion, sondern geht einher mit Befragungen und Bewertungen des Sinnangebots.

Das narrative Verfahren, das im Fall von Shadow of a Doubt die Attribuierungstätigkeit lenkt, bezeichne ich als *Kettenindikation*: Der Schauplatz wird zunächst über Ortsindikatoren signifiziert und mit Konnotationen belegt, welche die nächsten Einstellungen mit den spielenden Kindern und dem ‹Zimmer-zu-vermieten›-Schild bedienen.[11] Diese Konstruktion einer sozialen Umgebung zeigt Wirkung, wenn es darum geht, einen ersten und dank Priming nachhaltigen ersten Eindruck vom Mann auf dem Bett zu gewinnen.

11 Deshalb trifft auch Gunskes Beobachtung nicht zu, dass mit der «Schieflage» des Blicks auf das Fenster «der Boden das erste Mal ins Schwanken» gerate (1999, 317), nachdem sich die Welt mit den spielenden Kindern eben noch so friedlich dargeboten hat. Gunske lässt die Einstellungen, die dem vorausgingen, außer Acht. Zudem weist er der verkanteten Untersicht wie in einem filmischen ‹Wirklexikon› eine feststehende Bedeutung zu, ohne zu bemerken, dass die Annäherung auf die junge Frau zwar mit Hilfe des gleichen Verfahrens geschieht, der Eindruck aber differiert.

Die Perspektiven zusammenfassend, unter denen ich die einsetzende Diegetisierung beschrieben habe, lässt sich festhalten: Die Orientierung im Handlungsraum zerfällt in zwei grundlegende Aspekte, einen lokalen des Raums als Handlungsort, der eine Reihe von Konnotationen trägt, wie sie im Umgang mit den Stereotypen der Ortsindikatoren zum Ausdruck kommen. Von dort wird sukzessive ausgegriffen auf einen sozialen und normativen Aspekt, die *Topologie der erzählten Welt*, welche wiederum die Charakterisierung der Figuren beeinflusst und das soziometrische Verhältnis innerhalb des Ensembles reguliert. In der ‹Begehung› der Räume werden diese *interpretiert* und in das Modell der erzählten Welt integriert. Der Interpretationsrahmen des Handlungsraums wird erweitert; die erzählte Welt meint mehr als eine bloß narrative Größe.

Wie nun wird der Mann im Zimmer eingeführt? Durch die auffällige Heranfahrt der Kamera wird er nicht schlichtweg gezeigt, sondern *präsentiert*: Vollständig bekleidet – er trägt einen dreiteiligen Nadelstreifen-Anzug und hat sogar die Schuhe anbehalten – liegt er mit geschlossenen Augen auf dem Bett und raucht eine Zigarre. Auf der Suche nach einem geeigneten Rahmen für dieses Bild ist das intertextuelle Feld abzuschreiten. Stilistische Hinweise wie das Halbdunkel im Zimmer, die relativ harte Textur des Bildes und die Filmmusik sind dazu ebenso heranzuziehen wie unser Alltagswissen: Einer, der tagsüber rauchend auf dem Bett liegt, ‹mit dem stimmt etwas nicht›, der ist ein ‹Tagedieb›, vielleicht ein Verbrecher, mindest jedoch zwielichtig. Andererseits erscheint er zu elegant für die etwas schäbige Umgebung, in der er sich befindet. Erste Genrebezüge werden geknüpft und damit das Feld der narrativen Wahrscheinlichkeiten eingegrenzt. Diese Aktivierung von Genrewissen wird vom Schauplatz und der Atmosphäre gestiftet (vollzieht sich also vor Handlungsbeginn): Lebensraum und Milieu des Verbrechers ist die Stadt. Wie in einem semantischen Abfärbe- oder Ansteckungsprozess sorgen Handlungsräume über *Kontextattribution* für Charakterisierung der Figuren und Bestimmung ihrer sozialen Rollen. Die Auffassung der erzählten Welt als einer sozialen liefert eine Rahmenvorgabe von Normen und Sinnhorizonten des Figurenverhaltens (← Kap. 3.7.2). Solchen Prozessen kommt in der Initialphase zentrale Funktion zu, da der Zuschauer angehalten ist, zu ersten und prägenden Einschätzungen der (Haupt-)Figuren zu gelangen.

Dieser Versuch der Kontextattribution und Korrelation von Schauplatz und Charakter wird umgehend abgesichert: Die Kamera schwenkt vom Gesicht des Mannes nach links und zeigt auf dem Nachttisch eine offene Brieftasche mit einem dicken Bündel Banknoten, daran schließt sich ein kurzer Schwenk nach unten an: Auf dem Boden verstreut sind weitere

Scheine. Das unordentlich herumliegende Geld, auf das diese deiktische Geste verweist, stützt den Assoziationskomplex ‹Verbrechen/anrüchige Geschäfte›; im Verlauf der Szene wird er sukzessive ausgebaut und verdichtet. Ein Geheimnis zeichnet sich ab, das Frage-und-Antwort-Spiel der Narration hebt an (← Kap. 3.8.5).

Die dargebotenen Informationen und Hinweise regen Fragen folgender Art an: Was ist das für ein Typ? Würde einer, der sein Geld mit ehrlicher Arbeit verdient, so achtlos damit umgehen? Hier zeigt sich, wie die initialisierenden Prozesse, die der Auskleidung der Handlungsräume als Teil der erzählten Welt dienen, mit den Verfahren zur Einführung und Charakterisierung der darin agierenden Figuren verhakt sind: Vom allerersten orientierenden Bild an ist der Zuschauer angeregt, Wissen um filmstilistische Konventionen, narratives Wissen, Genrewissen, aber eben auch Alltagswissen und Bewertungen ethisch-moralischer Art in die Einschätzung der Situation einzubringen.

An dieser Stelle verlasse ich, wie angekündigt, die Chronologie der filmischen Darbietung und stelle die Strategien der Charakterisierung der Figuren, des Etablierens der Figurenkonstellation und des prot- und antagonistischen Kräfteverhältnisses zunächst hintan, um die Einführung des zweiten Handlungsortes vergleichend zu beschreiben.

Der Hauptschauplatz des Films, Santa Rosa (welch trefflicher Name, um Sauberkeit und Frieden zu signalisieren), eine Kleinstadt in Kalifornien, präsentiert sich als soziale Gegenwelt zur Großstadt; die sechs Einstellungen der gestaffelten Annäherung an die weibliche Hauptfigur wirken wie *ex-negativo*-Bestimmungen ihrer Pendants aus der vorigen Sequenz:

Auf eine Panorama-Aufnahme der kleinen Stadt von oben, der Konvention der ‹Postkarten-Ansicht› gehorchend, folgen zwei Einstellungen mit einem älteren Polizisten, der freundlich lächelnd den Verkehr regelt. Danach ein Haus mit Garten in einer beschaulichen Wohngegend, dann das Haus aus geringerer Entfernung, gefolgt von einem einzelnen Fenster im ersten Stock (ebenfalls aus verkanteter Untersicht), schließlich die Überblendung nach innen, wo ein junges Mädchen (Teresa Wright) mit hinter dem Kopf verschränkten Armen auf dem Bett liegt.

Die verblüffende Ähnlichkeit dieser «phantastischen Doppelsequenz» (Spoto 1999 [1976], 133) stellt eine Beziehung zwischen den Handlungsorten und Figuren her, die auf ganz unterschiedlichen Prinzipien fußt: In einem formalen Sinn fungiert der parallele Aufbau zunächst als Textgliederungssignal und weist auf den Beginn des zweiten Handlungsstrangs hin. Deshalb spricht Rothman (1982, 180) auch von einer «doppelten Eröffnung». Doch das spiegelbildliche Verhältnis der beiden Einstellungsfolgen verklammert sie nicht bloß, sondern spitzt die inhaltlichen Kontraste in einem Spiel mit Ähnlichkeit und Differenz zum antithetischen Verhältnis zu. Die Parallelität im Aufbau stellt ein syntaktisches Muster bereit, vor dessen Hintergrund die semantischen Abweichungen hervortreten.

Santa Rosa wird vorgestellt als überschaubares Gemeinwesen mit Einfamilienhäusern und blühenden Bäumen unter kalifornischer Sonne, und die mit dem ersten Bild einsetzende romantische Musik unterstützt den Eindruck der Idylle. Der lächelnde Polizist, der eine Gruppe Fußgänger über die Straße geleitet – ein Klischee paternalistischer Ordnung –, nimmt das Motiv der Detektions- und Verfolgungsszenen im ersten Teil auf, um es in sein kleinstädtisches Gegenbild zu verkehren: Wo Philadelphia als Ort zwielichtiger Figuren und ominöser Geschehnisse eingeführt wurde, ist Santa Rosa die prototypische amerikanische *small town*, unberührt von den Übeln und Gefahren der Großstadt (vgl. Rothman 1982, 180).Wulff (1999a, 278ff) fasst solche Gegensatzpaare als Element der «inneren Soziologie» des *small town film*.[12]

Die Stadt in SHADOW OF A DOUBT ist charakterisiert als von Anonymität gekennzeichneter urbaner Raum, mit dem die *small town* kontrastiert. So ist denn auch die Annäherung an das Heim der Familie in plakativer Deutlichkeit als Gegenstück zur städtischen Straße angelegt: Dies ist keine Gegend, in der wirtschaftlicher Niedergang regiert, wo man in Mietshäusern wohnt und Zimmer untervermietet. Das Einfamilienhaus mit seinem gepflegten Garten verweist auf eine grundsätzlich andere Lebensform. Wiederum fundiert der Handlungsraum entsprechende Erwartungen gegenüber den Figuren, den hier herrschenden Beziehungsmustern und dem Alltagsleben.

Die Gegenüberstellung der beiden Eröffnungen legt dar, wie sich Geschichten grundsätzlich innerhalb einer *topografischen Ordnung* entwickeln. Schauplätze oder Milieus markieren *symbolische Felder*, die normativ besetzt sind und narrativ entsprechend genutzt werden. Dies ist essenziell für Genre-Geschichten als Instantiationen einer intertextuell vorstrukturierten erzählten Welt. Sie gliedert sich in Sphären, die vom Einzeltext ablösbare Bedeutungen tragen. Die solcherart ausgestatteten Räume repräsentieren das Nahfeld der Figuren, darüber hinaus eine

12 Zur Bedeutung der *small town* in der amerikanischen Kultur und speziell im *small town movie* vgl. die Überblicksdarstellungen von MacKinnon (1984) und Levi (1991). Georg Stanitzek verdanke ich den Hinweis auf Michael Rutschkys Essay «Unsere kleine Stadt» (2001), der einen pointierten Einblick in die innere Befindlichkeit der *small town* bietet und zentrale Werke des Genres streift. Eine Randbemerkung: THE MAN WHO WASN'T THERE (Joel Coen, GB/USA 2001) enthält eine Fülle von Anspielungen auf den klassischen Gangsterfilm, auf Hollywoods ‹schwarze Serie› und speziell auf SHADOW OF A DOUBT. Der Schauplatz ist hier gleichfalls ‹Santa Rosa› in Kalifornien, das als prototypische *small town* eingeführt wird.

spezifische kulturelle Umgebung, eine moralische Welt mit bestimmten Werten und vor allem: die fundamentale soziale Ordnung. Der topografischen Ordnung korrespondiert eine *topologische*.[13] Wie am Beispiel der männlichen Hauptfigur dargelegt, dient die Ausgestaltung der kontrastiv gesetzten sozialen Welten der Charakterisierung der Figuren vor jeder Handlung und *vice versa*: Die Exponierung der Figuren als Ausformung sozialer Typen und Rollen verweist auf den sozialen Kontrast und das die Erzählung fundierende Spannungsverhältnis zurück. Die *topologische Gliederung der erzählten Welt* ist der Boden, auf dem sich der Konflikt als Motor der Handlung entfaltet. In der Opposition zwischen den beiden Hauptfiguren wird der Binarismus der erzählten Welt aufgegriffen und zugespitzt zur Auseinandersetzung um Wertorientierungen (vgl. Bordwell 1989a, 154). Die topologische Gliederung bereitet den Charakteren die Bühne. Am konkreten Beispiel erweisen sich die initiatorischen Teilfunktionen der Diegetisierung und Narrativisierung, die ich oben theoretisch getrennt verhandelt habe, als aufs Engste miteinander verhakt und als einander bedingende Prozesse.

Der Text betont die Gliederung der erzählten Welt zusätzlich, indem er mit dem Gegeneinander unterschiedlicher Genrebezüge, ihren Motiven, narrativen Mustern und stilistischen Charakteristika, operiert: Trägt die Philadelphia-Sequenz mit ihren Implikationen von Geheimnis / Verbrechen auch durch stilistische Elemente wie den Umgang mit Licht und Schatten und die ins Düstere oder Bedrohliche sich wandelnde Musik Züge des Film Noir (manche Kritiker zählen SHADOW OF A DOUBT zu den frühen Exemplaren dieses Zyklus, so Krohn 2000, 58), ist die Santa-Rosa-Sequenz mit ihrer gleichmäßig hellen Ausleuchtung und der fröhlichen Musik als ‹leichtes› Genre mit heiteren Zügen angelegt.[14] Der zweite Teil der Initialphase entwirft die Weltordnung und Atmosphäre eines sentimentalen Amerika, wie es vom *small town film* in der Nachfolge von Thornton Wilders erfolgreichem Bühnenstück *Our Town* aus dem Jahre 1938 perpetuiert wurde (vgl. MacKinnon 1984, 10).[15]

13 Am Beispiel des klassischen Gangsterfilms habe ich gezeigt, wie die Gliederung der erzählten Welt die Genreerzählung semantisch und syntaktisch fundiert; Hartmann 1999. Diese Überlegungen gehen zurück auf Lotman (1986 [1972], 338ff), der die räumliche Ordnung als organisierendes Element der Erzählung konzipiert und die Binarität des semantischen Feldes als Grundbedingung «sujethaltiger», d.h. ereignishaltiger Texte. Das Ereignis ist abhängig von der Struktur des Raums, durch «die Überschreitung der grundlegenden topologischen Grenze» wird das Sujet hervorgebracht.

14 Die Musik von Dimitri Tiomkin sorgt wesentlich für die Modulation der Affekte und Ausrichtung des Zuschauers auf das Stimmungsregister. Genres fundieren sich nicht allein in ihren Erzählinhalten, sondern auch in der Mobilisierung der Affekte.

15 Aufgrund dieses Theaterstücks, das Hitchcock sehr gefiel (vgl. Truffaut 1992, 143), beauftragte er Thornton Wilder, das Drehbuch zu SHADOW OF A DOUBT zu schreiben. In

Ich habe von der «doppelten Eröffnung» des Films gesprochen, eine Beschreibung, die der Hitchcock-Literatur entnommen ist. Genau genommen beginnt SHADOW OF A DOUBT jedoch dreifach: Denn noch vor Etablierung der beiden Handlungsräume begründet die geheimnisvolle Titelsequenz eine gänzlich andere Welt, die seltsam zeitenthoben wirkt und deren Integration in die Diegese auch später nicht ohne Weiteres zu bewerkstelligen ist. Der Vorspann mit den Walzer tanzenden Paaren in eleganter viktorianischer Ballkleidung steht nicht in Handlungskontinuität zum Folgenden, weicht auch filmstilistisch davon ab und erscheint so von anderem semiotischen Status. Die Szene mit ihrem Flair des Nostalgischen, Entschwundenen vermittelt gar den Eindruck, aus einem anderen Film zu stammen (vgl. Gordon 1991). In diesem Sinne ist auch Truffauts Frage an Hitchcock zu verstehen, ob er die Szene selbst inszeniert habe (1992, 144).[16] Der Übergang von der Titel- zur Eröffnungssequenz stellt damit einen deutlichen Kontrast dar, der als raum-zeitlicher, atmosphärischer und tonaler Bruch erlebt wird: Eine historische, unwiederbringliche Welt der Eleganz, des Reichtums und der Sorglosigkeit steht der zeitgenössischen gegenüber.

Der Wechsel gestaltet sich auf affektiver Ebene als Gegensatz zwischen einem euphorischen und einem dysphorischen Pol. Gerade wenn der Zuschauer beginnt, sich auf das Gezeigte einzustimmen, «den Puls des Films», wie ich Daney eingangs zitiert habe (← Kap. 1.2), «zu ertasten», der sich hier im beschwingten Walzertakt präsentiert, durchkreuzen die Bilder der Eröffnungssequenz die einsetzende *mise en phase*. Der Vorspann stellt ja nicht nur einen Kontrast dar, sondern markiert den folgenden Handlungsraum als Gegenteil von dem, was zuvor zu sehen war, und *wertet* ihn so von vornherein: Die Welt der Eleganz ist hier buchstäblich ‹verloren gegangen›. Dies beeinflusst die affektive Ausrichtung auf das Geschehen: Geweckt wird einerseits ein Gefühl des Verlustes, andererseits die Aura des Geheimnisvollen. Zugleich wird der tonale und affektive Wechsel

Kapitel 3.9.1 (←) bin ich bereits auf Sam Woods gleichnamige Verfilmung eingegangen; vgl. auch Hartmann 2003.

16 Am Rande sei darauf hingewiesen, dass die Titelsequenz in der Synchronfassung, die im deutschen Fernsehen ausgestrahlt wurde, vom Original abweicht. Insgesamt vermittelt die Szene in dieser Fassung, die sie durch verschiedene Kamerastandorte auflöst, mit zahlreichen Überblendungen arbeitet und dadurch wohl versucht, sich der durch den Walzer vermittelten Erfahrung des Rausches anzunähern, einen weitaus dynamischeren und durch die Gesichtsmasken, die die Tänzer tragen, auch geheimnisvolleren Eindruck. Im Original erscheint die Musik zurückhaltender, denn zeitweilig tritt das musikalische Hauptthema zugunsten eines weichen Zwischenteils zurück, erst am Ende erklingt erneut das Walzermotiv aus *Die lustige Witwe*. Leider ist mir nicht bekannt, ob diese Szene eigens für die deutsche Titelsequenz inszeniert oder aus einem anderen Film abgeklammert wurde.

implementiert, welcher konstitutiv ist für die zwischen unterschiedlichen Genrebezügen und zwischen komischen und spannenden Momenten wechselnde Filmerzählung.[17]

Raymond Durgnat interpretiert die Bilder des Vorspanns wie folgt: «The Victorian ball represents, not the goodness of the past, but the delusions of nostalgia. It is a memory turned dream, edited into sentimentality by Charlie's widows» (1974, 185).[18] Eine solche (in Kenntnis des gesamten Films vorgenommene) Ausdeutung der Szene und Erschließung der Motivation für ihre Platzierung an dieser Stelle ist dem Zuschauer indes noch nicht möglich; er kann nur abwarten, ob er im weiteren Verlauf den Schlüssel zu ihrer Integration in die Diegese und den Sinnzusammenhang erhält. Einstweilen vermag er bloß tastende Überlegungen anzustellen: ob zeitliche Bezüge zwischen den Segmenten bestehen oder ob der Vorspann einen Akt der Symbolisierung darstellt oder auch die Vorwegnahme eines Motivs. Notwendig wird der Rückgriff auf den Erzählakt selbst, ein metanarrativer Rekurs, wie ich ihn als kennzeichnend für die Initialphase beschrieben habe (← Kap. 3.8.8 u. 3.11).

Erst retrospektiv ist ersichtlich, dass hier das Walzer-Thema als *Leitmotiv* gesetzt wird, erster und deutlichster Hinweis auf das Geheimnis der Figur (und damit auf die zentrale Frage). Claudia Bullerjahn beschreibt, wie der Zuschauer in der Initialphase lernt, solche Leitmotive den handelnden Figuren zuzuordnen: «Leitmotive fungieren als Hinweisreize, die den Abruf von Gedächtnisinhalten erlauben» (2001, 300). Ich habe den Filmanfang von SHADOW OF A DOUBT verschiedentlich Studenten gezeigt und sie gebeten, die Geschichte schriftlich zu Ende zu erzählen. Dabei zeigte sich, dass die Titelsequenz, obgleich auf spätere Nachfrage immer erinner- und abrufbar, in den Weitererzählungen grundsätzlich nicht vorkommt: In mehr als 100 Geschichten, die mir vorliegen, wird sie nicht ein einziges Mal erwähnt, jedoch in einer Art kognitiven Warteschleife aufbewahrt. Wenn später das Motiv der tanzenden Paare in Form eines musikalisch unterlegten Inserts wieder aufgegriffen wird, geht regelmäßig ein Aha-Effekt durchs Publikum, weil nun Bilder und

17 Mit der topologischen Gliederung und dem modalen und affektiven Kontrast zwischen den beiden Welten bereitet die Initialphase den Boden für die Attacke auf die Weltordnung der *small town*, wenn mit der Ankunft des Schurken der Schatten des Film Noir auf die (vermeintlich) heile Welt fällt; vgl. dazu Truffaut 1992, 145f; Freedman/Millington 1999, 4. Scheib (1976, 55) charakterisiert Santa Rosa gar als «Garten Eden», der von der «Schlange» betreten werde.

18 Von der Enthüllung der mörderischen Existenz des Onkels aus betrachtet, erweist sich das ‹Zwei-Welten-Modell› der Erzählung als ergänzungsbedürftig um diese untergegangene Welt der Eleganz, die sich in ihrer Schwundstufe in den – so der Mörder – «fat, greedy, useless women» zeigt, die, «drinking the money, eating the money», die besten Hotels bevölkern.

Musik des Vorspanns als symbolisierende Hinweisgeste und Schlüssel zum Geheimnis interpretierbar werden (aufmerksame Zuschauer erinnern sich sogar, dass eine erste Wiederaufnahme des Walzermotivs auf der Tonebene erfolgt, wenn Charles am Fenster steht, um die Polizisten in Augenschein zu nehmen).

Die Titelsequenz, die durch ihre Nicht-Integrierbarkeit zunächst wie ein paratextueller Rahmen wirkt, erweist sich im Lichte der späteren Erkenntnis als Anfang der motivischen Kette und zentraler Hinweis seitens der narrativen Instanz. Oben (← Kap. 2.4) habe ich Sutcliffe zitiert: «A beginning is that which is returned to» (2000, 18). Unmittelbar zu Beginn wird das Geheimnis der Figur nicht nur vorbedeutet, sondern, mehr noch, gleichsam gespiegelt in der geheimnisvollen Art und Weise, die Geschichte zu eröffnen. So formuliert auch Rothman:

> SHADOW OF A DOUBT begins by declaring itself enigmatic, even before it announces that its projected world harbors a mystery within it. Charles's mystery is from the outset linked to the author's gesture of opening his film as he does (1982, 179).

An solch retrospektiv vorzunehmenden Modifikationen oder auch Revisionen erster Eindrücke zeigt sich übrigens auch der Unterschied zwischen einem prozessanalytischen Vorgehen, wie ich es vor Darlegung meines Initiationsmodells skizziert habe (← Kap. 3.1), und der morphologischen Draufsicht auf das Textganze in seiner vollendeten Struktur.

Und schließlich bedeutet der *Titel* des Films, wiederum prozessanalytisch betrachtet, eine Instruktion des Zuschauers, eine Art *advance organizer* (← Kap. 3.3 u. 3.8.6): SHADOW OF A DOUBT – ein Geheimnis ist etabliert, das *foreshadowing* als narrative Strategie zum Thema gemacht, noch bevor der Vorhang sich recht eigentlich gehoben hat.

4.4 Narrativisieren: Figurenkonstellation und Perspektivität, Verteilung von Empathie und Sympathie

Anhand der ersten Dialogszene des Films zwischen dem Protagonisten und der Zimmerwirtin soll verdeutlicht werden, wie Hitchcock die Figurenkonstellation nutzt, um Charles als einen psychologisch ambivalenten Charakter und als Interessensfokus anzulegen und mit den figurenbezogenen Fragen zugleich die zentrale Lücke der Erzählung zu markieren. Der Mangel an expositorischen Informationen wird hervorgekehrt, die Nachfrage danach geweckt und so die Verstrickung in die Geschichte befördert.

Bereits die Inszenierung der beiden Figuren im Raum verdeutlicht das Verhältnis von Haupt- und Nebenfigur: Die beiden sind derart ins Bild gesetzt, dass er den dominierenden Bildvordergrund bildet, während sie im Hintergrund in der Tür steht. Die Spannung im Bildaufbau, unterstützt durch das harte Schwarzweiß und die Lichtgestaltung – hier kommen bereits die sich Anfang der 40er Jahre herausbildenden Charakteristika des Film Noir zum Tragen – etabliert das hierarchische Verhältnis zwischen den Figuren: Der Auftritt der Frau ist auf den Protagonisten ausgerichtet. Signalisiert wird, dass sie nicht als *Charakter* von Interesse ist, sondern als *soziale Rolle*. Er dagegen besetzt das Zentrum des Raums, steht so auch im Zentrum des Blicks, und die Fokalisation vollzieht sich von ihm aus, während sie sich um ihn herum bewegt. In dieser räumlichen Anordnung und der Inszenierung der Bewegungen manifestiert sich ein Moment von Macht, das von der Hauptfigur ausgeht und sich als motivische Kette etabliert.

Der Protagonist wird weitaus stärker spezifiziert als die Nebenfigur und als interessanter, individueller, im Sinne Forsters ‹runder› Charakter aufgebaut (← Kap. 3.8.3), als eine Figur aber auch, deren Beziehungen unklar sind, was zwar zu Mutmaßungen anregt, die Bindung an sie jedoch erschwert. Die Zimmerwirtin mit Brille und Kittelschürze ist dagegen lediglich redselig und neugierig; so rechnet sie zu den ‹flachen› Figuren, die als ‹Typen› fungieren. Ihre Eigenschaften werden narrativ genutzt, indem die Frau in einem über diese Rollencharakteristika motivierten Vorgang ‹expositorischen Sprechens› als Vehikel für die Vergabe der notwendigen Informationen fungiert: So redet sie den Mann auf dem Bett mehrfach – und zwar öfter, als die Höflichkeit es verlangt – mit «Mr Spencer» an, damit sich der (wie sich später herausstellt: falsche) Name einprägt (deutlich wird darüber auch, dass sie ihren weltmännisch scheinenden Gast mit einer gewissen Unterwürfigkeit und Respekt betrachtet). Dann reagiert sie entsetzt darauf, dass er sein Geld achtlos herumliegen lässt, und bringt damit die sozialen Normen zum Ausdruck, auf die sich der Zuschauer bereits bei seinen Überlegungen gestützt hatte. Hierin zeigt sich auch die ironische Bezugnahme der narrativen Instanz, die unsere Vermutungen durch die Reaktion der Wirtin bestätigt und uns damit der Angemessenheit, aber eben auch der Spießbürgerlichkeit unseres Urteils versichert. Spürbar wird das Kalkül, mit dem die Narration die Inferenzen und Hypothesenbildung zu lenken vermag, die Macht des Puppenspielers, der den Zuschauer an seinen Fäden tanzen lässt.

Wenn die Zimmerwirtin die Nachricht von den mysteriösen Männern überbringt, gibt sie den Überlegungen zum Geheimnis der Hauptfigur einen entscheidenden Impuls, indem sie für ein intertextuelles Feld von

Überwachungs- und Verfolgungsgeschichten sorgt. Die beiden Männer können Gangster, Detektive oder Polizisten sein, aber: Würden Gangster am helllichten Tag kommen und Privatdetektive zu zweit? Und würden Polizisten stundenlang vor dem Haus warten, wenn sie lediglich hinter einem Kleinkriminellen her wären oder einen Zeugen befragen wollten? Andererseits sind die beiden mit einer gewissen Finstergesichtigkeit ausgestattet, eine Ambivalenz in der Figurenzeichnung, die zur Unsicherheit beiträgt.

Diese ‹Berechnungen› werden durch das Verhalten des Protagonisten beeinflusst, das in eigentümlichem Kontrast zur erwartbaren Reaktion auf die Mitteilung der Wirtin steht: Er reagiert ungerührt, geradezu apathisch, als schiene ihn der Besuch weder zu überraschen noch zu interessieren. Er beginnt sogar, mit der Wirtin und ihrer Neugier ein Spiel zu treiben, indem er sie mit Verdachtsmomenten füttert. Solcherart wird er mit einer Aura des Unheimlichen sowie mit Macht ausgestattet, ein Motiv, das sich innerhalb der Initialphase konsequent verfestigt: Ein starker erster Eindruck wird im Folgenden systematisch bedient. Nachdem die Wirtin das Zimmer verlassen hat, erhebt sich der Untermieter ruckartig (manche Autoren schreiben: «wie ein Vampir») von seinem Lager. Der Diskurs entwickelt diese motivische Kette weiter und verwebt sie geschickt mit der Erzählung. Hingewiesen wird auf ein *Ungleichgewicht des Wissens*: Die undurchsichtige Figur, das ist deutlich, verfügt über Informationen, die ihrem Umfeld, aber auch dem Zuschauer vorenthalten bleiben.[19] Auf diese zentrale Lücke, die Vorgeschichte, richtet sich das Hauptinteresse und die Nachfrage nach expositorischen Hinweisen, um die an dieser Stelle offene Struktur zu schließen. Die Narration verweigert diese Informationen während der Initialphase, mehr noch: Mit jedem weiteren Hinweis auf das Geheimnis kehrt sie dies als die zentrale Frage der Erzählung hervor.

Die erste Innenszene liefert zugleich ein anschauliches Beispiel für das Prinzip *erzählerischer Ökonomie* und der narrativen Kontrolle jedes Details. Sämtliche Gegenstände im Raum sind «gemacht-zum-Benutzen», wie Bordwell dieses Prinzip des klassischen Hollywood-Kinos in seiner Analyse zu Howard Hawks' His Girl Friday (USA 1940) benennt (2002 [1985], 220f). Das Bett ist da, damit der Mann ‹wie aufgebahrt› darauf liegen kann. Seine korrekte Kleidung und die Zigarre dienen als Hinweis auf seine

19 In diesem Zusammenhang muss ich Bordwells Bemerkungen widersprechen, dass der Film am Anfang auf Onkel Charlies Wissen beschränkt sei, zu dem der Zuschauer Zugang habe, und dass ihm dieser Zugang erst in einer späteren Szene verweigert werde (1985, 59f). Tatsächlich erfährt man am Anfang zeitgleich mit dem Onkel von der Beobachtung durch die beiden Männer, der allerdings – im Gegensatz zu uns – weiß, weswegen die Polizei hinter ihm her ist.

soziale Lage, die ihn von seiner Umgebung abhebt. Das Nachttischchen befindet sich im Zimmer, damit sowohl das Geld, das von der Kamera fokussiert wird, wie das Glas, das etwas später zum Einsatz kommt, bereit stehen. Die Jalousien sind da, damit die Wirtin sie zuziehen kann, wodurch ein symbolisierender Schatten auf das Gesicht der Hauptfigur fällt. Das Glas dient allein dazu, den unvermittelten Ausbruch von Jähzorn zu demonstrieren, um eine zentrale psychische Eigenschaft von Charles, seine Doppelgesichtigkeit mit ihren Anklängen des Gefährlichen und Krankhaften zu etablieren. Das Fenster ist vonnöten, damit er nach draußen schauen, seine Verfolger sehen und dabei den entscheidenden Hinweis geben kann: «What do you know? You are bluffing. You have nothing on me.» Dem Satz kommt Schlüsselfunktion zu, bestätigt er doch ausdrücklich die Vermutung, dass Charles ein Verbrecher ist, der *weiß*, dass und warum er verfolgt wird. Die Tür wird gezeigt, um den Eintritt der Wirtin vorzubereiten, und schließlich dient sie als Ausgang aus Zimmer und Szene. Dass sie bedeutungsvoll offen bleibt, ist zugleich ein eindeutiger Hinweis: «Mr. Spencer» geht für immer.[20]

An diese Schlüsselszene schließt sich die Verfolgungsszene an, die das Fluchtmotiv etabliert. Dabei wird zugleich die motivische Kette zur Ambivalenz des Charakters weiterentwickelt, indem Eigenschaften wie ‹Unheimlichkeit›, ‹Kontrolle der Situation› und die enigmatische Fähigkeit, sich ‹unsichtbar› zu machen, hervortreten. Denn der Verdächtige verlässt das Haus nicht etwa heimlich und bei Nacht, sondern tritt seinen Widersachern auf offener Straße und scheinbar ruhig gegenüber. Die Annäherung wird von einer Point-of-View-Konstruktion aus Sicht des Verfolgten perspektiviert, der seine Gegner fixiert, während er direkt auf sie zu- und schließlich so dicht an ihnen vorbeigeht, dass er sie fast berührt. Der Einsatz der Musik unterstreicht die Spannung während der Konfrontation der Opponenten. Eine Verkehrung des Rollengefüges: Der Verfolgte kontrolliert die Situation, ein Eindruck, der sich am Ende der Szene bestätigt. Als er seine Verfolger abgeschüttelt hat, wird dies mit einem Blick von oben gezeigt: Die Polizisten wirken wie Ameisen, lächerlich in ihrer vergeblichen Bemühung, ihn aufzuspüren. Die Kamera schwenkt zur Seite und rückt Charles nun selbst ins Bild, wie er auf die beiden herabschaut und dabei gelassen eine Zigarre raucht. Sein Blick wird in Nähe einer das Geschehen

20 John Belton exemplifiziert an eben dieser Szene die narrativ-stilistische Ökonomie des klassischen Hollywood-Kinos, die Bordwell mit der Redeweise vom «Gemacht-zum-Benutzen» auf den Punkt gebracht hat: «By the time Uncle Charlie leaves, every prop and every feature of the room has been used to advance the narrative; the room has been narratively exhausted, so to speak, and it is time to move on to the next space» (1994, 43).

kontrollierenden narrativen Instanz gesetzt. Der Umgang mit dem filmischen Raum und den Blicken dient der Symbolisierung von Machtverhältnissen. Solcher Techniken der ‹Perspektivierung vom Schurken her› hat sich Hitchcock in mehreren seiner Filme (beispielsweise STRANGERS ON A TRAIN, USA 1951) bedient. Er treibt ein Spiel mit dem empathiewilligen Zuschauer und erzielt durch das Angebot des *alignment* mit der Figur (← Kap. 3.8.1 u. 3.8.2), das über die Perspektivierung nahegelegt wird, eine ambivalente Bindung an die zwar narrativ fokussierte,[21] moralisch aber als zweifelhaft einzuschätzende Figur, schwankend zwischen kritischer Distanz und Bewunderung.

Die Flucht wird als Bravourstück gezeigt, das uns – schon durch die Unverfrorenheit und Kaltblütigkeit – Respekt abnötigt. Sterritt (1993, 54) meint gar, die Szene fordere zur Empathie mit dem Schurken geradezu auf, was narrativ befördert werde, wenn auf der Musikspur eine Klarinette aufzulachen scheint. Die Narration macht sich zeitweilig zum Komplizen des diabolischen Protagonisten und lädt den Zuschauer – entgegen allen moralischen Bedenken – zur Übernahme dieser Haltung ein. Das Prinzip narrativer Wahrscheinlichkeit wird zwar mit dem geheimnisvollen Untertauchen aufgegeben, das aber betont gerade die unerklärliche Macht und Gewandtheit, welche die Möglichkeiten normaler Sterblicher übersteigt. Die Figur wird damit hochinteressant, Zentrum der Aufmerksamkeit, der Neugier und der Fragen an die Erzählung. Moralisches Zentrum ist sie gleichwohl nicht und kann dies aufgrund des unheimlichen Verhaltens und der unklaren Rolleneinbindung auch nicht sein. Die Anlage der Figur erschwert den Einblick in den Charakter und damit empathische Prozesse, die sich gemeinhin auf den (vermeintlichen) Protagonisten richten.

In verschiedenen Analysen des Films wird die anfängliche Perspektivierung des Geschehens über die männliche Hauptfigur als Einladung zur «Identifikation» mit dem Schurken angesehen (vgl. etwa Palmer 1987, 38).[22] Dieser Sicht ist entgegenzuhalten, dass die Narration zwar die durch erzählerische Konventionen gestützte Erwartung nutzt, wonach die zuerst

21 Der Arbeitstitel des Films lautete «Uncle Charlie».

22 Robin Wood spricht etwas vorsichtiger von einer «partialen und überaus komplizierten Identifikation mit dem Schurken» (1989, 299, meine Übers.). Um die Handlungsweise der Figur nachzuvollziehen, müssen wir eine Situationsdefinition aus ihrer Warte vornehmen, doch damit wird sie uns weder automatisch sympathisch, noch teilen wir ihre Sichtweise der Welt und ihre Werte, was Bedingung wäre, wenn man von so etwas wie ‹Identifikation› sprechen möchte. Charles wird uns als Interessensfokus angeboten und besetzt in einem formalen Sinn zunächst die Position der zentralen zu empathisierenden Figur, was aber aufgrund des blockierten Zugangs nur bedingt gelingt.

eingeführte, mit Charaktereigenschaften ausgestattete und mit Interesse belegte Figur Protagonist der Geschichte sein dürfte, und dass sie mit dieser Konvention spielt, um diese Figur zum ‹diabolischen Zentrum› zu erheben. Tatsächlich lädt sie weder zur Rollenübernahme ein (wie ‹Identifikation› im küchenpsychologischen Sinn verstanden wird), noch stellt sie Charles als abstoßenden Verbrecher dar, sondern vermeidet dies sogar, indem die Morde auch später nicht gezeigt oder geschildert werden (vgl. Kaufmann 1990, 76).[23] Selbst als seine dunkle Existenz als «Merry Widow murderer» erwiesen ist, bleibt er durch sein unkonventionelles Auftreten, seine Attraktivität, seine schillernde Persönlichkeit, seine Souveränität und das differenzierte Spiel des Darstellers (Joseph Cotten) faszinierend. Gemessen an den Konventionen des klassischen Paradigmas mit seinen klar bestimmten und moralisch eindeutig verortbaren Figuren, bleibt er indes ein ‹unsicherer› Charakter, auf den man sich nicht wirklich ausrichten kann.[24] Eine wie auch immer geartete ‹Identifikation› wird so verhindert.

Dennoch wird die Figur, wie das Ende der Verfolgungsszene deutlich macht, punktuell durchaus mit Sympathie belegt (was wiederum zeigt, dass Empathie und Sympathie, wie in ← Kapitel 3.8.4 dargelegt, unabhängige Vorgänge sind) – so etwa durch die Verweigerung der Normen des Alltags, wie sie von der Wirtin verkörpert werden. Denn diese sind schließlich nicht nur als ‹normal›, d.h. als in Einklang mit den geltenden Moralvorstellungen gekennzeichnet, sondern zugleich als ‹spießig› oder ‹kleinbürgerlich›. In der Kontrastierung der Haupt- gegenüber der Nebenfigur zeigt sich ein ironischer Schulterschluss mit dem Zuschauer. Das Interesse an den Figuren und die Festlegung von Sympathie und Antipathie erfolgt differenziell im sozialen Feld; eine Figur ist nicht isolierbar und an und für sich sympathisch, sondern solche Eigenschaften kommen ihr im Vergleich mit den übrigen Figuren im Handlungsfeld zu, wie oben (← Kap. 3.8.3) mit Bezug auf Lotman, Vernet und Wulff herausgestellt wurde.

Mir geht es nun nicht um den Nachvollzug der Gesamtheit substanziell vergebener Informationen innerhalb der Initialphase oder gar um die interpretative Ausschöpfung der Sinnangebote, sondern vielmehr um die grundlegenden, mit dem Diegetisieren und Narrativisieren verbundenen initiatorischen Strategien. Von daher werde ich im Folgenden punktueller

23 Das Fernseh-Remake unter dem gleichen Titel (USA 1991, Karen Arthur) ist eindeutiger: Es beginnt mit dem Mord nach einem Maskenball. Wir sehen, wie der als ‹Gigolo› gekennzeichnete Mörder sein Opfer, eine deutlich ältere, schwerreiche Frau, zunächst küsst, um dann seine Hände um ihren Hals zu legen. Die Haltung des Zuschauers diesem Protagonisten gegenüber ist von Anbeginn gänzlich anders beschaffen.

24 Telotte (1998) beschreibt die Anlage der Charaktere im Film Noir als ‹unsichere›. In Kapitel 3.8.2 (←) habe ich auf Schick (2008) verwiesen, der die Möglichkeiten empathischer Bindung an solche Charaktere untersucht.

auf einzelne Phänomene eingehen, die entscheidend für den Aufbau erster und grundlegender Hypothesen sind und für die Antizipation des Konflikts, mithin für narrative Vorausschau sorgen. Wenn nach Einführung des Protagonisten sein weibliches Pendant die Bühne betritt, dann ist es das ‹Eingeweihtsein› des Zuschauers in die grundlegenden Eigenschaften und das Verhalten ihres opaken Gegenspielers, das Wissen um das ihm zugeordnete Motiv von ‹Geheimnis›, ‹Macht› und ‹Gefahr›, das es dem Zuschauer ermöglicht, ein multiperspektivisches Situationsmodell zu generieren und damit den sich anbahnenden Konflikt vorauszusehen.

Die Nichte Charlie wird eingeführt über ihre Sehnsüchte und den starken Wunsch, eine Veränderung ihrer Situation herbeizuführen. Von ihr geht der Impuls zum Durchbrechen des Äquilibriums und damit die *Handlungsinitiative* aus, was sie vom Rest der Familie absetzt und gegenüber den übrigen Mitgliedern profiliert. Ihre Absichten und Intentionen sind vordergründig auf das Wohl Anderer gerichtet (in erster Linie auf das der Mutter), was sie als prosozialen Pol ausweist und sie (neben weiteren Eigenschaften) spontan sympathisch macht. Im Gegensatz zum undurchsichtigen Onkel, über dessen Beweggründe jenseits seines Wunsches zu entkommen wir wenig sagen können, tritt sie uns als ‹lesbarer› Charakter entgegen, dessen Eigenschaften, Sehnsüchte, Gefühlslagen, Gedanken unmittelbar im Dialog und über Verhaltensbeobachtung zugänglich werden und dessen Werte und Lebensauffassung wir zu teilen eingeladen sind.

Die Familienmitglieder werden als Nebenfiguren weniger entfaltet und vorrangig über typische Züge und soziale Rollen eingeführt: der Vater als kleiner Bankangestellter, der eine Leidenschaft für Mordgeschichten hegt; die Mutter als Glucke der Familie, die in ihrem Haushalt eingespannt ist und nostalgisch auf ihre Jugend zurückblickt; Ann mit ihrer Brille ist ein altkluger ‹Bücherwurm›; Roger das kaum profilierte Nesthäkchen. Insgesamt sind sie als – liebevoll gezeichnete – Karikaturen angelegt, formen ein Zerrbild der «average American family», die Gegenstand ironischer Bezugnahme ist (mit der Entfaltung der erzählten Welt setzt zugleich ein im Hintergrund mitlaufender Diskurs über Familie, Sexualität und Moral in den USA ein). Eingeführt werden die Figuren durchweg über ihre kleinen Schwächen, so ist ihnen gemeinsam, dass sie einander nicht wirklich zuhören, sondern in ihre jeweiligen Welten versunken bleiben. Insgesamt erscheint die Familie als Konstellation übersummativ gegenüber ihren einzelnen Mitgliedern. Sie bildet die Kulisse, von der Charlie als handlungsmächtige Figur abgesetzt werden kann.

Die siebte Szene, in der die ganze Familie erstmals gemeinsam auftritt, etabliert die Topik-Reihe gestörter Kommunikation, die genutzt wird, um Retardierungen im Informationsfluss zu gestalten. So wird die Nachricht vom Eintreffen des Onkels durch eine Kette von Störungen verzögert und dadurch zusätzlich mit Aufmerksamkeit belegt, weil die Familienmitglieder sich gegenseitig unterbrechen oder einander Ratespiele aufgeben, statt auf direktem Wege zu sagen, was zu sagen ist: Zunächst macht Charlie ihren plötzlichen Einfall, ein Telegramm an den Onkel zu schicken, zu einem Ratespiel für die Mutter, deren Nachdenken durchkreuzt wird durch den hereinstürmenden Sohn, der ihr ein anderes Ratespiel aufnötigt; danach unternimmt Ann den Versuch, die Nachricht vom Telegramm als Rätsel zu gestalten, scheitert damit aber an der zerstreuten Mutter; beim Telefonieren redet diese gleichzeitig mit den Anwesenden im Raum; dann wirft Ann Kommentare zum Telefonverhalten der Mutter ein; diese kommt bei ihrem Gespräch vom Thema ab und erfasst die Information nicht sogleich – erst nach einer Kette von Umwegen kommt die Nachricht vom bevorstehenden Besuch bei der Familie an. Die Inszenierung der Retardierungen ist komisch gehalten, sie kennzeichnet die Familie als chaotische Versammlung von Solipsisten. Unterstrichen wird die Sonderstellung Charlies, die als empathisches Zentrum angeboten wird. Zugleich wird deutlich, dass diese Familie dem undurchsichtigen und souverän agierenden Schurken wenig entgegenzuhalten hat.[25]

Die topografische Gliederung der Räume und, darauf aufbauend, die topologische Gliederung der erzählten Welt wird, so habe ich formuliert, im soziometrischen Verhältnis der Figuren aufgenommen: Der kriminelle Einzelgänger trifft auf die ‹amerikanische Durchschnittsfamilie›, Vertreter eines kleinstädtischen Mittelstands – die tägliche (ehrliche) Arbeit, der Alltag und seine kleinen Freuden (darunter fällt auch das Nachsinnen des Vaters über den «perfekten Mord», eine ironische Geste, da er zugleich blind ist für den Mörder im eigenen Haus), Normen wie die Tabuisierung des Redens über Geld, die selbstverständliche Religiosität oder die Kopplung von Sexualität an die Ehe, welche unausgesprochen den Wertehorizont der Erzählung bilden. Onkel Charlie flüchtet nicht bloß aus der Großstadt in die *small town*, sondern implantiert sich in eine andere, konträre ethisch-moralische Orientierung. Der Binarismus der erzählten Welt spitzt sich mit dem Wissen um die einander zuwiderlaufenden Ziele und Motive der beiden Charlies zum antagonistischen Spannungsverhältnis zu. Die topologische Gliederung fundiert den grundlegenden narrativen Konflikt, aber: die Konfliktlinien verlaufen nicht so eindeutig,

25 In den Weitererzählungen wird Ann eine bedeutendere Rolle eingeräumt, als ihr später tatsächlich zukommt. Dazu ist anzumerken, dass sie durch die Szene mit dem Telegramm einen ‹starken Auftritt› hat, bevor Charlie exponiert wird, und dass ihre altkluge Art vielleicht zunächst als ‹überragende Intelligenz› lesbar ist, auch wenn sie sich durch ihre Lesewut eher von der Welt isoliert.

wie es scheinen mag. Tatsächlich erfordert die narrative Antizipation ein vielschichtiges Kalkül.

Denn das Verhältnis der beiden Hauptfiguren lässt sich nicht schlichtweg als eines von Protagonist und Antagonist beschreiben, sondern ist komplexer strukturiert, verbindet es doch zwei gegenläufige Beziehungsaspekte: zum einen den scharfen *Kontrast*, der sich im Dualismus zweier höchst unterschiedlicher Figuren mit gegensätzlichen Charakterzügen, divergierenden Handlungsplänen und Vorstellungen in Bezug aufeinander sowie in ihrer sozialen Einbindung und moralischen Ausrichtung abzeichnet; zum anderen den *Zusammenschluss* der beiden, die über den gemeinsamen Vornamen, die parallel gebaute Annäherung, die ähnlich angelegte Dialogszene sowie über das Motiv der Telepathie zum Ausdruck kommt. Charlie liegt bei ihrer Einführung fast kongruent zum Onkel auf ihrem Bett, ein räumliches Moment, das als Ausdruck der Aufeinanderbezogenheit der beiden gewertet werden kann. Wenn im Gespräch von Vater und Tochter Charlies Problem exponiert wird, als dessen Lösung ihr kurz darauf der Onkel erscheint, so wird bereits über die Organisation der Szene an ihn erinnert.

Indem wir die Charaktere in Beziehung zueinander setzen, greifen wir auf die Erzählkonventionen des klassischen Paradigmas zurück: Hollywood-Filme weisen für gewöhnlich eine *double plot structure* auf, der Haupthandlungsstrang ist durchwoben mit einer Liebesgeschichte zwischen männlicher und weiblicher Hauptfigur (vgl. Bordwell/Staiger/Thompson 1985, 16f). Der naheliegende Versuch, die beiden über das Stereotyp der «heterosexual romantic love» (ibid., 16) zu verklammern, wird über die auffallenden Parallelen unterstützt, während er durch die Anlage des Protagonisten und, ganz wesentlich, aufgrund gesellschaftlicher Normen – das Inzest-Verbot – moralisch höchst fragwürdig ist.[26] Deutlich ist, wie mit den narrativen Erfahrungen, dem Wissen um soziale Normen und den daraus ableitbaren Erwartungen des Zuschauers kalkuliert wird. Der Fortgang der Geschichte stellt, wie oben beschrieben (← Kap. 3.8.5 u. 3.8.7), eine Realisierungsmöglichkeit innerhalb eines «structured set of possibilities» (Carroll 1988, 172) dar, und in dieses Kalkül narrativer Wahrscheinlichkeit fließen ganz unterschiedliche Wissensformen ein, darunter eben auch das Wissen um gesellschaftliche Normen.

Über Charlies Redeweise von Familie als «the most wonderful thing in the world» wird verdeutlicht, dass ihr Wunsch nach Durchbrechen des

26 McLaughlin behauptet sogar: «In these early scenes, this coupling of the two characters lying in beds separated by a continent is the most striking indication of the relationship that exists between them; there is a sly hint that what Charlie and her uncle are thinking about while lying in bed is of the other in bed, i.e. of being with the other in bed» (1986, 142).

anfänglichen ‹Äquilibriums› (das hier in der Tat weniger als ausbalancierter Zustand denn als Mangel empfunden wird) das Ideal von der heilen Familie nicht angreift, sondern sich im Gegenteil gerade auf Erfüllung dieser Utopie richtet. Damit ist das konventionelle Happy End trotz der Irritationen durch die Figurenkonstellation, wie im Hollywood-Kino üblich, im Anfang angelegt. Die Narration kalkuliert indes mit einem Zuschauer, der die Doppelbödigkeiten, Genremischungen und notwendigen Umwege zum erwartbaren Happy End mitvollzieht.[27]

Nimmt man, wie oben (← Kap. 3.1) vorgeschlagen, Narration als Fluss und Regulation von Wissen (ohne damit der Vernachlässigung der Erlebensdimension mit ihren emotiven Anteilen das Wort zu reden), so hat die Untersuchung der spezifischen Organisation des *narrative flow* im Zentrum der Analyse zu stehen: die Techniken und Strategien, Zugang zum Wissen der Figuren und der narrativen Instanz zu gewähren oder auch diesen Zugang zu blockieren, mithin die Form der narrativen Didaxe, die für Lenkung der Hypothesenbildung und Verwicklung in die Geschichte sorgt.

Von dieser Perspektive aus stellt sich das Spannungsverhältnis zwischen den Hauptfiguren nicht einfach als Resultat der Konfrontation dar, sondern lässt sich beschreiben über die Art und Weise, mit der die Einweihung des Zuschauers in diese Pläne betrieben wird. Herausgestellt wird die *Reziprozität der Perspektiven* von Onkel und Nichte: Beide haben divergierende Entwürfe voneinander. Wo sie für ihn nur ein hübscher, naiver Backfisch ist (womit er ihre Intelligenz unterschätzt), nimmt sie ihn als unkonventionellen, bewundernswerten Menschen, gar als eine Art Erlöser wahr und muss (wie der Zuschauer, der allerdings einen kleinen Wissensvorsprung hat) erst lernen, die Hinweise richtig zu deuten und seine wahre Identität zu erschließen. Diese divergierenden Perspektiven sind gewissermaßen ‹von innen her› zu bestimmen, um die unterschiedlichen Situationsdefinitionen der Charaktere miteinander zu verrechnen.

Die Prot- und Antagonisten-Struktur und der narrative Konflikt liegen in dieser Reziprozität des Wissens und dem Widerspruch der unausgesprochenen Handlungsziele der Figuren begründet. Ungewöhnlich an dieser Konstruktion ist nicht allein ihre Latenz, sondern auch, dass der Antagonist zuerst eingeführt wird, die Geschichte zunächst als die seine beginnt, und dass er trotz seiner Ambivalenz und Opazität mit einiger Sympathie betrachtet wird, bevor die Fokusverschiebung zur prosozialen und sympathischen Protagonistin erfolgt (und der Zuschauer sich neu

27 In den Weitererzählexperimenten wird übrigens grundsätzlich ein (ironisches) Happy End entworfen, mal mit, mal ohne den Onkel.

auszurichten hat). Der Film spielt mit den Konventionen der Figureneinführung und umstandslosen Fokussierung auf den positiven ‹Helden› im klassischen Kino, sorgt für nachhaltige erste Eindrücke vom Antagonisten, der als drohender Schatten präsent bleibt, während die übrigen Figuren seiner Ankunft mit ganz anderen Projektionen und Hoffnungen entgegensehen.

In Anschlag zu bringen ist dabei auch das Wissensgefälle gegenüber der narrativen Instanz, die Warnhinweise vergibt und damit ihre Macht und ihren Überblick über die Geschichte hervorkehrt. So ist die langsame Überblendung von der überglücklichen Charlie, die gerade vom Besuch des Onkels erfahren hat und wie im Dankgebet «He heard me, he heard me!» spricht, auf die Räder einer gewaltigen, sich bedrohlich nähernden Lokomotive ein Hinweis auf das ‹bessere Wissen› der narrativen Instanz, die ihren Figuren (und dem Zuschauer) voraus ist. Ähnlich zu werten ist die Musik zu Beginn, die eine Brücke schlägt zwischen der Walzer-Welt und der Welt des Protagonisten. Die Natur dieser Verbindung bleibt zunächst unklar und sorgt für ein latentes Gefühl des Nicht-Ausbalancierten, weil die notwendige Information fehlt. An die Lücke wird rückerinnert, wenn Charles, hinter der Gardine verborgen, mit Blick auf die beiden Männer den oben zitierten Schlüsselsatz spricht. Das erneute Erklingen der modulierten, ominös verfärbten Titelmusik ist gleichfalls ein reflexiver Hinweis auf die narrative Instanz, die zwar über Wissen verfügt, dieses aber (noch) nicht mit uns teilen will.

4.5 Resümee: Initiation und narrative Didaxe

Die Initialphase von SHADOW OF A DOUBT bewegt sich mit ihren Strategien des ‹Auslegens der Spuren› innerhalb des Sets an Eröffnungsverfahren und der Etablierung der Geschichte, wie sie das klassische Hollywood-Kino entwickelt hat. Sie sorgt für umstandslose Orientierung in der erzählten Welt und führt zum Ausgangspunkt der Handlung, wartet mit einer großen Dichte von Informationen auf, benutzt auch das Mittel expositorischer Darlegung im Dialog, um erste figuren- und handlungsbezogene Hypothesen zu ermöglichen. Spürbar ist die Kontrolle und Lenkung durch die narrative Instanz, die den Zuschauer gewissermaßen an die Hand nimmt und ihn diese Macht – zuweilen augenzwinkernd – spüren lässt.

Expositorische Anteile erweisen sich als geschickt mit der Handlung verwoben, keinesfalls sind sie eine Bürde, welche die Narration möglichst schnell und unauffällig hinter sich zu bringen hat; eher schon gestalten sie sich als narratives Spiel, das komische Züge trägt und als ironischer Zugriff des Erzählers auf die von ihm strukturierte Welt genommen werden kann. Einerseits zielen die ‹Beibringestrategien› auf stringenten Zugewinn an benötigten Informationen, andererseits wird darüber zugleich eine Wissenslücke markiert und als zentrale Frage ausgewiesen, als Rückgrat des einsetzenden Frage-und-Antwort-Spiels.

Der Zuschauer wird initiiert und eingeübt in die Form narrativer Didaxe, die diskursiven Strategien, die ihn «Schritt für Schritt» durch die Geschichte führen. Die narrative Instanz gibt sich zu erkennen als eine, die bereitwillig Informationen verteilt, also – in Bordwells Terminologie – «hoch kommunikativ» ist, die aber relevante, vom Zuschauer nachgefragte Informationen vor allem expositorischer Art zunächst strategisch zurückhält und darüber das narrative Wissensgefälle als Teil des Spiels etabliert. Er kann jedoch sicher sein, dass die Erzählung ihn schrittweise der Lösung näherbringt.

SHADOW OF A DOUBT initialisiert das Krimi-Schema und weicht zugleich – wie bei Hitchcock üblich – vom verbreiteten Subschema des Whodunit ab, indem er von Anbeginn nahelegt, dass die Hauptfigur ein Täter ist. Was aber genau ihm zur Last gelegt wird, Natur und Ausmaß des Verbrechens, seine Persönlichkeitsstörung und Gefährlichkeit, das ist Gegenstand rezeptiver Auseinandersetzung, Teil des erzählerischen Angebots, das für später in Aussicht gestellt wird. Die Initialphase spielt mit den Konventionen des Systems und des Genres, wie an der Irritation der Erwartungsbildung durch die anfängliche ‹Perspektivierung vom Schurken› her, die Anlage seines Charakters als schillernd und der Belegung mit Sympathie gezeigt wurde. Als ungewöhnlich erweist sich der Filmanfang auch insofern, als er dem Krimi-Genre das des *small town film* kontrastiert und dem narrativen Diskurs einen thematischen zugesellt, der die Ideologie der amerikanischen Gesellschaftskonzeption berührt (vgl. Freedman/Millington 1999, 3ff).

Die Funktionen der Initialphase sind keinesfalls, wie dies anhand des verschiedene Schichten und Register umfassenden Initiationsmodells herausgearbeitet und durch die am Beispiel beschriebenen initiatorischen Strategien bestätigt wurde, auf die Orientierung in der erzählten Welt und die Initialisierung der kausalen Kette reduzierbar und die Aufgaben des Zuschauers dementsprechend nicht auf Konstruktion der *fabula*. Ersichtlich ist, dass das Auslegen der Spuren, die Beförderung und Lenkung der diegetisierenden und narrativisierenden Prozesse weiterreichende semantische Implikationen zeitigen. Mit dem Etablieren der erzählten Welt entfaltet SHADOW OF A DOUBT ein Gewebe von Parallelismen, Kontrapunkten, narrativen Vorankündigungen, von einander durchdringenden Diskursen um Familie, Amerikanismus, Sexualität,[28] gestaltet Ambivalenzen der erzählten Welt, bricht diese ironisch und hinterfragt so das Bild der *small town*, auf das er sich bezieht.[29]

Es zeigt sich, auf welch verschiedenen Ebenen unsere Verstehensleistungen und Sinnbildungen herausgefordert sind. Das Geschichtenverstehen ist gebunden an die Ausfaltung der Charaktere, erfordert das Erschließen unterschiedlicher Situationsdefinitionen und situativer Bedeutung für die verschiedenen Figuren und unterschiedliche, einander auch zuwiderlaufende Formen der Bindung an diese, darunter auch solche ethisch-moralischer Art. Es erfordert das Kalkül mit Figurenkonstellationen, mit narrativen *scripts* und Konventionen, den Rekurs auf die Intentionen und Wirkabsichten des impliziten Autors, aber auch auf kulturelles und soziales Wissen.

Initiation ist ein phasischer Prozess, der sich als sukzessive Zunahme von Wissen und ‹Eingeweihtsein› in das Geschehen und als narrative Lenkung der Erwartungen und Hypothesen beschreiben lässt. Er setzt keinesfalls erst mit Auftreten der Figuren und Beginn der Handlung ein; im vorliegenden Fall werden bereits mit der enigmatischen Titelsequenz, der Orientierung im Handlungsraum und der Annäherung an die Hauptfigur das Interesse geweckt und narrative Fragen aufgeworfen.

Im nächsten Kapitel wird kontrastiv ein Filmanfang untersucht, der andere Beibringestrategien aufweist und auf den expositorischen Gestus sowie die dezidierte Anleitung des Publikums weitgehend verzichtet. Das initiatorische Programm ist denn auch anders beschaffen als in SHADOW OF A DOUBT.

28 Die Komplexität des Films betont auch Rothman: «[...] getting to know SHADOW OF A DOUBT is partly a matter of coming to recognize how every line of dialogue is charged with multiple meanings and functions, how it participates in the film's philosophical discourse and in a system of anticipations that both serves and undermines the suspense» (1982, 185).

29 Hitchcock begründet mit SHADOW OF A DOUBT bereits eine Kritik an der Ideologie der amerikanischen *small town*: indem er sie ironisiert und sich außerdem für ihre dunkle Seite interessiert. Er schafft damit einen Anknüpfungspunkt für einen Film wie David Lynchs BLUE VELVET (USA 1986), der mehr als 40 Jahre später diese Dekonstruktion weitertreibt und auf die systematische Infragestellung der Idylle (und der Ideologie der Idylle) zielt.

5. Initiation in konfrontativen Dramaturgien: Takeshi Kitanos HANA-BI

Jeder Film, unabhängig von der Erzählform, entfaltet am Anfang sein spezifisches initiatorisches Programm – diese These habe ich oben in Auseinandersetzung mit tradierten Konzepten von ‹Exposition› gewonnen und an kursorisch herangezogenen Beispielen illustriert. Nachdem im letzten Kapitel Strategien der Etablierung und Ausfaltung der erzählten Welt, der Figureneinführung und -charakterisierung sowie der Vorbereitung des Konflikts im klassischen Paradigma eingehend beschrieben wurden, möchte ich im Folgenden wiederum an einem exemplarischen Filmanfang genauer darlegen, wie sich die Initiation oder, mit der Metapher vom Anfang als ‹Gebrauchsanweisung› (← Kap. 2.7) gesprochen, die ‹Einübung› des Zuschauers in die filmische Form vollzieht, wenn der orientierende, expositorische und insgesamt der ‹beibringende› Gestus zurückgenommen ist, wenn der Film eine weniger dezidierte Form der Initiation aufweist und sich ‹schwieriger› gibt. Als Beispiel dient Takeshi Kitanos HANA-BI (HANA-BI – FEUERBLUME, J 1997), ein Film mit eigenwilliger Erzählweise – er weicht vom klassischen Paradigma ab, lässt sich aber auch schwer in die Traditionslinie des japanischen Kinos stellen, sondern changiert zwischen verschiedenen Genres, narrativen Modi und Stilistiken und verwebt seine Geschichte mit einem komplexen motivisch-thematischen Diskurs.[1] Ich werde zeigen, wie sich hier die Suche nach Information gestaltet, wie andere Erzählstrukturen neben der kausalen Kette der Ereignisse in den Blick geraten und für Orientierung im Wahrnehmungsangebot sorgen und wie sich dadurch auch Aufmerksamkeit und Interesse verschieben. Nachgezeichnet werden soll die Form der narrativen Didaxe in expositionslosen Formen, in Filmen also, die ihren Zuschauer nicht an die Hand nehmen, sondern schlichtweg anzufangen scheinen.

Den Anfang von HANA-BI betrachte ich als ein Beispiel für solche, wie ich sie nenne, *konfrontativen Dramaturgien*, d.h. für narrative Formate, die, wie eben geschildert, ihre Geschichte weniger vorbereiten und einführen, als dass sie das Publikum dem Geschehen und der filmischen

1 Eine frühere Fassung dieser Analyse unter dem Titel «Initiation und Rezeptionssteuerung in Takeshi Kitanos HANA-BI. Bahnung des Verstehens über die Geschichte hinaus» ist erschienen in Frieß/Hartmann/Müller 2001, 95-114. Für den vorliegenden Argumentationszusammenhang wurde sie grundlegend überarbeitet. Mit Dank an Alexander Beyer für die Anregung zur Beschäftigung mit diesem Anfang.

Form gegenüberstellen. Darlegen werde ich an diesem besonderen erzählerischen Modus, der auch mit Momenten von Irritation und dem Durchkreuzen von zugrundegelegten Schemata und entsprechender Erwartungen einhergeht, welche Verstehensangebote der Film macht, auf welch verschiedenen Ebenen textueller Verfasstheit er sich ‹zu verstehen gibt› und eine spezifische Form der Teilhabe in kognitiver, aber auch in emotionaler Hinsicht nahelegt. Gezeigt wird, wie die Initialphase die besondere Erzählweise und die (wechselnden) informationellen Strategien des Films etabliert, wie er bestimmte Zugangsweisen anregt, andere erschwert oder auch blockiert.

Die Analyse dieses Anfangs soll die innerhalb dieser Studie wiederholt formulierte These stützen, dass sich die Prozesse des Filmverstehens keineswegs in der Fabelkonstruktion erschöpfen, sondern dabei weitere Aspekte und Dimensionen der Initiation zum Tragen kommen, wie sie in Kapitel 3 (←) theoretisch herausgearbeitet wurden. Mein Hauptaugenmerk richtet sich auf den narrativen Modus, den Stil sowie auf das umgreifende Thema des Films, das in Form motivischer Reihen parallel zur Handlungslinie entwickelt wird, die erzählte Welt als vielschichtiges Diskursuniversum profiliert und dazu beiträgt, die melancholische Grundstimmung zu etablieren. Nahegelegt wird eine andere Form der Ausrichtung auf die Fiktion. Anders als bei der Analyse der Initialphase von Shadow of a Doubt werde ich hier nicht Schritt für Schritt den Fluss der Informationen und die Lenkung der Aneignungsprozesse nachzeichnen, sondern schlaglichtartig vor allem solche initiatorischen Funktionen beleuchten, die Register oberhalb der Handlungsebene berühren.

Hana-bi steht in der Reihe von Kitanos Yakuza-Filmen.[2] In Venedig wurde er 1997 mit einem «Goldenen Löwen» ausgezeichnet und machte Kitano als japanischen *auteur* in Europa bekannt, der für Buch, Regie und Schnitt verantwortlich zeichnet und selbst die Bilder malt, die in seinen Filmen zu sehen sind.[3]

2 Sono otoko, kyôbô ni tsuki (Violent Cop, J 1989), 3-4 x jûgatsu (Boiling Point, J 1990), Sonatine (J 1993) und die Co-Produktion Brother (USA/GB/J 2000).

3 In Japan war Hana-bi, wie auch die anderen Kinofilme Kitanos, ein kommerzieller Misserfolg, was vermutlich mit dem Gegensatz der sperrigen und langsamen Filme zu Kitanos populärem Fernsehimage zu tun hat (Kitano verantwortet unter dem Namen Beat Takeshi, den er auch als Schauspieler in seinen Filmen führt, mehrere Fernsehshows gleichzeitig. Er ist in Japan nahezu täglich im Fernsehen zu sehen, als TV-Comedian, Quizmaster, Talkshow-Host, Schauspieler, daneben schreibt er Kolumnen für große Tageszeitungen und hat seit einigen Jahren auch Erfolg als Maler; vgl. Möller 1998). Dieser Hinweis auf den Misserfolg im Entstehungsland dient mir als Entkräftung des Einwandes, die Filme seien hierzulande nicht verstehbar, weil sie einem anderen Kulturkreis entstammen: Ich denke, ihr Erfolg in Europa deutet darauf hin, dass sie sehr wohl verstanden werden, und Kitano hat auch in Interviews wiederholt darauf hingewiesen, dass er seine Filme inzwischen dezidiert für den europäischen Markt konzipiert.

Eine kurze Plotsynopse soll auch in diesem Fall das Verständnis der nachfolgenden Ausführungen erleichtern:

HANA-BI erzählt vom Polizisten Nishi als einem, der vom Tod umfangen ist: Vor einiger Zeit starb sein Kind, nun ist seine Frau an Leukämie erkrankt und hat nicht mehr lange zu leben. Während er sie im Krankenhaus besucht, wird sein Kollege und langjähriger Partner Horibe von einem Gangster niedergeschossen und ist danach querschnittsgelähmt, ein anderer Kollege kommt bei der Verhaftung des Täters ums Leben. Nishi quittiert seinen Job, holt seine Frau aus dem Krankenhaus und entschließt sich zu einer gemeinsamen Reise. Er frisiert ein Taxi zu einem Polizeiwagen um, zieht noch einmal seine alte Uniform an und überfällt eine Bank. Mit dem Geld begleicht er seine Schulden bei den Yakuza, einen Teil lässt er der Witwe des ermordeten Kollegen zukommen. Und seinem ehemaligem Partner Horibe, der jetzt, verlassen von Frau und Tochter, am Meer wohnt und aus Verzweiflung und Einsamkeit einen Selbstmordversuch unternommen hat, schickt er Malutensilien.
Horibe beginnt zu malen, während sich das Paar auf eine Reise quer durch Japan begibt: zum Fujiyama, zu Tempeln, in die schneebedeckten Berge, schließlich ans Meer. Dabei sind ihnen einerseits die geldgierigen Yakuza auf der Spur – Nishi bringt kurzerhand einen nach dem anderen um –, andererseits die ehemaligen Kollegen. Als sie ihn am Meer stellen, bittet Nishi um etwas Zeit und erschießt dann seine Frau und sich selbst. Während all dessen durchbrechen Horibes farbenprächtige, naive Bilder rhythmisierend die Handlung, nehmen wie in einer Symbiose Bezug auf die Stationen der Reise und das ablaufende Leben des Paares.

5.1 Eigenwillige Form und narrative Divergenz

Eine vermeintlich einfache Geschichte von einem, der sein altes Leben hinter sich lässt und zu einer Reise aufbricht, von der er nicht mehr zurückkehren wird. Nur wird sie nicht in dieser Simplizität und Linearität erzählt, sondern der Plot entfaltet sich in zeitweilig verwirrender Achronologie, wobei die temporalen und kausalen Beziehungen zwischen den Handlungsabschnitten systematisch heruntergespielt und verunklärt werden. Der Plot wird auf zwei verschiedenen Zeitebenen dargeboten, deren Verhältnis zueinander zunächst unbestimmt bleibt. Die beiden Zeitebenen entwickeln sich parallel; Indikatoren, die auf eine Flashback-Konstruktion

Außerdem: Es geht mir keinesfalls um die Erschließung der ‹adäquaten› Lektüre durch einen ‹idealen› Zuschauer, sondern genereller um die textuelle Ermöglichung von Filmverstehensprozessen.

deuten und das achronologische Erzählen über psychologische Prozesse des Erinnerns motivieren würden, fehlen. Dazu kommt, dass die Gegenwartsebene mit kurzen, schwach indizierten Erinnerungsflashbacks des Protagonisten durchsetzt ist, mit denen sich ein traumatisches Handlungsereignis vom Ende der Vergangenheitsebene sukzessive vervollständigt: Bei der Verhaftung des Gangsters wird Nishi niedergeschlagen und muss, kurzzeitig außer Gefecht gesetzt, mitansehen, wie einer seiner Kollegen erschossen, der andere schwer verwundet wird. Nishi tötet den Mörder mit einem gezielten Kopfschuss und feuert dann sein gesamtes Magazin auf die Leiche ab.

Die Erinnerungsfragmente dieses Erlebnisses werden in den Flashbacks wiederum achronologisch dargeboten.[4] Die beiden Erzählstränge fügen sich erst nach etwa 35 Minuten zusammen. Dann erst lässt sich die Handlungsvergangenheit in ihrer Ganzheit erschließen, lassen sich beide Zeitebenen integrieren. Das Verstehen der puzzleartigen Erzählstruktur wird zusätzlich dadurch erschwert, dass der Film die Vergabe von Zeitindikatoren verweigert und beide Handlungsstränge von zahlreichen Ellipsen durchsetzt sind – und zwar sowohl zwischen den Szenen und Sequenzen als auch innerhalb von Szenen. Statt den Zuschauer in Raum, Zeit und Handlung zu orientieren, arbeitet die Initialphase mit Techniken der *Desorientierung*, wie sich in der rätselhaften und verwirrenden Darbietung der Handlungsfragmente zeigt.

Mit dem Etablieren solcher Verfahren fundiert und bahnt die Initialphase von HANA-BI einen Lektüreprozess, den ich mit Tony Ryans (1997a, 28) als «process of discovery» bezeichnen möchte – ein phasisches, tastendes, vielschichtiges und latent unsicheres Unternehmen.

Die Initialphase sorgt aber für Irritation nicht allein dank der achronologischen und verschachtelten Darbietung der Handlungsteile, sondern auch durch ein Nebeneinander divergierender narrativer Modi und eigenwilliger stilistischer Verfahren, welche die Aufmerksamkeit beanspruchen. Das folgende Einstellungsprotokoll von Titelvorspann und erster Szene (von dem Segment also, das narratologisch gemeinhin als ‹Anfang›, ‹Ouvertüre› oder auch ‹Prolog› gefasst wird) soll helfen,

4 Kitano auf die Frage, warum der Film im Unterschied zu den Vorgängern mit derart verschachtelten Zeitebenen arbeitet: «Ursprünglich dachte ich daran, alle Rückblenden in einen Block zu packen und den Rest dann in der Gegenwart stattfinden zu lassen. Während der Schnittphase wurde mir jedoch klar, daß eine derartig lineare Erzählstruktur weit weniger interessant sein würde – zumindest für meinen Geschmack. Damit begann jedoch ein Alptraum: Ich mußte den Film um die vierzehn Male umschneiden, bis ich schließlich bei der heutigen Fassung angelangt war. Es ist eigentlich gar nicht meine Absicht gewesen, den Film mit einer komplexen Zeitstruktur zu versehen. Sie hat sich während des Schneidens dahin entwickelt» (Stodolka 1998, 27).

die verwirrende Erzählweise und die – in Kitanos eigenen Worten – «mathematische Montageform» (Ryans 1997b, 29) zu veranschaulichen, bevor ich auf einzelne initiatorische Momente und Funktionen näher eingehe:

Titelvorspann (unterlegt mit melancholischer Musik von Klavier, Streichern und Harfe):
Firmenlogo: «Office Kitano»
Zunächst Titelvorspann in traditioneller Form, Credits in weißer Schrift auf schwarzem Grund.
#1: Zeichnung eines halb aufgeschlagenen Drehbuchs, «Vol. 7» als Schrift auf dem Umschlag.
#2: Zeichnung eines Engels [Überblendung zu:]
#3: Zeichnung des Engels vervollständigt, jetzt vor farbigem Hintergrund mit Blüten, Kamera fährt zurück, leichte Drehung; neben der Zeichnung weitere Credits.
#4: Farbige Zeichnung: rote und rosafarbene Rhododendronblüten, darauf eine geschwungene Notenrolle; Einblendung weiterer Credits.
#5: Farbige Zeichnung wie von Kinderhand auf schwarzem Karton: eine Familie (Vater, Mutter, Kind) bewundert ein Feuerwerk am nächtlichen Himmel; Einblendung des letzten Credits.
Eröffnungsszene
#6: Blauer Himmel mit Wolken (darunter weiterhin die melancholische Titelmusik)
#7: [Nah:] Zwei junge Männer in Arbeitskleidung (einer im Bildvordergrund, der andere als Beobachter dahinter) stehen vor einem Auto und blicken nach vorn, Richtung Kamera.
#8: [Gegenschnitt, nah:] Ein Mann mit Sonnenbrille [Nishi, gespielt von Kitano] blickt starr geradeaus (auf den vorderen Mann). Blick nach unten als Übergang zu #9
#9: [Sein PoV:] Essensreste und Getränkeflaschen auf dem Kühler des Autos.
#10: [Wie #8:] Blick des Mannes zurück auf den Jungen. Merkwürdig unpassender Gesichtsausdruck: nachsichtig, väterlich?
#11: [Panorama-Aufnahme:] Blick auf die gesamte Szenerie: Das Auto und die drei Akteure am Rande eines Parkdecks vor großstädtischem Wohngebiet, so weit entfernt, dass sie kaum zu erkennen sind.
#12: [Detail, sehr kurz:] Griff in die Hosentasche, ein Gegenstand [nicht sichtbar] wird herausgezogen. Dazu Geräusch wie von einem Reißverschluss, nicht bildsynchron.
#13: [Ähnlich wie #7, aber überaus kurz:] Die beiden Typen mit finsterem, reaktionslosem Gesicht.

#14: ‹Flatschendes› Geräusch, zugleich Abbruch der Titelmusik. Blick durch die Windschutzscheibe nach draußen: Ein Lappen klatscht auf die Scheibe, der Punk im Blaumann putzt eifrig den Wagen. Nishi im Hintergrund schaut zu. [Zeitliche Ellipse zwischen #13 und #14.]

#15: [Totale der Szene aus einer anderen Perspektive:] Der Typ auf dem Wagen, weiterhin putzend, der andere als Zuschauer dahinter, Nishi beobachtend am rechten Bildrand. Der Typ rutscht von der Kühlerhaube herunter, Nishi versetzt ihm einen zusätzlichen Tritt. Keine Musik unter dieser Einstellung. [Überblendung zu #16:]

#16: [Wiedereinsatz der Musik. Panorama der Stadt von oben:] Eine Brücke spannt sich über einen breiten Fluss. Autos fahren über die Brücke. Schwenk der Kamera nach rechts. Einblendung des Haupttitels [Kalligrafie in roter Farbe:] HANA-BI.

#17: Wieder der Parkplatz. Schriftzeichen auf dem Boden: «Stirb» [Überblendung zu #18:].

#18: [Sehr lange Einstellung, grafische Verbindung zwischen #17 und #18:] Küstenstraße. Nishis Auto kommt ins Bild, fährt in den Hintergrund. Schwenk nach oben: blauer Himmel mit weißen Wolken [ähnlich #6].

Die Eröffnungsszene mit der Auseinandersetzung auf dem Parkdeck: 13 Einstellungen, die in äußerster Verknappung eine einfache und ihrem Grundmodell nach sattsam bekannte Kleinsthandlung, eine gewalttätige Konfrontation, repräsentieren. Der Konflikt liegt auf der Hand, der Ablauf ist klar, und dennoch irritiert die Szene. Der Film konfrontiert den Zuschauer unvermittelt mit einem Geschehen, das bereits im Gange ist, versetzt ihn mitten in eine Situation und verzichtet auf jedwede Form der Einführung: weder in die Geschichte, die hier (vermeintlich) beginnt, noch in die Szene selbst. So gibt es keinen orientierenden *establishing shot*, und die ‹nachgereichte› Panorama-Aufnahme des Parkdecks ist eher von desorientierender Wirkung, sorgt doch der extreme Sprung zwischen den Distanzen für einen perzeptiven Schock und erfordert eine Neuverortung im Handlungsraum.

Durch den Wegfall des Dialogs verzichtet der Film auf ein zentrales Verfahren der Informationsvergabe bei der Einführung und Charakterisierung der Akteure. Sie erscheinen wie Figuren eines Brettspiels: typisiert, begrenzt in ihren Funktionen, Regeln gehorchend, die wir nicht durchschauen. Die Erschließung der Psychologie des Protagonisten, auf den sich Aufmerksamkeit und Interesse zu Beginn primär richten, erfolgt allein über sein auffälliges Verhalten und über die Blicke, deren Ausdeutung (und damit die Möglichkeit, ihn zu empathisieren) indes konsequent blockiert ist: durch ihre Starre, die Ausdruckslosigkeit der Mimik und die Sonnenbrille, hinter der sich die Augen verbergen.[5]

Der gewalttätige Akt selbst wird in der Szenenauflösung elliptisiert und lediglich über die Tonebene repräsentiert, durch das merkwürdig asynchrone Geräusch, mit dem der Griff in die Hosentasche (zum Messer?) unterlegt ist. Wenn nach der extrem kurzen Einstellung der beiden finsteren Typen der Umschnitt erfolgt und mit dem flatschenden Geräusch der Wischlappen des blonden Punks auf die Windschutzscheibe klatscht, erfordert der ungewöhnliche Blickpunkt aus dem Inneren des Wagens wiederum eine Neuverortung im szenischen Raum. Das (verfremdete) Geräusch erfüllt die Erwartung eines gewalttätigen Aktes, indem es ihn impliziert. Das Geräusch gehört allerdings verschiedenen Handlungskontexten an und ist daher ambivalent: Erst als der Punk von der Motorhaube abrutscht, wird retrospektiv klar, dass er in der temporalen Ellipse einiges abbekommen haben muss.

Das Erfassen und Verstehen der Situation ist trotz der perzeptiven Störmanöver[6] gegeben. Die Szene leistet jedoch in initiatorischer Hinsicht einiges mehr und berührt verschiedene Funktionskreise, die ich im Folgenden aufrissartig benennen möchte.

Der gewalttätige Auftakt legt als konventionalisiertes Eröffnungsmuster des Action-Films unmittelbar das Genre fest und ist als *foreshadowing* kommender Gewalt zugleich von prospektiver Funktion (← Kap. 3.8.7). Er befördert entsprechende Erwartungen hinsichtlich der Natur der erzählten Welt und der in ihr wahrscheinlichen Konstellationen, Konfliktstrukturen und Ereignisse. Mit Bezug auf Wulff habe ich oben (← Kap. 3.7.2; Kap. 4) dargelegt, dass die Diegese zugleich als ‹normatives Feld› zu fassen ist. Diese These erweist sich hier als unmittelbar evident, indem das In-Geltung-Stehen eines Wertesystems exemplarisch vorgeführt wird: Dinge, die man nicht tut; Überschreitungen normativer Grenzen, die zu ahnden sind.

Durch das modellhafte Vorführen des Verhaltens der Hauptfigur erfolgt eine Fokussierung des Interesses. Eröffnet wird eine narrative Linie, die man als «behavioristische Charakterstudie eines merkwürdigen Menschen»[7] beschreiben könnte und die sich als relativ eigenständiges

5 Zu den Blickstrukturen und der Blockade der Blicke vgl. Grissemann 1998. Murray Smith (2005, 308) beschreibt die Ausdruckslosigkeit des Protagonisten in Kitanos Gangster-Filmen als «extreme Stilisierung der Machokultur» und charakterisiert Kitanos Verrätselung der Gefühle und inneren Regungen der Figur als «Ästhetik der emotionalen Zurückhaltung».

6 Zum Konzept des *perceptual roughening* als einem Verfahren zur «Verseltsamung» (im Sinne des russischen *ostranenie*) vgl. Thompson 1980.

7 Diese treffende Bezeichnung verdanke ich Vinzenz Hediger.

Interesse an der Figur neben das am Handlungsfortgang schiebt. Indem der Protagonist Sprache als Ausdrucksmittel verweigert, indem er auch später weitgehend schweigt, gewinnt die Verhaltensbeobachtung an Relevanz und rückt ins Zentrum der Beschäftigung mit der opaken Figur, die man attributiv statt empathisierend zu erschließen hat.

Die Grundlegung der erzählten Welt bedingt auch die Ausrichtung der ‹Erwartungsaffekte›, weil über die Etablierung des Gewalttopos weitere gewalttätige Aktionen wahrscheinlich sind (← Kap. 3.8.7). Damit ist der Zuschauer zugleich angeregt, sich zu fragen, ob das ‹sein› Genre und ‹seine› Ansprachemodalität ist: Bin ich bereit und willens, mich auf das, was ich erwarte, einzulassen? Die rezeptive Ausrichtung umfasst neben dem Abschreiten des intertextuellen Raumes auch eine Selbstbefragung und -evaluation, wie diese Studie bereits in verschiedenen Zusammenhängen betont hat (← Kap. 1.2; 3.2; 3.11).

Die mit der Eröffnung aufgerufenen generisch geprägten Schemata und Erwartungsmuster werden zugleich eingeklammert durch die elliptische Darstellung von Gewalt, die dem Genreformat zuwiderzulaufen scheint. Die Szene führt die unkonventionelle Form der Repräsentation von Gewalt in HANA-BI ein: Die zahlreichen Akte aggressiver Auseinandersetzung finden zumeist (aber eben nicht grundsätzlich, Sicherheit wird dem Zuschauer auch in dieser Hinsicht nicht gewährt) im *off-screen space* statt und sind lediglich über den Ton, einen Schatten am Boden, das Hineinspritzen von Blut ins Bild oder über die Blicke der Figuren in den Off-Raum repräsentiert.[8] Damit verschiebt sich der Stellenwert von Gewalt: Gewalt ist hier nicht Ausdruck von zugespitzten und psychologisch motivierten Konflikten, die in eine genreübliche Spannungsdramaturgie eingelassen wären; hervorgehoben wird vielmehr die Alltäglichkeit, Banalität und Lakonie der Gewaltausübung. Mit dieser ‹Flatsch-und-zack›-Manier der Gewaltdarstellung arbeitet der Film an der Dedramatisierung der Erzählstruktur und sorgt für die Ausdünnung der Genre-Erzählung. Die dramaturgische Form und szenische Repräsentation von Gewalt ist allerdings nur ein Indiz dafür, wie HANA-BI die Genremuster des Yakuza- und Polizeifilms als vorgewusste Erzählstereotype fasst, als narrative Hülle, von der sich der Film im Verlauf immer mehr befreit.

In dieser Form der Rückbindung an das intertextuelle Feld und das Hervorkehren des filmischen Stils werden die Enunziation und ihr Kalkül mit dem Zuschauer, seinen Wissensbeständen und Erwartungsmustern offengelegt. Für den Zuschauer andererseits werden über solche

8 Zu diesen Strategien äußert sich Kitano in Horwarth 1998, 75; vgl. auch van Uffelen 2000, der beschreibt, wie Kitano «um die Gewalt herumschneidet».

Verfahren und die Anbindung an das von der Titelrolle in VIOLENT COP geprägte Image der Kitano-Figur Rückschlüsse möglich auf einen impliziten Autor, dem bestimmte Wirkabsichten und eine eigene filmische Handschrift zugesprochen werden. Auch solche Bewegungen im intertextuellen und metanarrativen Raum, die das kommunikative Verhältnis berühren, sind, wie oben dargelegt (← Kap. 1.1; 3.12), Bestandteil der Verstehensoperationen, die sich in der Initialphase in hohem Grade manifestieren.

Am Ende der kurzen Szene sind verschiedene Spuren narrativer Entwicklung gelegt. Im Rahmen von Kohärenzstiftungsversuchen, die sich am Normalformat der Genre-Erzählung orientieren und auf die besondere Relevanz und das Priming durch Anfangsinformationen verlassen, dürfte das «Stirb!»-Zeichen auf dem Asphalt für weitere Erwartungen operationalisiert werden: Die beiden Punks in Blaumännern werden (ähnlich wie die Titelsequenz von SHADOW OF A DOUBT ← Kap. 4.3) in einer kognitiven Warteschleife mitgeschleppt, weil von einer Wiederaufnahme dieses konkreten Konflikts auszugehen ist. Andererseits ist der Tod ein Hauptmotiv des Films, an dessen Ende Nishi seiner Frau und sich selbst das Leben nimmt. Das Zeichen wird relativ früh als symbolisierender Gestus lesbar, Teil der motivischen Kette um Tod und Vergänglichkeit, die im Vorspann begründet wurde (auf ihn wird später zurückzukommen sein) – zwei mögliche Richtungen, die der Text anbietet.

Die Szene führt modellhaft das Genre ein, den Protagonisten und zentrale Bestimmungsstücke der erzählten Welt wie die Anlage der sich darin bewegenden Figuren und deren Verhalten, den Topos der alltäglichen Gewalt und den in ihr herrschenden Moralkodex, aber auch die Erzählweise, den Rhythmus und das deutlich hervortretende stilistische Register – geprägt durch elliptische Montage, einen eigenwilligen Umgang mit dem filmischen Raum (vgl. Freeman 2000), Verfremdungen und Asynchronie des Tons. Sie etabliert damit ein Neben- und Gegeneinander unterschiedlicher narrativer Modi und Strategien: das Format der populären Genre-Erzählung, das zugleich als ‹eingeklammert› erscheint, und den Modus der *art cinema narration*, dem der Stil zuarbeitet (vgl. Bordwell 1985, 205ff). Beiden korrespondieren ganz unterschiedliche Erwartungsfelder, antizipative Tätigkeiten und Teilhabeformen. So sieht sich der Zuschauer vor die Aufgabe gestellt, über die generischen und modalen Rahmen und damit über die Angemessenheit der eigenen Schema- und Hypothesenbildung befinden zu müssen. Solche evaluativen Vorgänge vollziehen sich grundsätzlich, wie oben herausgearbeitet und in Kapitel 3.11 (←) nochmals abschließend betont wurde; die ‹erschwerte Form› macht ihre Notwendigkeit nurmehr offensichtlich.

5.2 Das Fabel-Puzzle und andere Spiele

Nach dem Einstieg *in medias res* ist das narrative Möglichkeitsfeld gegenüber den ersten Eindrücken vom Stil und Modus einigermaßen vage, so dass von der nächsten Szene nunmehr Orientierung in der erzählten Welt, nähere Informationen über den Protagonisten, expositorische Darlegung von Vorgeschichte, Ausgangssituation und Handlungsprämissen sowie Vorbereitung des Konflikts zu erwarten wäre. Die Erzählung folgt zwar vermeintlich diesem Format, indem der weitere Verlauf das Genre bedient und Spuren in Hinblick auf die Handlungsentwicklung legt; zugleich rückt sie aber von einer stringenten Informationsvergabe ab und wartet mit neuerlichen Irritationsmomenten auf, die verschiedene Versuche zur Befragung des Materials und zur Kohärenzstiftung anregen. Das Erschließen des Handlungszusammenhangs gestaltet sich problematisch und verwickelt den Zuschauer in eine komplizierte Ratetätigkeit.

In der Sequenz nach dem Auftakt, das entspricht dem üblichen dramaturgischen Vorgehen, wird das personelle Nahfeld Nishis eingeführt: Wir lernen seine Kollegen bei der Polizei kennen, die Hierarchien, sozialen Rollen, auch die Form des Umgangs miteinander zeichnen sich ab; etabliert wird die Ausgangssituation der Überwachung eines mehrfachen Mörders, dabei zugleich die Härte des Polizeidienstes und die zeitliche Beanspruchung der Polizisten. Im Dialog wird Nishis Frau erwähnt, aus den Gesprächen der Kollegen erfahren wir von ihrer Krebserkrankung und vom Tod des Kindes.

Eröffnet wird dieses Segment mit einer Autofahrt durch die Straßen der Stadt. Man sieht den Wagen von außen, darüber liegt ein Dialog (durch die Scheiben ist jedoch undeutlich zu erkennen, dass keiner der Insassen spricht), in dem zahlreiche Informationen vergeben werden: über das Verhältnis von Nishi zu seinem Kollegen Horibe, der neben ihm auf der Rückbank sitzt, über ihre langjährige Freundschaft (trotzdem gehen sie nicht vertraut miteinander um) und ihre Ehefrauen. Kitano greift damit auf die im klassischen Hollywoodkino übliche expositorische Funktion des Dialogs oder auch das ‹Durchtelefonieren von Informationen› zurück (← Kap. 3.8.6): Die Gesprächsinhalte sind letztendlich an einen Dritten, den Zuschauer adressiert; sie dienen dazu, ihn auf Stand zu bringen, was die Figurenkonstellation und die Handlungsvoraussetzungen anbelangt, und für schnelle und umfassende Orientierung in der erzählten Welt zu sorgen. Durch die Asynchronität von Bild und Ton und die fehlende Anklammerung der Sätze an die jeweilige Figur wird dieses in der Drehbuchliteratur als ‹unelegant› gescholtene Verfahren ausgestellt.

Während der Fahrer einen Imbiss besorgt, bleiben Nishi und Horibe im Auto zurück. Horibe erkundigt sich nach dem Gesundheitszustand von Nishis Frau und schlägt dem stoisch schweigenden Kollegen einen Besuch im Hospital vor, was dieser kurz mit «nicht nötig» beantwortet. Damit wird das Thema der Krankheit etabliert, das die Polizisten in ihren Gesprächen mehrfach aufgreifen und umkreisen werden. Die Narration sorgt in diesem Punkt für Redundanz und kehrt wiederum das verstörende, unangemessen scheinende Verhalten des Protagonisten hervor, lässt aber den Zuschauer über das Verhältnis zur Ehefrau im Unklaren. Eine Frage ist aufgeworfen, für die man eine Antwort sucht.

Als Nishi dann doch seine Frau im Krankenhaus besucht (ohne dass gezeigt würde, wann und warum er sich dazu entschlossen hat), sitzen sich beide lange schweigend und mit gesenkten Blicken gegenüber. Hier tritt der filmische Stil, wie er sich in Mise en Scène und *découpage* zeigt, ganz ins Zentrum: Die Figuren werden abwechselnd isoliert voneinander ins Bild gerückt, dann wiederum als eng aufeinander bezogen im Einstellungsraum positioniert. Dies vermittelt ambivalente Hinweise, was die Beziehung des Paares anbelangt: Haben sich beide nach dem Tod des Kindes nichts mehr zu sagen? Sind Worte nicht genug oder auch nicht nötig, um zu wissen, was der andere denkt und fühlt? Gestört wird diese Überlegung durch den gewalttätigen Überfall auf Horibe: Im Moment, in dem Nishi im Krankenzimmer seine Zigarette anzündet, wird – *match cut* über das Motiv des (Mündungs-)Feuers – unvermittelt eingeschnitten, wie Horibe von dem gesuchten Mörder auf offener Straße angeschossen wird und zusammenbricht: ein Wahrnehmungsschock. Das dramatische Geschehen in der Außen-/Parallelwelt, das sich ohne jede dramaturgische Vorbereitung und wiederum völlig undramatisiert und spannungslos einschiebt, durchbricht alternierend eine in ihrer Ausdeutung ambivalente Innenszene, in der die Erzählzeit stillzustehen und die Handlung auf der Stelle zu treten scheint.

Nishi erfährt von dem Vorfall, nachdem ihm der Arzt eröffnet hat, dass es für seine Frau keine Hilfe mehr gibt, so dass sie zu Hause besser aufgehoben sei. Die Nachricht vom Überfall beendet die Szene, ohne dass eine Entscheidung gefallen wäre und Handlungskonsequenzen aufscheinen. Antizipationen finden keine Grundlage (dass Nishi tatsächlich seine Frau nach Hause zurückgeholt hat, zeigt sich später wie nebenher). An dem kurzen Segment, das ich hier geschildert habe, scheinen unterschiedliche Dimensionen des Textverstehens auf, die ich im Folgenden wiederum schlaglichtartig beleuchten und thesenartig umreißen möchte.

Zunächst erfordert der Szenenwechsel einen Neuaufbau der Situation und etabliert das *narrative Puzzlespiel*, das den Film für die kommende halbe Stunde prägt: Weder ist der temporale Zusammenhang zwischen der Auftaktszene und der Autofahrt (in einem silberfarbenen Wagen) durch die Straßen der Stadt klar, mit der die soeben geschilderte zweite Sequenz beginnt, noch lassen sich zwei aus dem Handlungskontext herausfallende Einstellungen integrieren, in denen sich der Protagonist an sein dunkles Auto lehnt (Einstellung #21 und #22). Erst wenn in der zwölften Filmminute an diese Bilder angeknüpft wird (Einstellung #60), erweist sich, dass der Plot, wie oben beschrieben, auf zwei verschiedenen Zeitebenen entwickelt wurde, dass die Auftaktszene der Handlungsgegenwart angehört, während die Szene nach dem Filmtitel Teil der Vergangenheit sein muss; denn jetzt sieht man Nishi zunächst wiederum am dunklen Wagen, danach zusammen mit dem bereits im Rollstuhl sitzenden Horibe am Meer. Die Narration vergibt keine eindeutigen Hinweise zu den temporalen, räumlichen und kausalen Zusammenhängen zwischen der Auftaktszene auf dem Parkdeck (die mit dem Haupttitel und der Autofahrt auf der Küstenstraße endet) und der Szene am Meer. Nicht nur ist die Verknüpfung der Entschlüsselungstechnik des Rezipienten überlassen, sondern durch Vermeiden aller Kontinuitätsindikatoren noch erschwert.

Eine abschließende Integration der Episoden und ihrer Teilstücke ist beim erstmaligen Sehen des ‹einführenden› Segments kaum möglich, was zu einer Befragung des Fabel-Puzzles hinsichtlich seiner generellen Relevanz für das Textverstehen führt: Wenn die exakte Auflösung nicht gelingt, wie ist dann mit dem Gezeigten umzugehen? Andere Zugänge zur Geschichte werden erprobt: An die Stelle der letztgültigen Erschließung der Vorgeschichte tritt ein grobes Vorher/Nachher-Schema, das irgendwann als völlig hinreichend erscheint, um über die prinzipielle (statt präzise) Kausalität der Ereignisse befinden zu können und ein gewisses Maß an kognitiver Kontrolle und Übersicht zu erlangen. Nach etwa 15 Minuten besteht eine zumindest ungefähre Vorstellung vom zeitlichen Verhältnis der Handlungsteile. Wir sind mit den Prämissen der Geschichte vertraut: Nach Nishis Besuch im Krankenhaus wissen wir um den bevorstehenden Tod der Ehefrau, nach dem Besuch beim querschnittgelähmten Horibe von dessen Schicksal und Einsamkeit, und wir erfahren von seiner vagen Idee, mit dem Malen zu beginnen.

Der durch die Puzzlestruktur zunächst erzeugte Druck, die Teile zusammenzusetzen, lässt allmählich nach. Das Einstellen auf die Form des Darbietens und Erzählens umfasst ein Sich-Einlassen auf eine andere Form der Teilhabe. Erzielt wird darüber eine spezielle *mise en phase*, die sich als kontemplative Haltung zum Leinwandgeschehen beschreiben lässt: abwarten und beobachten, wie die Dinge aufeinander folgen. Die Grundlage einer anderen Filmerfahrung wird so geschaffen: Was anfänglich für Frustration sorgen mag, weicht einem Sich-Einlassen auf den merkwürdigen Protagonisten sowie die eigenwillige Darbietung der Geschehnisse, eine Bereitschaft, auf Entdeckungsreise im Wahrnehmungsangebot zu gehen und dabei feststellen zu müssen, dass einen die Erzählung trotz ihres Verzichts auf die Darstellung von Emotionen zu berühren beginnt.

Die Szene führt mit der Geschichte der Frau, die in den Gesprächen der Kollegen etabliert und ansatzweise exponiert wird, eine zweite narrative Linie neben der Genre-Erzählung, der Polizei-/Gewaltlinie, ein: eine sehr zurückgenommene Liebesgeschichte, wie sich ganz allmählich erschließt (im weiteren Verlauf tritt sie immer mehr in den Vordergrund, bis sie schließlich die zweite Hälfte des Films dominiert). Die Nachfrage nach Informationen richtet sich entsprechend auf die anfänglich unklare Beziehung des Ehepaares. Eingeführt werden damit verschiedene Richtungen des narrativen Interesses und unterschiedliche Formen der Suche nach Information.

Die zweite Handlungslinie legt den Modus der Verhaltensbeobachtung, der mit Einführung des Protagonisten etabliert wurde, auch im Falle der Interaktion von Nishi und der seit dem Tod des Kindes, wie wir über den Dialog erfahren haben, schweigenden Miyuki nahe. Der Film betont die Angemessenheit dieser Rezeptionsstrategie, indem er das sozial auffällige Verhalten des Protagonisten, das in der Auftaktszene als Motiv gesetzt wurde, in weiteren Situationen vorführt und so ins Zentrum rückt. Es zeigt sich etwa in seiner befremdlichen Entgegnung auf Horibes Vorschlag, die todkranke Frau im Krankenhaus zu besuchen, und insgesamt in seinem äußerst sparsamen Kommunikationsverhalten oder auch in einer Episode, in der er mit zwei Jugendlichen auf der Straße Baseball spielt: Als Horibe zu den Polizisten, die im Überwachungswagen vor dem Haus des gesuchten Verbrechers ausharren, vom «schweren Schicksal, das er [Nishi] zu tragen hat», spricht, wird, während Horibes Stimme weiter aus dem Off zu hören ist, Nishi mit den beiden gezeigt. Er willigt freundlich ein, ihnen den Ball zuzuspielen, holt wie ein Profi aus, wirft dann aber den Ball unvermittelt seitlich weg ins endgültige ‹Aus› und feixt dazu stumm. Solche Episoden bilden eine Topik-Reihe aus, die auf dem Wiedererkennen und der ‹Extraktion› ähnlicher Verhaltensmuster gründet, wie dies oben (← Kap. 3.8.7) mit Wuss (vgl. 1993a, 153 passim) beschrieben wurde. Die Darstellung ist strikt entpsychologisiert, setzt auf die enthüllende Wirkung vermeintlich marginalen Geschehens und nutzt dabei auch Widersprüche: Horibes trauriger Bericht über Nishis familiäre Situation läuft dessen bizarrem Verhalten zuwider.

Mit der Episode von den Ball spielenden Jungen werden gleich zwei motivische Reihen eingeführt, zum einen eine Kette slapstickartiger Einlagen um komische Nebenfiguren: Dies appelliert an das Wissen um das Image der TV-*personality* Kitano und bricht die fiktionale Welt durch die intertextuellen Referenzen auf.[9] Mit solchen, die Erzählung rhythmisch durchziehenden Momenten werden, wie auch in der Parallelmontage von Nishis Krankenhausbesuch und dem Überfall auf Horibe, *tonale Brüche* organisiert: Das Komische durchbricht die melancholische Grundstimmung, der Schock der Gewaltszenen durchbricht die Stillstellung der Handlung und die Kontemplation im Beobachtungsmodus. Diese tonalen Brüche tragen zu einer Dezentrierung der Erzählung bei und wirken zugleich auf die Form der emotionalen Teilhabe am Geschehen ein, der Film bereitet seinem Zuschauer ein Wechselbad der Gefühle, hält dabei aber die Amplitude zwischen den affektiven Polen Melancholie, Schrecken und Komik durch Dedramatisierung und Lakonie gering. Als zweite motivische Reihe erweist sich die *Linie der Spiele*: Wir erhalten im weiteren Verlauf Einblick in die Beziehung zwischen Nishi und seiner Frau vor allem über die (Gesellschafts-)Spiele, in die sie sich vertiefen. Sie stellen eine Form sprachloser Kommunikation dar, die ein Band zwischen ihnen knüpft. Durch die Beobachtung ihres Verhaltens im Spiel erschließt sich allmählich auch die Verbundenheit und Innigkeit der beiden, so dass der anfänglich ambivalente Eindruck weicht.

Das Prinzip der Brüche in tonaler oder emotionaler Hinsicht wird übrigens, ähnlich wie im Fall von SHADOW OF A DOUBT, bereits mit dem Wechsel zwischen Vorspann und Auftaktszene etabliert: die traurig-schöne Grundstimmung des Films, die von den naiven Bildern von Engeln, Blumen und der kleinen Familie beim Betrachten eines Feuerwerks auszugehen scheint, vor allem aber von der elegischen Musik hervorgerufen wird, steht in Kontrast zur Emotionslosigkeit der sich unvermittelt anschließenden Gewaltdarstellung. Der Reiz- und Stimmungswechsel zwischen Titelsequenz und Auftaktszene begründet ein Pendeln zwischen unterschiedlichen Erwartungsaffekten: Die Gewalt in der Eröffnungsszene produziert andere Emotionen als die Titelsequenz, auf die ich gesondert zurückkommen werde.[10]

Zuvor sei ein weiterer initiatorischer Aspekt erwähnt, der mit der einführenden Sequenz nach dem Auftakt und dem Haupttitel einhergeht: die

9 So weist auch Edwards (2000, 2f) darauf hin, dass die von Kitano verkörperte Figur nie ganz in der fiktionalen Welt aufgeht. Dahinter bleibe immer der Darsteller sichtbar.

10 Wie bereits am Beispiel von SHADOW OF A DOUBT so erweist sich auch hier, dass die Titelsequenz keine pränarrative Phase darstellt, dass sie keineswegs als bloßer textueller ‹Saum› oder Paratext zu betrachten ist, der den Eintritt in die Fiktion zwar organisiert, ihr selbst aber vorgelagert bleibt. Ihr kommen vielmehr weitreichende Bahnungsfunktionen in semantischer und pragmatischer Hinsicht zu, indem sie Erwartungen auf unterschiedlichen Ebenen weckt.

Etablierung des Nebeneinanders unterschiedlicher informationeller Strategien, das den narrativen Diskurs bestimmt. Neben die Verweigerung benötigter Informationen und das Herunterspielen wichtiger Ereignisse tritt die Beiläufigkeit, mit der zentrale Informationen gleichsam fallengelassen werden; auf im normativen Verständnis handlungsarme Szenen folgen Momente großer Geschwätzigkeit, in denen Nichtigkeiten ausgebreitet werden, sowie vermeintlich unnötige Kleinstepisoden, in denen die Akteure andere anherrschen oder herabsetzen, sich unzufrieden zeigen und herumnörgeln. So findet sich ein blödsinniger Disput zwischen Horibe und dem Fahrer des Wagens um zuviel eingekaufte Naschwaren nicht zufällig am Filmanfang, sondern fungiert als Vorgabe einer informationellen Strategie des Films (vgl. ähnlich Bordwell 1985, 39, der sich auf Barthes' Konzept vom Schwafeln über Irrelevantes bezieht). In Akten ‹expositorischen Sprechens›, das auf Redundanz zielt, werden die Handlungsprämissen dargelegt – der bevorstehende Tod der Frau, die zeitraubende Arbeit bei der Polizei und die dadurch bedingte Entfremdung der Polizisten von ihren Familien –, ohne dass daraus etwas folgt. Sie werden narrativ nicht umgesetzt, indem etwa gezeigt würde, dass der Protagonist reagiert, Konsequenzen aus der Situation zieht und Wünsche nach Änderung, also Handlungsziele formuliert. Wenn für das klassische Paradigma die Ökonomie der narrativen und stilistischen Mittel konstatiert wurde, so werden hier viele für den unmittelbaren Handlungszusammenhang irrelevante Informationen dargeboten, zentrale dagegen gleichsam verschluckt, was sich auch als Infragestellen narrativer Motivation und generell der Kausalität von Ereignissen als kohärenzstiftendes Moment von Geschichten beschreiben lässt. Diese vermeintlich irrelevanten Gespräche, Interaktionen und informationellen Störmanöver, mit denen die Initialphase aufwartet, erfolgen so regelmäßig, dass sich auch darin ein Muster abzuzeichnen beginnt, eine weitere Topik-Reihe in dieser zunächst vermeintlich dezentrierten Erzählung. Betrachtet man sie genauer, so zeigt sich, wie sich auf der Ebene ihrer Oberflächenstruktur[11] verschiedene solcher Reihen perzeptiv geleiteter Strukturen von Verhaltensmustern, Motivketten und wiederkehrenden stilistischen Momenten abzeichnen, die ihr Komplexität und Dichte verleihen.

11 Wuss (1986) verwendet demgegenüber den Begriff der «Tiefenstruktur», wenn er sich auf die Ebene der perzeptiv geleiteten Strukturen bezieht, die auch in HANA-BI – neben der kausalen Kette der Ereignisse auf Handlungsebene – wesentlich zur Strukturbildung beitragen.

5.3 Motivisch-thematische Entfaltung

Der Zuschauer tritt diesem merkwürdig changierenden Diskurs nicht unvorbereitet gegenüber; die Titelsequenz ist in vielerlei Hinsicht von rahmender Funktion, sie färbt den narrativen Diskurs ein und erweist sich als eine wichtige semantische Geste. Sie sorgt, wie gerade erwähnt, für Einführung der thematisch-motivischen Ebene, setzt das grundlegende Stimmungsregister, den *mood* des Films, und sorgt damit für die modale, atmosphärische und emotionale Ausrichtung (← Kap. 3.10.3). Ihr kommen somit umfassende Priming-Effekte zu.

Von zentraler Funktion ist dabei die auffällige Musik von Joe Hisaishi, die wie eine Übernahme musikalischer Konventionen des klassischen Hollywood-Kinos daherkommt. Das Thema, getragen von Klavier, Streichern und einer Harfe, ist anfangs melancholisch gehalten und schwingt dann in einen euphorischen Gestus um. Es changiert zwischen Todesmotivik und Lebensbejahung, den beiden Polen, die die Erzählung bestimmen. Diese musikalische Themensetzung umgreift den gesamten Text, sie begleitet die eigentlich ‹brettartige› Dramaturgie mit Pathos und lädt sie emotional auf.[12] Damit steht sie im Widerspruch zur zuweilen fast parametrischen Narration des Films (← Kap. 2.2; 2.5) und sorgt für intensive emotionale Erfahrung auch dort, wo eigentlich nichts passiert (vgl. Ryans 1998, 32).

Der Vorspann knüpft die musikalische an eine plakative *bildliche Symbolik*. Gezeigt werden Bilder im naiven Stil: ein Engel (im christlichen Kontext Bild des Todes und der Erlösung),[13] Blumen mit einer Partitur und schließlich die kindlich anmutende, farbenprächtige Zeichnung auf schwarzem Hintergrund, die eine Kleinfamilie aus Vater, Mutter, Kind zeigt, wie sie das Schauspiel einer «Feuerblume» am nächtlichen Himmel bewundert, ein Bild, das familiäre Verbundenheit und Glück zum Ausdruck bringt. «Feuerblume» ist die wörtliche Übersetzung von «Hana-bi» – und der Titel birgt bereits das Thema wie den Dualismus der Erzählung in sich.[14]

12 Oben (← Kap. 3.10.3) wurde auf Greg M. Smith' *mood-cue-approach* (1999; 2003) hingewiesen. Smith legt dar, wie das grundlegende Stimmungsregister des Films, sein «global mood», durch einzelne emotional aufgeladene Momente, so genannte «emotion markers», bestätigt werden muss, um wachgehalten zu werden. Und Serge Daney sprach einmal von der «Emotion des Anfangs» (zit. n. Beylot 1993, 74), die man vielleicht auch als temperierendes Moment in textpragmatischer Hinsicht verstehen könnte.

13 Kitano verwendet die Engelssymbolik in vielen seiner Filme, sie wird geradezu zum Hinweis auf den *auteur*.

14 Ralph Eue erläutert den Filmtitel unter Rückgriff auf das Presseheft: «*Hanabi* [...] bedeutet Feuerwerk. Wobei der in der lateinischen Umschrift *Hana-Bi* unüblicherweise gesetzte Bindestrich das Wort in seine gegensätzlichen Bestandteile zerlegt: *Hana* (wörtlich: Blume) bedeutet Leben, *bi* (wörtlich: Feuer) steht für Schüsse, und der Bindestrich, der die Worte verbindet *und* trennt, ist das Symbol des Todes» (Eue 1998a, 39; Herv.i.O.).

Etabliert werden hier motivische Ketten, kreisend um ‹Familie›, ‹Blumen›, ‹Leben›, ‹Feuer›, ‹Tod›, die durch den gesamten Film hindurch entwickelt werden. Das Bild der Feuerblume am Himmel ist mit komplexen Konnotationen belegt: als tatsächliches Feuerwerk hat es die Funktion eines *foreshadowing*, ist es ein prospektiver Hinweis auf das Ende, wenn Nishi am Strand für seine Frau eine Rakete zündet, bevor er sie und dann sich selbst erschießt. Die ‹Feuerblume› verweist aber auch auf das Mündungsfeuer und damit auf die Gewaltlinie des Films. Schließlich aber ist das Feuerwerk, das hell aufleuchtet und dann verglüht, ein Bild des Todes, in dem Schönheit und Vergänglichkeit zusammenfallen und das somit auch der zwischen Melancholie und Euphorie pendelnden Titelmusik entspricht.

Das Bild von der Familie, die das Schauspiel am nächtlichen Himmel bewundert, führt das *leitende Thema* des Films ein, das im Verlauf in immer neuen Variationen berührt wird: Gezeigt wird das Auseinanderbrechen von Familien – das einzige Kind von Nishi und Miyuki ist tot, der erschossene Kollege hinterlässt Frau und Kind, Horibe wird als Krüppel von seiner Familie (auch hier Frau und ein Kind) fallengelassen. Familie erweist sich als (kindlich-)naives Wunschbild, als verloren oder als nicht einlösbares Ideal: Der thematische Diskurs hinterfragt die Ideologie von ‹Familie› und ‹Familienwerten› und bekräftigt sie zugleich mit der Handlungsentwicklung: das Bekenntnis zueinander, die Übernahme von Verantwortung, Loyalität, wie sich später in der Reise ans Meer und in den Tod zeigt.

Die Titelsequenz weist auch voraus auf die symbolische Bedeutung der naiven Gemälde Horibes, die dieser ja bloß zu malen beginnt, um die leere Zeit auszufüllen. Seine kindlich anmutenden Bilder (anfangs malt er ausschließlich farbenprächtige Blumen, später widmet er sich anderen Sujets, und seine Bilder gewinnen eine erzählerische Dimension) durchbrechen die Handlung und nehmen in enigmatischer Symbiose auf Nishis ablaufendes Leben Bezug, das parallel zu Horibes stillgestelltem weitererzählt wird. Beide sind aufeinander bezogen weniger als Aktanten denn als Parallelfiguren im Diskursuniversum des Films: zwei Fälle, um daran den unterschiedlichen Umgang mit Schicksalsschlägen, mit dem Tod, aber auch dem Leben zu demonstrieren. Mit der motivisch-thematischen Entfaltung macht der Film ein Angebot zur Gestaltbildung neben der Handlung (← Kap. 3.9.2). Eröffnet wird der Horizont an Themen, Vorstellungen, Werten, Moral und Ideologien, die über den narrativen Prozess evoziert und entwickelt werden und eine besondere Filmerfahrung ermöglichen, eine Kontemplation über das Leben und den Tod, wenn man so möchte: eine philosophische Erfahrung auf dem Boden der fiktionalen Realität.

Im Wissen darum kann später auch das achronologische Erzählverfahren aufgeschlüsselt werden: Retrospektiv erscheint es nicht etwa als formale Spielerei oder simple Verwirrstrategie, sondern ist rückbindbar an das umgreifende Thema. Mithilfe der zerstückelten, nicht-linearen Darbietung der Geschichte trägt die Initialphase zur *mise en phase* in einem umfassenden Sinn bei: Sie stellt den Zuschauer ein auf die Erfahrung dieses Zwischenzustands zwischen Leben und Tod, wo die Chronologie unwichtig wird, wo Erinnerungsbruchstücke, aber auch ganze Szenen des Lebens aufscheinen und sich ineinander schieben. Eine Fragmentierung wie im Feuerwerk, bevor im Moment des Todes alles verglüht.[15]

Dem Pendeln des Textes zwischen der Entfaltung des facettenreichen thematischen Diskurses und der Handlungsentwicklung sowie dem Wechsel der narrativen Modi zwischen Genre-Erzählung und parametrischer Narration korrespondieren unterschiedliche Stimmungen und Emotionen: Neben die lakonische Gewalt(erfahrung) tritt die melancholische Anlage der zweiten narrativen Linie und des thematischen Registers, die durch die Musik befördert und unterstrichen wird. Diese Spannung, die den Film rhythmisierend durchzieht, zwischen der elegischen Grundstimmung und der lakonischen und lustlosen Gewalt, zwischen Todesnähe und Entdeckung der Schönheit des Lebens trägt wesentlich zur Gliederung der erzählten Welt bei: Der Text gestaltet einen fundamentalen Dualismus auf allen Ebenen seiner Verfasstheit, der sich vor allem in den Parallelisierungen und Symbolisierungen zeigt.[16]

Ralph Eue (1998b) beschreibt die changierende Form des Films, die ich als textuelle Bedingung einer spezifischen Filmerfahrung verstehe, mit den Worten: «Die ständig spürbare Anwesenheit des Todes in seinen [Kitanos] Filmen bewirkt dagegen, die Kostbarkeit des Lebens deutlich zu machen. Es sind Haikus in der Form von Gangsterfilmen.»

Dieses Oszillieren des Diskurses zwischen zwei verschiedenen Erzähllinien, zwischen zwei narrativen Modi und zwischen dem motivisch-thematischen und dem narrativen Register lässt sich als «Dominante» des Films beschreiben (Thompson 1981, 34 passim): Der Film offeriert sich mit seinem Anfang als hybride Form,[17] befördert eine zunächst abwartende,

15 Die Präzisierung dieser Beobachtung verdanke ich Noll Brinckmann.

16 Vassé behauptet eher ein ausbalanciertes Nebeneinander zweier narrativer Brennpunkte und sieht die tonalen und generischen Brüche des Films plakativer als fundiert in «la violence et le cynisme du milieu de la pègre contre le pathétisme et le tragique d'un couple confronté à la maladie et à la mort» (1997, 18). Ich würde dagegen behaupten, dass sich am Anfang zwar beide Stränge etablieren, sich aber das Zurücktreten der Yakuza-Geschichte und damit des Genreformats im narrativen Verlauf als Fokusverlagerung der Narration bereits mit der Titelsequenz ankündigt.

17 In seinem spielerischen Umgang mit gegensätzlichen narrativen Formen übersteigt der Film den Modus der *art cinema narration*, der ja vielfach unter Rückgriff auf Ecos Konzept des «offenen Kunstwerkes» oder Lotmans «sujetlosen Text» charakterisiert wird. Der Film ist eben nicht schlichtweg als Abweichung vom klassischen Paradigma

dann kontemplative Haltung und sorgt damit für eine Ausrichtung des Zuschauers auf die Fiktion, die eine intensive Form des Erlebens ermöglicht, obgleich die Geschichte selbst die Emotionen auszusparen scheint.

5.4 Resümee: Initiation als Entdeckungsreise

Anhand von HANA-BI habe ich am exemplarischen Fall zu illustrieren versucht, was oben auf theoretischem Wege dargelegt wurde: dass die Initiation in die filmische Form, die Geschichte, den narrativen Diskurs, den Stil und das Thema des Films als komplexer, vielschichtiger und heuristischer Prozess zu begreifen ist, der rezeptive Tätigkeiten neben der Fabelkonstruktion erfordert und somit für unterschiedliche Formen der Erfahrung am und mit dem Text sorgt, auch ein intensives emotionales Erleben jenseits des empathischen Nachvollzugs der inneren Situationen der Charaktere ermöglicht – ein Verstehen und Erleben über die Geschichte hinaus.

Ersichtlich wird auch und gerade an diesem eigenwilligen Beispiel die Bedeutung des Anfangs in pragmatischer Hinsicht: für die Adaption der Aneignungsprozesse und rezeptiven Strategien an die textuellen Angebote und die Ausbildung einer adäquaten Teilhabemodalität, die *mise en phase*, die Daney als Erspüren des ‹Pulses› des Films beschrieben hat und die hier in einem umfassenden Sinn zu verstehen ist: als Sich-Einrichten und Einstimmen auf die Fiktion und die Bandbreite an Erfahrungen, die sie ermöglicht. Dies erfordert kognitive wie emotionale Prozesse, eine Befragung und Überprüfung der zugrunde gelegten Schemata wie der eigenen Einstellung und Erwartungen, auch ein Sich-Einlassen auf das Diskursuniversum der Erzählung, das die Selbsterkundung umfasst.

Casetti hat im Zusammenhang mit seiner Darlegung des «kommunikativen Kontrakts» (← Kap. 2.8) die These formuliert, Aufgabe der Eröffnungssequenzen sei die Konstruktion eines kohärenten Adressaten (Casetti 1995, 125), mit der Begründung, dass hier bereits sämtliche Elemente etabliert werden, die die Realität des Films im Folgenden bestimmen (ibid., 126). Ich würde den Befund etwas relativieren: Der Anfang macht zwar Vorgaben oder ‹Versprechen›, wie Jost (2004) es vorsichtiger formuliert wissen will, aber diese sind eben nicht unmittelbar am Anfang gegeben, eindeutig und fix, sondern ‹im Fluss›: dynamisch, changierend, wider-

zu beschreiben, sondern als Amalgamierung eines Filmgenres und damit einer Spielart populärer Dramaturgie mit stilistischen Verfahren und Techniken der Denarrativisierung, wie sie im Autorenfilm seit Ende der 50er Jahre in Auseinandersetzung mit dem und in Abgrenzung vom klassischen Erzählkino entwickelt wurden, eine hybride Form.

sprüchlich und modifizierbar. Am Beispiel von Hana-bi erweist sich die Initiation als ein tastender und zunächst unsicherer Entdeckungsprozess, denn von Sicherheit auf dem Boden der fiktionalen Welt kann hier lange nicht die Rede sein.

Anhand von Filmen, die von der klassischen Narration abweichen und auf einem anderen Konzept von den Erzählinhalten, von narrativer Didaxe und auch vom Zuschauer basieren, lässt sich zeigen, wie sich die Initiation vollzieht, ohne dass die dezidierte Vergabe expositorischer Informationen vonnöten oder geeignet wäre, um den eigentlichen Kern der Geschichte aufzuschließen. Filme, deren Anfänge sich keinesfalls als Exposition im tradierten dramaturgischen Verständnis beschreiben lassen, weil sie schlichtweg anzufangen scheinen, sorgen dennoch für Einübung in die Fiktion, die Strukturprinzipien und Modalitäten der Erzählung, zu deren Charakteristika gerade die *Verweigerung* des Einführungsmodus zählen mag.

6. Von der Macht erster Eindrücke: Manoj Night Shyamalans The Sixth Sense

In dieser abschließenden Fallstudie geht es mir nicht um das ‹initiatorische Programm› eines Films als Beispiel für eine spezifische Erzählform in ihrer Gesamtheit, sondern um ein besonderes Phänomen, das mit der Initialphase verbunden ist: Wenn der Anfang der Ort ist, der die Spuren auslegt und den Weg des Zuschauers in die Geschichte bahnt, so ist er auch der Ort, der den Zuschauer durch das Auslegen falscher Fährten zu täuschen und auf Irrwege zu schicken vermag. Ich suche darzulegen, welche besondere Bedeutung dabei den sprichwörtlichen ersten Eindrücken zukommt, mit denen Priming-Phänomene (← Kap. 3.3) verbunden sind.[1] Ich beschreibe die Wahrnehmungsdispositionen, die dazu führen, dass man sich bereitwillig täuschen lässt und auf die falsche Spur begibt, und zeige, wie die Dramaturgie mit Fehlschlüssen unserer Wahrnehmung, mit unserem Wissen, aber auch mit unseren emotionalen Bedürfnissen kalkuliert.

Dazu ist notwendig von der oben als *Prozessanalyse* dargelegten Analysemethode (← Kap. 3.1) abzuweichen: Das am Anfang initiierte und inszenierte Täuschungsmanöver lässt sich nur erfassen in Kenntnis des Endes, an dem die Irreführung enthüllt und eine Korrektur des Gedächtnisinhaltes und der Fabelkonstruktion vorgenommen wird. In diesem Fall kehre ich daher vom Ende und dem rezeptiven Effekt, den es bereitet (dem ‹Aha-Erlebnis›), an den Anfang zurück, der die Konditionen dazu schafft und dafür sorgt, dass das Spiel aufgeht. Oder wie ich Sutcliffe oben (← Kap. 1.2) zitiert habe: «[...] it is often only when we go back and look knowingly at the beginning of a film that we are able to see with any clarity just how good a premonition it has given us for what follows» (Sutcliffe 2000, 20).

Interessiert man sich für die Bahnung und Strukturierung, mithin: für die dramaturgische Kontrolle der durch den Film angeregten Verstehensprozesse, dann lassen sich Momente der Irreführung und Täuschung als *Krisen-* oder auch *Testfälle* der Rezeption betrachten: An den Irrtümern werden Routinen der Wahrnehmung und die dem Verstehen unterlegten Schemata sichtbar.[2] Ich stelle meine Überlegungen ab auf einen besonderen

1 Eine frühere Fassung der Analyse unter dem Titel «Von der Macht erster Eindrücke. Falsche Fährten als Krisenexperiment» ist erschienen in Liptay / Wolf 2005, 154-174. Für den vorliegenden Argumentationszusammenhang wurde sie gekürzt und überarbeitet.

2 Vgl. ähnlich Bordwell (1992) und Buckland (1995b). Buckland analysiert die Fehlschlüsse bei der Rezeption von Fritz Langs Secret Beyond the Door (USA 1947),

oder auch ‹schwerwiegenden› Fall, den *final-plot-twist*-Film, die ‹rückwirkende Überraschungsgeschichte›[3] und beziehe mich dabei auf THE SIXTH SENSE (Manoj Night Shyalaman, USA 1999), einen Film, der bei seinem Publikum in dieser Hinsicht ausnehmend gut funktioniert hat.

Am Ende meiner Betrachtungen des Beispiels werde ich der Frage nachgehen, inwiefern man davon sprechen kann, dass der kommunikative Kontrakt (← Kap. 2.8) durch solche irreführenden narrativen Strategien gebrochen wird, und ob die Durchbrechung der anfangs gesetzten Rahmen in jedem Fall zugleich einen Vertrauensbruch darstellt und folglich ein – wie ich es nenne – ‹pragmatisches Krisenexperiment›.

Doch bevor ich mich dem Film und speziell seinem Anfang widme, möchte ich zunächst kurz erläutern, was ich unter ‹falschen Fährten› verstehe und welche Bedeutung für das Auslegen dieser irreführenden Spuren der Initialphase zukommt.[4]

6.1 Falsche Fährten als narratives Spiel

Falsche Fährten verstehe ich als Sammelbegriff zur Beschreibung unterschiedlicher narrativer und dramaturgischer Verfahren, die den Zuschauer veranlassen (oder veranlassen sollen), zu unzutreffenden Zusammenhangshypothesen, Annahmen und Schlussfolgerungen zu gelangen. Falsche Fährten lassen sich auch als provozierte Hypothesen oder suggerierte Urteile fassen, deren Unangemessenheit sich später erweist. Im Extremfall (und um einen solchen geht es hier) zeitigt die falsche Fährte keine bloß vorübergehende Irreführung, sondern wirkt sich auf die Konstruktion der gesamten Fabel und/oder der grundlegenden Annahmen hinsichtlich der Natur der abgebildeten Welt aus, ist also eine die Erzählung übergreifende

beschreibt daran die Lenkung der Hypothesenbildung im klassischen Hollywood-Kino und ergänzt Bordwells konstruktivistischen Ansatz zum Filmverstehen um das Kriterium der ‹kommunikativen Relevanz› (← Kap. 3.1).

3 In den 1990er Jahren setzte eine regelrechte Welle solcher *final-plot-twist*-Filme nach dem Vorbild von Alfred Hitchcocks STAGE FRIGHT (GB 1959) ein, die noch nicht abgeebbt scheint – zu nennen wären MORTAL THOUGHTS (Alan Rudolph, USA 1991), THE USUAL SUSPECTS (Bryan Singer, USA 1995), FIGHT CLUB (David Fincher, USA/D 1999), ABRE LOS OJOS (Alejandro Amenábar, E/F/I 1997) und sein Remake VANILLA SKY (Cameron Crowe, USA 2001), THE OTHERS (Alejandro Amenábar, E/F/I/USA 2001), A BEAUTIFUL MIND (Ron Howard, USA 2001), SPIDER (David Cronenberg, CAN/GB 2002), SWIMMING POOL (François Ozon, F/GB 2003), SECRET WINDOW (David Koepp, USA 2004), um nur einige zu nennen.

4 Der folgende kategorielle Aufriss dient hier dem besseren Verständnis der nachfolgenden Analyse eines exemplarischen Falls, für eine differenziertere Betrachtung falscher Fährten und typologische Darlegung vgl. Hartmann 2007; Wulff 2005b; Fuxjäger 2007b.

Global- oder Makrostrategie. Mit der Aufklärung durch die Vergabe neuer, bislang unterdrückter oder zurückgehaltener Informationen kommt es zu einem Situationsumbruch, der eine retrospektive Re-Evaluation, Re-Semantisierung und Re-Organisation der Ereignisse notwendig macht und zu einer Revision des Befundes hinsichtlich der Zuverlässigkeit des Erzählers / der Erzählung und des Wahrheitsgehaltes der Darstellung, der epistemologischen und / oder ontologischen[5] Grundlagen der Repräsentation führt.

Die Täuschungsmanöver, dieser Hinweis wird später wichtig, beziehen sich nicht allein auf Hinweise zum Handlungszusammenhang. Die Definition berücksichtigt, dass die Dramaturgie falscher Fährten auch mit unseren Annahmen hinsichtlich des Realismusgehalts der Darstellung, des Erzählmodus und der Prinzipien der Strukturbildung kalkuliert und sich dabei auch außertextueller Mittel bedient. Bei genauer Betrachtung erweist sich das Phänomen falscher Fährten als ein Feld unterschiedlicher Formen und Spielarten.

Falsche Fährten sind dann am wirkungsvollsten, wenn sie in der Initialphase des Erzählprozesses angelegt werden, wo sie den Aufbau der leitenden Hypothesen betreffen (Bordwell 1985, 38)[6] – weil man dann vom Ende der Erzählung an ihren Ausgangspunkt zurückkehren und die «Annullierung des Anfangs» (Lotman 1986, 311) vornehmen muss. Mit diesem Definitionskriterium grenze ich die falschen Fährten ab von den die Filmdramaturgien bevölkernden ‹roten Heringen› (*red herrings*) (vgl. Chion 2001, 220): Darunter fasse ich dramaturgische Ablenkungsmanöver, welche Aufmerksamkeit und Antizipationen des Zuschauers kurzfristig in eine falsche Richtung dirigieren. Hitchcock nennt das gestohlene Geld in PSYCHO als Beispiel (vgl. Truffaut 1992, 263f). *Red herrings* wären demnach ein Spezialfall falscher Fährten, gewissermaßen deren ‹harmlosere› Variante. Harmloser aus dem einfachen Grund, weil die irrigen/unangemessenen Hypothesen und Erwartungsbildungen kurzfristiger und partieller Art sind, ein kleiner dramaturgischer Kniff statt des großangelegten, umfassenden narrativen Täuschungsmanövers.

Ein weiteres Kriterium für falsche Fährten in dem von mir vorgeschlagenen engen Verständnis: Sie werden nicht bemerkt. Wo die Unzu-

5 Dieser Hinweis auf die ontologischen Grundlagen der Repräsentation ist aufgenommen, weil mit einer solch weitgefassten Definition falscher Fährten/falscher Annahmen auch die Täuschungsstrategien und die damit erzielten rezeptiven Effekte von *fake documentaries* und *mockumentaries* beschrieben sind, auf die in Kapitel 3.9.3 (←) hingewiesen wurde.

6 Sowohl der berühmte ‹lügende› Flashback in STAGE FRIGHT als auch das Täuschungsmanöver in THE USUAL SUSPECTS oder die irreführende Voice-over in LAURA und in SHALLOW GRAVE (Danny Boyle, GB 1994) verdanken ihre Effektivität der Stellung am Anfang des Erzählprozesses.

verlässigkeit der Narration und die Irreführung des Zuschauers Teil der Rahmenvorgabe und des narrativen Spiels darstellen, das *mitzuspielen* der Zuschauer eingeladen ist, wie im Falle der wiederholten *plot twists* in Sleuth (Joseph L. Mankiewicz, GB 1972) oder in Wild Things (John McNaughton, USA 1998), der Wechsel der Realitäts-/Spielebenen in Filmen wie eXistenZ (David Cronenberg, CAN/GB 1999) oder auch im Falle der Labyrinth-Strukturen in David Lynchs Erzählexperimenten Lost Highway (USA/F 1997) und Mulholland Dr. (USA/F 2001), lässt sich nicht von falschen Fährten im strengen Sinn sprechen.

Als Arbeitshypothese möchte ich zunächst einmal behaupten: Falsche Fährten bedeuten einen Angriff auf den kommunikativen Pakt (← Kap. 2.8; 3.1), verstoßen sie doch gegen das Aufrichtigkeitsgebot und untergraben das Vertrauen des Zuschauers in die textübergreifende Gültigkeit der anfangs ausgeloteten pragmatisch-kommunikativen Rahmenbedingungen (vgl. Wulff 2001, 140ff). Dahingegen ist die Irreführung im Falle von Rätseln, Labyrinth-Strukturen, Irrgärten, *forking path*-Geschichten oder möglichen Szenarien gerade Teil der kommunikativen Vereinbarung, ein (Spiel-)Angebot oder auch Versprechen, das die Erzählung macht.

Nun ließe sich einwenden, dass die Hypothesenbildung immer und grundsätzlich ein probabilistisches und damit heuristisches Unterfangen ist und dass der Zuschauer um die Fragilität und grundsätzliche Revidierbarkeit seiner Inferenzen und Vorausentwürfe weiß. Es macht aber durchaus einen Unterschied, ob ich Kenntnis davon habe oder zumindest ahne (weil der Text entsprechende Hinweise sät), dass ich mich auf unsicherem Boden oder in einem Labyrinth bewege – Whodunits folgen solchen Vereinbarungen und regen zu rezeptiven Strategien des Ratens, spielerischen Ausprobierens und Sich-Vortastens an –, oder ob ich davon ausgehe, es mit einer Geschichte zu tun zu haben, die nicht diesem Spiel unterliegt und daher die Hypothesenbildung nicht in diesem Sinne herausfordert. Es ist ein Befund über das Genre, den Erzählmodus und damit auch über die Zuverlässigkeit und Vertrauenswürdigkeit der Erzählung,[7] die der Zuschauer in der Initialphase vornimmt, wenn er sich fragt: «Welche Sorte Film liegt hier vor?», oder «Welches Spiel wird hier (mit mir) gespielt?» und damit die modalen Rahmen des Erzählens auszuloten sucht. Auf Grundlage solcher Evaluationen findet er zu einer angemessenen (oder angemessen scheinenden) Teilhabeform, nimmt die ihm zugedachte Rolle

7 Ähnliche Vorschläge, *narrative Unzuverlässigkeit* nicht als textimmanente Kategorie zu fassen, sondern den pragmatischen Zusammenhang und die rezeptiven Vorgänge in die Konzeptualisierung einzubeziehen und dabei Rückgriffe auf die in den Kognitionswissenschaften entwickelte *frame theory* zu nehmen, sind auch in der literaturwissenschaftlichen Narratologie unternommen worden; vgl. vor allem Nünning 1998c; 1999.

ein – ein kommunikativer Pakt wird geschlossen. Vom Ende her werde ich später entsprechend danach fragen, welche Auswirkungen die Erkenntnis, ‹auf der falschen Fährte gewesen zu sein›, und der für die Korrektur und Neuorganisation des Gedächtnisinhaltes notwendige kognitive Aufwand auf den kommunikativen Pakt haben, wie davon die Bindung des Zuschauers an die Erzählung betroffen ist.

Doch zunächst zurück zu den definierenden Kriterien falscher Fährten: Nach der Ausklammerung der Rätsel- und Kippspiele und der Irrwege im Labyrinth würde ich als letztes Bestimmungsstück vorschlagen, die ‹eigentlichen› falschen Fährten intern zu differenzieren. Und zwar danach, ob sie auf der Darstellung eines falschen Sachverhalts, d.h. einer Lüge beruhen (wie im Beispiel von STAGE FRIGHT, in dem der von der Voice-over des homodiegetischen Erzählers begleitete Flashback einen Fall von *misreporting*, also eine *semantische Lüge* darstellt); oder ob sie auf der Unvollständigkeit der Darstellung oder Mitteilung fußen (wie im Falle von THE SIXTH SENSE, in dem das Gezeigte nicht falsch ist, sondern dem Zuschauer lediglich eine – wenngleich die entscheidende – Information vorenthalten wird: ein Beispiel für *underreporting*, d.h. eine *pragmatische Lüge*).

Übrigens: Wenn bei STAGE FRIGHT davon gesprochen wird, dass durch die Verschleierung der Lüge einer als Erzähler fungierenden Figur seitens der primären narrativen Instanz der Film selbst zu einem «lügenden» werde (Verstraten 1989b),[8] wie kennzeichnen wir dann THE SIXTH SENSE? Er enthält zum einen, wie gerade dargelegt, keine Falschaussagen und kommt zum anderen ohne eine solche personale Erzählerfigur aus, zu deren Komplize sich die primäre narrative Instanz machen könnte. Und warum reagiert der Zuschauer einmal enttäuscht oder mit Ärger auf die Enthüllung am Ende (so die im Fall von STAGE FRIGHT überlieferte Publikumsreaktion), ein anderes Mal mit Bewunderung für den Erzähler oder Filmemacher, der ihn wie eine Marionette geführt hat? Schließlich: Warum funktionieren einige dieser *final-plot-twist*-Filme auch beim wiederholten Sehen, also in Kenntnis des wahren Sachverhalts, und werden lustvoll rezipiert?

6.2 Täuschung als Spiel mit der Wahrnehmung

THE SIXTH SENSE nun, der erste aufwändig produzierte Film des bis dato nahezu unbekannten Manoj Night Shyalaman, verdankt seinen internationalen Erfolg einem raffinierten Drehbuch (vom Regisseur selbst verfasst)

8 Vgl. die zahlreichen Analysen von STAGE FRIGHT und einschlägigen Überlegungen zum ‹lügenden Flashback› etwa von Chatman 1989, 228-237; Abel 1984/85; Thompson 1988, Kap. 5; Turim 1989, 164-168; Currie 1995, 265-270; Casetti 1998, 106-114.

und einer Inszenierungsweise, welche die Aufmerksamkeit und das narrative Interesse beim erstmaligen Sehen so zu lenken vermag, dass man bis zur verblüffenden Auflösung nicht merkt, beim Verständnis der Geschichte von einer falschen Prämisse ausgegangen und einem großangelegten Täuschungsmanöver aufgesessen zu sein. Das überraschende Ende veranlasste viele Zuschauer seinerzeit, sich den Film ein zweites Mal anzuschauen, um nach ‹Fehlern› zu suchen und zu überprüfen, ob die andere Version der Geschichte, die ihnen am Ende offenbart wurde, tatsächlich aufgeht.[9]

Der Film beginnt mit einem wichtigen Ereignis im Leben des Psychiaters und Kinderpsychologen Dr. Malcolm Crowe (Bruce Willis): Er hat für seine beruflichen Verdienste eine Auszeichnung der Stadt Philadelphia bekommen. Diesen Ehrentag lässt er zusammen mit seiner Frau Anna ausklingen, sie trinken Wein und sind ausgelassener Stimmung. Dann nimmt der Abend eine furchtbare Wendung: Ein psychisch kranker Mann ist in das Haus eingebrochen. Allmählich erinnert sich Malcolm an ihn als seinen ehemaligen Patienten Vincent Gray, bei dem er vor Jahren eine schwere emotionale Störung diagnostiziert hatte, ohne ihm helfen zu können. Das neuerliche Hilfsangebot Malcolms lehnt Gray ab: Unvermittelt schießt er auf ihn, um sich dann selbst zu richten.

Ungefähr ein Jahr später begegnen wir Malcolm mit einem neuen Patienten: Der neunjährige Cole, einziges Kind einer alleinerziehenden Mutter, leidet unter akuten Angstzuständen. In der Schule gilt er als verhaltensauffällig, seine Mitschüler hänseln ihn «Psycho». Malcolm versucht zunächst, das Vertrauen des Kindes zu gewinnen. Er setzt seine gesamte Energie auf den Fall und scheint darüber sogar seine Frau zu vernachlässigen. Auch die Beziehung zwischen Cole und seiner Mutter ist angespannt, sie liebt ihren Sohn, ergreift für ihn Partei und versucht verzweifelt zu begreifen, was mit ihm passiert, gerät aber an die Grenzen ihrer Belastbarkeit. Als Cole von Mitschülern in eine Dachkammer gesperrt wird, erleidet er einen Schock. Nun offenbart er Malcolm sein Geheimnis: Er sieht ständig Tote, Geister, die, ohne zu wissen, dass sie tot sind (dabei blickt er Malcolm herausfordernd an), unter den Lebenden wandeln. Sie sprechen zu ihm, tun ihm auch manchmal weh.

Malcolm diagnostiziert Paranoia. Dann jedoch stellt er Parallelen zum Fall ‹Vincent› fest. Auf den Tonmitschnitten ihrer damaligen Sitzungen entdeckt er schließlich Beweise für Coles Geschichte: Die Welt ist von Geistern bevölkert, und Vincent und Cole besitzen die gleiche furchtbare Gabe. Mit Malcolms Hilfe lernt Cole, seine

9 Der englische Verleih bewarb den Film als «A real ‹Must See Twice› film», und die Kritiker wurden gebeten, das Ende keinesfalls zu verraten. Beredtes Zeugnis der Fehlersuch- und Verständigungsaktivitäten der Zuschauer legt das ‹Message Board› zum Film auf der IMDd-Site ab; vgl. http://www.imdb.com/title/tt0167404/board/ (letzter Zugriff am 31.05.2008).

Angst zu überwinden, die eigene Fähigkeit anzunehmen und den Toten seine Hilfe anzubieten. Am Ende vermag er, sein Geheimnis auch der Mutter mitzuteilen (der emotionale Höhepunkt des Films); und er weist Malcolm eine Möglichkeit, wieder mit Anna zu sprechen. Folgt das verblüffende Ende: Malcolm muss erkennen, dass er selbst einer der Toten ist, die mit Cole Kontakt aufzunehmen suchen. In einer schnellen Montage von Erinnerungs-Flashbacks werden die Szenen wiederholt, in denen Malcolm mit anderen Menschen zu sehen war – und erscheinen nun in gänzlich neuem Licht. Auch die Anfangsepisode mit dem Schuss wird wiederholt und dabei ergänzt: In dieser Version wird die Schwere der Verletzung offenbar, und dass Malcolm daran gestorben ist. Die Unangemessenheit unserer Grundannahmen wird uns mit dem Ende buchstäblich vor Augen geführt. Von hier an ist ein Großteil der Szenen neu zu interpretieren und retrospektiv in einen anderen Sinnzusammenhang einzufügen. Eine Anforderung, welcher der überraschte Zuschauer zunächst mit Skepsis begegnet, bis er angesichts der Last der Beweise seinen Widerstand aufgeben muss.

Daniel H. Barratt (2009) schließt in einem erhellenden Aufsatz zur Aufmerksamkeits- und Wahrnehmungslenkung in diesem Film an Bordwells schematheoretische Überlegungen an. Er geht wie dieser davon aus, dass das Zusammenspiel von Aufmerksamkeit und Erinnerung bei der Filmwahrnehmung schemageleitet ist. So betreiben wir *chunking*, d.h. fügen Informationen zum Zweck der Komplexitätsreduktion zu Gestalten und damit zu Sinneinheiten zusammen. Wenn wir beim Szenenwechsel mit neuen Situationen konfrontiert werden, ‹kleben› wir ihnen in *top-down*-Prozessen gleichsam Etiketten auf, wobei fehlende Informationen durch Voreinstellungen (*default assumptions*) aufgrund von Erfahrungen ergänzt und konzeptuell ‹aufgerundet› werden.[10] Mit Bruners (1973) oben bereits zitierten Worten gesprochen: Wir gehen während der Filmwahrnehmung ständig «über die gegebenen Informationen hinaus».

Barratt (2009, 68) zeigt, wie die Wirkungsweise von THE SIXTH SENSE – hart gesprochen – auf Fehlleistungen unserer Wahrnehmung und Kognition beruht, oder besser gesagt darauf, dass unsere Wahrnehmung ‹konservativ› ist, unsere Aufmerksamkeit begrenzt und unsere Schlussfolgerungen einem ökonomischen Prinzip unterworfen, da wir einfache Erklärungszusammenhänge favorisieren.[11] Sehen heißt vergessen: Um

10 Vgl. die umfassende Darstellung schemagesteuerter Prozesse bei der Filmverarbeitung in Ohler 1994a.

11 Barratts Redeweise von ‹Fehlleistungen› sollte relativiert werden: Dass der Protagonist, den wir im Bild sehen, am Anfang der Geschichte *lebt*, um sie *erleben* zu können, ist die wahrscheinlichste und daher einfachste Erklärung. Warum auch sollten wir daran Zweifel hegen?

kognitive Sicherheit im Wahrnehmungsangebot zu erlangen, suchen wir möglichst schnell zu Wahrnehmungsurteilen zu kommen und Kohärenz herzustellen. Dabei werden Oberflächeninformationen ‹abgesenkt› und durch schematisierte Repräsentationen ersetzt (vgl. Bordwell 1992, 17; Branigan 1992, 14f). Hier erweist sich die *Macht erster Eindrücke*. The Sixth Sense nutzt die geschilderten Prädispositionen unserer Wahrnehmung, indem er uns durch das Kalkül mit dem *primacy effect* und durch Priming bei der Erstrezeption systematisch in die Lage versetzt, die den am Anfang gewonnenen Hypothesen und Erwartungen zuwiderlaufenden Hinweise und Indizien (die der Film durchaus enthält) zu übersehen, d.h. – in Ecos Term – zu «narkotisieren» (1990, 89 passim), oder sie falsch zu deuten.

Die narratologische Redeweise von *primacy effect* und Priming zielt, wie oben dargelegt (← Kap. 3.3), im Kern auf die schemainduzierende und -regulierende Bedeutung von Anfangsinformationen, ihre Bahnungsfunktion und Leistung, den Rezipienten zu programmieren und auf die ausgelegte narrative Fährte zu bugsieren. In eben dieser täuschenden Absicht macht sich die Dramaturgie von The Sixth Sense Priming-Phänomene zu Nutze, wie im Folgenden genauer untersucht werden soll.

Ein anschauliches Beispiel für die mit solchen Wahrnehmungseffekten kalkulierende Inszenierungstechnik auf szenisch-situativer Ebene bietet die Restaurant-Szene mit Malcolm und Anna im ersten Drittel des Films:

«I thought you meant the other Italian restaurant I asked you to marry me in», mit diesen Worten Malcolms, während er in einem eleganten Restaurant auf die allein am Tisch sitzende Anna zusteuert, beginnt die Szene. Malcolm entschuldigt sich für die Verspätung mit seinem in letzter Zeit fehlenden Zeitgefühl und beginnt, der reaktionslosen Anna von seinen Überlegungen zum ‹Fall Cole› zu erzählen, wobei sich seine Rede immer mehr zu einer Selbstverständigung entwickelt. Der Ober bringt die Rechnung, sie greift danach, bevor Malcolm es tun kann, und verlässt mit den Worten «Happy Anniversary» das Restaurant. Er bleibt allein zurück. Sein erster Satz sorgt für die Einordnung der Szene und liefert die wahrscheinliche Erklärung für die merkwürdige Situation, die von ihrem traurigen Ausspruch am Ende bestätigt und gestützt wird: Ein Mann kommt viel zu spät zu einem wichtigen Rendezvous mit seiner Frau. Sie hat bereits gegessen, ist zu Recht tief enttäuscht, und er vermag auch im Folgenden nicht, auf sie einzugehen.

Malcolms Anfangssatz *bahnt* das Verständnis der aus dem Alltag und aus anderen Geschichten vertrauten Situation. Und das narrative Skript ‹verpatztes Rendezvous› verhindert, dass wir die Szene als das sehen, was sie (auch) ist: als Trauerarbeit der Witwe, die am biografisch wichtigen Ort ihren Erinnerungen nachhängt. Die fehlende *découpage* der in einer Plansequenz mit ausgeklügelten Kamerabewegungen realisierten Szene, die mit den Konventionen bricht, als sie auf das in Dialogszenen übliche Muster der *shot/reverse-shot*-Auflösung und damit auf *eyeline matches* und *point of view shots* (als *reaction shots*) verzichtet, scheint das narrative Skript zu bestätigen, weil der befremdliche Stil als ‹symbolisch› genommen werden kann: als Zeichen der Entfremdung der Charaktere (vergleichbar der berühmten Frühstückssequenz in CITIZEN KANE), statt als das, was er tatsächlich ist: ein deutlicher Fingerzeit auf stilistischer Ebene, dass Anna Malcolm *nicht sieht*. Zugleich stellt diese Form der Nicht-Auflösung der Szene und der Fokussierung Malcolms während seines Monologs einen Trick dar, denn bei der konventionellen Form von Einstellungswahl und Montage wäre der fehlende Blickkontakt sofort als unnatürlich aufgefallen.[12]

Ähnlich *polysem* sind alle Szenen, die Malcolm mit anderen Menschen zeigen, etwa die, in der er kurz mit der Mutter von Cole zu sehen ist.[13] Die beiden sitzen sich schweigend gegenüber, dann kommt Cole nach Hause, und nach einer kurzen, scherzhaften Unterhaltung mit ihm sagt sie: «You've got one hour» – mit dem Therapeuten (wie wir zunächst annehmen), der unbeteiligt im Hintergrund wartet und die beiden beobachtet, oder (vom Ende her gesehen) zum Spielen, bevor das Abendessen auf den Tisch kommt.

Auf der Suche nach dem «narrativen Kern» (*gist*) (Bordwell 1992, 7) einer Szene bereinigen wir unsere Erinnerung um störende Oberflächenmomente, wie sie der ungewöhnliche filmische Stil im Umgang mit dem Raum, mit den Blickbewegungen und der Szenenauflösung aufweist: «In short, detailed representations are discarded and replaced – in memory – by schematic representations, which are liable to distortion», beschreibt Barratt das Phänomen und schließt daraus: «[...] when we watch THE SIXTH SENSE for the first time, we only see what we have been ‹primed› to see» (Barratt 2009, 84).

Solche Priming-Prozesse, wie sie von den Eröffnungsphasen der einzelnen Szenen angeregt werden und auf der Ebene des situativen Verstehens zum Tragen kommen, werden, so meine These, erst möglich durch

12 An dieser Stelle ist eine relativierende Bemerkung vonnöten: Tatsächlich ist es von der Medienkompetenz des Zuschauers abhängig, ob die vom konventionellen Schuss/Gegenschuss-Schema abweichende Form der Szenengestaltung als befremdlich, gar als Warnhinweis empfunden wird oder ob man sich der Szene anvertraut, sich auf die Handlung konzentriert und dabei die stilistischen Merkwürdigkeiten übersieht. Mit Ecos Unterscheidung eines «skeptischen» vom «vertrauenden» Leser arbeitet Bordwell (1992) in seiner Analyse des narrativen Täuschungsmanövers in Michael Curtiz' MILDRED PIERCE und Lahde (2002) am Beispiel von Bryan Singers THE USUAL SUSPECTS.

13 Barratt (2009, 75) hat nachgemessen, dass beide Figuren im gesamten Film nur 15 Sekunden gemeinsamer *screen time* haben.

die in der Initialphase vermittelten Informationen und die hier verwendeten dramaturgischen Verfahren, die mit dem Film- und Geschichtenwissen des Zuschauers, seinen routinisierten rezeptiven Strategien, aber auch mit seinen Wünschen in Hinblick auf den narrativen Fortgang kalkulieren. Am Anfang wird die falsche Fährte gelegt, wird, und das ist der Punkt, der mir wichtig ist, mit der Errichtung eines spezifischen *modalen Rahmens* der Grundstein für das systematische Fehlverstehen gesetzt, das wir beim Erfassen situativer Bedeutung beobachten können. Wie oben bei der Definition falscher Fährten dargelegt, fußt das Priming nicht allein auf den faktisch vermittelten figuren- und handlungsbezogenen Informationen, sondern kann auch auf dem Erzählmodus und der diesem zugeschriebenen Grad an narrativer Zuverlässigkeit beruhen, mit dem diese Informationen dargeboten werden.

6.3 Irreführende Rahmen und modales Priming

Um diese These zu untermauern, werde ich nun die zehnminütige Eingangssequenz untersuchen, an deren Ende der Umbruch im Plot erfolgt, dessen Konsequenz die Zuschauer nicht sehen (wollen). Dabei rekurriere ich auf die Erkenntnisse Barratts und ergänze sie um eigene Beobachtungen und Überlegungen.[14]

Der Anfang des Films bereitet dem Zuschauer ein Wechselbad der Affekte: Da ist zunächst das Gefühl des Unheimlichen während der einstimmenden Titelsequenz, hervorgerufen durch Musik, Geräusche und die Form der Titelei, allesamt Indikatoren des Horror-Films, an den sich entsprechende Erwartungsaffekte knüpfen (← Kap. 3.8.7). Dann die sich anschließende latente Spannung und Unbehaglichkeit während der kurzen Eingangsszene im Keller (!), die geschickt mit den Konventionen des Genres spielt. Eröffnet wird sie mit der Großaufnahme einer nackten Glühbirne, die langsam, wie in Zeitlupe (wie von Geisterhand) im dunklen Raum aufzuleuchten beginnt.

Die Frau, welche die Kellertreppe in den schummrigen Raum herabsteigt, erfüllt mit ihrem ‹Schneewittchen›-Gesicht und ihrem schulterfreien Abendkleid das Rollenklischee vom ‹schönen Opfer›. Einstellungswahl und Kadrierung arbeiten diesem Eindruck zu, erfolgt der Blick auf die Frau doch von einem Punkt hinter dem Weinregal, auf das sie sich zubewegt,

14 Barratt stellt seine Argumentation ab auf das Konzept von *twist blindness* und schließt damit an das in wahrnehmungspsychologischen Experimenten erforschte Phänomen der *change blindness* an, eine Unterstellung von Objektpersistenz in kontinuierlich sich wiederholenden Vorgängen, etwa beim ‹Fort/da-Spiel›.

und suggeriert so den Blick eines heimlichen Beobachters. Und tatsächlich scheint sie auf dem Weg zum Weinregal eine Anwesenheit zu spüren, ihr wird kalt, sie fröstelt. Die Szene ist auch vom Schauspielerischen nicht unraffiniert, setzt sie über das Agieren der Darstellerin (Olivia Williams) doch einen kaum merklichen *red herring*: Die Frau hält im Keller kurz inne, dann erweist sich ihr Zögern nur als Folge eines kleinen Schwipses, sie sucht sich zu orientieren, geht zum Weinregal, wählt eine Flasche aus – und hält in diesem Moment nochmals unvermittelt inne.

Die Szene baut zunächst und für einen Augenblick Spannung und eine vage Erwartung auf und durchbricht diese, noch bevor sie sich verfestigen kann, um das Muster in einem zweiten Anlauf zu wiederholen. Doch Anna verlässt/flieht den Keller, ohne dass die aufkeimende Ahnung eine Bestätigung fände.[15] Die Erwartungen bleiben latent, lediglich eine Atmosphäre des Unheimlichen, der Bedrohung scheint auf, eine affektive Grundlegung der Geschichte. Dieses Stimmungsregister wird indes nicht etwa aufgegriffen, sondern zunächst abgelöst durch Entspannung, aber auch Ungeduld während der langen Dialog-Szene vor dem Kamin, die nach dem kurzen Auftakt konventionellerweise der expositorischen Darlegung der Ausgangssituation und Charakterisierung der Hauptfiguren dient. Eingelöst wird das anfängliche Spannungsversprechen erst mit der Szene im Schlafzimmer während der Turtelei der beiden und eskaliert schließlich in der Konfrontation mit dem als verzweifelt und aggressiv gezeichneten Fremden, der in das Schlaf- und an dieses angrenzende Badezimmer und damit in den intimsten Bereich des Hauses eingedrungen ist. Und dann, als Malcolm gerade die Kontrolle über die Situation wiederzuerlangen scheint: der Schock beim Schuss auf ihn.

Zu welchem Urteil kommen wir an dieser Stelle? Dass Malcolm *das* nicht überlebt haben kann. Unterstützt werden wir darin durch die auffallende Inszenierung. Die letzte Einstellung, ein *top shot*, Blick von oben auf das Bett, auf den wie aufgebahrt daliegenden Mann – ein filmisches Stereotyp, in diesem Kontext interpretierbar als ‹Blick des seinen Körper verlassenden Menschen›/‹das Entweichen der Seele›[16] – Zeitlupe, Asynchronität von Bild und Ton, die Frau, die sich verzweifelt über ihren Mann wirft. Der auffallende filmische Stil sorgt für Markierung und Hervorhebung dieser Einstellung als Einschnitt, als *Drehpunkt der Handlung*. Folgt die ungewöhnlich lange Schwarzblende – Ungewissheit/Unsicherheit,

15 Vom Ende her gesehen erweist sich das Frösteln im Keller als *planting*: als erster Hinweis auf die Geister, deren Anwesenheit mit dem Abfall der Temperatur einhergeht (← Kap. 3.8.7).

16 Das Bildstereotyp des ‹Blicks von oben aufs Bett› in seinen unterschiedlichen Bedeutungen hat Brinckmann (2004) untersucht.

Zeit und Raum für angestrengte Überlegungen und Rückgriffe auf das Vorwissen um Geschichten- und Genreformate: Wie kann es von hier aus weitergehen? Ist das eine Geschichte mit dem Ende am Anfang? Und folgt jetzt eine Flashback-Konstruktion, in der die Vorgeschichte aufgerollt wird? Immerhin ist Bruce Willis Star des Films und Protagonist der Geschichte, wird also nicht nach zehn Minuten aus ihr entlassen werden. Schließlich Erleichterung bei der Eröffnung der anschließenden Szene: Er hat den Anschlag überlebt! Ein neuer, friedlicher Schauplatz. Zwei aufeinander folgende Schrifteinblendungen tragen zur Beruhigung bei: *The next fall. South Philadelphia.* Ein Jahr später, Malcolm sitzt vermeintlich wohlbehalten auf einer Bank und geht wieder seinem Beruf nach.

Wie bringt der Filmanfang uns dazu, die (falsche) Prämisse vom Überleben des Mannes zu ‹schlucken› und zur Grundlage des weiteren Verständnisses zu machen?

Zunächst einmal setzt die Dramaturgie auf *Kontinuitätseffekte* zwischen dem Szenenübergang: Zeit ist vergangen, während der die Genesung von einer schweren Schussverletzung vorstellbar ist. Außerdem kann sich die Unterstellung von Kontinuität auch auf die Anlage der Rolle stützen: Malcolm ist als ‹Helfer› eingeführt, und diese Konfiguration verlangt eine Geschichte, in der er tatsächlich helfen kann (statt dass sein Versagen in der Vergangenheit aufgerollt wird). Mit der Einführung der Figur über die soziale Rolle als Kinderpsychologe gehen sowohl ein Halo- als auch ein *primacy effect* einher: Befördert wird der erste Eindruck von einer erfolgreichen, kompetenten, also starken Helfer-Figur. Die Chronologie der Ereignisse und Kontinuitätseffekte durch die Charaktere legen Handlungskausalität eines bestimmten Typs nahe.

Die Hypothese, der Protagonist habe überlebt, ist die schlichtweg *wahrscheinlichste* Erklärung: Für einen Toten geht das Leben nun einmal nicht weiter. Solange ihr keine oder nur schwach kontraindizierende Hinweise entgegenstehen, halten wir an der einfachsten Erklärung fest und vertrauen auf den Wahrheitswert der Darstellung – *seeing is believing*.

Es steht zu überlegen, inwiefern diese probeweise Annahme nicht auch durch einen intertextuell gestifteten Effekt gestützt wird: das Wissen um das Image von Bruce Willis. Dieses wurde maßgeblich von den bis zu diesem Zeitpunkt vorliegenden drei Filmen der DIE HARD-Serie[17] geprägt, in denen sein Körper unzerstörbar schien, «unbreakable» – so der Titel des folgenden Films Shyalamans (USA 2000) mit Willis in der Hauptrolle. Oder kommt THE SIXTH SENSE so deutlich anders daher, dass der Rückgriff

17 Bis zu diesem Zeitpunkt: DIE HARD (John McTiernan, USA 1988), DIE HARD 2: DIE HARDER (Renny Harlin, USA 1990) und DIE HARD: WITH A VENGEANCE (John McTiernan, USA 1995).

auf das Star-Image von vornherein ausgeschlossen ist? Wenn doch, würde sich dadurch zeigen, dass der Erwartungshorizont einer Erzählung, ihre Wahrscheinlichkeit und damit auch ihre Zuverlässigkeit keine textinternen Kategorien sind, sondern abhängig vom lebensweltlichen und filmischen Wissen des Zuschauers. Der Befund über Wahrscheinlichkeit und Glaubwürdigkeit der Darstellung ist, wie oben dargelegt (← Kap. 3.9), Ergebnis mitlaufender Evaluierungsprozesse.

Ich möchte die These präzisieren, denn tatsächlich hat man sich den Vorgang in diesem Fall nicht als bruchloses Unterfangen vorzustellen, fließen hier doch verschiedene Wissensbestände in unser Wahrscheinlichkeitskalkül ein, die einander nicht etwa harmonisch ergänzen, sondern stören: Da ist unser Wissen um die Star-Persona sowie um die Beschaffenheit und Rolle des Körpers im von Willis bis dahin bevorzugten Genre des Action-Films, das gestützt wird vom Vertrauen auf die Möglichkeit auch schier unmöglicher Lösungen und Entwicklungen in bestimmten fiktionalen Welten (im Gegensatz zu realen oder auch als ‹realistisch› gekennzeichneten). Dieses reibt sich am Alltags- oder Weltwissen: um die Verletzlichkeit des Körpers und die Zerstörungskraft von Schusswaffen, aber auch um die Kunst der Chirurgen. Diese Abwägungen, das Ringen um die richtige Zuschreibung, die noch dazu unter dem Zeitdruck des voranschreitenden Erzählprozesses geschehen, werden überlagert von einem gänzlich anderen Faktor, für den Wissen nicht die entscheidende Größe ist: von unserem tief empfundenen *Wunsch*, unserer Hoffnung, der Film möge uns nicht enttäuschen und die Hauptfigur, den Star und Sympathieträger Malcolm Crowe/Bruce Willis überleben lassen. Welche Erleichterung, wenn die Bilder zu bestätigen scheinen, dass im Film durchaus sein kann, was im Leben unwahrscheinlich ist, und dass die narrative Instanz sich nicht so unerbittlich zeigt, wie es zunächst den Anschein hatte!

Kalkuliert wird beim Szenenübergang und dem Spiel mit den Kontinuitätseffekten also auch mit der empathischen Bindung an den Protagonisten, den wir während der vorangegangenen beiden Szenen kennengelernt und von innen her auszukleiden begonnen haben; der uns durch seinen Charme, durch den liebevollen Umgang mit seiner Frau, durch seine Souveränität, seinen Humor, seine Leistungen (und ihre Anerkennung durch andere) wie durch seine kleinen Schwächen sympathisch geworden ist, kurzum: in den wir sowohl kognitive Arbeit als auch Emotionen investiert haben – und den wir daher nicht loszulassen bereit sind (← Kap. 3.8.4). Es ist dieser Wunsch, der Protagonist möge überlebt haben, der uns die berechtigten Zweifel und Bedenken wegwischen und die Evidenzen übersehen lässt, mit denen der Film aufwartet. Wir wählen nicht schlichtweg die narrativ wahrscheinlichste, sondern die uns emotional genehmste und in dieser Hinsicht einfachste Erklärung und bauen dabei die Geschichte in unserem Sinne um. Dennoch möchte ich David Mitchell widersprechen, der über die Wirkungsweise von The Sixth Sense schreibt: «We chose the version we did, not because he [Shyamalan] made us do it but because it was the one we wanted to be true» (Mitchell 2002, o.P.). Diese Zuschreibung sieht davon ab, dass es die Dramaturgie des Films ist (oder Shyamalan als Autor und Regisseur), die mit unserer empathischen Bindung an die Hauptfigur und mit unserem Wunschdenken kalkuliert und sie sich in irreführender Absicht zu Nutze macht. Wir sind eben nicht frei darin, zu Fehlschlüssen zu gelangen und uns auf die falsche Fährte zu begeben, sondern werden mit fester dramaturgischer Hand geführt, wie ich oben (← Kap. 3.1) mit Bezug auf Tan und andere herausgestellt habe.

Beim Szenenübergang greift Shyamalan aber noch tiefer in die dramaturgische Trickkiste, auch hier erweist sich wiederum das Talent des Filmemachers als das eines ‹praktischen kognitiven Psychologen›, wie dies bereits für Hitchcock festgestellt wurde (← Kap. 4.1). Der Schock nach dem Schuss[18] – dies stellt auch Barratt heraus – bewirkt eine vorübergehende Lähmung, die beabsichtigt ist und (aus)genutzt wird. Denn in dieser angespannten Lage werden wir mit einem neuen Schauplatz und zwei Titeln konfrontiert, die über der Panoramaaufnahme nacheinander eingeblendet werden: *The next fall. South Philadelphia.* Eine völlig neue Situation ist aufzubauen, und der Leseaufwand für die Titel fungiert dabei als Ablenkungsaufgabe (*distracting task*), wie sie vergleichbar auch in Experimenten zur Aufmerksamkeitsforschung eingesetzt wird. Die zusätzliche Aufgabe erschwert die eigentliche: aus der Anfangssequenz die angemessenen Schlussfolgerungen zu ziehen. Barratt zufolge kommen hier zwei kognitionspsychologische Phänomene zum Tragen: Die Ablenkungsaufgabe als *maskierendes Phänomen* trifft auf den psychologischen Effekt des durch den Schock verursachten «emotionalen Überhangs» (*emotional spillover*). Auf Arbeiten Bowers rekurrierend, weist Barratt darauf hin, dass solche heftigen emotionalen Zustände unsere Kognitionen stören, weil sie die Prozesskapazitäten herabsetzen: Der Schock behindert den Zuschauer bei der nachfolgenden Szeneneröffnung (wo für gewöhnlich die Aufmerksamkeit hoch ist und die Suche nach Information besonders ausgeprägt). Die narrativ aufgeworfene und filmstilistisch ausgestellte Ellipse wird sogleich wieder zugeschüttet, indem wir das temporale wie kausallogische

18 Dieser ist nicht allein deshalb so heftig, weil der Protagonist betroffen ist, sondern wird noch verstärkt, indem der Schuss auf ihn nicht als Höhepunkt einer Spannungssituation gehandhabt wird, sondern erst fällt, als sich die Situation gerade zu entspannen scheint. Hinzu kommt der Schock durch den sich unvermittelt anschließenden Selbstmord des Angreifers.

‹schwarze Loch› mit der für uns einfachsten und angenehmsten Erklärung auffüllen: Alles ist gut! Nach dem unvermittelten und störenden Akt der Gewalt kehrt wieder *Normalität* in die erzählte Welt ein. Ein Homöostase-Prinzip scheint zu greifen.

Dazu kommt, dass die Szene nach dem Attentat in Einstellungen aufgelöst ist, die weitgehend der Perspektive Malcolms entsprechen, darunter auch einige Point-of-View-Shots, die mit einer Handkamera aufgenommen sind: Sie repräsentieren Malcolms Blicke auf den Jungen, der auf der anderen Straßenseite entlangläuft (später lesbar als: vor Malcolm wegläuft), und tragen dazu bei, Malcolm – so Barratt – als «lebendes Wesen» erscheinen zu lassen. Narratologisch gesprochen wird er als fokalisierende Instanz der Szene etabliert und zugleich mit Handlungsmächtigkeit ausgestattet. Bislang ist *er* Protagonist der Geschichte, steht im Fokus des narrativen Interesses und ist Objekt unserer empathischen Bindung an das Geschehen – aus seiner Perspektive erwarten wir, die Geschichte des Jungen zu erfahren (später erst löst sich unser Wissen von seinem, werden uns Sachverhalte dargeboten, die ihm verborgen bleiben, weitet sich die Erzählung zu einer mit doppeltem Protagonisten und entsprechend dualem Fokus).

Das Fazit dieser narrativ-dramaturgischen Verfahren und ihres Kalküls mit dem Zuschauer, mit seinen Wahrnehmungsdispositionen und -routinen wie seinem filmisch-narrativen Wissen: Zu Beginn der zweiten Sequenz sollen wir ‹vergessen›, was wir am Ende der ersten gesehen haben.

Von diesem *plot twist* am Szenenübergang möchte ich nun zurückgehen. Denn die Schlüsselstellung für das Funktionieren des Täuschungsmanövers kommt einer relativ unspektakulären Szene weiter vorne zu: der Kamin-Szene vor dem Attentat, die beim erstmaligen Sehen bei mir Ungeduld, sogar Ärger ausgelöst hat (beim erneuten Anschauen wird hingegen ihr Raffinement offenbar). Der Film betreibt hier relativ großen inszenatorischen Aufwand um eine doch eher betuliche Szene. Ausgestellt wird das Bild vom ‹perfekten Ehepaar›, die unverbrüchliche Liebe und Harmonie zwischen beiden. Im Zentrum des einführenden Gesprächs steht Malcolms Auszeichnung, Anlass, über seine Leistungen als Kinderpsychologe zu sprechen, und Gelegenheit, die Bewunderung seiner Frau zum Ausdruck zu bringen: «This is an important night for us. Finally someone is recognizing the sacrifices you've made. That you've put everything second, including me, for those families they're talking about», sagt sie (alles andere als beleidigt). Zum einen wird in dieser allerersten Dialogszene eine zentrale Information gegeben: Unterstrichen wird die Wertigkeit der Arbeit in Malcolms Leben. Diese Information steht am Anfang seiner Charakterisierung, sorgt für den ersten, prägenden Eindruck. Haben wir die

Prämisse der Geschichte erst einmal akzeptiert – dass Malcolm lebt und, angetrieben von einer Mischung aus Arbeitsethos und Schuldgefühl, mit der Heilung Coles ‹Wiedergutmachung› an Vincent leisten will –, dann finden wir allenthalben die dazu passende und das Skript bestätigende Antwort.

Zum anderen – und dieser Punkt scheint mir zentral – bestimmt die Form der expositorischen Darlegung unsere Einstellung gegenüber der Erzählung. Sie führt die Informationspolitik ein, den Modus der narrativen Didaxe. Ich habe die Szene als ‹betulich› bezeichnet. Warum? Weil sie sich des konventionellsten explikativen Verfahrens zur Charakterisierung der Figuren, ihrer Eigenschaften, ihrer Beziehung bedient – über den Eröffnungsdialog, der der alten Hollywood-Regel «Sag's dreimal» folgt, als habe der Drehbuchautor noch nie von dem dramaturgischen Gebot gehört, wonach das ‹Durchtelefonieren› von Exposition tunlichst zu vermeiden ist (← Kap. 3.8.6). Aber ihre Effektivität besteht gerade darin, dass die Szene so durchsichtig und altbacken daherkommt. Sie soll den Zuschauer gleichsam einlullen:[19] Wir richten unsere Aufmerksamkeit und Teilhabe auf den betont langsamen Erzählrhythmus und die informationelle Redundanz aus, lehnen uns zurück und vertrauen uns der Erzählung an. Die präsentiert sich als impersonal, allwissend und hochkommunikativ und ähnelt darin der Erzählweise im klassischen Paradigma: «What is rare in the classical film [...] is Henry James's ‹crooked corridor,› the use of narration to make us jump to invalid conclusions», beschreibt Bordwell die Konvention, welche unseren Erwartungen unterlegt ist (1986, 30). Durch die Vorgabe dieser Erzählweise haben wir gar keinen Anlass anzunehmen, dass hier eine ebenso raffiniert erzählte wie inszenierte doppelbödige Geschichte ihren Anfang nimmt. Statt mit einer Rhetorik der «anticipatory caution» (Sternberg 1978, 129ff) aufzuwarten, deutliche Warnhinweise auszustreuen und den Zuschauer so zur Skepsis anzuhalten, verleiht sich der Film ein harmloses Gesicht. Das narrative Täuschungsmanöver beruht so auf der Vorgabe eines *täuschenden Rahmens* (← Kap. 3.9.1) in der Initialphase, insofern eben nicht angezeigt wird, dass der ‹realistische› Modus partiell verlassen wird, wenn die Erzählung Metaphysisches als Reales handhabt.[20]

19 THE USUAL SUSPECTS schlägt in seiner Initialphase den entgegengesetzten Weg ein: Er überschüttet den Zuschauer in einer Art Überwältigungsstrategie mit Informationen und beansprucht ihn so im Höchstmaß; vgl. Lahde 2002.

20 Orth (2006) rekurriert bei seiner Analyse des Films auf die *possible worlds theory* in ihrer narratologischen Anverwandlung und konstatiert: «Die narrative Instanz des Films hat eine *textual actual world* vorgetäuscht, die nicht mit der tatsächlichen *textual actual world* übereinstimmt und somit eine *possible world* konstruiert» (291f; Herv.i.O.). Tatsächlich umfasst der Weltentwurf von THE SIXTH SENSE die Möglichkeit der Anwesenheit von

Der Zuschauer befindet am Anfang über die Textsorte, das Genre, die Art der Erzählung und des Erzählens, über die epistemische Distanz und damit auch über den Grad der Glaubwürdigkeit und Zuverlässigkeit, nimmt also eine grundlegende modale Rahmung vor und richtet seinen Aneignungsstil entsprechend aus. Um den Vorgang begrifflich zu fassen, mit dem dramaturgisch für die Einstellung auf den Modus der Informationsvergabe und auf die Affektstruktur gesorgt wird, will ich von *modalem Priming* sprechen. Am Ende solcher ‹rückwirkenden Überraschungsgeschichten› wie im Falle von THE SIXTH SENSE kommt es entsprechend nicht allein zu Re-Evaluierungs- und Re-Semantisierungsprozessen, was die dargestellten fiktionalen Sachverhalte betrifft, sondern zugleich zum Befund über einen erfolgten Moduswechsel, der rückwirkt auf das pragmatisch-kommunikative Verhältnis. Durften wir nach der in der Initialphase erfolgten Einübung in die narrative Didaxe annehmen, die Regeln des Spiels verstanden zu haben, so müssen wir vom Ende her feststellen, dass die Erzählung ein anderes Spiel (mit uns) gespielt hat.

6.4 Zurück auf Anfang

Inwiefern lassen sich solche Fabelumbrüche und retrospektiven Moduswechsel nunmehr tatsächlich als, wie ich eingangs behauptet habe, ‹textpragmatische Krisenexperimente›, als ‹Angriff auf den kommunikativen Pakt› beschreiben?

Zunächst einmal dienen die zu beobachtenden Publikumsreaktionen als Hinweise in diese Richtung (auch wenn die Filmpsychologie diese Methode als unwissenschaftlich zurückweisen dürfte). Wer den Film seinerzeit im Kino gesehen hat, erinnert sich vermutlich daran, wie sich die Überraschung bei der Enthüllung am Ende mitteilte: Ein Ruck schien durch das Publikum zu gehen, Unruhe kam auf, Getuschel mit den Sitznachbarn, Reaktionen der Verblüffung. Wie immer die Zuschauer zu diesem Überraschungs-Coup gestanden haben mochten, ob sie sich hintergangen gefühlt und mit Ärger reagiert haben oder sich an der dramaturgischen Kunstfertigkeit freuen konnten – niemand schien unbeteiligt zu bleiben. Diese Reaktionen auf die Enthüllung des Täuschungsmanövers nehme ich als Symptome eines Verstoßes gegen die ‹Normalitätsunterstellungen› und das Vertrauen in die Gültigkeit der pragmatisch-kommunikativen Rahmenbedingungen.

Untoten und Geistern: Im Rahmen der Diegese ist ihre Existenz für ‹wahr› anzusehen, wie Souriau (1997 [1951]) es beschreibt (← Kap. 3.7). Auf die Unmöglichkeit der Übernahme der modallogischen Theorie «möglicher Welten» auf fiktionale Welten hat Kaczmarek (2007, 135ff) hingewiesen.

Der Film führt uns unsere grundsätzliche Manipulierbarkeit vor. Und auf dieses Spiel reagieren verschiedene Zuschauer durchaus unterschiedlich. Auch die Wendung gegen den Film ist dabei nicht auszuschließen, lässt sich doch nicht jeder gern seine Gutgläubigkeit vor Augen führen.

Wie aber lassen sich die positiven Reaktionen von Publikum und Kritik mit diesem Befund in Einklang bringen? Ich würde meinen: Weil sich die am Ende enthüllte Täuschung eben nicht als bloßer dramaturgischer Taschenspielertrick erweist, wie einige Kritiker dem Film vorwarfen (vgl. etwa Everschor 1999), sondern weil sie der Erzählung eine Erkenntnisdimension verleiht, die sie reicher macht und den Zuschauer, der sich darauf einlässt, mit einer Horizonterweiterung belohnt.

Das Ende geht auf, es bindet die losen Fäden kausallogisch zusammen und sorgt für die Kohärenz wie Konsistenz der Erzählung, einerseits weil es uns eine folgerichtige Erklärung für manche Ungereimtheiten oder seltsamen Momente (etwa die Restaurant-Szene oder die fehlenden Gespräche zwischen dem Psychologen und Coles Mutter) darbietet, andererseits weil es sowohl die Geschichte Coles als auch die Malcolms befriedigend abschließt: Am Ende erleben wir Cole als sozial integriert, als fröhlichen, angstfreien Jungen, und auch die Mutter/Sohn-Beziehung ist gefestigt, weil sie auf einer neuen Ebene gegenseitigen Verständnisses gründet. Die Geschichte vom helfenden Arzt wurde ergänzt um die des Jungen als Helfer des einsamen Mannes, eine Richtung, die in der Figurenkonstellation von Anbeginn angelegt ist. Und Malcolms schockartige Erkenntnis seiner Geister-Existenz ist nicht allein tragisch, sondern weist auch eine melodramatische Note auf: Mit der Aufnahme des Eherings, der seiner vor dem Fernseher, der ihr Hochzeitsvideo zeigt, schlafenden (und dabei seinen Namen flüsternden) Frau vom Finger rutscht, wird ja nicht allein die Selbsterkenntnis Malcolms und der kognitive Umbau-Prozess auf Zuschauerseite angestoßen, sondern zugleich das Anfangsbild vom sich wahrhaft liebenden Paar bestätigt, das durch den Handlungsverlauf unschöne Risse bekommen hatte. Zumindest in dieser Hinsicht haben wir uns nicht getäuscht! Das schreckliche Ende bekommt damit eine harmonisierende Dimension, bestätigt es doch die (bürgerliche) Utopie von der sprichwörtlichen ‹Liebe über den Tod hinaus› und ist unter dieser Perspektive als ins Metaphysische verschobene Variante des *bittersweet ending* zu werten.[21]

21 Das ursprünglich vorgesehene, erweiterte Ende des Films, das auf der «Platinum Edition» der deutschen DVD-Lizenzausgabe enthalten ist, betont diese Dimension zusätzlich: Nachdem sich Malcolm als «Geist» von seiner Frau verabschiedet hat, ist auf dem Fernsehschirm das Ende des Hochzeitsvideos zu sehen: die Liebeserklärung Malcolms an Anna, der um Worte ringt, bevor er vor Rührung abbricht, zu ihr geht – und das Bild verlässt; Ende des Bandes, Rauschen.

Konsistent ist das Ende aber auch, weil wir, indem wir geglaubt haben, was uns vorgeführt wurde, das textuell angelegte Zuschauer-Rollenmodell sowie das erzählerische (und erzieherische) Programm des Films erfüllt haben. Denn das wahrnehmungspsychologische Phänomen des *seeing is believing* markiert zugleich – eingebunden in einen Motivkomplex um das Ableugnen solcher Phänomene, die man nicht sehen oder medizinisch, psychologisch und also wissenschaftlich zu erklären vermag – das zentrale Thema des Films. «Wie können Sie mir helfen, wenn Sie mir nicht glauben wollen?», fragt Cole einmal verzweifelt den Psychologen. Die Auflösung zeigt, wie weit diese Anforderung an das Gegenüber gehen kann, und erweist sich so als narrativ und thematisch motiviert oder, dramaturgisch gesprochen, als stimmig.

Ich hatte eingangs danach gefragt, warum der Film beim wiederholten Sehen funktioniert, wenn die Überraschung am Ende keine mehr ist. Weil die ‹Geister-Linie› der Geschichte, die hier komplettiert wird, nur ein Register ist, auf dem die Narration spielt und funktioniert. Bei Kenntnis der wahren Sachverhalte und Zusammenhänge erweist sich der Film als anrührende Beziehungsgeschichte, eine Geschichte vom schwierigen Sich-Einlassen auf das Gegenüber, vom Versuch der Perspektivenübernahme, der Einschätzung des Denkens und Fühlens eines anderen – Grundlage des Verstehens im Film wie im Leben.

An Beispielen wie THE SIXTH SENSE erweist sich: Der kommunikative Pakt ist keinesfalls fix, wird nicht ein für alle Mal am Anfang etabliert und besteht dann verlässlich bis zum Ende. Er ist flexibel und adaptierbar an sich ändernde Gegebenheiten, wobei diese Anpassungsprozesse nicht ohne Reibung (und entsprechende Verluste) vonstatten gehen. Er knüpft sich an Überprüfungen des Zuschauers am Text, die als ‹evaluative Schleife› beim Geschichtenverstehen mitlaufen. Das Ende ist der Punkt, an dem auf die narrativen und kommunikativen Versprechungen vom Anfang zurückgegriffen wird, an dem sie sich erfüllt haben, modifiziert wurden oder an dem – wie hier – ein neues, attraktiveres Versprechen abgegeben wird. Attraktiver: weil es die Geschichte und unsere Erfahrung reicher macht und das kommunikative Spiel komplexer. Ein Vorgang der (Selbst-)Verständigung des Zuschauers am und mit dem Text, die als lustvolle Herausforderung und als fesselndes Spiel erlebt wird oder doch erlebt werden kann. Es bleibt seiner Entscheidung überlassen, ob er sich als geprellt oder aber als Teilnehmer an einem interessanten Erzähl- und Wahrnehmungsexperiment versteht, so dass er sich mit der Erzählung verbündet, um einen neuen ‹Pakt› zu schließen – und daher das Ende nicht verrät.

Teil IV
Schlusswort

7. Den Film durch das Nadelöhr des Anfangs gefädelt

Auf ihrem Weg zu einer integrativ angelegten funktionalistisch-pragmatischen Texttheorie des Filmanfangs hat sich diese Studie höchst unterschiedlicher theoretischer Ansätze, Modellvorstellungen und Konzepte aus Narratologie, Texttheorie, kognitiver Filmtheorie, aus Semiopragmatik, Pragmasemiotik und Enunziationstheorie bedient und diese wiederum mit Beschreibungsinstrumentarien aus Kognitionspsychologie, Dramentheorie und Filmdramaturgie zusammengebracht. Geprüft wurde, welche theoretischen Überlegungen kompatibel mit dem eigenen textpragmatischen, kognitiv-dramaturgischen Ansatz schienen oder sich doch pragmatisch wenden und anverwandeln ließen, um zum Initiationsmodell des Filmanfangs beizutragen, das hier Schicht für Schicht in seinen einzelnen Teilfunktionen entfaltet wurde. Das Verfahren lässt sich daher auch als Versuch beschreiben, eine Bandbreite an Theorien gleichsam durch das Nadelöhr des Anfangs zu fädeln, um zu schauen, welche Aspekte oder Facetten des Gegenstands sie jeweils erhellen können.

Dramentheorie und Narratologie haben Expositionstheorien beigesteuert, die *analyse textuelle* die Idee vom Anfang als ‹Matrix› des Films, die Semiopragmatik und Enunziationstheorie die von der ‹Schwelle› in die Fiktion und den enunziativen Markierungen, die kognitive Theorie die Modellvorstellung vom ‹Lernprogramm› und schematheoretische Überlegungen hierzu. Die Drehbuchliteratur fordert die Verführung des Publikums und beschreibt dramaturgische Techniken wie das *foreshadowing* oder *planting* von Informationen, die auch von der kognitiven Theorie im Rahmen etwa der Spannungsforschung untersucht werden. Filmologie und Narratologie haben das Diegese-Konzept entwickelt, strukturalistische Texttheorie und Narratologie Figurenkonzepte und natürlich Strukturmodelle des Erzählens. Die kognitive Theorie bietet Ansätze zur Beschreibung der emotionalen Bindung an die Figuren und trifft sich in diesem Interesse mit der Psychologie, die zugleich Wahrnehmungseffekte wie *priming* oder den ‹Halo-Effekt› untersucht, derer sich wiederum die Dramaturgen in ihrer Funktion als ‹praktische kognitive Psychologen› zu bedienen verstehen ...

Was im Aufriss wie ein theoretischer Gemischtwarenladen anmuten mag, hat bei der Arbeit an der Modellbildung durchaus Sinn ergeben, weil zu fast allen Aspekten der Initialisierung und Initiation Überlegungen zuhanden waren, wenngleich sie häufig aus ganz unterschiedlichen theoretischen Zusammenhängen stammten oder unter anderen Begrifflichkeiten firmierten. Die Konzepte ergänzten einander und ließen sich in das Modell integrieren, ohne dass ich sie allzu sehr hätte zurechtbiegen müssen. Vielleicht zeigt sich daran auch die Flexibilität und Beschreibungsmächtigkeit des pragmatischen Ansatzes, so dass Odin, der von der Notwendigkeit sprach, «die Pragmatik auf den Kommandoposten der Analyse einzusetzen» (1990a, 128), Recht zu geben ist.

Brecht wiederum hat gesagt: «Der Pudding erweist sich beim Essen.» Der Blick in die Drehbuchliteratur, in Produktionsberichte und natürlich die genaue Untersuchung der Filmanfänge selbst vermochte die theoretischen Modellvorstellungen auf ihre Tauglichkeit und Tragfähigkeit zu überprüfen, wie anders herum die theoretische Erschließung des Gegenstands dazu beitrug, die dramaturgischen Handwerksregeln und Rezepte abzusichern oder – etwa angesichts alternativer Dramaturgien – sie anzuzweifeln und zu differenzieren. Ziel der textpragmatisch-funktionalistischen Beschreibung des Anfangs war es nun nicht allein, Bausteine für eine hermeneutisch-pragmatische Narrationstheorie des Spielfilms zu liefern: Diese Studie strebt nicht nur nach Integration möglichst vieler Teilaspekte, sondern zugleich nach empirischer Validität und damit nach Überprüfung an der filmischen Praxis. Im Zuge dessen begann sich, gleichsam als Nebenprodukt, so etwas wie eine ‹Poetik des Filmanfangs› abzuzeichnen, obwohl ich gar kein genuin morphologisches Interesse verfolgt habe. Dennoch steht zu hoffen, dass meine Befunde in die Narrationstheorie zurückfließen.

In verschiedenen Seminaren habe ich – empirisch dilettierend – ‹Weitererzählexperimente› durchgeführt, indem ich den Anfang eines Films gezeigt und die Studierenden gebeten habe: «Beschreibe die nächste Szene», und «Erzähle die angefangene Geschichte zu Ende». (Solche Weitererzählexperimente, die sich vor allem in der Deutschdidaktik großer Beliebtheit erfreuen, gehen zurück auf die entwicklungspsychologische Studie *Kinder erzählen angefangene Geschichten weiter* von Ilse Obrig [1934].) Die Fantasietätigkeiten der Probanden wurden so ebenfalls durch das Nadelöhr des Anfangs gefädelt: ein kleines Stück Film, das sich zum Elaborieren, zum Weiterentwickeln, zum Kalkül mit den angelegten Möglichkeiten und Wahrscheinlichkeiten anbietet und angeboten wird.

Die solcherart entstandenen Geschichten geben Aufschluss über Reichhaltigkeit und Komplexität des Informationsangebots, über die darin realisierten generischen Muster, über die Leerstellen des Textes im medienspezifischen Verständnis, über vorhandene wie benötigte Informationen, über den mit der Informationsvergabe verbundenen Hinweis- oder

Aufforderungscharakter sowie über das ausgeprägte narrative, dramaturgische, auch metadramaturgische Wissen der Zuschauer, auf das sie bei ihren Entwürfen zurückgreifen.

Zugleich kommt bei den Weitererzählungen auch ein kreatives Moment zum Tragen, zuweilen gar eine Lust, die Geschichte gegen den Strich zu bürsten und so die Biegsamkeit oder Geschmeidigkeit des Anfangs einem Test zu unterziehen. Der kreative Anteil, der die Geschichten ausweist als Zusammenspiel zwischen der Weiterentwicklung der Input-Informationen und dem Vergnügen am fantasievollen Fabulieren, macht zugleich deutlich, dass solche *ex-post*-Experimente eine spezielle Laborsituation darstellen und daher keinesfalls beanspruchen können, die im Kino ablaufenden Rezeptionsprozesse abzubilden.

Es ist danach zu fragen, ob solche explorativen Erkundungen im psychologisch-empirischen Verständnis seriös und ausbaufähig sind. Man müsste genauer nachdenken über die Anlage und Bedingungsvariablen der Weitererzählexperimente, müsste die Instruktionen variieren, die Methodik reflektieren und modifizieren, um hier zu gesicherten Aussagen zu gelangen. Ich war zunächst überrascht, wie variantenreich die Geschichten waren, wie invariant aber zugleich ihr narrativer Kern – Beleg dafür, dass und wie die Dramaturgie das Kalkül mit den Figurenkonstellationen und Genrestrukturen zu lenken versteht und wie verbreitet und ‹gewusst› die Figuren- und Handlungsschemata sind, auf die der Zuschauer zurückgreift. Deshalb werden die antizipierten Erzählverläufe auch da unsicherer und vager, wo der die Erwartungen regulierende generische Rahmen und die Orientierung am Modell kausal-linearen und – wie ich es genannt habe – ‹didaktischen› Erzählens zurücktritt. Doch dieser Befund dürfte kaum überraschen.

Vielleicht sollte man das Experiment aber auch umkehren und den Anfang nicht vorgeben, sondern gerade vorenthalten – *Film ohne Anfang*. Ihn zu rekonstruieren wäre dann die Aufgabe. ‹Anfang verpasst› – zur Zeit der *séance continue* war das ja eher der Regelfall als die Ausnahme, und beim Fernsehen geht es uns andauernd so. Welche Informationen fehlen am meisten, welche werden am dringendsten nachgefragt, welche lassen sich rekonstruieren, und welcher Mangel ist so gravierend, dass das Filmverstehen misslingt und es dem verspäteten Zuschauer so geht wie dem Protagonisten in Nabokovs Roman *Laughter in the Dark*, der meint, nun den Vorgängen auf der Leinwand nicht folgen zu können?

Eine engere Zusammenarbeit zwischen textorientierter Filmwissenschaft und experimentell arbeitender Filmpsychologie wäre wünschenswert, um theoretisch angemessene, d.h. der Komplexität des Films als Artefakt, als Textgestalt, als Erzählung und als Kommunikat gerecht werdende und zugleich empirisch überprüfbare Modellvorstellungen vom Zusammenspiel textueller Strukturen und rezeptiver Prozesse zu erlangen. Vielleicht würde uns dies der Umsetzung des theoretischen Anliegens von Christian Metz, dem Wunsch nach ‹Verstehen des Filmverstehens› näher bringen. Der Anfang als der Ort, an dem der Verstehensprozess nicht nur einsetzt, sondern initiiert und gebahnt wird, bietet sich für solche Forschungen an – das Nadelöhr, durch das man die Filmverstehensprozesse ziehen kann.

Erzählen mittels Film ist nicht allein eine Form der Organisation von Informationen und Wissen, sondern berührt höchst unterschiedliche symbolische Ordnungen, mentale Prozesse und Erlebensdimensionen. Es stellt somit eine besondere Form der Erfahrungskonstitution dar, mit der wir uns vergewissern, ‹in der Welt zu sein›, um den Erscheinungen des Lebens Sinn zu verleihen. Die Weichen dafür werden am Anfang gestellt: *Der Anfang vermittelt, was man mit dem Film anzufangen hat.*

Literatur

Abel, Richard (1984/85) STAGE FRIGHT: The Knowing Performance. In: *Film Criticism* 9,2, pp. 41–50.

Adelmann, Ralf (2009) Geschichten einfliegen? Dynamische Einstellungen in Film und Fernsehen. In: Keilbach/Schneider 2009, pp. 153–166.

Allen, Richard / Smith, Murray (Hg.) (1997) *Film Theory and Philosophy*. Oxford [...]: Oxford University Press.

Allen, Robert C. / Gomery, Douglas (1985) *Film History. Theory and Practice*. New York [...]: McGraw-Hill.

Allison, Deborah (2001) *Promises in the Dark: Opening Title Sequences in American Feature Films of the Sound Period*. PhD, Norwich: University of East Anglia.

Althen, Michael (1996) IntroSpection. Die wunderbare Welt des Saul Bass. In: *Steadycam*, Nr. 32, pp. 38–41.

Althen, Michael (1997) Auf einen Blick. Die schönsten Filmvorspänne. In: *Jetzt. Das Jugendmagazin der Süddeutschen Zeitung*, Nr. 47 v. 17.11.1997, pp. 16–17.

Altman, Rick (1992) Dickens, Griffith, and Film Theory Today. In: *Classical Hollywood Narrative. The Paradigm Wars*. Hg. v. Jane Gaines. Durham/London: Duke University Press, pp. 9–47.

Altman, Rick (1999) *Film/Genre*. London: BFI.

Amante Cine, El (1998) Comienzos [von der Red. gez. Kollektivtext]. In: *El Amante Cine* 7,79, pp. 32–41.

Anderson, Joseph D. / Anderson, Barbara Fisher (Hg.) (2005) *Motion Picture Theory: Ecological Considerations*. Carbondale: Southern Illinois University Press.

Andringa, Els / van Horssen, Petra / Jacobs, Astrid / Tan, Ed (2001) Point of View Empathy in Film. In: van Peer/Chatman 2001, pp. 133–157.

Aristoteles (1972) *Poetik*. Übers. v. Walter Schönherr. Leipzig: Philipp Reclam jun.

Armes, Roy (1979) The Opening of L'IMMORTELLE. In: *Film Reader* 4, pp. 154–165.

Arnheim, Rudolf (1979) *Film als Kunst* [1932]. Mit einem Vorwort zur Neuausgabe. Frankfurt a.M.: Fischer Taschenbuch Verlag.

Arnold, Wilhelm / Eysenck, Hans Jürgen / Meili, Richard (Hg.) (1988) *Lexikon der Psychologie* [1971]. 3 Bde. 6. Aufl. Freiburg/Basel/Wien: Herder.

Aronson, Linda (2000) *Screenwriting Updated. New (and Conventional) Ways of Writing for the Screen*. Los Angeles: Silman-James Press.

Arthur, Paul (1989) Orson Welles, Beginning to End: Every Film an Epitaph. In: *Persistence of Vision*, 7, pp. 44–50.

Asch, S. E. (1946) Forming Impressions of Personality. In: *Journal of Abnormal and Social Psychology*, 41, pp. 258–290.

Asmuth, Bernhard (1997) *Einführung in die Dramenanalyse*. 5., aktualisierte Aufl. Stuttgart/Weimar: Metzler.

Aumaier, Reinhold (1995) *Fahren Sie fort! 49 Romananfänge*. Wien: Edition Atelier.

Aumont, Jacques (1992) *Du visage au cinéma*. Paris: L'Éditions de L'Étoile.

Aumont, Jacques / Bergala, Alain / Marie, Michel / Vernet, Marc (1992) *Aesthetics of Film* [frz. 1983]. Übers. u. überarb. v. Richard Neupert. Austin: Texas University Press.

Aumont, Jacques / Marie, Michel (1988) *L'Analyse des films*. o.O. [Paris]: Nathan.

Aumont, Jacques / Marie, Michel (2002) *Dictionnaire théorique et critique du cinéma*. Paris: Nathan.

Ausubel, David P. (1960) The Use of Advance Organizers in the Learning and Retention of Meaningful Verbal Learning. In: *Journal of Educational Psychology*, 51, pp. 267–272.

Ausubel, David P. (1963) *Psychology of Meaningful Verbal Lerning*. New York: Grune & Stratton.

de Baecque, Antoine (1989) Diaboliqum genericum. In: *Cahiers du cinéma*, 426, Dezember, pp. 58–59.

Bailblé, Claude (2007) Das Kinodispositiv. In: *Montage AV* 16,2, pp. 157–173.

Bailblé, Claude / Marie, Michel / Ropars, Marie-Claire (1974) *Muriel. Histoire d'une recherche*. Paris: Editions Galilée.

Bal, Mieke (1992) *Narratology. Introduction to the Theory of Narrative*. Toronto [...]: University of Toronto Press.

Balàzs, Béla (1924) *Der sichtbare Mensch oder Die Kultur des Films*. Wien/Leipzig: Deutsch-Östereichischer Verlag.
[Wiederveröff. in: Balàzs, Béla (1982) *Der sichtbare Mensch. Kritiken und Aufsätze 1922–1926. Schriften zum Film. Bd. 1*. Hg. v. Helmut H. Diederichs & Wolfgang Gersch. Berlin: Henschel, pp. 43–143.]

Balio, Tino (Hg.) (1985) *The American Film Industry*. Madison: University of Wisconsin Press.

Balio, Tino (1993) *Grand Design. Hollywood as a Modern Business Enterprise, 1930–1939*. Berkeley/Los Angeles/London: University of California Press (History of the American Cinema. Bd. 5).

Ball, Eustace Hale (1913) *The Art of the Photoplay*. 2. Aufl. New York: G.W. Dillingham Company.

Barck, Joanna / Löffler, Petra et al. (Hg.) (2005) *Gesichter des Films*. Bielefeld: Transcript.

Barnier, Martin (2004) Début et fin des Misérables, en France et aux USA (1933–1935). In: Innocenti/Re 2004, pp. 475–480.

Barratt, Daniel (2006) Tracing the Routes to Empathy: Association, Simulation, or Appraisal? In: *Film Studies. An International Review*, 8, pp. 39–52.

Barratt, Daniel H. (2009) «Twist Blindness": The Role of Primacy, Priming, Schemas, and Reconstructive Memory in a First-Time Viewing of The Sixth Sense. In: Buckland 2009, pp. 62–86.

Barth, Hermann (1988) Insinuatio: Strategien der Emotionslenkung in den Anfangssequenzen von G.W. Pabsts Die Freudlose Gasse (1925). In: *Der Stummfilm. Konstruktion und Rekonstruktion*. Hg. v. Elfriede Ledig. München: Verlegergemeinschaft Schaudig/Bauer/Ledig, pp. 9–32.

Barth, Hermann (1990) *Psychagogische Strategien des filmischen Diskurses in G.W. Pabsts Kameradschaft (Deutschland, 1931)*. München: Verlegergemeinschaft Schaudig/Bauer/Ledig.

Barthes, Roland (1953) *Le degré zéro de l'écriture*. Paris: Le Seuil. [Dt. in: *Am Nullpunkt der Literatur. Objektive Literatur. Zwei Essays*. Hamburg: Claassen 1959.]

Barthes, Roland (1960) Le problème de la signification au cinéma. In: *Revue Internationale de Filmologie*, 32–33, pp. 83–89.

Barthes, Roland (1976) Beim Verlassen des Kinos [frz. 1975]. In: *Filmkritik* 20,7 (=Nr. 235), pp. 290–293.

Barthes, Roland (1987) *S/Z* [frz. 1970]. Frankfurt a.M.: Suhrkamp.

Bartsch, Anne (2007) Meta-Emotionen und ihre Vermittlung im Film. In: Bartsch/Eder/Fahlenbrach 2007, pp. 277–296.
Bartsch, Anne (2008) Emotionale Gratifikationen und Genrepräferenz. In: Schick/Ebbrecht 2008, pp. 75–86.
Bartsch, Anne / Eder, Jens / Fahlenbrach, Kathrin (Hg.) (2007) *Audiovisuelle Emotionen. Emotionsdarstellung und Emotionsvermittlung durch audiovisuelle Medienangebote*. Köln: Herbert von Halem.
Bartsch, Anne / Viehoff, Reinhold (2003) Meta-Emotion: In Search of a Meta-Account for Entertainment by Negative Emotions. In: *Siegener Periodikum zur Internationalen Empirischen Literaturwissenschaft (SPIEL)* 22 [ersch. 2005], pp. 309–328.
Bass, Saul (1993) «Man kettet den Zuschauer an seinen Sitz». In: *Teamwork in der Traumfabrik. Werkstattgespräche*. Hg. v. Lars-Olav Beier & Gerhard Midding. Berlin: Henschel, pp. 409–424.
Baudry, Jean-Louis (2003a) Ideologische Effekte erzeugt vom Basisapparat [frz. 1970]. In: Riesinger 2003, pp. 27–39.
Baudry, Jean-Louis (2003b) Das Dispositiv. Metapsychologische Betrachtungen des Realitätseindrucks [frz. 1975]. In: Riesinger 2003, pp. 41–62.
Bazin, André (1958) *Qu'est-ce que le cinéma? Tome 1: Ontologie et Langage*. Paris: Éditions du Cerf.
Bazin, André (1975) *Was ist Kino?* Bausteine zur Theorie des Films [frz. 1958]. Hg. v. Hartmut Bitomsky, Harun Farocki & Ekkehard Kaemmerling. Köln: DuMont Schauberg.
[Dt. Neuausgabe als: *Was ist Film?* Hg. v. Robert Fischer. Berlin: Alexander Verlag 2004.]
Beck, Harald (Hg.) (1992) *Roman-Anfänge. Rund 500 erste Sätze*. Zürich: Haffmanns.
Beier, Lars-Olav/Midding, Gerhard (1996) Strukturen & Formen. Was macht die Arbeit von Saul Bass aus? In: *Steadycam*, 32, pp. 42–47.
Beilenhoff, Wolfgang / Heller, Martin (Hg.) (1995) *Das Filmplakat*. Zürich/Berlin/New York: Museum für Gestaltung Zürich/Scalo.
Bellantoni, Jeff / Woolman, Matt (1999) *Type in Motion. Innovative digitale Gestaltung*. Mainz: Hermann Schmidt.
Bellour, Raymond (Hg.) (1980) *Le Cinéma Américain. Analyses de films*. 2 Bde. Paris: Flammarion.
Bellour, Raymond (2000a) *The Analysis of Film*. Hg. v. Constance Penley. Bloomington/Indianapolis: Indiana University Press.
Bellour, Raymond (2000b) To Segment/To Analyze (on GIGI) [frz. 1976]. In: Bellour 2000a, pp. 193–215.
Bellour, Raymond (2000c) To Enunciate (on MARNIE) [frz. 1977]. In: Bellour 2000a, pp. 217–237.
Bellour, Raymond (2005) Das Entfalten der Emotionen. In: Brütsch et al. 2005, pp. 51–101.
Belton, John (1994) *American Cinema / American Culture*. New York [...]: McGraw-Hill.
Bennett, James R. (1976) Beginning and Ending: A Bibliography. In: *Style*, 10, pp. 184–188.
Bergala, Alain (1978) *Initiation à la sémiologie de récit en images*. O.O. [Paris]: Les cahiers de l'audiovisuel, Edilig.
Le Berre, Carole (1991) Genèse d'une exposition. L'HISTOIRE D'ADÈLE H. de François Truffaut et Jean Gruault. In: *Vertigo*, 6/7, pp. 21–48.

Betteni-Barnes, Francesca (2004) Ai confini della realtà narrativa: il logo cinematografico tra credits, spettatore e testo filmico. In: Innocenti/Re 2004, pp. 121–128.

Beylot, Pierre (1993) Premières images. In: *Focales*, 2, 1993, pp. 73–80.

Bignell, Jonathan (2005) From Detail to Meaning: BADLANDS (Terence [sic!] Malick, 1973) and Cinematic Articulation. In: Gibbs/Pye 2005, pp. 42–52.

Bilandzic, Helena (2004) *Synchrone Programmauswahl. Der Einfluß formaler und inhaltlicher Merkmale der Fernsehbotschaft auf die Fernsehnutzung*. München: R. Fischer.

Bíró, Yvette (2007) *Le temps au cinéma: le calme et la tempête*. Aus dem Ungarischen v. Catherine Fay u. Thierry Loisel. Lyon: Aléas.

Blanchard, Gérard (1978) Saül Bass: Génériques et films. In: *Communication et Langages*, 40, pp. 76–96.

Blanchet, Robert (2003) *Blockbuster. Ästhetik, Ökonomie und Geschichte des postklassischen Hollywoodkinos*. Marburg: Schüren.

Blaser, Patric / Braidt, Andrea B. / Fuxjäger, Anton / Mayr, Brigitte (Hg.) (2007) *Falsche Fährten in Film und Fernsehen*. Wien/Köln/Weimar: Böhlau (=*Maske und Kothurn* 53, 2–3, 2007).

Blau, Stefan (1996) Saul Bass 1920–1996. Ein Abspann von Stefan Blau. In: *Steadycam*, 32, 1996, pp. 33–37.

Blüher, Dominique (1988) *Première approche du cinéma dans le cinéma*. D.E.A.-Arbeit. Universität Paris III.

Blüher, Dominique / Tröhler, Margrit (1994) Public et spectateur de cinéma dans les films. In: *Iris*, 17, pp. 183–197.

Blümlinger, Christa / Sierek, Karl (Hg.) (2002) *Das Gesicht im Zeitalter des bewegten Bildes*. Wien: Sonderzahl.

Böhme, Gernot (1995) Atmosphäre als Grundbegriff einer neuen Ästhetik. In: Ders.: *Atmosphäre. Essays zur neuen Ästhetik*. Frankfurt a.M.: Suhrkamp, pp. 21–48.

Böhnke, Alexander (2004) Wasserzeichen. In: Kreimeier/Stanitzek 2004, pp. 225–243.

Böhnke, Alexander (2005) Vorspann. In: Barck/Löffler 2005, 307–319.

Böhnke, Alexander (2006) Framing Hands. Der Eingriff des Films in den Film. In: Böhnke/Hüser/Stanitzek 2006, pp. 159–181.

Böhnke, Alexander (2007a) *Paratexte des Films. Über die Grenzen des filmischen Universums*. Bielefeld: Transcript.

Böhnke, Alexander (2007b) Die Zeit der Diegese. In: *Montage AV* 16,2, pp. 93–104.

Böhnke, Alexander / Hüser, Rembert / Stanitzek, Georg (Hg.) (2006) *Das Buch zum Vorspann. «The Title is a Shot»*. Berlin: Vorwerk 8.

Böhnke, Alexander / Smithee, Alan / Stanitzek, Georg (2002) Formen des Vorspanns im Hollywoodfilm und im westeuropäischen Autorenfilm seit 1950. In: *Siegener Periodikum zur Internationalen Empirischen Literaturwissenschaft (SPIEL)* 21,1, pp. 216–231.

Boillat, Alain (2001) *La Fiction au cinéma*. Paris: L'Harmattan.

Boillat, Alain (2004) Statut énonciatif et fonction structurelle de l'enchâssement narratif dans CALIGARI. In: Innocenti/Re 2004, pp. 335–345.

Bordwell, David (1983) Lowering the Stakes: Prospects for a Historical Poetics of Cinema. In: *Iris* 1,1, pp. 5–18.

Bordwell, David (1985) *Narration in the Fiction Film*. London: Routledge.

Bordwell, David (1986) Classical Hollywood Cinema: Narrational Principles and Procedures. In: Rosen 1986, pp. 17–34.

Bordwell, David (1988) *Ozu and the Poetics of Cinema*. Princeton, N.J.: Princeton University Press / London: BFI.

Bordwell, David (1989a) *Making Meaning. Inference and Rhetoric in the Interpretation of Cinema*. Cambridge, Mass./London: Harvard University Press.

Bordwell, David (1989b) A Case for Cognitivism. In: *Iris*, 9, pp. 11–40.

Bordwell, David (1992) Kognition und Verstehen. Sehen und Vergessen in MILDRED PIERCE. In: *Montage AV* 1,1, pp. 5–24.

Bordwell, David (1997a) *The Cinema of Eisenstein*. Cambridge, Mass./London: Harvard University Press.

Bordwell, David (1997b) Modernism, Minimalism, Melancholy: Angelopoulos and Visual Style. In: *The Last Modernist. The Films of Theo Angelopoulos*. Hg. v. Andrew Horton. Westpoint: Praeger, pp. 11–26.

Bordwell, David (2002) HIS GIRL FRIDAY [amerik. 1985]. In: Felix 2002, pp. 217–221 [Auszug aus Bordwell 1985].

Bordwell, David (2007a) *Poetics of Cinema*. New York/London: Routledge.

Bordwell,David(2007b)AnatomyoftheActionPicture[URL-Dokument:http://www.davidbordwell.net/essays/anatomy.php (letzter Zugriff am 15.02.2008)].

Bordwell, David (2008) The Hook: Scene Transitions in Classical Cinema [URL-Dokument: http://www.davidbordwell.net/essays//hook.php (letzter Zugriff am 09.04.2008)].

Bordwell, David / Carroll, Noël (Hg.) (1996) *Post-Theory. Reconstructing Film Studies*. Madison: The University of Wisconsin Press.

Bordwell, David / Staiger, Janet / Thompson, Kristin (1985) *The Classical Hollywood Cinema. Film Style and Mode of Production to 1960*. New York: Columbia University Press.

Bordwell, David / Thompson, Kristin (1986) *Film Art. An Introduction* [1979]. 2. Aufl. New York: Knopf.

Bordwell, David / Thompson, Kristin (1997) *Film Art. An Introduction* [1979]. 5. Aufl. New York [...]: McGraw-Hill.

Borstnar, Nils / Pabst, Eckhard / Wulff, Hans Jürgen (2002) *Einführung in die Film- und Fernsehwissenschaft*. Konstanz: UVK.

Bortolussi, Marisa / Dixon, Peter (2003) *Psychonarratology. Foundations for the Empirical Study of Literary Response*. New York: Cambridge University Press.

Branigan, Edward (1976) The Space of EQUINOX FLOWER. In: *Screen* 17,2, pp. 74–105.

Branigan, Edward (1981) The Spectator and Film Space – Two Theories. In: *Screen* 22,1, pp. 55–78.

Branigan, Edward (1984) *Point of View in the Cinema: A Theory of Narration and Subjectivity in Classical Film*. Berlin/New York: Mouton.

Branigan, Edward (1986) Diegesis and Authorship in Film. In: *Iris*, 7, pp. 37–54.

Branigan, Edward (1992) *Narrative Comprehension and Film*. London/New York: Routledge.

Branigan, Edward (2006) *Projecting a Camera. Language-Games in Film Theory*. New York/London: Routledge.

Branigan, Edward (2007) Fokalisierung [amerik. 1992]. In: *Montage AV* 16,1, pp. 71–82.

Bremond, Claude (1973) *Logique du récit*. Paris: Édition du Seuil.

Brewer, William F. (1996) The Nature of Narrative Suspense and the Problem of Rereading. In: Vorderer/Wulff/Friedrichsen 1996, pp. 107–127.

Brinckmann, Christine N. (1995) Zur Intensität der Gewalt im Film. In: *Gewalt. Kulturelle Formen in Geschichte und Gegenwart*. Hg. v. Paul Hugger & Ulrich Stadler. Zürich: Unionsverlag, pp. 126–146.

Brinckmann, Christine N. (1997a) *Die anthropomorphe Kamera und andere Schriften zur filmischen Narration*. Hg. v. Mariann Lewinsky & Alexandra Schneider. Zürich: Chronos.

Brinckmann, Christine Noll (1997b) «Abstraktion» und «Einfühlung» im deutschen Avantgardefilm der 20er Jahre. In: Brinckmann 1997a, pp. 246–275.

Brinckmann, Christine Noll (1997c) Fiktion und Geschichtsmythos in YOUNG MR. LINCOLN [1977]. In: Brinckmann 1997a, pp. 10–31.

Brinckmann, Christine Noll (1997d) Empathie mit dem Tier. In: *Cinema* 42, pp. 60–69.

Brinckmann, Christine Noll (1999) Somatische Empathie bei Hitchcock: Eine Skizze. In: Heller/Prümm/Peulings 1999, pp. 111–120.

Brinckmann, Christine Noll (2004) Von oben aufs Bett. Bemerkungen zu einer speziellen Kameraposition. In: Hagener/Schmidt/Wedel 2004, pp. 79–90.

Brinckmann, Christine N. (2005a) Die Rolle der Empathie oder Furcht und Schrecken im Dokumentarfilm. In: Brütsch et al. 2005, pp. 333–360.

Brinckmann, Christine N. (2005b) Die Arbeit der Kamera: BEAU TRAVAIL. In: *Claire Denis. Trouble Every Day*. Hg. v. Michael Omasta & Isabella Reicher. Wien: Österreichisches Filmmuseum / Synema-Gesellschaft für Medien, pp. 18–32.

Brinckmann, Christine Noll (2007a) Unerfüllte Versprechungen: Die Crux mit den Sexszenen. In: Blaser et al. 2007, pp. 267–284.

Brinckmann, Christine Noll (2007b) Diegetisches und nondiegetisches Licht. In: *Montage AV* 16,2, pp. 71–91.

Brinckmann, Christine Noll (2009) Casta Diva: Eine empathische Lektüre. In: Curtis/Koch 2009, pp. 233–250.

Brooks, Cleanth / Warren, Robert Penn (1959) *Understanding Fiction* [1943]. New York: Appleton-Century-Crofts.

Browne, Nick (1985) The Spectator-in-the-Text: The Rhetoric of STAGECOACH [1975/76]. In: *Movies and Methods. Volume II. An Anthology*. Hg. v. Bill Nichols. Berkeley/Los Angeles/London: University of California Press, pp. 458–475.

Brütsch, Matthias / Hediger, Vinzenz / von Keitz, Ursula / Schneider, Alexandra / Tröhler, Margrit (Hg.) (2005) *Kinogefühle. Emotionalität und Film*. Marburg: Schüren.

Bruner, Jerome S. (1973) *Beyond the Information Given: Studies in the Psychology of Knowing*. New York: Norton.

Brussig, Thomas (2001) Plädoyer für die Dramaturgie. In: *Jenseits von Hollywood. Drehbuchautoren über ihre Kunst und ihr Handwerk. Essays und Gespräche*. Hg. v. Christiane Altenburg & Ingo Fließ. Frankfurt: Verlag der Autoren, pp. 29–32.

Bruzzi, Stella (2000) *New Documentary*. London/New York: Routledge.

Buache, Freddy (1993) Génériques génétiques. In: *Sacha Guitry, Cinéaste*. Hg. v. Philippe Arnaud. Locarno: Editions du Festival international du film de Locarno/Editions Yellow Now, pp. 69–84.

Buckland, Warren (Hg.) (1995a) *The Film Spectator. From Sign to Mind*. Amsterdam: Amsterdam University Press.

Buckland, Warren (1995b) Relevance and Cognition: Towards a Pragmatics of Unreliable Filmic Narration. In: Müller 1995, pp. 55–66.

Buckland, Warren (1999) Film Semiotics. In: Miller/Stam 1999, pp. 84–104.

Buckland, Warren (2000) *The Cognitive Semiotics of Film*. Cambridge [...]: Cambridge University Press.
Buckland, Warren (Hg.) (2009) *Puzzle Films: Complex Storytelling in Contemporary Cinema*. Malden/Oxford: Wiley-Blackwell.
Büch, Björn (2007) *Filmkritik und Filmbewertung: Manipulierte Filmkritiken und der Einfluss auf die Bewertung von Spielfilmen*. Saarbrücken: VDM.
Bünsch, Iris (1978) Die Werbung um den Leser: der Romananfang als Leserappell. In: *Literatur im Englischunterricht. Drama – Hörspiel – Lyrik – Short Story – Roman – Trivialliteratur – Lehrbuchtext*. Hg. v. Hans Hunfeld & Gottfried Schröder. Königstein im Taunus: Scriptor, pp. 108–129.
Bulgakowa, Oksana (1990) Narration, auf ein Minimum reduziert: Analyse der Anfangssequenzen in einigen Spielfilmen. In: *Erzählen in Literatur und Film. Materialien eines Symposiums der Forschungsgruppe Film vom 5. bis 7. Dezember 1989*. Hg. v. Jörg Schweinitz. Berlin: Akademie der Künste der Deutschen Demokratischen Republik, pp. 18–21.
Bullerjahn, Claudia (2001) *Grundlagen der Wirkung von Filmmusik*. Augsburg: Wißner.
Buñuel, Luis (1983) *Mein letzter Seufzer. Erinnerungen* [frz. 1982]. Aus dem Französischen von Frieda Grafe und Enno Patalas. Königstein: Athenäum.
Burch, Noël (1979) *To the Distant Observer. Form and Meaning in the Japanese Cinema*. Berkeley: University of California Press.
Burch, Noël (1990) *La lucarne de l'infini*. Paris: Nathan Université.
[Engl. als: *Life to those Shadows*. Übers. u. hg. v. Ben Brewster. London: BFI 1990.]
Burgoyne, Robert (1981/82) Narrative Overture and Closure in 2001, A SPACE ODYSSEY. In: *Enclitic* 5,2/6,1, pp. 172–180.
Burgoyne, Robert (1991) *Bertolucci's 1900. A Narrative and Historical Analysis*. Detroit: Wayne State University Press.
Buscombe, Edward (1992) *STAGECOACH*. London: BFI.
Canjels, Rudmer (2004) Featuring on Stage: American Prologues from the 1920s. In: Innocenti/Re 2004, pp. 309–317.
Capra, Frank (1971) *The Name Above the Title. An Autobiography*. New York: Macmillan.
[Dt. als: *Autobiographie*. Aus dem Amerikanischen von Sylvia Höfer. Zürich: Diogenes 1992.]
Caprettini, Gian Paolo / Eugeni, Ruggero (Hg.) (1988) *Il linguaggio degli inizi. letteratura, cinema, folklore*. Torino: Il Segnalibro.
Carney, Raymond (1989) Complex Characters. In: *Film Comment* 25,3, pp. 30–33.
Carroll, Noël (1988) *Mystifying Movies. Fads and Fallacies in Contemporary Film Theory*. New York: Columbia University Press.
Carroll, Noël (1990) *The Philosophy of Horror, or Paradoxes of the Heart*. New York/London: Routledge.
Carroll, Noël (1996a) From Real to Reel: Entangled in Nonfiction Film [1983]. In: Ders.: *Theorizing the Moving Image*. Cambridge: Cambridge University Press 1996, pp. 224–252.
Carroll, Noël (1996b) The Paradox of Suspense. In: Vorderer/Wulff/Friedrichsen 1996, pp. 71–91.
Carroll, Noël (1998) *A Philosophy of Mass Art*. Oxford: Clarendon Press.
Carroll, Noël (2001) On the Narrative Connection. In: Van Peer/Chatman 2001, pp. 21–41.

Carroll, Noël (2007) *The Philosophy of Motion Pictures*. Malden, Mass./Oxford: Blackwell.

Casebier, Allan (1991) *Film and Phenomenology. Toward a Realist Theory of Cinematic Representation*. Cambridge [...]: Cambridge University Press.

Casetti, Francesco (1994) The Communicative Pact. In: Müller 1994, pp. 21–31.

Casetti, Francesco (1995) Face to Face [frz. 1983]. In: *The Film Spectator: From Sign to Mind*. Hg. v. Warren Buckland. Amsterdam: Amsterdam University Press, pp. 118–139.

Casetti, Francesco (1998) *Inside the Gaze. The Fiction Film and Its Spectator* [ital. 1986]. Bloomington/Indianapolis: Indiana University Press.

Casetti, Francesco (1999) *Theories of Cinema, 1945–1995* [ital. 1993]. Austin: University of Texas Press.

Casetti, Francesco (2001a) Filmgenres, Verständigungsvorgänge und kommunikativer Vertrag [ital. 1999]. In: *Montage AV* 10,2, pp. 155–173.

Casetti, Francesco (2001b) Between Textual Analysis and Reception Studies. Negotiation Processes. In: *Cinema & Cie*, 1, pp. 111–118.

Casetti, Francesco (2005) Die Sinne und der Sinn oder Wie der Film (zwischen) Emotionen vermittelt. In: Brütsch et al. 2005, pp. 23–32.

Casetti, Francesco (2008) *Eye of the Century. Film, Experience, Modernity* [ital. 2005]. New York: Columbia University Press.

Charney, Leopold Joseph (1993) *Just Beginnings: Film Studies, Close Analysis and the Viewer's Experience*. Ann Arbor, MI: University Microfilm International.

Chateau, Dominique (1983) Diégèse et Enonciation. In: *Communications*, 38, pp. 121–155.

Chateau, Dominique / Jost, François (1983) *Nouveau cinéma, nouvelle sémiologie* [1979]. Paris: Éd. de Minuit.

Chatman, Seymour (1989) *Story and Discourse. Narrative Structure in Fiction and Film* [1978]. 5. Aufl. Ithaca/London: Cornell University Press.

Chatman, Seymour (1990) *Coming to Terms. The Rhetoric of Narrative in Fiction and Film*. Ithaca/London: Cornell University Press.

Chion, Michel (2001) *Techniken des Drehbuchschreibens* [frz. 1985]. Aus dem Französischen von Silvia Berutti-Ronelt. Berlin: Alexander Verlag.

Christen, Thomas (1990) Absolute beginnings. In: *Zoom. Film und Medien*, 23, pp. 8–14.

Christen, Thomas (1994a) Die Präsenz der Dinge und die Absenz der Protagonisten. In: *Cinema* 40, pp. 9–19.

Christen, Thomas (1994b) Die Thematisierung des Erzählens im Film. In: *Film und Kritik*, 2, pp. 39–53.

Christen, Thomas (2002) *Das Ende im Spielfilm. Vom klassischen Hollywood zu Antonionis offenen Formen*. Marburg: Schüren.

Coleridge, Samuel Taylor (1907) *Biographia Literaria* [1817]. Bd. II. London: Oxford University Press.

Colin, Michel (1992) *Cinéma, télévision, cognition*. Nancy: Presses Universitaires de Nancy.

Colin, Michel (1995a) The Grande Syntagmatique Revisited [frz. 1992]. In: Buckland 1995a, pp. 45–86 [Auszug aus Colin 1992, 47–84].

Colin, Michel (1995b) Film Semiology as a Cognitive Science [frz. 1992]. In: Buckland 1995a, pp. 87–110 [Auszug aus Colin 1992, pp. 25–45].

Comolli, Jean-Louis / Géré, François (1978) Deux fictions de la haine (2). In: *Cahiers du Cinéma*, 288, pp. 4–15.

Conley, Tom (2006) Film-Hieroglyphen. Brüche im klassischen Kino [amerik. 1991]. In: Böhnke/Hüser/Stanitzek 2006, pp. 68–82.

Cook, Pam (1985) *The Cinema Book*. London: BFI.

Coplan, Amy (2006) Catching Characters' Emotions: Emotional Contagion Responses to Narrative Fiction Film. In: *Film Studies. An International Review*, 8, pp. 26–38.

Crawford, Lawrence (1980) La sœur volée: ouverture du FAUCON MALTAIS. In: Bellour 1980, Bd. II, pp. 99–121.

Cubitt, Sean (1999) Preliminaries for a Taxonomy and Rhetoric of On-Screen Writing. In: *Writing and Cinema*. Hg. v. Jonathan Bignell. Harlow/Essex: Pearson, pp. 59–73.

Culpeper, Jonathan (1996) Inferring Character from Text: Attribution Theory and Foregrounding Theory. In: *Poetics* 23,5, pp. 335–361.

Cunningham, Frank R. (1989) The Insistence of Memory: The Opening Sequences of Lumet's PAWNBROKER. In: *Literature / Film Quarterly* 17,1, pp. 39–43.

Curran, Steve (2000) *Motion Graphics. Graphic Design for Broadcast and Film*. Hamburg: Gingko Press.

Currie, Gregory (1995) *Image and Mind: Film, Philosophy, and Cognitive Science*. New York: Cambridge University Press.

Currie, Gregory (1999) Cognitivism. In: Miller/Stam 1999, pp. 105–122.

Curtis, Robin / Glöde, Marc (2005) Haptische Rhythmen: Visuelle Intervalle in der filmischen Wahrnehmung. In: *Aus dem Takt. Rhythmus in Kunst, Literatur und Natur*. Hg. v. Christa Brüstle, Nadia Ghattasa, Clemes Risi & Sabine Schouten. Bielefeld: Transcript, pp. 269–288.

Curtis, Robin / Koch, Gertrud (Hg.) (2009) *Einfühlung. Zu Geschichte und Gegenwart eines ästhetischen Konzepts*. München: Fink.

Curtis, Scott (2009) Einfühlung und die frühe deutsche Filmtheorie. In: Curtis/Koch 2009, pp. 79–102.

Dagrada, Elena (1995) The Diegetic Look. Pragmatics of the Point-of-View-Shot. In: Buckland 1995a, pp. 236–249.

Daney, Serge (1991) *Devant la recrudescence des vols de sacs à main*. Lyon: Aléas Editeur.

Dayan, Daniel (1976) The Tutor-Code of Classical Cinema [1974]. In: Nichols 1976, pp. 438–451.

DeBona, Guerric (2003) Masculinity on the Front: John Huston's THE RED BADGE OF COURAGE (1951) Revisited. In: *Cinema Journal* 42,2, pp. 57–80.

Decker, Christof (1994) Grenzgebiete filmischer Referentialität. Zur Konzeption des Dokumentarfilms bei Bill Nichols. In: *Montage AV* 3,1, pp. 61–82.

Del Lungo, Andrea (1997) *Gli inizi difficili. Per una poetica dell'incipit romanzesco*. Padova: Unipress.
[Frz. als: *L'incipit romanesque*. Paris: Seuil 2003.]

Deutelbaum, Marshall / Poague, Leland (eds.) (1986) *A Hitchcock Reader*. Ames: Iowa University Press.

van Dijk, Teun A. (1979) Cognitive Processing of Literary Discourse. In: *Poetics Today* 1,1–2, pp. 143–160.

Distelmeyer, Jan (2005) *Autor macht Geschichte. Oliver Stone, seine Filme und die Werkgeschichtsschreibung*. O.O [München]: Edition Text und Kritik.

Dixon, Peter / Bortolussi, Marisa (2001) Prolegomena for a Science of Psychonarratology. In: van Peer/Chatman 2001, pp. 275–287.

Dmytryk, Edward (1986) *On Filmmaking*. Boston/London: Focal Press.

Driehorst, Gerd / Schlicht, Katharina (1988) Textuale Grenzsignale in narrativer Sicht. Zum Problem von Texteingang und Textausgang. Forschungsstand und Perspektiven. In: *Sprache in Vergangenheit und Gegenwart. Beiträge aus dem Institut für Germanistische Sprachwissenschaft der Philipps-Universität Marburg*. Hg. v. Wolfgang Brandt. Marburg: Hitzeroth, pp. 250–269.

Dunn, Francis M. / Cole, Thomas (Hg.) (1992) *Yale Classical Studies* 29, 1992 («Beginnings in Classical Literature").

Durand, Philippe (1963) Saül Bass, maître du générique. In: *Le cinéma pratique*, 48, pp. 237–242.

Durand, Philippe (1967a) Docteur No & Mister Mondieu ou Comment l'esprit vient aux génériques. In: *Le cinéma pratique* 13, 73, pp. 64–67.

Durand, Philippe (1967b) Du Générique reconsidéré comme un idéogramme. In: *Le cinéma pratique* 13, 78, pp. 256–259.

Durgnat, Raymond (1974) *The Strange Case of Alfred Hitchcock, or, The Plain Man's Hitchcock*. London: Faber & Faber.

Durgnat, Raymond (2002) *A Long Hard Look at Psycho*. London: BFI.

Dyer, Richard (1979) *Stars*. London: BFI.

Eco, Umberto (1989) Casablanca oder die Wiedergeburt der Götter [ital. 1975]. In: Ders.: *Im Labyrinth der Vernunft. Texte über Kunst und Zeichen*. Leipzig: Philipp Reclam jun. 1989, pp. 295–300.

Eco, Umberto (1990) *Lector in fabula. Die Mitarbeit der Interpretation in erzählenden Texten* [ital. 1979]. München: DTV.

Eder, Jens (1999) *Dramaturgie des populären Films. Drehbuchpraxis und Filmtheorie*. Hamburg: LIT.

Eder, Jens (2001) *Die Figur im Spielfilm. Grundzüge einer Theorie*. Phil.Diss. Universität Hamburg: Fachbereich Sprach-, Literatur- und Medienwissenschaft, 542 pp.

Eder, Jens (2002) «Noch einmal mit Gefühl!» Zu Figur und Affekt im Spielfilm. In: Sellmer/Wulff 2002, pp. 93–107.

Eder, Jens (2005) Die Wege der Gefühle. Ein integratives Modell der Anteilnahme an Filmfiguren. Brütsch et al. 2005, pp. 225–242.

Eder, Jens (2006) Imaginative Nähe zu Figuren. In: *Montage AV* 15,2, pp. 135–160.

Eder, Jens (2008) *Die Figur im Film. Grundlagen der Figurenanalyse*. Marburg: Schüren.

Edwards, Daniel (2000) Never Yielding Entirely Into Art: Performance and Self-Obsession in Takeshi Kitano's Hana-bi. In: *Senses of Cinema*, 10 [http://www.sensesofcinema.com /contents/00/10/hanabi.html (letzter Zugriff am 31.05.2008)].

Egri, Lajos (1960) *The Art of Dramatic Writing. Its Basis in the Creative Interpretation of Human Motives* [1946]. New York [...]: Simon & Schuster.

Eisenstein, Sergej M. (2006) Musikalische Landschaft [1946]. In: Ders.: *Jenseits der Einstellung. Schriften zur Filmtheorie*. Hg. v. Felix Lenz & Helmut H. Diederichs. Frankfurt a.M.: Suhrkamp, pp. 372–386 [Ausschnitt aus: Eisenstein, Sergej M. (1980) *Eine nicht gleichmütige Natur*. Hg. v. Rosemarie Heise, übertragen v. Regine Kühn. Berlin: Henschel, pp. 150–157].

Eitzen, Dirk (1998) Wann ist ein Dokumentarfilm? Der Dokumentarfilm als Rezeptionsmodus [amerik. 1995]. In: *Montage AV* 7,2, pp. 13–44.

Ejchenbaum, Boris (2005) Probleme der Filmstilistik [russ. 1927]. In: *Poetika Kino. Theorie und Praxis des Films im russischen Formalismus*. Hg. v. Wolfgang Beilenhoff. Frankfurt a.M.: Suhrkamp, pp. 20–55.

Ellis, John (1982) *Visible Fictions: Cinema, Televisions, Video*. London: Routledge.
Elsaesser, Thomas (1992) The Trouble with Reality. Vortrag auf der Konferenz «Towards a Pragmatics of the Audio-Visual». Amsterdam, Februar 1992.
Elsaesser, Thomas (1996) Pragmatik des Audiovisuellen: Rettungsboot auf der Titanic? In: *Kinoschriften* 4, pp. 107–120.
Elsaesser, Thomas / Buckland, Warren (2002) *Studying Contemporary American Film. A Guide to Movie Analysis*. London: Arnold / New York: Oxford University Press.
Elsaesser, Thomas / Hagener, Malte (2007) *Filmtheorie zur Einführung*. Hamburg: Junius.
Erlebach, Peter (1990) *Theorie und Praxis des Romaneingangs. Untersuchungen zur Poetik des Englischen Romans*. Heidelberg: Carl Winter Universitätsverlag.
Espenhahn, Liselotte (1947) *Die Exposition beim Film. Ein Beitrag zur Dramaturgie des Films*. Phil.Diss. Wien.
Esquenazi, Jean-Pierre (2001) *Hitchcock et l'aventure de* VERTIGO. *L'invention à Hollywood*. Paris: CNRS Éditions.
Eue, Ralph (1998a) Gangsterdämmerung? HANA-BI und die Yakuza-Trilogie von Takeshi Kitano. In: *Filmbulletin*, 1, pp. 37–40.
Eue, Ralph (1998b) Mister Shock Value. In: *Die Tageszeitung* v. 22.01.1998.
Eugeni, Ruggero (1999) *Film, Sapere, Società. Per un'analisi sociosemiotica del testo cinematografico*. Milano: Vita e Pensiero.
Eugeni, Ruggero (2002) Von der themenzentrierten Analyse zur Soziosemiotik des filmischen Texts. In: *Montage AV* 11,2, pp. 113–121.
Eugeni, Ruggero (2003) Die Festlegung des filmischen Rhythmus. Über Anfang und Ende von PINOCCHIO. In: *Montage AV* 12,2, pp. 130–140.
Everschor, Franz (1999) Geister, Monster und Dämonen – Comeback des Horrorfilms in amerikanischen Kinos. In: *Filmdienst*, 18, pp. 47–49.
Fahle, Oliver (2000) *Jenseits des Bildes. Poetik des französischen Films der zwanziger Jahre*. Mainz: Bender.
Fanchi, Mariagrazia (2005) *Spettatore*. Milano: Il Castoro.
Felix, Jürgen (Hg.) (2002) *Moderne Film Theorie*. Mainz: Bender.
Feyersinger, Erwin (2007) Diegetische Kurzschlüsse wandelbarer Welten: Die Metalepse im Animationsfilm. In: *Montage AV* 16,2, pp. 113–130.
Field, Syd (1991) *Das Handbuch zum Drehbuch. Übungen und Anleitungen zu einem guten Drehbuch* [amerik. 1984]. Frankfurt a.M.: Zweitausendeins.
[Zuerst amerik. als: *The Screenwriter's Workbook*. New York: Dell 1984.]
Field, Syd (2000) Das Drehbuch [amerik. 1979]. In: Field, Syd / Meyer, Andreas / Witte, Gunther / Henke, Gebhard et al. (2000) *Drehbuchschreiben für Fernsehen und Film. Ein Handbuch für Ausbildung und Praxis*. 7., völlig neu bearb. Aufl. München: List, pp. 11–120.
[Zuerst amerik. als: *Screenplay. The Foundation of Screenwriting*. New York: Dell 1979.]
Flavell, John H. (1976) Metacognitive Aspects of Problem Solving. In: *The Nature of Intelligence*. Hg. v. Lauren B. Resnick. Hillsdale, NJ: Erlbaum, pp. 231–235.
Flückiger, Barbara (2001) *Sound Design. Die virtuelle Klangwelt des Films*. Marburg: Schüren.
Fludernik, Monika (2006) *Einführung in die Erzähltheorie*. Darmstadt: Wissenschaftliche Buchgesellschaft.
Fore, Steve (1985) Kuntzel's Law and UNCOMMON VALOR, or Reshaping the National Consciousness in Six Minutes Flat. In: *Wide Angle* 7,4, 1985, pp. 23–32.

Forster, Edward M. (1949) *Ansichten des Romans* [engl. 1927]. Frankfurt a.M.: Suhrkamp.
[Zuerst als: *Aspects of the Novel*. London: Edward Arnold 1927.]

Freedman, Jonathan / Millington, Richard (1999) Introduction. In: *Hitchcock's America*. Hg. v. Jonathan Freedman & Richard Millington. New York/Oxford: Oxford University Press, pp. 3–14.

Freeland, Cynthia A. (1999a) *Cognitive Science and Film Theory*. Vortrag auf der Konferenz der American Society for Aesthetics, October 31, 1997. Panel zu «Cognitive Science and the Arts». University of Houston: Department of Philosophy [http://www.hfac.uh.edu/cogsci/CogsciFilmTheory.html (letzter Zugriff am 17.03.2008)].

Freeland, Cynthia A. (1999b) The Sublime in Cinema. In: Plantinga/Smith 1999, pp. 65–83.

Freeman, Mark (2000) Kitano's HANA-BI and the Spatial Traditions of Yasujiro Ozu. In: *Senses of Cinema*, 7 [http://www.senses of cinema.com/contents/00/7/kitano.html (letzter Zugriff am 30.05.2008)].

Freytag, Gustav (1983) *Die Technik des Dramas* [1863]. Hg. v. Klaus Jeziorkowski. Stuttgart: Philipp Reclam jun.

Friedman, Régine-Mihal (1996) La spécularité diffractée: Mise en abyme et début de film. In: *Semiotica* 112, 1/2, pp. 51–65.

Friedrich Hans-Edwin / Jung, Uli (Hg.) (2002) *Schrift und Bild im Film*. Bielefeld: Aisthesis.

Frieß, Jörg / Hartmann, Britta / Müller, Eggo (Hg.) (2001) *Nicht allein das Laufbild auf der Leinwand... Strukturen des Films als Erlebnispotentiale*. Berlin: Vistas.

Frijda, Nico H. (1986) *The Emotions*. Cambridge, MA: Cambridge University Press.

Frijda, Nico H. (1993) Moods, Emotion Episodes, and Emotions. In: *Handbook of Emotions*. Hg. v. Michael Lewis & Jeannette M. Haviland. New York/London: The Guilford Press, pp. 381–403.

Fröhlich, Werner D. (1987) *DTV-Wörterbuch zur Psychologie* [1968]. 15., bearb. u. erw. Aufl. München: DTV.

Frölich, Margrit / Gronenborn, Klaus / Visarius, Karsten (Hg.) (2006) *Kunst der Schatten. Zur melancholischen Grundstimmung des Kinos*. Marburg: Schüren.

Fruttero, Carlo / Lucentini, Franco (1993) *Incipit. 757 inizi facili e meno facili. Un libro di quiz e di lettura*. Milano: Mondadori.

Fuxjäger, Anton (2007a) Diegese, Diegesis, diegetisch. Versuch einer Begriffsentwirrung. In: *Montage AV* 16,2, pp. 17–37.

Fuxjäger, Anton (2007b) Falsche Fährten. Ein Definitionsvorschlag und eine Erörterung jener Untervariante, die durch Vorenthaltung von expositorischen Informationen zustande kommt. In: Blaser et al. 2007, pp. 13–32.

Gad, Urban (o.J. [1921]) *Der Film. Seine Mittel – seine Ziele*. Berlin: Schuster & Loeffler, pp. 38–40.

Gaines, Jane M. (1992) Introduction: The Family Melodrama of Classical Narrative Cinema. In: Dies. (Hg.) *Classical Hollywood Narrative. The Paradigm Wars*. Durham/London: Duke University Press.

Gardies, André (1976) Genèse, générique, générateurs ou la naissance d'une fiction. In: *Revue d'esthétique*, 4 [Paris: UGE 10/18], pp. 86–120.

Gardies, André (1980) *Approche du recit filmique*. Paris: Albatros.

Gardies, André (1981) La forme générique: histoire d'une figure révélatrice. In: *Annales de L'Université d'Abidjan*, Reihe D (Lettres), Bd. 14, pp. 163–176.

[Wiederabdr. als: Au commencement était le générique. In: Ders.: *Le Conteur de l'ombre. Essais sur la narration filmique*. Lyon: Aléas 1999, pp. 13–23.]
[Dt. als: Am Anfang war der Vorspann. In: Böhnke/Hüser/Stanitzek 2006, pp. 21–33.]

Gardies, André (1992) Générique. In: *200 mots-clés de la théorie du cinéma*. Hg. v. André Gardies &. Jean Bessalel. Paris: Les éditions du Cerf, pp. 97–98.

Gardies, André (1993) *Le récit filmique*. Paris: Hachette.

Gardies, André (1997) Le Descriptif inaugural. In: Louvel 1997, pp. 347–356.

Garncarz, Joseph (2002) Schrift, Visualität, Erzählung. Zur Funktion der Zwischentitel in Hitchcocks deutschen Stummfilmen. In: Friedrich/Jung 2002, pp. 33–45.

Gaudreault, André / Jost, François (1990) *Le Récit cinématographique*. o.O. [Paris]: Nathan.

Gaudreault, André / Jost, François (1999) Enunciation and Narration [frz. 1990]. In: Miller/Stam 1999, pp. 45–62 [engl. Übers. von Gaudreault/Jost 1990, Kap. 2].

Gaut, Berys (1999) Identification and Emotion in Narrative Film. In: Plantinga/Smith 1999, pp. 200–216 u. 280–281.

Geffner, David (1997) First Things First. David Geffner on the Art of Film Titles. In: *Filmmaker. The Magazine of Independent Film*, Fall 1997 [http://www.filmmakermaganzine.com/fall1997/firsthingsfirst.html (letzter Zugriff am 05.07.2007)].

Gemünden, Gerd (2004) Raum aus den Fugen. Ernst Lubitschs To Be or not to Be. In: Hagener/Schmidt/Wedel 2004, pp. 249–266.

Genette, Gérard (1998) *Die Erzählung*. 2. Aufl. München: Wilhelm Fink.
[Dt. Gesamtausgabe von «Discours du récit» aus *Figures III* (1972) und von *Nouveau discours du récit* (1983).]

Genette, Gérard (2001) *Paratexte. Das Buch vom Beiwerk des Buches* [frz. 1987]. Frankfurt a.M.: Suhrkamp.
[Frz. als: *Seuils*. Paris: Editions du Seuil 1987.]

Genné, Beth Eliot (1983) Vincente Minnelli's Style in Microcosm: The Establishing Sequence of Meet Me in St. Louis. In: *Art Journal* 43,3, pp. 247–254.

van Genugten, Elles (1997) *Drempels!? Een onderzoek naar het functioneren van de generieken van Saul Bass in pragmatisch perspectief.* Doctoraalscriptie [Magisterarbeit], Katholieke Universiteit Nijmegen: Vakgroep Algemene Kunstwetenschappen, Faculteit der Letteren, Film en Opvoeringskunsten.

Gibbs, John / Pye, Douglas (Hg.) (2005) *Style and Meaning. Studies in the Detailed Analysis of Film*. Manchester/New York: Manchester University Press.

Gläser, Helga / Gross, Bernhard / Kappelhoff, Hermann (Hg.) (2001) *Blick. Macht. Gesicht*. Berlin: Vorwerk 8.

Gledhill, Christine (Hg.) (1991) *Stardom: Industry of Desire*. London/New York: Routledge.

Godzic, Wieslaw (1992) Semiotics of Film Beginnings. In: *MovEast* [Ungarn] 1,2, pp. 67–77.

Göttlich, Udo (2006) *Die Kreativität des Handelns in der Medienaneignung. Zur handlungstheoretischen Kritik der Wirkungs- und Rezeptionsforschung*. Konstanz: UVK.

Goffman, Erving (1991) *Wir alle spielen Theater. Die Selbstdarstellung im Alltag* [amerik. 1959]. 7. Aufl. München: Piper.

Goffman, Erving (1993) *Rahmen-Analyse. Ein Versuch über die Organisation von Alltagserfahrungen* [amerik. 1974]. Frankfurt a.M.: Suhrkamp.

Goldman, William (1986) *Das Hollywood-Geschäft* [amerik. 1984]. Bergisch Gladbach: Bastei Lübbe.

Goodman, Nelson (1976) *Languages of Art* [1969]. Indianapolis: Hackett. [Dt. als: *Sprachen der Kunst*. Frankfurt a.M.: Suhrkamp 1998.]

Gordon, Paul (1991) Sometimes a Cigar is Not Just a Cigar: A Freudian Analysis of Uncle Charles in Hitchcock's SHADOW OF A DOUBT. In: *Literature/Film Quarterly* 19,4, pp. 267–276.

Graesser, Arthur C. / Singer, Murray / Trabasso, Tom (1994) Constructing Inferences During Narrative Text Comprehension. In: *Psychological Review* 101,3, pp. 371–395.

Grafe, Frieda (1985) *Beschriebener Film, 1974–1985*. In: *Die Republik*, 72–75, 1985, pp. 1–236.

Greve, Werner / Wentura, Dirk (1991) *Wissenschaftliche Beobachtung in der Psychologie. Eine Einführung*. München: Quintessenz.

Grissemann, Stefan (1998) Hate Art. Blickkontakte und Blickblockaden in den Filmen Takeshi Kitanos. In: *Meteor*, 12, pp. 63–65.

Grob, Norbert (2005) Zwischen dem Gegebenen: das Mögliche. Kino im Potentialis: Jean-Luc Godards NOUVELLE VAGUE. In: Liptay/Wolf 2005, pp. 280–292.

Grodal, Torben (1997) *Moving Pictures. A New Theory of Film Genres, Feelings, and Cognition*. Oxford: Clarendon Press.

Grodal, Torben (2000) Die Elemente des Gefühls. Kognitive Filmtheorie und Lars von Trier. In: *Montage AV* 9,1, pp. 63–96.

Grodal, Torben (2001) Film, Character Simulation, and Emotion. In: Frieß/Hartmann/Müller 2001, pp. 115–127.

Grodal, Torben (2005) Film Lighting and Mood. In: Anderson/Anderson 2005, pp. 152–163.

Groeben, Norbert (1982) *Leserpsychologie: Textverständnis – Textverständlichkeit*. Münster: Aschendorff.

Gunning, Tom (1979) Le style non-continu du cinéma des premiers temps. In: *Cahiers de la Cinématheque*, 29, pp. 24–34.

Gunske, Volker (1999) SHADOW OF A DOUBT (1942). In: *Alfred Hitchcock*. Hg. v. Lars-Olav Beier & Georg Seeßlen. Berlin: Bertz, pp. 317–319.

Häcker, Hartmut / Stapf, Kurt H. (Hg.) (1998) *Dorsch Psychologisches Wörterbuch*. Unter ständiger Mitarbeit v. Christian Becker-Carus et al. 13. überarb. u. erw. Aufl. Bern [...]: Hans Huber.

Haeseli, Christa M. (2006) «The world was like a faraway planet to which I could never return". Die Subjektkonzeption der Voice-over in Terrence Malicks BADLANDS. In: *Montage AV* 15,2, pp. 115–134.

Hagener, Malte / Schmidt, Johann N. / Wedel, Michael (Hg.) (2004) *Die Spur durch den Spiegel. Der Film in der Kultur der Moderne*. Berlin: Bertz.

Halperin, Michael (1996) *Writing Great Characters. The Psychology of Character Development in Screenplays*. Los Angeles: Lone Eagle.

Haneke, Tom (1992) Distilling the Documentary. In: *First Cuts – Conversations with Film Editors*. Hg. v. Gabriella Oldham. Berkeley/Los Angeles: University of California Press, pp. 41–59.

Hant, Peter (1992) *Das Drehbuch. Praktische Filmdramaturgie*. Waldeck: Felicitas Hübner Verlag.

Harrington, John (1973) *The Rhetoric of Film*. New York [...]: Holt, Rinehart and Winston.

Harris, Adam Duncan (2006) Das goldene Zeitalter des Filmvorspanns: Die Geschichte des «Pacific Title and Art Studios». In: Böhnke/Hüser/Stanitzek 2006, pp. 123–136.

Hartmann, Britta (1995) Anfang, Exposition, Initiation. Perspektiven einer pragmatischen Texttheorie des Filmanfangs. In: *Montage AV* 4,2, pp. 101–122.

Hartmann, Britta (1999) Topographische Ordnung und narrative Struktur im klassischen Gangsterfilm. In: *Montage AV* 8,1, pp. 111–133.

Hartmann, Britta (2003) «Gestatten Sie, dass ich mich vorstelle?» Zuschaueradressierung und Reflexivität am Filmanfang. In: *Montage AV* 12,2, pp. 19–38.

Hartmann, Britta (2004) «Getting Going» with Someone Else's Story. In: Innocenti/Re 2004, pp. 557–563.

Hartmann, Britta (2007) Von roten Heringen und blinden Motiven. Spielarten falscher Fährten im Film. In: Blaser et al. 2007, pp. 33–52.

Hartmann, Britta / Wulff, Hans J. (1994) Vom Spezifischen des Films. Neoformalismus – Kognitivismus – Historische Poetik. In: *Montage AV* 4,1, pp. 5–22.

Hartmann, Britta / Wulff, Hans J. (2002) Neoformalismus – Kognitivismus – Historische Poetik des Kinos. In: Felix 2002, pp. 191–216.

Haskin, Pamela (1996) «Saul, can you make me a title?». Interview with Saul Bass. In: *Film Quarterly* 50,1, pp. 10–17.

Hasselhorn, Marcus (2001) Metakognition. In: *Handwörterbuch Pädagogische Psychologie*. Hg. v. Detlef H. Rost. 2., überarb. u. erw. Aufl. Weinheim: Psychologie Verlags Union/Beltz, pp. 466–471.

Hattendorf, Manfred (1994) *Dokumentarfilm und Authentizität. Ästhetik und Pragmatik einer Gattung*. Konstanz: Ölschläger.

Haubrichs (1995a) Einleitung. In: *Zeitschrift für Literaturwissenschaft und Linguistik* Jg. 25, Heft 99 (= *LiLi*, 99), pp. 1–8.

Haubrichs (1995b) Kleine Bibliographie zu ‹Anfang› und ‹Ende› in narrativen Texten (seit 1965). In: *Zeitschrift für Literaturwissenschaft und Linguistik* Jg. 25, Heft 99 (=*LiLi*, 99), pp. 36–50.

Heath, Stephen (1981) *Questions of Cinema*. Bloomington: Indiana University Press.

Hediger, Vinzenz (2001a) *Verführung zum Film. Der amerikanische Kinotrailer seit 1912*. Marburg: Schüren.

Hediger, Vinzenz (2001b) Der Film fängt mit der Werbung an. Zur Dramaturgie der Filmvermarktung am Beispiel von TERMINATOR 2. In: Frieß/Hartmann/Müller, pp. 79–94.

Hediger, Vinzenz (1998) Montage der nachträglichen Angst. Vom Schreiben und Umschreiben der Geschichte im Kino. In: *Cinema* [Zürich] 43, pp. 47–61.

Hediger, Vinzenz (2002) «Mogeln, um besser sehen zu können, ohne deswegen den Zuschauer zu täuschen». Tierfilme, Vertragsbrüche und die Justiziabilität von kommunikativen Kontrakten. In: *Montage AV* 11,2, pp. 87–96.

Hediger, Vinzenz (2003) «Putting the Spectators in a Receptive Mood". Szenische Prologe im amerikanischen Stummfilmkino. In: *Montage AV* 12,2, pp. 68–87.

Hediger, Vinzenz (2004) A Cinema of Memory in the Future Tense. Godard, Trailers and Godard Trailers. In: *Forever Godard*. Hg. v. James Williams, Michael Temple & Michael Witt. London: Black Dog, pp. 141–159.

Hediger, Vinzenz (2006a) Now, in a World Where. Trailer, Vorspann und das Ereignis des Films. In: Böhnke/Hüser/Stanitzek 2006, pp. 102–122.

Hediger, Vinzenz (2006b) Gefühlte Distanz. Zur Modellierung von Emotion in der Film- und Medientheorie. In: *Die Massen bewegen. Medien und Emotionen in der Moderne*. Hg. v. Frank Bötsch & Manuel Borutta. Frankfurt a.M.: Campus, pp. 42–62.

Hediger, Vinzenz / Vonderau, Patrick (Hg.) (2005a) *Demnächst in Ihrem Kino. Grundlagen der Filmwerbung und Filmvermarktung*. Marburg: Schüren.

Hediger, Vinzenz / Vonderau, Patrick (2005b) Landkarten des Vergnügens. Genres und Filmvermarktung. In: Hediger/Vonderau 2005a, pp. 240–248.
Hegel, Georg Wilhelm Friedrich (1985) *Ästhetik. Band II.* 4. Aufl. [Nach d. 2. Ausg. Heinrich Gustav Hothos (=1842) redigiert u. mit e. ausführl. Reg. vers. von Friedrich Bassenge.] Westberlin: Das Europäische Buch.
Heider, Fritz (1958) *The Psychology of Interpersonal Relations.* New York: Wiley.
Heider, Fritz / Simmel, Marianne (1948) A Experimental Study of Apparent Behavior. In: *American Journal of Psychology*, 57, pp. 243–259.
Helbig, Jörg (2005) «Follow the White Rabbit!» Signale erzählerischer Unzuverlässigkeit im zeitgenössischen Spielfilm. In: Liptay/Wolf 2005, pp. 131–146.
Heller, Heinz-B. (1988) Film als historisch-gesellschaftliche Praxis. In: *Augen-Blick. Marburger Hefte zur Medienwissenschaft*, 6, pp. 68–78.
Heller, Heinz B. / Prümm, Karl / Peulings, Brigit (Hg.) *Der Körper im Bild: Schauspielen – Darstellen – Erscheinen.* Marburg: Schüren.
Herpe, Noël (1995) Les Génériques de Guitry. Voulez-vous jouer avec moâ? In: *Positif*, 411, p. 86.
Hertling, G.H. (1985) *Theodor Fontanes* Irrungen, Wirrungen. *Die ‹Erste Seite› als Schlüssel zum Werk.* New York [...]: Peter Lang.
Hickethier, Knut (1980) *Filmanfänge im neueren bundesdeutschen Fernsehfilm.* Unveröffentl. Manuskript eines Vortrags an der Universität Marburg.
Hickethier, Knut (1993) *Film- und Fernsehanalyse.* Stuttgart/Weimar: Metzler.
Hickethier, Knut / Winkler, Hartmut (Hg.) (1990) *Filmwahrnehmung. Dokumentation der GFF-Tagung 1989.* Berlin: Edition Sigma.
Hight, Craig / Roscoe, Jane (2006) FORGOTTEN SILVER: A New Zealand Television Hoax and Its Audience. In: *F is for Phony: Fake Documentary and Truth's Undoing.* Hg. v. Alexandra Juhasz & Jesse Lerner. Minneapolis: University of Minnesota Press, pp. 171–186.
Hippel, Klemens (1993) Parasoziale Interaktion als Spiel. Bemerkungen zu einer interaktionistischen Fernsehtheorie. In: *Montage AV* 2,2, pp. 127–145.
Hippel, Klemens (2000) *Prolegomena zu einer pragmatischen Fernsehtheorie.* Phil. Diss. Freie Universität Berlin: Fachbereich Philosophie und Geisteswissenschaften [Digitale Dissertationen: http://darwin.inf.fu-berlin.de/2000/37/ (letzter Zugriff am 14.03.2002)].
Hörmann, H. (1967) *Psychologie der Sprache.* Berlin [...]: Springer.
Hogenkamp, Maaike / van Rongen, Marcel (1989) *De titelsequentie van de narratieve film.* Doctoraalscriptie Theaterwetenschap. Rijksuniversiteit Utrecht.
hooks, bell (1993) Consumed by Images. Analysis of the Movie MALCOLM X (Culture Wars) [http://www.encyclopedia.com/doc/1G1-14376653.html (letzter Zugriff am 26.04.2008)].
Horton, Andrew (1994) *Writing the Character-Centered Screenplay.* Berkeley/Los Angeles/London: University of California Press.
Horwarth, Alexander (1998) «Ich bin wie ein Schwamm.» Takeshi Kitano im Gespräch mit Alexander Horwarth am 11. November 1997 in Hamburg. In: *Meteor*, 12, pp. 71–81.
Howard, David / Mabley, Edward (1993) *The Tools of Screenwriting. A Writer's Guide to the Craft and Elements of a Screenplay.* New York: St. Martin's Press.
Howard, David / Mabley, Edward (1996) *Drehbuchhandwerk. Techniken und Grundlagen mit Analysen erfolgreicher Filme.* Übersetzt von Matthias Schmitt. Hg. in Zus. mit der Filmstiftung Nordrhein Westfalen GmbH. O.O. [Köln]: Emons.

Hüser, Rembert (2004) Spaced Out. In: *Poetik und Gedächtnis. Festschrift für Heiko Uecker zum 65. Geburtstag*. Hg. v. Karin Hoff et al. Frankfurt a.M.: Lang, pp. 427–435.

Humbert, Michelle (1996) Doorways: LA PRISONNIÈRE DU DÉSERT, John Ford. In: *Vertigo*, 14, 1996, pp. 83–88.

Innocenti, Veronica / Re, Valentina (Hg.) (2004) *Limina/Le soglie del film. Film's Thresholds. X Convegno Internazionale di Studi sul Cinema. X International Film Studies Conference*. Udine/Gorizia: Forum.

Iros, Ernst (1957) *Wesen und Dramaturgie des Films* [1938]. Neue, vom Verfasser überarb. Ausgabe. Zürich: Niehaus.

Iser, Wolfgang (1975) Der Lesevorgang [zuerst engl. 1971/72]. In: *Rezeptionsästhetik*. Hg. v. Rainer Warning. München: Fink, pp. 253–276.

Iser, Wolfgang (1994) *Der Akt des Lesens. Theorie ästhetischer Wirkung* [1976]. 4. Aufl. München: Fink.

Jahn, Manfred (1998) Narratologie: Methoden und Modelle der Erzähltheorie. In: *Literaturwissenschaftliche Theorien, Modelle und Methoden. Eine Einführung*. Hg. v. Ansgar Nünning unter Mitwirkung v. Sabine Buchholz und Manfred Jahn. Trier: WVT, pp. 29–50.

Jahn, Manfred / Nünning, Ansgar (1994) A Survey of Narratological Models. In: *Literatur in Wissenschaft und Unterricht* 27,4, pp. 283–303.

Jakobson, Roman (1971) Linguistik und Poetik [engl. 1960]. In: *Literaturwissenschaft und Linguistik. Ergebnisse und Perspektiven*. 2,1. Hg. v. Jens Ihwe. Frankfurt a.M.: Athenäum, pp. 142–178.

James, Henry (1962) The Art of Fiction [1884]. In: Ders.: *The House of Fiction. Essays on the Novel by Henry James*. Hg. v. Leon Edel. London: Mercury.

Janin-Foucher, Nicole (1989) *Du Générique au mot fin: le paratexte dans les œuvres de François Truffaut et de Jean-Luc Godard (1958–1984)*. Thèse de doctorat d'État (sous la direction de Jean-Louis Leutrat), Université Lumière, Lyon II.

Jannidis, Fotis (2004) *Figur und Person. Beitrag zu einer historischen Narratologie*. Berlin: de Gruyter.

Jaques, Pierre-Emmanuel (2004) Les Seuils du film documentaire. In: Innocenti/Re 2004, pp. 255–263 [und Abb. auf den folgenden 9 pp.].

Jauß, Hans Robert (1992) *Literaturgeschichte als Provokation* [1970]. Frankfurt a.M.: Suhrkamp.

Jenkins, Henry (1995) Historical Poetics of Cinema. In: *Approaches to Popular Film*. Hg. v. Joanne Hollows & Mark Jancovich. Manchester/New York: Manchester University Press, pp. 99–122.

Jewett, Robert / Lawrence, John Shelton (1977) *The American Monomyth*. New York: Doubleday.

Joly, Martine (2002) *L'Image et son interprétation*. Paris: Nathan.

Jost, François (1995) The Authorized Narrative. In: Buckland 1995a, pp. 164–180.

Jost, François (1997) La Promesse des genres. In: *Réseaux*, 81 [http://www.enssib.fr/autres-sites/reseaux-cnet/81/01-jost.pdf (letzter Zugriff am 17.07.02)].

Jost, François (1998) *Le Temps d'un regard. Du spectateur aux images*. Paris: Méridiens Klincksieck / Québec: Nuit Blanche Éditeur.

Jost, François (2002) Die Programmierung des Zuschauers. In: *Kintop. Jahrbuch zur Erforschung des frühen Films* 11, pp. 35–47.

Jost, François (2004) Des débuts prometteurs. In: Innocenti/Re 2004, pp. 39–50.

Jousse, Thierry / Toubiana, Serge (1996) Le deuxième souffle de Melville. In: *Cahiers du Cinéma*, 507, Nov. 1996, pp. 62–81.

Jullier, Laurent (2002) *Cinéma et cognition*. Paris: L'Harmattan.
Jung, Uli / Schatzberg, Walter (1995) *Robert Wiene: Der Caligari-Regisseur*. Berlin: Henschel.
Jungen, Christian (2005) Der Journalist, ein Geschäftspartner der Studios. Starinterviews als Mittel der Filmpromotion. In: Hediger/Vonderau 2005, pp. 297–312.
Kaczmarek, Ludger (2000) Affektuelle Steuerung der Rezeption von TV-Movies: Begriffserklärungen und theoretische Grundlagen. In: Wulff et al. 2000, pp. 257–271.
Kaczmarek, Ludger (2007) Allyfying Leibniz. Einige Aspekte von Kompossibilität und Diegese in filmischen Texten. In: *Montage AV* 16,2, pp. 131–145.
Kamp, Werner / Rüsel, Manfred (1998) *Vom Umgang mit Film*. Berlin: Volk und Wissen.
Kanzog, Klaus (1991) *Einführung in die Filmphilologie. Mit Beiträgen von Kirsten Burghardt, Ludwig Bauer und Michael Schaudig*. München: Verlegergemeinschaft Schauer, Bauer & Ledig.
Kassabian, Anahid (2001) *Hearing Film: Tracking Identifications in Contemporary Hollywood Film Music*. New York: Routledge.
Kau, Edvin V. (1996) Great Beginnings – and Endings. Made by Orson Welles. In: *P:O.V.*, Journal of Filmstudies, Inst. for Informations- og Medievidenskap, Aarhus Universitet, Nr. 2, Dezember 1996 [http://imv.aau.dk/publikationer/pov/Issue_02/ section_3/artc3A.html (letzter Zugriff am 19.03.2001)].
Kaufmann, Annette (1990) *Angst – Wahn – Mord. Von Psycho-Killern und anderen Film-Verrückten*. Münster: MAkS Publikationen.
Keilbach, Judith / Schneider, Alexandra (Hg.) (2009) *Fasten your Seatbelt! Bewegtbilder vom Fliegen*. Münster [...]: Lit Verlag.
Keppler, Angela (1995) Person und Figur. Identifikationsangebote in Fernsehserien. In: *Montage AV* 4,2, pp. 85–99.
Keppler, Angela / Seel, Martin (2002) Über den Status filmischer Genres. In: *Montage AV* 11,2, pp. 58–68.
Kernan, Lisa (2004) *Coming Attractions. Reading American Movie Trailers*. Austin: University of Texas Press.
Kessler, Frank (1996) Photogénie und Physiognomie [frz. 1989]. In: *Geschichten der Physiognomik*. Hg. v. Rüdiger Campe & Manfred Schneider. Freiburg: Rombach, pp. 515–534.
Kessler, Frank (1997) Etienne Souriau und das Vokabular der filmologischen Schule. In: *Montage AV* 6,2, pp. 132–139.
Kessler, Frank (2001) Welt-Erzählung. Albert Laffays *Logique du cinéma*. In: Frieß/Hartmann/Müller 2001, pp. 197–209.
Kessler, Frank (2002a) Historische Pragmatik. In: *Montage AV* 11,2, pp. 104–112.
Kessler, Frank (2002b) Filmsemiotik. In: Felix 2002, 104–125.
Kessler, Frank (2002c) JFK [begleitende Filmanalyse zu Kessler 2002b]. In: Felix 2002, pp. 126–129.
Kessler, Frank (2003) Was kommt zuerst? Strategien des Anfangs im frühen *nonfiction*-Film. In: *Montage AV* 12,2, pp. 103–118.
Kessler, Frank (2004) L'approche sémio-pragmatique de la fiction [Rezension zu Odins *De la Fiction* (2000)]. In: *Iris*, 30, 2004, pp. 167–170.
Kessler, Frank (2007) Von der Filmologie zur Narratologie. Anmerkungen zum Begriff der Diegese. In: *Montage AV* 16,2, pp. 9–16.

Kirchmann, Kay (1994) Zwischen Selbstreflexivität und Selbstreferentialität. Überlegungen zur Ästhetik des Selbstbezüglichen als filmischer Modernität. In: *Film und Kritik*, 2, pp. 23–37.
Kirkham, Pat (1994) Looking for the Simple Idea. In: *Sight & Sound* 4,2, pp. 16–19.
Kirkham, Pat (1996) Bright Lights, Big City. In: *Sight & Sound* 6,1, pp. 12–13.
Kirkham, Pat (1997) The Jeweller's Eye. In: *Sight & Sound* 7,4, pp. 18–19.
Kitses, Jim (1970) *Horizons West*. Bloomington: Indiana University Press.
Klaprat, Cathy (1985) The Star as Market Strategy: Bette Davies in Another Light. In: Balio 1985, pp. 351–376.
Klotz, Volker (1976) *Dramaturgie des Publikums. Wie Bühne und Publikum aufeinander eingehen, insbesondere bei Raimund, Büchner, Wedekind, Horváth, Gatti und im politischen Agitationstheater.* München/Wien: Hanser.
Kluge, Alexander (Hg.) (1983) *Bestandsaufnahme: Utopie Film. Zwanzig Jahre neuer deutscher Film / Mitte 1983.* 2. Aufl. Frankfurt a.M.: Zweitausendeins.
Koch, Gertrud (2003) Filmische Welten – Zur Welthaltigkeit filmischer Projektionen. In: *Dimensionen ästhetischer Erfahrung*. Hg. v. Joachim Küpper & Christoph Menke. Frankfurt a.M.: Suhrkamp, pp. 162–175.
Koch, Gertrud / Voss, Christiane (Hg.) (2009) *«Es ist, als ob». Fiktionalität in Philosophie, Film- und Medienwissenschaft*. München: Fink.
Koebner, Thomas (2002) Atmosphäre. In: *Reclams Sachlexikon des Films*. Hg. v. Thomas Koebner. Stuttgart: Philipp Reclam jun., pp. 35–37.
Koebner, Thomas (2004) Was stimmt denn jetzt? «Unzuverlässiges Erzählen» im Film. In: Hagener/Schmidt/Wedel 2004, pp. 93–109.
Kolker, Robert Phillip (1983) *The Altering Eye.Contemporary International Cinema*. Oxford […]: Oxford University Press.
Kolstrup, Sören (1996) The Film Title and its Historical Ancestors or How Did We Get Where We Are? In: *P:O.V.* [Aarhus], 2 [URL: http://imv.aau.dk/publikationer/pov/Issue_02/ section_1/artc1B.html].
Korte, Helmut (1987) DER WEISSE HAI (1975). Das lustvolle Spiel mit der Angst. In: *Action und Erzählkunst. Die Filme von Steven Spielberg*. Hg. v. Helmut Korte & Werner Faulstich. Frankfurt: Fischer Taschenbuch Verlag, pp. 89–114.
Korte, Helmut (1999) *Einführung in die Systematische Filmanalyse. Ein Arbeitsbuch. Mit Beispielanalysen von Peter Drexler, Helmut Korte, Hans-Peter Rodenberg und Jens Thiele zu ZABRISKIE POINT (Antonioni 1969), MISERY (Reiner 1990), SCHINDLERS LISTE (Spielberg 1993) und ROMEO UND JULIA (Luhrmann 1996).* Berlin: Erich Schmidt.
Kothenschulte, Daniel (1994) Ouvertüren des Kinos. Saul Bass – Meister des Filmvorspanns. In: *Film-Dienst* 47,1, pp. 8–11.
Kothenschulte, Daniel (1996b) 2$… and change. Der Stil eines glamourösen Minimalisten. In: *Steadycam*, 32, pp. 48–53.
Kovács, András Balint (2007) Things that Come After Another. In: *New Review of Film and Television Studies* 5,2, pp. 157–171.
Kozloff, Sarah (1988) *Invisible Storytellers. Voice-Over Narration in American Fiction Film*. Berkeley […]: University of California Press.
Kreimeier, Klaus / Georg Stanitzek unter Mitarb. v. Natalie Binczek (Hg.) (2004) *Paratexte in Literatur, Film, Fernsehen*. Berlin: Akademie Verlag.
Krohn, Bill (2000) *Hitchcock at Work*. London: Phaidon.
Krohn, Bill (2002) Ambivalence (SUSPICION). In: *Trafic*, 41, pp. 38–61.
Krützen, Michaela (2004) *Dramaturgie des Films. Wie Hollywood erzählt*. Frankfurt a.M.: Fischer Taschenbuch Verlag.

Kügelgen, Henning von (1988) *Der Titel im Spielfilm. Struktur und Genese*. Magisterarbeit Berlin: Freie Universität Berlin, Fachbereich Kommunikationswissenschaften.

Kuntzel, Thierry (1972) Le travail du film. In: *Communications*, 19, pp. 25–39. [Engl. als: The Film-Work. In: *Enclitic* 2,1, 1978, pp. 39–61.]

Kuntzel, Thierry (1975) Le travail du film, 2. In: *Communications*, 23, pp. 136–189. [Engl. als: The Film-Work, 2. In: *Camera Obscura*, 5, 1980, pp. 6–69.] [Dt.: Die Filmarbeit, 2. In: *Montage AV* 8,1, 1999, pp. 25–84.]

de Kuyper, Eric (2006) Les vies multiples du film. Tentative de reconstruction d'un climat. In: *Il raconto del film/Narrating the Film*. Hg. v. Alice Autelitano & Valentina Re. Udine: Forum, pp. 409–415.

Lacey, Nick (2000) *Narrative and Genre. Key Concepts in Media Studies*. Houndsmills [...]: Macmillan Press.

Lämmert, Eberhard (1955) *Bauformen des Erzählens*. Stuttgart: J.B. Metzlersche Verlagsbuchhandlung.

Lahde, Maurice (2002) Der Leibhaftige erzählt. Täuschungsmanöver in The Usual Suspects. In: *Montage AV* 11,1, pp. 149–179.

Lawson, John Howard (1964) *Film: The Creative Process. The Search for an Audio-Visual Language and Structure*. New York: Hill & Wang.

Lawson, John Howard (1985) *Theory and Technique of Playwriting and Screenwriting* [1936]. Faksimile-Nachdruck der 2., veränderten Aufl. v. 1949. New York/London: Garland Publishing.

Lazarus, Tom (2001) *Secrets of Film Writing*. New York: St. Martin's Press.

Leconte, Bernard (1992) Fenêtre sur film. Quelques considérations cinématographiques à propos du début de Fenêtre sur Cour. In: *La Revue du Cinéma*, 484, pp. 62–70.

Lee, Lance (2001) *A Poetics for Screenwriters*. Austin: University of Texas Press.

Lehman, Peter (1983) Looking at Ivy Looking at Us Looking at Her: The Garter and the Camera. In: *Wide Angle* 5,3, pp. 59–63.

Leib, Fritz (1913) *Erzähleingänge in der deutschen Literatur*. Phil.Diss., Gießen 1913.

Leitch, Thomas M. (1991) *Find the Director and Other Hitchcock Games*. Athens/London: The University of Georgia Press.

Lettenewitsch, Natalie (2009) Absturz zu Boden. Flugzeugkatastrophe, Terrorismus und Inflight Entertainment. In: Keilbach/Schneider 2009, pp. 167–186.

Levaco, Ronald / Glass, Fred (2006) Quia ego nominor leo [frz. 1980]. In: Böhnke/Hüser/Stanitzek 2006, pp. 137–158.
[Zuerst in: Bellour 1980, Bd. I, pp. 12–29.]

Leutrat, Jean-Louis (1986) Il était trois fois. In: *Revue Belge du Cinéma*, 16, pp. 65–70.

Leutrat, Jean-Louis (1990) John Ford. La Prisonnière du désert, une tapisserie navajo. Paris: Adam Biro.

Levy, Emanuel (1991) *Small-Town America in Film. The Decline and Fall of Community*. New York: Continuum.

Lipps, Theodor (1903) *Ästhetik. Psychologie des Schönen und der Kunst. Erster Teil: Grundlegung der Ästhetik*. Hamburg/Leipzig: Verlag von Leopold Voss.

Liptay, Fabienne (2004) *WunderWelten. Märchen im Film*. Remscheid: Gardez! Verlag.

Liptay, Fabienne / Wolf, Yvonne (Hg.) (2005) *Was stimmt denn jetzt? Unzuverlässiges Erzählen in Literatur und Film*. München: Edition Text und Kritik.

Lloyd, Dan (1989) *Simple Minds*. Cambridge, Mass.: MIT Press.

Lodge, David (1998) *Die Kunst des Erzählens. Illustriert anhand von Beispielen aus klassischen und modernen Texten* [engl. 1993]. Aus dem Englischen von Daniel Ammann. München/Zürich: Diana Verlag.
[Zuerst engl. als: *The Art of Fiction*. New York: Viking/Penguin Books 1993.]

Löffler, Petra / Scholz, Leander (Hg.) (2004) *Das Gesicht ist eine starke Organisation*. Köln: DuMont.

Lotman, Jurij M. (1986) *Die Struktur literarischer Texte* [russ. 1970]. 2. Aufl. München: Fink.

Louvel, Liliane (Hg.) (1997) *L'Incipit*. Poitiers: Licorne/Université de Poitiers.

Lowry, Stephen (1992) Film – Wahrnehmung – Subjekt. Theorien des Filmzuschauers. In: *Montage AV* 1,1, pp. 113–128.

Lowry, Stephen (1995) Filmstars. Theoretische Fragen für die Imageanalyse. In: 7. *Film- und Fernsehwissenschaftliches Kolloquium / Potsdam '94*. Hg. v. Britta Hartmann & Eggo Müller. Berlin: Gesellschaft für Theorie & Geschichte audiovisueller Kommunikation e.V., pp. 170–178.

Lowry, Stephen (1997a) Stars und Images. Theoretische Perspektiven auf Filmstars. In: *Montage AV* 6,2, pp. 10–35.

Lowry, Stephen (1997b) Image, Performance, Text – Star Acting and the Cinematic Construction of Meaning. In: *Text und Ton im Film*. Hg. v. Paul Goetsch & Dietrich Scheunemann. Tübingen: Narr, pp. 285–295.

Lowry, Stephen (1997c) Star Images: Questions for Semiotic Analysis. In: *Semiotics of the Media. State of the Art, Projects, and Perspectives*. Hg. v. Winfried Nöth. Berlin/New York: Mouton de Gruyter, pp. 307–320.

Lowry, Stephen (2005) Glamour und Geschäft. Filmstars als Marketingmittel. In: Hediger/Vonderau 2005, pp. 282–296.

Lowry, Stephen / Korte, Helmut (2000) *Der Filmstar. Brigitte Bardot, James Dean, Götz George, Heinz Rühmann, Romy Schneider, Hanna Schygulla und neuere Stars*. Stuttgart/Weimar: Metzler.

Lucey, Paul (1996) *Story Sense. A Screenwriter's Guide for Film and Television*. New York: McGraw-Hill.

MacCabe, Colin (1985) *Tracking the Signifier. Theoretical Essays: Film, Linguistics, Literature*. Minneapolis: University of Minnesota Press.

Mackey-Kallis, Susan (1996) *Oliver Stone's America. «Dreaming the Myth Outward»*. Bolder, Col./Oxford: Westview Press.

MacKinnon, Kenneth (1984) *Hollywood's Small Towns. An Introduction to the American Small-Town Movie*. Metuchen, N.J./London: Scarecrow.

Maltby, Richard (1996) «A Brief Romantic Interlude»: Dick and Jane go to 3½ Seconds of the Classical Hollywood Cinema. In: Bordwell/Carroll 1996, pp. 434–459.

Maltby, Richard/Craven, Ian (1995) *Hollywood Cinema. An Introduction*. Oxford/Cambridge: Blackwell.

Mamet, David (2001) *Vom dreifachen Gebrauch des Messers. Über Wesen und Zweck des Dramas*. Berlin: Alexander Verlag.

Marie, Michel (1974) Un film sonore, un film musical, un film parlant (étude des sous-codes de la bande-son). In: Baiblé/Marie/Ropars 1974, pp. 61–122.

Marie, Michel (1980a) La Séquence/le film. In: Bellour 1980, Bd. II, pp. 27–44.

Marie, Michel (1980b) De la première communion au mariage. In: *Théorie du film*. Hg. v. Jacques Aumont & Jean-Louis Leutrat. Paris: Albatros 1980, pp. 165–185.

Marie, Michel (1981) Le Rasoir et la lune (Sur le prologue de UN CHIEN ANDALOU). In: *Cinémas de la modernité: films, théories. Colloque de Cerisy*. Hg. v. Dominique Chateau, André Gardies & Francois Jost. Paris: Éditions Klincksieck, pp. 187–197.

Marie, Michel (1990) *Le Mépris*. Paris: Nathan.
Di Marino, Bruno (2001) *L'ultimo fotogramma. I finali nel cinema*. Rom: Editori Riuniti.
Marschall, Susanne / Liptay, Fabienne (Hg.) (2006) *Mit allen Sinnen. Gefühl und Empfindung im Kino*. Marburg: Schüren.
Marsilius, Hans Jörg (1999) Sekunden, die den Film bedeuten. «Imaginary Forces» und der Title Designer Kyle Cooper. In: *Film-Dienst* 52,19, pp. 6–10.
Martenstein, Harald (2006) Wie wir Kidman anstinken. Während des Festivals werden die Kritiker zu Stadtstreichern. Chronik einer Verwahrlosung. In: *Die Zeit*, Nr. 7 v. 09.02.2006, Feuilletonbeilage zur Berlinale [http://zeus.zeit.de/text/2006/07/B-Verwahrlosung (letzter Zugriff am 06.03.2006)].
Martin, Wallace (1986) *Recent Theories of Narrative*. Ithaca/London: Cornell University Press.
Martínez, Matías / Scheffel, Michael (2000) *Einführung in die Erzähltheorie* [1999]. 2. Aufl. München: Beck.
Masson, Alain (1994) *Le Récit au cinéma*. Paris: Editions de L'Etoile/Cahiers du cinéma.
Mayne, Judith (1993) *Cinema and Spectatorship*. London/New York: Routledge.
McBride, Joseph (1992) *Frank Capra – The Catastrophe of Success*. New York: St. Martin's Griffith.
McDonald, Paul (1995) Star Studies. In: *Approaches to Popular Film*. Hg. v. Joanne Hollows & Mark Jancovich. Manchester/New York: Manchester University Press, pp. 80–97.
McKee, Robert (1997) *Story. Substance, Structure, Style, and the Principles of Screenwriting*. New York: Regan Books.
McLaughlin, James (1986) All in the Family: Alfred Hitchcock's Shadow of a Doubt [1980]. In: *A Hitchcock Reader*. Hg. v. Marshall Deutelbaum & Leland Poague. Ames: Iowa State University Press, pp. 141–152.
Medhurst, Martin J. (1997) The Rhetorical Structure of Oliver Stone's JFK. In: *The Films of Oliver Stone*. Hg. v. Don Kunz. Lamham/London: Scarecrow Press, pp. 207–226.
Metz, Christian (1966) *Langage et cinéma*. Paris: Edition Larousse.
Metz, Christian (1972) *Semiologie des Films*. Übersetzt von Renate Koch. München: Fink.
Metz, Christian (1977) *Le Signifiant imaginaire. Psychanalyse et cinéma*. Paris: UGE. [Dt. als: *Der imaginäre Signifikant*. Münster: Nodus 2000.]
Metz, Christian (1997) *Die unpersönliche Enunziation oder der Ort des Films* [frz. 1991]. Münster: Nodus Publikationen.
Meyers, Randall (1994) *Film Music. Fundamentals of the Language*. Gyldendal: Ad Notam.
Michaels, Lloyd (1998) *The Phantom of the Cinema: Character in Modern Film*. New York: State University of New York Press.
Michotte van den Berck, Albert (2003a) Der Realitätscharakter der filmischen Projektion [frz. 1948]. In: *Montage AV* 12,1, pp. 110–125.
Michotte van den Berck, Albert (2003b) Die emotionale Teilnahme des Zuschauers am Geschehen auf der Leinwand [frz. 1953]. In: *Montage AV* 12,1, pp. 126–135.
Mikos, Lothar (1991) Idole und Stars. In: *Medium* 21,3, pp. 72–74.
Mikos, Lothar (1996) Der «viewing contract». Genre, Konventionen und Aktivitäten der Zuschauer. In: *FFK 8. Dokumentation des 8. Film- und Fernsehwissenschaftlichen Kolloquiums an der Universität Hildesheim, Oktober 1995*. Hg. v. Johannes

von Moltke, Elke Sudmann & Volker Wortmann. Hildesheim: Universität Hildesheim, pp. 19–32.

Mikos, Lothar (2001) *Fern-Sehen. Bausteine zu einer Rezeptionsästhetik des Fernsehens.* Berlin: Vistas.

Mikunda, Christian (1986) *Kino spüren. Strategien der emotionalen Filmgestaltung.* München: Filmland Presse.

Miller, Norbert (Hg.) (1965) *Romananfänge. Versuch zu einer Poetik des Romans.* Berlin: Literarisches Colloquium.

Miller, Norbert (1986) *Der empfindsame Erzähler. Untersuchungen zu Romananfängen des 18. Jahrhunderts.* München: Hanser.

Miller, Toby / Stam, Robert (Hg.) (1999) *A Companion to Film Theory.* Malden/Oxford/Carlton: Blackwell Publishing.

Miller, William (1988) *Screenwriting for Narrative Film and Television.* London: Columbus Books.

Mitchell, David (2002) Twisted Tales. Cognitivism and Narrative Distortion. An Essay for «Media Technology and Culture: Theory and Practice», MA in History of Film and Visual Media [http://www.zenonic.demon.co.uk/zenotwist.htm (letzter Zugriff am 31.05.2008)].

Mitry, Jean (2000) *Semiotics and the Analysis of Film.* Übers. v. Christopher King. Bloomington/Indianapolis: Indiana University Press.

Möller, Olaf (1998) Alle Scheiße Japans auf einem Haufen. Beat Takeshi: Komiker, Kommentator. In: *Meteor*, 12, pp. 59–63.

Mörchen, Roland (1999) «Main title designed by...». Von den Urvätern des kunstvollen Vorspanns. In: *Film-Dienst* 52,19, pp. 11–13.

Moinereau, Laurence (2000) *Le Générique de film: Du linguistique au figural.* Diss. Université Paris III – Sorbonne nouvelle.

Morgenstern, Joe (1997) *Saul Bass: A Life in Film and Design.* Los Angeles: General Publishers Group.

Morley, David (1994) Active Audience Theory: Pendulums and Pitfalls. In: *Defining Media Studies. Reflections on the Future of the Field.* Hg. v. Mark R. Levy & Michael Gurevich. New York/Oxford: Oxford University Press, pp. 255–261.

Morsch, Thomas (1997) Der Körper des Zuschauers. Elemente einer somatischen Theorie des Kinos. In: *Medienwissenschaft*, 3, pp. 271–289.

de la Motte-Haber, Helga / Emons, Hans (1980) *Filmmusik. Eine systematische Einführung.* München: Hanser.

Moullet, Luc (1994) Les quatre grandes erreurs. In: *Cahiers du Cinéma*, 479/480, pp. 74–75.

Mourgues, Nicole de (1992a) Le statut du générique au cinéma. In: *Médiascope*, 2, pp. 18–27.

Mourgues, Nicole de (1992b) Le générique de film. In: *Les cahiers du CIRCAV* [Université de Lille 3], 2, pp. 95–98.

Mourgues, Nicole de (1994) *Le Générique de film.* Paris: Méridiens Klincksieck.

Müller, Eggo (1999) *Paarungsspiele. Beziehungsshows in der Wirklichkeit des neuen Fernsehens.* Berlin: Edition Sigma.

Müller, Eggo (2002) Wann ist (Fußball) Unterhaltung? Bemerkungen zu einer Pragmatik der Unterhaltung. In: *Montage AV* 11,2, pp. 78–86.

Müller, Eggo / Wulff, Hans J. (1997) Aktiv ist gut: Zu einigen empiristischen Verkürzungen der British Cultural Studies. In: *Kultur – Medien – Macht. Cultural Studies und Medienwissenschaft.* Hg. v. Andreas Hepp & Rainer Winter. Opladen: Westdeutscher Verlag, pp. 171–176.

Müller, Gottfried (1954) *Dramaturgie des Theaters, des Hörspiels und des Films.* Mit einem Beitrag von Wolfgang Liebeneiner. Sechste erw. u. verbesserte Aufl. Würzburg: Konrad Triltsch Verlag.

Müller, Jürgen E. (Hg.) (1994a) *Towards a Pragmatics of the Audiovisual. Theory and History. Volume 1.* Münster: Nodus.

Müller, Jürgen E. (1994b) Vers une pragmatique historique de l'audiovisuel: Nouvelle Vague, auteur et réception – A BOUT DE SOUFFLE aux Pays-Bas. In: Müller 1994a, pp. 139–168.

Müller, Jürgen E. (Hg.) (1995) *Towards a Pragmatics of the Audiovisual. Theory and History. Volume 2.* Münster: Nodus.

Mulvey, Laura (1992) *CITIZEN KANE.* London: BFI.

Mulvey, Laura (2004) Les quatre premiers plans D'IMITATION OF LIFE. In: *Trafic*, 50, pp. 478–482.

Naremore, James (1999) Hitchcock at the Margins of *Noir*. In: *Alfred Hitchcock. Centenary Essays.* Hg. v. Richard Allen & S. Ishii-Gonzalès. London: BFI, pp. 263–277.

Navarre, Yves (1983) *Premières pages, roman.* Paris: Flammarion.

Neill, Alex (1996) Empathy and (Film) Fiction. In: *Post-Theory. Reconstructing Film Studies.* Hg. v. David Bordwell & Noël Carroll. Madison: University of Wisconsin Press, pp. 175–194.

Neupert, Richard (1995) *The End. Narration and Closure in the Cinema.* Detroit: Wayne State University Press.

Nichols, Bill (Hg.) (1976) *Movies and Methods. Volume 1.* Berkeley/Los Angeles/London: University of California Press.

Nichols, Bill (1981) *Ideology and the Image. Social Representation in the Cinema and Other Media.* Bloomington: Indiana University Press.

Nichols, Bill (1989) Form Wars: The Political Unconscious of Formalist Theory. In: *South Atlantic Quarterly* 88,2, pp. 487–515.
[Wiederabdr. in: *Classical Hollywood Narrative. The Paradigm Wars.* Hg. v. Jane Gaines. Durham/London: Duke University Press 1992, pp. 49–77.]

Nichols, Bill (1991) *Representing Reality. Issues and Concepts in Documentary.* Bloomington/Indianapolis: Indiana University Press.

Nichols, Bill (1994) *Blurred Boundaries. Questions of Meaning in Contemporary Culture.* Bloomington/Indianapolis: Indiana University Press.

Nitsche, Lutz (2002) *Hitchcock – Greenaway – Tarantino. Paratextuelle Attraktionen des Autorenkinos.* Stuttgart/Weimar: Metzler.

Nünning, Ansgar (Hg.) (1998a) *Metzler Lexikon Literatur- und Kulturtheorie. Ansätze – Personen – Grundbegriffe.* Stuttgart/Weimar: Metzler.

Nünning, Ansgar [unter Mitwirkung v. Carola Surkamp & Bruno Zerweck] (Hg.) (1998b) *Unreliable Narration: Studien zur Theorie und Praxis unglaubwürdigen Erzählens in der englischsprachigen Erzählliteratur.* Trier: WVT.

Nünning, Ansgar (1998c) *Unreliable Narration* zur Einführung: Grundzüge einer kognitiv-narratologischen Theorie und Analyse unglaubwürdigen Erzählens. In: Nünning 1998b, pp. 3–39.

Nünning, Ansgar (1999) Unreliable, Compared to What? Towards a Cognitive Theory of Unreliable Narration: Prolegomina and Hypotheses. In: *Grenzüberschreitungen: Narratologie im Kontext/Transcending Boundaries: Narratology in Context.* Hg. v. Walter Grünzweig & Andreas Solbach. Tübingen: Narr, pp. 53–73.

Nuttall, A.D. (1992) *Openings: Narrative Beginnings from the Epic to the* Novel. Oxford: Clarendon Press.

Nuttall, A.D. (2002) The Sense of a Beginning [1992]. In: Richardson 2002a, pp. 267–271 [Auszug aus Nuttall 1992].
Obrig, Ilse (1934) *Kinder erzählen angefangene Geschichten weiter*. München: Beck.
Odin, Roger (1980) L'Entrée du spectateur dans la fiction. In: *Théorie du film*. Hg. v. Jacques Aumont & Jean-Louis Leutrat. Paris: Albatros, pp. 198-213. [Wiederabdr. in: Odin 2000, pp. 75–80.]
[Dt. als: Der Eintritt des Zuschauers in die Fiktion. In: Böhnke/Hüser/Stanitzek 2006, pp. 34–41.]
Odin, Roger (1983) Poir une sémio-pragmatique du cinéma. In: *Iris* 1,1, pp. 67–82.
Odin, Roger (1986) Il était trois fois, numéro deux. In: *Revue Belge du Cinéma*, 16, pp. 75–80.
Odin, Roger (1988a) Du spectateur fictionnalisant au nouveau spectateur: approche sémiopragmatique. In: *Iris*, 8, pp. 121–139.
Odin, Roger (1988b) L'Analyse filmique comme exercise pédagogique. In: *CinémAction*, 47, pp. 56–62.
Odin, Roger (1988/89) La sémio-pragmatique du cinéma sans crise, ni désillusion. In: *Hors Cadre*, 7, 1988/89, pp. 77–92.
Odin, Roger (1990a) Dokumentarischer Film – dokumentarisierende Lektüre [frz. 1984]. In: *Sprung im Spiegel. Filmisches Wahnehmen zwischen Fiktion und Wirklichkeit*. Hg. v. Christa Blümlinger. Wien: Sonderzahl, pp. 125–146.
Odin, Roger (1990b) *Cinéma et production de sens*. Paris: Armand Colin.
Odin, Roger (1993) L'énonciation contre la pragmatique? In: *Iris*, 16, pp. 165–176.
Odin, Roger (1994) Sémio-pragmatique du cinéma et de l'audio-visuel. Modes et institutions. In: Müller 1994a, pp. 33–46.
Odin, Roger (1995a) For a Semio-Pragmatics of Film. In: Buckland 1995a, pp. 213–226.
Odin, Roger (1995b) Sémiologie, cognitivisme et pragmatique. Et si l'ont suivait la leçon de Christian Metz! In: *Les Cahiers du CIRCAV*, 6/7, pp. 269–278.
Odin, Roger (2000) *De la Fiction*. Bruxelles: De Boeck.
Odin, Roger (2002) Kunst und Ästhetik bei Film und Fernsehen. Elemente zu einem semio-pragmatischen Ansatz. In: *Montage AV* 11,2, pp. 42–57.
Odin, Roger (2006) Der Eintritt des Zuschauers in die Fiktion [frz. 1980/2000]. In: Böhnke/Hüser/Stanitzek 2006, pp. 34–41.
Ohler, Peter (1990) Kognitive Theorie der Filmwahrnehmung: der Informationsverarbeitungsansatz. In: Hickethier/Winkler 1990, pp. 43–57.
Ohler, Peter (1994a) *Kognitive Filmpsychologie. Verarbeitung und mentale Repräsentation narrativer Filme*. Münster: MAkS Publikationen.
Ohler, Peter (1994b) Zur kognitiven Modellierung von Aspekten des Spannungserlebens bei der Filmrezeption. In: *Montage AV* 3,1, pp. 133–141.
Ohler, Peter (2001) *Spiel, Evolution, Kognition. Von den Ursprüngen des Spiels bis zu den Computerspielen*. Bad Heilbrunn: Julius Klinkhardt.
Ohler, Peter / Nieding, Gerhild (2001) Antizipation und Spieltätigkeit bei der Rezeption narrativer Filme. In: Frieß/Hartmann/Müller 2001, pp. 13–30.
Ohler, Peter / Nieding, Gerhild (2002) Kognitive Filmpsychologie zwischen 1990 und 2000. In: Sellmer/Wulff 2002, pp. 9–40.
Orth, Dominik (2006) Der unbewusste Tod. Unzuverlässiges Erzählen in M. Night Shyamalans THE SIXTH SENSE und Alejandro Amenábars THE OTHERS. In: *«Camera doesn't lie.» Spielarten erzählerischer Unzuverlässigkeit im Film*. Hg. v. Jörg Helbig. Trier: WVT, pp. 285–307.
Oliver, Mary B. (1993) Exploring the Paradox of Sad Films. In: *Human Communication Research* 19,3, pp. 315–342.

Orosz, Susanne (1988) Weiße Schrift auf schwarzem Grund: Die Funktion von Zwischentiteln im Stummfilm, dargestellt an Beispielen aus DER STUDENT VON PRAG (1913). In: *Der Stummfilm: Konstruktion und Rekonstruktion*. Hg. v. Elfriede Ledig. München: Schaudig, Bauer, Ledig, pp. 135–151.

O'Shaughnessy, Michael (1999) Model Essay: Analysis of the Opening Sequence of BLUE VELVET. In: Ders.: *Media and Society. An Introduction*. Oxford/New York: Oxford University Press, Appendix 2, pp. 281–290.

Oudart, Jean-Pierre (1977/78) Cinema and Suture [frz. 1969]. In: *Screen* 18,1, pp. 35–47.

Oz, Amos (1997) *So fangen die Geschichten an*. Frankfurt a.M.: Suhrkamp.

Paech, Joachim (2004) Film, programmatisch. In: Kreimeier/Stanitzek 2004, pp. 213–223.

Palm, Michael (1991) Der Weltraum – unheimliche Welten. Der leere Raum und Science Fiction Kino. In: *Filmtheorie und*. Hg. v. Karl Sierek. Wien: PVS Verleger, pp. 17–26.

Palmer, R. Barton (1987) The Politics of Genre in Welles' THE STRANGER. In: *Film Criticism* 11,1–2, pp. 31–42.

van Peer, Willie / Chatman, Seymour (Hg.) (2001) *New Perspectives on Narrative Perspective*. Albany, NY: SUNY Press.

Peitz, Christiane (2006) Vor dem Rausch. Kunst der Verführung: über Filmanfänge. In: *Der Tagesspiegel* v. 16.02.2006.

Pérès, Christine (Hg.) *Au commencement du récit: Transitions, transgressions*. Carnières-Morlanwelz: Lansman.

Perry, Menakhem (1979) Literary Dynamics: How the Order of a Text Creates its Meanings. With an Analysis of Faulkner's *A Rose for Emily*. In: *Poetics Today* 1,1–2, pp. 35–64 u. 311–361.

Persson, Per (2003) *Understanding Cinema. A Psychological Theory of Moving Imagery*. Cambridge: Cambridge University Press.

Petat, Jacques (1982) L'Ouverture de M LE MAUDIT. In: *Cinéma quatre-vingt-deux*, 282, pp. 55–60.

Pfister, Manfred (2000) *Das Drama* [1977]. 10. Aufl. München: Fink.

Phelan, James (1998) Beginnings and Endings: Theories and Typologies of How Novels Open and Close. In: *Encyclopedia of the Novel*. Hg. v. Paul Schellinger. Bd. 1. Chicago: Fitzroy Dearborn, pp. 96–99.

Phillips, William H. (1999) *Film. An Introduction*. Boston/New York: Bedford/St. Martin's.

Plantinga, Carl (1987) Defining Documentary: Fiction, Non-fiction, and Projected Worlds. In: *Persistence of Vision*, 5, pp. 44–54.

Plantinga, Carl (1994) Movie Pleasures and the Spectator's Experience: Toward a Cognitive Approach. In: *Film and Philosophy*, 2 [www.hanover.edu/philos/film/ vol_02/plantin.htm (letzter Zugriff am 05.05.99)].

Plantinga, Carl (1997) *Rhetoric and Representation in Nonfiction Film*. Cambridge: Cambridge University Press, pp. 125–130.

Plantinga, Carl (2002) Cognitive Film Theory: An Insider's Appraisal. In: *CiNéMAS* 12,2, pp. 15–37.

Plantinga, Carl (2004) Die Szene der Empathie und das menschliche Gesicht im Film [amerik. 1999]. In: *Montage AV* 13,2, pp. 7–27.
[Zuerst als: The Scene of Empathy and the Human Face on Film. In: Plantinga/Smith 1999, pp. 239–255 u. 286–288.]

Plantinga, Carl / Smith, Greg M. (1999) *Passionate Views. Film, Cognition, and Emotion*. Baltimore/London: The Johns Hopkins University Press.

Platz-Waury, Elke (1997) Figurenkonstellation. In: *Reallexikon der deutschen Literaturwissenschaft*. Bd. I. Hg. v. Klaus Weimar et al. Berlin/New York: de Gruyter, pp. 591–593.

Potter, Cherry (1990) *Image, Sound and Story. The Art of Telling in Film*. London: Secker & Warburg.

Prince, Gerald (1987) *A Dictionary of Narratology*. Lincoln: University of Nebraska Press.

Probst, Christopher (1998) The Last Great War. Cinematographer Janusz Kaminski, ASC and his Crack Camera Team Re-enlist with Director Steven Spielberg for SAVING PRIVATE RYAN. In: *American Cinematographer*, August 1998 [http://www.theasc.com/magazine/aug98/saving/index.htm (letzter Zugriff am 02.04.2008)].

Pye, Douglas (2007) Movies and Tone. In: *Close-up 02: Movies and Tone / Reading Rohmer / Voices in Film*. Hg. v. John Gibbs & Douglas Pye. London: Wallflower, pp. 1–80.

Rauger, Jean-François (1996) L'attente hypnotique. In: *Cahiers du Cinema*, 507, pp. 72–73.

Re, Valentina (2004) L'ingresso, l'effrazione. Proposte per lo studio d'inizi e fini. In: Innocenti/Re 2004, pp. 105–120.

Re, Valentina (2007) *Ai margini del film. Incipit e titoli di testa*. Pasian di Prato: Campanotto Editore.

Richardson, Brian (2002a) *Narrative Dynamics: Essays on Time, Plot, Closure, and Frames*. Hg. v. Brian Richardson. Columbus: The Ohio State University Press.

Richardson, Brian (2002b) Introduction: Openings and Closure. In: Richardson 2002a, pp. 249–255.

Richardson, Brian (2005) Beyond the Poetics of Plot: The Varieties of Narrative Progression and the Multiple Trajectories of Ulysses. In: *A Companion to Narrative Theory*. Hg. v. James Phelan & Peter J. Rabinowitz. Malden, MA [...]: Blackwell, pp. 167–180.

Ricœur, Paul (1988–1991) *Zeit und Erzählung*. 3 Bde. Übers. v. R. Rochlitz u. A. Knop. München: Fink.
[Frz. zuerst als: *Temps et récit I-III*. Paris: Édition du Seuil 1983–1985.]

Riebe, Harald (1971) *Wie fangen Romane an? Erarbeitung epischer Großformen von ihren Anfängen her*. Karlsruhe: G. Braun.

Riemann, Robert (1902) *Goethes Romantechnik*. Leipzig: Seemann.

Riesinger, Robert (Hg.) (2003) *Der kinematographische Apparat*. Münster: Nodus Publikationen.

Rimmon-Kenan, Shlomith (1994) *Narrative Fiction. Contemporary Poetics* [1983]. London: Methuen.

Roepke, Martina (2006a) *Privat-Vorstellung. Heimkino in Deutschland vor 1945*. Hildesheim/New York: Olms.

Roepke, Martina (2006b) «...doch auch bei anderen Beschauern wird das Bild Interesse erwecken...». Filmkataloge als Rezeptionsanleitungen. In: *KINtop. Jahrbuch zur Erforschung des frühen Films* 14/15, pp. 77–86.

Ropars, Marie-Claire (1978) The Overture of OCTOBER or the Theoretical Conditions of the Revolution [frz. 1976]. In: *Enclitic* 2,2, pp. 50–72.

Ropars, Marie-Claire (1979) The Overture of OCTOBER or the Theoretical Conditions of the Revolution (Part II) [frz. 1976]. In: *Enclitic* 3,1, pp. 35–47.
[Beide Texte erschienen zuerst frz. als: L'Ouverture d' OCTOBRE ou les conditions théoriques de la révolution. In: Ropars/Lagny/Sorlin 1976, pp. 27–66.]

Ropars, Marie-Claire (1980) Narration et signification [1972]. In: Bellour 1980, Bd. II, pp. 9–26.
Ropars-Wuilleumier, Marie-Claire (1980) The Disembodied Voice (INDIA SONG). In: *Yale French Studies*, 60, pp. 241–268.
Ropars, Marie-Claire / Lagny, Michèle / Sorlin, Pierre (Hg.) (1976) *OCTOBRE: Ecriture et idéologie, I. Analyse filmique d'OCTOBRE d'Eisenstein (Etudes sequentielle).* Paris: Albatros.
Roscoe, Jane / Hight, Craig (1997) Mocking Silver: Re-Inventing the Documentary Project. In: *Continuum* 11,1, pp. 67–83.
Rosen, Philip (Hg.) (1986) *Narrative, Apparatus, Ideology. A Film Theory Reader*. New York/Oxford: Columbia University Press,
Rosner, Mary Isobel (1978) *Novel Beginnings. A Rhetorical Analysis of Ouvertures in Nineteenth-Century Fiction*. Diss. Ohio State University.
Ross, Lillian (1969) *Picture* [1952]. New York: Avon.
Rothman, William (1976) Against «The System of the Suture». In: Nichols 1976, pp. 451–459.
Rothman, William (1982) *Hitchcock – The Murderous Gaze*. Cambridge, Mass./London: Harvard University Press, pp. 173–244.
Rubin, A. M. (1994) Media Uses and Effects: A Uses-and-Gratifications Perspective. In: *Media Effects: Advances in Theory and Research*. Hg. v. Bryan Jennings & Dolf Zillmann. Hillsdale, N.J.: Lawrence Erlbaum, pp. 417–436.
Runge, Indra (2008) *Zeit im Rückwärtsschritt. Über das Stilmittel der chronologischen Inversion in MEMENTO, IRRÉVERSIBLE und 5x2*. Stuttgart: Ibidem.
Russell, Catherine (1995) *Narrative Mortality: Death, Closure, and New Wave Cinemas*. Minneapolis: University of Michigan Press.
Rutherford, Anne (2003) Cinema and Embodied Affect. In: *Senses of Cinema*, 25 [http://www.sensesofcinema.com/contents/03/25/embodied-affect. html (letzter Zugriff am 31.07.2006)].
Rutschky, Michael (2001) Unsere kleine Stadt. In: *Merkur* 55,4, pp. 294–308.
Ryan, Marie-Laure (2001) *Narrative as Virtual Reality: Immersion and Interactivity in Literature and Electronic Media*. Baltimore/London: The Johns Hopkins University Press.
Ryans, Tony (1997a) Flowers and Fire. In: *Sight & Sound* 7,12, pp. 27–28.
Ryans, Tony (1997b) Silent Running. Kitano Takeshi Talks to Tony Ryans about Editing in the Head and Challenging Death. In: *Sight & Sound* 7,12, p. 29.
Ryans, Tony (1998) Then the Fireworks [Review]. In: *Sight & Sound* 8,8, pp. 32–33.
Ryssel, Dirk / Wulff, Hans J. (2000) Affektsteuerung durch Figuren. In: Wulff 2000, pp. 236–256.
Saada, Nicolas (1996) Saul Bass, l'art de l'ouverture. In: *Cahiers du cinéma*, 504, pp. 34–37.
Sabbah, Hélène (1991) *Les Débuts de roman*. Paris: Hatier.
Sachse, Rainer (1993) Empathie. In: *Handwörterbuch der angewandten Psychologie*. Hg. v. Angela Schorr. Bonn: Deutscher Psychologen Verlag, pp. 170–173.
Sahli, Jan (1999) Illusion des Filmischen. In: *Zoom*, 6/7, 1999, pp. 30–33.
Said, Edward W. (1975) *Beginnings. Intention and Method*. New York: Basic Books.
Said, Edward W. (2002) Beginnings. In: Richardson 2002a, pp. 256–266 [Auszug aus Said 1975].
Saussure, Ferdinand de (1967) *Grundfragen der allgemeinen Sprachwissenschaft* [frz. 1916]. Übers. v. H. Lommel. Berlin: Walter de Gruyter.

Schaefer, Dirk (2006) BLUE STEEL: Was die Tonspur mit dem Vorspann macht. In: Böhnke/Hüser/Stanitzek 2006, pp. 83–89.

Schäfer, Horst (1985) *Film im Film. Selbstporträts der Traumfabrik.* Unter Mitarbeit v. Rotraut Greune u. Wolfgang Schwarzer. Frankfurt a.M.: Fischer.

Schapp, Wilhelm (1985) *In Geschichten verstrickt. Zum Sein von Mensch und Ding* [1953]. Mit einem Vorwort v. Hermann Lübbe. 3. Aufl. Frankfurt a.M.: Klostermann.

Schatz, Thomas (1981) *Hollywood Genres. Formulas, Filmmaking, and the Studio System.* New York [...]: McGraw-Hill.

Schatz, Thomas (1988) *The Genius of the System. Hollywood Filmmaking in the Studio Era.* New York: Pantheon.

Schaudig, Michael (2002) ‹Flying Logos in Typosphere›. Eine kleine Phänomenologie des graphischen Titeldesigns filmischer Credits. In: Friedrich/Jung 2002, pp. 163–183.

Scheib, Ronnie (1976) Charlie's Uncle. In: *Film Comment* 12,2, pp. 55–62.

Schick, Thomas (2008) Figurenkonstruktion und Artefaktdominanz. Emotionales Erleben inkonsistenter Charaktere im Spielfilm. In: Schick/Ebbrecht 2008, pp. 163–180.

Schick, Thomas / Ebbrecht, Tobias (Hg.) (2008) *Emotion – Empathie – Figur: Spielformen der Filmwahrnehmung.* Berlin: Vistas.

Schlüpmann, Heide (2007) *Ungeheure Einbildungskraft. Die dunkle Moralität des Kinos.* Frankfurt a.M./Basel: Stroemfeld.

Schmalt, H.-D. (1978) Die Attributionstheorie. In: *Kognitive Theorien der Sozialpsychologie.* Hg. v. D. Frey. Bern: Huber.

Schmenner, Will / Granof, Corinne (2007) *Casting a Shadow. Creating the Alfred Hitchcock Film.* Evanston: Mary and Leigh Block Museum of Art / Northwestern University.

Schmid, Wolf (2005) *Elemente der Narratologie* [russ. 2003]. Berlin [...]: de Gruyter.

Schmitt, Martin (2007) Verführbare Genrefans von skrupellosen Marketingstrategen ins Bahnhofskino gelockt und schamlos ausgebeutet. In: Blaser et al. 2007, pp. 255–266.

Schneider, Alexandra (2004) *«Die Stars sind wir». Heimkino als filmische Praxis.* Marburg: Schüren.

Schneider, Alexandra (2003) Die Ankunft von Tante Erica. Wie Familienfilme aus den dreißiger Jahren anfangen. In: *Montage AV* 12,2, pp. 119–129.

Schneider, Alexandra (2009) Projektionen im Flugzeug, Videofilme im Aufzug. Gebrauchsfilme außerhalb des Kinos. In: Keilbach/Schneider 2009, pp. 141–151.

Schreitmüller, Andreas (1994) *Filmtitel.* Münster: MAkS Publikationen.

Schultheis, Werner (1971) *Dramatisierung von Vorgeschichte. Beitrag zur Dramaturgie des deutschen klassischen Dramas.* Assen: van Gorcum.

Schulze, Anne-Katrin (2006) *Spannung in Film und Fernsehen. Das Erleben im Verlauf.* Berlin: Logos.

Schumm, Gerhard / Wulff, Hans J. (Hg.) (1990) *Film und Psychologie I. Kognition – Rezeption – Perzeption.* Münster: MAkS Publikationen.

Schwarz, Olaf (2000) Genre-/Gattungsanalyse. In: Wulff 2000, pp. 135–171.

Schweinitz, Jörg (1999) Zur Erzählforschung in der Filmwissenschaft. In: *Die Erzählerische Dimension. Eine Gemeinsamkeit der Künste.* Hg. v. Eberhard Lämmert. Berlin: Akademie Verlag, pp. 73–87.

Schweinitz, Jörg (2003a) «Wie im Kino!» Die autothematische Welle im frühen Tonfilm. Figurationen des Selbstreflexiven. In: *Diesseits der ‹Dämonischen Lein-*

wand›. Neue Perspektiven auf das späte Weimarer Kino. Hg. v. Thomas Koebner: München: Edition Text und Kritik, pp. 373–392.
Schweinitz, Jörg (2003b) Die rauchende Wanda. Visuelle Prologe im frühen Spielfilm. In: *Montage AV* 12,2, pp. 88–102.
Schweinitz, Jörg (2005) Die Ambivalenz des Augenscheins am Ende einer Affäre. Über Unzuverlässiges Erzählen, doppelte Fokalisierung und die Kopräsenz narrativer Instanzen im Film. In: Liptay/Wolf 2005, pp. 89–106.
Schweinitz, Jörg (2006a) Totale Immersion, Kino und die Utopien von der virtuellen Realität. Ein Mediengründungsmythos zwischen Kino und Computerspiel. In: *Das Spiel mit dem Medium. Partizipation – Immersion – Interaktion*. Hg. v. Britta Neitzel & Rolf F. Nohr. Marburg: Schüren, pp. 136–153.
Schweinitz, Jörg (2006b) *Film und Stereotyp. Eine Herausforderung für das Kino und die Filmtheorie. Zur Geschichte eines Mediendiskurses*. Berlin: Akademie Verlag.
Schweinitz, Jörg (2007) Multiple Logik filmischer Perspektivierung. Fokalisierung, narrative Instanz und Laetitia Colombanis Film À LA FOLIE ... PAS DU TOUT. In: *Montage AV* 16,1, pp. 83–100.
Seeßlen, Georg (2002) Warte bis es dunkel wird. In: *Die Zeit*, Nr. 52, v. 18.12.2002, p. 59.
Seger, Linda (1987) Making a Good Script Great. Hollywood/New York [...]: Samuel French Trade.
Seger, Linda (1990) *Creating Unforgettable Characters*. New York: Owl Books.
Sellmer, Jan / Wulff, Hans J. (Hg.) (2002) *Film und Psychologie – nach der kognitiven Phase?* Marburg: Schüren.
Sierek, Karl (1993) *Aus der Bildhaft. Filmanalyse als Kinoästhetik*. Wien: Sonderzahl.
Sierek, Karl (1994) Spannung und Körperbild. In: *Montage AV* 3,1, pp. 115–121.
Silverman, Kaja (1986) Suture [Excerpts]. In: Rosen 1986, pp. 219–235. [Ausschnitt aus Kaja Silverman: *Subjects of Semiotics*. New York: Oxford University Press 1983.]
Šklovskij [Schklowskij], Viktor (1973) Über Konventionen. In: Ders.: *Von der Ungleichheit des Ähnlichen in der Kunst* [russ. 1970]. Hg. u. übers. von Alexander Kaempfe. München: Carl Hanser, pp. 41–64.
Šklovskij, Viktor (1984) Der Aufbau der Erzählung und des Romans [russ. 1929]. In: *Theorie der Prosa*. Hg. u. übers. v. Gisela Drohla. Frankfurt a.M.: Fischer, pp. 55–77.
Šklovskij, Viktor (1987) Kunst als Verfahren [1916]. In: *Die Erweckung des Wortes. Essays der russischen Formalen Schule*. Hg. v. Fritz Mierau. Leipzig: Reclam, pp. 11–32.
Small, Edward S. (1992) Introduction: Cognitivism and Film Theory. In: *Journal of Dramatic Theory and Criticism* 6,2, pp. 165–172.
Smith, Greg M. (1999) Local Emotions, Global Moods, and Film Structure. In: Plantinga/ Smith 1999, pp. 103–126.
Smith, Greg M. (2003) *Film Structure and the Emotion System*. Cambridge [...]: Cambridge University Press.
Smith, Jeff (1999) Movie Music as Moving Music: Emotion, Cognition, and the Film Score. In: Plantinga/Smith 1999, pp. 146–167.
Smith, Murray (1995) *Engaging Characters. Fiction, Emotion and the Cinema*. Oxford: Clarendon Press.
Smith, Murray (1997) Imagining from the Inside. In: Allen/Smith 1997, pp. 412–430.

Smith, Murray (1999) Gangsters, Cannibals, Aesthetes, or Apparently Perverse Allegiances. In: Plantinga/Smith 1999, pp. 217–238.
Smith, Murray (2005) Wer hat Angst vor Charles Darwin? Die Filmkunst im Zeitalter der Evolution. In: Brütsch et al. 2005, pp. 289–312.
Sobchack, Vivian (1992) *The Address of the Eye. A Phenomenology of Film Experience.* Princeton, N.J.: Princeton University Press.
Sobchack, Vivian (2004) *Carnal Thoughts. Embodiment and Moving Image Culture.* Berkeley/Los Angeles/London: University of California Press.
Solana, Gemma / Boneu, Antonio (2007) *Uncredited: Graphic Design & Opening Titles in Movies.* Barcelona: Index Book.
Sorlin, Pierre (1976) Matrice/ouverture ou Tout est dit/Tout reste à faire. In: Ropars/Lagny/Sorlin 1976, pp. 67–82.
Souriau, Etienne (1990) *Vocabulaire de l'esthétique.* Hg. v. Anne Souriau. Paris: PUF.
Souriau, Etienne (1997) Die Struktur des filmischen Universums und das Vokabular der Filmologie. [frz. 1951]. In: *Montage AV* 6,2, pp. 140–157.
Spoto, Donald (1999) *Alfred Hitchcock und seine Filme* [amerik. 1976]. München: Heyne.
Stacey, Jackie (1994) *Star Gazing: Hollywood Cinema and Female Spectatorship.* London/New York: Routledge.
Staiger, Janet (1991) Seeing Stars. In: *Stardom. Industry of Desire.* Hg. v. Christine Gledhill. London: Routledge, pp. 3–16.
Staiger, Janet (1992) *Interpreting Films. Studies in the Historical Reception of American Cinema.* Princeton, NJ: Princeton University Press.
Staiger, Janet (2000) *Perverse Spectators. The Practices of Film Reception.* New York/London: New York University Press.
Stam, Robert (1992) *Reflexivity in Film and Literature. From Don Quixote to Jean-Luc Godard* [1985]. New York: Columbia University Press.
Stam, Robert (2000) *Film Theory. An Introduction.* Malden, MA/Oxford: Blackwell.
Stam, Robert/Burgoyne, Robert/Flitterman-Lewis, Sandy (1992) *New Vocabularies in Film Semiotics. Structuralism, Post-Structuralism and Beyond.* London/New York: Routledge.
Stanzel, Franz K. (1989) *Theorie des Erzählens* [1979]. 4., durchges. Aufl. Göttingen: Vandenhoeck & Ruprecht.
Stanitzek, Georg (2004) Texte, Paratexte, in Medien: Einleitung. In: Kreimeier/Stanitzek 2004, pp. 3–19.
Stanitzek, Georg (2006) Vorspann (*titles/credits, générique*). In: Böhnke/Hüser/Stanitzek 2006, pp. 8–20.
Starker, Melissa (2001) Opening Acts. Film Titles Get the Star Treatment. In: *Columbus Alive* [http://www.columbusalive.com/2001/20010301/feature.html (letzter Zugriff am 17.10.2003)].
Steinle, Matthias / Röwekamp, Burkhard (Hg.) (2004) *Selbst/Reflexionen. Von der Leinwand zum Interface.* Marburg: Schüren.
Sternberg, Meir (1974) What is Exposition? An Essay in Temporal Delimitation. In: *The Theory of the Novel. New Essays.* Hg. v. John Halperin. New York [...]: Oxford University Press, pp. 25–70.
Sternberg, Meir (1978) *Expositional Modes and Temporal Ordering in Fiction.* Baltimore: The Johns Hopkins University Press.
Sternberg, Meir (1990) Telling in Time (I): Chronology and Narrative Theory. In: *Poetics Today* 11,4, pp. 901–948.

Sterritt, David (1993) *The Films of Alfred Hitchcock*. Cambridge: Cambridge University Press.

Stodolka, Jörg (1998) Interview Takeshi Kitano. In: *Splatting Image*, 33, pp. 27–29.

Suckfüll, Monika (1997) *Film erleben. Narrative Strukturen und physiologische Prozesse – Das Piano von Jane Campion*. Berlin: Edition Sigma.

Suckfüll, Monika (2001) Das PKS-Modell in der medienpsychologischen Forschung. In: Frieß/Hartmann/Müller 2001, pp. 31–46.

Suckfüll, Monika (2004) *Rezeptionsmodalitäten. Ein integratives Konstrukt für die Medienwirkungsforschung*. München: R. Fischer.

Suckfüll, Monika (2007) Emotionale Modalitäten der Filmrezeption. In: Bartsch/Eder/Fahlenbrach 2007, pp. 218–237.

Supanick, Jim (1997) Saul Bass: «...To Hit the Ground Running...". In: *Film Comment* 33,2, 1997, pp. 72–77.

Sutcliffe, Thomas (2000) *Watching*. London/New York: Faber & Faber.

Swain, Dwight V. (1976) *Film Scriptwriting. A Practical Manual*. New York: Hastings House.

Tan, Eduard Sioe-Hao (1995) Constraint and Convention in Psychological Film Aesthetics. On the Psychological Basis of Cinematic Conventions. In: J. Müller 1995, pp. 67–86.

Tan, Ed S. (1996) *Emotion and the Structure of Narrative Film. Film as an Emotion Machine* [niederl. 1991]. Mahwah, N.J.: Erlbaum.

Tan, Ed (2005) Gesichtsausdruck und Emotion in Comic und Film. In: Brütsch et al. 2005, pp. 265–287.

Tan, Ed (2006) Interest as Global Affect Motivation in Film: A Reply to Carl Plantinga [verfasst 2002]. In: *The Journal of Moving Image Studies* 4,1, pp. 30–40.

Tan, Ed (2009) Wenn wir uns so gut auf die Kunst des Einfühlens verstehen, [warum] praktizieren wir es dann nicht ständig? In: Curtis/Koch 2009, pp. 185–210.

Tan, Ed / Diteweg, Gijsbert (1996) Suspense, Predictive Inference, and Emotion in Film Viewing. In: Vorderer/Wulff/Friedrichsen 1996, pp. 149–188.

Tarkowskij, Andrej (1989) *Die versiegelte Zeit. Gedanken zur Kunst, zur Ästhetik und Poetik des Films*. Frankfurt a.M./Berlin: Ullstein.

Tarnowski, Jean-François (1987) Le prologue de Citizen Kane. In: *La Revue du Cinéma*, 427, pp. 93–111.

Taylor, Henry McKean (2002) *Rolle des Lebens. Die Filmbiographie als narratives System*. Marburg: Schüren.

Taylor, Henry M. (2003) Memento mori. Der Anfang im biographischen Spielfilm. In: *Montage AV* 12,2, pp. 39–51.

Taylor, Henry M. / Tröhler, Margrit (1999) Zu ein paar Facetten der menschlichen Figur im Spielfilm. In: Heller/Prümm/Peulings, pp. 137–151.

Telotte, J.P. (1998) Rounding up The Usual Suspects. The Comfort of Character and Neo Noir. In: *Film Quarterly* 51,4, pp. 12–20.

Thoene, Tina (2003) *Wahn wirkt wirklich. Die Inszenierung subjektiver Wahrnehmung im Film*. Diplomarbeit, Universität der Künste Berlin, Fakultät Gestaltung.

Thompson, Kristin (1980) Early Sound Counterpoint. In: *Yale French Studies*, 60, pp. 115–140.

Thompson, Kristin (1981) *Eisenstein's Ivan the Terrible: A Neoformalist Analysis*. Princeton: Princeton University Press.

Thompson, Kristin (1988) *Breaking the Glass Armor. Neoformalist Film Analysis*. Princeton, N.J.: Princeton University Press.

Thompson, Kristin (1995) Neoformalistische Filmanalyse [amerik. 1988]. In: *Montage AV* 4,1, pp. 23–62 [Auszug aus Thompson 1988].
Thompson, Kristin (1999) *Storytelling in the New Hollywood. Understanding Classical Narrative Technique*. Cambridge, Mass./London: Harvard University Press.
Thompson, Kristin / Bordwell, David (1976) Space and Narrative in the Films of Ozu. In: *Screen* 17,2, pp. 41–73.
Thorndike, Edward L. (1920) A Constant Error in Psychological Rating. In: *Journal of Applied Psychology*, 4, pp. 25–29.
Tinazzi, Giorgio (2004) Il prologo dell'AVVENTURA. In: Innocenti/Re 2004, pp. 537–540.
Todorov, Tzvetan (1972) *Poetik der Prosa* [frz. 1971]. Frankfurt a.M.: Athenäum.
Todorov, Tzvetan (1992) *Einführung in die fantastische Literatur* [frz. 1970]. Frankfurt a.M.: Fischer.
Tomasi, Dario (1988) *Il Personaggio. Cinema e Racconto*. Turin: Loescher.
Tröhler, Margrit (1998) WALK THE WALK oder: Mit beiden Füßen auf dem Boden der unsicheren Realität. Eine Filmerfahrung im Grenzbereich zwischen Fiktion und Authentizität. In: *Montage AV* 7,2, pp. 79–90.
Tröhler, Margrit (2002) Von Weltenkonstellationen und Textgebäuden. Fiktion – Nichtfiktion – Narration in Spiel- und Dokumentarfilm. In: *Montage AV* 11,2, pp. 9–41.
Tröhler, Margrit (2006a) Eine Kamera mit Händen und Füßen. Die Faszination der Authentizität, die (Un-)Lust des Affiziertseins und der pragmatische Status der (Unterhaltungs-)Bilder von Wirklichkeit. In: *Unterhaltung. Konzepte, Formen, Wirkungen*. Hg. v. Brigitte Frizzoni & Ingrid Tomkowiak. Zürich: Chronos, pp. 155–174.
Tröhler, Margrit (2006b) Plurale Figurenkonstellationen. Die offene Logik der wahrnehmbaren Möglichkeiten. *Montage AV* 15,2, pp. 95–114.
Tröhler, Margrit (2007) *Offene Welten ohne Helden. Plurale Figurenkonstellationen im Film*. Marburg: Schüren.
Trottier, David (1998) *The Screenwriter's Bible*. Los Angeles: Silman James Press.
Truffaut, François (1992) *Mr. Hitchcock, wie haben Sie das gemacht?* [1973; frz. 1966]. 15. Aufl. München: Heyne.
Turim, Maureen (1989) *Flashbacks in Film. Memory and History*. New York/London: Routledge, Chapman & Hall.
Turnock, Julie (2002) «A Cataclysm of Carnage, Nausea and Death": SAVING PRIVATE RYAN and Visceral Engagement. In: *Tijdschrift voor Mediageschiedenis* 5,1, pp. 50–66.
Tybjerg, Casper (2004) The Mark of the Maker: or, Does It Make Sense to Speak of a Cinematic Paratext? In: Innocenti/Re 2004, pp. 481–487.
Tybjerg, Casper (2007) Rhythm and Image in Dreyer's Films. In: *Narration and Spectatorship in Moving Images*. Hg. v. Joseph D. Anderson & Barbara Fisher Anderson. Newcastle: Cambridge Scholars Publishing, pp. 168–176.
Tylski, Alexandre (2001) Le Prologue au cinéma. L'incipit filmique, l'infini dans la limite [http://www.frcs.assoc-38.org/liste/current/msg00866.html (letzter Zugriff am 20.08.2009)].
Tylski, Alexandre (Hg.) (2008) *Les Cinéastes et leurs génériques*. Paris: L'Harmattan.
van Uffelen, René (2000) HANA-BI op de montagetafel. Kitano snijdt om het geweld heen. In: *Skrien*, 244, pp. 15–21.
Ury, Allen B. (1995) The First Page. In: *Fade In* 1,2, p. 46.

Vaage, Margrethe Bruun (2007) Empathie. Zur episodischen Struktur der Teilhabe am Spielfilm. In: *Montage AV* 16,1, pp. 101–120.
[Wieder abgedr. in: Schick/Ebbrecht 2008, pp. 29–48.]

Vale, Eugene (1992) *Die Technik des Drehbuchschreibens für Film und Fernsehen* [amerik. 1944/1972]. 3. Aufl. München: TR-Verlagsunion.

Vanoye, Francis (1991) *Scénarios modèles et des modèles de scénario*. Paris: Nathan [Neuauflage: *Scénarios modèles, modèles de scénarios*. Paris: Colin 2005.]

Vassé, Claire (1997) HANA-BI. Les mélanges explosifs. In: *Positif*, 441, pp. 18–19.

Vernet, Marc (1980) La transaction filmique. In: Bellour 1980, Bd. II, pp. 123–143. [Amerik. als: The Filmic Transaction: On the Openings of Film Noirs. In: *The Velvet Light Trap*, 20, 1983, pp. 2–9.]

Vernet, Marc (1988) *Figures de l'absence*. Paris: Éd. de l'Étoile, pp. 28–58.

Vernet, Marc (2006) Die Figur im Film [frz. 1986]. In: *Montage AV* 15,2, pp. 11–44.

Verrier, Jean (1992) *Les Débuts de romans*. Paris: Bertrand/Lacoste.

Verstraten, Paul (1989a) Diëgese. In: *Versus*, 1, pp. 59–70.

Verstraten, Paul (1989b) STAGE FRIGHT: de filmleugen, de leugenfilm. In: *Versus*, 3, pp. 46–53.

Vonderau, Patrick (2002) «In the hands of a maniac». Der moderne Horrorfilm als kommunikatives Handlungsspiel. In: *Montage AV* 11,2, pp. 129–146.

Vonderau, Patrick (2007) *Bilder vom Norden. Schwedisch-deutsche Filmbeziehungen, 1914–1939*. Marburg: Schüren.

Vorauer, Markus (1996) *Die Imaginationen der Mafia im italienischen und US-amerikanischen Spielfilm*. Münster: Nodus Publikationen.

Vorderer, Peter unter Mitarb. v. Holger Schmitz (Hg.) (1996) *Fernsehen als «Beziehungskiste». Parasoziale Beziehungen und Interaktionen mit TV-Personen*. Opladen: Westdeutscher Verlag.

Vorderer, Peter / Wulff, Hans J. / Friedrichsen, Mike (Hg.) (1996) *Suspense. Conceptualizations, Theoretical Analyses, and Empirical Explorations*. Mahwah, NJ: Erlbaum.

Voss, Christiane (2009) Einfühlung als epistemische und ästhetische Kategorie bei Hume und Lipps. In: Curtis/Koch 2009, pp. 31–47.

Wachtel, Martin / Gast, Wolfgang (1991) Filmrezeption empirisch: Eine Studie zur Exposition der Serie HEIMAT von Edgar Reitz. In: *Sprache und Literatur in Wissenschaft und Unterricht* 22,1, pp. 66–82.

Waldmann, Michael / Weinert, Franz E. (1990) *Intelligenz und Denken. Perspektiven der Hochbegabungsforschung*. Göttingen [...]: Hogrefe.

Walter, Richard (1988) *Screenwriting. The Art, Craft and Business of Film and Television Writing*. New York [...]: Plume.

Walton, Kendall (1990) *Mimesis as Make-Believe: On the Foundations of the Representational Arts*. Cambridge, Mass.: Harvard University Press.

Warning, Rainer (1983) Der inszenierte Diskurs. Bemerkungen zur pragmatischen Relation der Fiktion. In: *Funktionen des Fiktiven*. Hg. v. Dieter Henrich & Wolfgang Iser. München: Fink, pp. 183–206.

Warning, Rainer (Hg.) (1975) *Rezeptionsästhetik. Theorie und Praxis*. München: Fink.

Wedel, Michael (2009) Backbeat and Overlap: Time, Place, and Character Subjectivity in RUN LOLA RUN. In: Buckland 2009, pp. 129–150.

Whitcomb, Cynthia (2002) *The Writer's Guide to Writing Your Screenplay: How to Write Great Screenplays for Movies and Television*. Waukesha, WI: The Writer Books.

Wierth-Heinig, Mathias (2002) Vor, während und nach der Rezeption: Empirische Rezeptionen und kommunikative Kontrakte. In: *Montage AV* 11,2, pp. 147–158.

Williams, Alan (1979) The Camera-Eye and the Film: Notes on Vertov's «Formalism». In: *Wide Angle* 3,3, 1979, pp. 12–17.

Williams, David E. (1998) Initial Images. In: *American Cinematographer*, 5, pp. 92–98.

Williams, Linda (2003) Spiegel ohne Gedächtnisse. Wahrheit, Geschichte und der neue Dokumentarfilm [amerik. 1993]. In: *Die Gegenwart der Vergangenheit. Dokumentarfilm, Fernsehen und Geschichte.* Hg. v. Eva Hohenberger & Judith Keilbach. Berlin: Vorwerk 8, pp. 24–44.

Willson, Robert F. (Hg.) (1995) *Entering the Maze: Shakespeare's Art of Beginning.* New York [...]: Peter Lang.

Wilson, George M. (1986) *Narration in Light. Studies in Cinematic Point of View.* Baltimore/London: The Johns Hopkins University Press.

Wilson, George M. (1997) On Film Narrative and Narrative Meaning. In: Allen/Smith 1997, pp. 221–238.

Withalm, Gloria (1999) Der Blick des Films auf Film und Kino. Selbstreferentialität und Selbstreflexivität im Überblick. In: *Die Zukunft der Kommunikation. Phänomene und Trends in der Informationsgesellschaft.* Hg. v. Michael Latzer, Ursula Maier-Rabler, Gabriele Siegert & Thomas Steinmaurer. Innsbruck/Wien: Studien-Verlag, pp. 147–160.

Witte, Karsten: Neo-Realismus. Ein Angriff der Chronik auf die Story. In: *EPD Film*, 3, 1991, pp. 16–23.

Wolkerstorfer, Andreas (1994) *Der erste Satz. Österreichische Romananfänge 1960–1980.* Wien: Facultas/BRO.

Wollheim, Richard (1984) *The Thread of Life.* Cambridge, Mass.: Harvard University Press.

Wood, Robin (1989) Ideology, Genre, Auteur [1976]. In: Ders.: *Hitchcock's Films Revisited.* New York: Columbia University Press, pp. 288–302.

Worringer, Wilhelm (1981) *Abstraktion und Einfühlung. Ein Beitrag zur Stilpsychologie* [1908]. Leipzig/Weimar: Gustav Kiepenheuer.

Wulff, Hans J. (1985) *Die Erzählung der Gewalt. Untersuchungen zu den Konventionen der Darstellung gewalttätiger Interaktion.* Münster: MAkS Publikationen.

Wulff, Hans J. (1990) Deanophilie: Bemerkungen zu einem Idol im Wandel der Zeiten. In: *Kinoschriften* 2, pp. 7–31.

Wulff, Hans J. (1991) Das Wisconsin-Projekt: David Bordwells Entwurf einer kognitiven Theorie des Films. In: *Rundfunk und Fernsehen* 39,3, pp. 393–405.

Wulff, Hans J. (1993a) Textsemiotik der Spannung. In: *Kodikas/Code* 16,3/4, pp. 325–352.

Wulff, Hans J. (1993b) Situationalität. Vorbemerkungen zur Analyse von GLÜCKSRAD-Exemplaren. In: *Fernsehshows. Form- und Rezeptionsanalyse. Dokumentation einer Arbeitstagung an der Universität Hildesheim, Januar 1993.* Hg. v. Hans-Otto Hügel & Eggo Müller. Hildesheim: Universität Hildesheim, pp. 120–124.

Wulff, Hans J. (1993c) Phatische Gemeinschaft / Phatische Funktion: Leitkonzepte einer pragmatischen Theorie des Fernsehens. In: *Montage AV* 2,1, 1993, pp. 142–163.

Wulff, Hans J. (1995) Historisierung durch Archivmaterial. Überlegungen zur Textsemantik der Kompilation. In: *S. European Journal for Semiotic Studies* 7,3/4, pp. 741–752.

Wulff, Hans J. (1996a) Charaktersynthese und Paraperson. Das Rollenverständnis der gespielten Fiktion. In: Vorderer 1996, pp. 29–48.

Wulff, Hans J. (1996b) Suspense and the Influence of Cataphora on Viewers' Expectations. In: Vorderer/Wulff/Friedrichsen 1996, pp. 1–17.

Wulff, Hans J. (1999a) *Darstellen und Mitteilen. Elemente einer Pragmasemiotik des Films*. Tübingen: Narr.

Wulff, Hans J. (1999b) *Hypothese und Antizipation als Elemente einer dramaturgischen Beschreibung*. Unveröff. Manuskript, vorgestellt auf der Sitzung der AG «Kognitive Dramaturgie des Films» am 23./24.03.2000 an der Christian-Albrechts-Universität zu Kiel.

Wulff, Hans J. (1999c) *Grundzüge einer kognitiven Dramaturgie des Films*. Unveröff. Manuskript. Westerkappeln.

Wulff, Hans Jürgen unter Mitarbeit von Klemens Hippel et al. (2000) *TV-Movies «Made in Germany». Struktur, Gesellschaftsbild, Kinder- und Jugendschutz. Teil 1: Historische, inhaltsanalytische und theoretische Studien*. Kiel: Unabhängige Landesanstalt für das Rundfunkwesen (ULR).

Wulff, Hans J. (2001) Konstellationen, Kontrakte und Vertrauen. Pragmatische Grundlagen der Dramaturgie. In: *Montage AV* 10,2, pp. 131–154.

Wulff, Hans J. (2002) Das empathische Feld. In: Sellmer/Wulff 2002, pp. 109–121.

Wulff, Hans J. (2003a) Empathie als Dimension des Filmverstehens. Ein Thesenpapier. In: *Montage AV* 12,1, pp. 136–161.

Wulff, Hans J. (2003b) «Willkommen in Wellville». Ein Vorläufer der Gesundheitsindustrie. In: *Bildstörungen. Kranke und Behinderte im Spielfilm*. Hg. v. Stefan Heiner & Enzo Gruber. Frankfurt a.M.: Mabuse-Verlag, pp. 89–107.

Wulff, Hans J. (2005a) Moral und Empathie im Kino: Vom Moralisieren als einem Element der Rezeption. In: Brütsch et al. 2005, pp. 377–393.

Wulff, Hans J. (2005b) «Hast du mich vergessen?» Falsche Fährten als Spiel mit dem Zuschauer. In: Liptay/Wolf 2005, pp. 147–153.

Wulff, Hans J. (2006) Attribution, Konsistenz, Charakter: Probleme der Wahrnehmung abgebildeter Personen [frz. 1997]. In: *Montage AV* 15,2, pp. 45–62. [Zuerst frz. als: La perception des personnages de film. In: *Iris*, 24, 1997, pp. 15–32.]

Wulff, Hans J. (2007a) Mehrfachidentitäten, Maskierungen und Verkleidungen als empathisches Spiel. In: Blaser et al. 2007, pp. 149–161.

Wulff, Hans J. (2007b) Schichtenbau und Prozesshaftigkeit des Diegetischen: Zwei Anmerkungen. In: *Montage AV* 16,2, pp. 39–51.

Wulff, Hans J. (2007c) Die kontextuelle Bindung der Filmbilder: *on, off, master space*. Unveröff. Manuskript. Westerkappeln.

Wulff, Hans J. / Ryssel, Dirk (2000) Affektsteuerung durch Figuren. In: Wulff et al. 2000, pp. 236–256.

Wuss, Peter (1986) *Die Tiefenstruktur des Filmkunstwerks. Zur Analyse von Spielfilmen mit offener Komposition*. Berlin: Henschelverlag Kunst und Gesellschaft.

Wuss, Peter (1990a) *Kunstwert des Films und Massencharakter des Mediums. Konspekte zur Geschichte der Theorie des Spielfilms*. Berlin: Henschel Verlag.

Wuss, Peter (1990b) Filmische Wahrnehmung und Vorwissen des Zuschauers. Zur Nutzung eines Modells kognitiver Invariantenbildung bei der Filmanalyse. In: Hickethier/Winkler 1990, pp. 67–81.

Wuss, Peter (1992a) Filmwahrnehmung. Kognitionspsychologische Modellvorstellungen bei der Filmanalyse. In: *medien praktisch*, 3, pp. VI-X.

Wuss, Peter (1992b) Der Rote Faden der Filmgeschichten und seine unbewußten Komponenten. Topik-Reihen, Kausal-Ketten und Story-Schemata – drei Ebenen filmischer Narration. In: *Montage AV* 1,1, pp. 25–35.

Wuss, Peter (1993a) *Filmanalyse und Psychologie. Strukturen des Films im Wahrnehmungsprozeß*. Berlin: Edition Sigma.

Wuss, Peter (1993b) Grundformen filmischer Spannung. In: *Montage AV* 2,2, pp. 101–116.

Wuss, Peter (1996) Narrative Tension in Antonioni. In: Vorderer/Wulff/Friedrichsen 1996, pp. 51–70.

Wuss, Peter (2000) Cinematic Narration, Conflict and Problem-solving. In: *Moving Images, Culture and the Mind.* Hg. v. Ib Bondebjerg. Luton: University of Luton Press, pp. 105–115.

Wuss, Peter (2008) Film und Spiel. Menschliches Spielverhalten in Realität und Rezeptionsprozess. In: Schick/Ebbrecht 2008, pp. 217–248.

Xavier, Ismail (1999) Historical Allegory. In: Miller/Stam 1999, pp. 333–362.

Zavattini, Cesare (1964) Einige Gedanken zum Film [ital. 1953]. In: *Der Film. Manifeste, Gespräche, Dokumente. Band 2: 1945 bis heute.* Hg. v. Theodor Kotulla. München: Piper, pp. 11–27.

Zerweck, Bruno (2002) Der *cognitive turn* in der Erzähltheorie: Kognitive und ‹Natürliche› Narratologie. In: *Neue Ansätze in der Erzähltheorie.* Hg. v. Ansgar Nünning & Vera Nünning. Trier: WVT, pp. 219–242.

Zillmann, Dolf (1991) Empathy: Affect From Bearing Witness to the Emotions of Others. In: *Responding to the Screen. Reception and Reaction Processes.* Hg. v. Jennings Bryant & Dolf Zillmann. Hillsdale, N.J.: Lawrence Erlbaum, pp. 135–167.

Zillmann, Dolf (2000) Basal Morality in Drama Appreciation. In: *Moving Images, Culture and the Mind.* Hg. v. Ib Bondebjerg. Luton: University of Luton Press, pp. 53–63.

Zillmann, Dolf (2005) Cinematic Creation of Emotion. In: Anderson/Anderson 2005, pp. 164–179.

Zimbardo, Philip G. (1995) *Psychologie.* Deutsche Bearbeitung v. Siegfrid Hoppe-Graff, Barbara Keller & Irma Engel. 6., neu bearbeitete und erweiterte Aufl. Berlin [...]: Springer.
[Amerik. Originalausgabe: *Psychology and Life.* 12th ed. Glenview, Illinois: Scott, Foresman and Company 1988. Zuerst als: Ruch, Floyd Leon: *Psychology and Life.* Chicago: Scott, Foresman and Co. 1937; seitdem zahlreiche Neuaufl.]

Zobrist, Olivier (2000) *Der Filmanfang in der Tadition de la Qualité und der Nouvelle Vague.* Lizentiatsarbeit Universität Zürich, Seminar für Filmwissenschaft.

Zobrist, Olivier (2003) «Quel début!» Beobachtungen an Filmanfängen der *Tradition de la Qualité.* In: *Montage AV* 12,2, pp. 52–67.

Filmindex

D

T

U

V